文献计量学临床应用案例分析

顾　　问　吴丹

主　　编　董卫国　许昱

编　　委（以姓氏笔画为序）

王　强	北京协和医院	张　尧	上海交通大学医学院附属瑞金医院
王欣宜	武汉大学人民医院		
毛　仁	中山大学附属第一医院	张吉翔	武汉大学人民医院
叶　青	武汉大学人民医院	张露允	武汉大学人民医院
丛建超	武汉大学人民医院	庞可歆	武汉大学人民医院
吕　浩	武汉大学人民医院	项子轩	武汉大学人民医院
刘　传	武汉大学人民医院	柯雨佳	武汉大学人民医院
刘雪梅	遵义医科大学附属医院	柳雅斐	武汉大学人民医院
闫文宣	武汉大学人民医院	郭兴洲	武汉大学人民医院
许　昱	武汉大学人民医院	董卫国	武汉大学人民医院
孙佳一	武汉大学人民医院	董晨雨	武汉大学人民医院
苏文豪	武汉大学人民医院	蒋昊天	武汉大学人民医院
李天歌	武汉大学人民医院	曾愫琦	武汉大学人民医院
李湘云	武汉大学人民医院	谢育列	武汉大学人民医院
吴彦瑞	武汉大学人民医院	甄军海	武汉大学人民医院
邱美琪	武汉大学人民医院	谭　铖	武汉大学人民医院
何浩东	武汉大学人民医院		

主编助理　甄军海　刘　传

人民卫生出版社
·北京·

图书在版编目（CIP）数据

文献计量学临床应用案例分析 / 董卫国,许昱主编 .
北京 ： 人民卫生出版社, 2024. 10. -- ISBN 978-7-117-
37077-6

Ⅰ. G250

中国国家版本馆 CIP 数据核字第 2024H53U92 号

| 人卫智网 | www.ipmph.com | 医学教育、学术、考试、健康，购书智慧智能综合服务平台 |
| 人卫官网 | www.pmph.com | 人卫官方资讯发布平台 |

文献计量学临床应用案例分析

Wenxianjiliangxue Linchuangyingyong Anli Fenxi

主　　编：董卫国　许　昱
出版发行：人民卫生出版社（中继线 010-59780011）
地　　址：北京市朝阳区潘家园南里 19 号
邮　　编：100021
E - mail：pmph @ pmph.com
购书热线：010-59787592　010-59787584　010-65264830
印　　刷：北京顶佳世纪印刷有限公司
经　　销：新华书店
开　　本：787 × 1092　1/16　**印张：**25
字　　数：608 千字
版　　次：2024 年 10 月第 1 版
印　　次：2024 年 11 月第 1 次印刷
标准书号：ISBN 978-7-117-37077-6
定　　价：89.00 元

打击盗版举报电话：010-59787491　E-mail：WQ @ pmph.com
质量问题联系电话：010-59787234　E-mail：zhiliang @ pmph.com
数字融合服务电话：4001118166　E-mail：zengzhi @ pmph.com

顾问简介

武汉大学信息管理学院二级教授,博士研究生导师。现任武汉大学本科生院院长兼教师教学发展中心主任,武汉大学数智教育教学研究中心主任,武汉大学课程思政教学研究中心主任,武汉大学人机交互与用户行为研究中心主任。入选国家级人才计划特聘教授、青年学者。担任国家社科基金重大项目、国家重点研发计划项目、国家自然科学基金重大研究计划项目首席专家。担任国际学术期刊 *Aslib Journal of Information Management* 主编、国际 iSchools 联盟数据科学教学指导委员会委员等。获宝钢优秀教师特等奖提名奖、国家教学成果奖一等奖、国家级一流本科课程负责人、教育部人文社科青年成果奖等。研究方向为信息组织与检索、人机交互等。

吴 丹

主编简介

董卫国

二级教授,一级主任医师,博士研究生导师。现任武汉大学医学部副部长、武汉大学人民医院消化医院副院长、消化内科副主任。国家"万人计划"教学名师,教育部首批课程思政教学名师,享受国务院政府特殊津贴专家,湖北省医学领军人才,武汉大学弘毅特聘教授。兼任教育部高等学校教学指导委员会委员,中华医学会消化病学分会常务委员,湖北省医学会消化病学分会主任委员,武汉医学会理事会副会长等。

从事消化系统疾病基础与临床研究35年。先后主持国家自然科学基金及省部级项目20余项。发表论文500余篇,其中SCI 200余篇,2020—2023年连续四年入选"中国高被引学者"榜单。主编及主译专著、教材32部,5部为国家级规划教材,参编全国高等学校五年制临床医学专业第九轮、第十轮规划教材《内科学》。以第一完成人获高等教育国家级教学成果奖二等奖1项,湖北省高等学校教学成果奖一等奖2项,武汉大学教学成果特等奖、优秀教材特等奖各1项及湖北省科技进步奖二等奖1项、湖北省自然科学奖三等奖2项。

许昱

教授,一级主任医师,博士研究生导师。现任武汉大学人民医院眼耳鼻喉医院副院长、耳鼻咽喉头颈外科中心副主任兼鼻科及变态反应科主任、耳鼻咽喉头颈外科研究所副所长、湖北省变态反应质量控制中心办公室主任。享受湖北省政府特殊津贴专家,兼任中华医学会变态反应学分会委员及鼻眼过敏学组(筹)副组长、湖北省医学会变态反应分会候任主任委员、中华医学会耳鼻咽喉头颈外科学分会鼻科学组委员、中国医疗保健国际交流促进会过敏医学分会常务委员、中国中西医结合学会鼻窦炎专病委员会组副主任委员、武汉医师协会变态反应医师分会副主任委员等,担任《中华耳鼻咽喉头颈外科杂志》《中华临床免疫和变态反应杂志》、*Frontier in Allergy* 等杂志编委及 *Allergy*、*AAIR*、*IFAR* 等过敏领域顶刊审稿专家。

从事鼻及变态反应学临床与基础研究。先后主持国家自然科学基金项目6项,牵头国家重点研发计划子课题1项。发表论文200余篇,主编及主译专著4部,参编5部,其中2部为国家级规划教材,参与制定临床指南和共识10余部。

前　言

在过去的数十年里，随着医学研究的不断深入，由此积累了海量医学文献，这些文献的公开发表一方面极大地促进了医学研究成果在全世界的交流与共享，另一方面也进一步推动了人类医学事业的不断进步。由于医学领域尤其是热点领域的研究内容众多繁杂且相互交织，对某个医学领域的研究进行归纳总结、确定该领域的热点问题并且发掘未来的研究趋势就显得极为重要。传统上，我们主要通过手工查阅相关文献并且对这些文献进行逐一解读来了解某个医学研究领域的研究现状和未来趋势，这种方式不仅效率低下，而且难以保证文献的全面性和解读的准确性，尤其在热点研究领域，庞大数量的医学文献更是阻碍了传统的方式达到上述目的。文献计量学（bibliometrics）由英国的阿伦·普里查德（Alan Pritchard）教授在 1969 年首次提出，它运用数学和统计学手段对文献的各种特征数量进行描述、分析、评价及预测，从而明确某一研究领域发展的现况与趋势，比传统方式更加高效、准确，是信息管理学和图书情报学领域的重要分支学科。近年来，文献计量学在医学研究领域的运用越来越活跃，在此背景下，我们撰写了这本基于文献计量学方法开展医学研究的实用手册，旨在帮助读者深入了解文献计量学在医学领域研究中的应用，促进学术研究和学科发展。

本书内容主要分为两篇，理论篇中的第一章将系统介绍文献计量学的基本概念，包括文献计量学的定义、研究对象和主要指标等；第二章将详细介绍文献计量学的方法和步骤，帮助读者了解如何进行文献计量学分析；第三章将分别介绍两款常用的文献计量学软件工具——CiteSpace 和 VOSviewer，通过实际操作演示其功能和应用；第四章则介绍了文献计量学在医学中的应用概述。实践篇则以临床常见疾病为例，展示文献计量学的实际应用，通过选取相关领域的文献数据，运用文献计量学方法进行数据分析和可视化展示，读者将能够深入了解相关专业常见疾病研究的国内外现状和未来发展趋势。

尽管本书的撰写者在撰写过程中查阅了大量国内外资料，并且进行了多次深入讨论，不断对本书的内容进行修改及优化，但需要说明的是，本书内容主要基于当前的研究和技术进展，不排除随着学术领域的发展，文献计量学方法和实现工具可能会有更新和改进。因此，读者在阅读和应用本书内容时，也应该关注最新的研究成果和技术进展。此外，由于编者水平有限，书中内容可能存在差错，我们愿意接受读者的不吝赐教，感谢读者指出本书中需要改进的地方。最后，希望这本书能为广大医学生、医务工作者以及医学研究者提供在文献计量学分析学习上的帮助。

董卫国　许　昱
2024 年 2 月于武汉大学人民医院都司湖畔

目 录

理 论 篇

第一章　文献计量学基本概念 ……………………………………………………… 3

第二章　文献计量学方法和步骤 …………………………………………………… 6

第三章　文献计量学的软件介绍——以 CiteSpace 和 VOSviewer 为例 ………… 8

第四章　文献计量学在医学的应用 ………………………………………………… 24

实 践 篇

第五章　食管疾病 …………………………………………………………………… 29

　　嗜酸细胞性食管炎研究进展及趋势：文献计量研究 …………………………… 29

第六章　胃及十二指肠疾病 ………………………………………………………… 45

　　微生物群与幽门螺杆菌关系的研究趋势：2014—2023 年文献计量学
　　分析 …………………………………………………………………………… 45

　　胃癌与胃微生物群研究的全球现状与趋势：一项文献计量学分析 …………… 61

第七章　肠道疾病 …………………………………………………………………… 84

　　脂肪酸在溃疡性结肠炎的作用：全球研究现状和趋势 ………………………… 84

　　炎症性肠病精神心理相关研究：近 10 年文献计量学分析 …………………… 103

　　饮食模式对炎症性肠病的影响：机器学习文献计量学与可视化分析 ………… 120

　　人工智能在炎症性肠病中应用的文献计量学分析 …………………………… 142

　　炎症性肠病诊断研究热点与趋势分析：2012—2021 年文献计量分析 ……… 158

　　肠道炎症性疾病中微生物群与免疫系统的相互作用 ………………………… 179

　　基于人体微生物筛查结直肠癌的文献计量学分析 …………………………… 200

　　IL-6 家族相关 JAK-STAT 信号通路和 IBD 的全球趋势：2003—2022 年的
　　文献计量和可视化分析 ……………………………………………………… 223

第八章　肝胆系统疾病·· **239**

　　肝肾综合征的全球研究热点及趋势：一项文献计量学可视化分析·············· 239

　　表观遗传学在非酒精性脂肪性肝病中的研究趋势：近 15 年的文献

　　　计量学分析 ·· 256

　　自身免疫性肝炎治疗领域文献计量学与可视化分析 ······················· 269

　　胆道恶性肿瘤的靶向治疗：一项 2013—2023 年的文献计量学研究和

　　　可视化分析 ·· 282

第九章　胰腺疾病·· **305**

　　组学在胰腺炎中的应用：一项文献计量学研究 ··························· 305

第十章　其他疾病·· **322**

　　N6-甲基腺苷在癌症中的文献计量学分析 ······························· 322

　　TET2 的全球研究热点与趋势特征：可视化与文献计量学分析 ··············· 335

　　绘制胞葬作用研究的知识结构和新兴趋势：文献计量学分析 ··············· 352

　　一项文献计量学分析（2002—2021 年）：菌群与过敏性疾病之间的

　　　关联知识绘图 ·· 370

主要术语索引··· **389**

理 论 篇

第一章 文献计量学基本概念

随着科学研究的快速发展和学术信息的快速增加,如何从大量文献中获取有价值的信息并揭示学术研究的动态和趋势是一项重要且棘手的任务。文献计量学作为一门研究学科,通过运用计量学的原理和方法,对科学文献进行定量化的分析和评估。它在科学研究、学术评价、科技政策制定等方面扮演着不可或缺的角色。本章将为读者介绍文献计量学的一些基本概念,也为本书"实践篇"中的案例分析作好铺垫。

一、文献计量学的定义

文献计量学是一门研究文献产出、传播和应用的学科,它运用数学和统计学手段对文献的各种特征进行描述、分析、评价及预测,从而明确某一研究领域发展的现况与趋势。

二、文献计量学的研究对象

1. 各类学术文献 学术期刊论文、学位论文、会议论文等各类学术文献是文献计量学的主要研究对象。这些文献记录了学术研究的成果和进展,反映了学术界的知识积累和交流。

2. 引用关系 文献之间的引用关系也是文献计量学的重要研究对象。通过分析文献的引用情况,可以了解文献之间的关联程度、学术交流的路径和学术影响的传播情况。

三、文献计量学的研究内容

1. 科学文献的产出与发展 文献计量学致力于探索科学文献的产出规律、未来趋势以及知识创新的过程。它不仅关注科学文献的数量,还深入探究其质量、成果类型等关键指标。通过这些研究,可以全面了解不同学科领域的研究动态、热点话题和前沿方向,从而为科研人员提供有价值的参考信息。

2. 文献的传播与引用 文献计量学关注科学文献的传播方式以及被引用的情况。通过对文献引用网络的细致分析,可以揭示学术交流的模式、学科之间的内在联系,以及学术合作的未来趋势。这些发现为科研人员提供了宝贵的视角,帮助他们更好地理解学术生态系统的动态发展。

3. 学术评价与科学影响力 文献计量学为科学家和科研机构提供了一种评价科研成果的重要方法和标准。通过对科学文献的引用次数、被引频次和期刊影响因子等关键指标进行深入分析,可以全面评估科学家、学术团队和科研机构的科研贡献和影响力。这种评估不仅有助于客观地衡量其科研质量,还可以揭示各领域内的研究动态和前沿方向,为未来的科研工作提供有益的指引。

4. 科学政策与科技管理　文献计量学在科技政策制定和科技管理中起到了至关重要的作用。它不仅能够帮助政策制定者深入了解科学研究的发展动态和趋势,还能对科技政策的效果进行客观评估。更为重要的是,文献计量学为科技投资和资源配置提供了科学的依据,确保资源能够高效地投入到有潜力的重要领域,推动科学技术的发展。

四、文献计量学的主要指标

1. 文献产出　通常包括论文数量、期刊影响因子和被引频次等指标。这些数据不仅反映了科研活动的活跃程度,还能揭示学科领域的研究深度和广度。通过深入分析这些数据,可以了解一个学科领域的研究现状、发展趋势以及潜在的研究空白,从而为科研人员提供有价值的参考信息。

2. 引用分析　包括被引频次、引用网络结构和引用半衰期等指标。被引频次是指文献被其他文献引用的次数,是衡量文献影响力的一个重要标准。引用网络结构则通过分析文献之间的引用关系,揭示学术交流的模式和学科之间的联系。而引用半衰期则反映了一篇文献的持久影响力,即该文献在多长时间内仍被频繁引用。这些指标为科研人员和政策制定者提供了深入了解学术领域发展状况的重要工具。

3. 合作研究　主要包括合作者数量、合作机构数量和合作关系强度等指标。这些指标不仅体现了研究团队的合作规模,还反映了不同机构之间的合作紧密程度。通过深入分析这些数据,可以了解学术合作研究的现状、特点和发展趋势,从而为科研人员和政策制定者提供有价值的参考信息。同时,这些指标也有助于评估学术合作研究的成果质量和影响力,促进学术交流和知识共享。

4. 主题分析　包括关键词共现分析和主题聚类分析等指标。关键词共现分析通过分析文献中关键词的共同出现频率,揭示学术领域的研究热点和发展趋势。主题聚类分析则通过将相关文献进行聚类,形成不同的研究主题,帮助我们了解不同研究领域之间的关联和区别。这些分析方法不仅可以帮助我们深入了解学术研究的主题和热点,还能为科研人员提供有价值的参考信息,促进学术交流和知识创新。

五、文献计量学的应用领域

1. 学术研究和评价　文献计量学为学术界提供了强大的科学研究及评价工具和方法。研究人员通过运用文献计量学的分析方法,深入了解学术领域的发展趋势,评估自身研究的贡献和影响力,同时发现潜在的合作机会和有价值的科研方向。

2. 科技政策和决策　文献计量学为科技政策的制定和科技决策提供了坚实的科学依据。政府和科技管理机构能够利用文献计量学的方法和指标,全面评估科技发展水平,精准确定科技投资方向,并据此制定出科学、有效的政策和措施。

3. 科学传播和知识管理　文献计量学在科学传播和知识管理中扮演着不可或缺的角色。对于研究人员和科研机构来说,利用文献计量学的分析结果有助于选择合适的期刊发表论文,从而更好地展示研究成果。同时,通过文献计量学对研究热点的分析,可以及时了解学科领域的前沿动态,为未来的研究提供方向。更重要的是,文献计量学的知识管理功能有助于推动科学知识的传播和共享,促进学术交流和进步。

本章对文献计量学的基本概念进行了深入探讨,包括其定义、研究对象、研究内容、主要指标以及应用领域。文献计量学作为一门运用计量学原理和方法的学科,旨在定量分析和评估科学文献,揭示科学研究的动态特征和影响力。在学术研究、科技政策制定和科学传播等方面,文献计量学都展现出重要的应用价值,为决策和评估提供了科学依据。这些基本概念和方法不仅对开展文献计量学的研究和应用至关重要,更为后续的案例分析奠定了坚实的基础。

(甄军海 李天歌 邱美琪 董卫国)

第二章　文献计量学方法和步骤

在进行文献计量学分析时,研究者需要掌握一系列方法和步骤,以正确、有效地处理文献数据并获取有意义的结果。本章将介绍文献计量学的常用方法和研究步骤,帮助读者了解如何运用文献计量学对文献进行科学定量分析。

一、文献计量学的常用方法

1. 文献计量学分析　文献计量学分析是文献计量学最常用的方法之一。它通过对文献的数量、质量、引用等指标进行统计和分析,揭示研究的特征和趋势。文献计量学分析可以应用于不同层面,如个体论文、期刊、学科领域等,帮助我们了解研究领域的现况和热点趋势等方面的情况。

2. 社会网络分析　社会网络分析方法可以揭示科学界的合作关系和知识传播网络。通过构建科学家之间的合作网络或文献之间的引用网络,可以分析网络的拓扑结构、中心性指标等,进一步了解科学合作的模式、合作者的影响力以及研究领域的交叉与融合情况。

3. 主题建模　主题建模是一种通过对文献中的词语和主题进行挖掘和分析的方法。它可以帮助我们发现文献中的主题或研究方向,并对文献进行分类和聚类。常用的主题建模方法包括主题模型、词共现网络分析等,通过这些方法可以揭示文献的主题结构和相关性。

二、文献计量学的研究步骤

1. 确定研究目标　在进行文献计量学研究之前,需要明确研究的目标,以便有针对性地收集相关的文献数据。例如,想要了解某个学科领域的研究热点、评估某位科学家的影响力等。

2. 收集文献数据　根据研究目标,利用文献数据库或学术搜索引擎进行文献检索,根据研究主题选择合适的检索词,必要时进行组合检索。科学文献数据的来源可以包括数据库、期刊、会议论文集等。需确保数据的准确性和完整性,同时注意保护数据的版权和隐私。

3. 数据预处理　对收集到的文献数据进行预处理。具体包括数据清洗(去除重复文献、纠正错误数据等)、数据标准化(如统一作者姓名格式、期刊名称缩写等)和数据格式转换(如导入 EndNote、Excel 等软件进行整理和预处理)等。数据预处理的目的是提高数据的质量和一致性,为后续的分析和评估作好准备。

4. 数据分析与可视化　根据研究目标,运用文献计量学的方法对数据进行分析。可以采用文献计量学分析、社会网络分析、主题建模等方法,提取关键指标、构建网络结构、发现主题等。利用文献计量学软件（如 VOSviewer、CiteSpace）进行数据的可视化分析，生成图表、图谱等，直观地展示文献关键词、合作网络等信息。

5. 结果解释与讨论　根据分析结果，进行结果的解释和讨论。分析结果可能包括研究领域的热点和发展趋势、学者的合作网络、文献的引用模式等。结合领域知识和研究背景，解释结果的意义，并探讨可能的原因和影响。

6. 结果展示与报告　将分析和讨论的结果进行有效的展示和报告。可以采用图表、图示、统计数据等形式，清晰地呈现研究结果。报告应该结构清晰、内容准确，并根据目标受众的需要进行适当调整。

7. 结论与展望　根据研究结果，得出相应的结论，并展望未来的研究方向和发展趋势。结论应该紧密围绕研究目标，并提供对相关领域的启示和建议。

本章介绍了文献计量学的常用方法和研究步骤。文献计量学的方法包括文献计量学分析、社会网络分析和主题建模等，通过这些方法可以揭示科学文献的特征、合作关系和研究主题。在进行文献计量学研究时，需要明确研究目标、收集文献数据、数据预处理、数据分析、解释结果与讨论，并最终得出结论与展望。掌握这些方法和步骤，能够帮助研究者正确、有效地进行文献计量学分析，并从大量文献数据中获取有意义的信息和结论。在后续的案例分析中，本书将运用这些方法和步骤，探索临床常见疾病相关领域的学术研究特征和发展趋势。

（刘　传　甄军海　李天歌　董卫国）

第三章 文献计量学的软件介绍——以 CiteSpace 和 VOSviewer 为例

第三章彩图

一、CiteSpace 部分

在进行文献计量学研究时,借助专业的软件工具可以提高分析的效率和准确性。CiteSpace 作为一款专门用于文献计量学分析的软件,被广泛应用于学术研究领域。本文将介绍 CiteSpace 的基本功能和使用步骤,以及其在文献计量学分析中的应用。

(一)CiteSpace 概述

CiteSpace 是一款开源的文献计量学分析软件,由美国德雷塞尔大学陈超美博士与 WISE 实验室联合开发。该软件基于共引分析和寻径网络算法等对数据样本进行可视化处理,呈现特定知识领域的演化过程。CiteSpace 以科学知识图谱的方式将文献关系可视化,既能帮助我们厘清某一领域过去的研究轨迹、研究现状和热点话题,也能揭示该领域未来的发展方向。

(二)CiteSpace 的功能和应用

CiteSpace 可以通过可视化手段呈现学科知识的结构、规律和分布情况,并生成可视化知识图谱,从而探究某一研究领域的研究热点、研究前沿、主要作者和机构等相关信息。利用 CiteSpace,我们可以进行以下分析:

1. 可视化引用网络分析 CiteSpace 可以图形化方式展示文献的引用关系,帮助研究者了解文献之间的引用模式和关联程度。通过分析引用网络的拓扑结构、节点的重要性指标等,研究者可以发现核心文献、重要研究方向和知识传播的路径。

2. 知识演化与时空分析 CiteSpace 可以根据文献的发表时间和引用关系,进行知识演化和时空分析。通过可视化工具如时间轴、聚类图、时空演化图等,追踪学科的研究动态、发展趋势和重要节点的变化。

3. 研究合作网络分析 CiteSpace 可以构建文献作者之间的合作网络,并分析网络的结构和合作模式。通过分析合作网络的节点、连边和中心性指标,可以了解研究者之间的合作强度、合作模式以及学科领域的合作网络结构。

4. 主题演化与聚类分析 CiteSpace 可以通过主题模型等方法挖掘和分析文献中的主题。通过分析主题的时空演化、主题之间的关联性和热度变化,可以了解学科的研究方向、主题的兴衰和交叉融合。

（三）CiteSpace 的重要参数

1. 中介中心性（betweenness centrality） 中介中心性是评估节点在网络中重要性的一个指标（此外还有度中心性、接近中心性等）。CiteSpace 中使用此指标来发现和衡量文献的重要性，并用紫色圈对该类文献（或作者、期刊以及机构等）进行重点标注。

2. 突发性（burst）检测 CiteSpace 中通过使用 Kleinberg J 在 2002 年提出的算法检测突发主题（或文献、作者以及期刊引证信息等）。

3. 阈值（threshold） 在数据处理中，CiteSpace 会按照用户设定的阈值提取出满足各个时间切片的文献，并合并到网络中。

（四）CiteSpace 分析的关键步骤

1. 确定研究主题及其相关术语 运用尽可能广泛的专业术语，确保结果能尽可能地涵盖所关注领域的全部内容。该步骤要求用户对自己所关注的领域要比较熟悉。在此前提下，用户才能确定出合理的术语，以及需要重点关注的术语问题。

2. 收集数据 在上一步确定好要检索的术语后，接下来则要选择数据库来获取所要分析的数据。当前 CiteSpace 支持 Web of Science 数据库下载的数据格式，从其他数据库收集的数据需要通过转换器完成格式转换，才能进行分析。数据转换的思路是把其他格式的数据转换为 Web of Science 数据库的数据格式（例如 CNKI 2 WoS、CSSCI 2 WoS 以及 Scopus 2 Wos 等）。

3. 提取研究前沿术语 从数据库文献的标题（title）、摘要（abstract）、关键词（keywords）、系索词（descriptor）和标识符中检索 N 元文法（N-grams）或专业术语，出现频次增长率快速增加的专业术语将被确定为研究前沿术语。

4. 时区分割（Time Slicing） 在 CiteSpace 中需要明确要分析的时间跨度（开始时间和结束时间），以及这个时间跨度的分段长度（即单个时区的长度）

5. 阈值的选择 CiteSpace 允许用户使用 3 种方法来设定阈值，分别为 Top N 法、Top N% 法以及 Threshold Interpolation 法。

6. 网络精简和合并 CiteSpace 提供了 2 种网络精简算法，分别为 Pathfinder 和 MST。在对数据进行初始分析时，一般不做任何精简。通过初步得到的结果，再决定采用何种精简方法。

7. 可视化显示 CiteSpace 的标准视图（默认）为网络图，此外还有 Timeline 和 Timezone 视图，选择合适的视图呈现分析结果。

8. 可视化编辑和检测 得到图谱之后，借助 CiteSpace 可视化界面提供的网络可视化编辑功能美化图形，也可以利用提供的网络计算功能对网络进一步分析。

9. 分析结果的验证 使用 CiteSpace 得到分析结果后，需要与该领域专家进行沟通。尤其建议对网络中突出的关键节点的作用进行咨询。

（五）CiteSpace 的具体安装及使用

1. CiteSpace 的下载与安装 CiteSpace 目前可供下载的版本为 CiteSpace 6.2.R4，适用于 Windows、MacOS 平台计算机，有基础版、标准版及高级版三个版本供研究者使用，其中基础版可免费下载安装，但对部分功能进行了限制，标准版及高级版需按年付费进行订阅使用。目前 CiteSpace 开发者要求研究者使用最新版本的 CiteSpace，旧版本无法正常使用。最新的一次更新在 2023 年 3 月 24 日（图 3-1），下载地址：https：//CiteSpace.podia.com/。

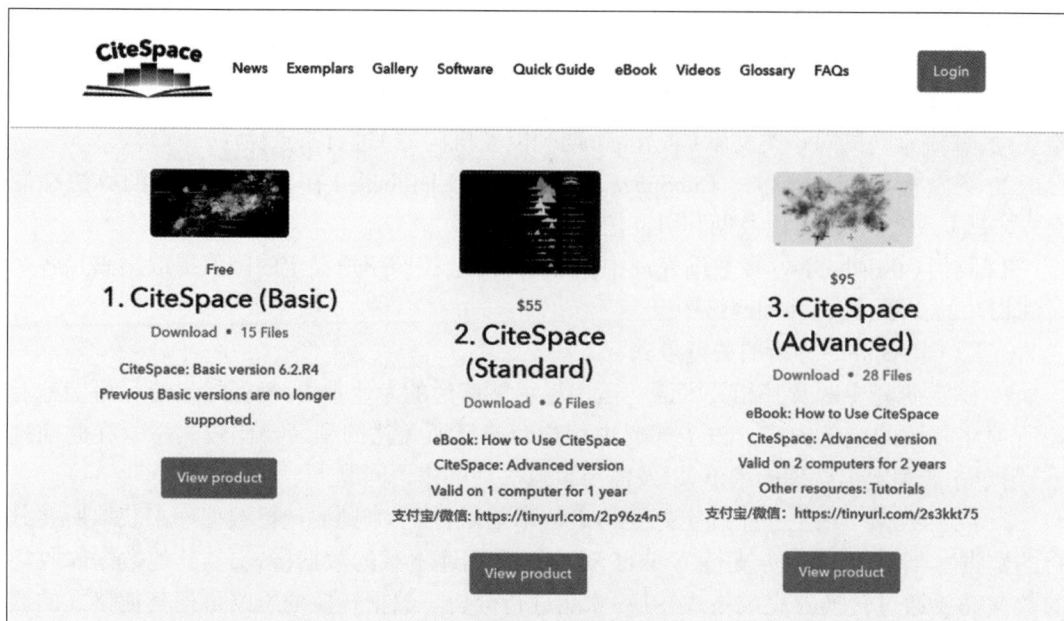

图 3-1　CiteSpace 下载网址

2. CiteSpace 的使用

（1）数据准备：准备包含文献信息的数据集，可以是包含文献元数据和引用关系的文件。确保数据的完整性和准确性。以 Web of Science 数据库为例，在进行文献检索后，需要选择纳入的文献，以包含"全记录与引用的参考文献"的"纯文本文件"形式导出。

（2）导入数据：将所需的文献数据导入 CiteSpace 软件，并进行数据预处理，包括清洗数据、标准化格式等。研究者从数据库导出"纯文本文件"后，在电脑上新建两个文件夹，分别命名为"data"和"project"。将"纯文本文件"移动至 data 文件夹中，重命名为"download_"。在 CiteSpace 中新建项目：在 Project 面板点击"New"新建，选择项目文件夹"project"，选择数据文件夹"data"，给项目取个名字，Data Source（数据源）选择"WoS"（该项可按需修改）（图 3-2）。

（3）正式分析：选择合适的分析方法和参数，运行 CiteSpace 软件。可以选择共被引网络分析、分析网络特征、主题演化分析或合作网络分析等。根据研究目的在功能选择区进行参数选择，Time Slicing 根据下载文献时所选择的时间范围进行设置，Years Per Slice 设置为 1，Node Types 选择即将分析的内容，其他参数保持默认设置即可。

3. 作者、国家、机构分析　节点类型选择为"Author/Country/Institution"，点击"Go"，再点击"Visualize"，随后便会形成共现网络图谱。通过控制面板中的"Labels"可以对共现网络进行美化和调整，包括节点大小、节点标签大小、节点标签多少。此外，还可以通过"Colormap"调节节点和连线的颜色，使不同关键间的联系更加清晰。

如图 3-3 所示中间是可视化的图像，左侧是一些数据。在关键词共现图谱中，节点和字号越大，关键词出现频率越高。左侧数据栏中的"Centrality"代表中心性，是分析关键词重要程度的一个关键指标，中心性越大，则表示该节点在研究中的重要性和影响力越大。由节点大小结合中心性和关键词出现频次，便可知该研究领域的重点与热点。

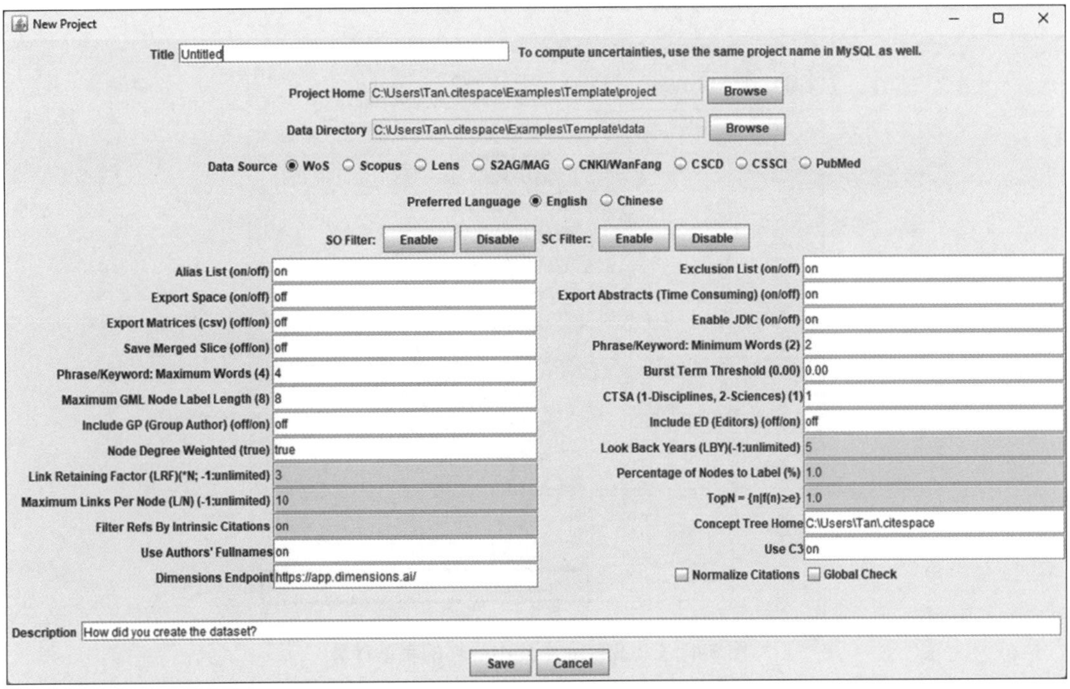

图 3-2　CiteSpace 新建 Project 界面

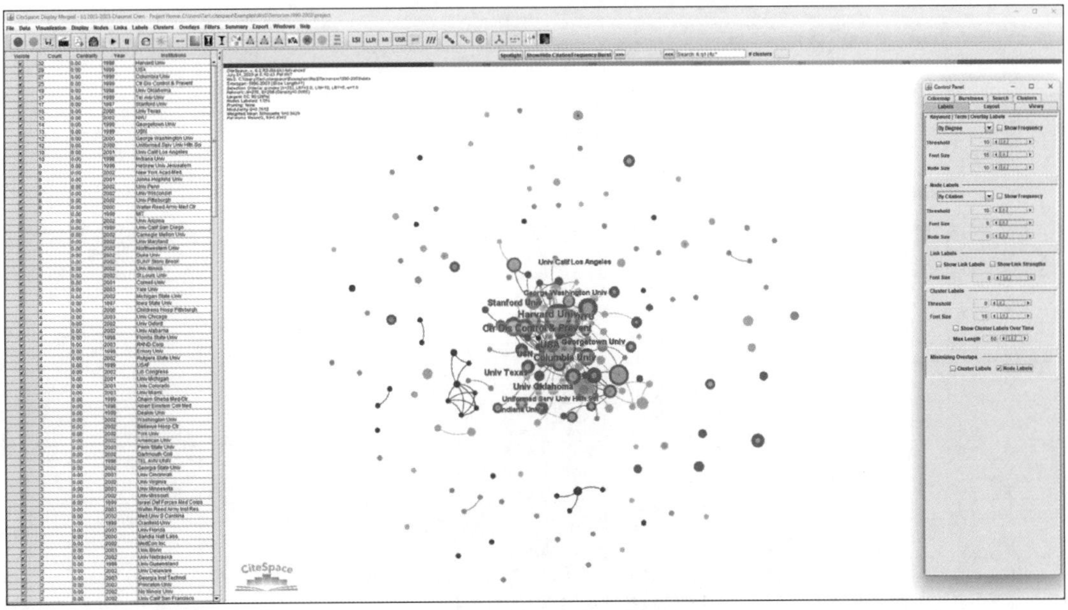

图 3-3　CiteSpace 可视化界面菜单

利用 CiteSpace 提供的分析工具，可以对共被引网络进行分析，例如计算节点的度中心性、介数中心性等指标，探索学术研究的核心节点和关键路径（图 3-4）。通过选择"Nodes"菜单中的"Compute Node Centrality"可以对该网络中的中心性进行计算，在"Export"中导出 network summary as HTML、CSV、RIS 可得到该网络的具体数据，包括频率、度、中心性、sigma（∑）值等（图 3-5）。

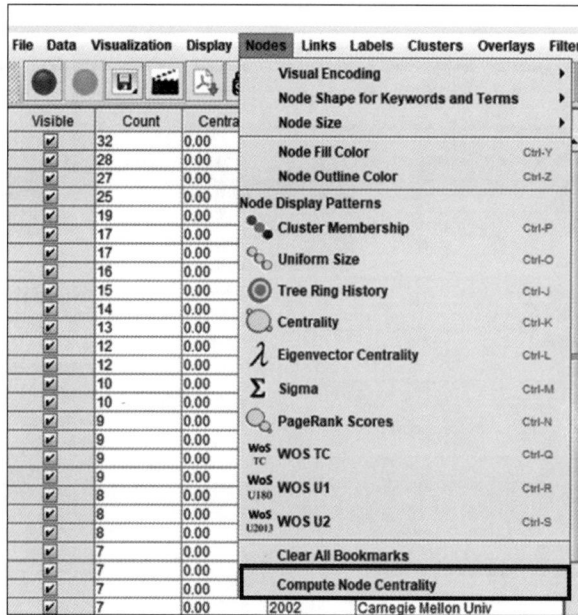

图 3-4　CiteSpace 中介中心性的手动计算

CiteSpace - Summary Table (sorted by Σ)

Save/Show as HTML: network_summary.html　Save as CSV　Save as RIS

Freq	Burst	BurstB...	BurstE...	Degree	Centra...	Σ	Page...	Label	Author	Year	Title	Source	Vol	Page	HalfLife	DOI	Cluster
32	0.00			17	0.00	1.00	0.00	Harvar...	Harvar...	1998	...				3.5		
27	0.00			16	0.00	1.00	0.00	Colum...	Colu...	1999	...				2.5		
28	3.02	1999	2001	15	0.00	1.00	0.00	USA	USA	1999	...				2.5		
12	0.00			12	0.00	1.00	0.00	Unifor...	Unifor...	2000	...				1.5		
25	0.00			11	0.00	1.00	0.00	Ctr Di...	Ctr Di...	1999	...				2.5		
12	0.00			9	0.00	1.00	0.00	Georg...	Georg...	2000	...				1.5		
10	0.00			9	0.00	1.00	0.00	Indian...	Indian...	1998	...				3.5		
19	2.87	1998	2000	8	0.00	1.00	0.00	Univ O...	Univ O...	1998	...				3.5		
9	0.00			8	0.00	1.00	0.00	Univ P...	Univ P...	2002	...				0.5		
9	0.00			7	0.00	1.00	0.00	Johns ...	Johns...	2001	...				0.5		
2	0.00			7	0.00	1.00	0.00	CTR D...	CTR ...	1996	...				0.5		
4	0.00			7	0.00	1.00	0.00	Univ M...	Univ M...	2001	...				1.5		
9	0.00			6	0.00	1.00	0.00	New Y...	New Y...	2002	...				-0.5		
2	0.00			6	0.00	1.00	0.00	Univ M...	Univ M...	2003	...				-0.5		
2	0.00			6	0.00	1.00	0.00	Univ L...	Univ L...	2003	...				-0.5		
2	0.00			6	0.00	1.00	0.00	Univ E...	Univ E...	2003	...				-0.5		
16	0.00			6	0.00	1.00	0.00	Univ T...	Univ T...	2000	...				1.5		
2	0.00			6	0.00	1.00	0.00	US EPA	US EPA	2003	...				-0.5		
8	0.00			6	0.00	1.00	0.00	Walter...	Walter...	2000	...				1.5		
2	0.00			5	0.00	1.00	0.00	Brook...	Brook...	2003	...				-0.5		
4	0.00			5	0.00	1.00	0.00	Univ Al...	Univ A...	2002	...				-0.5		
1	0.00			5	0.00	1.00	0.00	UNIV ...	UNIV ...	1997	...				-0.5		
1	0.00			5	0.00	1.00	0.00	NEW ...	NEW ...	1997	...				-0.5		
1	0.00			5	0.00	1.00	0.00	CTR A...	CTR A...	1997	...				-0.5		
1	0.00			5	0.00	1.00	0.00	UNIV ...	UNIV ...	1997	...				-0.5		
2	0.00			5	0.00	1.00	0.00	US De...	US De...	2000	...				-0.5		
17	0.00			5	0.00	1.00	0.00	Stanfo...	Stanfo...	1997	...				4.5		
2	0.00			5	0.00	1.00	0.00	Univ C...	Univ C...	2003	...				-0.5		
4	2.25	1999	2000	5	0.00	1.00	0.00	USAF	USAF	1999	...				0.5		
1	0.00			5	0.00	1.00	0.00	UNIV ...	UNIV ...	1997	...				-0.5		
4	0.00			5	0.00	1.00	0.00	Albert ...	Albert ...	1998	...				4.5		

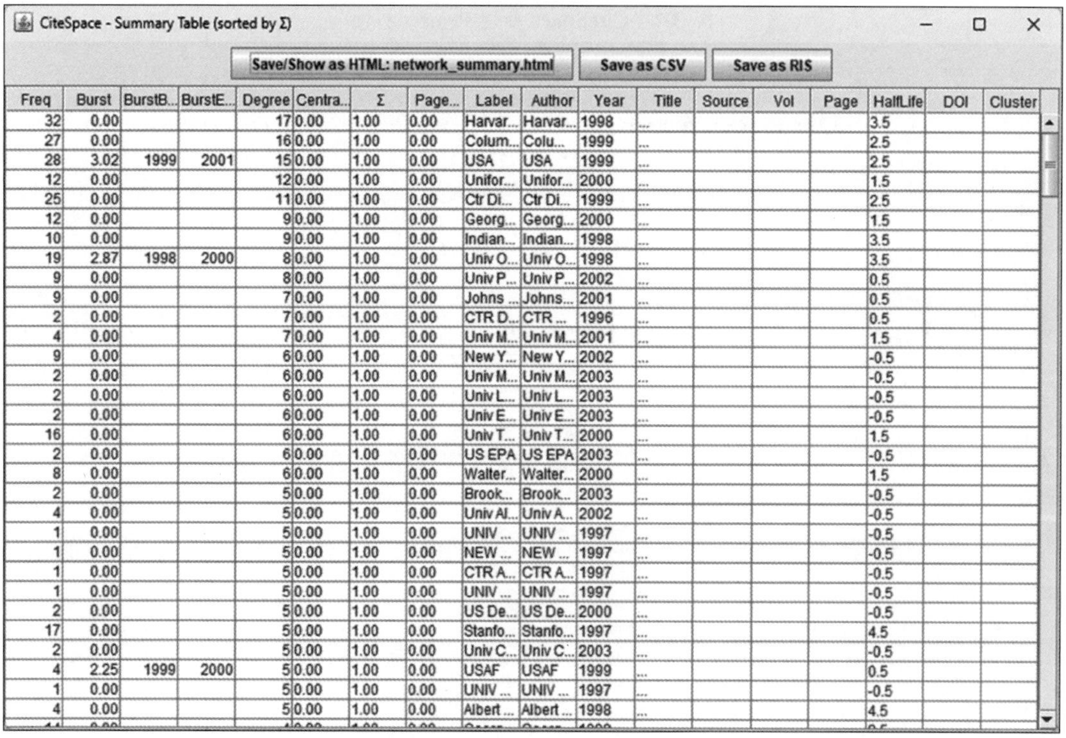

图 3-5　CiteSpace-Summary Table

4. 关键词分析　关键词的共现分析与上一部分操作类似，本章主要讲述关键词的聚类及突现分析。

在关键词聚类图谱的基础上可以进一步进行聚类分析，点击图 3-6 所示图标，输入

"K",即可对关键词进行自动聚类。关键词网络聚类可以对关键词之间的相关性进行统计、分组,从而有效反映该领域的研究热点与进展状况。

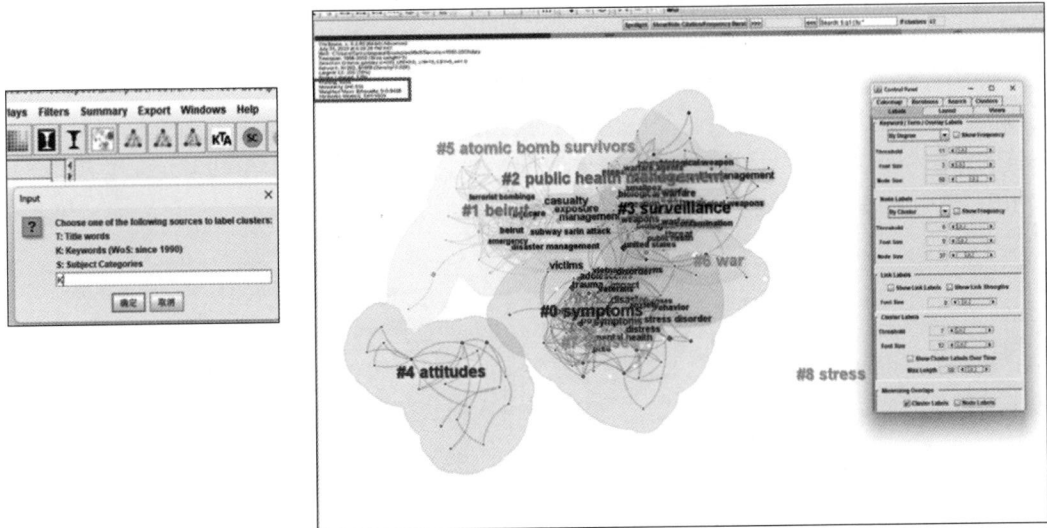

图 3-6　关键词聚类网络

Modularity Q(Q,范围[0,1])和 Weighted Mean Silhouette S(S,范围[-1,1])被用来评估聚类有效性。Q 与集群网络的构建良好程度成正比。S 与聚类内部节点的同质性相关,S 越大,聚类成员的一致性越好。Q>0.3 和 S>0.5 被看作是聚类网络结构合格的标准。

CiteSpace 生成的聚类可以时间轴的形式进行排布,在控制面板中选择"Layout"中的"Timeline",点击图 3-7 所示图标,即可对关键词进行自动聚类。在"Clusters"菜单选择"Summary Table"可以查看并导出聚类的具体内容及参数。

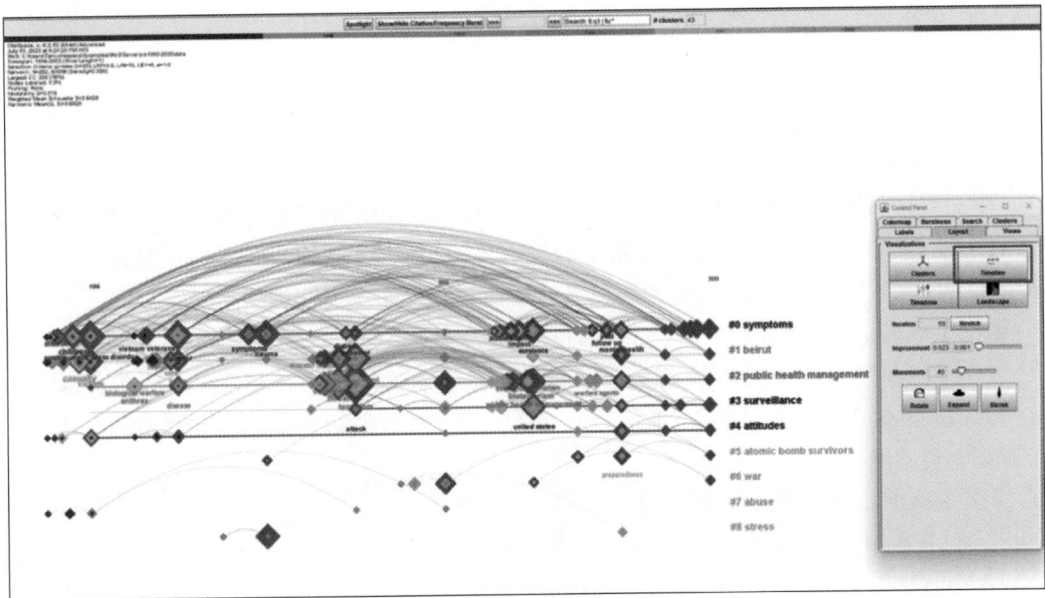

图 3-7　关键词聚类的时间线(Timeline)视图

CiteSpace 软件可以提取检测出突变词(burst terms)以了解研究的前沿情况、研究焦点的转变和最新的研究热点动态,并帮助预测该领域后续的发展趋势。点击控制面板中的"Burstness"可以对突现词进行检测,点击"Refresh"可以计算出即将出现的突现词个数。如提示无突现词或突现词个数过少时,可以降低 Y[0,1]的值,直到能够得到足够量的突现词。

如图 3-8 所示"Year"表示该关键词第一次出现的年份,"Begin"和"End"表示该关键词作为前沿的起始和终止年份,"Strength"表示的是突现强度。红色(书中也呈深灰色)线条代表该关键词成为学术研究热点的具体时间阶段,浅蓝色(书中也呈浅灰色)代表节点还未出现,蓝色(书中也呈灰色)表示节点开始出现。

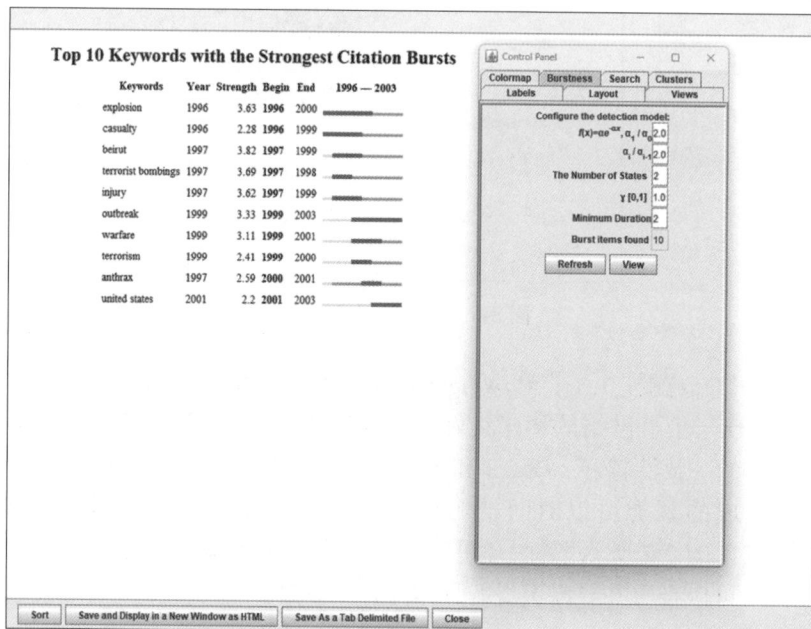

图 3-8　关键词突现分析

二、VOSviewer 部分

在文献计量学研究中,使用专业的软件工具可以帮助研究者进行数据分析和可视化展示。VOSviewer 是一款常用的文献计量学分析软件,具备强大的可视化和分析功能。本文将介绍 VOSviewer 的基本功能、重要术语以及在文献计量学分析中的应用。

（一）VOSviewer 概述

VOSviewer 是一款免费的文献计量学软件,由荷兰莱顿大学计量学研究所的 Nees Jan van Eck 和 Ludo Waltman 等开发(图 3-9)。该软件主要用于可视化和分析科学文献、专利数据和其他类型的引文网络数据。

（二）VOSviewer 的功能和应用

1. 可视化文献引用网络　VOSviewer 可以将文献的引用关系以图形化方式展示,帮助研究者理解文献之间的引用模式和关联程度。通过分析引用网络的拓扑结构、节点的重要性指标等,可以发现核心文献、研究热点和知识传播的路径。

图 3-9　VOSviewer 软件

2. 词汇共现图谱分析　VOSviewer 可以通过分析文献中词汇的共现关系,生成词汇共现图谱。通过可视化展示词汇之间的关联程度和密度,可以发现文献中的关键词、主题和研究热点。

3. 作者和机构合作网络分析　VOSviewer 可以构建文献作者和机构之间的合作网络,并分析网络的结构和合作模式。通过分析网络的节点、连边和中心性指标,可以了解作者和机构之间的合作强度、合作模式以及研究领域的合作网络结构。

4. 可视化时空演化分析　VOSviewer 可以通过分析文献的发表时间和引用关系,进行时空演化分析。通过时间轴、聚类图、时空演化图等可视化工具,可以追踪研究领域的发展趋势、重要节点的变化和知识的传播。

（三）VOSviewer 用户界面介绍

VOSviewer 的主窗口由主面板、选项面板、信息面板、概述面板、操作面板 5 个部分组成:①主面板:显示当前活动图谱的可视化,缩放和滚动功能可用于详细浏览图谱;②选项面板:调整主面板中当前活动图谱的可视化;③信息面板:显示当前活动图谱中的项目说明;④概述面板:显示当前活动图谱的概览,矩形框表示主面板中显示的图谱区域;⑤操作面板:可用于执行不同类型的操作,例如创建新图谱、制作屏幕截图、更新布局或聚类等（图 3-10）。

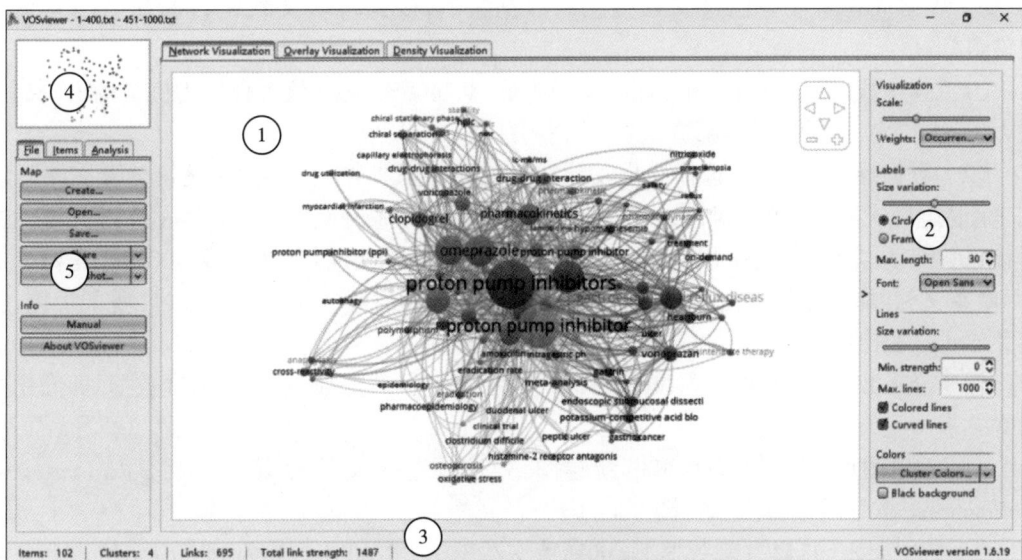

图 3-10　VOSviewer 用户界面

（四）VOSviewer 重要参数介绍

1. 项目与链接

项目（items）：地图中的对象，可以是论文、研究人员或术语等。通常一张地图只包含一种类型的项目。

链接（links）：两个项目之间的连接或关系，可以是文献耦合链接、共同作者链接或共现链接等。每个链接都有一个表示强度的正数值，用于衡量连接的强度。

2. 网络与群集

网络（network）：由项目和项目之间的链接组成的整体。网络中的项目可以通过链接相互连接。

群集（clusters）：将项目分组的集合。群集是不重叠的，即一个项目只能属于一个群集。群集可以通过群集号进行标记，方便在地图中进行分类。

3. 权重与分数属性

权重属性（weight attributes）：用于表示项目重要性的属性。具有更高权重的项目被视为更重要，影响地图可视化时的显示。VOSviewer 中有标准权重属性，如链接属性和总链接强度属性，以及自定义权重属性。

分数属性（score attributes）：用于表示项目其他数值属性的属性。分数属性仅在地图的叠加可视化中考虑，不影响网络和密度可视化。

4. 高级参数

强度（strength）：链接的强度值，表示链接的程度。值越高，链接越强。

权重和分数的选择：在可视化地图时，可以选择显示哪些权重和分数属性，以便更好地呈现地图的信息。

（五）VOSviewer 的具体安装及使用

1. VOSviewer 的安装　打开 VOSviewer 官方网站，导航至"Download"页面，选择适用于您操作系统的版本，VOSviewer 支持 Windows、macOS 和 Linux。

2. 数据准备　准备包含文献信息的数据集，可以是包含文献元数据和引用关系的文件。

（1）收集数据：选择数据库（以英文数据库 Web of Science 核心合集为例），输入研究主题 / 作者 / 机构等，设置其他筛选条件（如索引日期）。

（2）数据导出与记录：选择导出功能后，选择"纯文本文件"或"制表符分隔文件"；注意，除上述格式外，选择其他格式需要经过格式转换后才可使用 VOSviewer 进行分析。选择记录内容为"全记录与引用的参考文献"；每次最多只能导出 500 条文献，如果需要分析 2 000 条文献，那就需要导出 4 次，以此类推。可对已下载好的文献数据编号，便于管理，也避免导出过程出错。

（3）导入数据：将数据导入 VOSviewer 软件，并进行数据预处理，如清洗数据、标准化格式等。

1）新建图谱：选择 Create Map 新建图谱，选择基于文献数据（Create a map based on bibliographic data）的数据类型（图 3-11）。

2）数据导入：选择文献数据库，选择英文数据库"Read data from bibliographic database files"（如 Web of Science、Scopus、Dimensions 等格式），如为中文文献数据，可选择中文数据

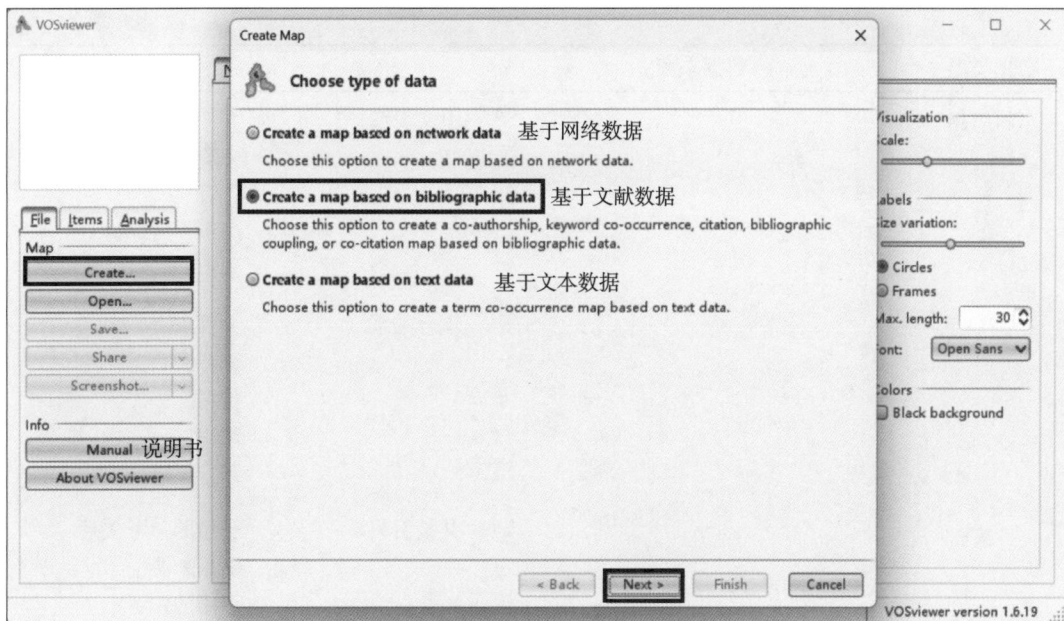

图 3-11　VOSviewer 软件新建图谱示例

库 "Read data from reference manager files"（如中国知网）；在 "Select files" 文件选择页面，选择并导入之前从 Web of Science 数据库导出的文件。

（4）数据分析：选择合适的分析方法和参数，运行 VOSviewer 进行数据分析。可以选择进行共现分析、聚类分析、可视化展示或网络分析等，根据研究目的进行相应的设置。

3. 选择分析类型及计数方式

（1）选择分析类型：不同数据类型可选择的分析方法不同（表 3-1）。以文献数据为例，包括作者合作关系分析、关键词共现关系分析、引文关系分析、耦合关系分析、共被引关系分析。其中，耦合关系分析，主要原理是通过文献引用相同的参考文献的数量来测度文献的相似性；共被引关系分析，主要原理是通过两篇文献共同被引用的次数来测度文献之间的相似性。知识基础是由共被引文献集合组成的（共被引关系分析），而研究前沿是由引用这些知识基础的施引文献集合组成的（耦合关系分析）。

表 3-1　不同文献类型提供的主要分析方法的摘要

数据类型	数据来源	链接	项目
网络数据	VOSviewer map and network files		
	VOSviewer JSON files		
	GML files		
	Pajek files		
书目数据	Bibliographic database files	作者合作关系	作者
	Reference manager files		组织
	APIs		国家
		共现关系	关键词

续表

数据类型	数据来源	链接	项目
书目数据		引文关系	文件 来源 作者 组织 国家
		耦合关系	文件 来源 作者 组织 国家
		共被引关系	引用的参考文献 引用来源 引用的作者
文本数据	VOSviewer files Bibliographic database files Reference manager files APIs	共现关系	术语

（2）选择计数方式：当基于文献数据创建地图时，可以在两种计数方法之间进行选择，包含"Full counting"及"Fractional counting"。默认情况下通常使用"Full counting"（图 3-12）。

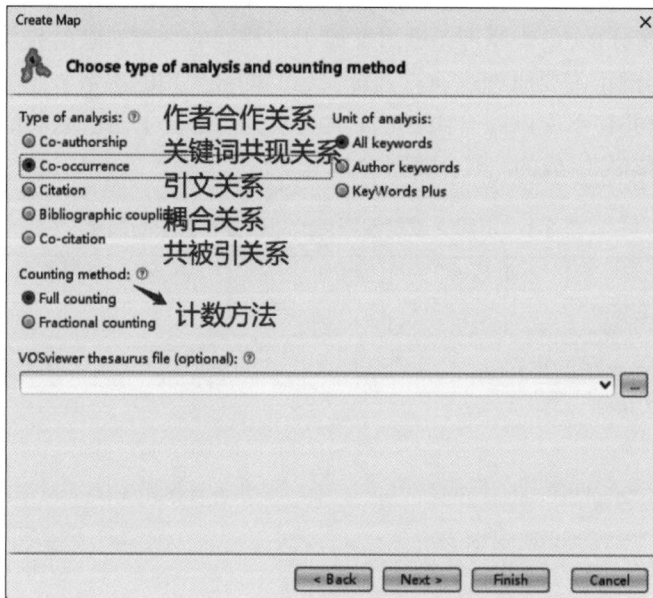

图 3-12　VOSviewer 软件选择分析类型及计数方式示例

（3）调整阈值及关键词：调整关键词最小出现次数（例如5就代表关键词出现5次，便会生成1个共现关系），数值越小，出现的关键词/节点越多，画面越丰富。调整删除无效关键词，最终可生成可视化地图（图3-13）。

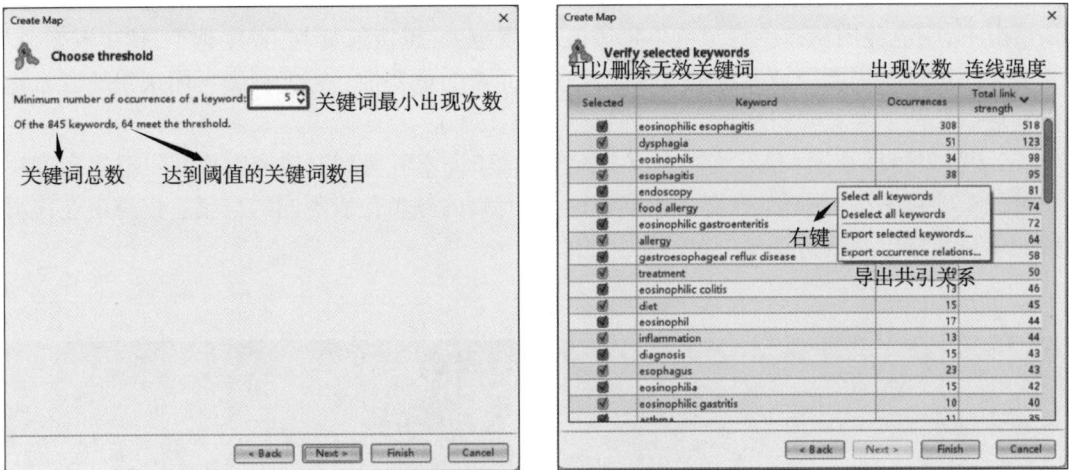

图 3-13　VOSviewer 软件调整阈值及关键词示例

4. 可视化地图类型

（1）网络视图（network visualization）：又称聚类视图。在该视图中，圆圈和标签组成一个元素，元素的大小取决于节点的度、连线的强度、被引量等。元素的颜色代表其所属的聚类，不同的聚类用不同的颜色表示，通过该视图可以查看每个单独的聚类，例如通过关键词共现发现研究热点的结构分布、通过作者合作发现研究小团体、通过作者耦合网络发现学者对研究主题的异同情况等。项目之间的线条代表链接。默认情况下，最多显示1 000行，代表项目之间的1 000个最强链接（图3-14A）。

（2）叠加视图（overlay visualization）：又称标签视图。区别于 network visualization 的特点是用户可以根据自己的研究需要，通过 map file 文件中的 score 或用户定义的颜色（红、绿、蓝）字段对节点赋予不同的颜色。默认按关键词的平均年份取 score 值进行颜色映射，可以分析领域内研究趋势的演变，颜色范围从蓝色（最低分）到绿色再到黄色（最高分）。如果项目既没有分数也没有用户定义的颜色，则无法使用叠加可视化（图3-14B）。

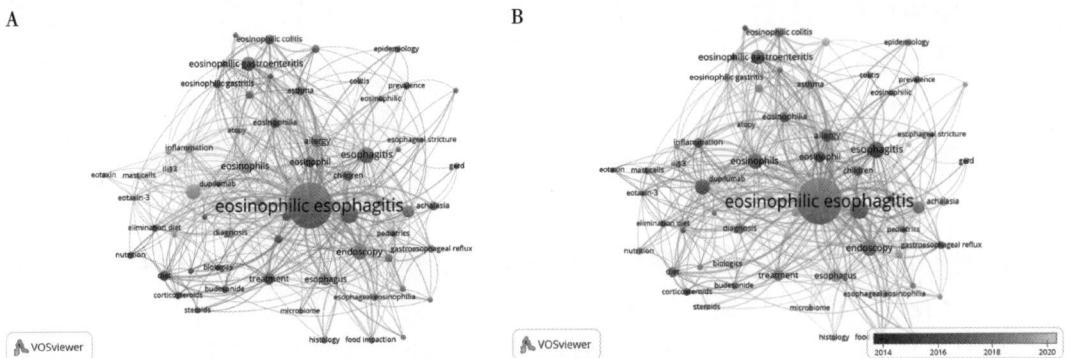

图 3-14　网络视图（A）和叠加视图（B）示例

（3）密度视图（density visualization）：密度视图有两种变体，为项目密度视图及群集密度视图。

1）项目密度视图：在项目密度视图中，以与网络视图和叠加视图类似的方式，通过其标签来表示项目。项目密度可视化中的每个点都有一个颜色，指示该点处项目的密度。默认情况下，颜色范围从蓝色到绿色再到黄色，密度越大，越接近黄色；密度越小，越接近蓝色。密度大小依赖于周围区域元素的数量以及这些元素的重要性。密度视图可用来快速观察重要领域以及某一领域知识和研究密度情况（图 3-15A）。

2）群集密度视图：只有当数据已分配给群集时，才可得到群集密度视图。群集密度视图类似于项目密度可视化，在群集密度视图中，元素的颜色代表不同的群集。权重由在该群集的项目数量以及项目重量决定（图 3-15B）。

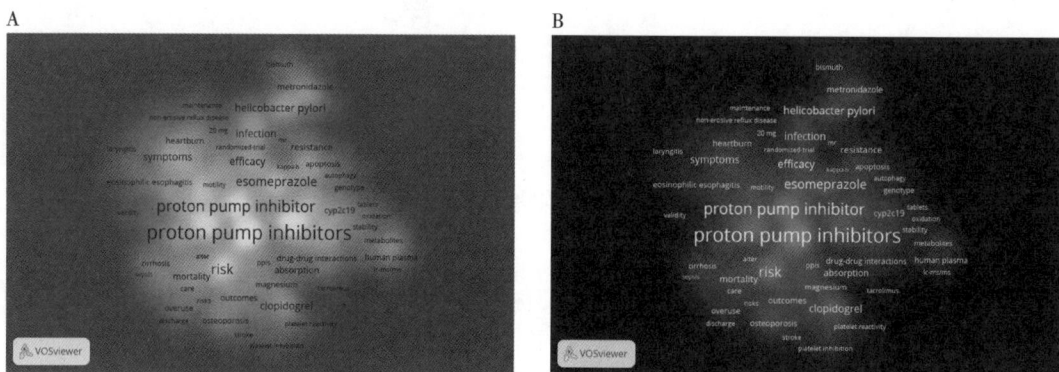

图 3-15 项目密度视图（A）和集群密度视图（B）示例

5. 结果解释与可视化 根据分析结果，进行结果的解释和讨论。结合 VOSviewer 生成的可视化图表和分析指标，解读文献之间的关系、研究领域的热点等。可以调整图表的显示参数、颜色编码和布局方式，以提供更清晰的展示效果。

（1）参数调节（选项面板）可视化（Visualization）：

缩放（Scale）：该滑块确定当前地图可视化中项目标签的大小。它还可以用于确定显示项目之间链接的线的粗细。

权重（Weights）：当项目具有多个权重属性时，权重下拉列表确定当前选择的权重属性。所选择的权重属性会确定在当前地图的可视化中如何突出显示项目。项目的权重越高，其在可视化中的标签就越大。

得分（Scores）：仅当选择叠加可视化时，此下拉列表可用。当项目具有多个得分属性时，得分下拉列表确定当前选择的得分属性。所选择的得分属性会确定在当前活动地图的可视化中项目的着色。默认情况下，项目得分越高（越低），项目的颜色越接近黄色（蓝色）。

1）标签（Labels）：

标签大小（Size variation）：项目的权重越高，在当前活动地图的可视化中项目的标签就越大。"大小变化"滑块确定此效果的强度。

圆圈（Circles）和矩形（Frames）：这些单选按钮确定项目在当前地图的可视化中的表示方式。如果选择"圆圈"单选按钮，则项目由其标签和一个圆表示。如果选择"矩形"单选按钮,则项目由其标签显示在一个矩形框内。

最大长度(Max. length):确定在当前地图的可视化中显示的标注的最大长度。如果项目标签的长度超过最大长度,则仅显示标签的第一部分。

字体(Font):此下拉列表确定用于在当前地图的可视化中显示项目标注的字体。"字体"下拉列表中字体的可用性取决于项目标签中 CJKV(中文、日语、韩语和越南语)字符的使用情况。如果项目的标签不包含 CJKV 字符,则有多种字体可用,默认情况下会选择 Open Sans 字体。如果项目的标签包含 CJKV 字符,则只有 Sans Serif 字体可用。Sans Serif 字体可确保正确显示 CJKV 字符。

2)线条(Lines):

线条粗细(Size variation):两个项目之间的链接越强,用于在当前地图的可视化中显示链接的线就越粗。"大小变化"滑块决定了此效果的强度。

最小连线强度(Min. strength)和最大连线强度(Max. lines):在当前地图的可视化中,可以使用线条显示项目之间的链接。"最小连线强度"和"最大连线强度"文本框分别确定可视化中显示的链接的最小强度和可视化中显示的最大链接数。如果具有所需最小强度的链接数超过最大链接数,则仅显示最强的链接。

彩色线条(Colored lines):此复选框确定是使用灰线还是彩色线显示链接。

曲线(Curved lines):此复选框确定是使用直线还是曲线显示链接。

3)颜色(Colors):

群集颜色(Cluster Colors):当选择了网络可视化时,此选项才可用。该选项包括 4 个选项:①编辑颜色(Edit colors):此选项是默认选项,选择此选项可在"编辑群集颜色"对话框中编辑当前群集颜色;②导入颜色(Import colors):选择此选项可从群集颜色文件导入群集颜色导出颜色;③导出颜色(Export colors):选择此选项可将当前群集颜色导出到群集颜色文件;④使用默认颜色(Use default colors):选择此选项可使用默认群集颜色。

叠加颜色:仅当选择叠加可视化并且项目具有得分时才可用。该按钮提供 4 个选项:①设置颜色范围(Set colors range):默认选择。选择此选项可打开"设置叠加颜色范围"对话框。此对话框可用于更改确定项目得分映射到颜色的最小和最大得分。默认情况下,得分小于或等于最小得分的项目将映射到蓝色,中间得分将映射到绿色,得分大于或等于最大得分的项目将映射到黄色。②导入颜色(Import colors):选择此选项可从叠加颜色文件导入叠加颜色。③导出颜色(Export colors):选择此选项可将当前叠加颜色导出到叠加颜色文件。④使用预定义颜色(Use predefined colors):选择此选项以使用预定义的叠加颜色。有 6 种不同的颜色方案可用。若要使用默认的叠加颜色,请选择 Viridis 颜色方案。

黑色背景(Black background):此复选框确定当前活动地图的可视化为白色或黑色背景颜色(图 3-16)。

(2)分析参数调节(操作面板):

归一化(Normalization):使用归一化方法下拉列表来确定项目之间链接强度的归一化方式。归一化的链接强度被用作 VOS 布局技术和 VOS 聚类技术的输入。规范化方法下拉列表中提供了以下选项。

无归一化(No normalization):如果选择此选项,将不执行任何归一化。通常我们不建议选择此选项。

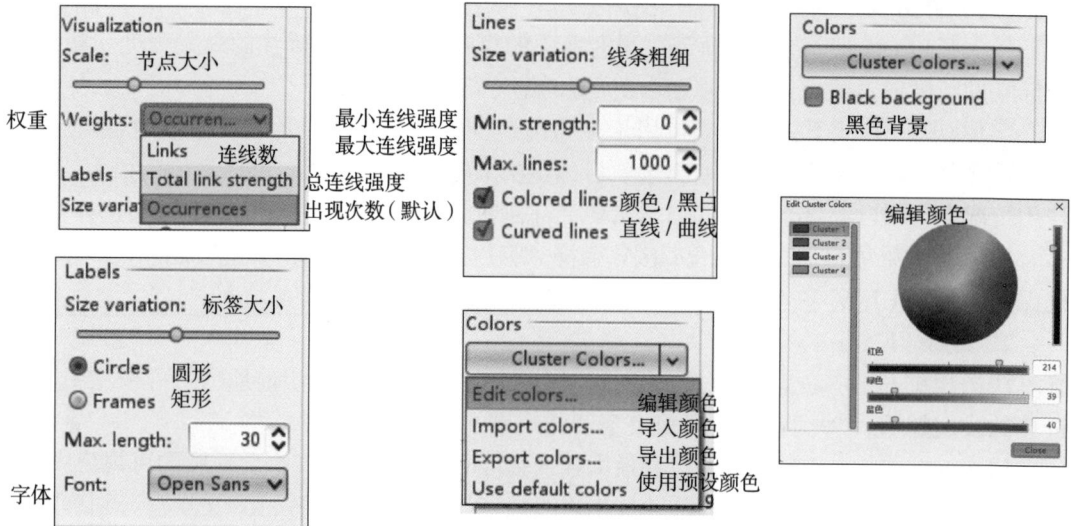

图 3-16　VOSviewer 选项面板

关联强度（Association strength）：如果选择此选项，则使用关联强度方法来归一化项目之间链接的强度。此选项默认选择。

分数化（Association strength）：如果选择此选项，则使用分数化方法来归一化项目之间链接的强度。

LinLog/ 模块化（LinLog/modularity）：如果选择此选项，归一化将以与 LinLog 布局技术和模块化聚类技术相同的方式执行。

1）布局（Layout）：

引力（Attraction）和斥力（Repulsion）：这些参数影响 VOS 布局技术在地图中定位项目的方式。引力必须具有 –9~+10 的整数值。斥力必须具有 –10~+9 的整数值。斥力的值必须低于引力的值。对于大多数情况，建议分别将吸引和排斥参数设置为 2 和 1、2 和 0，或者 1 和 0。

使用默认值：此复选框确定在使用"创建地图向导"创建新地图时是否使用吸引和排斥参数的默认值。如果复选框被选中，则使用默认参数值。这些默认参数值取决于创建的地图类型。

2）旋转 / 翻转（Rotate/flip）：

旋转（Rotate）：使用此旋转当前地图。"旋转度数"参数确定地图旋转的度数。

水平翻转（Flip Horizontally）：使用此水平翻转当前活动地图。

垂直翻转（Flip Vertically）：使用此垂直翻转当前活动地图。

6. 地图保存

（1）保存（Save）：使用此保存当前地图。该按钮将弹出"保存地图"对话框。地图可以保存为 VOSviewer 地图文件和 VOSviewer 网络文件，或者地图可以保存为 VOSviewer JSON 文件、GML 文件或 Pajek 文件。

（2）截图（Screenshot）：此选项提供 4 个选项。

保存（Save）：选择此选项以保存当前活动地图在主面板中呈现的可视化的截图。截图将尽可能地保持与当前活动地图可视化的相似性。但是,如果"截图选项"对话框中的"优化标签"复选框被选中,则截图中标签的可见性将被优化。这意味着在当前地图的可视化中看不到的一些标签可能在截图中可见。截图可以多种图形文件格式保存。对于大多数用途,建议使用 PNG 格式。某些格式,如 EPS、PDF 和 SVG,使用矢量图形保存截图。具有可以调整大小而不损失质量的优点。

打印(Print):选择此选项以打印主面板中呈现的当前地图的可视化截图。

复制到剪贴板(Copy to clipboard):选择此选项以复制主面板中呈现的当前地图的可视化截图。

选项(Options):选择此选项可打开"屏幕截图选项"对话框。此对话框可用于更改与屏幕截图相关的某些设置。

(六)总结

VOSviewer 作为一款免费的文献计量学工具,可用于可视化和分析科学文献的引用关系、词汇共现关系以及作者和机构的合作网络。使用 VOSviewer 需要进行数据准备、导入数据、进行分析和解释可视化结果,最终得出相应的结论和应用。通过 VOSviewer 的功能和应用,研究者可以深入了解文献之间的关系、研究领域的热点以及合作网络的结构。VOSviewer 为文献计量学研究提供了强大的工具和方法,促进了学术研究和科学决策的发展。

(邱美琪　谭　铖　甄军海　庞可歆　闫文宣　叶　青　董卫国)

第四章　文献计量学在医学的应用

文献计量学作为一门研究学科,近年来在医学领域具有广泛的应用。通过对医学文献进行定量分析和评估,可以揭示医学相关研究领域的趋势、评估学术影响力,以及指导医学政策和决策的制定。本章将介绍文献计量学在医学中的应用,包括医学文献产出与发展的分析、医学学术合作与知识传播的分析、医学研究评价与科学影响力的衡量、医学政策制定与决策支持等方面。

一、医学文献产出与发展的分析

科研产出与趋势分析:文献计量学可以分析医学某一研究领域的科研产出情况,例如某研究领域论文的数量、不同国家和机构的科研产出比重等。通过计量方法分析医学某一研究领域的具体情况,可以了解该领域的研究热点和发展趋势。

期刊评价与选择:文献计量学可以帮助医学研究者评估期刊的学术影响力和质量。通过分析期刊的引用频次、影响因子等指标,研究者可以选择适合自己研究成果发表的高水平期刊,从而提高研究成果的曝光度和学术影响力。

二、医学学术合作与知识传播的分析

学术合作网络分析:通过构建医学领域的学术合作网络,文献计量学可以分析医学研究者之间的合作关系。研究合作网络的拓扑结构、合作强度和合作模式,有助于揭示学术合作的模式、合作者的影响力以及学科之间的交叉与融合情况。

文献引用分析:通过分析医学文献的引用关系,可以了解医学研究的影响力和知识传播情况。文献计量学有助于揭示重要的引用文献和高影响力的研究成果,帮助医学研究者追踪知识的来源和传播路径。

三、医学研究评价与科学影响力的衡量

学术影响力评估:文献计量学通过分析医学研究的引用次数、被引频次、H 指数等指标,有助于评估医学研究者和研究团队的学术影响力。这些指标可以帮助医学研究者了解自己的学术声誉和贡献,也可作为职称评定、科研项目评估和学术评价的依据。

科学评价与排名:文献计量学可以对医学领域的机构、学科和国家进行科学评价和排名。通过分析医学研究的产出、引用和影响力等指标,可以评估不同机构和学科的科学实力,为科研投资和决策提供依据。

四、医学政策制定与决策支持

科技政策制定：文献计量学可以为医学领域的科技政策制定提供科学依据。通过分析医学研究的热点、趋势和优势领域，有助于确定科技投资的方向，为政府和科技管理机构制定医学领域的科技政策和规划提供支持。

疾病管理与健康政策支持：文献计量学可以为疾病管理和健康政策提供支持。通过分析医学文献中与特定疾病相关的研究成果，有助于了解该疾病的研究进展和潜在治疗策略，为疾病预防、诊断和治疗提供科学依据。

文献计量学在医学领域的应用非常广泛。通过文献计量学的方法和指标，可以对医学文献进行定量分析和评估，揭示医学研究的趋势、学术合作和知识传播的模式，评估医学研究者和团队的学术影响力，支持科学评价和决策制定。文献计量学为医学学术研究、科学评价和医学政策制定提供了科学的工具和方法，为医学领域的发展和进步作出了贡献。在后续的案例分析中，我们将运用文献计量学的方法，探索临床医学常见疾病相关领域的学术研究特征和发展趋势，以进一步展示文献计量学在医学中的应用价值。

（刘　传　闫文宣　谭　铖　董卫国）

实践篇

第五章　食管疾病

第五章彩图

嗜酸细胞性食管炎研究进展及趋势：文献计量研究

【背景】通过文献计量学方法分析嗜酸细胞性食管炎相关领域研究的历史进程、现状与前景，探求其知识演进和发展趋势。

【材料与方法】以 Web of Science 核心合集数据库为检索平台，检索嗜酸细胞性食管炎领域相关文献，将搜索到的文献导入文献计量工具 CiteSpace（版本 6.2.R2）和 VOSviewer（版本 1.6.19）软件，通过生成网络地图可视化分析文献数据的作者、期刊、国家/地区、研究机构、关键词等指标中的特征，解析研究的知识基础与前沿热点。

【结果】共纳入 2 995 篇嗜酸细胞性食管炎相关领域的研究文献，文献数量随年份推移呈波动上升趋势，美国为主要研究国家，在该研究领域居主导地位，俄亥俄大学系统可被视为该研究领域的国际性学术中心。Dellon ES 教授是最大发文量作者，*Gastroenterology* 为最高被引期刊，研究的热点主要围绕相关疾病、发病机制、口服免疫制剂等主题。靶向上游警报蛋白的生物制剂可能是下一步研究方向。

【结论】嗜酸细胞性食管炎的研究现处于快速上升期，研究范围逐渐扩大，研究水平不断深入，靶向嗜酸细胞性食管炎的生物治疗是研究发展的必然趋势。

【关键词】文献计量学分析，嗜酸细胞性食管炎，反流性食管炎，口服免疫治疗

引　言

嗜酸细胞性食管炎（eosinophilic esophagitis，EoE）是一种由免疫介导的慢性、进展性食管炎症，一般认为与食管对过敏物质的免疫炎性反应有关[1]，组织病理学表现为食管黏膜以嗜酸性粒细胞浸润为主的炎症[2]。EoE 的症状可表现为食管功能障碍及非特异性症状，不同年龄的 EoE 患者可表现出不同的症状[3]，例如婴儿可表现为拒绝进食，儿童主要表现为烧心、呕吐或腹痛，青少年或成人主要表现为吞咽困难或食物嵌塞[4-6]。自 20 世纪 80 年代首次提出 EoE 的概念[7]，经过近 40 年的临床病理学研究，目前 EoE 已从一种鲜为人知的病

理疾病转变为临床实践中可经常遇到的特征明确的慢性食管疾病。近期的流行病学分析显示,EoE 在儿童及成年人中的发病率均有明显的升高[8-10],目前已成为年轻人出现慢性吞咽困难及食物嵌顿的主要原因。EoE 是由遗传、环境和免疫因素等多因素相互作用的结果,具体的机制目前尚未完全明确[11]。EoE 显著影响患者的生活质量,若不及时治疗,最终会进展为食管重塑、食管强直、纤维化狭窄[12]。随着人们对疾病过程理解的深入,EoE 的治疗模式也在不断发展。目前临床上 EoE 的一线治疗方案包括饮食疗法、药物治疗及内镜下食管扩张[13]。

文献计量学是对已发表的文献进行统计的一种方法,运用数学和统计学相关理论,通过定量分析,实现综合性知识体系的研究[14]。不同于传统的引文计数,文献计量学考虑了文献之间的联系,能够识别知识结构和预测新兴发展趋势。在当代学科定量化趋势下,美国陈超美教授创建 CiteSpace 软件,该软件是一个于 Java 环境中运行的应用程序,基于共引分析理论,通过将文献计量学和数据挖掘算法结合,以可视化手段呈现学科领域的知识图谱,直观展示各知识单元间的互动交叉和历史演化[15]。VOSviewer 可基于共现数据实现关键词的构建和可视化,在制图方面具有优势,是分析大规模数据的有效方法和手段[16]。本研究基于文献计量学对 EoE 相关文献进行可视化分析,助力研究者了解和掌握 EoE 的研究现状、发展趋势、前沿热点及不足,以期为临床医师、政策制定者、研究者和广大患者提供参考。

材料与方法

(一)数据来源与检索策略

本研究中使用的所有数据均取自 Web of Science,这是最具影响力的科学文献数据库之一[17]。检索 Web of Science 核心合集(Web of Science Core Collection,WoSCC)数据库,检索策略为:TS= "eosinophilic esophagitis" 或 "eosinophilic esophagitides" 或 "EoE";文献类型限制为 "article" 或 "review",将语言限制为 "英语",出版年设为 1970—2022。

(二)数据收集与筛选

2023 年 5 月 10 日完成文献检索和数据下载。检索到文献共计 3 104 篇。以"全记录与引用的参考文献"的"制表符分隔文件"格式导出,两名研究者独立应用 Microsoft Excel 2016 筛选了标题、摘要和关键词,剔除与主题相关性差、重复发表、时间信息不明的文献。最终,经过有效的比较和讨论,最终纳入 2 995 篇相关文献。将最终确定的数据转为"纯文本文件"格式,以"download_"命名。检索工作在 1 日内完成,以避免数据库每日更新产生的变化。

(三)数据处理与分析

采用 Microsoft Excel 2016、VOSviewer(版本 1.6.19)、CiteSpace(版本 6.2.R2)和文献计量在线分析平台(OALM)(http://bibliometric.com/)对相关文献的以下特征进行分析:①标题;②作者;③关键词;④出版年份;⑤主题;⑥机构和国家 / 地区。此外,期刊名称和影响因子(impact factor,IF)使用 2022 年版《期刊引证报告》(Journal Citation Report,JCR)进行记录。利用 Excel 2016 统计机构、国家 / 地区等基本信息;应用 OALM 分析作者、国家 / 地区、期刊;采用 VOSviewer(版本 1.6.19)软件对国家 / 地区、作者、关键词进行共现分析,计算方式设置为 Full counting;采用 CiteSpace(版本 6.2.R2)对作者、关键词进行聚类,设置 Time Slicing 为 1970 年 1 月至 2022 年 12 月,时间切片设置为 1 年,Top N 设置为 30,Pruning 选择 Pathfinder、Pruning sliced networks 和 Pruninhe merged network,其他参数为默认,绘制时间线,进行文献计量学统计和图谱可视化分析。

结　果

(一)文献数量和一般特征

图 5-1A 显示关于 EoE 领域的文章出版起始于 1981 年,随后年度出版物逐年增加,大致经历了起步(1981—2000 年)、缓慢增加(2000—2010 年)的阶段;自 21 世纪 10 年代起,年度出版物数量急剧增加,步入迅速增加阶段(2011—2022 年)。2022 年出版物数量达到顶峰,多达 304 篇;表明嗜酸细胞性食管炎的研究越来越受到关注。根据普莱斯定律,文章的发表呈指数增长,指数曲线方程的数学公式为 $y=2E-153e^{0.177x}$,图 5-1B 表明模拟曲线与年发表量增长趋势吻合较好,决定系数为 0.893,表明未来几年每年发表的新文章数量将继续增加,或许将进入飞速增加阶段。大部分文献类型为 article(图 5-1C)。

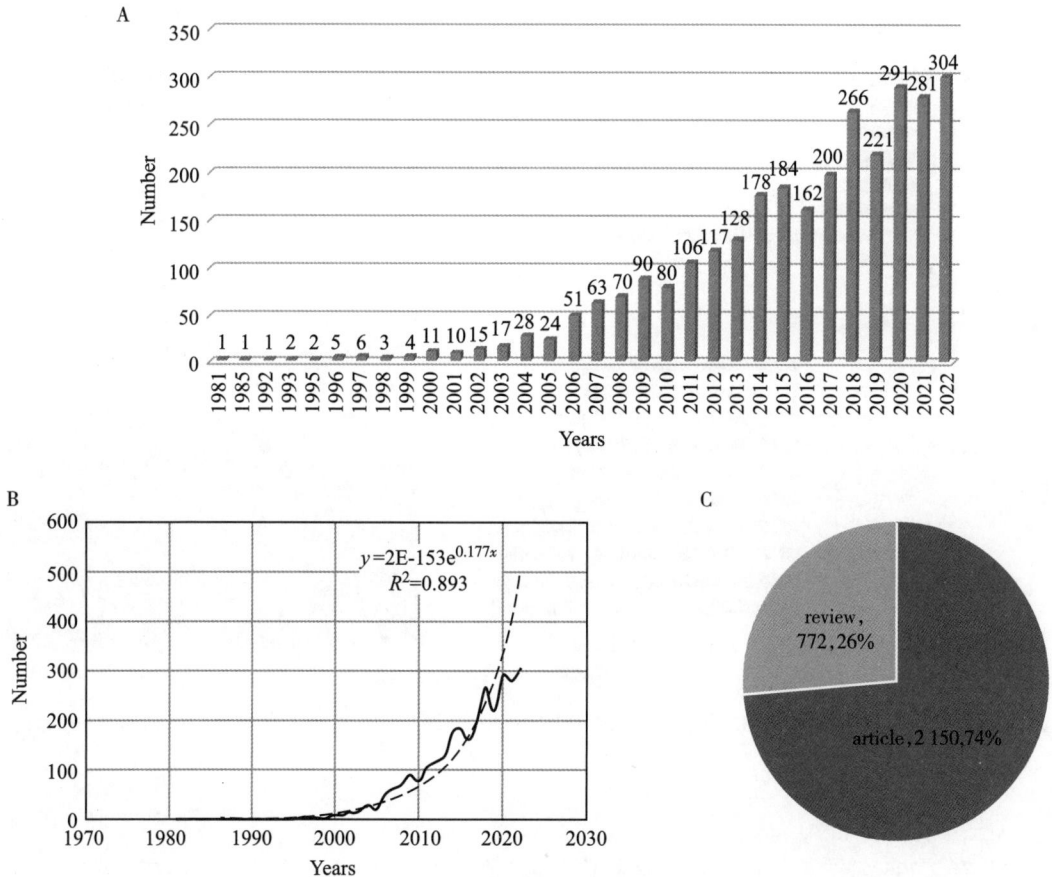

图 5-1　文献数量和一般特征
A. 年度出版物数量;B. 出版物数量的指数增长图;C. 文献类型。

（二）国家／地区和机构分析

根据 WoSCC，1981—2023 年间发表 EoE 研究成果的国家有 74 个，美国以 847 篇位列发文量的第 1 位，占总发文量的 28.28%，遥遥领先于第 2 名的意大利（187 篇，6.24%）（图 5-2A）。同样，美国也是被引次数最多的国家（75 063 次）。使用 OALM 分析国家之间的合作，结果显示该主题的合作主要集中在美国、英国、澳大利亚等发达国家之间（图 5-2B）。分析结果表明，美国一直是 EoE 研究的世界中心和研究大国。目前，发达国家在出版物总数中所占份额较大，这可能是与发达国家将更多资金用于科学研究有关[18]，此外，EoE 在发达国家的诊断更为普遍[19]。

所有出版物共来自 2 690 家机构。结果显示，排名前 10 位的国际机构中均为美国的机构（图 5-2C）。其中，俄亥俄大学系统（n=279）排名第一。辛辛那提儿童医院医疗中心（n=275）和北卡罗来纳大学（n=260）分别位列第二和第三。各机构之间密切合作（图 5-2D），美国各机构积极参与研究 EoE。

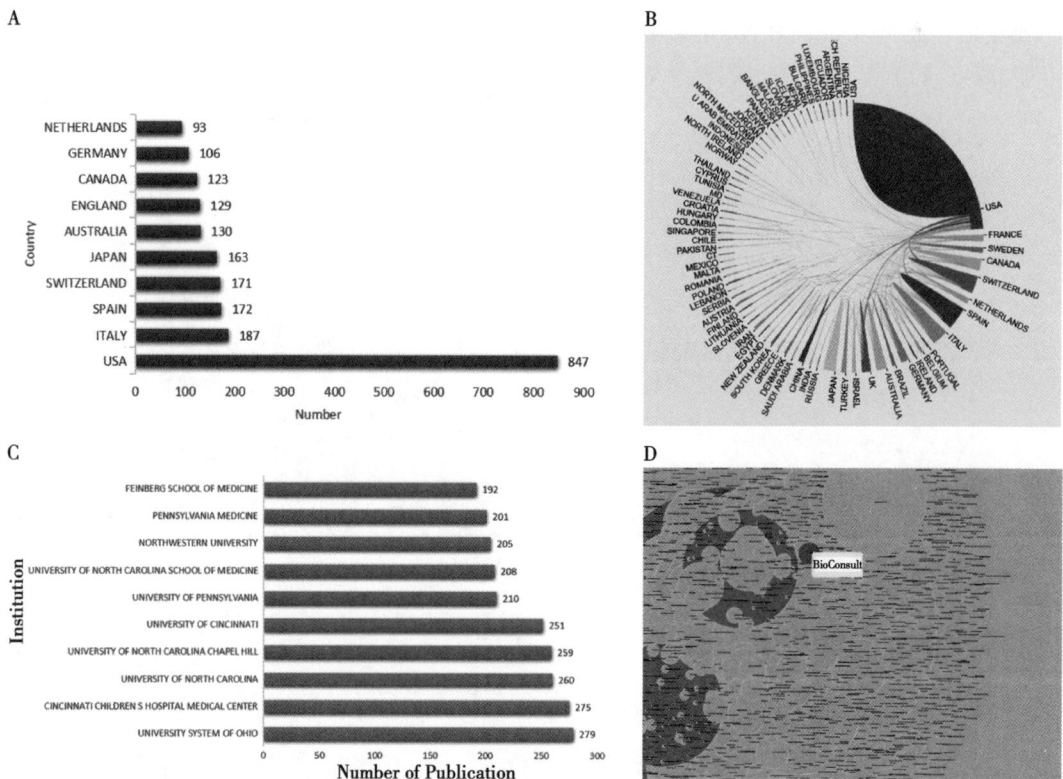

图 5-2　国家／地区和机构分析
A. 共同国家发表的文章数量；B. 国家之间的合作关系；C. 共同机构发表的文章数量；D. 机构之间的合作关系。

（三）作者分析

共有 2 295 名作者在 EoE 领域发表了文章。在发文量前 10 的作者中，有 90% 来自美国，其中只有 Hirano I 教授 1 人来自瑞典（表 5-1）。来自北卡罗来纳大学的 Dellon ES 贡献最多，发表了 229 篇论文，且被引用次数最多（862 次），见表 5-1。发文量排名第二和第三的分别是来自辛辛那提大学的 Rothenberg ME 教授和来自科罗拉多儿童医院的 Furuta GT 教授。通过 CiteSpace 软件生成作者合作网络，网络中节点的大小代表作者发文量的多少，节点越大，发文量越高。节点间的连线表示相互之间的协作关系。如图 5-3 所示，其节点数 N=862，连线数 E=2 778，高产作者形成了多个比较稳定的合作团队，但各学术团队间合作不紧密。

表 5-1　EoE 相关文献贡献前十名的作者

排序	作者	频次	H 指数	中心度	度
1	Dellon ES	229	65	0.04	63
2	Rothenberg ME	179	113	0.03	82
3	Furuta GT	114	54	0.04	67
4	Spergel JM	111	65	0.04	65
5	Hirano I	106	52	0.01	43
6	Straumann A	93	53	0.01	42
7	Collins MH	89	54	0.02	70
8	Aceves SS	81	35	0.02	55
9	Katzka DA	74	49	0.01	39
10	Gonsalves N	68	32	0.02	51

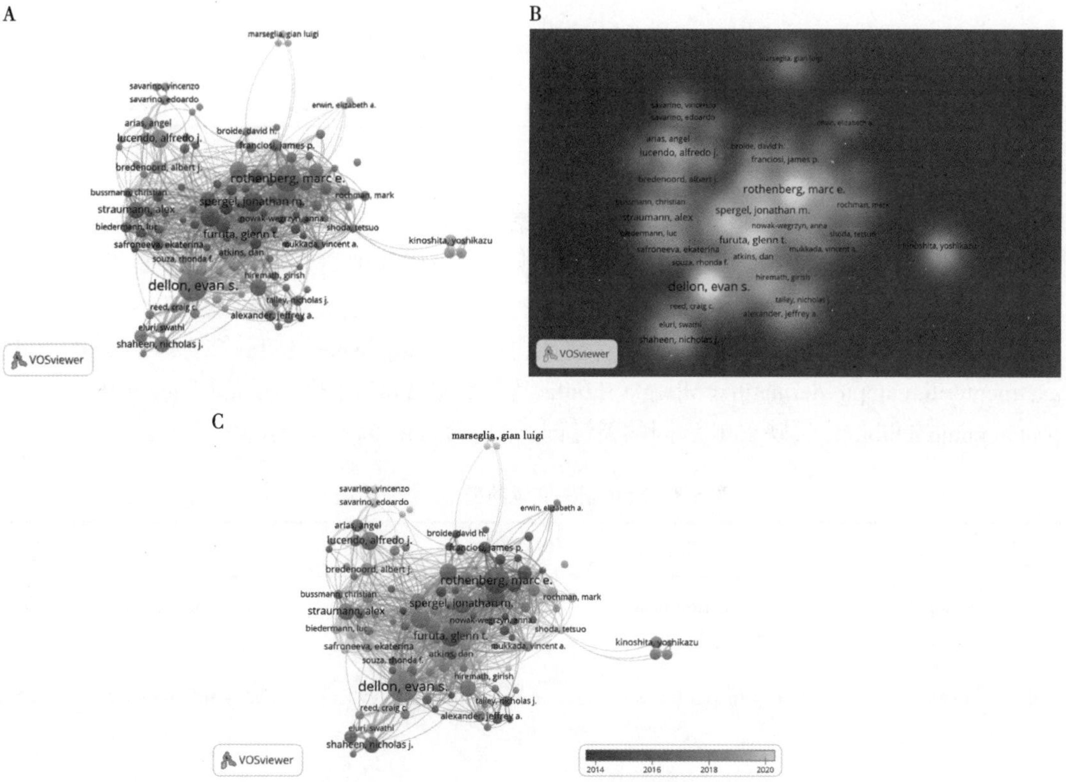

图 5-3　有影响力的作者的网络图
A. 网络可视化；B. 密度可视化；C. 叠加可视化。

（四）期刊被引分析

期刊在其研究领域的影响力和权威性取决于它们被共同引用的次数,被高度引用的期刊在一定程度上可以作为研究该领域的最佳来源[20]。对纳入文献发表的期刊被引频次进行统计,前 10 位见表 5-2。结果表明,被引频次最多的为美国出版的 *Gastroenterology*,平均被引频次为 136.15,影响因子为 29.4,JCR 分区为 Q1 分区,为全球胃肠疾病领域头部期刊。被引频次前 10 位的期刊中,70% 为 Q1 分区期刊,影响因子分布在 2.6~29.4。

表 5-2　基于 EoE 相关文献的引用频率的前 10 种期刊

排序	期刊	被引频次	平均被引频次	频次	JCR分区	影响因子
1	*Gastroenterology*	7 488	136.15	55	Q1	29.4
2	*Journal of Allergy and Clinical Immunology*	6 821	49.07	139	Q1	13.1
3	*Clinical Gastroenterology and Hepatology*	5 467	52.57	104	Q1	12.6
4	*American Journal of Gastroenterology*	4 578	51.44	89	Q1	9.8
5	*Journal of Pediatric Gastroenterology and Nutrition*	3 861	21.33	181	Q1	2.9
6	*Gastrointestinal Endoscopy*	2 426	50.54	48	Q1	7.7
7	*Digestive Disease and Sciences*	1 262	14.67	86	Q3	3.1
8	*Allergy*	1 159	24.66	47	Q1	12.4
9	*Diseases of the Esophagus*	1 113	10.6	105	Q4	2.6
10	*Annals of Allergy Asthma & Immunology*	1 069	17.82	60	Q2	5.9

（五）关键词分析

1. 词频分析　关键词是文章主题的精练表达,反映了文章的关键信息,其频次常与领域的研究热点呈正相关[21]。共现图谱可以体现不同时间段的研究热点及方法的演变,详细分析关键词共现结果将有助于把握 EoE 未来的研究热点。通过对关键词的分析(表 5-3),本研究提出了反映 EoE 相关疾病的关键词,如 gastroesophageal reflux disease、eosinophilic gastroenteritis、atopic dermatitis、allergic rhinitis 等;反映 EoE 治疗,如 oral immunotherapy 和 proton pump inhibitor;反映 EoE 病因的关键词,如 mast cell、food allergy 等。

表 5-3　EoE 相关文献的前 10 个关键词

排序	关键词	频次	关键词	中心度	关键词	度	关键词	突现
1	eosinophilic esophagitis	806	eosinophilic esophagitis	0.89	eosinophilic esophagitis	308	colon cancer	5.03
2	food allergy	189	food allergy	0.26	food allergy	127	inflammatory bowel disease	4.65
3	gastroesophageal reflux disease	65	eosinophilic gastroenteritis	0.05	eosinophilic gastroenteritis	50	*Escherichia coli*	4.15

续表

排序	关键词	频次	关键词	中心度	关键词	度	关键词	突现
4	eosinophilic gastroenteritis	61	gastroesophageal reflux disease	0.04	gastroesophageal reflux disease	37	metabolite	4.12
5	proton pump inhibitor	57	proton pump inhibitor	0.04	proton pump inhibitor	37	ulcerative colitis	4.03
6	atopic dermatitis	56	atopic dermatitis	0.04	atopic dermatitis	37	association	3.93
7	mast cell	35	mast cell	0.04	elimination diet	26	microbiota	3.81
8	oral immunotherapy	34	quality of life	0.03	eosinophilic colitis	25	*Fusobacterium nucleatum*	3.7
9	elimination diet	31	food allergen	0.03	quality of life	24	Crohn disease	3.65
10	eosinophilic colitis	30	oral immunotherapy	0.02	mast cell	23	tumorigenesis	3.43

应用 CiteSpace 软件绘制可视化图形(作者关键词),经软件分析含 643 个节点,其中一个节点代表一个关键字。节点越大,说明关键字的频率越高。节点之间的连接代表了关键词之间的联系,连接越粗,关键词共现的频率越高,连接越紧密。节点中心性是衡量节点在网络中的重要性及其与其他节点连接的紧密程度。关键词的中心性越高,越容易成为网络中的关键节点,说明该关键词在该领域具有影响力,围绕该关键词的研究范围很广。近 40年研究共获得 643 个关键词,可视化地图中有影响力的关键词包括 eosinophilic esophagitis、food allergy、eosinophilic gastroenteritis、proton pump inhibitor 等。

2. 聚类分析 通过 VOSviewer 对样本文献高频作者关键词进行聚类分析,关键词的最少出现次数设置为 15 108 个关键词达到阈值,将其分为 5 个聚类。这 5 个聚类代表了 EoE领域的主要研究方向(图 5-4A)。聚类 1 表示主要与 EoE 相关的胃肠道疾病(如嗜酸细胞性胃炎等)及微观层面(如 EoE 相关的细胞因子);聚类 2 主要是 EoE 的临床特征;聚类 3侧重于 EoE 的临床表现;聚类 4 主要与机体免疫相关;聚类 5 主要与治疗相关。聚类 1 和聚类 2 是最大的聚类,分别有 27 个和 26 个术语。在密度视图里(图 5-4B),聚类 1、聚类 2也是关键聚类。

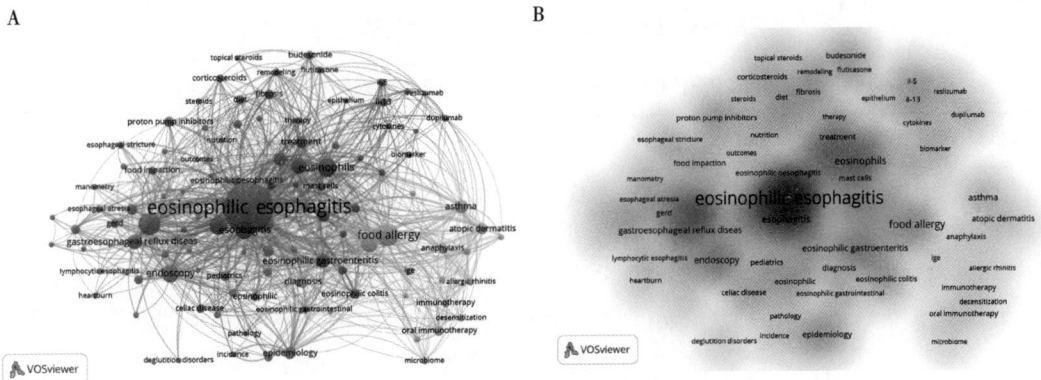

图 5-4 有影响力的关键词网络图

A. 网络可视化;B. 密度可视化。

使用 CiteSpace 对作者关键词进行 clustering timeline 分析(图 5-5),聚类效果采用 Modularity Q(Q,范围[0,1])与 Mean Silhouette S(S,范围[-1,1])评价,Q 值表示聚类内部联系,Q=0.585 4(>0.3),聚类结构可信。模块的同质性采用 S 评价,S=0.895 7(>0.5),表示聚类样本及聚类结果合理(图 5-5)。聚类后编号的数字越小,代表聚类包含的关键词越多,CiteSpace 将 EoE 研究的热点领域聚为 7 类,即"0# eosinophilic esophagitis""1# food allergy""2# eosinophilic gastroenteritis""3# gastroesophageal reflux disease""4# oral immunotherapy""5# atopic dermatitis""6# emerging cause"(表 5-4)。综上所述,本文的聚类分析发现,EoE 的研究主要集中在三个方面:①研究与 IBD 共存或需鉴别的相关疾病,如过敏性鼻炎、反流性食管炎;②EoE 相关的机体免疫反应研究;③EoE 的治疗,如生物制剂和类固醇治疗。

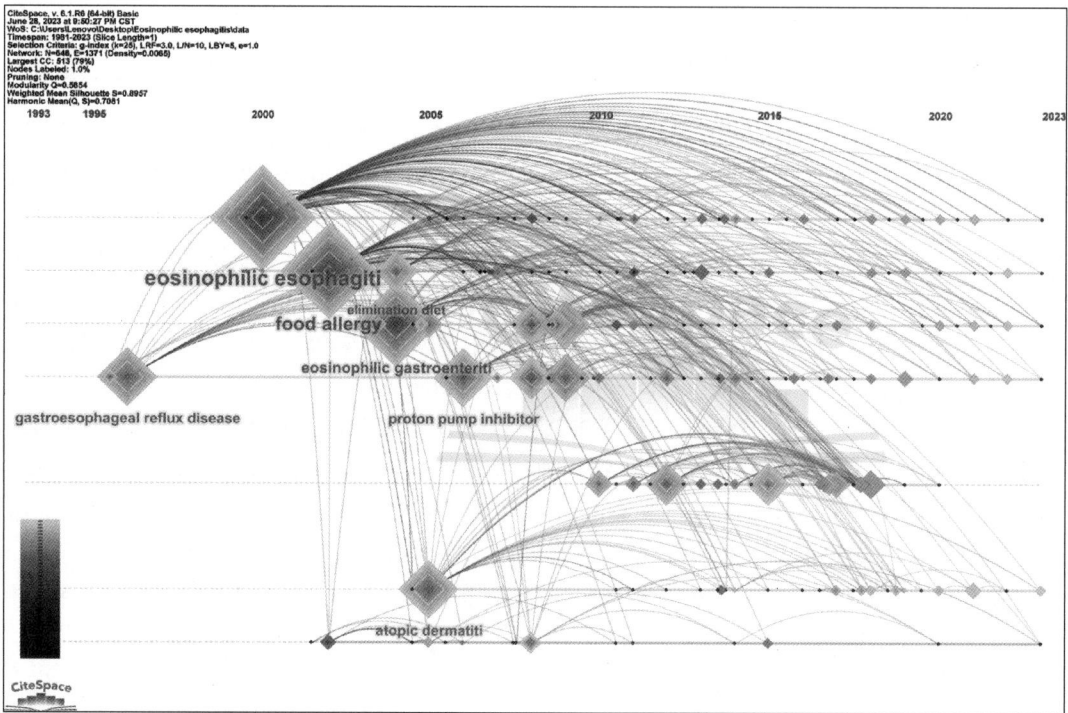

图 5-5　EoE 作者关键词的集群时间轴视图

表 5-4　基于 CiteSpace 的作者关键词共现网络聚类表

类别	集群 ID	大小	S 值	平均年	前 5 个影响力术语
基于作者关键词	0#	113	0.964	2013	嗜酸细胞性食管炎;食管上皮细胞;食物过敏;临床试验;治疗
	1#	60	0.908	2011	食物过敏;限制饮食;元素饮食;营养;特应性斑贴试验
	2#	51	0.847	2013	嗜酸细胞性胃肠炎;嗜酸细胞性结肠炎;嗜酸细胞性胃炎;嗜酸细胞性肠炎;嗜酸细胞性胃肠道疾病
	3#	48	0.815	2013	胃食管反流病;质子泵抑制剂;食管嗜酸性粒细胞增多症;乳糜泻;幽门螺杆菌

续表

类别	集群 ID	大小	S 值	平均年	前 5 个影响力术语
基于作者关键词	4#	43	0.901	2016	口服免疫疗法；舌下免疫疗法；嗜酸细胞性食管炎；牛奶过敏；表皮免疫疗法
	5#	31	0.898	2015	特应性皮炎；哮喘；慢性鼻窦炎；2 型炎症；过敏性鼻炎
	6#	19	0.928	2009	新兴原因；内镜扩张；良性难治性食管狭窄；病灶内注射类固醇；新兴关联

3. 突现分析　运用 CiteSpace 突现词检测功能生成高强度突变率的关键词排序表，突变强度越大，说明围绕该关键词展开的相关主题研究前沿趋势越明显[22]。表 5-5 显示了至今引用暴发次数最多的前 18 个关键词。每个出现词都有一个由每个单元格组成的突出显示条，每个单元格代表 1 年。1981—2017 年前期，EoE 的研究主要集中在相关疾病和治疗上，早期治疗以经典类固醇治疗和限制饮食为主。后期，EoE 的研究热点扩展到免疫治疗如口服免疫治疗和皮下免疫治疗以及机制研究，这方面的研究需要进一步探索。

表 5-5　EoE 领域最有影响力的前 18 个关键词

关键词	年份	强度	开始年份	结束年份	1981—2023 年
胃食管反流	1997	10.92	1997	2006	
过敏性食管炎	2002	4.24	2002	2012	
EoE	2004	3.23	2007	2009	
限制饮食	2007	3.09	2007	2012	
嗜酸细胞性食管炎	2005	2.35	2007	2008	
乳糜泻	2008	2.42	2010	2015	
嗜酸细胞性胃肠炎	2011	2.39	2011	2016	
外用类固醇	2014	2.84	2014	2016	
舌下免疫疗法	2017	4.53	2017	2019	
花生过敏	2017	2.91	2017	2020	

续表

关键词	年份	强度	开始年份	结束年份	1981—2023 年
口服免疫疗法	2015	2.89	2017	2023	
炎症性肠病	2005	2.44	2017	2019	
牛奶过敏	2017	2.3	2017	2018	
淋巴细胞性食管炎	2019	2.87	2019	2020	
肠易激综合征	2005	2.65	2019	2021	
嗜酸细胞性胃炎	2009	2.64	2020	2021	
危险因素	2015	2.36	2020	2023	
2 型炎症反应	2021	2.53	2021	2023	

讨 论

EoE 的几项基于人群的研究,主要在北美和欧洲进行[23-25],发展中国家的 EoE 流行病学数据证据较为缺乏[26]。但是,目前的研究都证实 EoE 的患病率和发病率在全球范围内逐年增加[9-10,27]。此外,丹麦的一项研究表明 EoE 发病率的增长速率超过了活检的增长速率[28]。该病近年来逐渐引起临床医师的广泛关注,但由于其临床表现缺乏特异性、诊断复杂等因素,易发生漏诊和误诊[29],对该病的认识与研究亟待进一步提高。因此,在当今海量文献中,把握研究领域的概况显得尤为迫切且重要,而文献计量学可以满足这一需求。

本文首次基于文献计量法结合内容分析法,对 EoE 的相关文献进行数理统计分析,并基于数据信息挖掘研究热点和发展趋势。本研究应用 CiteSpace 和 VOSviewer 软件对 Web of Science 核心合集中关于 EoE 研究的 2 995 篇文章进行了文献计量学分析,EoE 相关文献年发文量呈上升趋势,尤其近 10 年来该领域研究速度不断加快,研究热度不断攀升,说明研究人员对其关注度逐渐增加。美国开展 EoE 相关研究最早、最多且研究内容中心度高,是该研究领域最具影响力的国家,处于世界领先水平。在出版物数量排名前 10 的国家中,绝大多数为北美和欧洲国家,日本是唯一上榜的亚洲国家,说明亚洲、非洲等国家关于 EoE 的研究尚处于起步阶段,这可能与这些国家对 EoE 认知不足且研究资金不足有关[30]。关于国家之间的合作,有两个比较明确的合作网络,即欧洲网络和国际网络。在欧洲网络中,各国家间合作较为平均。然而,在国际网络中,美国是国际网络的中心,与其他相关国家的合作最多。至于机构,俄亥俄大学系统拥有最多的出版物,并且能够与其他机构保持最广泛的合作关系,是最具影响力的机构。

　　来自北卡罗来纳大学的 Dellon ES 教授为该领域最高发文量作者与最高被引作者。在学术影响力方面,使用 H 指数进行评估[31],来自辛辛那提大学的 Rothenberg ME 教授 H 指数最高,为 113,而 Dellon ES 教授以 65 的 H 指数位列第二。因此,我们认为 Rothenberg ME 教授是最有影响力的学者,而 Dellon ES 教授是最有生产力同时影响力很大的学者。在该研究领域已经形成了多个以高产作者为核心的研究团队,但是各团队间合作不紧密。由于高 IF 期刊对科学界的吸引力,期刊的 IF 在某种程度上是最强大的引用指标之一[32]。在所有发表相关文章的期刊中,*Journal of Pediatric Gastroenterology and Nutrition* 贡献的出版物数量最多,IF 为 2.9,暗示该领域的文章质量需要进一步提高。引用频次最多的期刊为 *Gastroenterology*,IF 为 29.4,说明其在该领域的影响力很高。

　　关键词是文献研究要点的集中体现,高频次关键词代表着该段时期内研究者共同关注的问题,即研究热点[21]。分析结果显示,热点词主要为 food allergy、eosinophilic gastroenteritis、gastroesophageal reflux disease、proton pump inhibitor、atopic dermatitis、mast cell、quality of life、food allergen、oral immunotherapy 等。EoE 的发病机制一直是研究人员关注的热点,EoE 的病理生理涉及遗传、免疫和环境间复杂的相互作用,目前尚不完全清楚。目前 EoE 相关的分子基础研究侧重于 Th2 细胞免疫反应介导的食管黏膜和黏膜下层内的一系列炎症反应[33]。免疫遗传易感个体在过敏原(尚不确定,通常认为是食物过敏原如饮食中普遍存在的牛奶、花生及空气过敏原等[34])的刺激下,上皮细胞和树突状细胞释放细胞因子(如 IL-25、IL-33、TSLP)[35-37],导致免疫细胞的激活,主要诱导初始 T 细胞成熟为辅助性 Th2 细胞并分泌细胞因子,如 IL-5、IL-13 等,导致嗜酸性粒细胞的募集和活化[38]。IL-13 也会降低编码屏障功能相关蛋白(如丝聚蛋白)和食管桥粒成分(如桥粒芯糖蛋白 1)的基因表达[39]。嗜酸性粒细胞和肥大细胞被激活时会产生脱颗粒作用,从而释放大量促纤维化和促血管生成因子,并最终造成食管组织损伤和纤维化[40-41]。此外,表观遗传学和环境因素影响 EoE 的发病,EoE 具有明显的家族遗传易感性[42-43]。免疫球蛋白 IgG4、人类微生物组等在 EoE 发病机制中的作用尚不完全清楚[44-45],这都需要进一步研究和探索。

　　在对关键词进行聚类分析时,疾病字段占比最高。这些疾病主要分为两类,一类为与 EoE 共存的相关疾病,如食物过敏和特应性皮炎;大量研究表明,相较于一般人群,EoE 患者对特应性疾病如过敏性鼻炎、哮喘、特应性皮炎和 IgE 介导的食物过敏(IgE-FA)的患病率显著增高[46-47]。25%~50% EoE 患者合并哮喘,30%~90% 患有过敏性鼻炎,10%~25% 患有特应性皮炎[46]。上述表明 EoE 可能与这些疾病在免疫病理学上相关,都拥有过敏反应的基本特征,如蛋白酶假说、屏障功能受损、2 型炎症反应[48]。另一类为与 EoE 相鉴别的疾病,其中最主要的为胃食管反流病(gastroesophageal reflux disease,GERD)。EoE 与 GERD 临床表现存在共性,二者都有烧心、反流、胸痛及食管外表现。鉴于两者临床症状方面存在相同表现,需进一步内镜检查评估内镜表现。EoE 的内镜表现可以为正常、狭窄、食管环、溃疡、糜烂等[49-50],但这些内镜表现并非 EoE 所特异,尚需进一步病理活检以期鉴别。过去认为患者如果对质子泵抑制剂(proton pump inhibitor,PPI)治疗有效,则要考虑诊断为 GERD 而非 EoE[51]。但近年来的研究发现,PPI 不仅抑制胃酸分泌,还能发挥抗炎作用[52]。在一部分存在典型 EoE 的症状和病理表现且无 GERD 证据的患者中,应用 PPI 后症状和组织学均有改善,此部分患者称为 PPI 反应性 EoE,占到了 EoE 患者的 1/3[53]。基于上述原因,无法应用 PPI 治疗效果区分 EoE 和 GERD。此外，EoE 作为一类嗜酸细胞性胃肠道疾病（eosinophilic gastrointestinal disorders，EGIDs），还需与其他嗜酸细胞性胃肠道疾病相鉴别，包括嗜酸细胞性胃炎（eosinophilic gastritis，EoG）（病变局限于胃肠道）、嗜酸细胞性十二指肠炎（eosinophilic duodenitis，EoD）（局限于十二指肠）、嗜酸细胞性结肠炎（eosinophilic colitis，EoC）（局限于结肠）和嗜酸细胞性胃肠炎（eosinophilic gastroenteritis，EoGE）（累及胃肠道的一个或多个部位）[54]。EoE 是最常见且最具特征的 EGIDs[55]，食管以下胃肠道的 EGIDs 缺乏特征，实验研究起步较晚，临床仍然缺乏关于这些疾病的标准化临床指南。

CiteSpace 中的突现分析基于 HITS 算法，可以检测暴发的强度和持续时间，是识别新兴趋势的关键指标，并在一定程度上实现了对未来前沿主题的预测[22]。伴随研究的不断深入，口服免疫治疗为近年的研究热点。EoE 治疗旨在改善临床症状、消除炎症、改善内镜结果、提高生活质量、改善食管功能、最小化治疗不良反应以及预防纤维狭窄并发症的发生[2]。EoE 的治疗可分为药物治疗和非药物治疗。非药物治疗包括调整饮食和食管内镜操作以治疗并发症。药物治疗包含质子泵抑制剂、类固醇及生物制剂治疗[56]。目前，几种生物制剂治疗 EoE 的临床试验正在进行中，它们作用于控制嗜酸性粒细胞活化、募集的细胞因子（如 IL-5、IL-3 和 GM-CSF）和细胞受体[52]。多项研究显示，与对照组相比，应用靶向 IL-13 的度普利尤单抗（dupilumab）组患者在组织学及症状上均明显缓解[57-59]。2022 年 5 月，dupilumab 作为生物制剂首次获得美国食品药品监督管理局（FDA）批准用于治疗 EoE。这令人鼓舞的真实世界数据鼓励研究生物制剂作为治疗 EoE 的创新治疗选择。但是，目前研究的其他生物制剂结果不佳。靶向 IL-5 的瑞利珠单抗（reslizumab）、美泊利单抗（mepolizumab）、贝那利珠单抗（benralizumab）与对照组相比可在一定程度上减少嗜酸性粒细胞浸润，但没有证据表明可显著改善症状[60-62]。抗 IgE 的药物奥马珠单抗（omalizumab）在成人及儿童的临床试验中没有显示出任何治疗效果[63]。考虑到相较于目前推荐用于 EoE 的药物（类固醇、质子泵抑制剂）及饮食治疗无法解决其潜在免疫级联反应的主要驱动因素，从病理生理学的角度来看，生物制剂似乎是干扰 EoE 食管重塑或食管功能丧失方面等疾病演变的唯一机会。因此，靶向治疗 EoE 研究就更加重要。靶向上游警报蛋白 IL-25、IL-33 等的生物制剂可能对 EoE 治疗有效[64]，可能是进一步的研究方向。

这项研究有一些局限性。首先，本研究仅关注 WoSCC 数据库中的出版物，虽然 WoSCC 是被大众认可的数据源，但无法涵盖所有研究[65]。其次，非英语出版物被排除在外，限制了本研究的包容性和全面性。最后，对于本文对作者的分析，文献计量软件无法区分当前作者的缩写，可能会产生略有不同的结果。

结　论

本研究首次通过文献计量学方法对 EoE 领域的研究进行了梳理，获取该领域全球现状和热点趋势，为其科学研究提供理论依据。根据近年来的发展趋势，预测将会有越来越多有关 EoE 的文章发表。该领域的研究主要集中在 EoE 的发病机制及治疗上，未来的研究热点可能是靶向上游警报蛋白的生物制剂或其他创新疗法。相关研究人员可以利用该项研究的结果提高对该领域的理解，并进行进一步探索。

参考文献

[1] MUIR A, FALK G W. Eosinophilic Esophagitis: A review[J]. JAMA, 2021, 326(13): 1310-1318.

[2] STRAUMANN A, KATZKA D A. Diagnosis and treatment of eosinophilic esophagitis[J]. Gastroenterology, 2018, 154(2): 346-359.

[3] FURUTA G T, KATZKA D A. Eosinophilic esophagitis[J]. N Engl J Med, 2015, 373(17): 1640-1648.

[4] HIRANO I, FURUTA G T. Approaches and challenges to management of pediatric and adult patients with eosinophilic esophagitis[J]. Gastroenterology, 2020, 158(4): 840-851.

[5] SICHERER S H, WARREN C M, DANT C, et al. Food allergy from infancy through adulthood[J]. J Allergy Clin Immunol Pract, 2020, 8(6): 1854-1864.

[6] RASSBACH W, RUBENSTEIN J H, ELKINS M, et al. Age-based differences in the diagnosis and management of esophageal eosinophilia[J]. J Allergy Clin Immunol Pract, 2015, 3(1): 81-87.e1.

[7] PICUS D, FRANK P H. Eosinophilic esophagitis[J]. AJR Am J Roentgenol, 1981, 136(5): 1001-1003.

[8] PIERRE R, VIEIRA M, VÁZQUEZ R, et al. Prevalence of eosinophilic esophagitis: a multicenter study on a pediatric population evaluated at thirty-six Latin American gastroenterology centers[J]. Rev Gastroenterol Mex(Engl Ed), 2019, 84(4): 427-433.

[9] DELLON E S, HIRANO I. Epidemiology and natural history of eosinophilic esophagitis[J]. Gastroenterology, 2018, 154(2): 319-332.e3.

[10] MOAWAD F J. Eosinophilic esophagitis: incidence and prevalence[J]. Gastrointest Endosc Clin N Am, 2018, 28(1): 15-25.

[11] WĄSIK J, MAŁECKA-WOJCIESKO E. Eosinophilic esophagitis-What do we know so far?[J]. J Clin Med, 2023, 12(6): 2259.

[12] CHENG E, SOUZA R F, SPECHLER S J. Tissue remodeling in eosinophilic esophagitis[J]. Am J Physiol Gastrointest Liver Physiol, 2012, 303(11): G1175-G1187.

[13] GREUTER T, HIRANO I, DELLON E S. Emerging therapies for eosinophilic esophagitis[J]. J Allergy Clin Immunol, 2020, 145(1): 38-45.

[14] MORAL-MUÑOZ J A, HERRERA-VIEDMA E, SANTISTEBAN-ESPEJO A, et al. Software tools for conducting bibliometric analysis in science: An up-to-date review[J]. El Profesional De La Información, 2020, 29(1): e290103.

[15] CHEN C, CHEN Y, HOU J, et al. CiteSpace Ⅱ: Detecting and Visualizing Emerging Trends and Transient Patterns in Scientific Literature[J]. Journal of the China Society for Scientific and Technical Information, 2009, 28(3): 401-421.

[16] VAN ECK N J, WALTMAN L. Software survey: VOSviewer, a computer program for bibliometric mapping[J]. Scientometrics, 2010, 84(2): 523-538.

[17] SONG J B, ZHANG H L, DONG W L. A review of emerging trends in global PPP research: analysis and visualization[J]. Scientometrics, 2016, 107(3): 1111-1147.

[18] XU F, YU Z E. On the features of scientific research investment in universities in developed countries[J]. Journal of Natural Science of Hunan Normal University, 2003, 26(4): 86-88.

[19] JAMES C, ASSA'AD A. The global face of eosinophilic esophagitis: advocacy and research groups[J]. Clin Rev Allergy Immunol, 2018, 55(1): 99-105.

[20] HABIBZADEH F, YADOLLAHIE M. Journal weighted impact factor: A proposal[J]. J Informetr, 2008, 2

（2）：164-172.

［21］KIM D R, LEE G R. Keyword network analysis of changes in the image of nurses pre-and post-COVID-19 in the media environment［J］. J Clin Nurs, 2023, 32（21-22）：7883-7890.

［22］NGUYEN T, DUONG Q H, NGUYEN T V, et al. Knowledge mapping of digital twin and physical internet in Supply Chain Management：a systematic literature review［J］. Int J Prod Econ, 2022, 244：108381.

［23］MANSOOR E, COOPER G S. The 2010—2015 prevalence of eosinophilic esophagitis in the USA：a population-based study［J］. Dig Dis and Sci, 2016, 61（10）：2928-2934.

［24］HRUZ P, STRAUMANN A, BUSSMANN C, et al. Escalating incidence of eosinophilic esophagitis：a 20-year prospective, population-based study in Olten County, Switzerland［J］. J Allergy Clin Immunol, 2011, 128（6）：1349-1350.

［25］DELLON E S, JENSEN E T, MARTIN C F, et al. Prevalence of eosinophilic esophagitis in the United States［J］. Clin Gastroenterol Hepatol, 2014, 12（4）：589-596.e1.

［26］SHI Y N, SUN S J, XIONG L S, et al. Prevalence, clinical manifestations and endoscopic features of eosinophilic esophagitis：a pathological review in China［J］. J Dig Dis, 2012, 13（6）：304-309.

［27］NAVARRO P, ARIAS Á, ARIAS-GONZÁLEZ L, et al. Systematic review with meta-analysis：the growing incidence and prevalence of eosinophilic oesophagitis in children and adults in population-based studies［J］. Aliment Pharmacol Ther, 2019, 49（9）：1116-1125.

［28］DELLON E S, ERICHSEN R, BARON J A, et al. The increasing incidence and prevalence of eosinophilic oesophagitis outpaces changes in endoscopic and biopsy practice：national population-based estimates from Denmark［J］. Aliment Pharmacol Ther, 2015, 41（7）：662-670.

［29］ABE Y, SASAKI Y, YAGI M, et al. Endoscopic diagnosis of eosinophilic esophagitis：basics and recent advances［J］. Diagnostics, 2022, 12（12）：3202.

［30］RESNIK D B. The distribution of biomedical research resources and international justice［J］. Dev World Bioeth, 2004, 4（1）：42-57.

［31］RADFORD D M, PARANGI S, TU C, et al. h-index and academic rank by gender among breast surgery fellowship faculty［J］. J Womens Health（Larchmt）, 2022, 31（1）：110-116.

［32］GAJOS G, UNDAS A. Journal impact factor revisited［J］. Pol Arch Intern Med, 2018, 128（7-8）：406-408.

［33］RABINOWITZ S S, YU L, GERAGHTY P. EoE behaves as a unique Th2 disease：a narrative review［J］. Transl Gastroenterol Hepatol, 2023, 8：11.

［34］EGAN M, ATKINS D. What is the relationship between eosinophilic esophagitis（EoE）and aeroallergens? Implications for allergen immunotherapy［J］. Curr Allergy Asthma Rep, 2018, 18（8）：43.

［35］ANGULO E L, MCKERNAN E M, FICHTINGER P S, et al. Comparison of IL-33 and IL-5 family mediated activation of human eosinophils［J］. PLoS One, 2019, 14（9）：e0217807.

［36］JUDD L M, HEINE R G, MENHENIOTT T R, et al. Elevated IL-33 expression is associated with pediatric eosinophilic esophagitis, and exogenous IL-33 promotes eosinophilic esophagitis development in mice［J］. Am J Physiol Gastrointest Liver Physiol, 2016, 310（1）：G13-G25.

［37］ROCHMAN Y, KOTLIAR M, BEN-BARUCH MORGENSTERN N, et al. TSLP shapes the pathogenic responses of memory CD4[+] T cells in eosinophilic esophagitis［J］. Sci Signal, 2023, 16（802）：eadg6360.

［38］HOGAN S P, MISHRA A, BRANDT E B, et al. A critical role for eotaxin in experimental oral antigen-induced eosinophilic gastrointestinal allergy［J］. Proc Natl Acad Sci U S A, 2000, 97（12）：6681-6686.

［39］SHERRILL J D, KC K, WU D, et al. Desmoglein-1 regulates esophageal epithelial barrier function and immune responses in eosinophilic esophagitis［J］. Mucosal Immunol, 2014, 7（3）：718-729.

［40］KLEUSKENS M T A, BEK M K, AL HALABI Y, et al. Mast cells disrupt the function of the esophageal epithelial barrier［J］. Mucosal Immunol, 2023, 16（5）：567-577.

［41］ SAFFARI H, HOFFMAN L H, PETERSON K A, et al. Electron microscopy elucidates eosinophil degranulation patterns in patients with eosinophilic esophagitis［J］. J Allergy Clin Immunol, 2014, 133（6）: 1728-1734.e1.

［42］ JENSEN E T, DELLON E S. Environmental factors and eosinophilic esophagitis［J］. J Allergy Clin Immunol, 2018, 142（1）: 32-40.

［43］ LYLES J, ROTHENBERG M. Role of genetics, environment, and their interactions in the pathogenesis of eosinophilic esophagitis［J］. Curr Opin Immunol, 2019, 60: 46-53.

［44］ LIM A H, WONG S, NGUYEN N Q. Eosinophilic Esophagitis and IgG4: Is there a relationship?［J］. Dig Dis Sci, 2021, 66（12）: 4099-4108.

［45］ BRUSILOVSKY M, BAO R, ROCHMAN M, et al. Host-microbiota interactions in the esophagus during homeostasis and allergic inflammation［J］. Gastroenterology, 2022, 162（2）: 521-534.e8.

［46］ CIANFERONI A, WARREN C M, BROWN-WHITEHORN T, et al. Eosinophilic esophagitis and allergic comorbidities in a US-population-based study［J］. Allergy, 2020, 75（6）: 1466-1469.

［47］ CRISTOFORI F, D'ABRAMO F S, RUTIGLIANO V, et al. Esophageal eosinophilia and eosinophilic esophagitis in celiac children: a ten year prospective observational study［J］. Nutrients, 2021, 13（11）: 3755.

［48］ CAPUCILLI P, HILL D A. Allergic comorbidity in eosinophilic esophagitis: mechanistic relevance and clinical implications［J］. Clin Rev Allergy Immunol, 2019, 57（1）: 111-127.

［49］ SHI Y N, SUN S J, XIONG L S, et al. Prevalence, clinical manifestations and endoscopic features of eosinophilic esophagitis: a pathological review in China［J］. J Dig Dis, 2012, 13（6）: 304-309.

［50］ ACEVES S S, ALEXANDER J A, BARON T H, et al. Endoscopic approach to eosinophilic esophagitis: American Society for Gastrointestinal Endoscopy Consensus Conference［J］. Gastrointest Endosc, 2022, 96（4）: 576-592.e1.

［51］ GASIOROWSKA A, FASS R. The proton pump inhibitor（PPI）test in GERD: does it still have a role?［J］. J Clin Gastroenterol, 2008, 42（8）: 867-874.

［52］ TAMARIT-SEBASTIAN S, FERRER-SOLER F M, LUCENDO A J. Current options and investigational drugs for the treatment of eosinophilic esophagitis［J］. Expert Opin Investig Drugs, 2022, 31（2）: 193-210.

［53］ GOLDIN A H, MUFTAH M, MANGLA S, et al. Assessment of the clinical and allergy profiles of PPI responsive and non-responsive eosinophilic esophagitis［J］. Dis Esophagus, 2023, 36（7）: doac098.

［54］ VISAGGI P, GHISA M, BARBERIO B, et al. Treatment trends for eosinophilic esophagitis and the other eosinophilic gastrointestinal diseases: systematic review of clinical trials［J］. Dig Liver Dis, 2023, 55（2）: 208-222.

［55］ ROTHENBERG M E. Eosinophilic gastrointestinal disorders（EGID）［J］. J Allergy Clin Immunol, 2004, 113（1）: 11-29.

［56］ FRANCIOSI J P, GORDON M, SINOPOULOU V, et al. Medical treatment of eosinophilic esophagitis［J］. Cochrane Database Syst Rev, 2023, 7（7）: CD004065.

［57］ HIRANO I, DELLON E S, HAMILTON J D, et al. Efficacy of dupilumab in a phase 2 randomized trial of adults with active eosinophilic esophagitis［J］. Gastroenterology, 2020, 158（1）: 111-122.e10.

［58］ ROTHENBERG M E, DELLON E S, COLLINS M H, et al. Efficacy and safety of dupilumab up to 52 weeks in adults and adolescents with eosinophilic oesophagitis（LIBERTY EoE TREET study）: a multicentre, double-blind, randomised, placebo-controlled, phase 3 trial［J］. Lancet Gastroenterol Hepatol, 2023, 8（11）: 990-1004.

［59］ LEE C J, DELLON E S. Real-world efficacy of dupilumab in severe, treatment-refractory, and fibrostenotic patients with eosinophilic esophagitis［J］. Clin Gastroenterol Hepatol, 2023, 22（2）: 252-258.

［60］DELLON E S, PETERSON K A, MITLYNG B L, et al. Mepolizumab for treatment of adolescents and adults with eosinophilic oesophagitis: a multicentre, randomised, double-blind, placebo-controlled clinical trial［J］. Gut, 2023, 72（10）: 1828-1837.

［61］MARKOWITZ J E, JOBE L, MILLER M, et al. Safety and efficacy of reslizumab for children and adolescents with eosinophilic esophagitis treated for 9 Years［J］. J Pediatr Gastroenterol Nutr, 2018, 66（6）: 893-897.

［62］WENZEL A A, WADHWANI N, WECHSLER J B. Continued basal zone expansion after resolution of eosinophilia in a child with eosinophilic esophagitis on benralizumab［J］. J Pediatr Gastroenterol Nutr, 2022, 74（2）: e31-e34.

［63］LOIZOU D, ENAV B, KOMLODI-PASZTOR E, et al. A pilot study of omalizumab in eosinophilic esophagitis ［J］. PLoS One, 2015, 10（3）: e0113483.

［64］DELLON E S, SPERGEL J M. Biologics in eosinophilic gastrointestinal diseases［J］. Ann Allergy Asthma Immunol, 2023, 130（1）: 21-27.

［65］LIU W S. The data source of this study is Web of Science Core Collection? Not enough［J］. Scientometrics, 2019, 121（3）: 1815-1824.

（邱美琪　项子轩　曾愫琦　董卫国）

第六章　胃及十二指肠疾病

第六章彩图

微生物群与幽门螺杆菌关系的研究趋势：2014—2023 年文献计量学分析

　　【目的】本研究旨在利用文献计量学方法对微生物群与幽门螺杆菌关系的相关文献进行可视化分析,获得该领域的研究现状、热点及发展趋势。

　　【方法】从 Web of Science 核心合集数据库中检索 2014 年 1 月 1 日至 2023 年 5 月 31 日的文献,根据纳排标准进行筛选。利用 VOSviewer（版本 1.6.19）、CiteSpace（版本 5.7.R2）、R 语言（版本 4.3.0）bibliometrix 软件包等多种软件对年度发文量、国家、机构、作者及关键词进行可视化分析。

　　【结果】共检索出 1 416 篇文献,该领域的发文量总体呈上升趋势。中国是发文量最多的国家,有 428 篇,美国在总被引次数和国际合作方面占据主导地位。南昌大学是发文量最多的机构。Gasbarrini A 教授是该领域最多产的作者。关键词共现分析显示,"gut microbiota" "*Helicobacter pylori*" "colorectal cancer" "eradication" 和 "*Fusobacterium nucleatum*" 等词频最高,揭示了该领域的研究热点和趋势。根据全球趋势,在过去的 10 年中,出版物的数量越来越多。中国和美国在该领域保持领先地位。但是,国家之间的协作有待加强。"tumor microbiome" 及 "eradication therapy" 可能是该领域未来研究的热点。

　　【结论】本研究探讨了微生物群与幽门螺杆菌关系的研究现状和趋势,为该领域的研究提供了有益视角和未来方向。

　　【关键词】微生物群,幽门螺杆菌,文献计量学分析,CiteSpace

引　言

　　幽门螺杆菌（*Helicobacter pylori*, Hp）是一种可选择性定植于胃黏膜上皮的致病性革兰氏阴性菌,全球约有 44 亿人感染,Hp 是世界上最常见的细菌感染之一[1]。虽然有研究报道幽门螺杆菌的患病率在世界范围内有所下降,特别是在西方高度工业化国家,而在发展中国家和新兴工业化国家的患病率依旧维持在较高水平[2],幽门螺杆菌感染仍然是一个不容忽视的全球性问题。虽然大多数幽门螺杆菌感染者无症状,但慢性感染可引起胃炎,并增加消化性溃疡、胃癌和黏膜相关淋巴组织淋巴瘤的风险,给家庭和社会带来严重的经济损失和巨大的负担[3]。现有研究表明,根除幽门螺杆菌可有效降低胃癌的发病率,应考虑对所有幽门螺杆菌感染者进行治疗,以降低胃癌的风险[4-6]。马斯特里赫特Ⅵ/佛罗伦萨共识报告建议,在克拉霉素耐药率较低的地区,可选用含克拉霉素的三联疗法作为幽门螺杆菌的一线经验性治疗,包括标准剂量的 PPI、阿莫西林和克拉霉素,持续 14 天。由于铋成分可减少幽门螺杆菌对抗生素的耐药,在克拉霉素耐药率较高(>15%)或未知的地区,一线治疗方案推荐使用铋剂四联疗法,持续 14 天[5,7]。

人类微生物群由数万亿微生物组成,包括细菌、真菌、病毒和原生动物。研究表明,肠道菌群是一个容易受到多种因素影响的高度动态的生态系统,如饮食、生活方式、药物、遗传和幽门螺杆菌感染等[8]。宿主和微生物群之间的相互作用在平衡健康和疾病状态方面起着关键作用[9]。大量研究表明,微生物群的失调可能会导致多种疾病的发生,如胃肠道和肝脏疾病、糖尿病、肿瘤和自身免疫性疾病等[10-12]。幽门螺杆菌是目前研究最多的胃肠道微生物之一。研究表明,幽门螺杆菌定植可通过调节胃酸、宿主免疫反应、抗菌肽和毒力因子等多种因素对胃肠道微生物群产生影响[13]。同时也有初步证据表明,Hp 与儿童胃内菌群丰富度与多样性呈负相关[14]。除了直接影响外,幽门螺杆菌根除治疗对胃肠道微生物多样性、组成、功能和抗生素耐药性等方面有一定的影响[15]。因此,更好地了解幽门螺杆菌与其他胃肠道微生物群之间的关系,可能为预防或治疗胃肠道疾病提供新的靶点。

文献计量学分析是一种利用数学和统计学方法对某一领域的文献进行定性和定量分析的可视化分析方法[16]。文献计量学分析通过对文献数量、被引次数、国家、期刊、机构、作者、关键词等信息的分析,对当前的研究现状进行定性的全面概述,进而探究某一领域的研究热点和趋势。近年来,文献计量学分析已广泛应用于眼科、痛风性关节炎、炎症性肠病等各种医学领域[16-19]。在过去的几十年里,已经发表了大量关于微生物群和幽门螺杆菌相关文献,但很少有研究从文献计量学分析的角度对这一问题进行总结,本研究将采用文献计量学分析对 2014—2023 年发表的幽门螺杆菌与微生物群关系的研究现状和研究热点进行全面概述和探讨,并提出这一研究领域的发展趋势,为今后的研究提供有价值的信息和帮助。

方　法

(一)搜索策略

本研究采用 Web of Science 核心合集(Web of Science Core Collection,WoSCC)作为数据源。检索策略为:TS= "microbiota" 或 "microbiome" 或 "bacteria",和 TS= "Helicobacter pylori" 或 "H. pylori";文献类型限制为 "article" 或 "review",将语言限制为 "英语",出版时间设为 2014-01-01 至 2023-05-31。

（二）研究选择

在 WoSCC 数据库中，我们采用主题词检索方法输入搜索词，然后由两位独立审稿人对初始搜索中确定的文献进行审查，并排除未涉及微生物群与幽门螺杆菌关系的相关文章。如果两位审稿人之间有任何分歧，则由第三位审稿人通读全文，共同讨论以决定是否纳入该文章。最终共收集到 1 416 篇关于微生物群与幽门螺杆菌关系的相关文献。为避免因数据库的日常更新而产生偏倚，所有数据都是在 2023 年 5 月 31 日收集及筛选。

（三）数据采集与分析

将收集到的文献下载，并以不同的文件格式导入到 VOSviewer（版本 1.6.19）、CiteSpace（版本 5.7.R2）、R 语言（版本 4.3.0）bibliometrix 软件包和文献计量在线分析平台（https：//bibliometric.com）中。通过对年度发文量、国家、机构、作者及关键词等信息的分析，探索微生物群与幽门螺杆菌关系的热点和趋势。使用 VOSviewer 对国家/地区、机构和作者创建可视化合作网络，每个点代表一个国家/地区、机构或作者，出版物数量决定点的大小，合作数量决定点之间联系的强度。CiteSpace 是由陈超美教授开发的用于文献计量分析的 Java 应用程序[20]。本研究中，我们利用 CiteSpace 进行共被引文献聚类分析、共被引文献及关键词的突现分析，从而识别研究热点和趋势。利用文献计量在线分析平台对机构间的合作进行网络分析，利用 R 语言（版本 4.3.0）bibliometrix 软件包对作者发文量及关键词进行分析。

结　果

（一）文献数量分析

本项研究共纳入了 1 416 篇关于微生物群与幽门螺杆菌关系的研究，其中包括 745 篇（52.6%）论著和 671 篇（47.3%）综述（图 6-1C）。如图 6-1A 所示，过去 10 年年度发文数量总体呈上升趋势，在 2021 年发表的文献数量达到最大值，为 248 篇。由于该研究截止于 5 月 31 日，2023 年发表的文献数量相较于 2022 年有所减少，为 79 篇。如图 6-1B 所示，年度累计发文量呈指数增长，其指数曲线方程式为：$y=75.009e^{0.328\ 6x}$，$R^2=0.922\ 1$。R^2 的值越接近 1，说明该模拟曲线与年度文献增长趋势拟合较好，可以预测年累计发文量在未来几年将持续性增长。从 2014 年到 2023 年，年度被引频次逐渐增加，2021 年超过 10 000 次（图 6-1D）。以上结果表明，微生物群与幽门螺杆菌在疾病中相互作用的研究受到了越来越多的重视，具有很大的研究价值。

（二）国家、地区分析

基于 VOSviewer，全球共有 91 个国家/地区对微生物群与幽门螺杆菌关系的研究做出了贡献，在 2014—2023 年累计发文量超过 20 篇的国家如表 6-1 所示。很明显，中国是该领域发文量最多的国家，有 428 篇，其次是美国 309 篇，意大利 125 篇。从总引用次数来看，美国最高（16 302），其次为中国（9 293）、意大利（6 021）、法国（4 464）。如图 6-2B 所示，美国是与其他国家合作最为紧密的国家。在所有高产量国家中，美国基本与网络中所有国家都有合作（图 6-2A），如中国、意大利、德国。其次英国、德国与其他国家也有紧密的联系，韩国与其他国家的联系最少。这些可能反映了当地幽门螺杆菌的感染情况和及相关研究的研究水平。

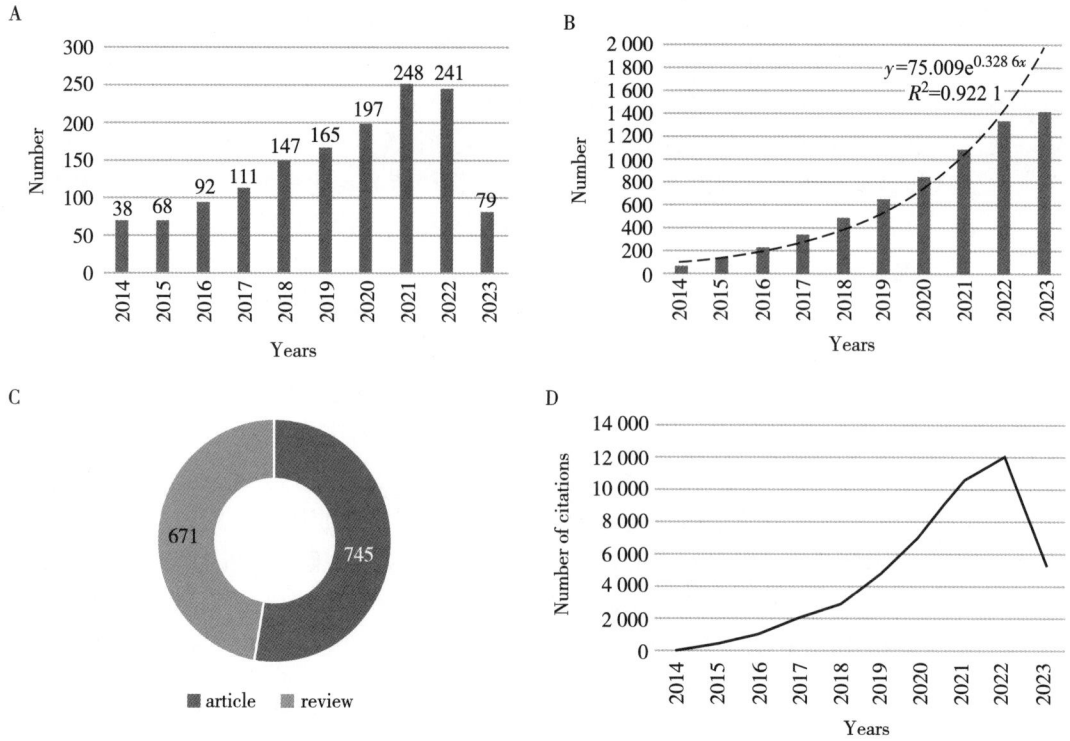

图 6-1　发文量分析

A. 全球每年发文量；B. 全球每年累计发文量；C. 过去 10 年的文献类型；D. 全球每年发表文章的引用次数。

表 6-1　累计发表出版物数量超过 20 篇的国家

	国家	发文量	总引用次数	关联强度
1	中国	428	9 293	77
2	美国	309	16 302	178
3	意大利	125	6 032	89
4	德国	80	4 206	110
5	日本	72	2 894	45
6	英国	63	4 347	105
7	澳大利亚	62	4 178	94
8	印度	59	1 350	26
9	法国	47	4 464	80
10	西班牙	43	3 311	65
11	波兰	42	1 495	18
12	瑞士	41	1 288	60
13	伊朗	40	527	17
14	韩国	40	942	10
15	加拿大	37	3 347	59
16	瑞典	36	1 019	40
17	荷兰	30	3 372	58

续表

	国家	发文量	总引用次数	关联强度
18	比利时	24	523	42
19	巴西	22	859	12
20	希腊	22	2 402	57
21	葡萄牙	22	1 162	20

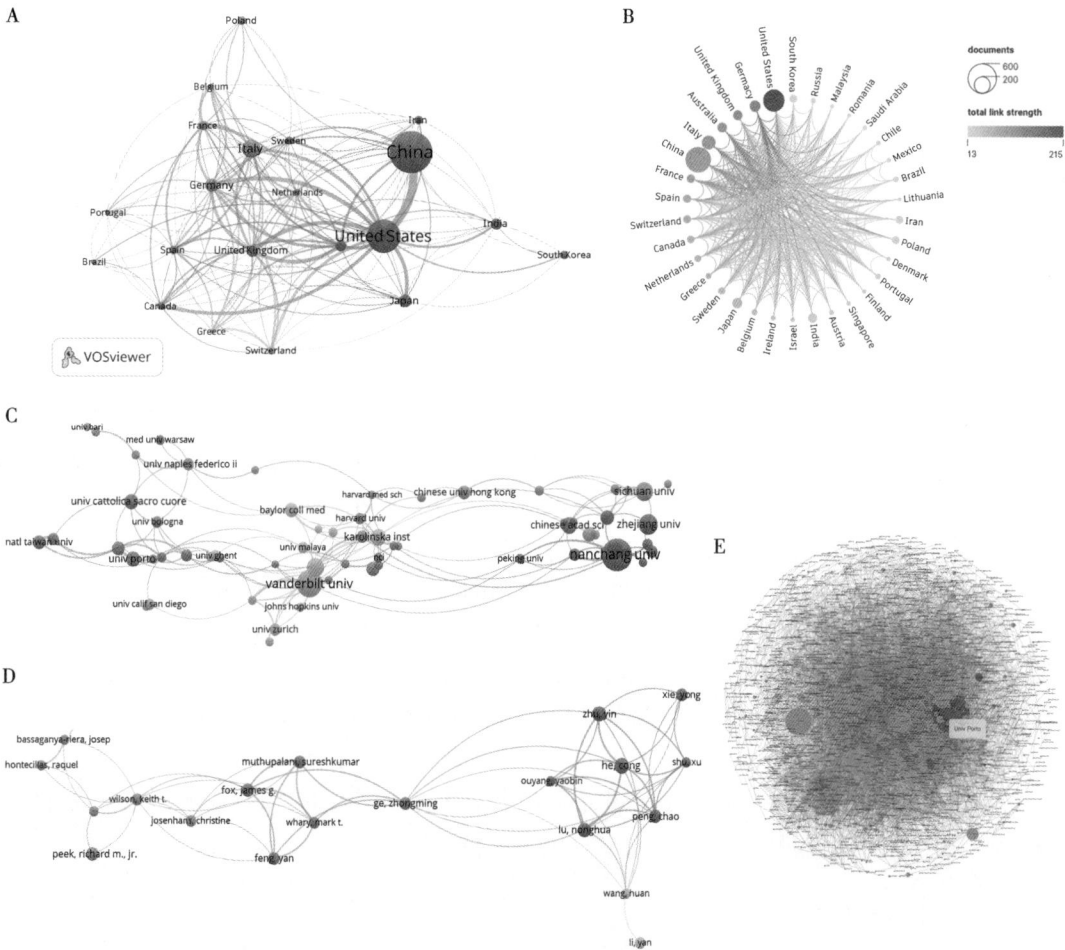

图 6-2　合作网络分析

A、B. 国家合作网络；C、E. 机构合作网络；D. 作者合作网络。

（三）机构和作者的分析

基于 WoSCC，共有 1 267 家机构和 7 286 位作者发表了关于微生物群与幽门螺杆菌关系的文章。我们评估了 10 年间发文量最多的 10 家机构，对其进行可视化分析。如表 6-2 所示，南昌大学的发文量最多，为 51 篇，其次为范德比尔特大学（45 篇）、波尔图大学（43 篇）和浙江大学（41 篇）。波尔图大学被其他机构引用的次数最多，反映该机构在微生物群与幽门螺杆菌在疾病中相互作用的研究具有很高的可信度。首尔大学的发文量虽不及南昌大学,但它的引文量及平均引文量远超南昌大学。根据文献计量学分析平台对机构合作关系的分析(图 6-2E),各机构间存在密切的合作。使用 VOSviewer 对机构间的合作进行共现分析(图 6-2C),范德比尔特大学和南昌大学是核心节点,范德比尔特大学与 14 所院校有紧密合作,南昌大学和 6 所院校有紧密合作。

表 6-2 发文量排名前 10 的机构

排名	机构	发文量	被引次数	篇被引次数
1	南昌大学	51	160	3.14
2	范德堡大学	45	581	12.91
3	波尔图大学	43	872	20.28
4	浙江大学	41	441	10.76
5	四川大学	38	60	1.58
6	香港中文大学	37	147	3.97
7	山东大学	36	87	2.42
8	首尔国立大学	35	591	16.89
9	纽约大学	35	291	8.31
10	加利福尼亚大学圣迭戈分校	35	21	0.6

此外,我们评估了对微生物群与幽门螺杆菌关系领域研究有较大贡献的作者。如图 6-3A 所示,其中发表论文最多的是 Gasbarrini A,10 年间发表了 15 篇论文,其次是 Lu NH(14 篇)、He C(12 篇)和 Li Y(12 篇)等。如图 6-3B 所示,文献引用率最高的作者是 Malfertheiner P(266),其次为 Peek RM(242)、Gasbarrini A(236)、Figueiredo C(218)。值得注意的是,Gasbarrini A 在 10 年间发文量及文献引用率都很高(图 6-3C),为该研究领域的发展做出了巨大的贡献。通过 VOSviewer 对作者间的合作进行分析,根据合作情况分成 4 个协作集群。如图 6-2D 所示,来自麻省理工学院的 Ge Z 在这一领域有较强影响力,其次为 He C、Zhu Y 等作者。图 6-3D 展示了每个高产作者及机构的主要研究方向。大多数学者和机构对微生物群与幽门螺杆菌关系的研究主要集中在胃肠道微生物群、胃癌、炎症、益生菌、结肠癌、菌群失调等方面。

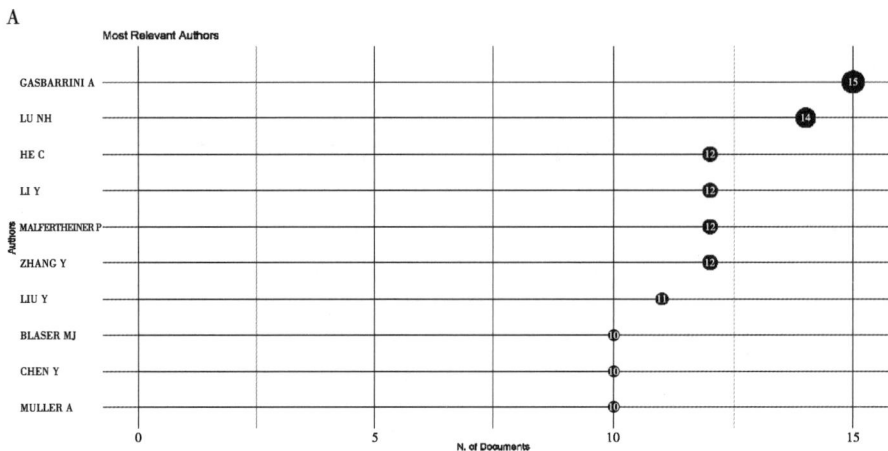

A

Most Relevant Authors

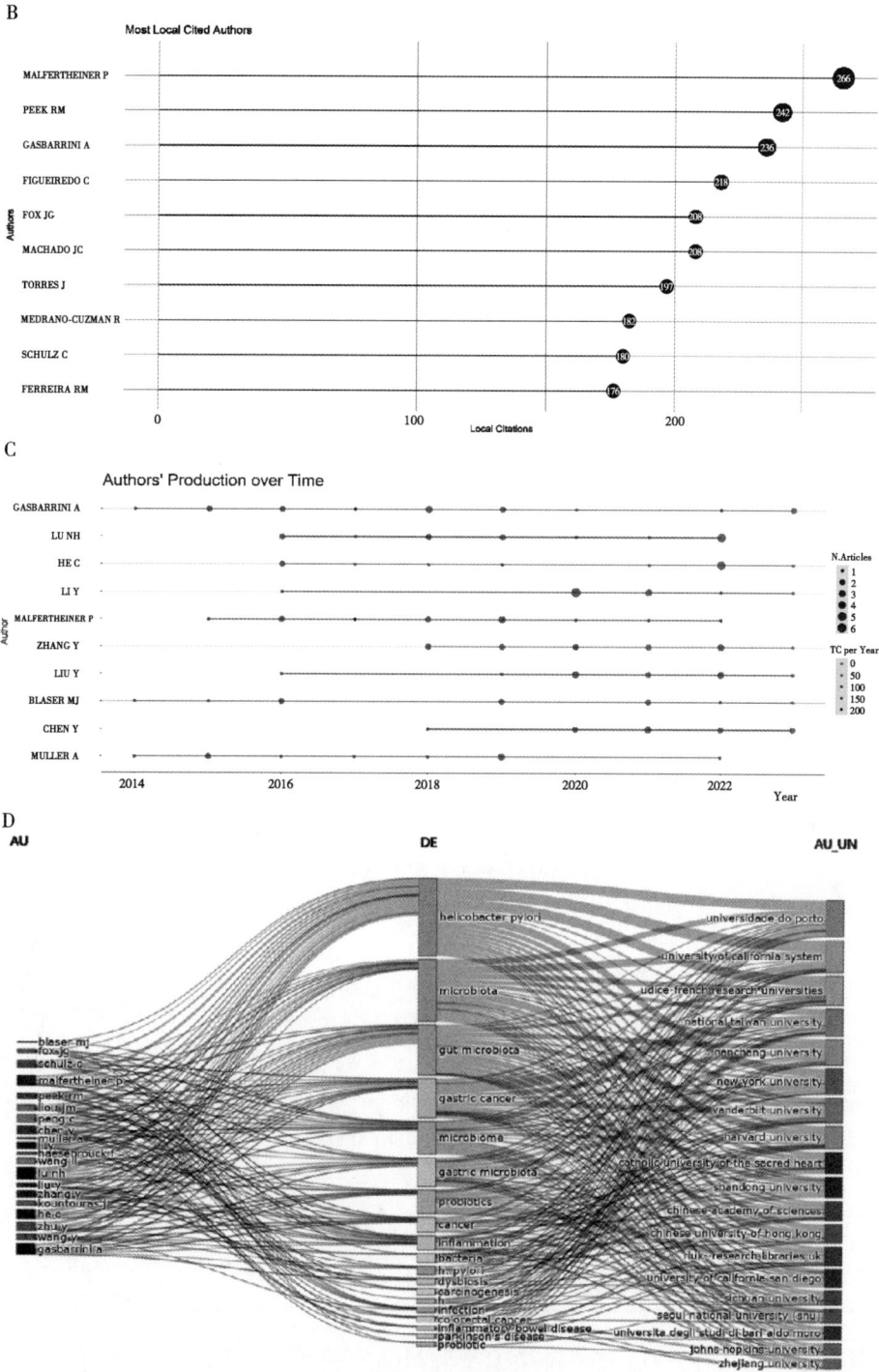

图 6-3　作者发文量分析

（四）共被引文献与聚类分析

在 1 416 篇关于微生物群与幽门螺杆菌关系的文章中,表 6-3 统计了 10 年间被引次数排名前 10 的文章,被引次数最多的是由 Ferreira RM 在 *Gut* 上发表的文章,该研究发现,与慢性胃炎患者不同,胃癌微生物菌群失调的特点是微生物多样性减少、螺杆菌丰度降低以及其他细菌属富集[21]。其次,由 Coker OO 于 2018 年在 *Gut* 上发表的研究指出微生物组在胃癌的不同阶段有明显的生态失调,且与幽门螺杆菌阴性的慢性胃炎患者相比,阳性患者的胃微生物群的丰富度、多样性及均匀性都有所下降[22]。Schulz C 在 *Gut* 上发表的研究表明幽门螺杆菌在胃中黏膜相关群落中占主导地位,并显著影响十二指肠和口腔的微生物群落[23]。

表 6-3　被引次数排名前 10 的文章

	被引期刊	论文题目	总被引次数	机构
1	*Gut*	Gastric microbial community profiling reveals a dysbiotic cancer-associated microbiota	151	波尔图大学分子病理学与免疫学研究所
2	*Gut*	Mucosal microbiome dysbiosis in gastric carcinogenesis	124	香港中文大学
3	*Science*	Gut microbiome influences efficacy of PD-1-based immunotherapy against epithelial tumors	86	Gustave Roussy 癌症学校
4	*Gut*	Gustave Roussy Cancer Campus（GRCC）	83	马格德堡大学
5	*Gastroenterology*	Global prevalence of *Helicobacter pylori* infection：Systematic review and meta-analysis	75	卡尔加里大学
6	*Science*	Gut microbiome modulates response to anti-PD-1 immunotherapy in melanoma patients	74	得克萨斯大学安德森癌症中心
7	*Gut*	The active bacterial assemblages of the upper GI tract in individuals with and without *Helicobacter* infection	73	马格德堡大学
8	*Scientific Reports*	Alterations in gastric microbiota after *H. pylori* eradication and in different histological stages of gastric carcinogenesis	71	香港大学
9	*Cell*	*Fusobacterium nucleatum* promotes chemoresistance to colorectal cancer by modulating autophagy	64	上海交通大学
10	*Science*	Potential role of intratumor bacteria in mediating tumor resistance to the chemotherapeutic drug gemcitabine	62	分子细胞生物学系

利用 CiteSpace 对 1 416 篇关于微生物群与幽门螺杆菌关系的文章进行文献共被引的聚类分析,它可用于衡量参考文献之间的关系程度,一个聚类可反映一个学科的研究主题和研究重点。图 6-4A 显示了共被引文献的 11 个主要聚类,分别是 colorectal cancer、recent advance、pancreatic cancer、gastric cancer、human microbiota、gastric microbiome、*Helicobacter pylori* eradication、gut-brain axis、non-alcoholic fatty liver disease、physical exercise、microbial diversity。在图 6-4B 中可以看到不同聚类的时间线视图,能够反映该领域研究热点的时间特征。在表 6-4 中,我们展示了被引频次最高的前 25 篇文献。"突现"是指在一段时间内突然增加的意思,通过对被引文献的突现分析,可以了解在某段时间节点内的研究热点、趋势及前沿动态的发展变化。如表 6-4,有 3 篇文章仍处于爆发式增长的阶段,如发表在 *Gut* 上的 "Effect of *Helicobacter pylori* on gastrointestinal microbiota:a population-based study in Linqu,a high-risk area of gastric cancer" 揭示了幽门螺杆菌感染对胃微生物生态失调有显著影响,成功根除幽门螺杆菌有可能将胃微生物群恢复到与未感染个体相似的状态,并对肠道微生物群产生有益影响。

A

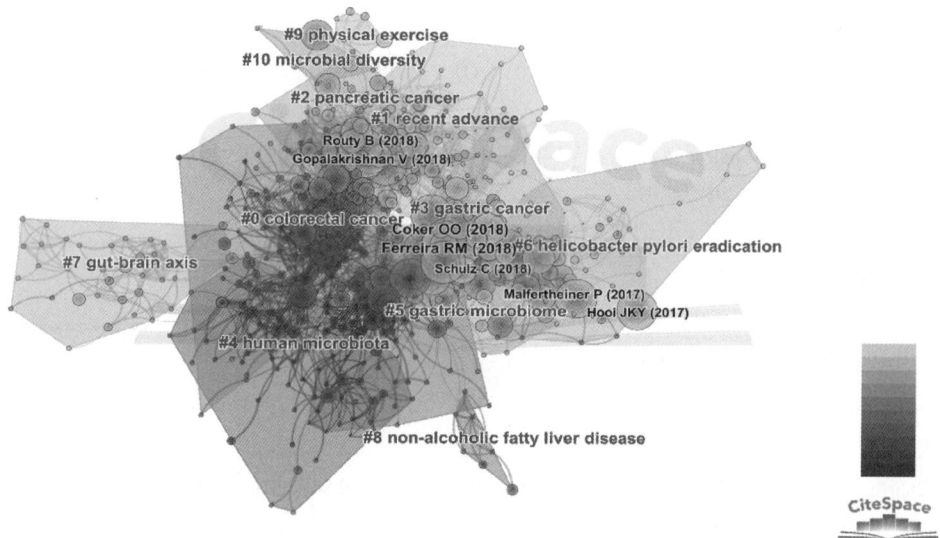

B

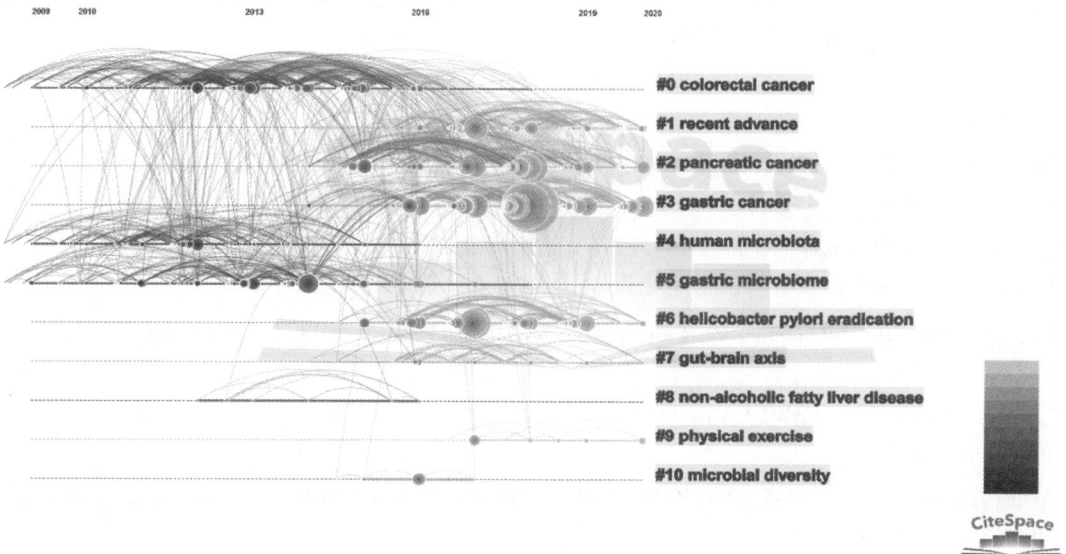

图 6-4 文献共被引分析

A. 文献共被引聚类视图;B. 文献共被引时间线视图。

表 6-4　被引文献突现可视化分析

被引文献	年份	强度	开始年份	结束年份	2014—2023 年
Huttenhower C, 2012, *Nature*, V486, P207, DOI 10.1038/nature11234	2012	15.72	2014	2017	
Lertpiriyapong K, 2014, *Gut*, V63, P54, DOI 10.1136/gutjnl-2013-305178	2014	14.57	2014	2019	
Castellarin M, 2012, *Genome Res*, V22, P299, DOI 10.1101/gr.126516.111	2012	14.36	2014	2017	
Maldonado-Contreras A, 2011, *ISME J*, V5, P574, DOI 10.1038/ismej.2010.149	2011	14.35	2014	2016	
Arthur JC, 2012, *Science*, V338, P120, DOI 10.1126/science.1224820	2012	13.91	2014	2017	
Lofgren JL, 2011, *Gastroenterology*, V140, P210, DOI 10.1053/j.gastro.2010.09.048	2011	13.8	2014	2016	
Delgado S, 2013, *Microb Ecol*, V65, P763, DOI 10.1007/s00248-013-0192-5	2013	13.23	2014	2018	
Kostic AD, 2013, *Cell Host Microbe*, V14, P207, DOI 10.1016/j.chom.2013.07.007	2013	11.75	2014	2018	
Lozupone CA, 2012, *Nature*, V489, P220, DOI 10.1038/nature11550	2012	11.21	2014	2017	
Kostic AD, 2012, *Genome Res*, V22, P292, DOI 10.1101/gr.126573.111	2012	9.86	2014	2017	
Engstrand L, 2013, *Best Pract Res Clin Gastroenterol*, V27, P39, DOI 10.1016/j.bpg.2013.03.016	2013	9.57	2014	2017	
Sheh A, 2013, *Gut Microbes*, V4, P505, DOI 10.4161/gmic.26205	2013	9.54	2014	2018	
Rolig AS, 2013, *Infect Immun*, V81, P1382, DOI 10.1128/IAI.00044-13	2 013	9.17	2014	2018	
Yang I, 2013, *FEMS Microbiol Rev*, V37, P736, DOI 10.1111/1574-6976.12027	2013	9.17	2014	2018	
Eun CS, 2014, *Helicobacter*, V19, P407, DOI 10.1111/hel.12145	2014	16.44	2015	2019	
Louis P, 2014, *Nat Rev Microbiol*, V12, P661, DOI 10.1038/nrmicro3344	2014	10.32	2015	2019	
Aviles-Jimenez F, 2014, *Sci Rep*, V4, P4202, DOI 10.1038/srep04202	2014	17.55	2016	2019	
Rubinstein MR, 2013, *Cell Host Microbe*, V14, P195, DOI 10.1016/j.chom.2013.07.012	2013	14.61	2016	2018	

续表

被引文献	年份	强度	开始年份	结束年份	2014—2023 年
Schwabe RF, 2013, *Nat Rev Cancer*, V13, P800, DOI 10.1038/nrc3610	2013	14.44	2016	2018	▬▬▬▬▬▬▬▬▬
Sivan A, 2015, *Science*, V350, P1084, DOI 10.1126/science.aac4255	2015	11.28	2017	2020	▬▬▬▬▬▬▬▬▬
Vetizou M, 2015, *Science*, V350, P1079, DOI 10.1126/science.aad1329	2015	11	2017	2020	▬▬▬▬▬▬▬▬▬
Sugano K, 2015, *Gut*, V64, P1353, DOI 10.1136/gutjnl-2015-309252	2015	10.21	2018	2020	▬▬▬▬▬▬▬▬▬
Guo Y, 2020, *Gut*, V69, P1598, DOI 10.1136/gutjnl-2019-319696	2020	12.22	2021	2023	▬▬▬▬▬▬▬▬▬
Bray F, 2018, *CA Cancer J Clin*, V68, P394, DOI 10.3322/caac.21492	2018	10.37	2021	2023	▬▬▬▬▬▬▬▬▬
Sung JJY, 2020, *Gut*, V69, P1572, DOI 10.1136/gutjnl-2019-319826	2020	9.29	2021	2023	▬▬▬▬▬▬▬▬▬

（五）关键词可视化分析

关键词凝练了一篇论文的核心与精髓,通过关键词共现分析可以发现某科学领域的研究热点和方向。使用 VOSviewer 对 1 416 篇文献绘制关键词共现网络视图,我们提取了 330 个关键词(出现频次 ≥ 8 次),并对意义相近的词进行合并。图 6-5A 展示了 6 个不同的聚类,分别对应了 6 个不同的研究热点及方向。聚类 1 包含 70 个关键词,包括炎症、克罗恩病、生态失调、发病机制、免疫反应、内环境稳定、炎症性肠病和表达等。聚类 2 包含 67 个关键词,包括幽门螺杆菌、细菌、癌症、胃、胃微生物群、16S rRNA 基因测序和老鼠模型等。聚类 3 包含 61 个关键词,包括肠道微生物群、幽门螺杆菌感染、短链脂肪酸、患病率、肥胖、氧化应激及益生元等。聚类 4 包含 61 个关键词,包括益生菌、根除、肠易激综合征、小孩、抗生素、meta 分析、双歧杆菌及乳酸菌等。聚类 5 包含 55 个关键词,包括微生物群、肠道菌群、具核梭杆菌、结直肠癌、大肠埃希菌、胃癌、免疫疗法及口腔微生物群等。聚类 6 包含 16 个关键词,包括风险、流行病学、质子泵抑制剂、进展、癌及胃食管反流病等。

图 6-5B 展示了关键词聚类分析的时间视图,可以反映出关于微生物群与幽门螺杆菌关系研究的时序特征。词云图(图 6-5C)直观地显示这些高频关键词。表 6-5 展示了关键词突现分析排名前 25 的关键词。在关键词强度方面,"bacterial microbiota"(11.12)位居第一,其次为"lactic acid bacteria"(4.88)和"diversity"(4.88)。在 2014—2023 年的早期,研究点主要是细菌微生物群和 16S 核糖体 RNA 等。中期的研究点主要是疾病风险如胰岛素抵抗、代谢综合征、动脉粥样硬化及癌症等。后期的研究重点主要是肠道微生物群如屎肠球菌、空肠弯曲杆菌,以及牙龈卟啉菌等。值得注意的是,肿瘤微生物群、多中心研究及根除疗法等近期被大量引用,可能预示着该研究领域的研究热点。

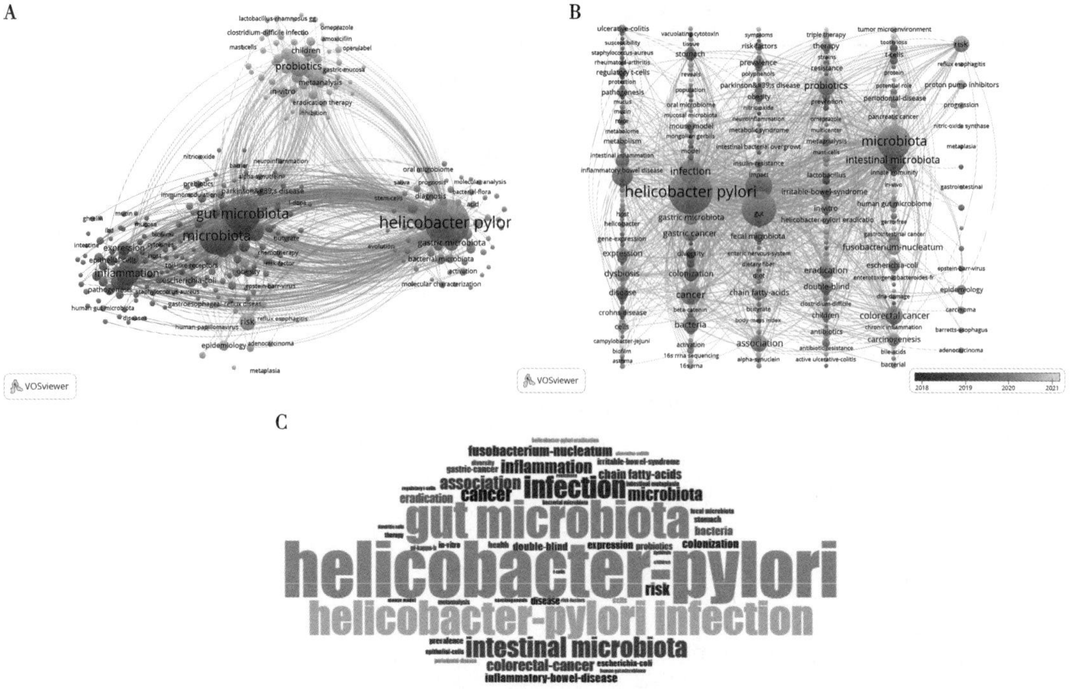

图 6-5 关键词分析

A. 高频关键词共现网络；B. 关键词的时间视图；C. 关于微生物群和幽门螺杆菌在疾病中相互作用研究的高频关键词。

表 6-5 被引突现性最强的前 25 个关键词

关键词	年份	强度	起始	结束	2014—2023 年
bacterial microbiota	2014	11.12	2014	2017	
lactic acid bacteria	2014	4.88	2014	2016	
diversity	2014	4.88	2014	2018	
flora	2014	4.62	2014	2017	
16S ribosomal RNA	2014	4.62	2014	2017	
Toll-like receptor	2014	3.64	2014	2018	
colonization	2014	3.42	2014	2016	
asthma	2014	3.10	2014	2019	
PCR	2014	3.02	2014	2015	
H. pylori	2014	3.51	2015	2019	
increased risk	2014	3.50	2015	2016	
intestinal epithelial cell	2014	3.05	2015	2017	
human gut microbiome	2014	4.23	2016	2017	
cancer risk	2014	3.71	2016	2017	
insulin resistance	2014	3.66	2016	2019	

续表

关键词	年份	强度	起始	结束	2014—2023 年
metabolic syndrome	2014	3.56	2017	2019	
atherosclerosis	2014	3.12	2017	2018	
Enterococcus faecalis	2014	3.12	2017	2018	
metagenomics	2014	3.10	2018	2019	
Porphyromonas gingivalis	2014	3.24	2019	2021	
clarithromycin	2014	3.11	2019	2020	
Campylobacter jejuni	2014	3.44	2020	2021	
tumor microbiome	2014	3.03	2020	2023	
multicenter	2014	3.33	2021	2023	
eradication therapy	2014	3.27	2021	2023	

讨　论

　　研究表明,胃肠道微生物群在人体的代谢、维护肠道黏膜屏障结构的完整性、免疫调节和抵御病原体等方面起着举足轻重的作用[24]。而幽门螺杆菌的定植及根除治疗对胃肠道微生物多样性、组成、功能等方面有一定的影响[13,15,25]。这使得在过去的几十年中,发表了大量关于微生物群与幽门螺杆菌之间关系的文献,但尚未有研究对该领域进行文献计量学分析。本研究对 WoSCC 数据库中 2014—2023 年发表的 1 416 项研究进行文献计量学分析,探讨了该研究领域的研究现状及热点,并提出这一研究领域的发展趋势。

　　在本项研究中,我们对 2014—2023 年发表的关于微生物群与幽门螺杆菌关系的论文进行统计,发现 2014—2021 年的年度发文量逐年增高,2022 年较 2021 年稍有减少,由于该研究截止于 2023 年 5 月 31 日,2023 年发表的文献数量仅 79 篇。但通过拟合曲线,我们可以预测发文量在未来几年将持续增长,表明该研究领域受到越来越多的重视,且具有很大的研究前景。基于对国家的分析,中国在全球范围内发表的文章最多,表明中国在该研究领域发展迅速,已成为该研究领域的主要参与者。此外,发文量排名前 10 的机构中,中国机构有 5 家,表明中国研究机构对幽门螺杆菌与微生物群关系的关注度越来越高。然而,与中国相比,美国(309 篇)的发文量仅次于中国(428 篇),但美国的总被引频次远超于中国且与其他国家合作紧密,表明美国在该研究领域影响力最大,且学术能力在全球范围内得到了广泛认可。根据这些发现,虽然中国在该领域取得了巨大的进步,但国家应优先提倡学术界的原始创新,因为仅靠增加发文量不能完全增强学术影响力。中国学者和机构应在提高该领域的研究质量方面做出更多努力。

　　基于对作者的分析,Gasbarrini A 在微生物群与幽门螺杆菌关系研究领域的所有作者中具有最高发文量及文献引用率。2014—2023 年期间,除了 2021 年外,Gasbarrini A 每年都有新的研究发表。Gasbarrini A 团队重点研究了幽门螺杆菌对人类胃肠道菌群的影响及微生物群在健康和疾病中的作用。Gasbarrini A 团队在 2023 年发表的一项研究指出,幽门螺杆菌定植及根除治疗将对胃肠道微生物群产生影响,同时与益生菌相结合的治疗方案已被证明可以减少抗生素治疗对肠道微生物群的负面影响,并提高幽门螺杆菌根除率[13]。来自麻省理工学院的 Ge Z 教授是合作最广泛的学者,具有较高的影响力,其次为 He C、Zhu Y 等。但大多数研究人员倾向于在一个小群体内进行合作研究。因此,加强来自不同国家或机构的作者之间的合作,可以极大地促进该研究领域的学术交流和创新。

高被引论文能够反映某一研究领域所关注的问题。对被引频次排名前 10 的文献进行分析,该领域研究主要集中在三个方面:①癌症患者中微生物群的改变;②肠道微生物群影响肿瘤免疫疗法疗效;③幽门螺杆菌对胃肠道微生物群的改变。共被引文献聚类的时间线视图能够反映该领域研究热点的时间特征。如图 6-4B,Cluster 0(colorectal cancer)、Cluster 4(human microbiota)和 Cluster 5(gastric microbiome)是最早出现的,而 Cluster 2(pancreatic cancer)、Cluster 3(gastric cancer)和 Cluster 6(Helicobacter pylori eradication)仍是该领域的研究热点。如表 6-4 所示,有 3 篇文章仍处于持续爆发式增长。Guo Y 等于 2020 年在 Gut 上发表的一篇文章指出幽门螺杆菌感染对胃微生物生态失调有显著影响,成功根除幽门螺杆菌有可能将胃微生物群恢复到与未感染个体相似的状态,并对肠道微生物群产生有益影响[26]。Sung JJY 等对 404 份胃活检样本(包括幽门螺杆菌根除治疗 1 年前后的 102 对样本和安慰剂治疗 1 年前后的 100 对样本)进行 16S rRNA 测序,发现幽门螺杆菌被根除后,胃微生物在胃癌癌前病变的发展中起着重要作用,且与胃部炎症、萎缩或肠化生进展相关的微生物是预防胃癌的潜在治疗靶点[27]。以上表明微生物群和幽门螺杆菌关系的研究仍将受到密切关注。

通过对微生物群和幽门螺杆菌关系相关文献的关键词进行可视化分析,发现该研究领域热点词主要为 Helicobacter pylori、Helicobacter pylori infection、gut microbiota、intestinal microbiota、colorectal cancer、Fusobacterium nucleatum、chain fatty acids 及 eradication 等。 从关键词突现分析来看,"tumor microbiome"及"eradication therapy"等是目前研究的热点和方向。Bangolo AI 等的研究发现,多种共生微生物群可以通过调节胰腺腺癌治疗中的肿瘤微环境来影响常规化疗和免疫治疗的疗效[28]。一项研究通过对 198 份粪便标本(包括幽门螺杆菌根除治疗前后的 74 对样本和 Hp 阴性患者的 50 份样本)的分析,发现 Hp 的根除治疗可导致双歧杆菌属、柯林斯菌属、粪球菌属的相对比例减少,而梭菌属、拟杆菌属和粪芽孢菌属的比例增加,Hp 根除治疗后肠道菌群组成的变化主要取决于肠道菌群的初始含量,由此在治疗前评估肠道微生物群含量可能可以预测与微生物组成变化相关不良反应的发生率[29]。除此之外,Gracia M 等的研究发现 Hp 根除治疗可以降低生长素释放肽水平[30]。Wang L 等的一项研究表明幽门螺杆菌根除疗法不仅导致肠道微生物群的短暂改变,而且还显著改变了肠道病毒群落[31]。一项多中心、随机、双盲实验发现益生菌联合四联疗法可以降低胃肠道反应,此外,根除药物诱导的微生物群紊乱可以通过益生菌治疗得到部分缓解[32]。然而,目前还未有研究专门评估根除疗法对胃肠道微生物群可能的长期影响。毫无疑问,未来的研究将继续关注幽门螺杆菌定植及根除疗法对胃肠道微生物群的影响。微生物群的某些变化可能用于开发生物标志物以监测疾病进展,并通过操纵胃肠道微生物群改善治疗方法且降低患胃癌等疾病的风险。

结　论

通过文献计量学分析,全球关于微生物群与幽门螺杆菌关系的发文量总体呈上升趋势,该研究领域受到广泛关注。研究结果表明,中国发表的文章最多,而美国是最具影响力的国家。"肠道微生物群""结肠癌""幽门螺杆菌""根除疗法"和"具核梭形杆菌"一直是该领域的研究热点。"肿瘤微生物群"及"幽门螺杆菌根除疗法"可能是该领域未来研究的方向。本次文献计量学分析的结果为微生物群与幽门螺杆菌关系的研究提供了新的视角,可能对两者间进一步潜在机制的研究产生有益的影响。

参考文献

[1] HOOI J K Y, LAI W Y, NG W K, et al. Global Prevalence of *Helicobacter pylori* Infection: systematic review and meta-analysis [J]. Gastroenterology, 2017, 153(2): 420-429.

[2] BURUCOA C, AXON A. Epidemiology of *Helicobacter pylori* infection [J]. Helicobacter, 2017, 22: e12403.

[3] YANG J C, LU C W, LIN C J. Treatment of *Helicobacter pylori* infection: current status and future concepts [J]. World J Gastroenterol, 2014, 20(18): 5283-5293.

[4] LEE Y C, CHIANG T H, CHOU C K, et al. Association between *Helicobacter pylori* eradication and gastric cancer incidence: a systematic review and meta-analysis [J]. Gastroenterology, 2016, 150(5): 1113-1124.

[5] MALFERTHEINER P, MEGRAUD F, ROKKAS T, et al. Management of *Helicobacter pylori* infection: the Maastricht VI /Florence consensus report [J]. Gut, 2022, 71(9): 1724-1762.

[6] CHIANG T H, CHANG W J, CHEN S L, et al. Mass eradication of *Helicobacter pylori* to reduce gastric cancer incidence and mortality: a long-term cohort study on Matsu Islands [J]. Gut, 2021, 70(2): 243-250.

[7] BLAND M V, ISMAIL S, HEINEMANN J A, et al. The action of bismuth against *Helicobacter pylori* mimics but is not caused by intracellular iron deprivation [J]. Antimicrob Agents Chemother, 2004, 48(6): 1983-1988.

[8] SCHMIDT T S B, RAES J, BORK P. The human gut microbiome: from association to modulation [J]. Cell, 2018, 172(6): 1198-1215.

[9] GOULD A L, ZHANG V, LAMBERTI L, et al. Microbiome interactions shape host fitness [J]. Proc Natl Acad Sci U S A, 2018, 115(51): E11951-E11960.

[10] BAOTHMAN O A, ZAMZAMI M A, TAHER I, et al. The role of gut microbiota in the development of obesity and diabetes [J]. Lipids Health Dis, 2016, 15: 108.

[11] CHRISTOVICH A, LUO X M. Gut microbiota, leaky gut, and autoimmune diseases [J]. Front Immunol, 2022, 13: 946248.

[12] WANG Y, YANG G, YOU L, et al. Role of the microbiome in occurrence, development and treatment of pancreatic cancer [J]. Mol Cancer, 2019, 18(1): 173.

[13] FIORANI M, TOHUMCU E, DEL VECCHIO L E, et al. The influence of *Helicobacter pylori* on human gastric and gut microbiota [J]. Antibiotics(Basel), 2023, 12(4): 765.

[14] MIAO R, WAN C, WANG Z. The relationship of gastric microbiota and *Helicobacter pylori* infection in

pediatrics population[J]. Helicobacter, 2020, 25 (1): e12676.

[15] TAO Z H, HAN J X, FANG J Y. *Helicobacter pylori* infection and eradication: Exploring their impacts on the gastrointestinal microbiota[J]. Helicobacter, 2020, 25 (6): e12754.

[16] LIU C, SU W, TAN Z, et al. The interaction between microbiota and immune in intestinal inflammatory diseases: global research status and trends[J]. Front Cell Infect Microbiol, 2023, 13: 1128249.

[17] DENG P, WANG S, SUN X, et al. Global trends in research of gouty arthritis over past decade: a bibliometric analysis[J]. Front Immunol, 2022, 13: 910400.

[18] MANSOUR A M, MOLLAYESS G E, HABIB R, et al. Bibliometric trends in ophthalmology 1997—2009[J]. Indian J Ophthalmol, 2015, 63 (1): 54-58.

[19] WU W, OUYANG Y, ZHENG P, et al. Research trends on the relationship between gut microbiota and colorectal cancer: a bibliometric analysis[J]. Front Cell Infect Microbiol, 2023, 12: 1027448.

[20] BÖRNER K, CHEN C, BOYACK K W. Visualizing knowledge domains[J]. Annu Rev Inform Sci, 2003, 37 (1): 179-255.

[21] FERREIRA R M, PEREIRA-MARQUES J, PINTO-RIBEIRO I, et al. Gastric microbial community profiling reveals a dysbiotic cancer-associated microbiota[J]. Gut, 2018, 67 (2): 226-236.

[22] COKER O O, DAI Z, NIE Y, et al. Mucosal microbiome dysbiosis in gastric carcinogenesis[J]. Gut, 2018, 67 (6): 1024-1032.

[23] SCHULZ C, SCHÜTTE K, KOCH N, et al. The active bacterial assemblages of the upper GI tract in individuals with and without helicobacter infection[J]. Gut, 2018, 67 (2): 216-225.

[24] JANDHYALA S M, TALUKDAR R, SUBRAMANYAM C, et al. Role of the normal gut microbiota[J]. World J Gastroenterol, 2015, 21 (29): 8787-8803.

[25] CHEN C C, LIOU J M, LEE Y C, et al. The interplay between *Helicobacter pylori* and gastrointestinal microbiota[J]. Gut Microbes, 2021, 13 (1): 1-22.

[26] GUO Y, ZHANG Y, GERHARD M, et al. Effect of *Helicobacter pylori* on gastrointestinal microbiota: a population-based study in Linqu, a high-risk area of gastric cancer[J]. Gut, 2020, 69 (9): 1598-1607.

[27] SUNG J J Y, COKER O O, CHU E, et al. Gastric microbes associated with gastric inflammation, atrophy and intestinal metaplasia 1 year after *Helicobacter pylori* eradication[J]. Gut, 2020, 69 (9): 1572-1580.

[28] BANGOLO A I, TRIVEDI C, JANI I, et al. Impact of gut microbiome in the development and treatment of pancreatic cancer: newer insights[J]. World J Gastroenterol, 2023, 29 (25): 3984-3998.

[29] SAFINA D, ABDULKHAKOV S R, GRIGORYEVA T V, et al. The Influence of *Helicobacter Pylori* Eradication Therapy on Intestinal Microbiota[J]. Gastroenterology, 2017, 152 (5): S633.

[30] MARTÍN-NÚÑEZ G M, CORNEJO-PAREJA I, CLEMENTE-POSTIGO M, et al. *Helicobacter pylori* eradication therapy affect the gut microbiota and ghrelin levels[J]. Front Med, 2021, 8: 712908.

[31] WANG L, YAO H, MORGAN D C, et al. Altered human gut virome in patients undergoing antibiotics therapy for *Helicobacter pylori*[J]. Nat Commun, 2023, 14 (1): 2196.

[32] HE C, XIE Y, ZHU Y, et al. Probiotics modulate gastrointestinal microbiota after *Helicobacter pylori* eradication: a multicenter randomized double-blind placebo-controlled trial[J]. Front Immunol, 2022, 13: 1033063.

（李天歌　邱美琪　项子轩　董卫国）

胃癌与胃微生物群研究的全球现状与趋势：一项文献计量学分析

【背景】已有许多研究揭示了胃微生物群与胃癌进展的关系。本研究旨在通过文献计量学分析，获得胃微生物群与胃癌研究领域的研究现状、热点和发展趋势。

【材料与方法】相关文献于 2023 年 7 月 18 日使用 Web of Science 核心合集数据库获取。使用 CiteSpace（版本 6.2.R4）、VOSviewer（版本 1.6.19）和 RStudio 对国家、机构、作者、参考文献、关键词等进行共现及共被引分析，对关键词进行聚类分析和突现分析，并绘制相关知识图谱。

【结果】该领域发文量共 215 篇，呈增加趋势。其中，中国发文量最多，美国具有最高的中介中心性；Baylor College of Medicine 累计发文量最大，Ferreira RM 和 Cooker OO 有最高被引频次。*Helicobacter* 杂志对该领域关注最多，*Gut* 杂志提供了最多的研究基础。使用 CiteSpace 分析共获得 280 个关键词，主要关注幽门螺杆菌致病机制与根除方案，以及胃微生物群在胃癌评估与治疗方面的应用等。突现分析表明，该领域未来的研究热点和趋势可能是以具核梭形杆菌为代表的胃微生物在胃癌诊断及治疗上的应用，以及它们的致病机制。

【结论】本研究首次利用可视化软件和数据信息挖掘方法对胃癌与胃微生物群领域相关研究进行文献计量学分析。目前的研究热点集中于幽门螺杆菌根除和致病机制，以及胃微生物群在胃癌进展中的变化；未来的研究热点可能是具核梭形杆菌等胃微生物的临床应用及其致病机制研究。

【关键词】胃癌，胃微生物群，胃癌发生，文献计量学，CiteSpace

引 言

胃癌（gastric cancer, GC）是全球第五大常见肿瘤，也是第四大癌症死亡原因[1]；在未来，虽然胃癌发病率可能呈降低趋势，但在一些国家，50 岁以下人群胃癌发病率可能增加[2]。幽门螺杆菌（*Helicobacter pylori*, Hp）被认为是胃癌发生的主要危险因素，并被列为 I 类致癌物。胃癌多步骤发生模型认为，Hp 定植于胃黏膜，诱发持续的慢性胃部炎症，引起"慢性萎缩性胃炎—肠上皮化生—不典型增生—胃癌"的级联发病过程；其中，Hp 在萎缩性胃炎中发挥作用[3-4]。然而，随着萎缩性胃炎严重程度的增加，Hp 的定植逐渐减少[4-5]，且一些临床研究表明病变晚期患者进行 Hp 根除并不能消除病变进展的风险[6-7]，提示癌前状态的进一步发展可能与 Hp 定植无关，这引起了人们对除 Hp 以外其他胃内微生物的关注。

　　胃肠道菌群是人体内最大、最复杂的微生物生态系统,其中细菌形成了主要的群落。然而,由于胃内的强酸性环境难以被一般细菌定植,直到 Hp 从胃黏膜中被分离出来,胃才被认为是有细菌定植的器官。随着分子技术的发展,通过对胃镜活检标本进行系统发育分析,目前已鉴定出了 128 个种型的微生物,它们大多来自变形菌门(*Proteobacteria*)、厚壁菌门(*Firmicutes*)、拟杆菌门(*Bacteroidetes*)、放线菌门(*Actinobacteria*)和梭杆菌门(*Fusobacteria*),并分类出 10 个主要属[8-9]。多项基于胃黏膜组织活检的病例对照研究证实了肠型胃癌进展过程中菌群多样性的变化:从非萎缩性胃炎(non-atrophy gastritis, NAG)到肠化生(intestinal metaplasia, IM)再到胃癌,微生物多样性稳定下降($P=0.004$),且该过程中胃菌群丰度是连续变化的,即 NAG 患者胃菌群多样性显著高于 GC 患者($P<0.05$),而 IM 处于中间状态[10]。在由浅表性胃炎到胃癌的进展过程中,Hp 的丰度和胃微生物多样性均呈下降趋势[9]。也有研究提出了不同观点:与功能性消化不良患者相比,GC 组织中菌群的丰度和多样性增加,但其均一性未增加;此外,Hp 感染者的血清学状态对胃微生物组成和多样性有显著影响[11]。来自无菌胰岛素 - 胃泌素转基因(insulin-gastrin, INS-GAS)和人胃微生物群移植小鼠模型的证据进一步证明了微生物群在胃癌发生中的潜在因果关系[12-13]。

　　文献计量学将数学、统计学与文献相结合,通过定量分析来探索学科的结构特征和热点趋势,并对结果进行评价和预测;文献计量学分析已广泛应用于医学的各个领域[14-15]。目前,越来越多的学者报道了胃癌与胃微生物群相关的研究;然而,据我们所知,迄今还没有直观的可视化分析方法来探索该领域的研究情况。因此,本文采用文献计量学方法对该领域研究进行系统回顾,在对相关文献进行定量分析的同时,借助可视化工具分析该领域的研究现状、热点和未来趋势。

方　法

(一)数据来源

　　数据于 2023 年 7 月 18 日从 Web of Science 核心合集(Web of Science Core Collection, WoSCC)数据库获取。使用主题词检索策略进行检索,检索词包括 "gastric cancer" 和 "stomach microbiome";添加同义词并使用精确检索策略,以获得精确检索结果;语言限制为英语。两位独立的研究者对检索到的文献进行了初筛(阅读题目和关键词),两者之间的分歧通过讨论解决;如果两者讨论后仍无法定论,另一位研究者将参与进一步讨论并达成共识。

(二)数据处理与统计分析

　　1. 数据获取与转换　选择 "全记录与引用的参考文献",将检索到的相关文献以 "纯文本文件" 格式导出,以 "download_*.txt" 形式命名。将获得的文献记录导入 CiteSpace(版本 6.2.R4)和 VOSviewer(版本 1.6.19)中,进行文献计量学分析。Biblioshiny 是使用 R 语言开发的基于 bibliometrix 科学文献计量软件的文献计量程序,将文献记录导入后能够快速根据数据生成可视化图形,是较为便捷而全面的分析工具[16]。

　　2. 数据处理　使用 CiteSpace(版本 6.2.R4)对获得的文献进行去重,仅保留论著和综述,随后进行可视化分析。时间跨度选择 2013—2023 年,时间切片选择为 1 年。通过选择适当的参数,对国家、机构、作者进行了共现分析,对作者、期刊及参考文献进行了共被引分析,并对关键词进行共现、聚类、突现分析。不同节点代表不同的要素,每个节点以年轮的形式展示,年轮的颜色对应国家发文的时间,颜色越浅出现越晚;年轮的宽度代表要素在该时间出现的频次,节点大小代表要素出现的总频次。具有高中介中心性的节点由紫色外圈展示。节点间的连接线代表共现、合作或共被引,连线颜色代表两个要素首次出现关联的时间,连线粗细代表关联强度。

此外,我们使用 Excel 对 CiteSpace 去重后的论著和综述进行发文量分析;使用 VOSviewer(版本 1.6.19)联合 Pajek 对关键词进行共现分析;使用 Biblioshiny 对期刊载文量、国家合作网络、施引文献及关键词进行补充分析;使用 RStudio 对国家发文量及附加关键词进行分析。

3. 相关统计指标与参数　中介中心性(betweenness centrality)是针对网络的衡量标准之一,中介中心性 ≥ 0.1 代表该节点较为重要;中心性越高,该节点在整个网络结构中的桥梁作用越重要。

G 指数(G-index)是一个能够更好地衡量作者影响力的参数;在 CiteSpace 中,G 指数属于一种选择标准,其计算方式为:$g^2 \leqslant k\sum_{i \leqslant g}c_i, k \in Z$。通过调整 k 值,可以调节获得节点的数量。为了尽可能纳入更多节点,并剔除相对不重要的节点、保证分析的可靠性,我们采用了不同的 k 值设定:在国家、机构共现及关键词分析中,k 值设定为 25;作者共现分析中,k 值设定为 15;共被引分析中,作者、期刊共被引 k 值为 15,文献共被引 k 值为 10。

突现分析能够反映某一要素的发展变化,在关键词突现分析中,我们将 γ 设定为 0.45,Minimum Duration 设定为 1。

结　果

(一)研究态势分析

发文量分析可用于初步窥见一个研究领域是否受到研究者的持续关注、是否处于上升期。基于检索结果,排除研究方向及领域不相关的文献后,截至检索日期,共有 215 篇文献,其中 204 篇为论著及综述。根据 CiteSpace 导出的年发文量及年累计发文量绘制统计图,可以看出,胃微生物群与胃癌领域的研究最早始于 1993 年;自 2013 年起,该领域年发文量呈显著上升趋势,2018—2022 年增速较快,表明近年来该领域研究逐渐受到关注;2023 年发文量较少,可能是由于检索仅截至当年 7 月 18 日(图 6-6A)。总体上,该领域年累计发文量及年发文量均呈指数形式增长。

相关期刊分析反映了哪些期刊对该领域关注较多。分析结果表明,*Helicobacter* 杂志对该领域文章收录最多,达 16 篇,*Frontiers in Microbiology*、*Scientific Reports* 其次(图 6-6B)。

(二)国家分析

对 2013—2023 年该领域有相关研究的国家进行分析表明,共有 39 个国家关注该领域。其中,中国在该研究领域累计发文量最高,达到 72 篇;美国其次,为 41 篇(表 6-6)。对发文量前 8 的国家进行年发文量分析,可以发现,美国开始发文早,年发文量较为平稳;中国近年发文量显著增加（图6-7A）。美国的中介中心性最高,达0.43（表6-6）。对国家合作网络进行分析,可以看出,中国、美国在合作网络中占据主导地位;但总体来说,各国在该领域合作强度较低,近年合作较少（图6-7D）。

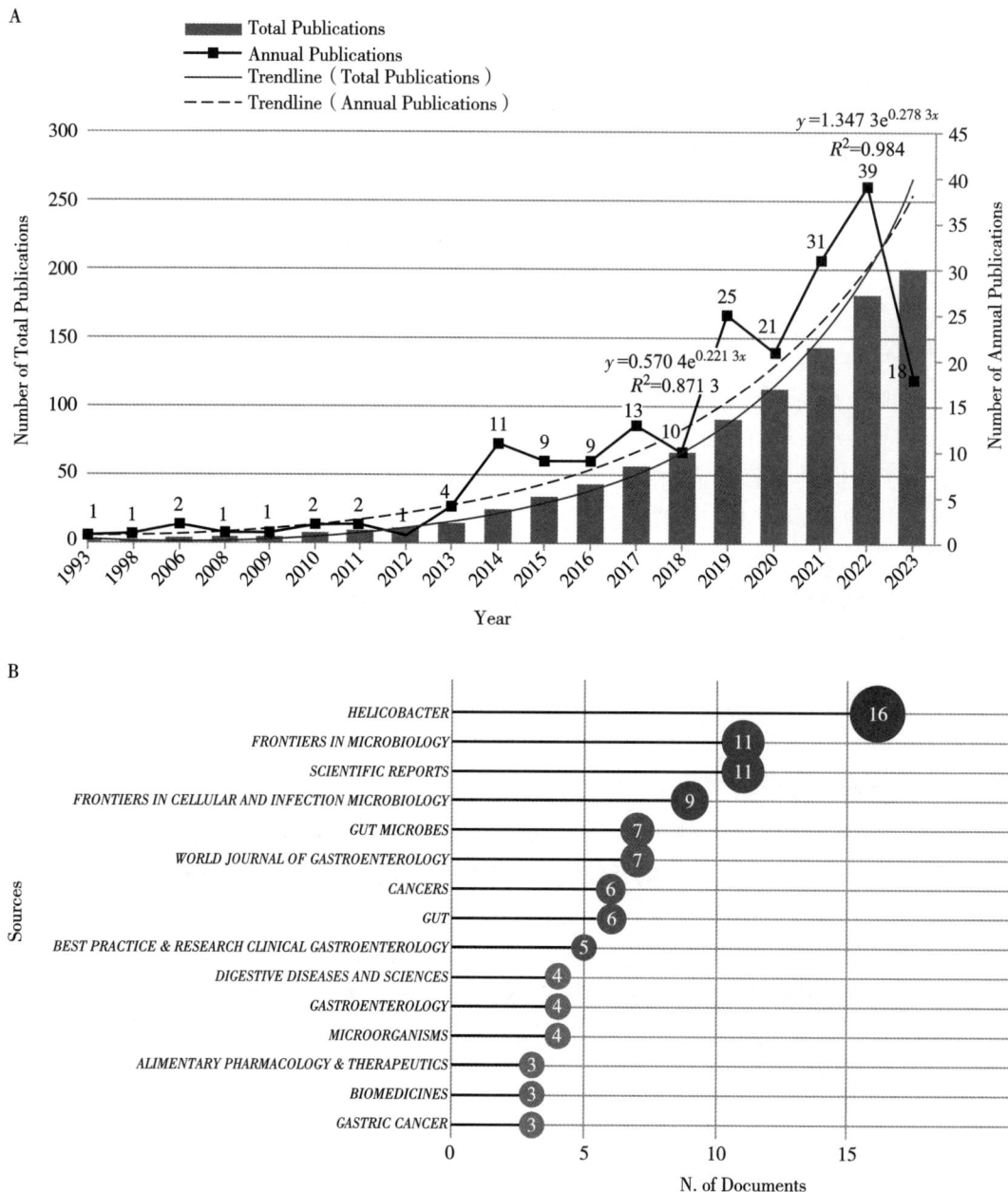

图 6-6　研究态势分析

A. 领域总发文量;B. 相关期刊载文量。

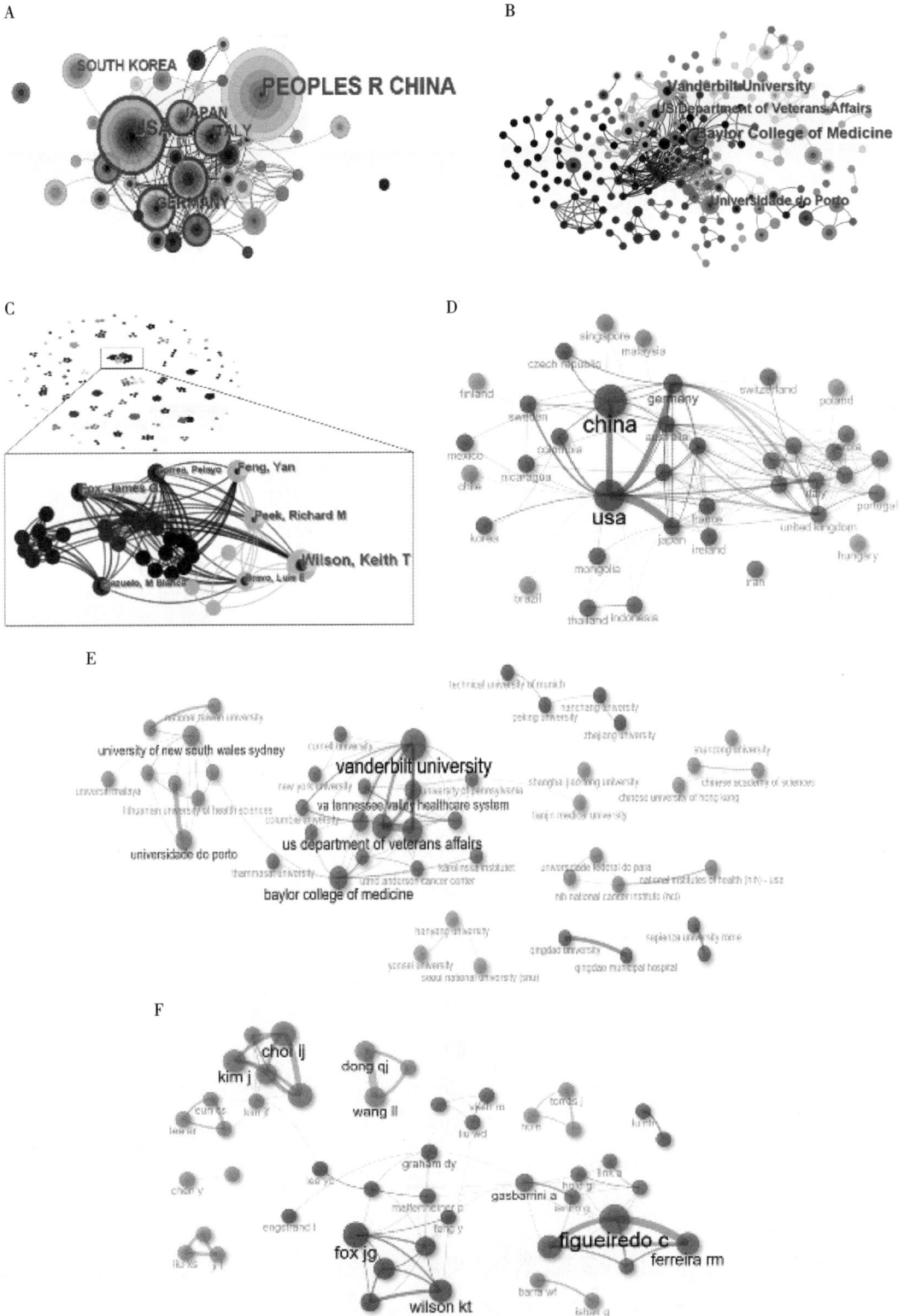

图 6-7 研究人员分析
A、D. 国家分析；B、E. 机构分析；C、F. 作者分析。

表 6-6　国家发文量与中介中心性

	发文量	国家	中心性	国家
1	72	中国	0.43	美国
2	41	美国	0.29	澳大利亚
3	15	德国	0.23	德国
4	14	意大利	0.15	意大利
5	13	日本	0.15	英国
6	13	韩国	0.14	日本
7	11	澳大利亚	0.11	瑞典
8	8	英国	0.1	爱尔兰
9	8	葡萄牙	0.06	希腊

（三）机构分析

机构分析结果显示,没有明显突出的高发文量机构。Baylor College of Medicine 发文量最多,并具有最高的中介中心性(表 6-7)。Vanderbilt University、US Department of Medicine、Baylor College of Medicine、Universidade do Porto 等机构在该领域研究中有一定合作(图 6-7B、E)。

表 6-7　相关研究机构发文量及中介中心性

	发文量	中心性	年份	机构
1	9	0.1	2013	贝勒医学院
2	8	0.03	2014	范德堡大学
3	7	0	2016	南昌大学
4	6	0	2014	美国退伍军人事务部
5	6	0	2019	浙江大学
6	6	0.01	2016	波尔图大学
7	5	0	2020	中国科学院
8	5	0	2014	汉阳大学
9	5	0	2017	新南威尔士大学
10	5	0	2016	退伍军人健康管理局
11	5	0.02	2015	马格德堡大学
12	5	0.03	2013	麻省理工学院

（四）作者分析

通过对第一作者进行统计发现,单个作者发文量较少。较大的研究团体包括 Fox JG、Wilson KT、Feng Y、Peek RM 等,他们的发文量均在 2 篇及以上;Figueiredo C 和 Ferreira RM、Kim J 和 Choi IJ 以及 Dong QJ 和 Wang LL 等研究者亦占据主导地位。相对来说,各作者之间合作较少(图 6-7C、F)。

（五）文献分析与共被引分析

1. 文献分析　施引文献分析能够快速寻找该领域的最新研究内容和研究前沿。LCS（local citation score）和 GCS（global citation score）是施引文献的两个参数。LCS 代表某篇文章在当前检索获得的数据中被引用的次数，GCS 代表某篇文章在整个数据库中被引用的次数。我们对从 WoSCC 中检索得到的胃微生物群与胃癌研究领域文献进行分析发现，Ferreira RM、Eun CS、Aviles-Jimenez F、Lofgren JL 和 Dicksved J 的文献节点较大、指向箭头较多，并具有最高的 LCS 和 GCS，表明这三篇文章被引频次最多，受到了同行及其他领域研究者的认可，一定程度上反映了该领域的关注点（图 6-8A，表 6-8）。对被引频次的分析从另一方面证明了这些研究成果的重要性（图 6-8B）。

文献共被引分析是指通过分析施引文献的参考文献，找出相关联的被引文献，即被不同文献同时引用的文献。这有助于发掘经典文献，了解领域的知识基础。文献共被引分析结果表明，Cocker OO 和 Ferreira RM 于 2018 年在 *Gut* 杂志发表的文献具有最高的被引频次（图 6-8D）；Lertpiriyapong K 于 2014 年发表在 *Gut* 上的文献具有最高的中介中心性（表 6-9）。

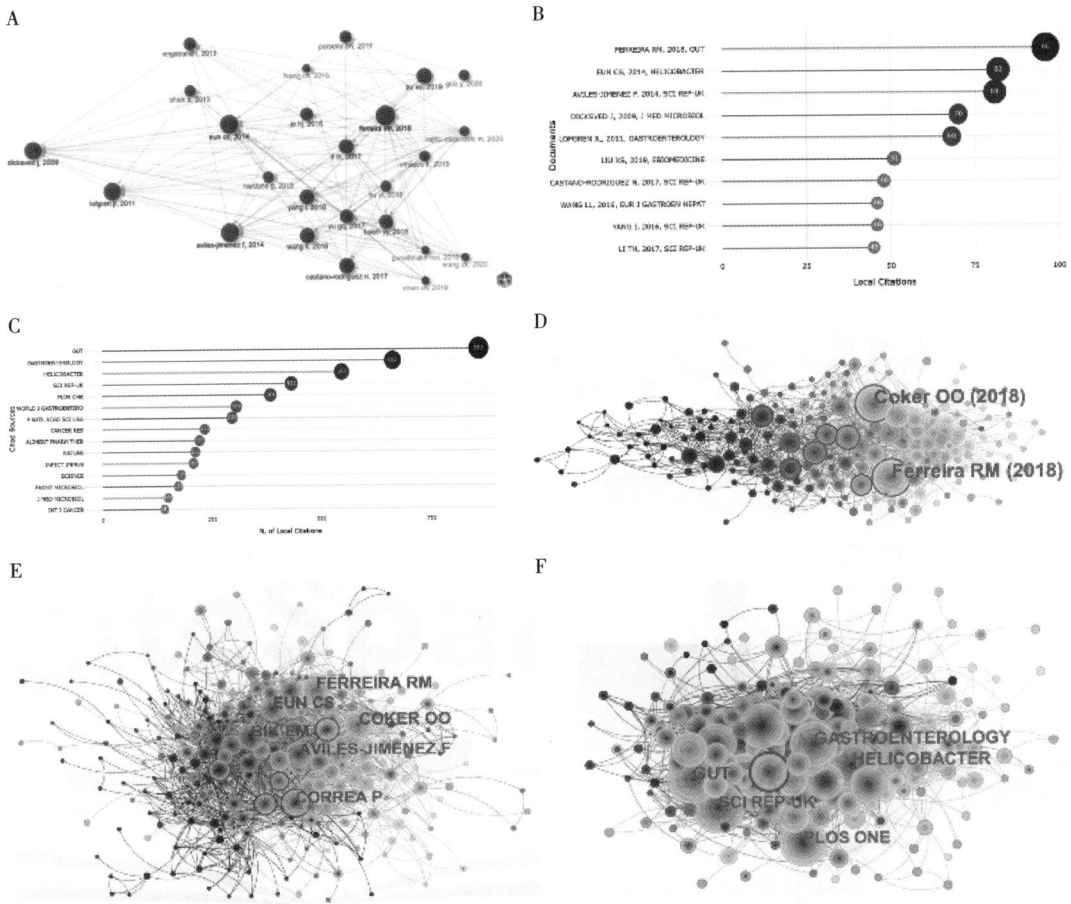

图 6-8　文献分析与共被引分析

A. 施引文献研究演变；B. 施引文献被引频次；C. 被引文献来源期刊；D. 文献共被引网络；E. 作者共被引网络；F. 期刊共被引网络。

2. 期刊及作者共被引分析　通过对期刊和作者进行共被引分析,能够快速了解对领域有高关注度和开创性贡献的期刊和作者。期刊共被引分析网络表明,在 *Gut*、*Gastroenterology*、*Helicobacter* 等期刊上发表的文章在该研究领域具有较高被引频次(图 6-8C、F)。CiteSpace 的分析结果表明,Ferreira RM、Bik EM、Coker OO 等具有较高的被引频次,Maldonado-Contreras A、Lofgren JL 等具有较高的中介中心性(图 6-8E,表 6-10)。

表 6-8　施引文献 LCS 与 GCS

	文献名称及 DOI	LCS	文献名称及 DOI	GCS
1	Ferreira RM, 2018, *Gut*, DOI 10.1136/gutjnl-2017-314205	96	Ferreira RM, 2018, *Gut*, DOI 10.1136/gutjnl-2017-314205	338
2	Eun CS, 2014, *Helicobacter*, DOI 10.1111/hel.12145	82	Lofgren JL, 2011, *Gastroenterology*, DOI 10.1053/j.gastro.2010.09.048	238
3	Aviles-Jimenez F, 2014, *Sci Rep*, DOI 10.1038/srep04202	81	Dicksved J, 2009, *J Med Microbiol*, DOI 10.1099/jmm.0.007302-0	214
4	Dicksved J, 2009, *J Med Microbiol*, DOI 10.1099/jmm.0.007302-0	70	Aviles-Jimenez F, 2014, *Sci Rep*, DOI 10.1038/srep04202	205
5	Lofgren JL, 2011, *Gastroenterology*, DOI 10.1053/j.gastro.2010.09.048	68	Eun CS, 2014, *Helicobacter*, DOI 10.1111/hel.12145	180

表 6-9　文献被引频次与中介中心性

	频次	文献名称及 DOI	中心性	文献名称及 DOI
1	95	Ferreira RM, 2018, *Gut*, DOI 10.1136/gutjnl-2017-314205	0.33	Lertpiriyapong K, 2014, *Gut*, DOI 10.1136/gutjnl-2013-305178
2	90	Coker OO, 2018, *Gut*, DOI 10.1136/gutjnl-2017-314281	0.18	Coker OO, 2018, *Gut*, DOI 10.1136/gutjnl-2017-314281
3	50	Liu XS, 2019, *EBioMedicine*, DOI 10.1016/j.ebiom.2018.12.034	0.15	Lofgren JL, 2011, *Gastroenterology*, DOI 10.1053/j.gastro.2010.09.048
4	42	Li TH, 2017, *Sci Rep*, DOI 10.1038/srep44935	0.14	Eun CS, 2014, *Helicobacter*, DOI 10.1111/hel.12145
5	38	Hsieh YY, 2018, *Sci Rep*, DOI 10.1038/s41598-017-18596-0	0.14	Li TH, 2017, *Sci Rep*, DOI 10.1038/srep44935
6	38	Castano-Rodriguez N, 2017, *Sci Rep*, DOI 10.1038/s41598-017-16289-2	0.12	Yang I, 2016, *Sci Rep*, DOI 10.1038/srep18594
7	35	Yang I, 2016, *Sci Rep*, DOI 10.1038/srep18594	0.11	Maldonado-Contreras A, 2011, *ISME J*, DOI 10.1038/ismej.2010.149
8	35	Aviles-Jimenez F, 2014, *Sci Rep*, DOI 10.1038/srep04202	0.11	Wang LL, 2016, *Eur J Gastroenterol Hepatol*, DOI 10.1097/MEG.0000000000000542
9	32	Lertpiriyapong K, 2014, *Gut*, DOI 10.1136/gutjnl-2013-305178	0.11	Ferreira RM, 2018, *Gut*, DOI 10.1136/gutjnl-2017-314205

续表

	频次	文献名称及 DOI	中心性	文献名称及 DOI
10	31	Eun CS, 2014, *Helicobacter*, DOI 10.1111/hel.12145	0.1	Yu GQ, 2017, *Front Cell Infect Microbiol*, DOI 10.3389/fcimb.2017.00302
11	31	Yu GQ, 2017, *Front Cell Infect Microbiol*, DOI 10.3389/fcimb.2017.00302	0.09	Aviles-Jimenez F, 2014, *Sci Rep*, DOI 10.1038/srep04202
12	31	Schulz C, 2018, *Gut*, DOI 10.1136/gutjnl-2016-312904	0.09	Liu XS, 2019, *EBioMedicine*, DOI 10.1016/j.ebiom.2018.12.034

表 6-10　作者被引频次与中介中心性

	频次	年份	姓名	中心性	年份	姓名
1	97	2018	Ferreira RM	0.16	2013	Maldonado-Contreras A
2	92	2013	Bik EM	0.15	2013	Lofgren JL
3	91	2018	Coker OO	0.12	2014	Lertpiriyapong K
4	83	2013	Correa P	0.12	2016	Jo HJ
5	81	2015	Aviles-Jimenez F	0.11	2013	Correa P
6	80	2015	Eun CS	0.09	2017	Li TH
7	70	2013	Dicksved J	0.09	2014	Malfertheiner P
8	67	2013	Lofgren JL	0.08	2013	Bik EM
9	66	2014	Lertpiriyapong K	0.08	2013	Dicksved J
10	58	2016	Yang I	0.08	2014	El-Omar EM

（六）关键词分析

关键词在一定程度上能够反映研究的核心内容,通过对关键词进行分析,我们能够迅速了解研究领域的热点和进展。

1. 词频分析　使用 Biblioshiny 对 2013—2023 年出现频率前 50 的关键词进行词频分析。从词频云图和树状图可以看出,*Helicobacter pylori* 出现频次最高,达到 61 次;其他词频较高的关键词包括 infection、cancer、risk、gut microbiota、intestinal metaplasia、colonization、eradication、inflammation 等(图 6-9A、B)。

附加关键词(keywords plus)是数据库根据题目、摘要、正文提取的能够代表文章研究主题的专业术语。对词频前 30 的附加关键词进行分析,以关键词出现频次最高的年份为基准绘制热图,可以发现,2022 年有 therapy、risk factors、proton pump inhibitor、epidemiology 等多个关键词受到研究者的关注;多数关键词从 2017 年起开始成熟,其中 risk factors、inflammation、intestinal metaplasia、community 等词近年词频迅速增加,可能提示了当前研究的热点(图 6-9C)。

2. 关键词共现分析　我们使用 CiteSpace 对 2013—2023 年的关键词进行分析,共有 280 个节点,1 557 条连线。我们的结果表明,除了 gastric cancer、gastric microbiota 等检索词外,还出现了反映胃癌癌前状态的关键词,如 atrophic gastritis、chronic gastritis、intestinal

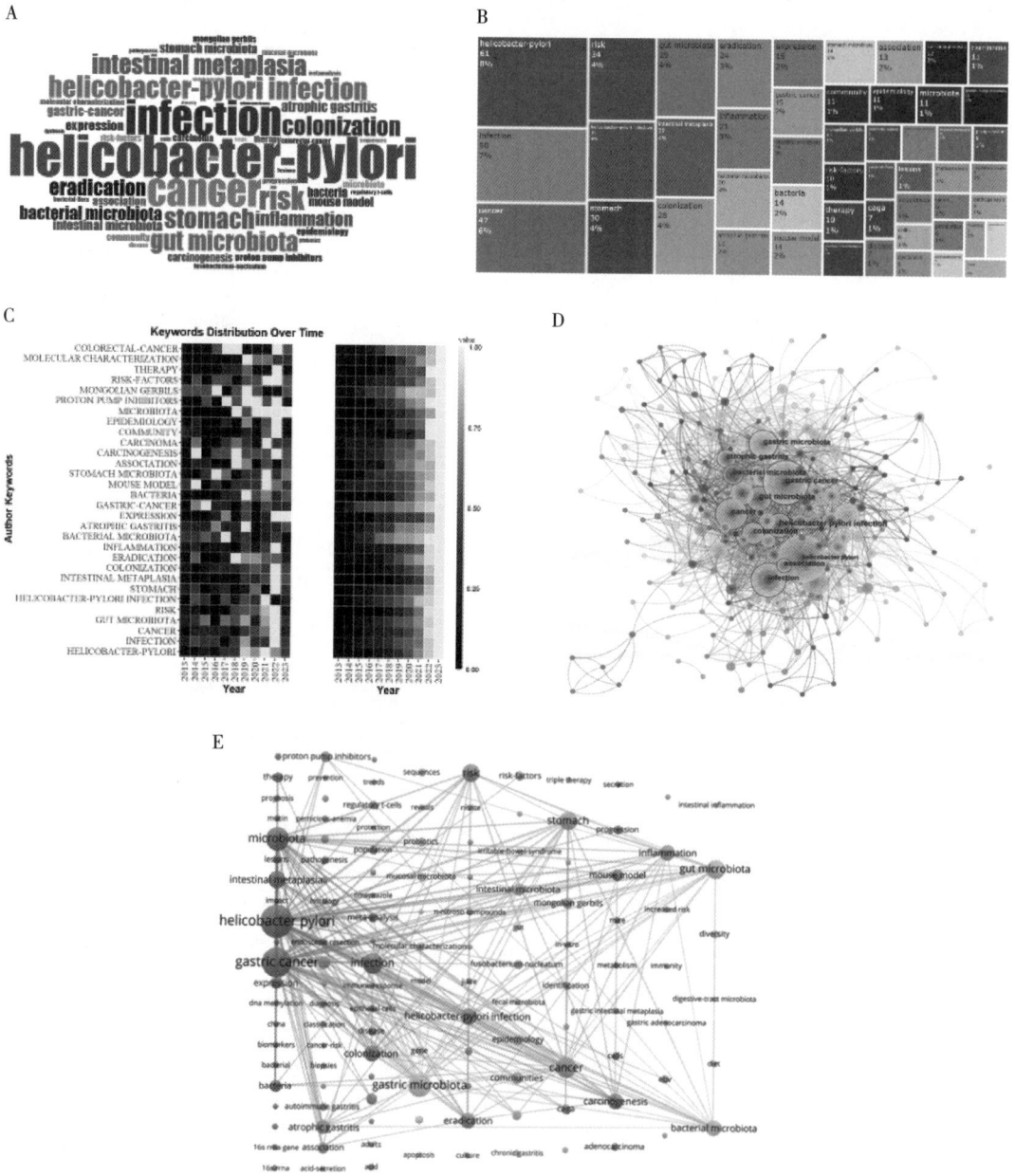

图 6-9　关键词分析

A. 关键词词频云图；B. 关键词词频树状图；C. 关键词词频热图和关键词词频逐年演变图；D. 关键词共现图；E. 关键词 VOSViewer 聚类网络。

metaplasia；反映 Hp 根除治疗相关的关键词，如 *Helicobacter pylori*、eradication、proton pump inhibitor、antibiotics、clarithromycin；与胃微生物群研究相关的关键词，如 gut microbiota、esophageal microbiota、colonization、*Fusobacterium nucleatum*、*Bifidobacterium*、mucosa associated microbiota、gastric non-*Helicobacter pylori* helicobacter；反映研究技术的关键词，如 16S rRNA sequencing、next-generation sequencing；反映致病机制的关键词，如 inflammation、regulatory T cell、immune response、N-nitroso compounds、DNA methylation、dendritic cells、kappa B activation、CDK12、CagA、E-cadherin、ECL cell 等（图 6-9D）。在 280 个关键词中，出现频次最高的关键词有 *Helicobacter pylori*、gastric cancer、infection 等，中介中心性最高的词有 *Helicobacter pylori* infection、gut microbiota、atrophic gastritis 等（表 6-11）。

表 6-11　关键词词频与中介中心性

	频次	关键词	中心性	关键词
1	118	*Helicobacter pylori*	0.18	*Helicobacter pylori* infection
2	99	gastric cancer	0.17	gut microbiota
3	49	infection	0.15	atrophic gastritis
4	45	cancer	0.14	cancer
5	38	gastric microbiota	0.14	gastric microbiota
6	33	gut microbiota	0.13	association
7	33	*Helicobacter pylori* infection	0.13	bacterial microbiota
8	31	risk	0.11	colonization
9	29	intestinal metaplasia	0.11	gastric cancer
10	28	colonization	0.11	infection
11	27	stomach	0.09	intestinal metaplasia
12	23	eradication	0.08	inflammation
13	22	atrophic gastritis	0.07	carcinoma
14	20	bacterial microbiota	0.07	eradication
15	18	gastric microbiome	0.06	digestive tract microbiota

使用 VOSviewer 和 Pajek 对合并后的关键词进行分析，共有 128 个关键词出现了 3 次及以上，核心关键词与 CiteSpace 分析结果大致相同（图 6-9E）。此外，proton pump inhibitor、*Fusobacterium nucleatum*、autoimmune gastritis、atrophic gastritis、inflammation、mucosal microbiota、regulatory T cell 等词与这些重要关键词之间有紧密联系，可能代表了新的研究方向。

3. 关键词聚类　聚类分析能够对文献中同时出现的关键词进行关联，将相关度较高的词聚成类，从而达到挖掘隐藏信息的目的。Q 值和 S 值是聚类图谱的两个重要参数，Q 值用于评价聚类网络的优劣，Q>0.3 表明得到的网络结构具有说服力；S 值用于衡量聚类成员的均匀性,S>0.5 表示聚类结果合理。时间线图能够反映每个聚类的时间跨度和不同聚类之间的相关性,体现了研究的演变过程,展示了聚类中关键词开始出现的时间,并通过节点大小反映关键词的重要性。

我们使用对数似然比(log-likelihood ratio,LLR)算法对 2013—2023 年的 280 个关键词进行聚类,Q=0.397 1,S=0.727 8,提示聚类结果是可信的,具有参考意义。共产生了 11 个聚类(图 6-10A,表 6-12),数字编号越小,聚类中包含的关键词越多。由聚类结果可以看出,近 10 年该领域研究主要关注胃微生物群引起胃癌的机制,包括免疫(聚类 #0)、代谢(聚类 #2、#3)、环境因素(聚类 #6)、肿瘤微环境(聚类 #7),并对菌群类型(聚类 #1、#8)及其研究方法(聚类 #4、#9)有关注;此外,Hp 根除治疗(聚类 #5、#10)也是研究者关注的方向。而Hp 感染及其根除治疗又与胃菌群丰富度的改变、胃癌的发生密切相关。总体来说,这些聚类彼此具有关联性。

在研究进展方面,时间线图展示了每个聚类的时间跨度,以及不同聚类之间关联的时间,反映了研究演进的过程。聚类 #0、#1、#4、#6、#8 在 2013 年已有重要关键词;聚类 #7 于2018 年出现第一个重要关键词 adverse prognosis,随后出现关键词 tumor microenvironment;聚类 #0 于 2018 年、2019 年出现重要关键词 risk、therapy,聚类 #9 于 2019 年出现关键词intestinal metaplasia(图 6-10B)。

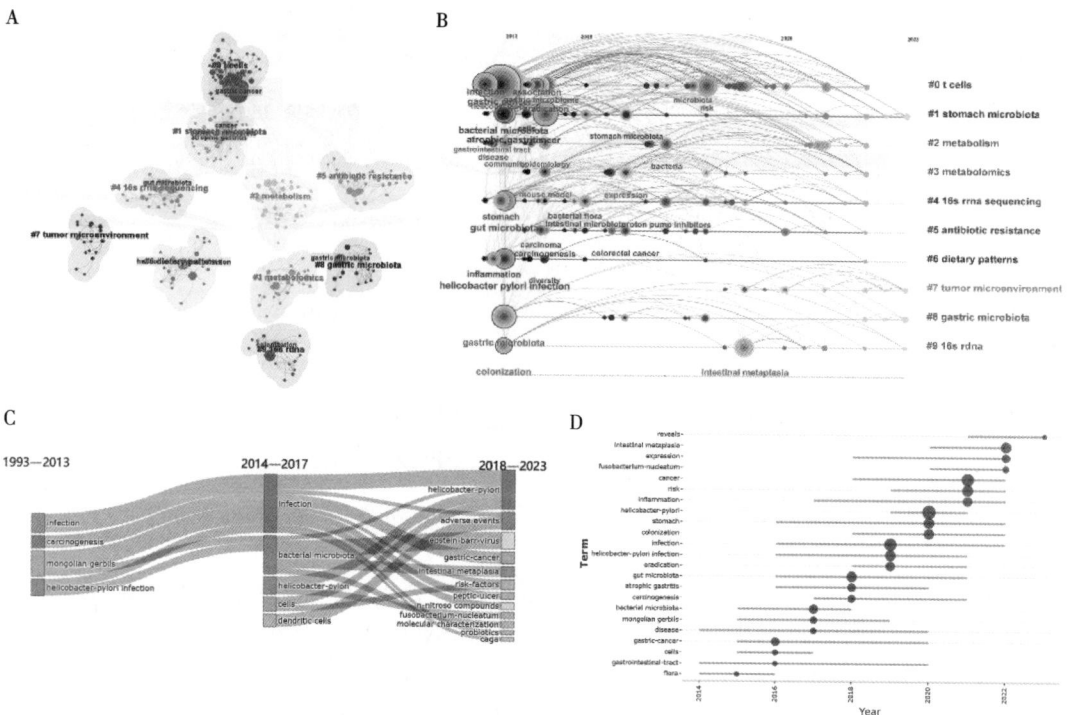

图 6-10 聚类及研究热点分析

A. 关键词聚类;B. 关键词时间线图;C. 研究主题演变图;D. 研究热点趋势分析。

表 6-12　聚类分析

聚类 ID	大小	S 值	平均（年份）	标签（基于 LLR 算法）
#0 T cells	56	0.61	2017	T cells（5.41, 0.05）; gastrointestinal microbiota（5.41, 0.05）; Barrett esophagus（5.41, 0.05）; 16S rRNA gene（4.23, 0.05）; stomach cancer（4.17, 0.05）
#1 stomach microbiota	36	0.59	2016	stomach microbiota（16.2, 0.000 1）; bile acids（8.07, 0.005）; bacterial microbiota（5.96, 0.05）; accuracy rate（4.03, 0.05）; identification（4.03, 0.05）
#2 metabolism	33	0.707	2018	metabolism（8.89, 0.005）; disease（7.09, 0.01）; epidemiology（5.3, 0.05）; cytokines（5.3, 0.05）; peptic ulcers（4.44, 0.05）
#3 metabolomics	28	0.708	2018	metabolomics（11.95, 0.001）; pathogenesis（5.95, 0.05）; distal gastric cancer（5.95, 0.05）; association analysis（5.95, 0.05）; thioredoxin（trxA）（5.95, 0.05）
#4 16S rRNA sequencing	27	0.795	2016	16S rRNA sequencing（12.9, 0.001）; stomach（8.75, 0.005）; s（8.59, 0.005）; intestinal microbiota（8.59, 0.005）; children（8.59, 0.005）
#5 antibiotic resistance	25	0.782	2017	antibiotic resistance（10.91, 0.001）; chronic gastritis（9.94, 0.005）; carcinoma（7.22, 0.01）; chronic intestinal inflammation（5.44, 0.05）; alternative treatments（5.44, 0.05）
#6 dietary patterns	19	0.9	2014	dietary patterns（5.03, 0.05）; 16S ribosomal RNA（5.03, 0.05）; prevention（5.03, 0.05）; altered Schaedler flora（5.03, 0.05）; migrating motor complex（5.03, 0.05）
#7 tumor microenvironment	17	0.843	2021	tumor microenvironment（10.55, 0.005）; microbiota（microorganism）（7.95, 0.005）; treatment（7.95, 0.005）; host-microbe interactions（7.95, 0.005）; Tregs（regulatory T cell）（7.95, 0.005）
#8 gastric microbiota	16	0.893	2018	gastric microbiota（11.05, 0.001）; supplementation（5.37, 0.05）; gastric non-*Helicobacter pylori* helicobacter（5.37, 0.05）; bifidobacterium（5.37, 0.05）; prognosis（5.37, 0.05）
#9 16S rDNA	14	0.754	2020	16S rDNA（10.03, 0.005）; animal models（5, 0.05）; dysplasia（5, 0.05）; candida albicans（5, 0.05）; Epstein-Barr virus（5, 0.05）
#10 containing triple therapy	6	0.963	2017	containing triple therapy（9.17, 0.005）; *Saccharomyces boulardii* supplementation（9.17, 0.005）; containing quadruple therapy（9.17, 0.005）; proton pump inhibitor（9.17, 0.005）; low dose aspirin（9.17, 0.005）

4. 研究热点演变分析　使用 CiteSpace 对 2013—2023 年胃微生物群与胃癌领域相关文献中的关键词进行突现分析,浅灰色线条代表该关键词尚未出现,灰色线条代表该关键词开始出现,深灰色线条代表该关键词突现(表 6-13)。此外,使用 Biblioshiny 对研究主题演变和研究热点趋势进行分析:根据年发文量变化趋势,以 2013 年和 2017 年作为分界点,绘制桑基图;通过检测某时间段关键词词频,分析热点趋势。

表 6-13　关键词突现分析

关键词	年份	强度	起始	结束	2013—2023 年
bacterial microbiota	2013	4.47	2013	2017	
disease	2013	1.53	2013	2014	
gastric acid secretion	2013	1.49	2013	2016	
atrophic gastritis	2013	1.4	2013	2013	
endoscopic resection	2013	1.28	2013	2017	
colitis	2013	1.2	2013	2014	
flora	2014	2.12	2014	2016	
cells	2014	2.08	2014	2017	
diversity	2014	1.98	2014	2018	
mouse model	2014	1.48	2014	2014	
peptic ulcer	2014	1.27	2014	2014	
molecular analysis	2014	1.27	2014	2014	
dendritic cells	2014	1.16	2014	2015	
immune response	2014	1.14	2014	2014	
epithelial cells	2014	1.14	2014	2014	
Helicobacter pylori infection	2013	1.13	2014	2015	
digestive tract microbiota	2015	1.57	2015	2017	
H. pylori	2015	1.37	2015	2018	
stomach microbiota	2016	2.87	2016	2017	
colorectal cancer	2016	1.63	2016	2018	
mongolian gerbils	2016	1.5	2016	2019	
identification	2016	1.29	2016	2016	
mice	2016	1.29	2016	2016	
cancer risk	2017	1.32	2017	2020	
China	2017	1.27	2017	2019	

续表

关键词	年份	强度	起始	结束	2013—2023 年
pathology	2017	1.25	2017	2017	
H. pylori	2017	1.25	2017	2017	
KEGG modules	2017	1.25	2017	2017	
gastric cancer risk	2017	1.25	2017	2017	
proton pump inhibitor	2017	1.21	2017	2020	
intestinal microbiota	2015	1.13	2017	2017	
association	2014	2.27	2018	2019	
eradication	2014	2.24	2018	2020	
risk	2018	1.74	2018	2023	
meta-analysis	2018	1.58	2018	2019	
autoimmune gastritis	2018	1.3	2018	2020	
pernicious anemia	2018	1.26	2018	2018	
trends	2018	1.26	2018	2018	
adults	2018	1.2	2018	2018	
progression	2019	2.79	2019	2020	
molecular characterization	2019	2.18	2019	2021	
diagnosis	2019	1.85	2019	2020	
tumor microenvironment	2019	1.41	2019	2019	
sequences	2020	1.79	2020	2021	
juice	2020	1.2	2020	2020	
next-generation sequencing	2020	1.2	2020	2020	
nitrite	2020	1.2	2020	2020	
N-nitroso compounds	2020	1.2	2020	2020	
dysbiosis	2021	2.12	2021	2023	
gastric microbiome	2014	1.87	2021	2023	
Fusobacterium nucleatum	2021	1.77	2021	2023	
mucosa associated microbiota	2021	1.63	2021	2021	
mucosal microbiota	2021	1.55	2021	2023	
risk factors	2021	1.41	2021	2023	
gastric carcinogenesis	2021	1.41	2021	2023	

续表

关键词	年份	强度	起始	结束	2013—2023 年
community	2013	1.12	2021	2023	
intestinal metaplasia	2019	2.9	2022	2023	
therapy	2019	1.97	2022	2023	
inflammation	2013	1.85	2022	2023	
expression	2016	1.57	2022	2023	
gene	2018	1.35	2022	2023	
apoptosis	2022	1.23	2022	2023	
β-catenin	2022	1.23	2022	2023	
adenocarcinoma	2016	1.14	2022	2023	

早年的研究热点集中在 Hp 感染和根除,以及胃癌进展,研究内容相对单一,出现的关键词有 *Helicobacter pylori* infection、gastric acid secretion,以及 atrophic gastritis、peptic ulcer 等。中期,仍有部分 Hp 根除药物的研究,关键词如 eradication、proton pump inhibitor;研究者对胃肠道菌群的关注开始增多,如 gastric microbiome、mucosa associated microbiota、community,反映相关研究方法的关键词如 molecular characterization、kegg modules、next-generation sequencing;胃微生物群导致胃癌的机制,尤其是炎症和免疫机制受到关注,如 dendritic cells、immune response、inflammation。近年,研究者们更多关注菌群丰富度、不同种类微生物引起胃癌的机制,如 tumor microenvironment、dysbiosis、*Fusobacterium nucleatum*、N-nitroso compounds、nitrite、inflammation、apoptosis、epithelial cells、β-catenin、Epstein-Barr virus、probiotics(图 6-10C、D)。

总体来说,现阶段该领域研究主要分为两个方面:幽门螺杆菌根除和致病机制研究,以及不同胃微生物在胃癌的诊断、治疗中的作用及其对胃癌的致病机制。其中,幽门螺杆菌、具核梭形杆菌、免疫和炎症等可能是未来的研究热点。

讨 论

本文首次基于文献计量学方法,对纳入的 215 篇相关文献进行分析,以了解胃菌群与胃癌领域的研究现状、研究热点及研究趋势。从 1993 年起,该领域研究的发文量逐年增加,年累计发文量呈指数增长趋势;近三年该领域年发文量持续增长,并形成了以发病机制研究和临床实际应用为主要方向的多个研究热点,这表明胃微生物群与胃癌已经成为一个热门的研究领域。可以预见,未来一段时间内,该领域研究文献数量将继续以指数形式增长,更多的研究者将加入研究。

在 2013—2023 年发文的国家中,发文量前 8 的国家总发文数量占该领域发文量的 90% 以上,表明这些国家是该领域研究的主要贡献者。美国、德国等发达国家发文较早,其研究成果也有较为突出的影响力。这些国家往往有先进的医学研究机构和优秀的科研人员、充足的资金支持,并具有一定的研究背景。中国作为发展中国家,自2015年起发文量显著增加,且累计发文量很快超过其他国家,这可能是因为中国人口基数大、幽门螺杆菌感染者及胃癌患者多、内镜活检技术的普及[17-18],以及国家GDP快速增长、对科学研究的投入增多[19-20]。然而,中国的中介中心性并不高,这表明中国的研究者需要提高其研究质量。对该领域贡献最多的机构主要是各个大学,大多来自美国和欧洲国家。其中,来自美国的Baylor College of Medicine具有突出贡献,该机构被认为是美国最杰出的医学院校之一。近年来,发文量最多的中国产出主要来自浙江大学、南昌大学等机构。然而,目前该领域的大多数研究者倾向于在各国内的研究机构间或同一机构内的研究小组进行合作,即使韩国、中国、美国等产出较多的国家也是如此。这可能是由于本领域研究刚刚开始。因此,随着本研究领域产出的增加,各国家、机构之间需要加强合作,以促进学术思想的交流和研究领域的创新发展,也有利于研究机构扩大其影响力。

通过对作者、机构进行分析,可以发现,来自Vanderbilt University的Fox JG、Wilson KT,来自Universidade do Porto的Figueiredo C、Ferreira RM等研究者在该领域有突出贡献,发表了一系列具有高影响力的文章,积极参与了后续研究。其中,Ferreira RM于2018年发表在*Gut*上的题为"Gastric microbial community profiling reveals a dysbiotic cancer-associated microbiota"的文章具有最高的被引频次和最高的LCS、GCS,表明其作为重要的研究基础,受到研究者的广泛认可。这篇文章通过对胃癌患者和慢性胃炎患者的胃微生物群进行回顾性分析,发现胃癌患者中胃微生物群的多样性降低、肠道共生菌为主的其他菌属富集,表现出与慢性胃炎患者不同的群落特点。这篇文章表明胃微生物群失调与胃癌有关,并证明了微生物生态失调指数(microbial dysbiosis index, MDI)能够用于鉴别胃癌,其实验队列和验证队列的曲线下面积[area under the receiver operating characteristic(ROC)curve, AUC]分别为0.91和0.89[21]。Coker OO等接近同一时期发表的"Mucosal microbiome dysbiosis in gastric carcinogenesis"也证明,在慢性胃炎向胃癌发展的过程中,胃微生物组成、细菌相互作用均存在差异,且随着癌症进展,富集类群与减少类群之间的相关性越来越强($P<0.001$)[22]。在期刊分析方面,期刊的影响因子某种程度上代表了该领域研究的影响力和研究成果的质量。*Gut*杂志是被引频次最多的期刊,其影响因子达24.5,这表明在该期刊上发表的结果在该研究领域具有重要影响。*Helicobacter*期刊是登载该领域研究结果的主要刊物,其影响因子为4.4;近年来,*Frontiers in Microbiology*、*Scientific Reports*、*Gut Microbes*等期刊的载文量较多,其中*Gut Microbes*影响因子达12.2。然而,目前本领域出版物的影响因子总体较低,这可能是因为本领域研究尚未得到广泛关注,提示研究者需要通过合理的实验设计、先进的研究技术提高其研究质量,产出更多有影响力的成果,并提出更新颖的观点。

关键词可视化分析结果表明,*Helicobacter pylori*、infection、eradication、proton pump inhibitor、regulatory T cell、CagA等是该领域的重要关键词,提示幽门螺杆菌作为胃菌群的主要成员,仍是该领域关注的重点之一。Hp的检测方法、根除手段和致癌机制得到了广泛研究[23-24],但目前Hp根除疗法存在抗生素耐药[24-25]、菌群失调[26-27],以及长期使用质子泵抑制剂(proton pump inhibitor, PPI)的潜在危险性等不足[28-33]。近年研究表明,以伏诺拉生(vonoprazan, VPZ)为基础的Hp根除方案是有效且安全的[34],相比含PPI三联或四联疗法有更高的Hp根除率[35];VPZ联合阿莫西林二联疗法不良反应发生率低,还可以避免不必要的抗生素使用、降低肠道菌群失调发生率等[36-37]。VPZ的给药方案及强抑酸作用带来的不良后果仍需进一步评估[31,38]。对 Hp 致病机制的研究仍是重要任务之一，Hp 感染引起 Treg 细胞介导的炎症反应[39-41]，以及 CagA 造成的基因组不稳定[41-46]得到了广泛研究。此外，gut microbiota、colonization、16S rRNA sequencing、risk、atrophic gastritis、intestinal metaplasia 等重要关键词提示，胃微生物群在胃癌风险评估及治疗方面的临床应用也是目前的研究热点。对研究主题演变和研究热点趋势的分析证实了这一点。非 Hp 微生物在胃癌进展中与 Hp 相互作用[47]，成功的 Hp 根除治疗能够逆转胃菌群紊乱[48-49]，其高根除率与特定菌群成员有关[50]；Hp 阳性胃癌患者肠道微生物群也发生改变，这种改变可能进一步导致胃癌[51-54]。对胃肠道微生物群进行调节，有利于 Hp 根除和微生态失调相关胃病的治疗[55-57]。应用 16S rRNA 测序技术对胃癌发展不同阶段的胃上皮细菌进行分析发现，一些细菌分类群如 *Peptostreptococcus stomatis*、*Streptococcus anginosus*、*Parvimonas micra* 等在胃癌患者中显著富集，并对癌前病变和 GC 具有鉴别能力[9,22]。微生物分类特征（microbial taxonomic features，MTF）能够对早期胃上皮内瘤变进行预测[58]，并可能提高现有多基因风险评分（polygenic risk score，PRS）模型对胃癌预测的准确性[59]。在机制方面，胃非 Hp 微生物可能通过影响宿主的 DNA 甲基化参与胃癌进展[60]；不同细菌类群与浸润免疫细胞种类有关[61]。在萎缩/肠化生相关的胃微生物群中，氨基酸代谢和肌醇磷酸代谢等功能途径丰富，而叶酸生物合成和 NOD 样受体信号转导减少，这可能是 Hp 根除后癌前病变持续进展的原因[62]。肠道微生物群则通过产生多种代谢产物、持续激活宿主免疫等机制造成胃癌[63-64]。

通过突现分析，我们可以猜测，具核梭形杆菌在胃癌发展的 Correa 级联中的作用可能成为将来的研究热点。使用活检组织中的梭状芽胞杆菌和具核梭形杆菌对胃癌进行诊断，其敏感度达 100%，特异度为 68.8%，AUC 为 0.875[65]。具核梭形杆菌和幽门螺杆菌的联合定植与晚期胃癌切除术患者生存率较低有关，提示前者可能通过与 Hp 协同作用，促进胃癌进展或转移[66-67]。具核梭形杆菌与卟啉单胞菌（*Porphyromonas*）、普雷沃氏菌（*Prevotella*）等均有强烈的相互作用，可能导致患者生存期缩短[68-69]。一项生信分析提示，具核梭形杆菌诱导的中性粒细胞转录激活可能通过 *DNAJB1*、*EHD1*、*IER2*、*CANX* 和 *PH4B* 等候选基因参与胃癌的发生；功能分析显示，膜结合细胞器功能障碍、细胞内运输、转录因子 ER71 和 Sp1 以及 miR580 和 miR155 是其他候选机制[70]；对代谢功能的分析表明，具核梭形杆菌阳性的胃癌组织赖氨酸、肽聚糖和 tRNA 代谢功能显著富集[68]。这些结果有待进一步验证。已有的研究证明了具核梭形杆菌在 ERBB2-PIK3-AKT-mTOR 通路和 miR-885-3p/EphB2/PI3K/AKT 轴中的作用[67,71]。然而，也有研究者对具核梭形杆菌在胃癌进展中的真正作用提出了质疑：具核梭形杆菌阳性与 Lauren 分型的弥漫性胃癌预后不良相关，而与肠型胃癌预后无关，但这一结果有待进一步证实[68,72]。此外，具核梭形杆菌与非 Hp 胃微生物的相互作用仍需要进一步解释。

本研究具有一定的局限性。首先，本研究只纳入了 WoSCC 收录的相关研究，可能忽略了其他数据库如 Pubmed、Scopus 等的前沿优质文献。其次，我们只纳入了英文文献，可能忽略了以其他语言发表的优质研究结果。此外，由于一篇文献受到关注需要一定时间，且该领域研究尚处于发展阶段，被引频次不能准确反映文献的重要性，尤其是近年的重要文献。随着该领域出版物的指数性增长，我们的研究需要不断更新以了解最新的研究动态。最后，由于部分文献关键词有缺失，应用 CiteSpace 进行分析的结果可能不准确，但我们使用

Biblioshiny 对附加关键词进行了补充分析。

结　论

据我们所知,本研究首次利用可视化软件和数据信息挖掘方法对胃微生物群与胃癌领域的出版物进行文献计量学分析,获得了该领域的研究现状、热点和发展趋势。该领域的研究主要集中在幽门螺杆菌根除方案与致病机制,以及胃微生物群在胃癌评估与治疗方面的应用,未来的研究热点可能是以具核梭形杆菌为代表的胃菌群在胃癌诊断及治疗上的作用,它们的作用机制有待进一步探索,以便为临床应用提供理论依据。相关研究人员或非本领域研究人员可以利用本研究来提高对该领域的认识和理解,并得到一些对该领域研究的观点,以进行进一步研究。

参考文献

[1] SUNG H, FERLAY J, SIEGEL R L, et al. Global cancer statistics 2020: GLOBOCAN estimates of incidence and mortality worldwide for 36 cancers in 185 countries [J]. CA Cancer J Clin, 2021, 71 (3): 209-249.

[2] ARNOLD M, PARK J Y, CAMARGO M C, et al. Is gastric cancer becoming a rare disease? A global assessment of predicted incidence trends to 2035 [J]. Gut, 2020, 69 (5): 823-829.

[3] CORREA P. A human model of gastric carcinogenesis [J]. Cancer Res, 1988, 48 (13): 3554-3560.

[4] CORREA P. Human gastric carcinogenesis: a multistep and multifactorial process: first American cancer society award lecture on cancer epidemiology and prevention [J]. Cancer Res, 1992, 52 (24): 6735-6740.

[5] KUIPERS E J. Review article: relationship between *Helicobacter pylori*, atrophic gastritis and gastric cancer [J]. Aliment Pharmacol Ther, 1998, 12 (Suppl 1): 25-36.

[6] WONG B C, LAM S K, WONG W M, et al. *Helicobacter pylori* eradication to prevent gastric cancer in a high-risk region of China: a randomized controlled trial [J]. JAMA, 2004, 291 (2): 187-194.

[7] RUGGE M, MEGGIO A, PRAVADELLI C, et al. Gastritis staging in the endoscopic follow-up for the secondary prevention of gastric cancer: a 5-year prospective study of 1 755 patients [J]. Gut, 2019, 68 (1): 11-17.

[8] BIK E M, ECKBURG P B, GILL S R, et al. Molecular analysis of the bacterial microbiota in the human stomach [J]. Proc Natl Acad Sci U S A, 2006, 103 (3): 732-737.

[9] LIU C, NG S K, DING Y, et al. Meta-analysis of mucosal microbiota reveals universal microbial signatures and dysbiosis in gastric carcinogenesis [J]. Oncogene, 2022, 41 (28): 3599-3610.

[10] AVILES-JIMENEZ F, VAZQUEZ-JIMENEZ F, MEDRANO-GUZMAN R, et al. Stomach microbiota composition varies between patients with non-atrophic gastritis and patients with intestinal type of gastric cancer [J]. Sci Rep, 2014, 4: 4202.

[11] CASTAÑO-RODRÍGUEZ N, GOH K L, FOCK K M, et al. Dysbiosis of the microbiome in gastric carcinogenesis [J]. Sci Rep, 2017, 7 (1): 15957.

[12] LOFGREN J L, WHARY M T, GE Z, et al. Lack of commensal flora in *Helicobacter pylori*-infected INS-GAS mice reduces gastritis and delays intraepithelial neoplasia [J]. Gastroenterology, 2011, 140 (1): 210-220.

[13] KWON S, PARK J C, KIM K H, et al. Human gastric microbiota transplantation recapitulates premalignant lesions in germ-free mice [J]. Gut, 2022, 71 (7): 1266-1276.

［14］DRACOS A, COGNETTI G. Scientific literature: bibliometric and bibliographic indicators as integrative criteria for an objective evaluation of research activity［J］. Ann Ist Super Sanita, 1995, 31（3）: 381-390.

［15］CHEN C, HU Z, LIU S, et al. Emerging trends in regenerative medicine: a scientometric analysis in CiteSpace［J］. Expert Opin Biol Ther, 2012, 12（5）: 593-608.

［16］MORAL-MUNOZ J A, HERRERA-VIEDMA E, SANTISTEBAN-ESPEJO A, et al. Software tools for conducting bibliometric analysis in science: An up-to-date review［J］. El Profesional De La Información, 2020, 29（1）: e290103.

［17］FAN X, QIN X, ZHANG Y, et al. Screening for gastric cancer in China: Advances, challenges and visions［J］. Chin J Cancer Res, 2021, 33（2）: 168-180.

［18］WANG Z, HAN W, XUE F, et al. Nationwide gastric cancer prevention in China, 2021—2035: a decision analysis on effect, affordability and cost-effectiveness optimisation［J］. Gut, 2022, 71（12）: 2391-2400.

［19］ZHOU H, YANG X, LIU Q, et al. Distribution of the population and health projects of the Joint Fund in China between 2006 and 2019［J］. Ann Transl Med, 2021, 9（17）: 1388.

［20］LEI R, ZHANG J, ZHOU H, et al. Analysis of population health projects funded by Joint Fund of the National Natural Science Foundation of China between 2015 and 2019［J］. Ann Transl Med, 2020, 8（22）: 1477.

［21］FERREIRA R M, PEREIRA-MARQUES J, PINTO-RIBEIRO I, et al. Gastric microbial community profiling reveals a dysbiotic cancer-associated microbiota［J］. Gut, 2018, 67（2）: 226-236.

［22］COKER O O, DAI Z, NIE Y, et al. Mucosal microbiome dysbiosis in gastric carcinogenesis［J］. Gut, 2018, 67（6）: 1024-1032.

［23］YANG J C, LU C W, LIN C J. Treatment of *Helicobacter pylori* infection: current status and future concepts［J］. World J Gastroenterol, 2014, 20（18）: 5283-5293.

［24］ANSARI S, YAMAOKA Y. *Helicobacter pylori* Infection, its laboratory diagnosis, and antimicrobial resistance: a perspective of clinical relevance［J］. Clin Microbiol Rev, 2022, 35（3）: e0025821.

［25］SUZUKI S, KUSANO C, HORII T, et al. The ideal *Helicobacter pylori* treatment for the present and the future［J］. Digestion, 2022, 103（1）: 62-68.

［26］GOTODA T, TAKANO C, KUSANO C, et al. Gut microbiome can be restored without adverse events after *Helicobacter pylori* eradication therapy in teenagers［J］. Helicobacter, 2018, 23（6）: e12541.

［27］GOTODA T, KUSANO C, SUZUKI S, et al. Clinical impact of vonoprazan-based dual therapy with amoxicillin for *H. pylori* infection in a treatment-naïve cohort of junior high school students in Japan［J］. J Gastroenterol, 2020, 55（10）: 969-976.

［28］KUIPERS E J, LUNDELL L, KLINKENBERG-KNOL E C, et al. Atrophic gastritis and *Helicobacter pylori* infection in patients with reflux esophagitis treated with omeprazole or fundoplication［J］. N Engl J Med, 1996, 334（16）: 1018-1022.

［29］JIANG K, JIANG X, WEN Y, et al. Relationship between long-term use of proton pump inhibitors and risk of gastric cancer: a systematic analysis［J］. J Gastroenterol Hepatol, 2019, 34（11）: 1898-1905.

［30］SEO S I, PARK C H, YOU S C, et al. Association between proton pump inhibitor use and gastric cancer: a population-based cohort study using two different types of nationwide databases in Korea［J］. Gut, 2021, 70（11）: 2066-2075.

［31］ARAI J, HAYAKAWA Y, NIIKURA R, et al. Letter: Potassium-competitive acid blockers may increase the risk of gastric cancer after *Helicobacter pylori* eradication a retrospective multicentre-cohort analysis［J］. Aliment Pharmacol Ther, 2023, 57（10）: 1196-1198.

［32］MCCARTHY D M. Proton pump inhibitor use, hypergastrinemia, and gastric carcinoids-what is the relationship? [J]. Int J Mol Sci, 2020, 21 (2): 662.

[33] XU W, CHEN G S, SHAO Y, et al. Gastrin acting on the cholecystokinin2 receptor induces cyclooxygenase-2 expression through JAK2/STAT3/PI3K/Akt pathway in human gastric cancer cells [J]. Cancer Lett, 2013, 332 (1): 11-18.

[34] KAKIUCHI T, MATSUO M, ENDO H, et al. Efficacy and safety of vonoprazan-based regimen for *Helicobacter pylori* eradication therapy in Japanese adolescents: a prospective multicenter study [J]. J Gastroenterol, 2023, 58 (3): 196-204.

[35] CHEY W D, MÉGRAUD F, LAINE L, et al. Vonoprazan triple and dual therapy for *Helicobacter pylori* infection in the United States and Europe: randomized clinical trial [J]. Gastroenterology, 2022, 163 (3): 608-619.

[36] OUYANG Y, WANG M, XU Y, et al. Amoxicillin-vonoprazan dual therapy for *Helicobacter pylori* eradication: a systematic review and meta-analysis [J]. J Gastroenterol Hepatol, 2022, 37 (9): 1666-1672.

[37] ZHANG W L, LIN B S, LI Y Y, et al. Efficacy and safety of vonoprazan and amoxicillin dual therapy for *Helicobacter pylori* eradication: a systematic review and meta-analysis [J]. Digestion, 2023, 104 (4): 249-261.

[38] HU Y, XU X, OUYANG Y B, et al. Optimization of vonoprazan-amoxicillin dual therapy for eradicating *Helicobacter pylori* infection in China: a prospective, randomized clinical pilot study [J]. Helicobacter, 2022, 27 (4): e128964.

[39] OWYANG S Y, ZHANG M, EL-ZAATARI M, et al. Dendritic cell-derived TGF-β mediates the induction of mucosal regulatory T-cell response to Helicobacter infection essential for maintenance of immune tolerance in mice [J]. Helicobacter, 2020, 25 (6): e12763.

[40] BAGHERI N, AZADEGAN-DEHKORDI F, RAHIMIAN G, et al. Role of regulatory T-cells in different clinical expressions of *Helicobacter pylori* infection [J]. Arch Med Res, 2016, 47 (4): 245-254.

[41] BAGHERI N, SALIMZADEH L, SHIRZAD H. The role of T helper 1-cell response in *Helicobacter pylori*-infection [J]. Microb Pathog, 2018, 123: 1-8.

[42] ALIPOUR M. Molecular mechanism of *Helicobacter pylori*-induced gastric cancer [J]. J Gastrointest Cancer, 2021, 52 (1): 23-30.

[43] MURATA-KAMIYA N, HATAKEYAMA M. *Helicobacter pylori*-induced DNA double-stranded break in the development of gastric cancer [J]. Cancer Sci, 2022, 113 (6): 1909-1918.

[44] IMAI S, OOKI T, MURATA-KAMIYA N, et al. *Helicobacter pylori* CagA elicits BRCAness to induce genome instability that may underlie bacterial gastric carcinogenesis [J]. Cell Host Microbe, 2021, 29 (6): 941-958.

[45] TAKAHASHI-KANEMITSU A, KNIGHT C T, HATAKEYAMA M. Molecular anatomy and pathogenic actions of *Helicobacter pylori* CagA that underpin gastric carcinogenesis [J]. Cell Mol Immunol, 2020, 17 (1): 50-63.

[46] MARSHALL B. Epidemiology of Helicobacter in Chinese families: a foundation for cost-effective eradication strategies? [J]. Gut, 2024, 73 (5): 870-871.

[47] GUO Y, CAO X S, ZHOU M G, et al. Gastric microbiota in gastric cancer: different roles of *Helicobacter pylori* and other microbes [J]. Front Cell Infect Microbiol, 2023, 12: 1105811.

[48] GUO Y, ZHANG Y, GERHARD M, et al. Effect of *Helicobacter pylori* on gastrointestinal microbiota: a population-based study in Linqu, a high-risk area of gastric cancer [J]. Gut, 2020, 69 (9): 1598-1607.

[49] GUO Y, CAO X S, GUO G Y, et al. Effect of *Helicobacter pylori* eradication on human gastric microbiota: a systematic review and meta-analysis [J]. Front Cell Infect Microbiol, 2022, 12: 899248.

[50] NIU Z Y, LI S Z, SHI Y Y, et al. Effect of gastric microbiota on quadruple *Helicobacter pylori* eradication

therapy containing bismuth[J]. World J Gastroenterol, 2021, 27(25): 3913-3924.

[51] SEOL M, LEE Y R, KIM K M, et al. The difference of the gut microbiota of gastric cancer in relation to *Helicobacter pylori* negativity and positivity[J]. J Clin Oncol, 2019, 37(4_suppl): 10.

[52] DASH N R, KHODER G, NADA A M, et al. Exploring the impact of *Helicobacter pylori* on gut microbiome composition[J]. PLoS One, 2019, 14(6): e0218274.

[53] GAO J J, ZHANG Y, GERHARD M, et al. Association between gut microbiota and *Helicobacter pylori*-related gastric lesions in a high-risk population of gastric cancer[J]. Front Cell Infect Microbiol, 2018, 8: 202.

[54] LINO C, SHIMOYAMA T. Impact of *Helicobacter pylori* infection on gut microbiota[J]. World J Gastroenterol, 2021, 27(37): 6224-6230.

[55] MUSAZADEH V, NAZARI A, FAGHFOURI A H, et al. The effectiveness of treatment with probiotics in *Helicobacter pylori* eradication: results from an umbrella meta-analysis on meta-analyses of randomized controlled trials[J]. Food Funct, 2023, 14(16): 7654-7662.

[56] ZHANG L, ZHAO M, FU X. Gastric microbiota dysbiosis and *Helicobacter pylori* infection[J]. Front Microbiol, 2023, 14: 1153269.

[57] VIAZIS N, ARGYRIOU K, KOTZAMPASSI K, et al. A four-probiotics regimen combined with a Standard *Helicobacter pylori*-eradication treatment reduces side effects and increases eradication rates[J]. Nutrients, 2022, 14(3): 632.

[58] PNG C W, LEE W J J, CHUA S J, et al. Mucosal microbiome associates with progression to gastric cancer[J]. Theranostics, 2022, 12(1): 48-58.

[59] WANG X Y, WANG L L, XU L, et al. Evaluation of polygenic risk score for risk prediction of gastric cancer[J]. World J Gastrointest Oncol, 2023, 15(2): 276-285.

[60] YUE K, SHENG D, XUE X, et al. Bidirectional mediation effects between intratumoral microbiome and host DNA methylation changes contribute to stomach adenocarcinoma[J]. Microbiol Spectrum, 2023, 11(4): e0090423.

[61] LIAO O, YE G, DU Q, et al. Gastric microbiota in gastric cancer and precancerous stages: mechanisms of carcinogenesis and clinical value[J]. Helicobacter, 2023, 28(3): e12964.

[62] SUNG J J Y, COKER O O, CHU E, et al. Gastric microbes associated with gastric inflammation, atrophy and intestinal metaplasia 1 year after *Helicobacter pylori* eradication[J]. Gut, 2020, 69(9): 1572-1580.

[63] NASR R, SHAMSEDDINE A, MUKHERJI D, et al. The crosstalk between microbiome and immune response in gastric cancer[J]. Int J Mol Sci, 2020, 21(18): 6586.

[64] GUO Q, QIN H, LIU X, et al. The emerging roles of human gut microbiota in gastrointestinal cancer[J]. Front Immunol, 2022, 13: 915047.

[65] HSIEH Y Y, TUNG S Y, PAN H Y, et al. Increased abundance of *Clostridium* and *Fusobacterium* in gastric microbiota of patients with gastric cancer in Taiwan[J]. Sci Rep, 2018, 8(1): 158.

[66] HSIEH Y Y, TUNG S Y, PAN H Y, et al. *Fusobacterium nucleatum* colonization is associated with decreased survival of *Helicobacter pylori*-positive gastric cancer patients[J]. World J Gastroenterol, 2021, 27(42): 7311-7323.

[67] HSIEH Y Y, KUO W L, HSU W T, et al. *Fusobacterium nucleatum*-induced tumor mutation burden predicts poor survival of gastric cancer patients[J]. Cancers(Basel), 2022, 15(1): 269.

[68] NIE S, WANG A, YUAN Y. Comparison of clinicopathological parameters, prognosis, micro-ecological environment and metabolic function of gastric cancer with or without *Fusobacterium* sp. infection[J]. J Cancer, 2021, 12(4): 1023-1032.

[69] LEHR K, NIKITINA D, VILCHEZ-VARGAS R, et al. Microbial composition of tumorous and adjacent gastric tissue is associated with prognosis of gastric cancer[J]. Sci Rep, 2023, 13(1): 4640.

[70] ZHOU T, MENG X, WANG D, et al. Neutrophil transcriptional deregulation by the periodontal pathogen *Fusobacterium nucleatum* in gastric cancer: a bioinformatic study[J]. Dis Markers, 2022, 2022: 9584507.

[71] XIN Y, LI X, ZHANG M, et al. *Fusobacterium nucleatum*-induced exosomal HOTTIP promotes gastric cancer progression through the microRNA-885-3p/EphB2 axis[J]. Cancer Sci, 2023, 114(6): 2360-2374.

[72] BOEHM E T, THON C, KUPCINSKAS J, et al. *Fusobacterium nucleatum* is associated with worse prognosis in Lauren's diffuse type gastric cancer patients[J]. Sci Rep, 2020, 10(1): 16240.

（柯雨佳　李天歌　邱美琪　董卫国）

第七章　肠道疾病

第七章彩图

脂肪酸在溃疡性结肠炎的作用：全球研究现状和趋势

【目的】本文旨在对近 10 年溃疡性结肠炎和脂肪酸相关的文献进行计量学分析，把握该领域的研究热点和发展趋势，为研究人员和临床医生的工作提供指导。

【方法】本研究于 2023 年 6 月 15 日从 Web of Science 核心合集数据库获取近 10 年溃疡性结肠炎和脂肪酸的相关文献，并使用 CiteSpace、VOSviewer、R 语言 bibliometrix 软件包、文献计量在线分析平台（OALM）这些可视化工具，对国家、机构、作者、期刊、参考文献和关键词进行分析。

【结果】在 2013—2023 年期间，该领域的发文量呈逐年升高的趋势，其中中国和美国是发文量最多的两个国家。相较于发展中国家，美国、英国、德国等发达国家学术合作更广泛。哈佛大学发表量最多，而法国研究型大学发表的文献最具有影响力，格罗宁根大学的合作关系最为广泛。本领域的研究学者发表量较均一，多处于显著的合作群体中。在众多期刊中，*Nutrients* 在刊载量和影响力方面都处于领先地位，*Gut* 提供了最多的参考文献。根据被引情况，den Besten G（*J Lipid Res*，2013）、Venegas DP（*Front Immuno*，2019）这两篇文献在全球领域贡献显著。关键词分析表明，"inflammatory bowel disease""ulcerative colitis""gut microbiota""chain fatty acids"最为常见。当前的研究重点主要为饮食习惯、肠道菌群以及溃疡性结肠炎治疗方法，未来的研究热点可能是多种类脂肪酸、胆汁酸以及肠道菌群相结合的炎症性肠病（inflammatory bowel disease，IBD）机制研究。

【结论】本研究首次采用了可视化工具对溃疡性结肠炎和脂肪酸相关的文献进行计量学分析，研究重点主要在于不同种类的脂肪酸和肠道菌群失调在 IBD 中的作用机制，以及寻找对应的治疗方法和饮食方案。未来有望对肠道菌群失调和短链脂肪酸在溃疡性结肠炎中的作用机制进行深入研究。

【关键词】ulcerative colitis，fatty acids，bibliometrix，CiteSpace，VOSviewer

引 言

溃疡性结肠炎是一种病因不明的自身免疫性疾病,是两种炎症性肠病主要形式之一。它起始于结直肠末端,逐渐向近端发展,病理表现为局限于黏膜层的弥漫性慢性炎症[1]。近年来,溃疡性结肠炎的全球发病率逐年升高,尤其是在发展中国家[2]。该疾病较低的治愈率以及伴随的系列并发症,给患者带来沉重的经济和社会心理负担。大量研究表明,溃疡性结肠炎与遗传易感性、免疫功能失调、肠道菌群紊乱、饮食习惯以及环境因素密切相关[1]。

脂肪酸,作为一种营养物质,可以调节能量代谢[3]。它也是细胞结构的组成成分之一,重要的中间化合物以及生物活性物质[4]。脂肪酸在人体内的能量代谢和合成过程与饮食习惯、肠道菌群、免疫反应等密切相关[5-7]。已有文献证实,短链脂肪酸(short-chain fatty acid,SCFA)可以通过保护肠上皮屏障以及调节免疫功能维持肠道稳态[8-9]。除此之外,流行病学调查显示大量摄入 ω-6 多不饱和脂肪酸(polyunsaturated fatty acid,PUFA)会增加溃疡性结肠炎的患病风险,而 ω-3 PUFA 可以降低风险[10]。

文献计量分析是一种新型的文献分析方法,使用数学、统计以及文献学的方法,从定性和定量角度分析特定学科的结构、特征和规律[11]。基于该方法,研究人员可以评估国家、机构、作者、期刊、关键词等因素,分析某一领域的研究历史、现状和趋势[12-13]。该方法已经广泛应用于医学领域,然而到目前为止,尚无溃疡性结肠炎与脂肪酸相互作用的文献计量分析。因此,本研究基于 Web of Science 核心合集(Web of Scienc Core Collection,WoSCC)数据库,并使用 CiteSpace、VOSviewer、R 语言 bibliometrix 软件包这些工具,对近 10 年溃疡性结肠炎和脂肪酸相关的文献进行可视化计量分析,从而确定该领域研究热点和发展趋势,为未来溃疡性结肠炎的研究和治疗提供帮助。

材料和方法

(一)文献检索和筛选

由于文献计量学分析的整个研究过程中不涉及伦理相关问题,本研究的开展不需要伦理委员会的审批。Web of Science(https://clarivate.com/)核心合集(Web of Scienc Core Collection,WoSCC)是覆盖自然科学、社会科学、艺术和人文科学等领域的数据库,广泛应用于文献计量学分析[12]。我们的数据于 2023 年 6 月 15 日从 WoSCC 中获得。检索策略为:TS= "ulcerative colitis" 或 "ulcerative enteritis" 或 "colitis ulcerosa" 或 "enteritis ulcerosa" 或 "idiopathic proctocolitis" 或 "colitis gravis" 或 "colitis chronica purulenta" 或 "colitis polyposa" 或 "gastroenteritis ulcerosa",和 TS= "fatty acid";文献类型限制为 "article" 或 "review",将语言限制为 "英语"。由两位独立的研究者对检索到的文献进行初筛(阅读题目和关键词),两者之间的分歧通过讨论解决,如果两者讨论后仍无法定论,另外一位研究者将参与进一步讨论以达成检索共识。

(二)数据分析

CiteSpace(版本 6.2.R2)是由德雷塞尔大学 Chen C 教授开发的可视化分析软件,其核心功能包括突现性、中介中心性、异构网络[14]。在我们的研究中,使用 CiteSpace 对文献的发表国家、机构、作者、期刊、参考文献、关键词进行分析,并使用频率、程度、中心性、Σ等参数进行定量描述。

VOSviewer(版本 1.6.19)是由 Van Eck、Waltman 教授共同研发的文献分析软件[15]。我们使用该软件对国家、作者、机构、期刊及关键词进行共现分析。在 VOSviewer 生成图中,节点代表对应的分析对象,节点的颜色和大小分别表示这些项目出现的分类和频数,节点之间的线条粗细反映了共同引用和合作的强度[13]。

文献计量在线分析平台(Online Analysis platform of Literature Metrology, OALM)可以将国家、机构、作者之间的联系可视化,并能通过节点的大小衡量联系的强弱。除此之外,我们使用 R 语言 bibliometrix 软件包(版本 4.1.2)绘制国家间合作地图、词云图等。

结　果

(一)文献数量和一般特征

一共有 1 206 篇文献纳入我们的分析。图 7-1A 显示这些文献的年发表量。研究发现,从 2013 年至 2022 年,除了 2014 年、2018 年发表量较小幅下滑外,其余每年发表量逐年升高。年平均增长率为 19.97%。

普莱斯曲线公式 $F(t)=ae^{bt}$ 揭示了科学文献的增长规律,其中 $F(t)$ 表示 t 时刻的文献量,a 为统计初始时刻的文献量,b 是时间常数。通过 Microsoft Excel 2019 软件拟合曲线的方程为 $y=37.85e^{0.168\,6x}$,$R^2=0.941\,4$,年发表量随时间呈指数型增长,具有较好的拟合性,符合普莱斯曲线规律。我们根据年发表量的变化趋势划分两个发展阶段,2013—2018 年期间出版物年发表量的增长较为平缓,而 2018—2022 年的发表量显著上升。

根据 WoSCC,2022 年发表总数已经达到了 237 篇,而截止至 2023 年 6 月 23 日,2023 年一共发表了 77 篇出版物,我们可以根据趋势预测这一年的发表量。除此之外,在检索的文献中,论文有 816 篇,占所有文献的 67.7%,综述 390 篇,占比为 32.3%,论文占了更大的比重(图 7-1B)。

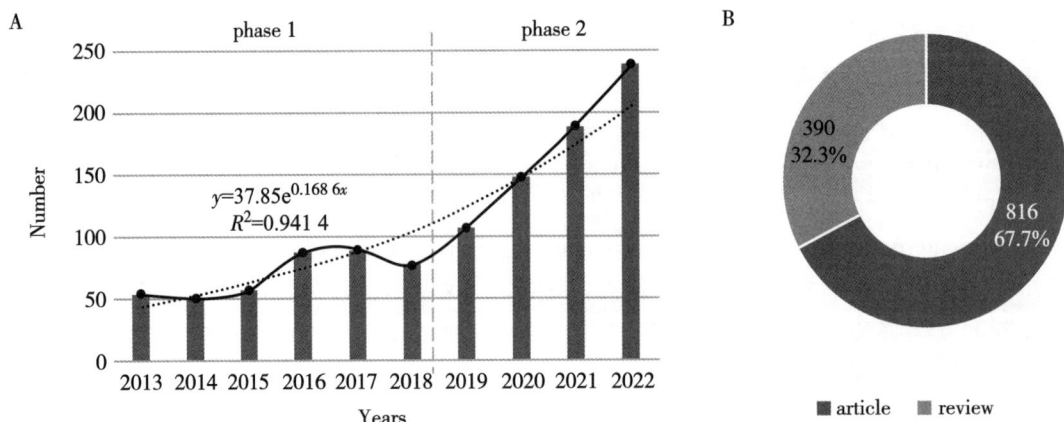

C

D

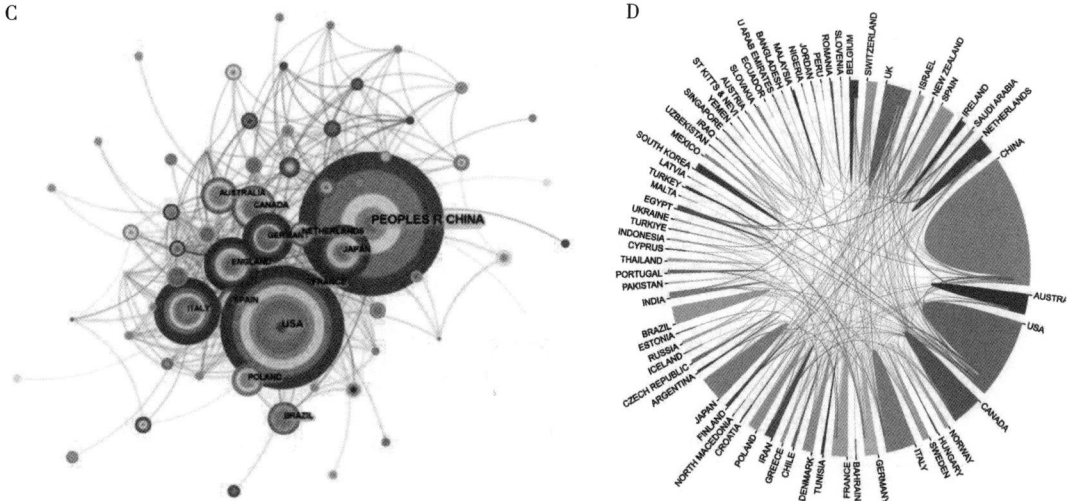

图 7-1　文献数量、一般特征以及国家分析

A. 文献年发表量；B. 文献分类及占比；C. 国家共现图；D. 区域合作图。

（二）国家分析

根据 WoSCC，这些文献一共来自 77 个国家和地区，其中中国（362 篇）发表文献最多，美国（250 篇）紧随其后，意大利、加拿大、英国等国家也有较多的科研产出（表 7-1）。

表 7-1　2013—2023 年间发表该领域文章的国家 Top 10

排名	国家	发表量	占比
1	中国	362	29.992%
2	美国	250	20.713%
3	意大利	82	6.794%
4	加拿大	77	6.379%
5	英国	70	5.800%
6	日本	69	5.717%
7	澳大利亚	51	4.225%
8	德国	47	3.894%
9	荷兰	47	3.894%
10	西班牙	45	3.728%

可视化分析显示，中国在该领域文献发表量明显超过其他国家，中美两国之间合作产出最多（图 7-1C）。此外，中国（Centrality=0.24）、美国（0.22）、英国（0.2）、德国（0.14）和意大利（0.12）的中心性最高（图 7-1C），说明这些国家在溃疡性结肠炎与脂肪酸相关科研领域具有较高的影响力。OALM 绘制的区域合作图更加清晰地展示了发表量以及合作关系，从

而进一步证实了上述观点（图 7-1D）。

（三）机构与作者分析

根据 WoSCC，近 10 年有 1 831 家机构参与溃疡性结肠炎和脂肪酸的相关研究。其中，哈佛大学发表了最多的文章（29 篇），其次是法国国家健康与医学研究院（28 篇）、加利福尼亚大学（24 篇）、法国研究型大学（21 篇）、阿尔伯塔大学（17 篇）（表 7-2，图 7-2B）。发表量大的机构主要分布在美国和法国。此外，蒙纳士大学年平均引用（120.47）最高，而哈佛大学、法国国家健康与医学研究院 H 指数（H-index=21）最高，进一步说明这些机构科研影响力较大。使用 CiteSpace 分析所有机构，我们发现法国研究型大学（Centrality=0.19）、哈佛大学（0.18）、加利福尼亚大学（0.16）、中国科学院（0.14）、特拉维夫大学（0.12）中心性较高（图 7-2A），表明这些机构在该科研领域信息传递中的核心地位。

表 7-2　2013—2023 年间发表该领域文章的机构 Top 10

排名	机构	发表量	占比
1	哈佛大学	29	2.405%
2	法国国家健康与医学研究院	28	2.322%
3	加利福尼亚大学系统	24	1.990%
4	法国研究型大学	21	1.741%
5	4EU+ 欧洲大学联盟	17	1.410%
6	蒙纳士大学	17	1.410%
7	阿尔伯塔大学	17	1.410%
8	欧洲大学联盟	16	1.327%
9	江南大学	16	1.327%
10	中山大学	16	1.327%

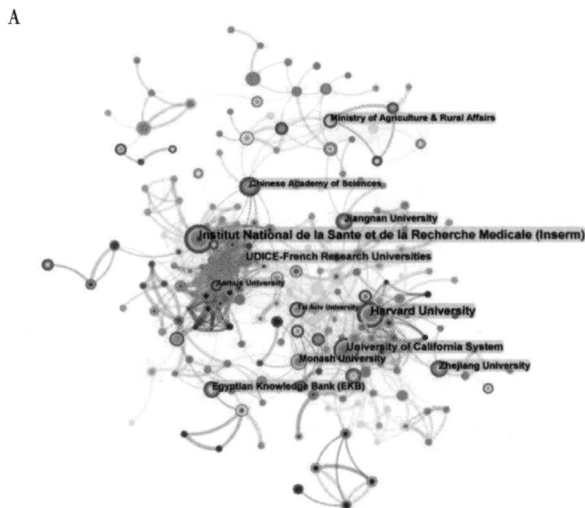

A

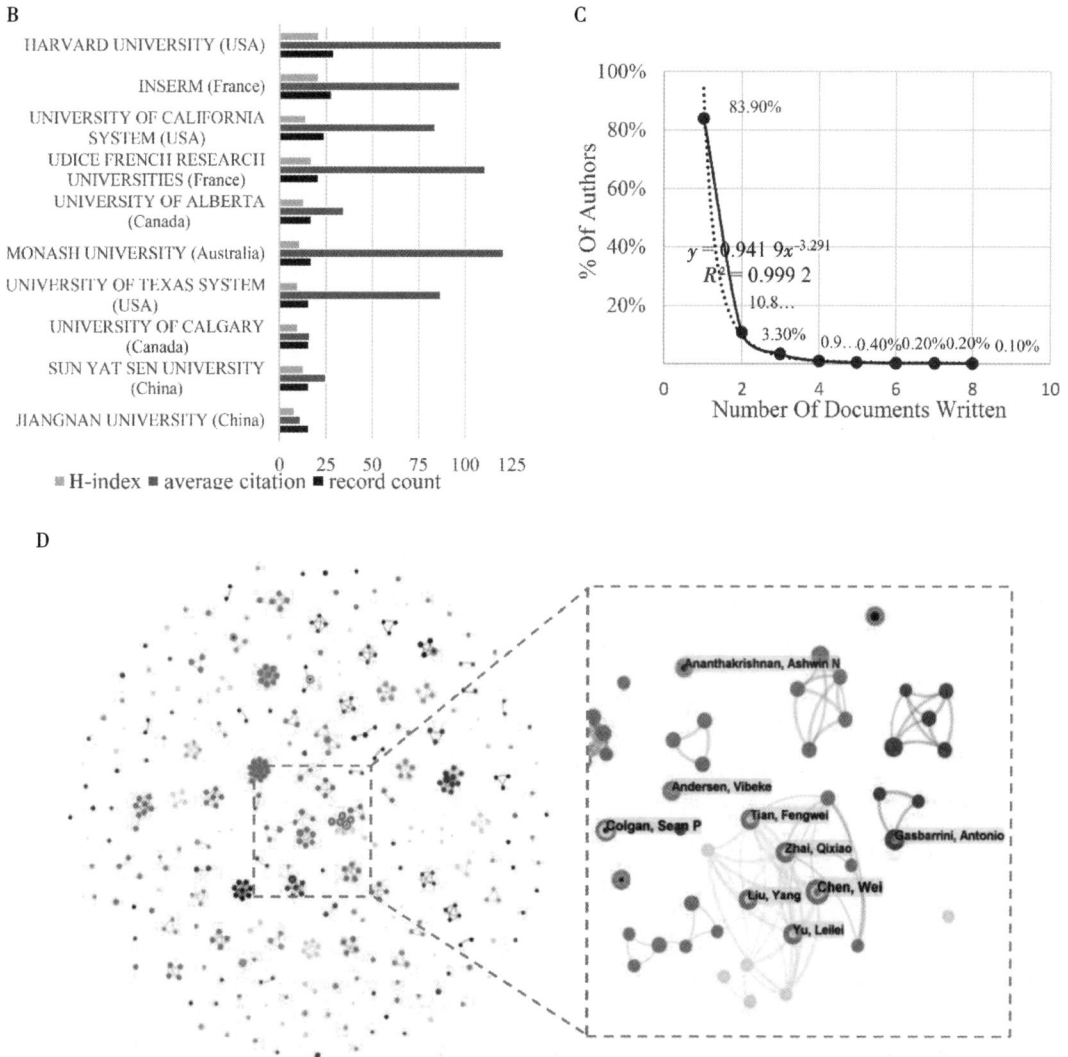

图 7-2 机构与作者分析

WoSCC 显示,10 年间一共有 1 218 位作者参与相关研究。而可视化分析表明,江南大学的 Chen W(7 篇)发表文章最多,但总体上参与研究的作者产量较为均一,缺乏中心性和爆发性(表 7-3,图 7-2D)。这可能是因为关于溃疡性结肠炎与脂肪酸相关的课题还处于初始研究阶段,也进一步说明该主题发展前景广阔。除此之外,这些作者大多处于显著的合作群体中,这可能与机构内或机构间的密切合作有关。洛特卡定律 $f(x)=c/nx$ 用于描述科研工作者人数与所著论文之间的关系,其中 x 为单个作者发表量,$f(x)$ 为该发表量的作者人数,c、n 为常数。使用 Microsoft Excel 2019 获得拟合曲线(图 7-2C),$y=0.941\ 9x^{-3.291}$,$R^2=0.999\ 2$,符合文献增长与交流的规律。

表 7-3　2013—2023 年间发表该领域文章的作者 Top 10

排名	作者	发表量
1	Chen W	7
2	Colgan SP	6
3	Ananthakrishnan AN	5
4	Andersen V	5
5	Gasbarrini A	5
6	Liu Y	5
7	Tian F	5
8	Yu L	5
9	Zhai Q	5
10	Belluzzi A	4

（四）期刊分析

根据 WoSCC 统计,相关文献发表于 97 种期刊,且主要分布在 gastroenterology hepatology 和 nutrition dietetics 两个类别。其中 *Nutrients*（2023 IF=6.706,Q1）上发表最多,一共 79 篇,其次是 *Food Function*（2023 IF=6.317,Q1）、*Frontiers in Immunology*（2023 IF=7.3,Q1）、*Inflammatory Bowel Diseases*（2023 IF=4.9,Q2）、*International Journal of Molecular Sciences*（2023 IF=5.6,Q1）（表 7-4）。Origin 软件绘制的气泡图显示,大部分期刊年发表量、年平均引用次数逐年升高,其中 *Frontiers in Immunology* 期刊 2021 年、2022 年年均被引次数显著高于其他期刊（图 7-3A）。一共有 17 种期刊被列入核心期刊,均为 JCR Q1、Q2 区期刊,其中 *Gut* 影响因子最高。VOSviewer 分析显示 *Nutrients* 发表量显著高于其他期刊,且与 *Inflammatory Bowel Diseases*、*Gut* 合作密切（图 7-3B）。

表 7-4　2013—2023 年间刊载该领域文章的期刊 Top 10

排名	期刊	刊载量	占比	IF	JCR 分区
1	*Nutrients*	79	6.551%	6.7	Q1
2	*Food Function*	42	3.483%	6.3	Q1
3	*Frontiers in Immunology*	34	2.819%	7.3	Q1
4	*Inflammatory Bowel Diseases*	29	2.405%	4.9	Q2
5	*International Journal of Molecular Sciences*	27	2.239%	5.6	Q1
6	*Frontiers in Microbiology*	26	2.156%	5.2	Q2
7	*World Journal of Gastroenterology*	20	1.658%	4.3	Q2
8	*Journal of Agricultural and Food Chemistry*	19	1.575%	6.1	Q1
9	*Scientific Reports*	18	1.493%	4.6	Q2
10	*Frontiers in Pharmacology*	17	1.410%	5.6	Q1

A

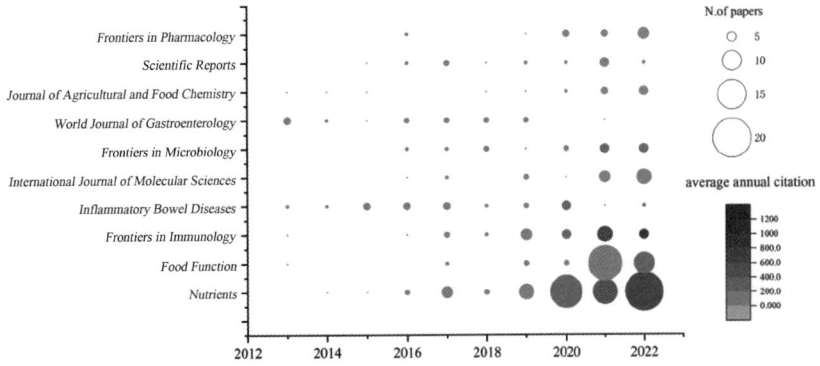

B

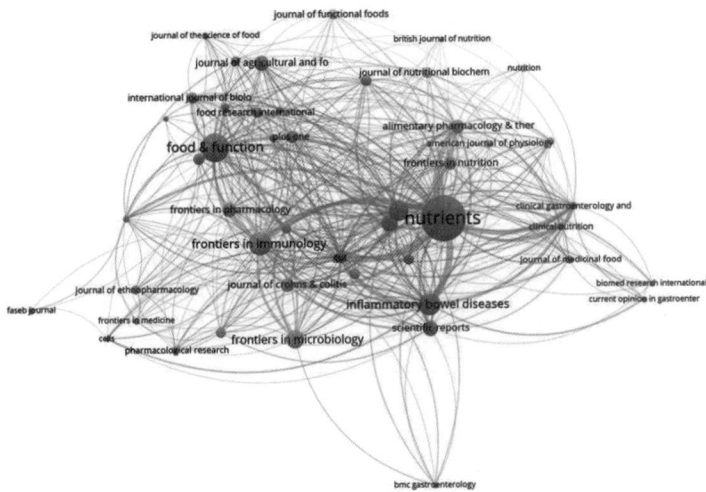

C

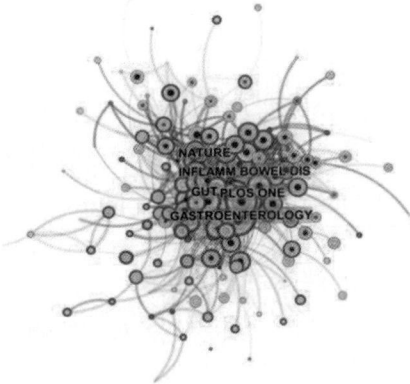

D

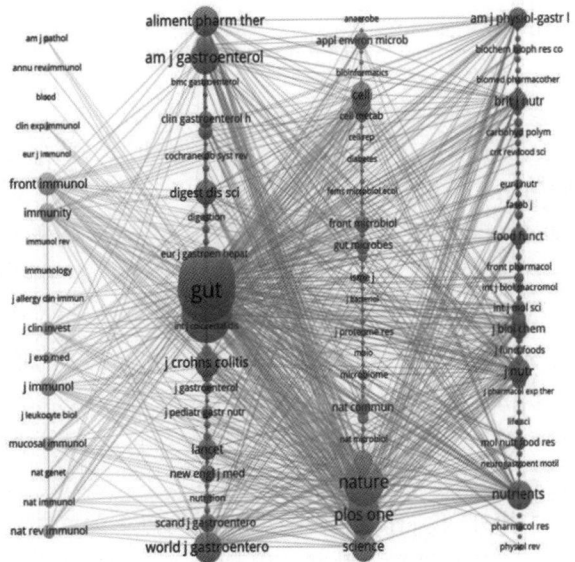

图 7-3 期刊分析

我们进一步对 1 206 篇文献的被引期刊进行分析,同时构建共被引网络(表 7-5,图 7-3C、D)。统计表明 *Gut*(964 次)被引频次最高,其次是 *Gastroenterology*(896 次)、*Inflammatory Bowel Diseases*(830 次)、*Nature*(707 次)、*PLoS One*(701 次),其中 *Lancet*(2023 IF=168.90,Q1)影响因子最高。除此之外,被引期刊的中介中心性较低,最高为 *Diabetes*(0.06),这说明纳入分析的被引期刊过多,且被引频数差距较小(表 7-5)。

表 7-5 2013—2023 年间该领域文章的被引期刊 Top 15

排名	被引期刊	被引次数	半衰期	IF	JCR 分区
1	*Gut*	964	6.5	24.5	Q1
2	*Gastroenterology*	896	6.5	29.4	Q1
3	*Inflammatory Bowel Diseases*	830	6.5	4.9	Q1
4	*Nature*	707	6.5	64.8	Q1
5	*PLoS One*	701	6.5	3.7	Q2
6	*World Journal of Gastroenterology*	652	6.5	4.3	Q2
7	*Proceedings of the National Academy of Sciences of the United States of America*	620	6.5	11.1	Q1
8	*American Journal of Gastroenterology*	561	5.5	9.8	Q1
9	*Alimentary Pharmacology & Therapeutics*	536	6.5	7.6	Q1
10	*Digestive Diseases and Sciences*	531	5.5	3.1	Q3
11	*Science*	501	6.5	56.9	Q1
12	*Lancet*	500	6.5	168.9	Q1
13	*Journal of Crohns & Colitis*	471	6.5	8.0	Q1
14	*Scientific Repports*	459	4.5	4.6	Q2
15	*Nutrients*	457	7.5	6.7	Q1

(五)文献分析

我们进一步对文献的引用情况和被引情况进行分析。近 10 年发表的溃疡性结肠炎与脂肪酸相关的文献中,den Besten G(2013)[6](Total Citation=2 511)全球科学领域被引次数(global citations, GC)最多,其次是 Venegas DP(2019)[16]、Chang PV(2014)[17]、Lloyd-Price J(2019)[18]、Kelly CJ(2015)[8];而 Venegas DP(2019)[16](TC per year=289.8)年平均被引次数最多(表 7-6)。此外,在引用次数最多的 10 篇出版物中,综述占比为 70%,论文占比为 30%,这可能与引用文献广泛、期刊影响力大有关。基于本领域引用次数(local citations, LC),我们使用 R 语言 bibliometrix 软件包筛选出 20 篇文献并绘制时序图,Ananthakrishnan AN(2014, *Gastroenterology*)[19]节点直径最大,本领域被引次数最多,文献影响力最大(表 7-6,图 7-4A)。

此外,我们还筛选出被引 20 次以上的文献,使用 VOSviewer 进行耦合分析。图中连线表示两篇文献存在共同引用关系,节点直径则表示该文献与其他文献的耦合强度。耦合分析得出 6 个聚类,每个聚类的文献具有一定的相似性:其一聚类的文献主要与 SCFA 相关,

表 7-6　2013—2023 年间该领域文章被引用次数 Top 10

排名	论文	发表年份	年均被引次数	总被引次数
1	The role of short-chain fatty acids in the interplay between diet, gut microbiota, and host energy metabolism（review）	2013	228.27	2 511
2	Short chain fatty acids（SCFAs）-mediated gut epithelial and immune regulation and its relevance for inflammatory bowel diseases（review）	2019	289.8	1 449
3	The microbial metabolite butyrate regulates intestinal macrophage function via histone deacetylase inhibition（article）	2014	115.2	1 152
4	Multi-omics of the gut microbial ecosystem in inflammatory bowel diseases（review）	2019	214	1 070
5	Crosstalk between Microbiota-Derived Short-Chain Fatty Acids and Intestinal Epithelial HIF Augments Tissue Barrier Function（article）	2015	96.44	868
6	A decrease of the butyrate-producing species *Roseburia hominis* and *Faecalibacterium prausnitzii* defines dysbiosis in patients with ulcerative colitis（article）	2014	79	790
7	Gut microbiome structure and metabolic activity in inflammatory bowel disease（review）	2019	147.6	738
8	Probiotics and prebiotics in intestinal health and disease：From biology to the clinic（review）	2019	135.4	677
9	Gut microbiota-derived metabolites as key actors in inflammatory bowel disease（review）	2020	150.75	603
10	Diet, metabolites, and "western-lifestyle" inflammatory diseases（review）	2014	58.4	584

其二聚类侧重于肠道微生物,其三聚类与饮食、营养相关,其四聚类主要研究内容为 IBD 的治疗方法,其五聚类主要为溃疡性结肠炎的流行病学研究,其六聚类为巨噬细胞相关的溃疡性结肠炎机制研究(图 7-4B)。随后,我们使用 CiteSpace 对被引文献进行分析,并生成聚类。"模块值"(Modularity Q, Q 值)和"平均轮廓值"(Mean Silhouette S, S 值)是评估图谱绘制效果的常见指标,Q=0.51(>0.3),S=0.83(>0.5),说明聚类结构是显著且合理的。其中 Devkota S(2012)[20]、Gevers D(2014)[21]、Ananthakrishnan AN(2014)[19]、Smith PM(2013)[22]中介中心性较高(图 7-4C),代表这些文献在本领域具有较高的价值,并有潜力开发新的联系。根据图 7-4C,被引文献的聚类一共生成 6 个标签,分别为 dss-induced colitis、n-3 polyunsaturated fatty acid、short-chain fatty acid、fecal microbiota transplantation、inflammatory bowel disease、fecal microbiota。聚类标签来自施引文献的标题,聚类分析揭示了溃疡性结肠炎与脂肪酸相关领域的研究主题和发展脉络,然而,对于研究前沿的探索还需要进行关键词分析。

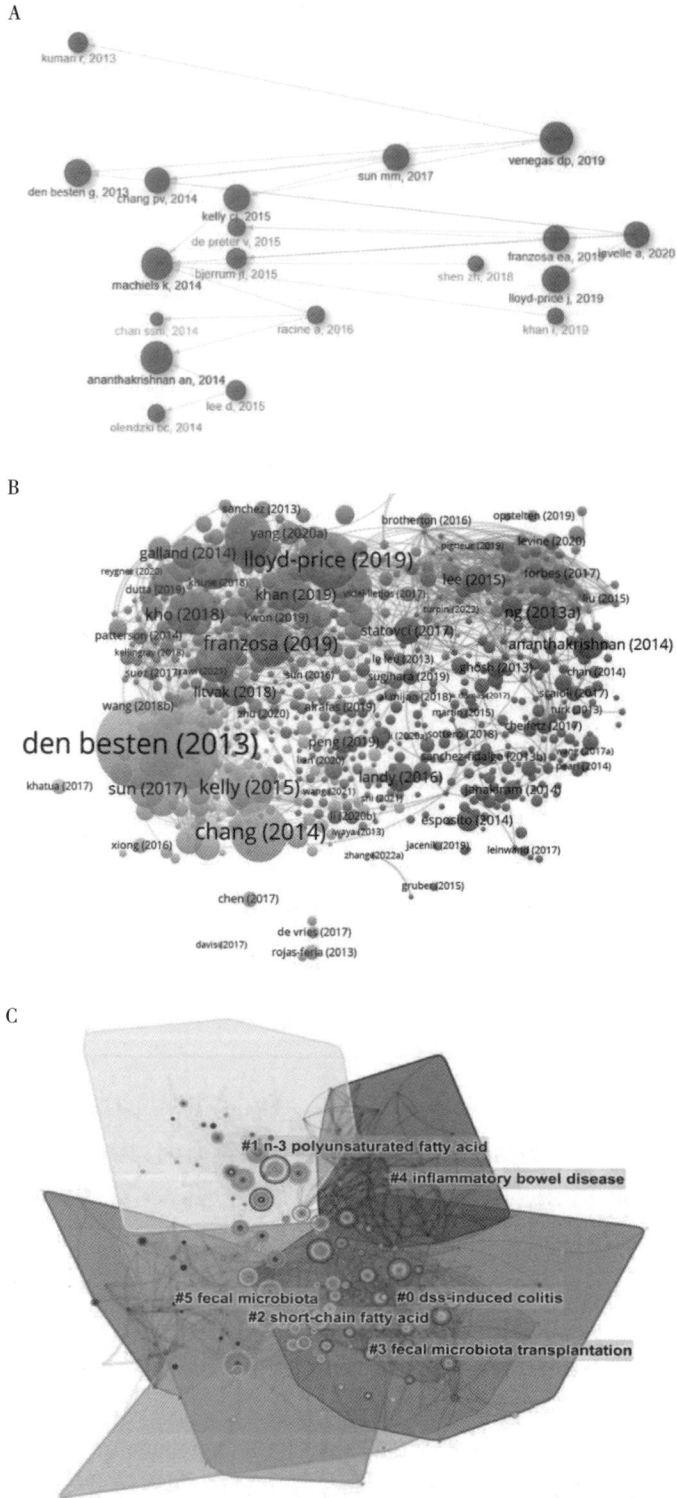

图 7-4　文献分析

A. 本领域被引时序图；B. 被引文献耦合分析；C. 被引文献聚类分析。

（六）关键词分析

关键词是特定领域内简洁的专业词组,可以代表文献的主题和核心思想。在文献计量分析中,我们可以通过统计历年高频关键词,梳理发展脉络,从而发现研究热点。使用 CiteSpace 对 1 206 篇文献进行作者关键词分析,并分别根据词频、程度、中心性、Σ进行排序(表 7-7),并按照词频绘制词云图(图 7-5A)。除去检索词相关的关键词,"gut microbiota"(n=372)词频最高,"dextran sulfate sodium"中介中心性(Centrality=0.08)以及程度(degree=60)最高,"polyunsaturated fatty acid"Σ值(sigma=1.22)最高,这些都是出版物的研究重点。对排名前 15 的关键词进行分析,大致可以分为以下 4 类:代表肠道疾病的 inflammatory bowel disease、ulcerative colitis、Crohn disease,脂肪酸和代谢研究相关关键词 chain fatty-acids、dextran sulfate sodium、polyunsaturated fatty acid,肠道微生物相关的 gut microbiota、fecal microbiota、bacteria,以及临床试验关键词 therapy、double-blind、enteral nutrition 等。

表 7-7　根据词频、中心性、度、Σ 对该领域文献关键词进行排序

排名	词频	关键词	中心性	关键词	度	关键词	Σ	关键词
1	502	inflammatory bowel disease	0.08	inflammatory bowel disease	60	inflammatory bowel disease	1.28	ulcerative-colitis
2	485	ulcerative colitis	0.08	dextran sulfate sodium	60	dextran sulfate sodium	1.22	chain fatty-acids
3	399	ulcerative-colitis	0.07	ulcerative colitis	59	ulcerative colitis	1.22	polyunsaturated fatty acid
4	372	gut microbiota	0.07	ulcerative-colitis	56	gut microbiota	1.2	bowel-disease
5	300	chain fatty acids	0.07	Crohns-disease	54	ulcerative-colitis	1.15	bowel disease
6	183	Crohns-disease	0.05	gut microbiota	53	Crohns-disease	1.13	fish oil
7	170	Crohns disease	0.05	chain fatty acids	52	chain fatty acids	1.11	eicosapentaenoic acid
8	98	polyunsaturated fatty acid	0.05	Crohns disease	52	chain fatty-acids	1.08	germinated barley foodstuff
9	97	expression	0.05	short-chain fatty acid	49	dietary fiber	1.07	irritable bowel syndrome
10	89	intestinal microbiota	0.05	butyrate	48	butyrate	1.07	long-term intake

通过关键词的聚类分析,可以对文献的主题进行分类,从而快速把握数据中的规律和模式。基于 VOSviewer 软件,我们筛选了词频大于 10 次的关键词进行聚类分析。此次分析一共获得 5 个聚类,其一聚类主要包括 ulcerative colitis、inflammation、NF-κB、expression、oxidative stress、polyunsaturated fatty acid 等关于肠道炎症性疾病的机制研究的关键词;其二聚类主要包括 gut microbiota、chain fatty-acids、butyrate、short-chain fatty acid 等,与肠道菌

群和 SCFA 相关;其三聚类主要包括 inflammatory bowel disease、Crohn disease、diet、double-blind、risk 等,主要涉及炎症性肠病的临床试验;其四聚类主要包括 metabolism、bacteria、pathogenesis 等,与肠道菌群以及新陈代谢相关;其五聚类主要包括 dysbiosis、intestinal microbiota、probiotics、obesity、irritable intestinal syndrome 等关键词,这主要与流行病学分析相关(图 7-5B)。

除此之外,我们还使用 CiteSpace 软件,基于对数似然比(log-likelihood ratio,LLR)对关键词进行聚类分析,并绘制时序图 [Q=0.335 8(>0.3),S=0.698 2(>0.5)](图 7-5C,表 7-8),LLR 值越高,关键词对该集群的代表性越强。此次聚类一共划分为 7 个集群,各集群关键词有部分重叠,说明聚类之间关系密切。总体而言,IBD 相关的词组出现最多,其他关键词可归纳为以下几个领域:①炎症性肠病与多不饱和脂肪酸的相关研究,如 ω-3 polyunsaturated fatty acid、fish oil、eicosapentaenoic acid;②炎症性肠病与饮食和营养相关研究,如 dietary pattern、nutrition、diet;③肠道菌群相关的炎症性肠病的机制研究,如 gut microbiota、gut dysbiosis;④IBD 疗法研究,如 butyrate treatment、fecal microbiota transplantation、5-aminosalicylic acid 等;⑤炎症性肠病的基础机制研究,如 sodium-induced colitis、gut wall function、Th17 balance;⑥炎症性肠病与其他系统疾病交叉研究,如 gut-liver axis、age-related neuroinflammation、cognitive decline。

随后,为了进一步明确主题词的发展规律,我们又进行了主题词的演化分析。设置 2017 年、2021 年为节点,将数据的时间跨度分为三个部分,并将这三个时间段内的主题词可视化。图中每个方块对应一个关键词,方块的宽度代表词频,主题词之间的连线宽度代表关联强度。在 2013—2023 年间,主题词的分布逐渐从分散到统一:在早期阶段,研究主题分布范围广,包括肠道菌群、各种脂肪酸、常见的炎症通路以及临床试验;第二阶段的主题词涉及长期饮食习惯,以及机制研究中的重要位点,例如脂肪酸合酶、α- 突触蛋白;近 3 年,研究主题词再次减少,但内容转移到阿尔茨海默病、维生素 D 缺乏症等交叉研究领域(图 7-5D)。

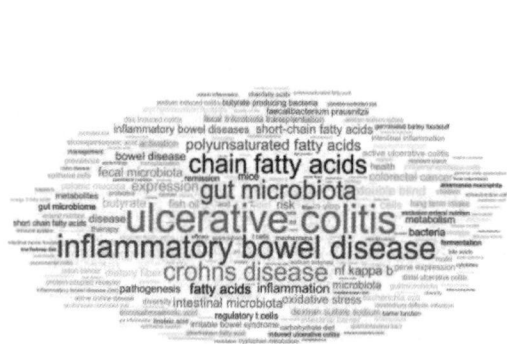

A

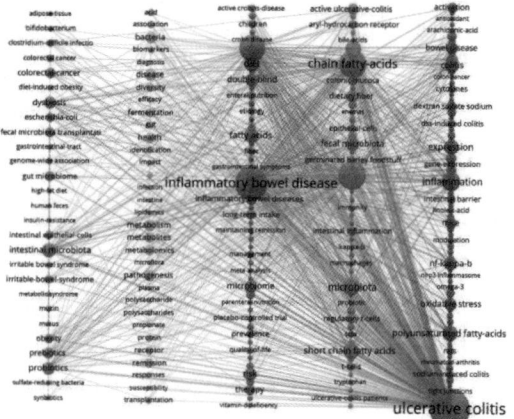

B

C

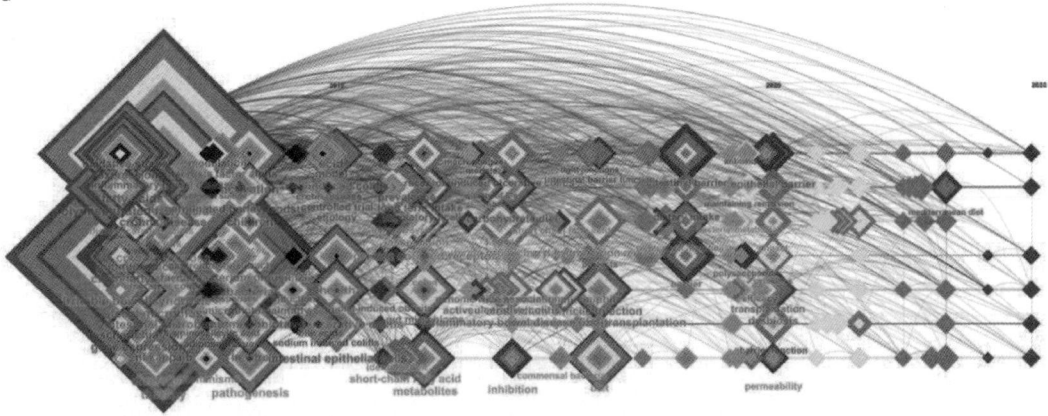

D

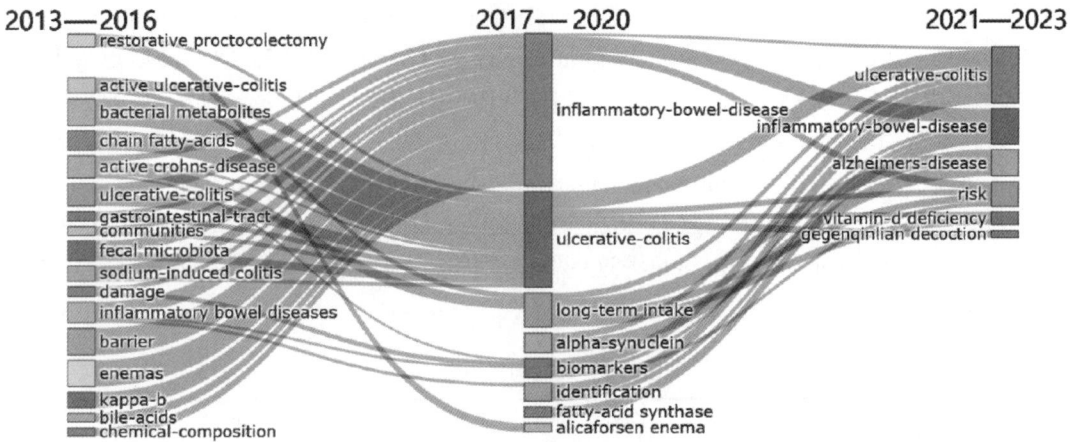

图 7-5　关键词分析

表 7-8　2013—2023 年该领域文献的关键词聚类

聚类	关键词数量	平均年份	标签
0	98	2016	fish oil（18.79, 0.000 1）; diet（18.65, 0.000 1）; colitis（18.2, 0.000 1）; expression（17.67, 0.000 1）; eicosapentaenoic acid（17.41, 0.000 1）
1	87	2016	Crohn disease（72.7, 0.000 1）; diet（43.37, 0.000 1）; gut microbiota（34.56, 0.000 1）; nutrition（22.45, 0.000 1）; butyrate（22.23, 0.000 1）
2	75	2019	immune system（17.76, 0.000 1）; gut inflammation（17.03, 0.000 1）; gut dysbiosis（13.31, 0.001）; impact（13.31, 0.001）; gut-liver axis（13.31, 0.001）
3	67	2015	gut microbiota（67.48, 0.000 1）; short-chain fatty acid（49.2, 0.000 1）; butyrate（14.84, 0.001）; fermentation（14.22, 0.001）; chain fatty acids（13.22, 0.001）
4	63	2018	fecal microbiota transplantation（31.14, 0.000 1）; colitis（11.56, 0.001）; inflammation（10.9, 0.001）; short-chain fatty acids（10.3, 0.005）; fecal microbiota（10.23, 0.005）

续表

聚类	关键词数量	平均年份	标签
5	54	2016	5-aminosalicylic acid（14.42,0.001）; experimental colitis（10.11,0.005）; in vitro（9.61,0.005）; gene expression（9.61,0.005）; sodium induced colitis（9.61, 0.005）
6	44	2018	short-chain fatty acid（22.77,0.000 1）; indole（10.54,0.005）; probiotics（7.59, 0.01）; microbiome（7.59,0.01）; permeability（6.87,0.01）

CiteSpace 的突现性分析可以反映研究热点和研究前沿。关键词突现指的是短时间内在出版物中出现频率极高的关键词。我们筛选出 20 个强爆发的关键词,表中浅灰色线表示时间间隔,深灰色线部分代表爆发的持续时间（表 7-9）。这些关键词爆发强度在 2.49~7.82,持续时间为 1~6 年。其中爆发最强的是"gut microbiota"（Strength=7.82）,其次是"fish oil"（Strength=6.1）和"polyunsaturated fatty acid"（Strength=5.32）。根据爆发出现的时间,"fish oil""polyunsaturated fatty acid""PPARγ"出现较早,是早期的研究热点;中期研究侧重于"randomized controlled trial""long term intake""*Faecalibacterium prausnitzii*";而近 3 年研究热点转移至"gut microbiota""bile acids"。此外,"eicosapentaenoic acid"爆发持续时间最长,长达 6 年。截至 2023 年,"intestinal barrier""barrier""dysbiosis""gut microbiota""inflammation""bile acids"这些关键词仍然处于爆发期,可以将未来的研究方向聚焦于这几个方面。

表 7-9　关键词突现分析

关键词	年份	爆发强度	开始	结束	2013—2023 年
fish oil	2013	6.1	2013	2016	
polyunsaturated fatty acid	2013	5.32	2013	2017	
PPARγ	2013	3.04	2013	2016	
bowel disease	2013	2.96	2013	2018	
placebo controlled trial	2013	2.79	2013	2018	
eicosapentaenoic acid	2013	2.66	2013	2019	
parenteral nutrition	2013	2.65	2013	2017	
colon cancer	2013	2.59	2013	2017	
gastrointestinal tract	2014	2.61	2014	2018	
randomized controlled trial	2015	2.91	2015	2018	
Crohn disease	2013	2.79	2015	2017	
long term intake	2016	3.14	2016	2017	
distal ulcerative colitis	2013	2.62	2016	2018	
Faecalibacterium prausnitzii	2014	2.49	2018	2021	

续表

关键词	年份	爆发强度	开始	结束	2013—2023 年
intestinal barrier	2019	3.33	2021	2023	
barrier	2019	3.16	2021	2023	
dysbiosis	2020	2.65	2021	2023	
gut microbiota	2013	7.82	2022	2023	
inflammation	2013	3.65	2022	2023	
bile acids	2015	2.73	2022	2023	

讨 论

近年来,溃疡性结肠炎的发病率和患病率在全球范围内呈上升趋势,疾病带来的个人和社会负担逐渐加重[23]。因此,溃疡性结肠炎的发病机制与治疗方法已经成为了全球的热点问题。在炎症性肠病与脂肪酸的早期研究中,ω-3 和 ω-6 PUFA 起到了截然相反的作用,饮食结构的改善可以达到控制溃疡性结肠炎的目的[24]。然而,随着近几年越来越多的文献证实了肠道菌群失调和 IBD 之间的因果关系,SCFA,作为肠道菌群的代谢产物,重新进入了科学家们的视野[16]。由于文献发表量的指数型增长以及研究热点的转变,我们迫切需要把握当前该领域的文献发展规律,展望发展前景,而计量学分析可以帮助我们解决这些问题。

本文基于 WoSCC 数据库,对该领域近 10 年发表的文献进行计量学分析,具体包括文献的一般特征、国家、机构、作者、期刊、引用以及关键词这几个方面,并使用四种可视化工具进行反复验证。近 10 年期间,文献发表量总体呈上升趋势,尤其是在 2018—2022 年间显著上升,在 2022 年达到顶峰,这表明该领域研究逐渐受到重视,并且具有发展潜力。根据指数型增长的规律,我们预测 2023 年的文献发表量可能会继续增长。中国和美国是产出最大的国家:在 2019 年之前,美国年发表量位居第一,说明美国在该领域科研早于其他国家及地区,为全球研究奠定了基础;2019 年之后,中国超越美国成为发表量最大的国家,这与中国对该领域科研的重视,以及该国经济水平的稳步上升密切相关。国际学术合作可以推动科研发展,解决全球性问题,巩固国际关系,相较于发展中国家,美国、英国、德国等发达国家更注重国家间合作交流,除却经济因素,可能与发达国家溃疡性结肠炎发病率较高有关。发表机构方面,结合发表量、H 指数、年平均被引次数、中心性等指标,哈佛大学和法国研究型大学是该领域最重要的机构,学术合作最为广泛。机构学术合作可以充分利用资源,提高研究质量和水平,这些机构在该领域展现了科研潜力。作者协作网络显示,该领域作者发表量较平均,且大多数作者倾向于在团体中进行合作研究。江南大学 Chen W 教授在该领域发表文献最多,然而该领域学者主要以团体进行研究,发表量均一,缺乏爆发。

纳入分析的文献的主要分布在 gastroenterology hepatology 和 nutrition dietetics 两类期刊,其中 *Nutrients*(2023 IF=6.706, Q1)刊载最多。此外,被引期刊大部分为 JCR Q1 的高影响力期刊,这决定了施引文献的可信度和真实性。通过对高影响力文献的解读,我们可以初步筛选出研究热点。根据总被引次数和年均被引次数,den Besten G(2013)[6]、Venegas DP(2019)[16]在全球领域最具影响力,这两篇综述概括整理了肠道菌群来源的 SCFA 在炎症性肠病中的影响机制。此外,Ananthakrishnan AN(2014)对本领域文献意义重大,该文章为高脂饮食与 IBD 风险的流行病学分析[19]。

使用多种可视化工具对溃疡性结肠炎与脂肪酸相关的文献进行关键词分析,发现热点词主要为 inflammatory bowel disease、ulcerative colitis、Crohn disease、intestinal barrier、chain fatty-acids、dextran sulfate sodium、polyunsaturated fatty acid、gut microbiota、fecal microbiota transplantation、diet、dietary fiber、nutrition、therapy、double-blind、NF-κB、butyrate、short-chain fatty acid、obesity、fish oil、eicosapentaenoic acid 等。根据聚类分析结果,我们发现当前研究热点主要聚焦于以下几个方向:①炎症性肠病与饮食和营养相关研究;②肠道菌群相关的炎症性肠病的机制研究;③溃疡性结肠炎治疗方法研究。流行病学研究表明,IBD 的发病率与饮食的“西化”有关,尤其是从 ω-3 PUFA 到 ω-6 PUFA 的饮食习惯转变[25-26]。动物实验发现,ω-3 PUFA 可以通过产生环氧合物并激活 PPARγ/NFAT 通路的方式促进肠黏膜屏障愈合[27-28]。在临床实验中,以鱼油形式摄入的二十碳五烯酸(eicosapentaenoic acids,EPA)和二十二碳六烯酸(docosahexaenoic acids,DHA)对溃疡性结肠炎患者具有良好的疗效[29]。对于溃疡性结肠炎的患者,改善饮食和营养习惯至关重要。欧洲临床营养与代谢协会(European Society for Clinical Nutrition and Metabolism,ESPEN)提出了地中海饮食疗法,即大量摄入蔬菜、水果、豆类、全谷物以及富含单不饱和脂肪酸和多不饱和脂肪酸的坚果、鱼类和橄榄油,可以改善溃疡性结肠炎患者的活动性[30]。“gut microbiota”肠道菌群,是人体内细菌密度和数量最多的地方,已有明确的证据证明特定菌种失调对溃疡性结肠炎患者的影响,且炎症机制复杂,具体围绕免疫功能损害(巨噬细胞、中性粒细胞、T 细胞平衡、促炎因子)与黏液层和上皮屏障功能缺陷等[31]。此外,肠道菌群可以通过其代谢产物(SCFA、胆汁酸、色氨酸等)对溃疡性结肠炎起到调控作用[32]。现阶段传统的溃疡性结肠炎疗法为 5- 氨基水杨酸、皮质类醇、免疫抑制剂、生物制剂主导的药物治疗以及结、直肠切除手术,然而,溃疡性结肠炎尚不能完全治愈[1]。目前,大量靶向不同炎症通路的药物处于临床实验中。此外,“fecal microbiota transplantation”粪便菌群移植可以改善肠道菌群组成,从而达到控制 UC 的目的,是倍受关注的治疗手段。然而临床试验的结果喜忧参半,仍然需要进一步探索致病机制、调整治疗方案。

结合突现性分析的结果,我们发现脂肪酸、胆汁酸以及肠道菌群相结合的 IBD 机制研究可能是未来的研究热点。随着越来越多的文章证明了肠道菌群失调和 IBD 的因果关系,短链脂肪酸“short-chain fatty acid”以及胆汁酸“bile acids”作为细菌的代谢产物,逐渐受到科学家们的关注。“butyrate”丁酸盐是一种常见的 SCFA,主要来源于厚壁菌门[33]。它可以激活 AMPK、AKT 等信号通路,促进细胞间紧密连接,增强肠黏膜屏障功能;活化 Treg 细胞、抑制 Th17 细胞,维持免疫稳态,最终起到抑制溃疡性结肠炎的作用[34]。“bile acids”胆汁酸是一种天然甾体化合物,在肠道内以微团的形式促进脂质的消化、吸收以及脂肪酸的代谢[35]。Paik 等发表的文章证明部分富含羟基类固醇脱氢酶的肠道细菌(大多数为革兰氏阳性厚壁菌或放线菌)促进胆汁酸的转化,生成的 3-oxoLCA、isoLCA 可以抑制 Th17 细胞的功能,发挥抗炎作用[36]。另外,脂肪酸的摄入也会对肠道菌群的结构和组成起到调节作用。既往研究表明,中链脂肪酸可以上调肥胖小鼠肠道拟杆菌的丰度,下调厚壁菌和变形杆菌的含量[37]。此外,一项临床试验发现,ω-3 PUFA 的干预可以上调双歧杆菌、罗斯氏菌、乳杆菌等肠道微生物的丰度,这些微生物大多为生产 SCFA 的有益菌属[38]。总体而言,脂肪酸、胆汁酸以及肠道菌群在 IBD 的发病和发展中扮演着重要角色,然而关于它们之间的相互作用机制仍然有很多需要探索的问题。

本文表明,包括 ω-3 PUFA、SCFA 在内的各类脂肪酸与肠道微生态具有相关性,它们经过复杂的相互作用,从而调节免疫反应和肠道屏障功能,最终影响 IBD 的发生、发展。这些炎症机制也为 IBD 的治疗提供了新思路,包括多种生物制剂、粪便菌群移植、饮食疗法等。未来有望对脂肪酸、胆汁酸以及肠道菌群的相互作用机制进行深入且细化的研究,并进一步探索有效的治疗方法。

本研究纳入分析的文献在数据库来源、语种、文献类型上仍然有一定的局限性。由于时间跨度较短,对该领域研究热点发展规律的分析也不够彻底。此外,本文尚未筛选出该领域的核心文献进行单独分析,不能保证数据来源的权威性和可靠性。

结 论

本次研究首次采用了多种可视化工具对溃疡性结肠炎和脂肪酸相关的文献进行计量学分析,从而获得该领域近 10 年的发展趋势以及研究热点。总体而言,探索不同种类的脂肪酸以及肠道菌群失调在 IBD 中的作用机制,并根据结果寻找有效的治疗方法、制定合适的营养计划是本领域的研究重点。未来的研究热点可能是脂肪酸、胆汁酸以及肠道菌群相结合的 IBD 机制研究。本文可以为学者们的后续研究提供理论基础。

参考文献

[1] UNGARO R, MEHANDRU S, ALLEN P B, et al. Ulcerative colitis[J]. Lancet, 2017, 389(10080): 1756-1770.

[2] KAPLAN G G, WINDSOR J W. The four epidemiological stages in the global evolution of inflammatory bowel disease[J]. Nat Rev Gastroenterol Hepatol, 2021, 18(1): 56-66.

[3] DE CARVALHO C C C R, CARAMUJO M J. The Various Roles of Fatty Acids[J]. Molecules, 2018, 23(10): 2583.

[4] GOMEZ-LARRAURI A, PRESA N, DOMINGUEZ-HERRERA A, et al. Role of bioactive sphingolipids in physiology and pathology[J]. Essays Biochem, 2020, 64(3): 579-589.

[5] WONG J M, DE SOUZA R, KENDALL C W, et al. Colonic health: fermentation and short chain fatty acids[J]. J Clin Gastroenterol, 2006, 40(3): 235-243.

[6] DEN BESTEN G, VAN EUNEN K, GROEN A K, et al. The role of short-chain fatty acids in the interplay between diet, gut microbiota, and host energy metabolism[J]. J Lipid Res, 2013, 54(9): 2325-2340.

[7] ROOKS M G, GARRETT W S. Gut microbiota, metabolites and host immunity[J]. Nat Rev Immunol, 2016, 16(6): 341-352.

[8] KELLY C J, ZHENG L, CAMPBELL E L, et al. Crosstalk between Microbiota-derived short-chain fatty acids and intestinal epithelial HIF augments tissue barrier function[J]. Cell Host Microbe, 2015, 17(5): 662-671.

[9] COX M A, JACKSON J, STANTON M, et al. Short-chain fatty acids act as antiinflammatory mediators by regulating prostaglandin E_2 and cytokines[J]. World J Gastroenterol, 2009, 15(44): 5549-5557.

[10] IBD in EPIC Study Investigators, TJONNELAND A, OVERVAD K, et al. Linoleic acid, a dietary n-6

polyunsaturated fatty acid, and the aetiology of ulcerative colitis: a nested case-control study within a European prospective cohort study [J]. Gut, 2009, 58 (12): 1606-1611.

[11] ELLEGAARD O, WALLIN J A. The bibliometric analysis of scholarly production: how great is the impact? [J]. Scientometrics, 2015, 105 (3): 1809-1831.

[12] WEI N, XU Y, LI Y, et al. A bibliometric analysis of T cell and atherosclerosis [J]. Front Immunol, 2022, 13: 948314.

[13] WU F, GAO J, KANG J, et al. Knowledge mapping of exosomes in autoimmune diseases: a bibliometric analysis (2002—2021) [J]. Front Immunol, 2022, 13: 939433.

[14] SYNNESTVEDT M B, CHEN C, HOLMES J H. CiteSpace Ⅱ: visualization and knowledge discovery in bibliographic databases [J]. AMIA Annu Symp Proc, 2005, 2005: 724-728.

[15] VAN ECK N J, WALTMAN L. Software survey: VOSviewer, a computer program for bibliometric mapping [J]. Scientometrics, 2010, 84 (2): 523-538.

[16] PARADA VENEGAS D, DE LA FUENTE M K, LANDSKRON G, et al. Short chain fatty acids (SCFAs)-mediated gut epithelial and immune regulation and its relevance for inflammatory bowel diseases [J]. Front Immunol, 2019, 10: 277.

[17] CHANG P V, HAO L, OFFERMANNS S, et al. The microbial metabolite butyrate regulates intestinal macrophage function via histone deacetylase inhibition [J]. Proc Natl Acad Sci U S A, 2014, 111 (6): 2247-2252.

[18] LLOYD-PRICE J, ARZE C, ANANTHAKRISHNAN A N, et al. Multi-omics of the gut microbial ecosystem in inflammatory bowel diseases [J]. Nature, 2019, 569 (7758): 655-662.

[19] ANANTHAKRISHNAN A N, KHALILI H, KONIJETI G G, et al. Long-term intake of dietary fat and risk of ulcerative colitis and Crohn's disease [J]. Gut, 2014, 63 (5): 776-784.

[20] DEVKOTA S, WANG Y, MUSCH M W, et al. Dietary-fat-induced taurocholic acid promotes pathobiont expansion and colitis in IL10$^{-/-}$ mice [J]. Nature, 2012, 487 (7405): 104-108.

[21] GEVERS D, KUGATHASAN S, DENSON L A, et al. The treatment-naive microbiome in new-onset Crohn's disease [J]. Cell Host Microbe, 2014, 15 (3): 382-392.

[22] SMITH P M, HOWITT M R, PANIKOV N, et al. The microbial metabolites, short-chain fatty acids, regulate colonic treg cell homeostasis [J]. Science, 2013, 341 (6145): 569-573.

[23] KOBAYASHI T, SIEGMUND B, LE BERRE C, et al. Ulcerative colitis [J]. Nat Rev Dis Primers, 2020, 6 (1): 74.

[24] SIMOPOULOS A P. Essential fatty acids in health and chronic disease [J]. Am J Clin Nutr, 1999, 70 (3 Suppl): 560S-569S.

[25] MARION-LETELLIER R, SAVOYE G, BECK P L, et al. Polyunsaturated fatty acids in inflammatory bowel diseases: a reappraisal of effects and therapeutic approaches [J]. Inflamm Bowel Dis, 2013, 19 (3): 650-661.

[26] ZORGETTO-PINHEIRO V A, MACHATE D J, FIGUEIREDO P S, et al. Omega-3 fatty acids and balanced gut microbiota on chronic inflammatory diseases: a close look at ulcerative colitis and rheumatoid arthritis pathogenesis [J]. J Med Food, 2022, 25 (4): 341-354.

[27] UNGARO F, TACCONI C, MASSIMINO L, et al. MFSD2A promotes endothelial generation of inflammation-resolving lipid mediators and reduces colitis in mice [J]. Gastroenterology, 2017, 153 (5): 1363-1377.e6.

[28] YAO J, LU Y, ZHI M, et al. Dietary n-3 polyunsaturated fatty acids ameliorate Crohn's disease in rats by modulating the expression of PPAR-γ/NFAT [J]. Mol Med Rep, 2017, 16 (6): 8315-8322.

[29] SIMOPOULOS A P. Omega-3 fatty acids in health and disease and in growth and development [J]. Am J Clin Nutr, 1991, 54 (3): 438-463.

[30] LEBLANC J F, SEGAL J P, DE CAMPOS BRAZ L M, et al. The microbiome as a therapy in pouchitis and

ulcerative colitis［J］. Nutrients, 2021, 13（6）: 1780.

［31］NASCIMENTO R P D, MACHADO A P D F, GALVEZ J, et al. Ulcerative colitis: gut microbiota, immunopathogenesis and application of natural products in animal models［J］. Life Sci, 2020, 258: 118129.

［32］LAVELLE A, SOKOL H. Gut microbiota-derived metabolites as key actors in inflammatory bowel disease［J］. Nat Rev Gastroenterol Hepatol, 2020, 17（4）: 223-237.

［33］GASALY N, HERMOSO M A, GOTTELAND M. Butyrate and the fine-tuning of colonic homeostasis: implication for inflammatory bowel diseases［J］. Int J Mol Sci, 2021, 22（6）: 3061.

［34］RECHARLA N, GEESALA R, SHI X Z. Gut microbial metabolite butyrate and its therapeutic role in inflammatory bowel disease: a literature review［J］. Nutrients, 2023, 15（10）: 2275.

［35］CAI J, SUN L, GONZALEZ F J. Gut microbiota-derived bile acids in intestinal immunity, inflammation, and tumorigenesis［J］. Cell Host Microbe, 2022, 30（3）: 289-300.

［36］PAIK D, YAO L, ZHANG Y, et al. Human gut bacteria produce T_H17-modulating bile acid metabolites［J］. Nature, 2022, 603（7903）: 907-912.

［37］ZHOU S, WANG Y, JACOBY J J, et al. Effects of medium-and long-chain triacylglycerols on lipid metabolism and gut microbiota composition in C57BL/6J mice［J］. J Agric Food Chem, 2017, 65（31）: 6599-6607.

［38］WATSON H, MITRA S, CRODEN F C, et al. A randomised trial of the effect of omega-3 polyunsaturated fatty acid supplements on the human intestinal microbiota［J］. Gut, 2018, 67（11）: 1974-1983.

（项子轩 柯雨佳 李天歌 董卫国）

炎症性肠病精神心理相关研究：近 10 年文献计量学分析

【背景与目的】近年来炎症性肠病患者精神心理异常的概率越来越高,并且已有许多科学家针对这一现象进行研究,但是几乎没有文献从文献计量学分析这一视角进行观察。我们的研究旨在通过文献计量学可视化分析来探讨这一领域的研究现况、热点和前沿。

【方法】我们在 Web of Science 核心合集数据库上检索近 10 年炎症性肠病精神心理相关的文献,使用 CiteSpace（版本 5.7.R5）、VOSviewer（版本 1.6.19）和 R 语言 bibliometrix 软件包对本主题相关文献的作者、国家、机构、期刊及关键词等进行分析。

【结果】共纳入了 1 877 篇文献,大多数出版物来自美国（34.5%）,曼尼托巴大学的文章发表最多,达到 67 篇（3.57%）,发表文章数最多的作者是 Bernstein CN（54篇,2.88%）,但 Mikocka-Walus A 被认为是该领域影响力最高的作者。该领域中,大部分研究者选择发表在 *Inflammatory Bowel Diseases*（122 篇, IF=4.9, Q2）。关键词聚类分析发现该领域的目前研究热点主要集中在炎症性肠病与相关疾病的关系和发病机制,突现分析表明该领域的未来研究趋势可能是 "chain fatty acid" "gut-brain axis" "genome-wide association" "necrosis factor-α"。

【结论】本研究首次利用可视化软件对炎症性肠病精神心理相关文献进行文献计量学分析,以获得该领域的研究概括、热点和发展趋势,这为相关研究人员提供理论基础。

【关键词】炎症性肠病,精神心理,焦虑,抑郁,文献计量学,脑-肠轴

引 言

炎症性肠病(inflammatory bowel disease,IBD)包括克罗恩病(Crohn disease,CD)和溃疡性结肠炎(ulcerative colitis,UC)两种形式,是一类涉及胃肠道慢性炎症性的疾病,其症状以复发和缓解的方式发展[1]。目前,IBD 在西方国家发病率高达 0.3%,患病率高达 0.5%,尽管西方国家发病率趋于稳定,但非洲、亚洲和南美的多个新兴工业化国家发病率呈上升趋势,这已经成为一个全球性问题[2-3]。虽然如今新开发的药物改善了 IBD 患者的预后及延长了生存时间,但慢性疾病的折磨仍然会影响患者的生活质量,在工作上和生活中造成了许多负面影响[4-6]。此外,多项研究表明,IBD 的治疗费用给家庭、政府和医疗保健系统带来巨大的经济负担,其中美国一项研究将 IBD 列为胃肠道疾病中年度医疗保健支出最昂贵的五项之一[7-8]。此外,由于 IBD 患者数量逐年上升,发病机制尚不明确,UC 和 CD 的临床表现存在异质性,IBD 疾病的临床治疗是一个巨大的挑战[9]。

近年来,越来越多的研究表明,IBD 患者更容易患上精神心理异常疾病。其中,焦虑症和抑郁症是最常见的精神疾病类别,被列为导致全球残疾的十大原因之一[10]。多项临床研究的系统回顾表明,参与研究的 IBD 患者发展为焦虑症和抑郁症的概率分别为 19.2% 和 21.2%,几乎是普通人群的 2 倍,其发生焦虑情绪和抑郁情绪的概率分别为 66.4% 和 34.7%,甚至 CD 患者比 UC 患者更容易患上情绪紊乱[11]。本课题组牵头组织开展了迄今全国最大规模的 IBD 患者精神心理和生活质量现状的调查研究,涉及 22 个省(自治区、直辖市)42 家医院的 2 478 例患者,调查结果亦表明我国 IBD 患者普遍存在不同程度的焦虑和抑郁,严重影响患者生活质量[12],在此基础上,课题组创新性建立了包含"精神心理状态"等方面内容于一体的 IBD 多维度风险评估体系,并在全国 30 余家三甲医院进行了推广应用,促进了患者生活质量的提高和长期预后的改善。此外,IBD 患者发生精神心理异常也存在明显的性别差异[13],同时另一项针对美国女性患者的研究表明,与没有抑郁症的女性相比,患有抑郁症的女性患克罗恩病的风险增加[14]。这些研究表明,IBD 与精神心理异常之间似乎是一个双向的关系,两者之间互相影响。炎症性肠病本身可能对精神心理健康产生负面影响,如慢性疼痛、腹泻和疾病的不可预测性可能导致抑郁和焦虑症状的加重。同时,精神心理因素也可以影响 IBD 的病情,如压力和焦虑可能诱发炎症反应,加重疾病症状[15]。因此,有效的心理健康支持和治疗对于 IBD 患者的康复至关重要。总之,IBD 与精神心理健康之间存在复杂的相互关系,这一领域的研究仍在不断发展。

文献计量法是借助文献各种特征的分析结果,采用数学与统计学方法来描述、评价和预测科学技术的现状与发展趋势的定性和定量方法[16]。这一观点最初由学者 Pritchard

A 在 1969 年提出,旨在探讨某一特定领域的研究现状、研究热点和未来趋势[17-18]。文献计量学如今变得越来越流行,特别是在医学领域方面。有研究表明,Scopus 索引的约 17 500 篇文献计量论文中,超过 1/3 来自医学领域[19]。但目前尚未有研究通过文献计量学的方式揭示 IBD 与精神心理异常之间的联系。因此,本文采用可视化文献计量分析的方法,对该领域的文献进行一个系统回顾,为相关学者提供近期该领域的研究方向和热点。

材料与方法

（一）数据来源

数据来自 2023 年 6 月 5 日 Clarivate Analytics 的 Web of Science 核心合集（Web of Science Core Collection,WoSCC）数据库。检索时间为 2014 年 1 月 1 日至 2023 年 6 月 5 日,检索范围仅限于英文出版物。WoSCC 数据库采用主题词检索方式,不限制主题领域。搜索策略为:TS= "inflammatory bowel disease" 或 "Crohn" 或 "Crohn disease" 或 "ulcerative colitis",和 TS= "anxiety" 或 "depression" 或 "depressive disorder" 或 "mental health disorder" 或 "psychiatric disorder"。所有电子检索均于 2023 年 6 月 5 日进行。最后,导出的数据包括"全记录与引用的参考文献",这些文件作为"纯文本文件"和"制表符分隔文件"导出。检索和收集过程由两名研究人员独立进行,必要时从 PubMed 或其他数据库下载全文（图 7-6）。两位审稿人之间的任何分歧都通过与第三位审稿人的讨论来解决。

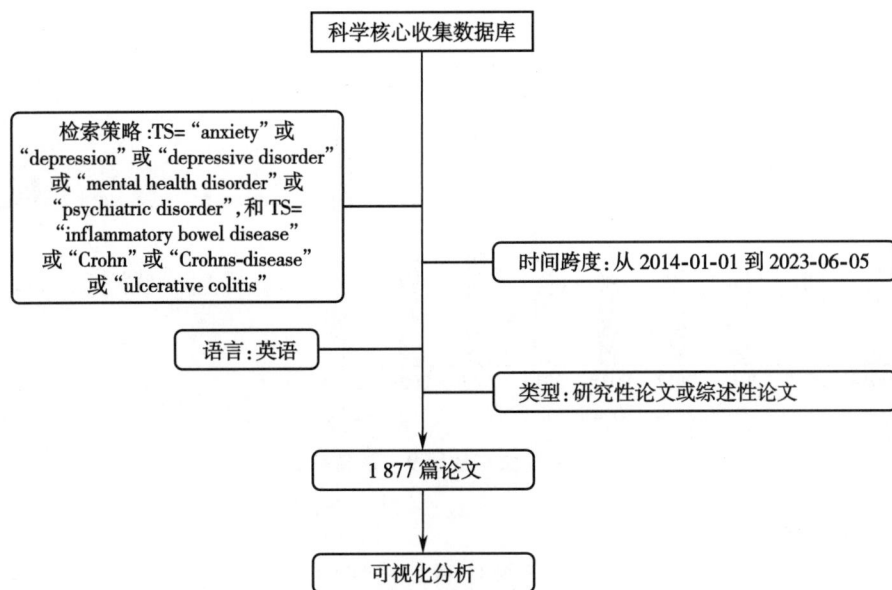

图 7-6　思维导图

（二）数据分析

结果在 WoSCC 中分别导出为纯文本文件和制表符分隔文件,使用 CiteSpace（版本 5.7.R5）和 R 语言（版本 4.3.0）bibliometrix 软件包（版本 4.1.2）分析纯文本文件,使用 VOSviewer（版本 1.6.19）和文献计量在线分析平台（OALM）分析制表符分隔文件。CiteSpace 用于作者、国家和机构可视化分析、期刊双图叠加分析、关键词的共现分析、突现分析和集群分析；VOSviewer 用于作者、国家、期刊和关键词的共现分析和聚类分析；OALM 用于分析国家和机构的合作网络分析；bibliometrix 软件包用于显示作者、国家和期刊以及关键词的源动态和主题动态。此外，期刊影响因子（impact factor，IF）和期刊分区来源于 2022 年版《期刊引证报告》。Excel 用于绘制柱状图、折线图和堆积面积图。

结　果

（一）文献数量及一般特征

WoSCC 检索发现，从 2014 年到 2022 年该领域发表文章数量总体呈上升趋势，表明 IBD 与精神心理异常方向的研究越来越多，该领域的研究价值也越来越高。本次研究的文献中，review article 占约 75.92%，review 占了 24.08%（图 7-7B）。其中，2021 年发表文章数已达最大值，共计 329 篇，2022 年发表文章数为 294 篇，较 2020 年也有所增加（图 7-7A）。Price law 是著名科学家 Price 提出的，是指在同一主题中，半数的论文为一群高生产能力作者所撰，这一作者集合的数量上约等于全部作者总数的平方根。根据 Price law，文献产量随时间呈指数增长，曲线方程为 $y=82.882e^{0.156\,4x}$，模型与文献增长趋势吻合良好，决定系数高（$R^2=0.928\,2$）。通过模拟曲线，我们预测未来几年该领域的文章发表数量将继续升高。

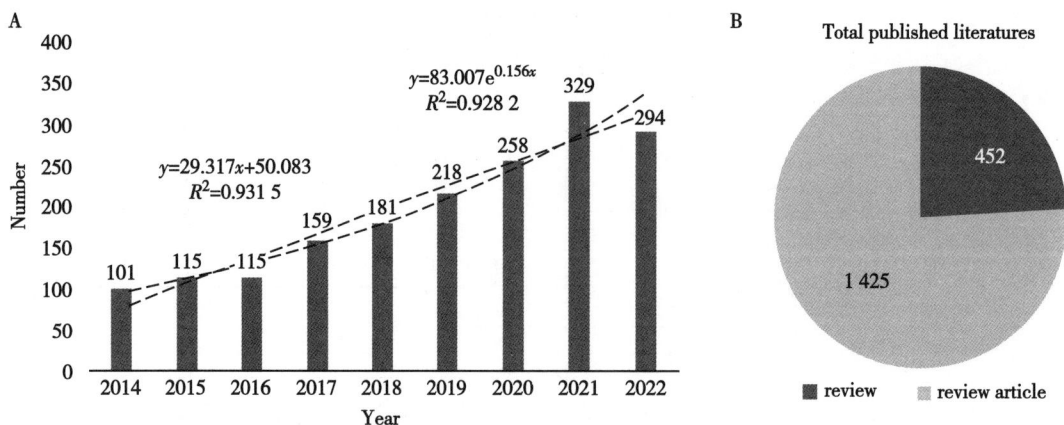

图 7-7　文献数量及一般特征

（二）作者分析

CiteSpace 和 VOSviewer 分析了该领域作者的协作网络，在作者的网络协作图上生成了 454 个节点和 1 125 条链接线（图 7-8A、D），根据图 7-8A，节点大小表示作者文章的数量以及与其他作者的合作程度。这表明有 454 位作者为 IBD 和精神心理异常研究领域分享了观点。其中，Bernstein CN 是近几年[20]该领域发表文章数量最多的作者（54 篇），其次是 Mikocka-Walus A（42 篇）和 Marrie RA（30 篇）（图 7-8B）。图 7-8C 中是文章数量较多的 10 名学者发表的文献与时间的关系，颜色的阴影表示作者的引用，圆圈的大小表示发表的论文数量,其中 Bernstein CN 是近几年文章发表最多、认可度较高的作者,但总体而言,Mikocka-Walus A 被引次数更多,虽然文章数量相对较少,但在该研究领域中影响力是最高的(表 7-10)。文章共被引分析表明该研究领域被人为地划分为三大类(图 7-8E),其一是以 Mikocka-Walus A 为首的研究者主要分析焦虑或抑郁与 IBD 临床分期之间的联系[21-22],其二是以 Zigmond AS 和 Harvey RF 为先锋研究焦虑抑郁症和 IBD 的临床诊断等[23],其三是以 Graff LA 和 Mittermaier C 等代表人物主要探索伴有抑郁或焦虑情绪的 IBD 患者的合并症以及后续的治疗效果[24-25]。以上说明,这些作者是 IBD 和精神异常研究领域的主要贡献者,对该领域的发展具有重大影响。

A

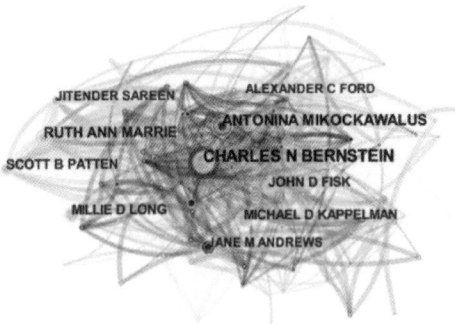

B

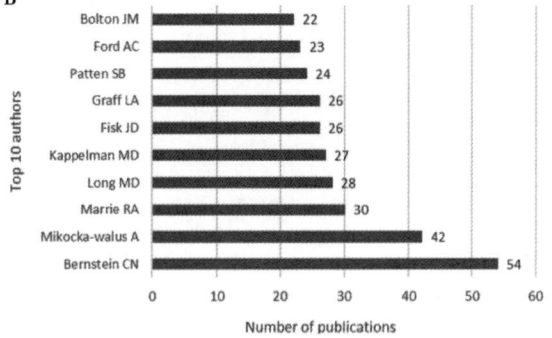

C

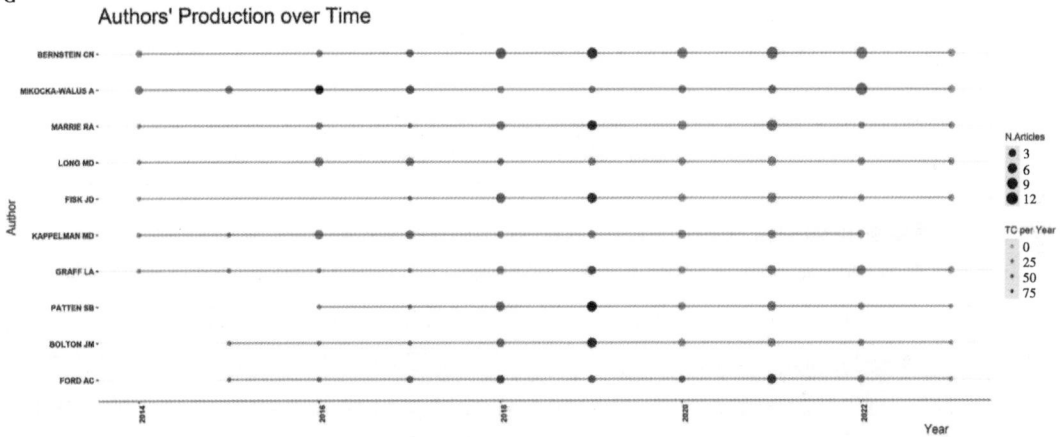

D

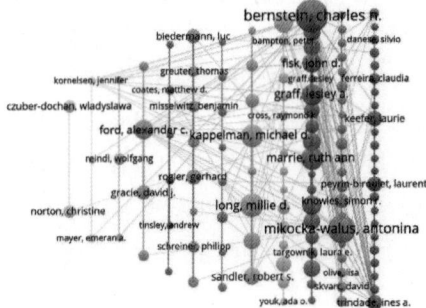

E

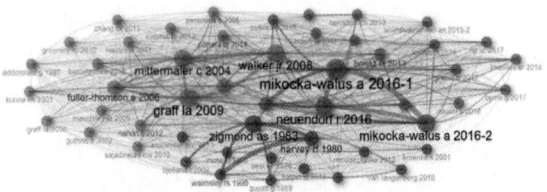

图 7-8 作者分析

表 7-10　多影响指标下排名前 10 的作者

排名	作者	文章数量	作者	H指数	作者	G指数	作者	M指数	作者	总引用次数
1	Bernstein CN	54	Mikocka-Walus A	20	Mikocka-Walus A	37	Mikocka-Walus A	2	Mikocka-Walus A	1 382
2	Mikocka-Walus A	42	Bernstein CN	17	Bernstein CN	32	Bernstein CN	1.7	Bernstein CN	1 110
3	Marrie RA	30	Marrie RA	14	Marrie RA	28	Ford AC	1.4	Ford AC	998
4	Long MD	28	Andrews JM	13	Fisk JD	27	Lix LM	1.4	Lix LM	806
5	Kappelman MD	27	Fisk JD	13	Ford AC	23	Fisk JD	1.3	Fisk JD	741
6	Fisk JD	26	Ford AC	13	Lix LM	22	Andrews JM	1.3	Andrews JM	718
7	Graff LA	26	Kappelman MD	13	Long MD	22	Kappelman MD	1.3	Kappelman MD	528
8	Patten SB	24	Lix LM	13	Andrews JM	20	Martin CF	1.3	Martin CF	484
9	Ford AC	23	Long MD	13	Kappelman MD	20	Long MD	1.3	Long MD	440
10	Bolton JM	22	Martin CF	13	Martin CF	17	Marrie RA	1.3	Marrie RA	434

（三）国家和机构分析

对作者的国家和机构进行可视化分析,可以得到目前该领域哪些国家及机构处于研究前沿。据 WoSCC 数据分析,10 年间有 81 个国家 / 地区和 239 个机构进行相关研究。其中,美国发表文章最多,高达 648 篇,占比为 34.3%,其次是英国(215 篇,11.4%)、中国(205 篇,10.9%)、加拿大(199 篇)、澳大利亚(144 篇)、意大利(122 篇),发表文章均达到了 100 篇以上(表 7-11)。除此之外,文献引用方面,美国的被引次数为 19 721,遥遥领先于其他国家(图 7-9B)。机构中,曼尼托巴大学的文章最多,达到 67 篇(图 7-9E、F),其次是卡罗莱纳大学(59 篇)、卡尔加里大学(51 篇)、多伦多大学(45 篇)、伦敦国王学院(43 篇)、哈佛大学医学院(42 篇),发表文章数量均达到了 40 篇以上,发表文章前 10 的国家机构如表 7-12 所示。良好的国家合作有助于学术交流和科学进步。根据 CiteSpace 及 VOSviewer 分析的可视化图(图 7-9A),每一个节点代表一个国家,节点间的连线表示国家间的合作,连线越多,表示合作越密切。其中,美国和加拿大来往最为密切,其次是英国(图 7-9C、D),这三个国家的发文量占总数的 56.6%,虽然 81 个国家和地区互相有着密切的合作关系,但占据主导地位的还是上述三个国家。

表 7-11　出版数量排名前 10 的国家

排名	国家	文章出版数量
1	美国	648
2	英国	215
3	中国	205
4	加拿大	199
5	澳大利亚	144
6	意大利	122
7	德国	96
8	荷兰	87
9	西班牙	71
10	法国	64

表 7-12　出版数量排名前 10 的机构

排名	机构	文章出版数量
1	曼尼托巴大学	67
2	卡罗莱纳大学	59
3	卡尔加里大学	51
4	多伦多大学	45
5	伦敦国王学院	43
6	哈佛大学医学院	42
7	戴尔豪斯大学	34
8	匹兹堡大学	34
9	迪肯大学	27
10	西北大学	25

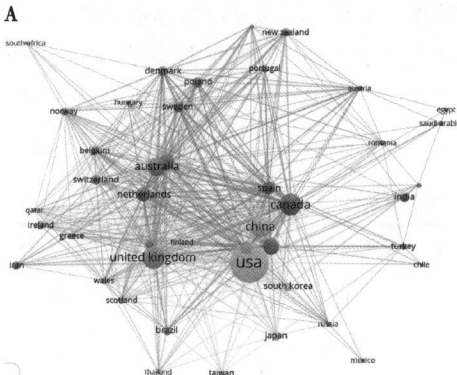

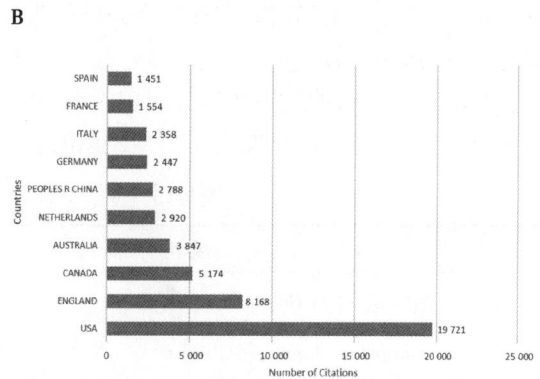

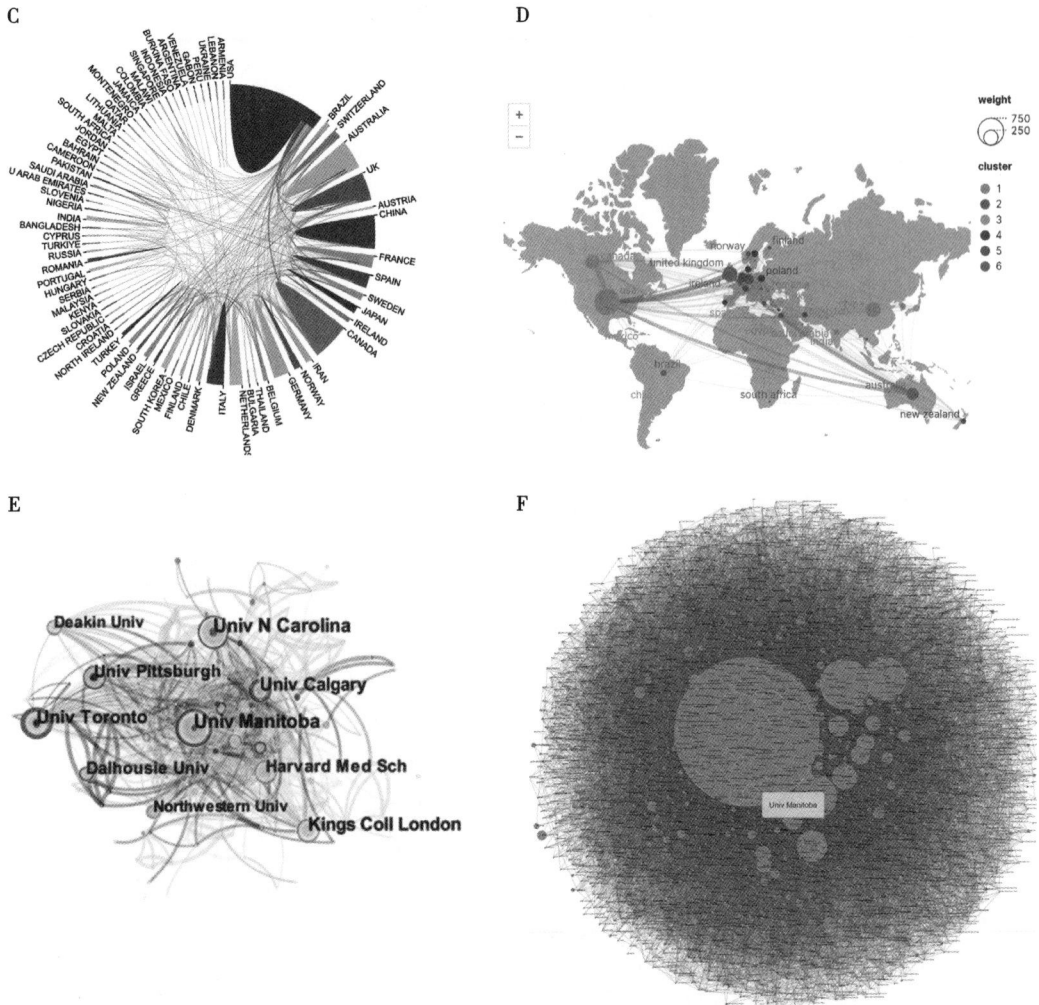

图 7-9　国家和机构分析

（四）期刊分析

期刊分析能为研究者提供该领域里比较权威的杂志信息,为信息传播和交流提供了重要依据。近 10 年来有 709 种期刊发表了 IBD 与精神心理异常有关的文献,文章数量最多的前 10 种期刊如表 7-13 所示,其中 *Inflammatory Bowel Diseases* 在这个研究方向中发表的杂志最多(图 7-10A),相对而言在这个领域较为权威,其次分别是 *Journal of Crohns & Colitis* 和 *Alimentary Pharmacology Therapeutics*。此外,图 7-10B 表明该方向文献主要发表在 12 种期刊,对比之下,其余期刊的数量分布较为平均。大部分文献都发表在与 IBD 有关的消化道方向的杂志上,只有小部分发表在与神经免疫系统有关的杂志上(图 7-10C)。

表 7-13　基于 WoSCC 排名前 10 的期刊

排名	期刊	文章数量 /%	IF 2022	JCR 分区
1	*Inflammatory Bowel Diseases*	122	4.9	Q2
2	*Journal of Crohns & Colitis*	39	8	Q1

排名	期刊	文章数量 /%	IF 2022	JCR 分区
3	*Alimentary Pharmacology Therapeutics*	35	7.6	Q1
4	*Journal of Pediatric Gastroenterology and Nutrition*	27	2.9	Q3
5	*Digestive Diseases and Sciences*	25	3.1	Q3
6	*Journal of Psychosomatic Research*	25	4.7	Q2
7	*Journal of Clinical Medicine*	24	3.9	Q2
8	*Neurogastroenterology and Motility*	24	3.5	Q3
9	*Scientific Reports*	24	4.6	Q2
10	*Nutrients*	22	5.9	Q2

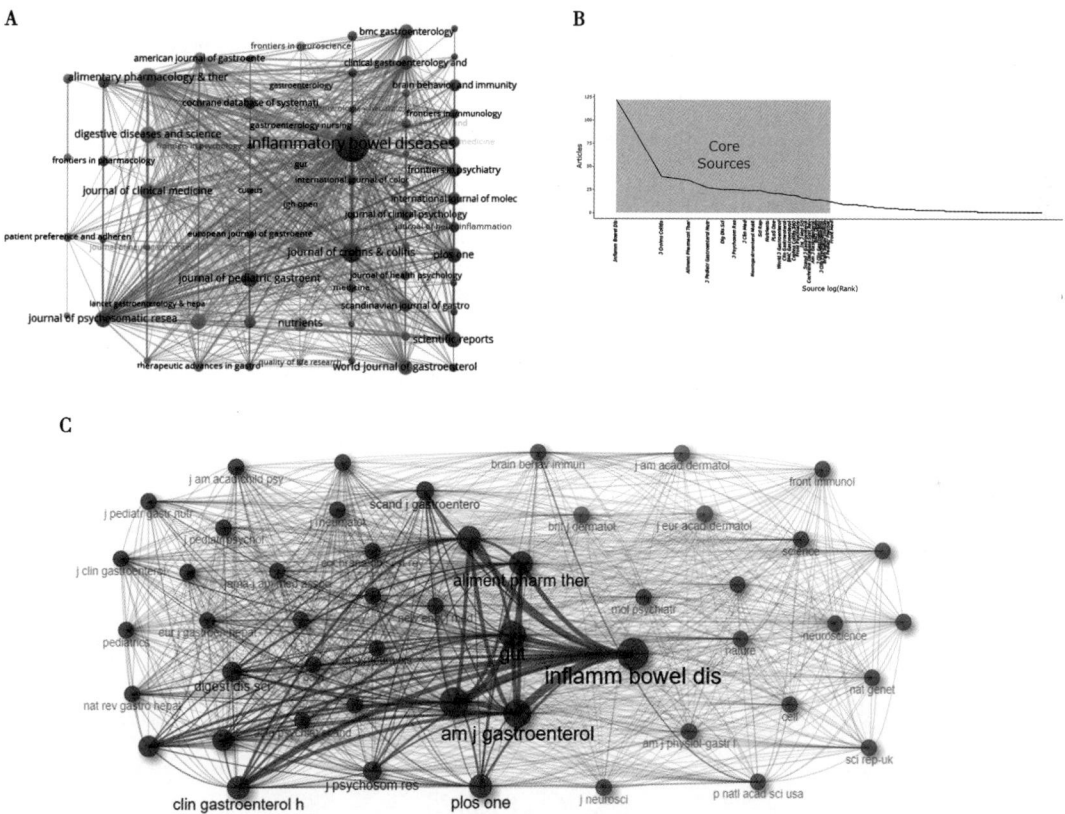

图 7-10　期刊分析

（五）关键词分析

1. 关键词共现分析　该部分分析了出现次数最多的关键词,旨在反映该研究领域目前的热门话题和研究方向。分析如表 7-14 所示,该部分显示了出现次数最多的 20 个关键词,其中术语"inflammatory bowel disease"出现次数最多,共计 921 次,紧随其后的术语是"depression""Crohn disease",分别出现了 741 次和 572 次。此外,关键词"quality of life""anxiety"和"stress"出现次数也较高,说明大部分研究者也较为关注 IBD 患者的精神状态和生活质量(图 7-11A、C、F)。

表 7-14 基于 CiteSpace 的前 20 个关键字

排名	关键词	频次
1	inflammatory bowel disease	921
2	depression	741
3	Crohn disease	572
4	quality of life	557
5	ulcerative coliti	536
6	anxiety	536
7	prevalence	251
8	symptom	193
9	impact	159
10	stress	157
11	IBD	151
12	management	142
13	risk	136
14	comorbidity	132
15	irritable bowel syndrome	122
16	validation	121
17	children	121
18	health	119
19	risk factor	117
20	adolescent	117

A

B

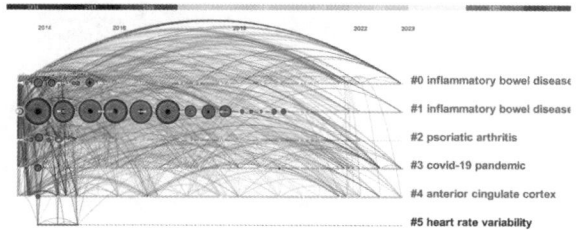

C

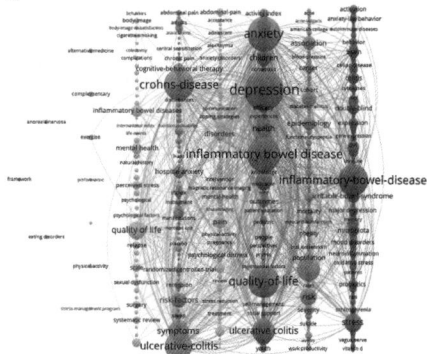

D

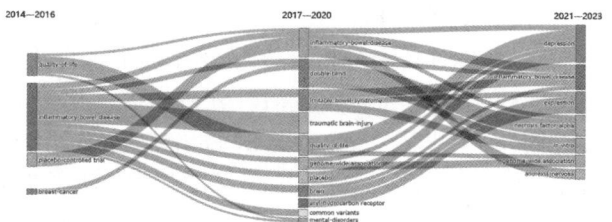

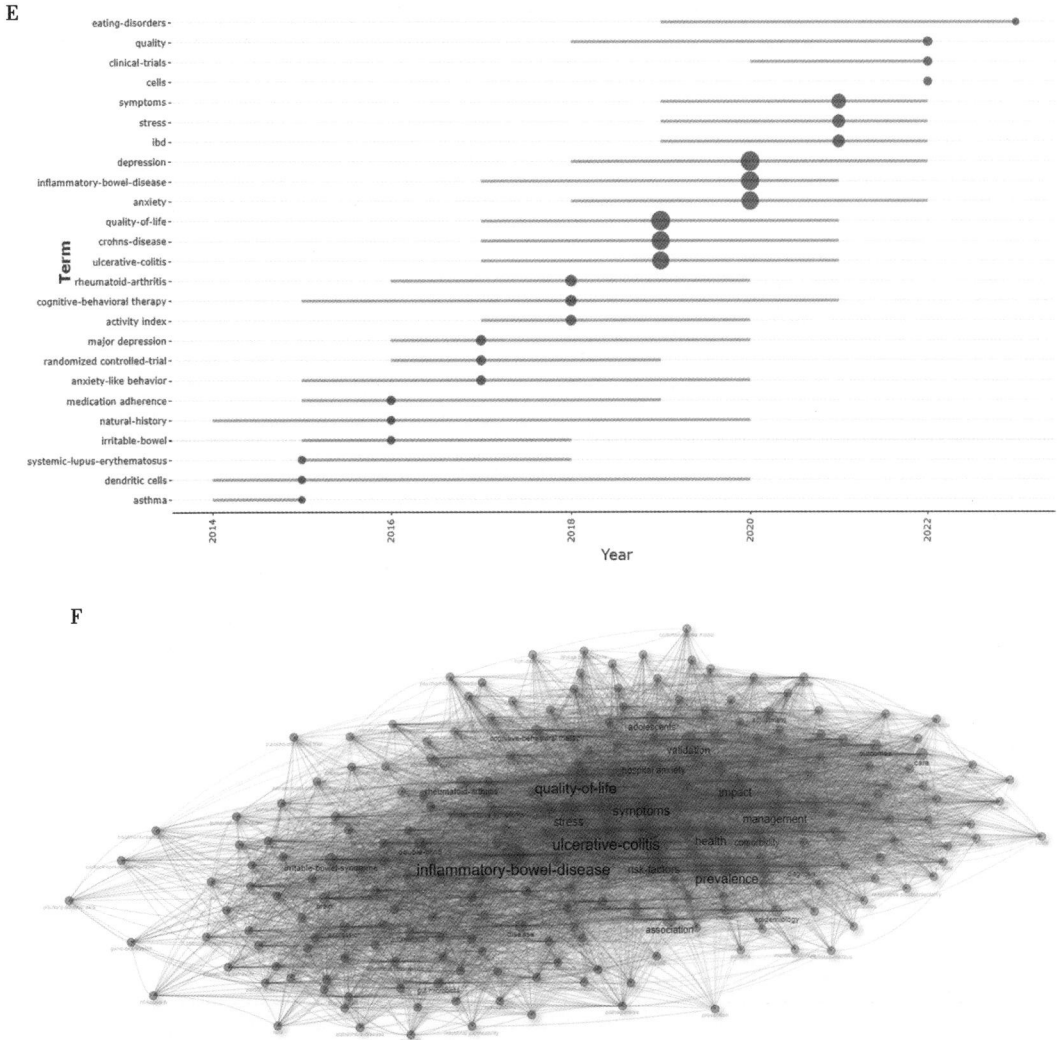

图 7-11 关键词分析

2. 关键词突现分析和聚类分析 关键词的突现分析包括两个因素（即突发强度和持续时间），表明在特定时间内的研究方向及热度，在爆发强度最高的前 20 个关键词中（表 7-15），我们发现在 2014—2023 年，"COVID-19"（7.5）的爆发强度最高，其次是"irritable bowel syndrome"（4.97）和"immune system"（4.76），表明在该领域中这几个方向的研究比较热门。而从 2021 年开始，更多人开始倾向于"COVID-19""brain axi""ulcerative coliti"以及"autonomic nervous system"相关的研究。在未来，"brain axi""chain fatty acid"以及"autonomic nervous system"可能是研究趋势。

与此同时，我们将数据的研究时间人为地划分三个时间段（图 7-11D），图中的节点表示每个时间片中从共词网络分析生成的主要研究主题。节点旁边的文本标签指示主题的核心关键字以及时间片。每个主题中包含的关键字数量由相应节点的大小表示。来自相邻时间片的主题在共享相同关键字时通过流线连接。流线的宽度与相关主题共享的关键字数量成正比，并表示它们之间的相关性。在早期阶段，研究主题较为分散，主要集中于疾病

表 7-15　基于 CiteSpace 的关键词突现分析

关键词	年份	强度	开始	结束	2014—2023 年
irritable bowel syndrome	2014	4.97	2014	2015	
illness	2014	4.71	2014	2016	
major depression	2014	4.32	2014	2018	
anxiety like behavior	2014	4.31	2014	2016	
immune system	2014	4.76	2015	2017	
tnf alpha	2014	3.95	2015	2016	
mood disorder	2014	3.05	2015	2018	
gastrointestinal symptom	2014	0.65	2016	2017	
gut	2014	0.52	2017	2018	
nutrition	2014	4.47	2018	2019	
immune response	2014	2.8	2018	2019	
bacteria	2014	2.62	2018	2019	
age	2014	2.37	2018	2020	
inflammatory bowel disease	2014	0.68	2019	2021	
health-related quality of life	2014	2.39	2020	2021	
chain fatty acid	2014	1.02	2020	2021	
COVID-19	2014	7.5	2021	2023	
brain axi	2014	3	2021	2023	
ulcerative coliti	2014	1.34	2021	2023	
autonomic nervous system	2014	0.86	2021	2023	

本身、患者生活质量以及安慰剂对照实验;在第二阶段,研究主题逐渐细化,人们更加关注 traumatic brain-injury、mental-disorders 等对疾病的影响;在第三阶段,研究人员将注意力集中于 genome-wide association、necrosis factor-α 等分子水平上,表明该主题的研究领域更加精细和全面。

对该关键词进行逐年分析(图 7-11E)可发现,在早期,由于症状相似或同为自身免疫性疾病,irritable bowel syndrome、systemic lupus erythematosus 和 asthma 经常被放在一起讨论;在研究中期,人们开始把关注点聚焦于 IBD 与大脑(包括情绪、脑外伤和神经系统等)之间的关系,并试图探讨 cognitive behavior therapy 对疾病的治疗效果;在最新研究成果中,研究者们开始寻找患者平时的饮食习惯以及体内的微生物群是否会对疾病本身造成影响,这表明学者们一直在更加深入、更加全面地了解疾病本身,并试图将其应用到临床上。

对关键词进行聚类分析(表 7-16),可以了解到特定时间段里的研究主题。本研究使用 CiteSpace 软件对关键词进行聚类分析,并使用对数似然比(log-likelihood ratio, LLR)算法生成高频关键词聚类图谱。其中结果是否令人信服,主要取决于这两个数值——Modularity,即聚类模块值(Q 值),一般认为 Q>0.3 意味着聚类结构显著;Silhouette,即聚类平均轮廓值

表 7-16　基于 CiteSpace 的聚类分析

聚类 ID	大小	轮廓系数	标签（基于 LLR 算法）	平均年份	首要关键词（频率）
0	168	0.678	inflammatory bowel disease（9220.84，0.000 1）	2017	stress（157） irritable bowel syndrome（122） inflammation（113）
1	136	0.705	inflammatory bowel disease（10022.64，0.000 1）	2016	inflammatory bowel disease（921） depression（741） Crohn disease（572）
2	97	0.732	psoriatic arthritis（3347.64，0.000 1）	2016	risk（136） comorbidity（132） association（91）
3	81	0.755	COVID-19 pandemic（1530.53，0.000 1）	2018	health（119） diagnosis（53） psychotherapy（41）
4	69	0.672	anterior cingulate cortex（976.61，0.000 1）	2018	double blind（72） efficacy（46） cognitive behavioral therapy（45）
5	4	0.966	heart rate variability（73.24，0.000 1）	2014	inventory（8） heart rate variability（8） modulation（4）

（S 值），一般认为 S>0.5 聚类就是合理的，S>0.7 意味着聚类是令人信服的。本研究中 Q 值为 0.372，S 值为 0.706 6，表明聚类结果是合理且可靠的。如图 7-11B 所示，该领域一共生成 6 个有意义的聚类，其中集群 1 包含 stress、irritable bowel syndrome、inflammation 等关键词，代表着 IBD 与肠易激综合征（irritable bowel syndrome，IBS）等相关疾病之间的关系；集群 2 常见的关键词有 inflammatory bowel disease、depression、Crohn disease 等，表明 IBD 与情绪之间包括与抑郁、焦虑等之间的联系；集群 3 主要有 health、diagnosis、psychotherapy 等关键词，描述了 IBD 的诊断与精神疗法；集群 4 出现 double blind、efficacy、cognitive behavioral therapy 等关键词，说明了 IBD 与行为认知之间有着某种联系；集群 5 表明 IBD 与 heart rate variability 的关系，研究发现 heart rate variability 与 IBD 小儿患者的疾病进展有关，可作为病情恶化的预测因子[26-27]。

　　总的来说，通过对关键词进行突现和聚类分析发现，现有的文献主要围绕以下 4 个方向进行研究和拓展：①IBD 与相关疾病，如 irritable bowel syndrome、systemic lupus erythematosus 和 asthma 等；②IBD 与神经系统相关疾病，如 anxiety、depression、traumatic brain-injury 和 mental-disorders 等；③IBD 与发病机制，包括 genome-wide association、necrosis factor-α、gut-brain axis 和 chain fatty acid 等；④IBD 与临床，包括 cognitive behavioral therapy、placebo-controlled trial 和 heart rate variability 等。

讨 论

（一）一般信息

这项研究是在 WoSCC 搜集的过去 10 年间有关 IBD 与精神心理异常的文献来进行分析的，以揭示该领域的研究热点和发展趋势。文献一般特征表明，从 2014 年到 2022 年，文献发表数量在稳步上升，总共发表了 1 877 篇文献，其中 2021 年发表数量最多，为 329 篇，令人惊讶的是，从 2020 年到 2022 年发表文献数量为 883 篇，约占总量的 46.7%。有理由相信，有关 IBD 和精神心理异常的研究已开始变得更受关注。

该项研究共涉及 81 个国家和 239 个机构的出版物。这些国家中，有 6 个国家在过去 10 年中提供了 100 篇以上文章。其中，美国是发表文献数量最多、起步时间最早、影响力最大的国家，共有 648 篇，其次是英国、中国和加拿大。显然，以美国为首的发达国家作出了巨大的贡献，并在与 IBD 和精神心理异常相关的研究领域发挥了突出的作用。中国在数量上仅次于美国和英国，也是这一领域的主要研究力量，但是被引频次较低，国际地位和影响力还有待提高，更需要在文献的质量上多加钻研。239 个机构中，来自加拿大的曼尼托巴大学发表了 63 篇文章，占据首位，同时和其他机构保持密切的来往，是最具影响力的机构。对国家和机构间合作分析显示，全球合作网络非常广泛，这意味着各国家和机构间的合作和交流促进了这一领域的重大发展。该领域的研究成果主要发表在 *Inflammatory Bowel Diseases*，2 区，影响因子为 4.9，是国际上比较具有代表性和影响力的期刊。

在该研究领域中，来自加拿大的 Bernstein CN 发表文献数量最多，为 54 篇，他的代表作阐述了 IBD 中脑 - 肠轴的相互作用，大脑和肠道可通过自主神经系统（如迷走神经、内脏神经等）和室周器官进行交流，因此认知疗法或精神药物可能会对 IBD 的治疗带来新的希望[28]；而来自澳大利亚的 Mikocka-Walus A 则探讨了焦虑和抑郁与 IBD 共病的这一现象，有证据支持，与没有 IBD 的健康个体相比，IBD 患者的焦虑和抑郁症状发生率更高，并且 IBD 活动期患者比缓解期患者更容易出现焦虑或抑郁的情绪[21]。上述研究再次力证了 IBD 与心理异常之间的联系。

（二）研究着重于 IBD 与精神心理异常

通过 CiteSpace 及 R 语言 bibliometrix 软件包对关键词进行动态分析，热频词主要有 inflammatory bowel disease、depression、Crohn disease、quality of life、immune system、bacteria、chain fatty acid、gut-brain axis、eating-disorders、genome-wide association。随着研究的深入，研究的趋势和热点主要集中于 eating disorders、gut-brain axis、COVID-19 和 chain fatty acid 等话题上，早期研究多集中于 IBD、心理异常（包括焦虑、抑郁等）的临床诊断和治疗预后，后期研究专注于发病机制上，包括 chain fatty acid、gut-brain axis、genome-wide association、necrosis factor-α 等。

对关键词的聚类分析显示，目前的研究热点主要聚焦于 IBD 的发病机制，特别是脑 - 肠轴的研究上。人们早在古希腊就认识到大脑和肠道之间持续的双向交流，但直到 20 世纪初期到中期，才有科学家首次进行系统的观察和记录，并将肠道生理变化与情绪变化联系起来[29]。然而最近的研究表明，微生物群能够影响中枢神经系统，特别是促进大脑和肠道之间的双向交流,微生物组(肠道中存在的数万亿微生物)已成为肠 - 脑通讯中不可或缺的参与者,并且已提出微生物组 - 肠 - 脑轴理论[30-31]。

肠道菌群由 10^{14} 个微生物细胞单位组成,其中以拟杆菌门和厚壁菌门这两种优势微生物为代表,占总数的 75%~80%[32]。在生命体中,肠道菌群发挥着许多重要的功能。首先,它可维持肠道正常的生理状态,包括适当的 pH、适当的肠道蠕动、规律的排便习惯等;其次,它能为肠上皮细胞提供合适的养分;除此之外,肠道菌群被视为肠道屏障中极其重要的一环,可保护生命体免受致病因素的侵袭,被认为是人体最大的免疫器官[33]。肠道微生物主要可通过以下四个方向与中枢神经系统进行双向交流。

1. 肠神经系统(enteric nervous system, ENS) ENS 由自主神经系统(autonomic nervous system, ANS)通过传出和传入迷走神经副交感神经和椎前交感神经信号进行调节,在病理条件下,有害刺激的疼痛和其他病理改变通过内脏神经传入,需要上级进行行为反馈,这时来自迷走神经传入的信号在稳态传入网络中进行处理,然后与负责情绪和认知反应的神经回路整合,并向调节疼痛的脊髓背角发送下行信号[33]。

2. 神经递质(neurotransmitter, NT) NT 是一种化学信使,信息在大脑中通过神经递质互相传播,它们对于神经发育和功能至关重要,抑郁、焦虑、情绪障碍等精神障碍与神经递质异常密切相关。神经递质不仅由宿主细胞产生,还可由肠道微生物产生,如大肠埃希菌和变形杆菌产生的多巴胺和去甲肾上腺素、双歧杆菌和链杆菌产生的氨基丁酸等[34-35]。

3. 免疫系统 肠道微生物群可通过代谢物与肠道宿主受体之间的相互作用来诱导炎症因子的循环,并且代谢物可通过全身异位直接与大脑中的宿主细胞进行反应,产生炎症反应。研究表明,共生微生物群会影响宿主免疫系统的发育,并影响外周免疫细胞对宿主中枢神经系统的自身反应性[36]。

4. 微生物代谢物 肠道菌群衍生的代谢物包括短链脂肪酸(short-chain fatty acid, SCFA)、胆汁酸、色氨酸代谢物以及各种神经递质和激素等,其中 SCFA 是通过微生物发酵不可消化的食物产生的,包括乙酸盐、丙酸盐和丁酸盐。产生的微生物代谢产物可能进入体循环,穿过血脑屏障,影响大脑结构,从而改变各种认知功能[37-38]。

此外,关键词的突现分析显示新型冠状病毒感染(corona virus disease 2019, COVID-19)与 IBD 之间似乎也存在某种联系。研究表明,有 COVID-19 的患者胃肠道症状的出现频率较高,与无胃肠道症状的患者相比,有胃肠道症状的患者更容易被诊断为 COVID-19 重型。从分子水平上分析,可能要归因于回肠末端高表达的 COVID-19 血管紧张素转化酶 2(angiotensin I converting enzyme 2, ACE2)受体,研究表明 IBD 患者(主要在 CD)中可溶性 ACE2 的平均表达增加,并且与无 IBD 的对照相比,IBD 患者血浆中 ACE2/ACE 比率更高;与此同时,严重急性呼吸窘迫综合征冠状病毒 2 型(severe acute respiratory syndrome coronavirus 2, SARS-CoV2)与宿主细胞膜的融合对于细胞摄取至关重要,并受到 S 蛋白的调节。S 蛋白的激活是由宿主胰蛋白酶样蛋白酶控制的,该酶活性在 IBD 中上调,这些作用可能会促进 IBD 患者的感染。此外,IBD 患者的几种免疫疗法与感染风险增加有关,因为它们可能抑制宿主对抗病原体所需的细胞内信号级联[39]。综上,IBD 患者更容易患上 COVID-19,需要得到更加精细的照料和治疗。

这项研究存在一些局限性。首先,本文只纳入了从 2014 年 1 月 1 日至 2023 年 6 月 5 日在 WoSCC 发表的英文文献,可能部分高质量文献由于时间不契合、发表机构或者语言不符合而被筛除。此外,本文的研究成果具有一定的时效性,研究结果仅限于 2014—2023 年间发表的文献。

结 论

本研究首次利用可视化软件对炎症性肠病精神心理相关文献进行文献计量学分析,以获得该领域的研究概括、热点和发展趋势。相关研究人员可以利用这一结果来选择合适的研究方向,提高对该领域的认知和理解,进一步探索 IBD 的发病机制,为 IBD 的治疗和预后提供更多可能性。

参考文献

[1] PIOVANI D, DANESE S, PEYRIN-BIROULET L, et al. Environmental risk factors for inflammatory bowel diseases: an umbrella review of meta-analyses[J]. Gastroenterology, 2019, 157(3): 647-659.e4.

[2] MOLODECKY N A, SOON I S, RABI D M, et al. Increasing incidence and prevalence of the inflammatory bowel diseases with time, based on systematic review[J]. Gastroenterology, 2012, 142(1): 46-54.e42.

[3] NG S C, SHI H Y, HAMIDI N, et al. Worldwide incidence and prevalence of inflammatory bowel disease in the 21st century: a systematic review of population-based studies[J]. Lancet, 2017, 390(10114): 2769-2778.

[4] BARBERIO B, ZAMANI M, BLACK C J, et al. Prevalence of symptoms of anxiety and depression in patients with inflammatory bowel disease: a systematic review and meta-analysis[J]. Lancet Gastroenterol Hepatol, 2021, 6(5): 359-370.

[5] GIBSON P R, VAIZEY C, BLACK C M, et al. Relationship between disease severity and quality of life and assessment of health care utilization and cost for ulcerative colitis in Australia: a cross-sectional, observational study[J]. J Crohns Colitis, 2014, 8(7): 598-606.

[6] BURISCH J, VARDI H, SCHWARTZ D, et al. Health-care costs of inflammatory bowel disease in a pan-European, community-based, inception cohort during 5 years of follow-up: a population-based study[J]. Lancet Gastroenterol Hepatol, 2020, 5(5): 454-464.

[7] CAI Z, WANG S, LI J. Treatment of inflammatory bowel disease: a comprehensive review[J]. Front Med (Lausanne), 2021, 8: 765474.

[8] PEERY A F, CROCKETT S D, MURPHY C C, et al. Burden and cost of gastrointestinal, liver, and pancreatic diseases in the United States: update 2018[J]. Gastroenterology, 2019, 156(1): 254-272.e11.

[9] JEONG D Y, KIM S, SON M J, et al. Induction and maintenance treatment of inflammatory bowel disease: a comprehensive review[J]. Autoimmun Rev, 2019, 18(5): 439-454.

[10] CHEN Y, LIAN B, LI P, et al. Studies on irritable bowel syndrome associated with anxiety or depression in the last 20 years: a bibliometric analysis[J]. Front Public Health, 2022, 10: 947097.

[11] CHEN L M, BAO C H, WU Y, et al. Tryptophan-kynurenine metabolism: a link between the gut and brain for depression in inflammatory bowel disease[J]. J Neuroinflammation, 2021, 18(1): 135.

[12] ZHANG J, LIU C, AN P, et al. Psychological symptoms and quality of life in patients with inflammatory bowel disease in China: a multicenter study[J]. United European Gastroenterol J, 2024, 12(3): 374-389.

[13] LIU C, ZHANG J, CHEN M, et al. Gender differences in psychological symptoms and quality of life in patients with inflammatory bowel disease in China: a multicenter study[J]. J Clin Med, 2023, 12(5): 1791.

［14］BISGAARD T H, ALLIN K H, KEEFER L, et al. Depression and anxiety in inflammatory bowel disease: epidemiology, mechanisms and treatment［J］. Nat Rev Gastroenterol Hepatol, 2022, 19（11）: 717-726.

［15］FAIRBRASS K M, GRACIE D J, FORD A C. Relative contribution of disease activity and psychological health to prognosis of inflammatory bowel disease during 6.5 years of longitudinal follow-up［J］. Gastroenterology, 2022, 163（1）: 190-203.e5.

［16］YANG S, YU D, LIU J, et al. Global publication trends and research hotspots of the gut-liver axis in NAFLD: a bibliometric analysis［J］. Front Endocrinol（Lausanne）, 2023, 14: 1121540.

［17］XU F, XIA C, DOU L, et al. Knowledge mapping of exosomes in metabolic diseases: a bibliometric analysis （2007—2022）［J］. Front Endocrinol（Lausanne）, 2023, 14: 1176430.

［18］HE H, LIU C, CHEN M, et al. Effect of dietary patterns on inflammatory bowel disease: a machine learning bibliometric and visualization analysis［J］. Nutrients, 2023, 15（15）: 3442.

［19］SELVA-PAREJA L, CAMí C, ROCA J, et al. Knowledge, attitudes, and practices about COVID-19 pandemic: a bibliometric analysis［J］. Front Public Health, 2023, 11: 1075729.

［20］HARVEY R F, BRADSHAW J M. A simple index of Crohn's-disease activity［J］. Lancet, 1980, 1（8167）: 514.

［21］MIKOCKA-WALUS A, KNOWLES S R, KEEFER L, et al. Controversies revisited: a systematic review of the comorbidity of depression and anxiety with inflammatory bowel diseases［J］. Inflamm Bowel Dis, 2016, 22（3）: 752-762.

［22］MIKOCKA-WALUS A, PITTET V, ROSSEL J B, et al. Symptoms of depression and anxiety are independently associated with clinical recurrence of inflammatory bowel disease［J］. Clin Gastroenterol Hepatol, 2016, 14（6）: 829-835.e1.

［23］ZIGMOND A S, SNAITH R P. The hospital anxiety and depression scale［J］. Acta Psychiatr Scand, 1983, 67（6）: 361-370.

［24］MITTERMAIER C, DEJACO C, WALDHOER T, et al. Impact of depressive mood on relapse in patients with inflammatory bowel disease: a prospective 18-month follow-up study［J］. Psychosom Med, 2004, 66（1）: 79-84.

［25］GRAFF L A, WALKER J R, BERNSTEIN C N. Depression and anxiety in inflammatory bowel disease: a review of comorbidity and management［J］. Inflamm Bowel Dis, 2009, 15（7）: 1105-1118.

［26］PIVAC V T, HERCEG-ČAVRAK V, HOJSAK I, et al. Children with inflammatory bowel disease already have an altered arterial pulse wave［J］. Eur J Pediatr, 2023, 182（4）: 1771-1779.

［27］YERUSHALMY-FELER A, COHEN S, LUBETZKY R, et al. Heart rate variability as a predictor of disease exacerbation in pediatric inflammatory bowel disease［J］. J Psychosom Res, 2022, 158: 110911.

［28］BONAZ B L, BERNSTEIN C N. Brain-gut interactions in inflammatory bowel disease［J］. Gastroenterology, 2013, 144（1）: 36-49.

［29］MARGOLIS K G, CRYAN J F, MAYER E A. The microbiota-gut-brain axis: from motility to mood［J］. Gastroenterology, 2021, 160（5）: 1486-1501.

［30］MŁYNARSKA E, GADZINOWSKA J, TOKAREK J, et al. The role of the microbiome-brain-gut axis in the pathogenesis of depressive disorder［J］. Nutrients, 2022, 14（9）: 1921.

［31］YUE Q, CAI M, XIAO B, et al. The mcrobiota-gut-brain axis and epilepsy［J］. Cell Mol Neurobiol, 2022, 42（2）: 439-453.

［32］MARANO G, MAZZA M, LISCI F M, et al. The microbiota-gut-brain axis: psychoneuroimmunological insights［J］. Nutrients, 2023, 15（6）: 1496.

［33］GÓRALCZYK-BIŃKOWSKA A, SZMAJDA-KRYGIER D, KOZŁOWSKA E. The microbiota-gut-brain axis in psychiatric disorders［J］. Int J Mol Sci, 2022, 23（19）: 11245.

[34] PERSON H, KEEFER L. Psychological comorbidity in gastrointestinal diseases：update on the brain-gut-microbiome axis［J］. Prog Neuropsychopharmacol Biol Psychiatry, 2021, 107：110209.

[35] CHEN M, RUAN G, CHEN L, et al. Neurotransmitter and intestinal interactions：focus on the microbiota-gut-brain axis in irritable bowel syndrome［J］. Front Endocrinol（Lausanne）, 2022, 13：817100.

[36] MUHAMMAD F, FAN B, WANG R, et al. The molecular gut-brain axis in early brain development［J］. Int J Mol Sci, 2022, 23（23）：15389.

[37] KIM Y K, SHIN C. The microbiota-gut-brain axis in neuropsychiatric disorders：pathophysiological mechanisms and novel treatments［J］. Curr Neuropharmacol, 2018, 16（5）：559-573.

[38] WONG J M, DE SOUZA R, KENDALL C W, et al. Colonic health：fermentation and short chain fatty acids［J］. J Clin Gastroenterol, 2006, 40（3）：235-243.

[39] NEURATH M F. COVID-19 and immunomodulation in IBD［J］. Gut, 2020, 69（7）：1335-1342.

（李湘云　张露允　柯雨佳　张尧　董卫国）

饮食模式对炎症性肠病的影响：机器学习文献计量学与可视化分析

【目的】分析近 30 年饮食模式对炎症性肠病（inflammatory bowel disease, IBD）影响的相关研究，获取领域研究脉络，为 IBD 的预防和治疗提供科学依据和指导。

【方法】从 Web of Science 核心合集数据库中检索获取近 30 年饮食模式对 IBD 影响的相关文献，使用 CiteSpace、VOSviewer、R 语言 bibliometrix 软件包、文献计量在线分析平台（OALM）等工具进行分析。

【结果】本研究领域相关的科学论文增长可分为 2006 年之前和之后的两个阶段，总体来看，文献增长符合普赖斯定律。Ghosh S、Gasbarrini A 是本领域学术影响力最高的作者，而 Lee D 的研究成果受到本领域研究者的广泛认可。在参与研究的 72 个国家中，美国贡献最大，而中国发展迅速。从地区上看，北美、欧洲、东亚的国家和机构对本领域的贡献最大，合作也最为密切。在众多期刊中，*Nutrients* 杂志的发文量和学术影响力遥遥领先，而来自 *Gastroenterology* 杂志的文献受到了本领域研究者最广泛的认可。文献及引文分析显示，1 074 篇文献中最有影响力的研究倾向于从微生物组角度探索饮食习惯对 IBD 影响的机制。关键词分析和相互验证的结果表明，"NF-κB""mediterranean diet""fatty acid""fecal microbiota"等关键词是当前研究的重点和趋势。

【结论】"mediterranean diet"可能是一种有利于 IBD 患者的饮食习惯，"carbohydrate""fatty acid""inulin-type fructan"是与 IBD 密切相关的饮食成分，"fatty acid""gut microbiota""NF-κB""oxidative stress""endoplasmic reticulum stress"是当前研究饮食习惯对 IBD 影响的热点方向，也是未来一段时间的研究趋势。

【关键词】饮食，炎症性肠病，文献计量学分析，CiteSpace

引　言

炎症性肠病（inflammatory bowel disease，IBD）是一组以慢性肠道炎症为主要特征的疾病，包括溃疡性结肠炎（ulcerative colitis，UC）和克罗恩病（Crohn disease，CD），其在全球范围内的发病率不断增高[1]。IBD 的病因至今尚不完全清楚，但已确认多个因素与其发生、发展有关，其中饮食模式作为一个重要的环境因素受到了广泛关注[2]。饮食模式是指个体长期以来的饮食习惯和摄入方式。近年来，研究表明饮食模式与 IBD 的发病风险和病情恶化之间存在密切关系，如高糖、高脂、高盐和低纤维等不健康的饮食模式可增加 IBD 的发病风险[3-4]。因此，饮食调整和营养干预在 IBD 患者中起到举足轻重的作用，这对于改善 IBD 患者的生活质量、减轻疾病症状和预防病情恶化具有重要意义。

文献计量学是一种定量分析文献的方法，通过对大量文献中的引用关系、作者、关键词等信息进行智能汇总统计和分析，进而可以揭示某一领域的研究热点、趋势和关联性，并已广泛应用于包括医学在内的各个学科领域[5-6]。饮食模式在 IBD 中的作用是一个复杂且具有重要意义的研究领域，但目前尚无本研究主题的文献计量学分析。本文将近 30 年的全球相关文献进行文献计量学分析，系统地了解饮食模式与 IBD 之间的关系，并揭示研究领域的前沿和发展方向。我们的研究目的是为 IBD 的预防和治疗提供科学依据和指导。通过深入分析饮食模式在 IBD 中的作用，我们可以为患者提供针对个体特征和疾病状态的个性化饮食建议。此外，我们的研究结果还将为制定公共健康政策和饮食指南提供重要参考，以促进整体人群的肠道健康和 IBD 的预防控制。

材料方法

（一）数据来源

本研究着力于对近 30 年饮食习惯在 IBD 中的影响的相关研究进行深入回顾。本文所有数据均于 2023 年 5 月 18 日在 Web of Science 核心合集（Web of Science Core Collection，WoSCC）数据库中检索，检索策略为：TS= "diet" 或 "dietary" 或 "food" 或 "feeding-related" 或 "eating" 或 "feeding"，和 TS= "habits" 或 "habit" 或 "patterns" 或 "behaviors" 或 "behavior" 或 "pattern"，和 TS= "inflammatory bowel disease" 或 "ulcerative colitis" 或 "Crohn disease"；文献类型限制为 "article" 或 "review"，将语言限制为 "英语"。本次检索共获得 1 092 篇相关文献。

（二）数据处理

对上述检索所得，导出 "全记录与引用的参考文献" 的 "纯文本文件" 和 "制表符分隔文件"。其中，"纯文本文件" 用于 CiteSpace（版本 6.1.R6）和 R 语言（版本 4.3.0）bibliometrix 软件包（版本 4.1.2）分析，"制表符分隔文件" 用于 VOSviewer（版本 1.6.19）和 OALM 分析。在 CiteSpace 中进行转换去重，得到 1 092 篇文献记录，选取其中近 30 年（1993—2023 年）的 1 074 篇文献进行分析。

（三）数据分析

使用上述 4 种文献计量学分析工具进行研究，并对结果进行相互验证：其中 CiteSpace

用于共现分析、聚类分析、突现分析，VOSviewer 用于共现分析、聚类分析，bibliometrix 软件包用于频次分析、关系网络分析、地理可视化分析，OALM 用于关系网络分析。同时使用 Excel 工具用于绘制柱状图、折线图和堆积面积图。考虑到国家、机构、期刊、作者在不同文献中有不同表述方式，4 种工具的分析结果略有出入，我们发现 R 语言 bibliometrix 软件包可对数据质量进行检测，因此有所不同的部分均以 bibliometrix 软件包的分析结果为主。使用 R 语言 bibliometrix 软件包对所得数据进行质量检验，数据质量良好，可以进行后续分析，后续分析结果如后文所述。

结　果

（一）发文量分析（文献一般特征分析）

对 WoSCC 数据库中获取的每年 "article" 和 "review" 两种类型文献的发文量进行可视化，截至检索日期共有 1 092 篇出版物，而 30 年内共出版 1 074 篇，其中 "article" 占大多数，共 742 篇，占比为 69%，"review" 共 332 篇，占比为 31%（图 7-12C）。相关文献的年发文量和累计发文量均在 30 年中增长显著（图 7-12A、B），其中 2023 年发文量的明显下降可能是由于数据仅统计到 2023 年 5 月 18 日（2023 年数据不完整）。

根据年发文量，我们将发文量的发展过程分为两个阶段：1993—2006 年为第一阶段，相关出版物数目增长不显著，处于缓慢发展阶段；2006 年及之后为第二阶段，相关出版物数量增长显著（图 7-12A、B）。该变化可能与 2004 年世界卫生大会发布的《世界卫生组织饮食、身体活动与健康全球战略》[7]，以及 2005 年美国农业部（United States Department of Agriculture, USDA）和美国卫生与公众服务部发布的《2005 年美国膳食指南》等引起人们关注饮食习惯的事件相关[8]。

普赖斯文献增长曲线揭示科学文献增长规律，其表明文献总量随时间变化规律为 $F(x)=ae^{bx}$，由此可知，累计发文量和年发文量随时间变化均应呈指数增长。剔除 2023 年的发文量数据后构建逻辑回归模型，累计发文量回归函数为 $y=2E-102e^{0.119\,2x}$，决定系数 $R^2=0.998\,7$（图 7-12D），计算得出年均增长率约为 14.14%。年发文量回归方程为 $y=7E-90e^{0.103\,8x}$，决定系数 $R^2=0.945$（图 7-12D），计算得出年均增长率约为 11.25%。其结果均符合普赖斯定律。

（二）作者分析

通过 bibliometrix 软件包分析，30 年间共有 6 039 名作者参与相关研究，其中 Ghosh S 教授以 10 篇发文量位居第一（占比为 0.93%），是最为高产的作者。文献产出前 5 的作者还有 Ananthakrishnan AN、Chan AT、Gasbarrini A、Haller D，均以 8 篇发文量（0.74%）并列第二（图 7-12E），分别在 H 指数、G 指数、M 指数等指标下对作者影响力排名分析（表 7-17）。综合对比之下，Ghosh S、Gasbarrini A 在该领域影响力最为显著，其中 Ghosh S 教授已在该领域深入研究 10 多年，而 Gasbarrini A 是近年着力于该领域的优秀研究者（图 7-12F）。

作者的被引用次数在一定程度上可以反映其在该领域的学术影响力，纳入研究的 1 074 篇文献中，被引作者中排名第一的是 Lee D 教授，总被引 130 次。此外，排名前 5 的还有 Lewis JD 教授（127 次）、Boutron-Ruault MC 教授（113 次）、Jantchou P 教授（110 次）、Clavel-Chapelon F 教授（110 次）（图 7-12H），表明他们在该领域研究中的影响力较高。

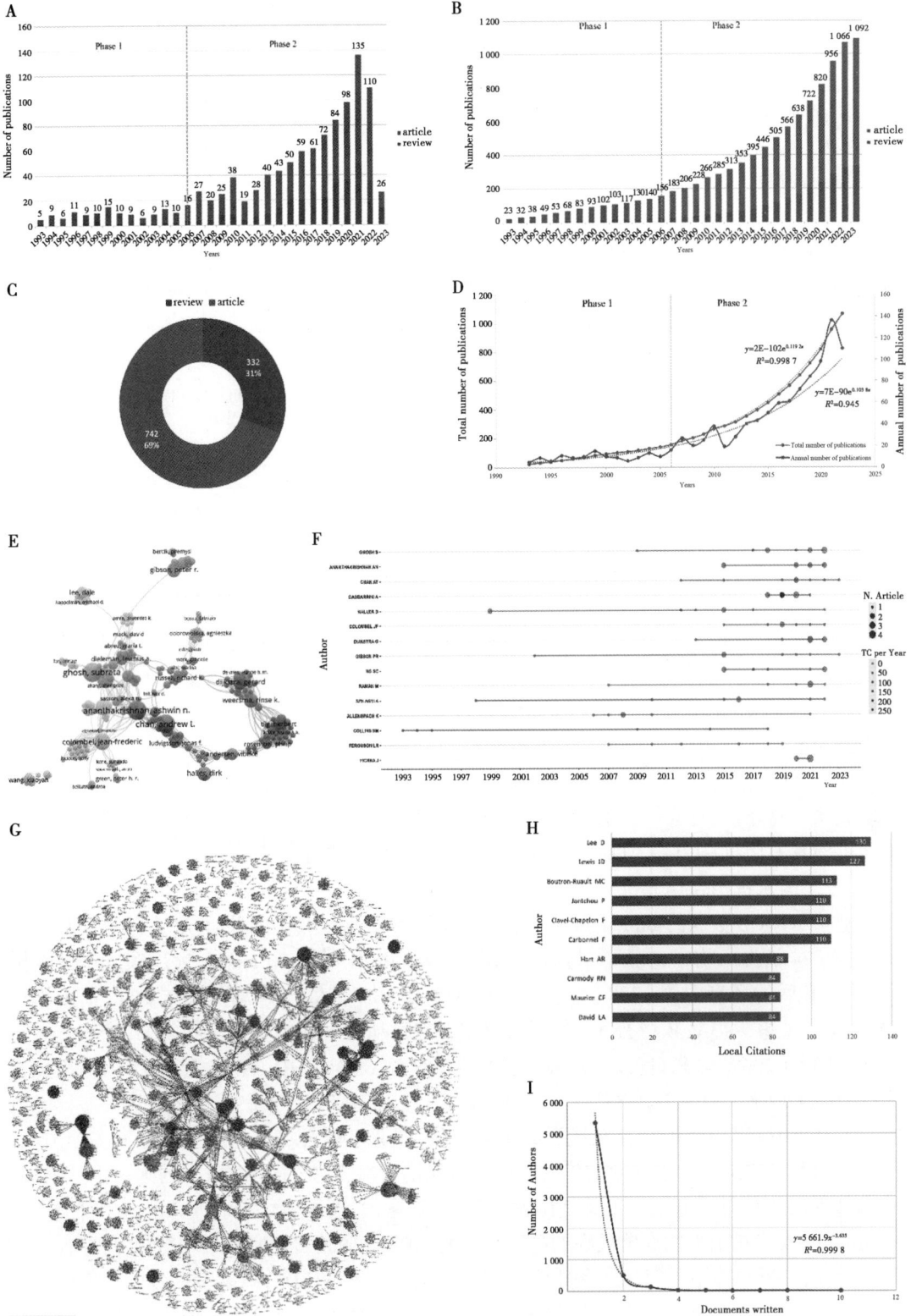

图 7-12　文献数量及作者分析

表 7-17　基于 bibliometrix 软件包的多个指标下排名前 10 的作者

排名	作者	H指数	作者	G指数	作者	M指数	作者	总引用量
1	Ananthakrishnan AN	7	Ghosh S	10	Gasbarrini A	1.167	Gasbarrini A	1 546
2	Colombel JF	7	Ananthakrishnan AN	8	Day AS	1	Haller D	1 182
3	Gasbarrini A	7	Gasbarrini A	8	Peters V	1	Ng SC	793
4	Ghosh S	7	Haller D	8	Adolph TE	1	Lewis JD	684
5	Haller D	7	Chan AT	8	Ananthakrishnan AN	0.778	Ghosh S	675
6	Chan AT	6	Colombel JF	7	Colombel JF	0.778	Lee D	575
7	Dijkstra G	6	Dijkstra G	7	Kim J	0.75	Collins SM	374
8	Ferguson LR	6	Ng SC	7	Ng SC	0.667	Colombel JF	334
9	Kim J	6	Raman M	7	Dijkstra G	0.545	Ananthakrishnan AN	313
10	Ng SC	6	Szilagyi A	7	Chan AT	0.5	Tilg H	286

广义洛特卡定律中,发表 x 篇论文的作者数 y 与仅发表 1 篇论文的作者数 c 成幂次反比,即满足 $y=cx^n$,其中 c、n 均为常数[9]。对作者发文量和作者数建模分析,回归函数 $y=5\ 661.9x^{-3.635}$,决定系数 $R^2=0.999\ 8$(图 7-12I),可知该主题相关出版物的作者数目符合广义洛特卡定律。

作者共现可视化表明,发文量较高的作者往往与其他作者合作密切,高产作者间也常有合作关系。此外,具有合作关系的作者形成了众多显著的合作团体,这可能与这些作者从属相同机构有关(图 7-12G),但是大多数研究团体间无明显合作关系。

（三）国家机构合作分析

基于 WoSCC 数据的 bibliometrix 软件包分析结果表明,30 年间共有 72 个国家参与相关研究,1 074 篇出版物中,美国参与研究的文章数目达 818 篇(76.16%),远远领先于其他国家,排名其后的还有中国(338 篇)、意大利(313 篇)、加拿大(264 篇)、英国(242 篇),均在 200 篇以上(图 7-13A、B)。然而,各国通讯作者数目却与上述数量大不相符,其中有 224 篇的通讯作者(20.96%)来自美国,其次是意大利(96 篇,8.94%)、中国(92 篇,8.57%)、英国(72 篇,6.70%)、加拿大(63 篇,5.87%),均在 60 篇以上(图 7-13C)。我们认为造成这一差异的主要原因是 1 074 篇研究论文存在广泛的国际交流,即通讯作者之外的研究者来自多个国家。各国家的引文数量在一定程度上代表其研究成果的影响力,被引用次数多的国家仍是美国,以 17 315 次的数量遥遥领先于其他国家,其次是加拿大、英国、意大利、澳大利亚和中国(图 7-13B)。而文章被引平均次数最高的国家是澳大利亚,表明其研究成果平均影响力较高。

此外,分析结果中国家间线条粗细代表合作关系(图 7-13D),结果表明各国间均有合作关系,高产出国家间合作往往更为紧密,总体来看,相关研究的核心地区是北美、欧洲、东亚,合作最密切的地区也是北美和欧洲、北美和东亚。

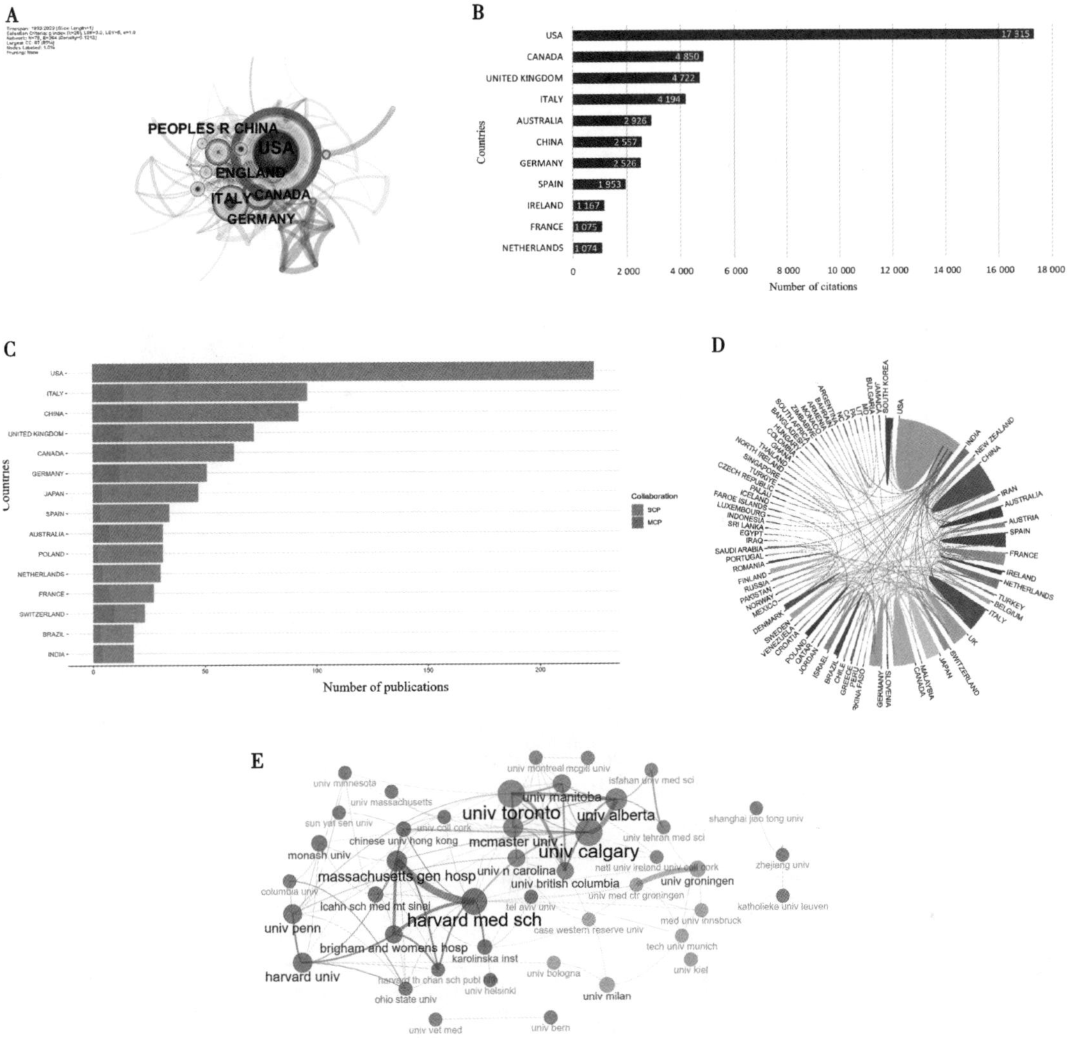

图 7-13　国家和机构及其间合作分析

机构间合作分析表明相关研究机构多是大学（图 7-13E），其中哈佛大学中心性最强，其与麻省总医院间合作最为密切，而麻省总医院正是哈佛大学的医学教学研究中心。另外，同属于加拿大的卡尔加里大学、多伦多大学、阿尔伯塔大学间也有显著合作关系。这表明机构间联系与国家地理距离有密切关系。

（四）期刊分析

基于 bibliometrix 软件包的分析结果显示，1 074 篇文献分布于 496 种期刊，发表相关文献数量最多的是 *Nutrients*（70 篇，6.52%），其次是 *Inflammatory Bowel Diseases*（26 篇，2.42%）、*Journal of Crohns & Colitis*（23 篇，2.14%）、*PLoS One*（23 篇）、*World Journal of Gastroenterology*（23 篇），均在 20 篇以上（图 7-14A，表 7-18）。根据各期刊 H 指数，496 种期刊中 *Nutrients* 在本研究领域的影响力最高（H 指数 =22），此外 H 指数前 5 名的还有 *World Journal of Gastroenterology*（16）、*Inflammatory Bowel Diseases*（15）、*Journal of Crohns & Colitis*（15）、*Gastroenterology*（14）。

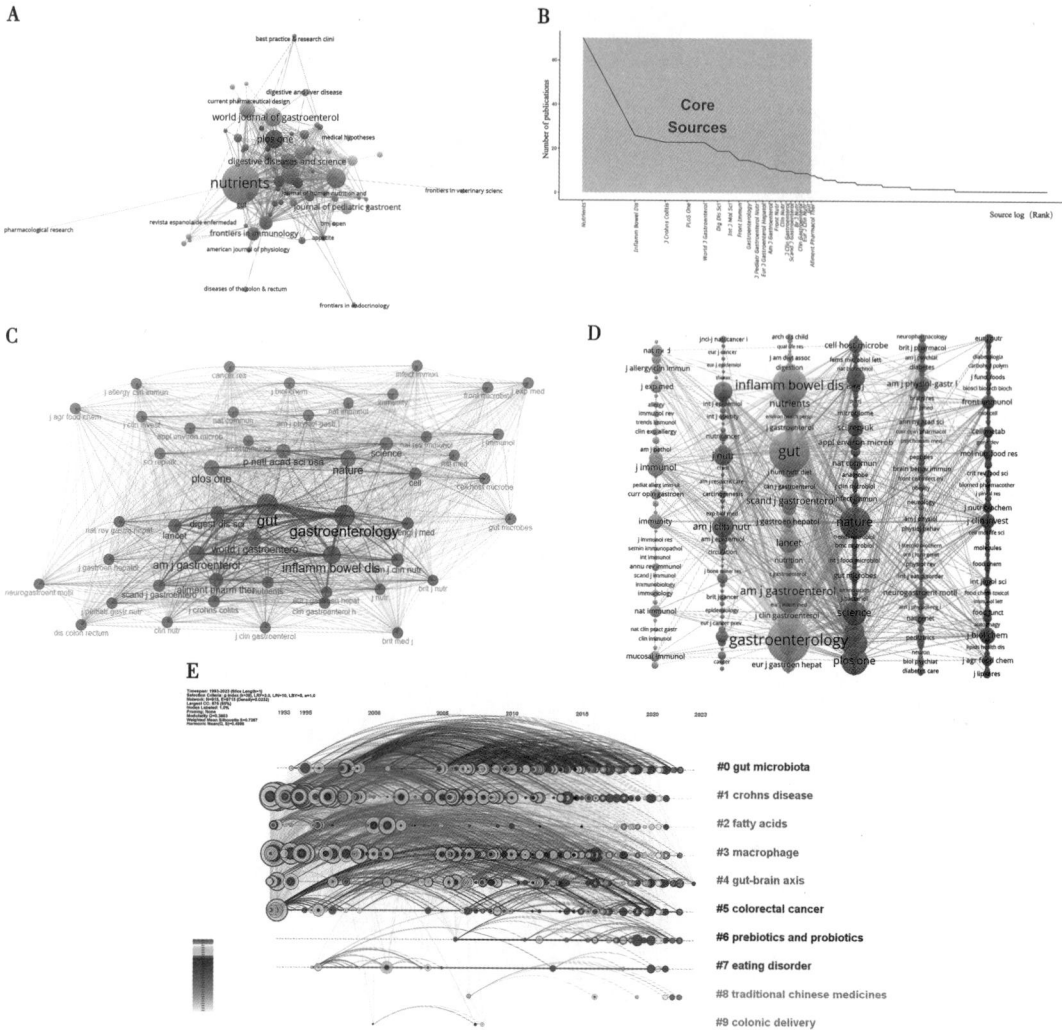

图 7-14　期刊分析

表 7-18　基于布莱德福定律的 19 种核心期刊

期刊	排名	发表文献数量	发表文献占比	IF	JCR分区
Nutrients	1	70	6.52%	6.706	1
Inflammatory Bowel Diseases	2	26	2.42%	7.290	1
Journal of Crohns & Colitis	3	23	2.14%	10.02	1
PLoS One	4	23	2.14%	3.752	2
World Journal of Gastroenterology	5	23	2.14%	5.374	2
Digestive Diseases and Sciences	6	19	1.77%	3.487	3
International Journal of Molecular Sciences	7	19	1.77%	6.208	1
Frontiers in Immunology	8	15	1.40%	8.786	1

期刊	排名	发表文献数量	发表文献占比	IF	JCR分区
Gastroenterology	9	15	1.40%	33.883	1
Journal of Pediatric Gastroenterology and Nutrition	10	14	1.30%	3.288	2
European Journal of Gastroenterology & Hepatology	11	13	1.21%	2.586	4
American Journal of Gastroenterology	12	11	1.02%	12.045	1
Frontiers in Nutrition	13	11	1.02%	6.59	1
Clinical Nutrition	14	10	0.93%	7.643	1
Journal of Clinical Gastroenterology	15	10	0.93%	3.147	4
Scandinavian Journal of Gastroenterology	16	10	0.93%	3.027	4
British Journal of Nutrition	17	9	0.84%	4.125	3
Clinical Gastroenterology and Hepatology	18	9	0.84%	13.576	1
European Journal of Clinical Nutrition	19	9	0.84%	4.884	2

布莱德福定律是文献计量学的基本定律之一,其揭示了某一领域的科技期刊根据发文量多少可以分为核心区和后续的几个分区,而且其中期刊数目满足 $1 : n : n^2$,据此我们分析得出 21 种核心期刊(图 7-14B)。布莱德福定律核心区期刊和上述发文量前 5 的期刊中,JCR 分区为 Q1 的均占半数以上,说明本次分析所纳入的文献质量较高(表 7-18),其中影响因子最高的是 *Gastroenterology*(IF=33.883,Q1)、*Gut*(IF=31.793,Q1)。

使用 VOSviewer 构建期刊共被引网络,同时利用 bibliometrix 软件包进行被引期刊分析(图 7-14C、D),在所有参考文献中,来自期刊 *Gastroenterology* 的文献最多,为 3 351 篇,被引用次数 1 500 以上的还有 *Gut*、*Inflammatory Bowel Diseases*、*Nature*、*American Journal of Gastroenterology*,均为 JCR 分区 Q1 的期刊,表明相关研究倾向于参考高质量、高影响力的期刊。

为了确定被引期刊的主题分布,使用 CiteSpace 进行被引期刊聚类时间线分析(图 7-14E),结果表明肠道微生物、饮食及饮食成分、巨噬细胞等因素是研究饮食习惯对 IBD 影响的重要主题。

(五)文献及引文分析

为了确定纳入研究的 1 074 篇文献的影响力,利用 bibliometrix 软件包和 VOSviewer 分别分析其在这 1 074 篇文献中和在全球范围的被引用情况,并在 OALM 验证。纳入的 1 074 篇文献中,"David LA,2014,*Nature*"被交叉引用次数最高,达 84 次(图 7-15A~C)。在全球范围内,被引用次数排名第一的也是"David LA,2014,*Nature*",共被引 5 490 次(图 7-15D)。"David LA,2014,*Nature*"在两个排名中均位列第一,说明这篇文章在全球科学领域和本领域都有巨大影响力,其主要介绍了肠道微生物群会随饮食习惯而改变,而动物性饮食引发的肠道微生物改变可能有助于 IBD 的发展[10],这提示肠道微生物是研究饮食习惯对 IBD 影响的重要研究方向。

参考文献代表了相关研究的理论基础,可以从中窥见领域研究脉络。我们利用 bibliometrix 软件包进行共被引分析并在 VOSviewer 进行结果验证,共被引次数 50 以上的共 15 篇(图 7-15E、F)。这 15 篇文章[11-19]可被人为划分为三种类型。一种主要类型介绍了饮食模式和肠道微生物间的联系,不同饮食组成会导致不同肠道微生物群的形成[11-12],

A

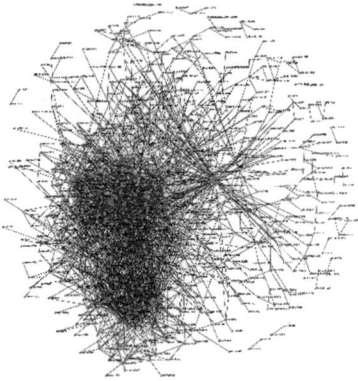

B

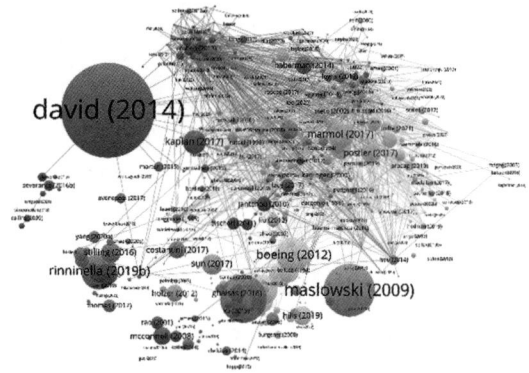

C

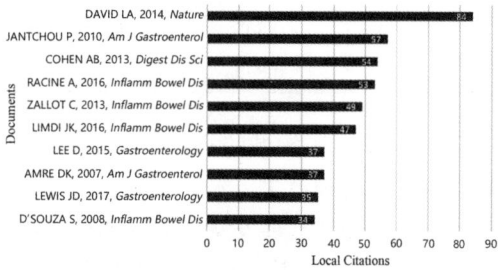

D

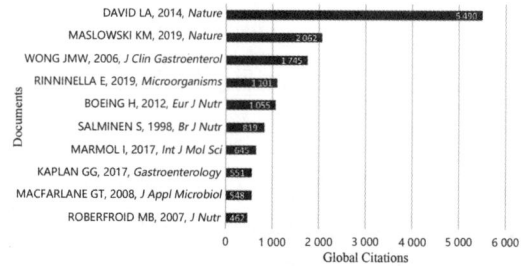

E

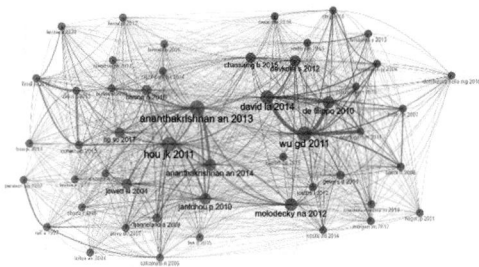

F

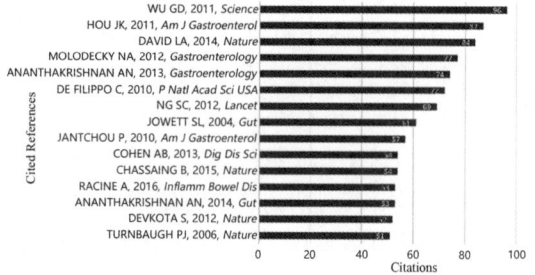

G

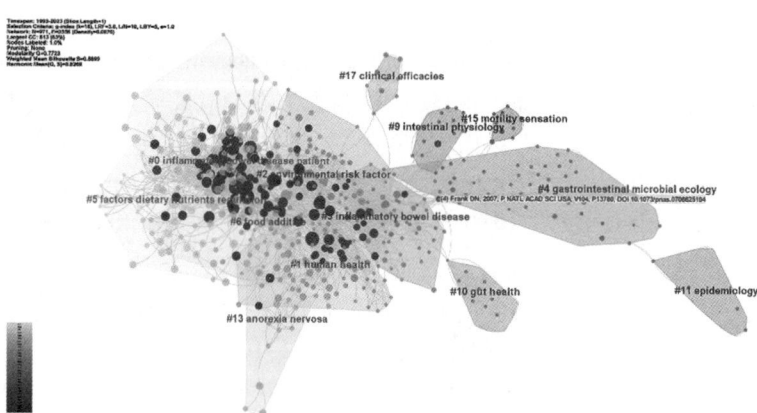

图 7-15　文献及引文分析

动物性饮食、膳食乳化剂、膳食脂肪等饮食模式引起的肠道微生物群改变可能有助于 IBD 的发展[10,13-14]；另一种主要类型主要介绍了与 IBD 风险相关的多种饮食模式，蛋白、糖、多不饱和脂肪酸、ω-6 脂肪酸、酒精的大量摄入增加 IBD 发病风险[15-19]，而高纤维食物如蔬菜水果的摄入与 IBD 发病风险的降低有关；还有一种较小的类型强调了 IBD 在世界范围的流行病学现状和在防治上进行创新的必要性[1,20]。

对被引文献进行聚类分析，并计算其节点中心性和突现性（图 7-15G）。在所有参考文献中，文献 "Frank DN, 2007, *Proceedings of the National Academy of Sciences of the United States of America*"[21] 的节点中心性最强，该文献位于聚类 "gastrointestinal microbial ecology"，并与聚类 "inflammatory bowel disease" 联系紧密（图 7-15G）。其对比了 IBD 患者和对照组胃肠道微生物，发现 IBD 患者肠道微生物存在共生菌消耗为特征的胃肠道微生物群异常，而纠正微生物失衡可能有助于 IBD 缓解。

参考文献中近 3 年突现性最高的研究介绍了 IBD 的全球现状，提出预防和管理 IBD 的重要性[1]。而排名其后的两项研究分别提出了一种可以诱导 CD 儿童持续缓解并能产生和缓解相关粪便微生物群变化的饮食习惯[22]，介绍了饮食习惯可诱导 IBD 缓解，并且微生物组受饮食习惯影响参与 IBD 的发病[23]。这除了与本研究主题密切相关外，也表明当前研究中研究者倾向于从微生物组角度探索饮食习惯对 IBD 影响的机制。

我们还发现高被引参考文献、高突现性参考文献、高中心性参考文献大多出现在 2005 年之后，表明对本领域具有重要价值的研究成果多出现在这一时间之后，这一点也与之前划分的文献发展两个阶段相符。

（六）关键词分析

1. 关键词频次分析　关键词代表了一项研究的侧重点，对关键词的分析可以窥见领域内研究的热点和趋势。bibliometrix 软件包分别统计分析了 "Keywords Plus" 和 "Author's Keywords"，得出 3 133 个 "Keywords Plus" 和 2 683 个 "Author's Keywords"。而 VOSviewer 和 CiteSpace 对两种关键词进行合并分析，VOSviewer 分析可知共有 5 334 个关键词，选取其中出现频次不小于 5 的 446 个关键词进行可视化。在 CiteSpace 中，为在允许范围内尽可能纳入更多数据，取 "G-index" 参数 K=34，共获取 987 个关键词进行后续分析（图 7-16A）。关键词共现图中，节点数目即为纳入分析关键词数目，节点大小代表关键词出现频次，而结点间的连线则代表两个关键词同时出现在一篇文献中。

分别对 "Keywords Plus" "Author's Keywords" 和所有关键词进行频次分析，并以词云形式展现出来（图 7-16B、C），除去检索词，排名前 5 的关键词可大致分为微生物、饮食成分、风险描述，其中 "microbiota" 出现次数最多，"chain fatty acid" "risk" 出现频率也较高。而从节点的中心性、度和 ∑ 方面考虑，除去检索词，排名靠前且多次出现的是与发病机制相关的 "expression" "NF-κB"，代表饮食成分的 "chain fatty acid" "dietary fiber"，以及与疾病表现相关的 "celiac disease"。总的来看，"microbiota" "chain fatty acid" 在多个排名中居于前列，是本领域的重要研究主题。

2. 关键词聚类分析　通过软件算法对关键词进行聚类分析，可以进一步了解研究领域内的主题划分。在 CiteSpace 中使用默认算法进行聚类分析，使用 LLR 算法对聚类进行标记，并绘制时间线图（图 7-16D）。Modularity Q 值是 0.442 4，表明聚类网络结构良好、结果显著，Weighted Mean Silhouette 为 0.731 4，表明聚类效率高且类别划分结果令人信服。此次聚类共划分出 12 个模块（图 7-16D，表 7-19）。其中，聚类大小大于 100 的共有 5 个。最大的聚类被 LLR 算法标记为 "inflammatory bowel disease",包含 151 个关键词,其出现最多的关键词是 "inflammatory bowel disease"(576 次)、"Crohn disease"(371 次)、"ulcerative colitis"(368 次)。第二大聚类有 143 个关键词,并被标记为 "gut microbiota",聚类中频次最高的是 "gut microbiota"(139 次)、"chain fatty acid"(67 次)、"intestinal microbiota"(66 次)。第三大聚类共 139 个关键词被标记为 "mediterranean-like dietary pattern association",其中频次最高的是 "risk"(98 次)、"children"(60 次)、"epidemiology"(54 次)。第四和第五聚类分别被标记为 "nutritional therapy" 和 "inflammatory bowel disease"。总的来看,这 12 个聚类又可被人为划分为 IBD 及相关疾病表现(如 inflammatory bowel disease、irritable bowel syndrome、canine chronic enteropathies、celiac disease)、饮食成分及习惯(如 mediterranean-like dietary pattern association、nutritional therapy、short-chain fatty acid)和发病机制(如 gut microbiota、intermediate biomarker、virulence factor)。

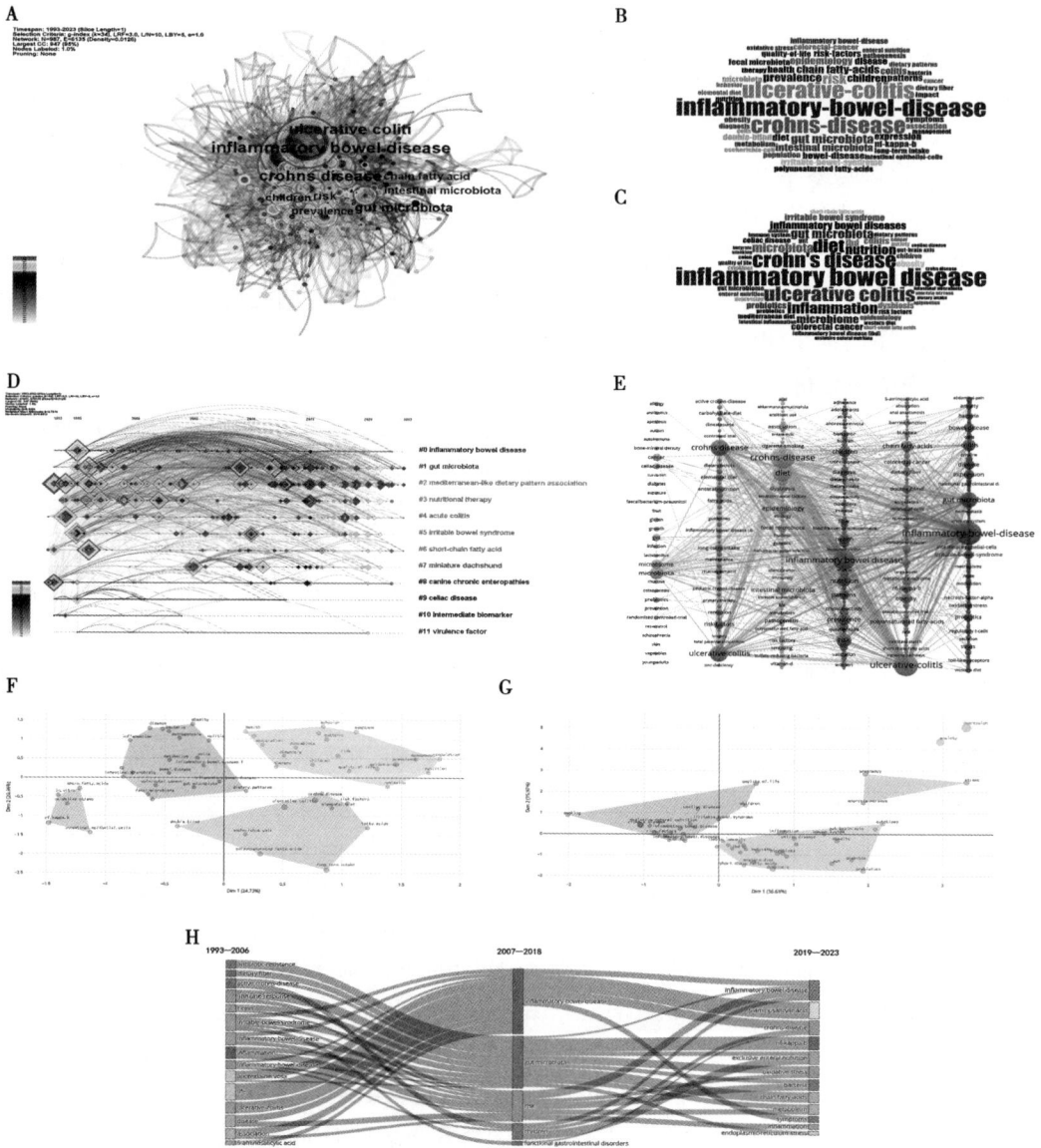

图 7-16　关键词分析

表 7-19 基于 CiteSpace 的聚类分析

聚类 ID	大小	轮廓系数	标签（基于 LLR 算法）	平均年份	首要关键词（频率）
0	151	0.639	inflammatory bowel disease（633.98, 0.000 1）	2005	inflammatory bowel disease（576） Crohn disease（371） ulcerative colitis（368）
1	143	0.658	gut microbiota（1 443.69, 0.000 1）	2012	gut microbiota（139） chain fatty acid（67） intestinal microbiota（66）
2	134	0.64	mediterranean-like dietary pattern association（360.41, 0.000 1）	2013	risk（98） children（60） epidemiology（54）
3	104	0.755	nutritional therapy（462.4, 0.000 1）	2005	pattern（54） diet（50） colitis（45）
4	104	0.739	inflammatory bowel disease（671.64, 0.000 1）	2007	expression（43） NF-κB（38） oxidative stress（20）
5	72	0.737	irritable bowel syndrome（1 404.33, 0.000 1）	2008	prevalence（66） irritable bowel syndrome（58） quality of life（38）
6	70	0.818	short-chain fatty acid（374.44, 0.000 1）	2008	colorectal cancer（58） colon cancer（23） aberrant crypt foci（9）
7	64	0.849	miniature dachshund（461.16, 0.000 1）	2010	intestinal epithelial cell（26） intestinal inflammation（21） dendritic cell（15）
8	50	0.881	canine chronic enteropathies（221.53, 0.000 1）	2002	disease（45） diagnosis（18） acid（13）
9	27	0.942	celiac disease（162.71, 0.000 1）	2001	celiac disease（31） autoantibody（3） antigen（3）
10	17	0.945	intermediate biomarker（64.9, 0.000 1）	1995	supplementation（7） cell proliferation（4） cytokine production（3）
11	11	0.969	virulence factor（52.83, 0.000 1）	2004	anal anastomosis（6） bowel（5） ileal pouch（2）

随后在 VOSviewer 中对关键词进行聚类分析以验证上述类别。划分出的 6 个聚类（图 7-16E）可人为总结为：IBD 与相关疾病、饮食习惯与肠道疾病、饮食习惯与疾病风险管理、肠道菌群与肠道疾病。这一点与上述 CiteSpace 聚类类别大致相符。

我们还使用 bibliometrix 软件包分别对 "Keywords Plus" 和 "Author's Keywords" 进行析因分析，聚类数目均选取为 4，并绘制关键词簇（图 7-16F、G），以进一步验证聚类结果。图中两点间距离越近，表明其在研究中出现频率越高，而离中心点越近的关键词在领域内越受到关注。"Keywords Plus" 分析结果显示关键词大致可分为 3 大类和 1 小类（图 7-16F），词簇 1 主要与 IBD 和肠道微生物有关，其中 "gut microbiota" "dietary patterns" "IBD" 是距中心点最近的节点，这表明它们在本领域研究中受到广泛关注；词簇 2 主要为健康生活方式、饮食习惯、诊断与治疗等相关词汇，词簇 3 以饮食习惯和疾病风险为主，词簇 4 则主要与发病机制研究有关。"Author's Keywords" 分析结果中共有 2 大类和 2 小类（图 7-16G），词簇 1 主要与 IBD 的风险因素和发病机制研究相关，词簇 2 主要为 IBD 的风险因素和相关疾病表现，另外两个词簇则与情绪和压力相关。总的来说，VOSviewer 和 bibliometrix 软件包分析的结果虽与 CiteSpace 略有出入，但大体相符。

3. 关键词演变与爆发分析　为了进一步了解研究方向演进，使用 bibliometrix 软件包进行主题演变分析，选取文献发展第一阶段即 2006 年之前为第一时间区间，选取近 5 年为第三时间区间，而其间的年份为第二时间区间。将各时间区间的主题分类可视化（图 7-16H），图中各色块的大小代表相应主题中关键词数量，两个主题间连线的宽度与两个主题共有关键词数量成正比且代表了两个主题的关联程度。很明显，研究主题在 3 个阶段呈从分散到统一再到分散的趋势，在第一阶段，研究主题集中在疾病本身表现、IBD 的常规治疗、膳食纤维、免疫系统。在第二阶段，肠道菌群和疾病风险因素成为关注的重点。而近年来，研究者从 NF-κB、oxidative stress、bacteria、chain fatty acids、endoplasmic reticulum stress 等多种方面研究饮食习惯对 IBD 的影响过程，这标志着本领域研究理论正在迅速发展中不断完善。

使用 CiteSpace 进行突现性分析，可以更详细地获取某一时间段内的研究热点和前沿动态，并从中预见未来一段时间的研究趋势。表 7-20 中可以看出各关键词出现年份和爆发时段，1993—2023 年的早期阶段，领域内的研究热点主要集中在 IBD 和相关疾病的临床和病理表现，对饮食习惯和生活习惯的研究也比较简单浅显，如 fish oil、dietary fiber、aberrant crypt foci、activity index。在中期阶段，微生物和 IBD 的各种病理生理过程逐渐成为研究的热点方向，如 gut microbiome、NF-κB、innate immunity、regulatory T cell、barrier function，这标志着饮食习惯对 IBD 作用的研究在不断深入。近年，研究热点转向饮食模式中的饮食成分，并从亚细胞和分子等层次研究发病机制，同时微生物相关研究也保持着高热度，这具体表现在 carbohydrate diet、low fodmap diet、fecal microbiota transplantation、gut-brain axi、cytokine、mediterranean diet、oxidative stress、polyunsaturated fatty acid、endoplasmic reticulum stress 等关键词。从表 7-20 中可知这些研究方向在 2023 年热度依旧，是未来的研究趋势。

表 7-20 基于 CiteSpace 的关键词突现分析

关键词	出现年份	强度	起始年份	结束年份	1993—2023 年
colon cancer	1993	3.19	1993	2012	
epithelial cell proliferation	1993	3.17	1993	1998	
fish oil	1994	5.18	1994	2001	
absorption	1994	3.56	1994	2008	
cell proliferation	1994	2.16	1994	2007	
dietary fiber	1995	4.53	1995	2010	
colonic mucosa	1995	3.68	1995	2013	
elemental diet	1995	2.43	1995	2003	
controlled trial	1996	3.63	1996	2007	
epithelial cell	1996	3.07	1996	2013	
active Crohn disease	1996	2.61	1996	2005	
distal ulcerative coliti	1996	2.44	1996	2003	
carcinogenesis	1996	2.17	1996	2008	
cigarette smoking	1998	3.81	1998	2010	
smoking	1998	3.02	1998	2007	
expression	1994	2.75	1999	2008	
dietary factor	2000	2.73	2000	2010	
bone mineral density	2001	2.15	2001	2016	
aberrant crypt foci	2002	2.79	2002	2014	
restorative proctocolectomy	2004	2.44	2004	2009	
supplementation	1994	2.41	2004	2007	

续表

关键词	出现年份	强度	起始年份	结束年份	1993—2023 年
remission	2004	2.26	2004	2010	
activity index	2004	2.18	2004	2014	
irritable bowel syndrome	1995	3	2006	2007	
mast cell	2006	2.61	2006	2014	
NF-κB	2008	5.4	2008	2010	
active ulcerative coliti	2008	2.48	2008	2018	
intestinal permeability	2008	2.09	2008	2016	
innate immunity	2009	4.95	2009	2016	
intestinal epithelial cell	2005	3.36	2009	2016	
gene expression	2010	4.2	2010	2016	
dendritic cell	2005	3.62	2010	2015	
celiac disease	1995	3.1	2011	2014	
immune response	1997	2.95	2011	2014	
diet induced obesity	2012	3.61	2012	2017	
Escherichia coli	1997	3.52	2013	2018	
adipose tissue	2013	3.36	2013	2017	
rheumatoid arthriti	2013	3.21	2013	2016	
anxiety like behavior	2013	2.85	2013	2017	
necrosis factor-α	2013	2.49	2013	2019	
T cell	2013	2.41	2013	2017	

续表

关键词	出现年份	强度	起始年份	结束年份	1993—2023 年
food allergy	2014	3.17	2014	2014	
aryl hydrocarbon receptor	2014	3.15	2014	2017	
regulatory T cell	2014	2.38	2014	2014	
visceral hypersensitivity	2014	2.25	2014	2016	
diversity	2015	4.94	2015	2019	
exclusive enteral nutrition	2015	3.81	2015	2019	
gastrointestinal symptom	2015	3.41	2015	2019	
maintenance therapy	2015	3.03	2015	2019	
prospective cohort	2015	2.39	2015	2016	
intestinal microbiota	2009	6.52	2016	2019	
fecal microbiota	2012	5.45	2016	2018	
colorectal cancer	1996	5.02	2016	2018	
metabolic syndrome	2016	3.7	2016	2019	
dysbiosis	2017	3.49	2017	2018	
Faecalibacterium prausnitzii	2017	3.33	2017	2019	
gut microbiome	2014	2.81	2017	2018	
barrier function	2008	2.74	2017	2018	
environmental risk factor	2018	2.62	2018	2020	
gastrointestinal disorder	2018	2.62	2018	2020	
environmental factor	2012	2.38	2018	2020	

续表

关键词	出现年份	强度	起始年份	结束年份	1993—2023 年
autism spectrum disorder	2018	2.12	2018	2019	
carbohydrate diet	2019	4.04	2019	2023	
low fodmap diet	2019	3.93	2019	2023	
diagnosis	1993	3.59	2019	2020	
physical activity	2019	3.4	2019	2023	
quality of life	2010	3.33	2019	2020	
fecal microbiota transplantation	2019	2.99	2019	2020	
stress	2010	2.71	2019	2021	
enteral nutrition	1996	2.55	2019	2019	
pathogenesis	2015	2.45	2019	2023	
meta-analysis	2014	2.36	2019	2019	
gut-brain axi	2019	2.23	2019	2021	
validity	2019	2.22	2019	2019	
management	2013	2.14	2019	2020	
nutritional status	1995	2.11	2019	2020	
dietary pattern	2004	4.85	2020	2023	
fiber	2018	4.64	2020	2023	
protein	2020	3.19	2020	2023	
microbiota	2013	3.01	2020	2023	

续表

关键词	出现年份	强度	起始年份	结束年份	1993—2023 年
cohort	2000	2.8	2020	2021	
cytokine	2000	2.56	2020	2021	
burden	2020	2.48	2020	2023	
gluten free diet	1999	2.2	2020	2023	
questionnaire	2018	2.15	2020	2023	
mediterranean diet	2019	7.91	2021	2023	
oxidative stress	2018	5.03	2021	2023	
risk	1993	4.85	2021	2023	
prevalence	1995	4.65	2021	2023	
marker	2021	3.92	2021	2021	
vitamin D	2015	3.17	2021	2023	
fecal calprotectin	2021	2.69	2021	2023	
depression	2004	2.39	2021	2021	
cardiovascular disease	2013	2.16	2021	2023	
gut microbiota	2012	6.39	2022	2023	
polyphenol	2022	2.79	2022	2023	
polyunsaturated fatty acid	2002	2.63	2022	2023	
fatty acid	1996	2.61	2022	2023	
long term intake	2015	2.48	2022	2023	
endoplasmic reticulum stress	2019	2.11	2022	2023	

讨 论

IBD 发病率和流行率在全球范围增长显著[24],已造成巨大医疗和社会负担。当前,IBD 的临床治疗重点在于发病后症状缓解,治疗药物主要有 5- 氨基水杨酸类、免疫抑制剂、皮质类固醇以及近年来不断涌现的生物制剂,然而许多患者会对这些药物出现无应答或无持续应答,甚至不良反应[25-26]。随着人类文明水平发展,学者和大众都开始从生活模式中寻求疾病防治方式,而饮食模式是人类生活不可或缺的组成部分,有希望成为 IBD 防治的重要方向。

本研究首次使用四种分析工具对该领域的文献进行计量学分析,并对分析结果进行相互验证,以得出尽量准确的分析结果。我们从文献数量、作者、机构、国家、期刊及参考文献几个角度较为全面、完善地分析了饮食模式对 IBD 影响的相关文献,从而获取了领域研究脉络。文献总量和年发文量统计结果符合科学文献增长规律,我们还将该领域的发展分为两个阶段,即 1993—2006 年的缓慢发展阶段和之后的显著增长阶段,从拟合曲线可以看出在可预见的未来,相关文献数量还将迅速增长。作者发文量符合广义洛特卡定律,其中 Ghosh S、Gasbarrini A 学术综合排名最高,是领域内的优秀研究者。Ghosh S 的 G 指数更高,其代表作[27]阐述了肠道微生物组影响人体免疫系统和行为、情绪,并在 IBD 等代谢和炎症疾病中起到重要作用。而 Gasbarrini A 的 M 指数、总被引量更为突出,他虽然进行本领域研究的时间较晚,但已有较高学术影响力,他的一篇代表作介绍了肠道微生物群受到饮食、压力、疾病、抗生素的使用等因素的影响,在个体间存在差异,不仅可以影响免疫系统,还能导致多种肠道和肠道外疾病[28],另一篇代表作则阐述了不同食物成分和饮食习惯对肠道微生物的影响[29],如动物蛋白、饱和脂肪、糖、盐、添加剂等有害于健康的肠道微生物群,还会导致肠道屏障变化,而植物蛋白、ω-3、多酚、微量营养素、地中海饮食等则有利于肠道健康。另外,从参考文献来源可以看出 Lee D、Lewis JD 等研究者的成果被广泛认可。作者聚类分析显示,饮食模式和 IBD 间的联系可能与肠道微生物、脂质相关。

美国不论是在文章数量、引文数量还是在通讯作者数量上都遥遥领先于其他国家,而中国近年来在文章产出上势头强劲,是排名前 5 的唯一亚洲国家和发展中国家。哈佛大学在所有机构中的文章数量和节点中心性上均位列第一,是本研究领域最重要的机构。1 706 个机构的聚类提示,饮食习惯可能是通过影响肠道渗透性、肠道菌群平衡、炎症因子受体表达等途径对 IBD 产生影响。自然辩证法表明科学技术促进社会发展,良好的社会发展有利于科学技术进步[30]。综合发表文章数量和相互合作强度,核心国家和机构多来自北美、欧洲和东亚,这些地区也正是社会经济发展水平较高的地区,说明研究数量、地区合作与经济水平有显著关系,这一现象符合自然辩证法的观点。

在纳入研究的文献中,"David LA, 2014, *Nature*"[10]在全球科学领域和本领域都有巨大影响力。参考文献被引次数较高的 15 篇研究内容涵盖 3 个方面:IBD 的全球流行病学状况,对 IBD 具有缓解或加重作用的饮食习惯的相关研究,以及饮食习惯和肠道微生物间联系的相关研究。高突现性和中心性的参考文献也大致属于这 3 个分类。这些核心参考文献中,肠道菌群相关研究出现频率最高,这说明了肠道微生物是研究者探索饮食模式对 IBD 影响机制的重要方向,在饮食模式和 IBD 发病之间有着不可忽视的作用。

　　从期刊分析结果来看,不论是在纳入分析的文献还是参考文献,其所发表的期刊中的核心期刊均有较高的影响因子,多是 JCR 分区为 Q1 的期刊,这说明相关研究和知识来源都倾向于选择高影响力期刊。此外,被引期刊除了临床医学和基础医学类外,还有环境、社会、心理、化学等类型,提示这些因素也可能在饮食模式影响 IBD 的过程中发挥作用。

　　对纳入研究的文献中关键词的频次和演进状况进行可视化后,我们发现主要关键词为 inflammatory bowel disease、Crohn disease、ulcerative colitis、diet、pattern、risk、inflammation、nutrition、gut microbiota、microbiota、microbiome、chain fatty acid、IBD、colitis、irritable bowel syndrome、probiotics、colorectal cancer、obesity、dysbiosis 等。根据多个工具的关键词聚类分析结果,本研究领域的研究重点在于从"nutritional therapy"等角度寻找有利或不利于 IBD 患者的饮食模式,并从"gut microbiota""short-chain fatty acid""virulence factor"等方向探索饮食模式影响 IBD 的具体机制。当然,如前所述,还有部分研究关注点在于 IBD 相关疾病。已有研究表明患者与微生物组的相互作用在 CD 发病的早期就已发生[31],而在 UC 患者中,肠道微生物发酵膳食纤维而产生的短链脂肪酸与 G 蛋白偶联受体 43(G protein-coupled receptor 43,GPR43)相互作用,对治疗 UC 等炎症性疾病有益[32]。不同饮食模式会对 IBD 患者造成有利或不利的影响,而产生影响的机制与肠道微生物关系密切。高糖饮食会导致小鼠肠道微生物组成变化,造成肠道微生物群功能障碍和肠道屏障受损,促进 IBD 的发展,如造成脆弱拟杆菌和嗜黏蛋白阿克曼菌丰度增加,使结肠黏液层受到侵蚀。高饱和脂肪导致紧密连接蛋白"occludin"和"ZO-1"减少,使肠道屏障的完整性受损[33]。西方饮食模式与 IBD 风险增加相关,其中常见的油炸食品如炸鸡的过量食用会导致 UC 的保护性菌群阿德勒克罗伊茨菌和维持肠道稳态的菌群减少[34],而食用大量家禽、红肉、加工肉类的"食肉"饮食模式与 UC 的发展相关[35]。单纯肠内营养可诱导部分轻度至中度儿童和青少年 CD 患者的黏膜愈合,延长缓解期,但对成人患者效果较差[36-37]。突现性分析表明,在研究早期,关注点集中在"active Crohn disease""colon cancer""aberrant crypt foci"等 IBD 相关疾病的临床与病理特征,以及"dietary fiber""fish oil"等基本的饮食组成。在中期阶段,研究重点为 IBD 的风险因素和病理生理过程,肠道微生物逐步进入研究者的视线且热度延续至今。而近年来的研究则在亚细胞和分子层次不断深入探索饮食模式影响 IBD 的机制,并探究有利于 IBD 患者的饮食模式,具体体现在"NF-κB""endoplasmic reticulum stress""oxidative stress""mediterranean diet"等关键词。NF-κB 是免疫反应的重要调节因子,在多项研究中被发现与 IBD 的发生、发展密切相关[38-39],且可被药物、肠道微生物等多种因素影响。例如氧化小檗碱改善氧化应激并介导 NF-κB 通路抑制,从而显著降低大鼠 UC 的严重程度[40]。地中海饮食是一种著名的健康饮食模式,以少量脂肪(且以橄榄油为主)、糖果、红肉、葡萄酒,适量鱼类、禽类、鸡蛋、乳制品以及丰富的植物性食物为主要组成,特点是丰富的膳食纤维和低量的饱和脂肪酸[41]。坚持地中海饮食可降低 IBD 患者疾病活动度和相关炎性生物标志物的浓度,并改善患者的生活质量,还能改善非酒精性脂肪肝等 IBD 相关病症,这一抗炎过程部分由肠道微生物介导[34,42]。

　　综上所述,寻找有利于 IBD 患者的饮食模式,以及地中海饮食、西方饮食等多种饮食模式导致肠道微生物群变化继而影响 IBD 的具体机制是本领域的显著重点。这值得研究者长期重视,为形成更为健康的饮食模式和生活习惯提供理论依据,从而促进 IBD 的防治和管理,减轻世界范围内 IBD 的医疗和社会负担并提升 IBD 患者生活质量。

本研究的局限性在于从 WoSCC 数据库中检索所得的文献可能不能囊括本领域的全部文献,而且本次分析所得结果较为宽泛,仅能对领域内的研究热点和趋势进行概括,并不能具体说明现有的研究成果。

结 论

本次研究首次使用多个分析工具对饮食模式和 IBD 相关的研究进行文献计量学分析,并对结果进行相互验证以增强可信度。我们总结归纳了过去 30 年饮食习惯和 IBD 相关研究的发展过程和当前趋势。通过回顾所有分析结果,我们发现地中海饮食可能是一种有利于 IBD 患者的饮食模式,碳水化合物、脂肪酸、菊粉型果聚糖是与 IBD 密切相关的饮食成分,脂肪酸、肠道菌群、NF-κB、氧化应激、内质网应激是当前研究饮食模式对 IBD 影响的热点方向,也是未来一段时间的研究趋势。这些成果可以为相关研究者的后续研究提供理论基础。

参考文献

[1] NG S C, SHI H Y, HAMIDI N, et al. Worldwide incidence and prevalence of inflammatory bowel disease in the 21st century: a systematic review of population-based studies[J]. Lancet, 2017, 390(10114): 2769-2778.

[2] WARK G, SAMOCHA-BONET D, GGALY S, et al. The role of diet in the pathogenesis and management of inflammatory bowel disease: a review[J]. Nutrients, 2020, 13(1): 135.

[3] KHALILI H, CHAN S S M, LOCHHEAD P, et al. The role of diet in the aetiopathogenesis of inflammatory bowel disease[J]. Nat Rev Gastroenterol Hepatol, 2018, 15(9): 525-535.

[4] TRACY M, KHALILI H. You Are What You Eat? Growing Evidence That Diet Influences the Risk of Inflammatory Bowel Disease[J]. J Crohns Colitis, 2022, 16(8): 1185-1186.

[5] LIU C, YU R, ZHANG J, et al. Research hotspot and trend analysis in the diagnosis of inflammatory bowel disease: a machine learning bibliometric analysis from 2012 to 2021[J]. Front Immunol, 2022, 13: 972079.

[6] LIU C, SU W, TAN Z, et al. The interaction between microbiota and immune in intestinal inflammatory diseases: global research status and trends[J]. Front Cell Infect Microbiol, 2023, 13: 1128249.

[7] World Healthy Organization. Healthy diet[EB/OL]. (2020-04-29)[2023-05-20]. https://www.who.int/news-room/fact-sheets/detail/healthy-diet.

[8] National Academies of Sciences, Engineering, and Medicine. Dietary Guidelines for Americans Guidelines and Key Recommendations[G]// Redesigning the Process for Establishing the Dietary Guidelines for Americans. US: National Academies Press, 2017.

[9] NICHOLLS P T. Bibliometric modeling processes and the empirical validity of Lotka's Law[J]. J Am Soc Inf Sci, 1989, 40(6): 379-385.

[10] DAVID L A, MAURICE C F, CARMODY R N, et al. Diet rapidly and reproducibly alters the human gut microbiome[J]. Nature, 2014, 505(7484): 559-563.

[11] WU G D, CHEN J, HOFFMANN C, et al. Linking long-term dietary patterns with gut microbial enterotypes[J]. Science, 2011, 334(6052): 105-108.

[12] DE FILIPPO C, CAVALIERI D, DI PAOLA M, et al. Impact of diet in shaping gut microbiota revealed by a

comparative study in children from Europe and rural Africa [J]. Proc Natl Acad Sci U S A, 2010, 107 (33): 14691-14696.

[13] CHASSAING B, KOREN O, GOODRICK J K, et al. Dietary emulsifiers impact the mouse gut microbiota promoting colitis and metabolic syndrome [J]. Nature, 2015, 519 (7541): 92-96.

[14] DEVOKOTA S, WANG Y, MUSCH M W, et al. Dietary-fat-induced taurocholic acid promotes pathobiont expansion and colitis in IL10$^{-/-}$ mice [J]. Nature, 2012, 487 (7405): 104-108.

[15] JANTCHOU P, MOROIS S, CLAVEL-CHAPELON F, et al. Animal protein intake and risk of inflammatory bowel disease: The E3N prospective study [J]. Am J Gastroenterol, 2010, 105 (10): 2195-2201.

[16] HOU J K, ABRAHAM B, EL-SERAG H. Dietary intake and risk of developing inflammatory bowel disease: a systematic review of the literature [J]. Am J Gastroenterol, 2011, 106 (4): 563-573.

[17] JOWETT S L, SEAL C J, PEARCE M S, et al. Influence of dietary factors on the clinical course of ulcerative colitis: a prospective cohort study [J]. Gut, 2004, 53 (10): 1479-1484.

[18] ANANTHAKRISHNAN A N, KHALILI H, KONIJETI G G, et al. Long-term intake of dietary fat and risk of ulcerative colitis and Crohn's disease [J]. Gut, 2014, 63 (5): 776-784.

[19] RACINE A, CARBONNEL F, CHAN S S M, et al. Dietary patterns and risk of inflammatory bowel disease in Europe: results from the EPIC study [J]. Inflamm Bowel Dis, 2016, 22 (2): 345-354.

[20] MOLODECKY N A, SOON I S, RABI D M, et al. Increasing incidence and prevalence of the inflammatory bowel diseases with time, based on systematic review [J]. Gastroenterology, 2012, 142 (1): 46-54.e42.

[21] FRANK D N, ST AMAND A L, FELDMAN R A, et al. Molecular-phylogenetic characterization of microbial community imbalances in human inflammatory bowel diseases [J]. Proc Natl Acad Sci U S A, 2007, 104 (34): 13780-13785.

[22] LEVINE A, WINE E, ASSA A, et al. Crohn's disease exclusion diet plus partial enteral nutrition induces sustained remission in a randomized controlled trial [J]. Gastroenterology, 2019, 157 (2): 440-450.e8.

[23] LEVINE A, SIGALL BONEH R, WINE E. Evolving role of diet in the pathogenesis and treatment of inflammatory bowel diseases [J]. Gut, 2018, 67 (9): 1726-1738.

[24] KAPLAN G G, WINDSOR J W. The four epidemiological stages in the global evolution of inflammatory bowel disease [J]. Nat Rev Gastroenterol Hepatol, 2021, 18 (1): 56-66.

[25] MA C, BATTAT R, DULAI P S, et al. Innovations in oral therapies for inflammatory bowel disease [J]. Drugs, 2019, 79 (12): 1321-1335.

[26] BOURGONJE A R, VOGL T, SEGAL E, et al. Antibody signatures in inflammatory bowel disease: current developments and future applications [J]. Trends Mol Med, 2022, 28 (8): 693-705.

[27] POSTLER T S, GHOSH S. Understanding the holobiont: how microbial metabolites affect human health and shape the immune system [J]. Cell Metab, 2017, 26 (1): 110-130.

[28] RINNINELLA E, RAOUL P, CINTONI M, et al. What is the healthy gut microbiota composition? A changing ecosystem across age, environment, diet, and diseases [J]. Microorganisms, 2019, 7 (1): 14.

[29] RINNINELLA E, CINTONI M, RAOUL P, et al. Food components and dietary habits: keys for a healthy gut microbiota composition [J]. Nutrients, 2019, 11 (10): 2393.

[30] WEI Z. Research on the Philosophical Relationship between Science Technology and Social Development [C]// ZHU Z. 2018 International Workshop on Advances in Social Sciences (IWASS 2018). London: Francis Acad Press, 2019: 56-59.

[31] TORRES J, PETRALIA F, SATO T, et al. Serum biomarkers identify patients who will develop inflammatory bowel diseases up to 5 years before diagnosis [J]. Gastroenterology, 2020, 159 (1): 96-104.

[32] MASLOWSKI K M, VIEIRA A T, NG A, et al. Regulation of inflammatory responses by gut microbiota and chemoattractant receptor GPR43 [J]. Nature, 2009, 461 (7268): 1282-1286.

[33] ZHANG P. Influence of foods and nutrition on the gut microbiome and implications for intestinal health [J]. Int J Mol Sci, 2022, 23 (17): 9588.

[34] TURPIN W, DONG M, SASSON G, et al. Mediterranean-like dietary pattern associations with gut microbiome composition and subclinical gastrointestinal inflammation [J]. Gastroenterology, 2022, 163 (3): 685-698.

[35] PETERS V, BOLTE L, SCHUTTERT E M, et al. Western and carnivorous dietary patterns are associated with greater likelihood of IBD development in a large prospective population-based cohort [J]. J Crohns Colitis, 2022, 16 (6): 931-939.

[36] ADOLPH T E, ZHANG J. Diet fuelling inflammatory bowel diseases: preclinical and clinical concepts [J]. Gut, 2022, 71 (12): 2574-2586.

[37] GROVER Z, MUIR R, LEWINDON P. Exclusive enteral nutrition induces early clinical, mucosal and transmural remission in paediatric Crohn's disease [J]. J Gastroenterol, 2014, 49 (4): 638-645.

[38] HAN Y M, KOH J, KIM J W, et al. NF-κB activation correlates with disease phenotype in Crohn's disease [J]. PLoS One, 2017, 12 (7): e0182071.

[39] CHEN Y, CHEN Y, CAO P, et al. *Fusobacterium nucleatum* facilitates ulcerative colitis through activating IL-17F signaling to NF-κB via the upregulation of CARD3 expression [J]. J Pathol, 2020, 250 (2): 170-182.

[40] LI C, LIU M, DENG L, et al. Oxyberberine ameliorates TNBS-induced colitis in rats through suppressing inflammation and oxidative stress via Keap1/Nrf2/NF-κB signaling pathways [J]. Phytomedicine, 2023, 116: 154899.

[41] WILLETT W C, SACKS F, TRICHOPOULOU A, et al. Mediterranean diet pyramid: a cultural model for healthy eating [J]. Am J Clin Nutr, 1995, 61 (6 Suppl): 1402S-1406S.

[42] CHICCO F, MAGRÌ S, CINGOLANI A, et al. Multidimensional impact of mediterranean diet on IBD patients [J]. Inflamm Bowel Dis, 2021, 27 (1): 1-9.

（何浩东　李湘云　甄军海　董卫国）

人工智能在炎症性肠病中应用的文献计量学分析

【背景】文献计量学分析已广泛应用于包括医学在内的许多领域。然而,尚无人工智能(artificial intelligence, AI)应用于炎症性肠病(inflammatory bowel disease, IBD)领域的文献综合分析相关研究。本研究旨在通过文献计量学分析评估 AI 在 IBD 领域的相关研究,识别研究基础、当前热点以及未来发展方向。

【方法】相关文献于 2022 年 12 月 26 日从 Web of Science 核心合集数据库获取。通过 CiteSpace(版本 6.1.R6)软件和文献计量在线分析平台,对文献中的(被引用的)作者、机构、国家、被引用的期刊、参考文献和关键词进行了共现和合作关系分析。同时,绘制了相关知识图谱,并进行了关键词聚类分析。

【结果】根据 WoSCC 的数据,1999—2022 年间,共有 898 位作者、473 个研究机构、106 种期刊以及 41 个国家和地区发表了 176 篇与 IBD 及 AI 领域相关文献。

自 2019 年以来,发表的文献数量显著增加,到 2022 年达到最高点。Sao Joao Hospital 的 Cardoso H 是发表文献最多的作者,Humanitas University 的 Hassan C 具有最高的 H 指数。University of Birmingham 是发表文献最多的机构。美国是发表文献数量最多且与其他国家合作最紧密的国家。聚类分析显示,最早的研究集中在"psychometric value",然后转向"monitoring-based model""mucosal damage"和"small bowel"等方向,而"Spanish electronic health record""rediscovering histology"和"digestive endoscopy-where"则是最新的研究热点。

【结论】本研究是首次对 AI 在 IBD 中应用的文献计量学分析,总结目前现状,并通过可视化方式揭示发展趋势和未来研究热点。AI 在 IBD 中的应用仍处于初期阶段,该领域的重心将转向通过深度学习技术、基于大数据的治疗以及预后预测来提高诊断和治疗效率。

【关键词】人工智能,炎症性肠病,文献计量,CiteSpace

引 言

炎症性肠病(inflammatory bowel disease,IBD)包括溃疡性结肠炎(ulcerative colitis,UC)和克罗恩病(Crohn disease,CD),是一种慢性炎症性肠道疾病,与环境、微生物和免疫因素在基因易感宿主中的复杂相互作用相关[1]。IBD 已成为一种全球性疾病,具有较高的患病率和医疗资源占用率。然而,对于 IBD 的诊断仍然是基于实验室检查和医学影像的主观判断[2],尽管已经制定了基于临床试验和经验的治疗模式以指导 IBD 的临床管理,但在 IBD 患者中,无论是在症状表现还是预后方面均存在着显著的异质性[3-4]。此外,IBD 治疗的目标已经从传统的临床缓解转变为更为精确、综合和全面的深度缓解或黏膜愈合[5]。因此,对于 IBD 患者而言,提升诊断准确率和治疗精准化具有重要意义。

为提高诊断准确率和治疗应答预测能力,近年来广泛利用了来自大型临床试验、电子健康记录、医学影像、生物库和多组学(基因组、转录组、代谢组和蛋白质组)数据库的"大数据"[6]。如何妥善组织、整合、理解和分析这些大数据,以协助医疗从业者,是当前面临的挑战,而人工智能(artificial intelligence,AI)的出现正好解决了这一问题。AI 是一个跨学科领域,涵盖了计算机科学、工程学、哲学和语言学,以理解和开发展现或复制人类智能系统[7]。随着计算能力的提升,AI 在各种医学和健康相关的领域中越来越普遍,如疾病诊断、药物研究、功能基因组学、生物标志物识别和医学影像诊断,从而促进了精准医学的发展[8]。近年来,AI 为各种疾病,包括 IBD,创造了新的诊疗机会。AI 的使用已经被证明可以提高 IBD 诊断的准确性和精度,评估疾病严重程度,以及预测治疗反应。AI 在 IBD 中的应用正在迅速发展,已经发表了大量相关文献。因此,对研究人员而言,要在这一领域中找到最新的进展和研究热点变得具有挑战性。已发表的相关研究中也包括了许多综述,表明许多研究人员密切关注着 IBD 中 AI 研究的发展和方向[7,9]。然而,传统文献检索和综述存在一定的主观偏见,因为其专注于内容,并往往从可用文献中选择代表性的研究[10]。

文献计量学是利用信息可视化技术对特定领域全球文献中的作者、期刊、国家、机构、参考文献、关键词等指标进行定量分析和总结的一门交叉学科[11]。基于大数据和统计分析的文献计量学在一定程度上缓解了传统文献检索和查阅形式中经常出现的主观偏差,通过数字化和可视化给出的结果更加客观、可靠。文献计量学分析已被广泛应用于包括医学在内的诸多领域[12]。然而,在 AI 在 IBD 领域的应用方面,还没有文献计量分析综合文献的研究。本研究通过文献计量学分析,系统、客观、全面地总结了 AI 在 IBD 中的应用研究,使我们能够更全面地了解该研究的现状和发展。量化的数据指标可为世界学术界的研究和应用提供指导。

方 法

(一)数据来源

数据来源于 Clarivate Analytics 公司(https://clarivate.com/)的 Web of Science 核心合集(Web of Science Core Collection, WoSCC)数据库。WoSCC 是最流行、最可靠的科学或文献计量数据库,为多学科文献研究提供一致、统一的记录[13]。所有数据均于 2022 年 12 月 26 日从 WoSCC 数据库中提取,以避免 WoSCC 数据库持续更新可能导致的偏差。为保证内化文献的代表性,文献类型仅限于"article"或"review",语言仅限于英语。发表时间不受限制。在 WoSCC 数据库中,使用主题词检索法时不限制主题领域。搜索策略使用了以下关键词("inflammatory bowel disease"或"Crohn"或"Crohn disease"或"ulcerative colitis"或"IBD",和"artificial intelligence"),并根据标题和摘要对搜索结果进行过滤,以剔除不相关的文献。两名独立审稿人从筛选出的文献中收集相关数据。必要时,从 PubMed 或其他数据库中检索完整文本。为确保数据的准确性和研究的可重复性,两位审稿人比较了他们的结果,并与第三位审稿人讨论解决分歧。

(二)数据的创建和处理

1. 数据的创建和转换 文献数据以"RefWorks"格式导入 Note Express 软件,并删除了会议文献和勘误等重复项,最终提取了 176 篇出版物。两位研究人员从筛选出的出版物中检索了相关信息,包括标题、作者、引文编号、关键词、出版年份、机构、国家和参考文献。此外,还使用 2021 年版《期刊引证报告》(Journal Citation Report, JCR)记录了期刊名称和影响因子(impact factor, IF)。"纯文本文件"格式的数据被导入 CiteSpace(版本 6.1.R6)和文献计量在线分析平台(OALM),以讨论本研究的动态演变和趋势研究。

2. 数据处理 Excel 软件用于分析和导出高被引或高产作者、机构、国家/地区、出版物和期刊文件。CiteSpace 是知识图谱领域一种著名的数据可视化方法,它通过从研究前沿到知识库的时间映射,探索学科发展的动态机制,以直观可视化的形式展示一定时期内学科或知识领域的发展趋势,分析研究前沿领域的演变[14]。它主要基于共引分析和网络寻址定位来分析某一领域的文献,以便用户发现该领域历史上的重大进展和知识转折点。本研究利用 CiteSpace(版本 6.1.R6),构建了(被引)作者、机构、国家和被引期刊的共现可视化图,并进行了关键词聚类分析。共现可视化图中有许多节点,节点表示不同的组成部分,包括作者、国家、关键词等。节点的大小反映了各组成部分的频次或重要性。节点之间的连接表示合作、共现或共同引用。连接的颜色表示节点出现的时间,冷色(浅色)较早,暖色(深色）较晚。CiteSpace 的参数设置如下：①时间切分：1999—2022；时区选择（每片一年）：1年；节点类型：（引用）作者、机构、国家、引用期刊、参考文献、关键词。②阈值（每个切片的前 N）：10%，即选择每个时区前 10% 但少于 100 个高频关键词。为了防止共引网络变得过于复杂，本研究采用了"Pathfinder"算法。该算法可以通过删除违反三角形不等式的边来简化网络，并适当提取网络的核心结构。可视化使用默认系统进行。此外，我们还利用 OALM 按年份、合作关系（包括作者、机构和国家）和文献引用联系来研究共同国家文献和关键词的数量。

（三）文献计量指标

1. 频次　频次是文献计量学分析的指标之一，指的是特定领域的调查数据中不同节点类型出现的次数。统计特定节点类型的高频或低频，可用于监测和分析特定领域当前的研究进展。

2. 中心性　中心性是网络分析中使用的主要指标之一，是对网络中个体地位的衡量。它是衡量网络节点在网络图中对资源控制程度的核心指标，主要衡量每个节点在特定网络图中的功能。假设在共现网络中，某个节点的中心性较高，在这种情况下，它表明节点在网络图的最短路径上出现的频次越高，其他节点与之建立共现关系的可能性就越大，节点在网络图中的影响力和重要性就越大。中心性大于 0.1 的节点被称为关键节点。

3. 点度中心性　点度中心性是衡量节点重要性的另一个标准，也是衡量网络中心性的最直接指标。节点的点度中心性越高，其在网络中的重要性就越大。

结　果

（一）研究趋势

基于 WoSCC 的文献检索显示，1999—2022 年间共发表了 176 篇文献（图 7-17A）。2019 年之前，有关 AI 在 IBD 中应用的文献数量一直不多，表明这一领域相对较新。自 2019 年以来，文献数量大幅增加，到 2022 年，发表的文献数量达到 73 篇。这一发展与计算资源可用性的提高以及 AI 解决方案在医疗领域的普及并行不悖。在所有检索到的文献中，"article"是主要类型，占 57%（图 7-17B）。实际上，综述所占的比例并不小，这说明及时总结当前的研究热点、审视未来的发展趋势至关重要。

（二）作者和共同作者分析

通过分析核心作者的分布情况，可以更全面地评估学术交流、合作和研究进展情况。据 WoSCC 统计，共有 898 位作者开展 AI- 生物多样性相关的研究，其中 Sao Joao Hospital 的 Cardoso H 发表的文献数量最多。H 指数将作者发表的文献数量与引用次数相结合，是衡量作者影响力的重要客观指标[15]。来自 Humanitas University 的 Hassan C 是 H 指数最高的作者，达到 79。根据 CiteSpace 的数据，该研究包括 163 位作者和 351 位被引用作者。表 7-21 根据频次列出了 CiteSpace 上排名前 10 的作者。中位引用百分位数是衡量作者影响力的另一个重要指标。根据中位引用百分位数，Bisschops R 是最有影响力的作者，中位引用百分位数为第 81 位，这表明其出版物比该领域的其他作者更重要、更知名。

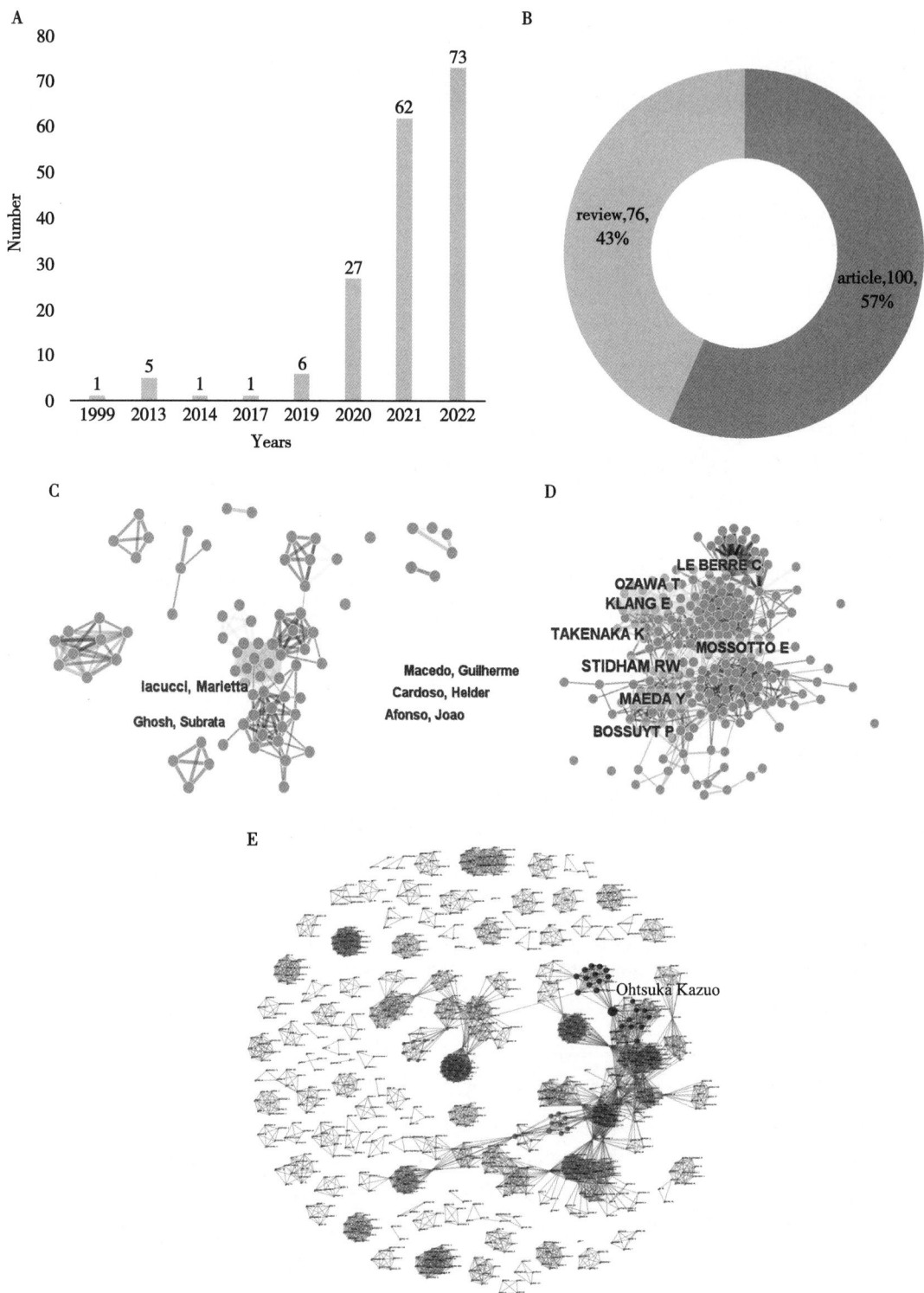

图 7-17 相关文献年发表数量、文献类型和相关文献中作者和被引作者的共同出现情况及合作关系

表 7-21 基于 CiteSpace 的相关文献的前 10 位作者

排名	作者	频次	H 指数	引用百分位数中位数	中心性	点度中心性
1	Iacucci Marietta	8	6	78th	0.06	22
2	Afonso Joao	6	3	—	0.00	10
3	Macedo Guilherme	6	6	60th	0.00	10
4	Ghosh Subrata	6	4	—	0.00	10
5	Cardoso Helder	6	10	22nd	0.00	10
6	Bisschops Raf	5	47	81st	0.03	20
7	Ribeiro Tiago	5	5	17th	0.00	10
8	Andrade Patricia	5	13	62nd	0.00	9
9	Tontini Gian Eugenio	5	21	60th	0.00	6
10	Hassan Cesare	4	79	70th	0.01	17

通过 CiteSpace,分析了作者和被引作者的合作网络(图 7-17C~E)。根据合作网络,日本胃肠内镜学会的 Ohtsuka K 是合作最广泛的作者。如图 7-17E 所示,高产作者与实力雄厚的研究团队建立了合作关系。然而,约 3/4 研究团队之间的合作关系较弱,今后有望进一步加强。

(三)机构和国家分析

根据 WoSCC 的统计,1999—2022 年间,共有 473 家机构、41 个国家和地区参与 AI 在 IBD 领域的应用研究。University of Birmingham 发表的文献最多,达到 12 项,其次是 Humanitas University、Sao Joao Hospital、Showa University 和 University of California System。在国家和地区中,美国发表的文献最多,达到 50 篇,其次是意大利、英国、日本和中国。此外,美国发表的文献数量远远超过其他国家,这表明美国在该领域的学术地位及其对研究方向的巨大影响力。

我们通过 CiteSpace 描绘了各机构和国家的合作网络,并生成了共现可视化图,以更好地了解不同机构和国家在该领域的合作联系。根据 CiteSpace 的统计,1999—2022 年间,共有 148 所机构、40 个国家和地区参与了相关研究。Humanitas University 和 University of Birmingham 各发表了 10 篇文献,University of Porto、INEGI(Institute of Science & Innovation in Mechanical & Industrial Engineering)和 Showa University 紧随其后,各发表了 5 篇以上的文献(图 7-18A)。美国以 47 篇文献位居第一,其次是意大利、英国、中国、日本、葡萄牙和西班牙,这些国家都发表了 10 篇以上的文献(图 7-18B)。图 7-18C 以 OALM 为基础,强调了不同机构之间密切而错综复杂的合作,每个点代表一个机构,线条代表相互合作。然而,许多研究机构分散,需要更多协调,大学占大多数的研究机构。Katholieke Universiteit Leuven 地处中心位置,在该领域开展的研究较多。各国保持着稳定的合作关系,美国与其他国家的合作最为密切(图 7-18D)。

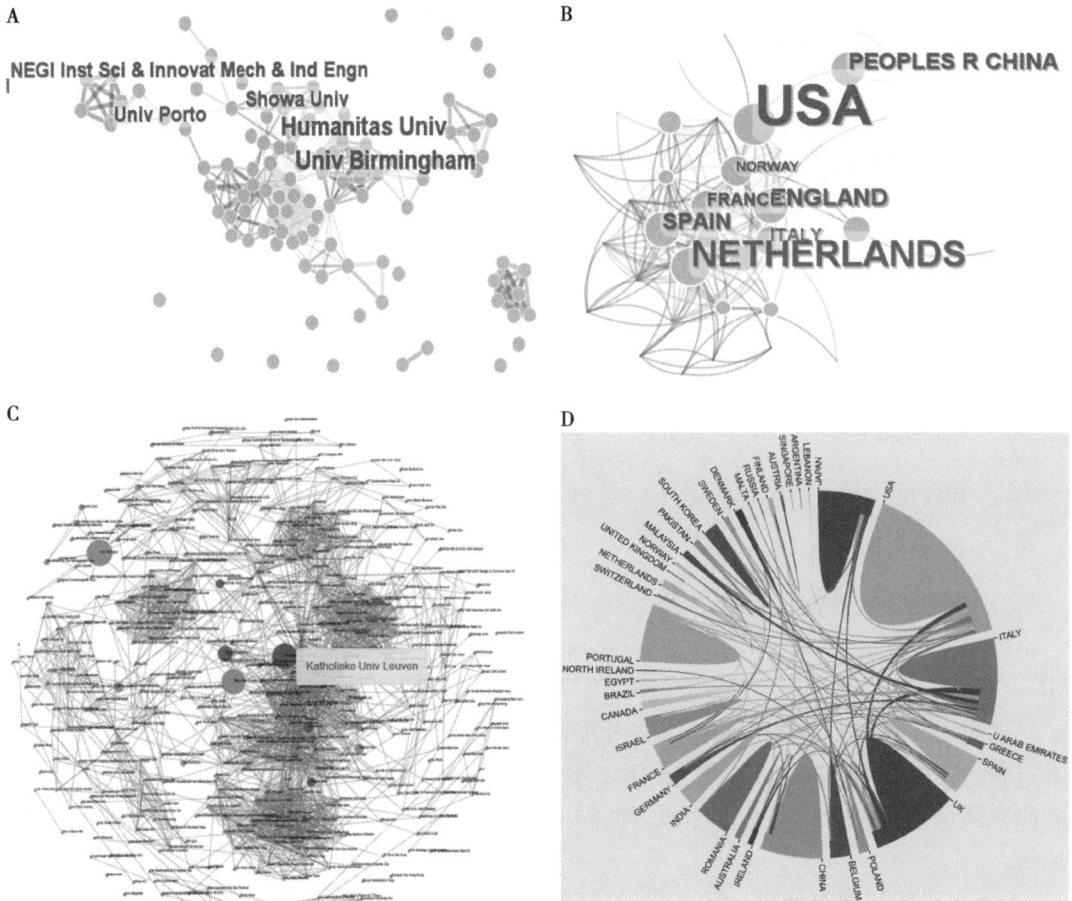

图 7-18　相关文献中机构和国家的共同出现,以及机构和国家间合作关系

(四)(引用)期刊和引用文献分析

在各个研究领域,学术出版物之间的引用关系往往代表着信息共享,而引文研究既是知识的基础,也是知识的前沿。此外,引文研究也是一个重要的文献计量指标,经常被引用的研究总是在各自领域产生典型而重大的影响。

根据 WoSCC,过去 23 年中相关研究发表在 106 种期刊上,其中 7 种期刊至少发表了 5 篇文献(图 7-19A)。*Diagnostics*(7,3.98%)、*World Journal of Gastroenterology*(6,3.41%)、*Frontiers in Medicine*(5,2.84%)、*Gastrointestinal Endoscopy*(5,2.84%)和 *Gut*(5,2.84%)是发表文献最多的前 5 种期刊。其中,*Gut* 的影响因子(31.79)最高。发表的期刊多为影响因子高、学术影响力大的 Q1 和 Q2 医学期刊,说明该领域的相关研究质量较高,受到高质量期刊的欢迎。

利用 CiteSpace 分析了被引期刊和参考文献的合作网络,并生成了共同出现的可视化图。据 CiteSpace 统计,在过去 23 年中有 355 种期刊被引用。如 7-19B 所示,发表该主题研究最多的期刊是 *Gastroenterology*(125 次引用)、*Gut*(111 次引用)、*Gastrointestinal Endoscopy*(96 次引用)、*Inflammatory Bowel Disease*(94 次引用)和 *American Journal of Gastroenterology*(92 次引用)。这些期刊之间的合作关系相对平衡,表明主流医学期刊和内镜相关期刊都

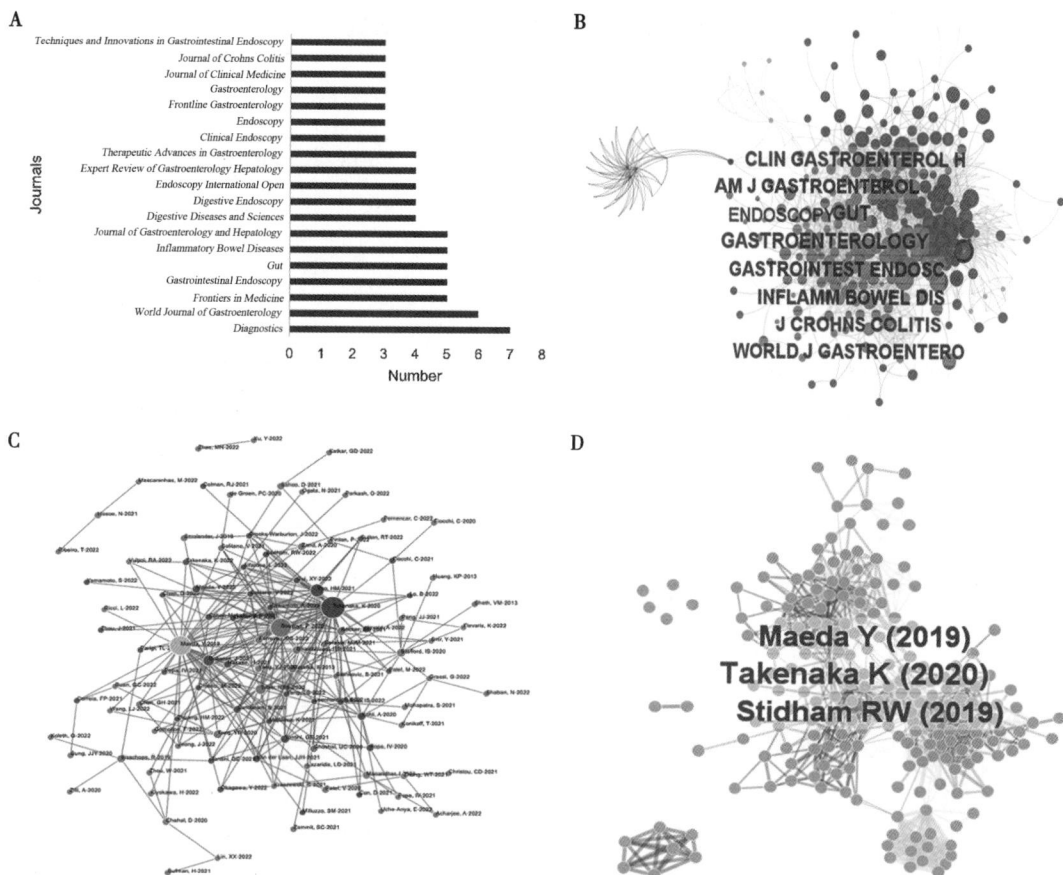

图 7-19　期刊发表的文章数量、文章引用关系网络以及
被引用期刊和相关文献参考文献的共同出现情况

对这一领域感兴趣。这些文献被引多达 303 次,其中 3 篇文献被引超过 30 次。Takenaka K 等的研究[16]侧重于准确评估 UC 患者的内镜图像,总被引频次最高,达到 35 次(图 7-19D)。这表明 IBD 应用领域的 AI 研究侧重于图像评估,尤其是内镜图像。

图 7-19C 直观地展示了基于 OALM 的文献引用关系网络,每个点代表一篇文献,线条代表相互引用(图 7-19C)。点越大,表示被引次数越多。文献引用网络图中共有 176 篇文献。相互参照相对接近,尤其是在最近 3 年,这表明 AI 在 IBD 中的应用将继续作为研究热点。与基于 CiteSpace 的分析一样,Takenaka K 等[16]的研究也被引用最多,这进一步证实了该研究在该领域的高度影响力。

(五)关键词分析

1. 词频分析　关键词往往反映了文献的核心和主要内容。关键词频次分析可以厘清研究规律,发掘研究领域的热点。我们对从 AI- 生物多样性相关研究中提取的关键词进行了分析和处理。前 15 个关键词如表 7-22 所示。出现频次最高的关键词是"artificial intelligence"(86 次),其次是"inflammatory bowel disease"(58 次)和"Crohn disease"(56 次)。

表 7-22　相关文献中排名前 15 位的关键词

排名	关键词	频次	关键词	中心性	关键词	点度中心性
1	artificial intelligence	86	inflammatory bowel disease	0.28	Crohn disease	46
2	inflammatory bowel disease	58	Crohn disease	0.26	artificial intelligence	43
3	Crohn disease	56	artificial intelligence	0.24	inflammatory bowel disease	33
4	ulcerative colitis	44	colorectal cancer	0.15	colorectal cancer	27
5	machine learning	30	capsule endoscopy	0.13	capsule endoscopy	26
6	diagnosis	25	computer aided diagnosis	0.12	computer aided diagnosis	26
7	classification	23	diagnosis	0.11	diagnosis	26
8	validation	19	risk	0.11	classification	26
9	capsule endoscopy	18	classification	0.1	convolutional neural network	23
10	deep learning	18	rheumatoid arthritis	0.1	risk	21
11	colorectal cancer	17	prediction	0.09	prediction	21
12	risk	15	precision medicine	0.08	deep learning	21
13	management	12	confocal laser endomicroscopy	0.08	diagnostic yield	21
14	colonoscopy	12	ulcerative colitis	0.07	confocal laser endomicroscopy	20
15	neural network	11	artificial neural network	0.07	ulcerative colitis	20

　　使用 CiteSpace 进行可视化分析。通过分析 1999—2022 年间的研究,共获得 247 个关键词,其中 3 个关键词的出现频次超过 50 次。

　　关键词共现分析的目的在于探索关键词之间的联系,揭示热点话题,帮助学者更好地把握当前的研究热点。关键词共现图也是由 CiteSpace 生成的(图 7-20A)。节点根据关键词共现情况进行了修改。节点的大小代表关键词的出现频次,节点越大,关键词的权重越高。节点之间的连接代表关键词的共现。节点中心度是衡量节点在网络中的重要性以及与其他节点联系紧密程度的重要指标。关键词的中心度越高,越容易成为网络中的关键节点,表明该关键词在该领域具有更重要的影响力。如表 7-22 所示,影响最大的关键词是“inflammatory bowel disease”(0.28)、“Crohn disease”(0.26)、“artificial intelligence”(0.24)、“colorectal cancer”(0.15)和“capsule endoscopy”(0.13)。

　　2. 聚类分析　聚类分析可以清楚地显示特定研究领域的热点和前沿内容。本研究利用 CiteSpace 分别对标题词和关键词进行聚类分析,以及对标题词、关键词和摘要进行综合聚类分析。使用对数似然比(log-likelihood ratio, LLR)方法标记聚类,并获得聚类时间轴视图。一个词的 LLR 越大,该词在聚类中的代表性就越强。聚类映射的有效性有两个基本评价指标,即模块化 Q(Q 值区间[0,1])和加权平均轮廓 S(S 值区间[-1,1])。Q 值用于评估网络的聚类效果。Q 值越高,表示聚类网络的性能越好。S 值用于量化聚类成员的同质性,该值越高,表明类成员之间的一致性越好。Q>0.3 和 S>0.5 分别表示得到的聚类网络结构是可信的,聚类结果是合理的。图 7-20B 描述了相关文献中关键词聚类的时间轴视图,直观地显示了每个聚类的周期和不同聚类之间的关联,清晰地展示了研究的演变过程。Q 值为 0.585 2(>0.5),S 值为 0.831 5(>0.8),表明聚类效果极佳,网络同质性可靠。最大的集群是 "future application"(#0)。最早的研究集中在 "psychometric value"(#9),然后转移到 "monitoring-based model"(#5)、"mucosal damage"(#10)和 "small bowel"(#8)。"Spanish electronic health record"(#1)、"rediscovering histology"(#4)和 "digestive endoscopy-where"(#7)是最新的研究热点。

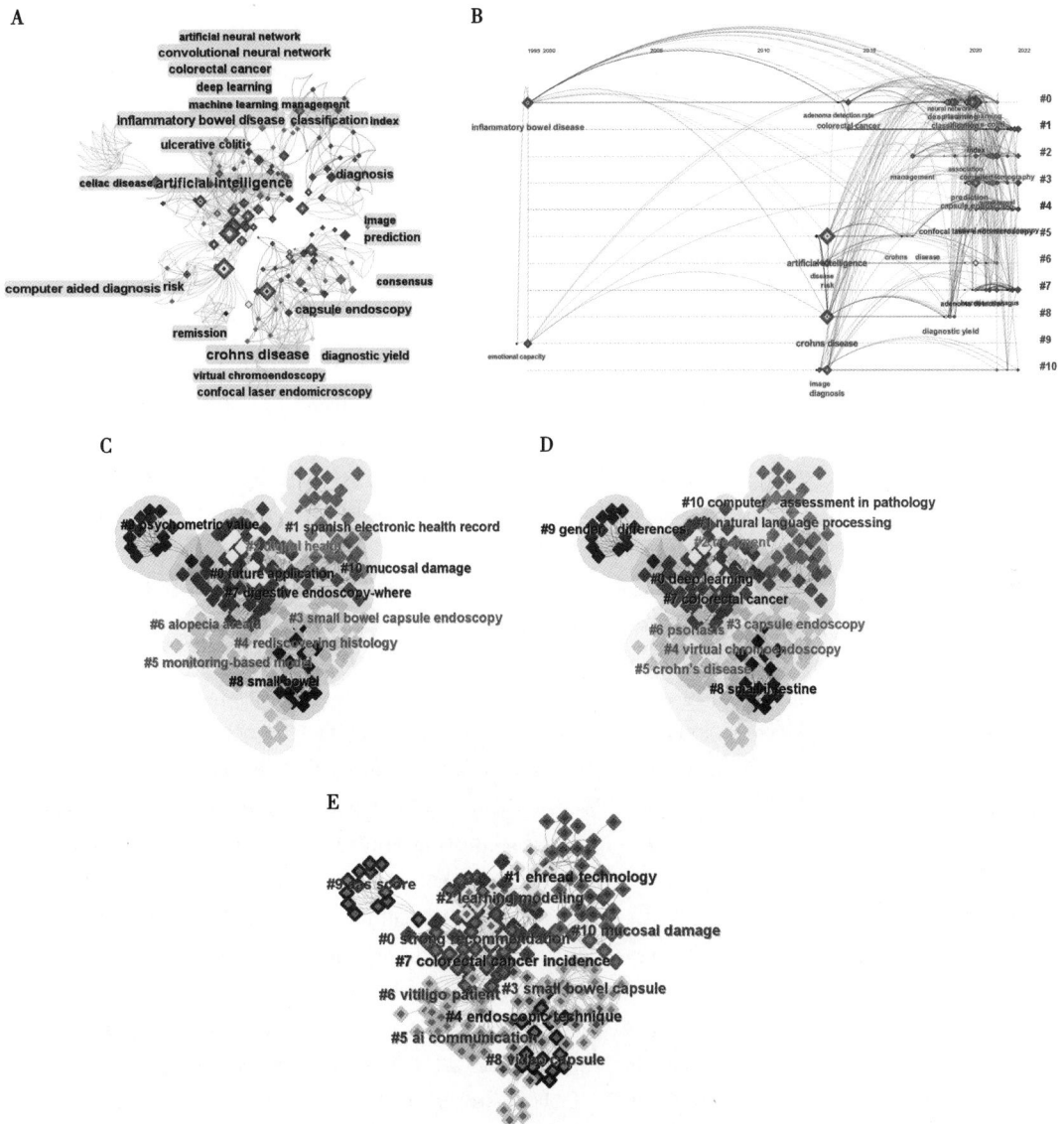

图 7-20 关键词分析

A、B. 常见关键词共现率和相关文献关键词的聚类时间轴视图;C~E. 基于标题词、关键词以及标题词、关键词和摘要组合的聚类图。

此外,分别基于标题词、关键词以及标题词、关键词和摘要的组合,形成 11 个有意义的聚类,并通过聚类图进行可视化(表 7-23,图 7-20C~E)。从 #0 到 #10,数字越小,聚类图中出现多个重叠的聚类表明它们之间有很强的相关性。聚类分析显示,该领域的最新热点是 "EHRead technology" 和 "endoscopic technique"。超过一半的集群 "strong recommendation"(#0)、"small bowel capsule"(#3)、"endoscopic technique"(#4)、"vitiligo patient"(#6)、"video capsule"(#8)和 "mucosal damage"(#10)与 AI 在 IBD 领域的实际临床应用有关。

表 7-23　关键词共现网络聚类表

类别	聚类 ID	大小	平均年份	高权重关键词(前 5)
基于标题词	0#	44	2018	future application(39.12, 0.000 1);digestive diseases(39.12, 0.000 1);emerging use(36.66, 0.000 1);gastrointestinal disease(34.2, 0.000 1);narrative review(34.2, 0.000 1)
	1#	28	2021	Spanish electronic health record(32.59, 0.000 1);premonition-CD project(32.59, 0.000 1);validation study(32.59, 0.000 1);disease-related variable(32.59, 0.000 1);using natural language processing(32.59, 0.000 1)
	2#	24	2020	digital health(34.92, 0.000 1);scoping review(34.92, 0.000 1);small bowel radiology(30, 0.000 1);learning modeling(25.57, 0.000 1);omics data(25.57, 0.000 1)
	3#	22	2020	small bowel capsule endoscopy(44.23, 0.000 1);other technical advancement(37.85, 0.000 1);small-bowel capsule(31.49, 0.000 1);capsule endoscopy(31.38, 0.000 1);automated detection(25.15, 0.000 1)
	4#	22	2021	rediscovering histology(32.36, 0.000 1);new endoscopic tool(25.84, 0.000 1);inflammatory bowel(22.01, 0.000 1);dye-based endoscopy(19.35, 0.000 1);new advance(19.35, 0.000 1)
	5#	21	2014	monitoring-based model(17.21, 0.000 1);clinical process(17.21, 0.000 1);health communication(15.12, 0.001);chronologyMD case example(15.12, 0.001);using design science(15.12, 0.001)
	6#	19	2016	alopecia areata(50.74, 0.000 1);mental health comorbid condition(50.74, 0.000 1);ten-year retrospective study(43.76, 0.000 1);artificial neural network(36.85, 0.000 1);deep learning(30.02, 0.000 1)
	7#	19	2021	digestive endoscopy-where(34.21, 0.000 1);gastrointestinal endoscopy(30.49, 0.000 1);modelling study(30.49, 0.000 1);diagnostic gastrointestinal endoscopy(23.66, 0.000 1);past present(21.41, 0.000 1)
	8#	16	2018	small bowel(21.64, 0.000 1);small-intestinal disorder(19.05, 0.000 1);systematic review(19.02, 0.000 1);current controversies(16.64, 0.000 1);concerning capsule endoscopy(16.64, 0.000 1)
	9#	14	1999	psychometric value(20.25, 0.000 1);other personality trait(20.25, 0.000 1);Amsterdam alexithymia scale(20.25, 0.000 1);magnetic resonance enterography(13.85, 0.001);Crohn disease patient(13.85, 0.001)
	10#	10	2015	mucosal damage(36.72, 0.000 1);quantitative assessment(36.72, 0.000 1);novel approach(36.72, 0.000 1);current landscape(28.08, 0.000 1);official ESGE survey(22.51, 0.000 1)

续表

类别	聚类ID	大小	平均年份	高权重关键词（前5）
基于关键词	0#	44	2018	deep learning（8.33,0.005）; capsule endoscopy（8.15,0.005）; machine learning（7.22,0.01）; support vector machine（5.78,0.05）; neural networks（4.72,0.05）
	1#	28	2021	natural language processing（13.62,0.001）; artificial intelligence（11.96,0.001）; electronic health records（11.96,0.001）; IL-6（5.95,0.05）; surgery（5.95,0.05）
	2#	24	2020	treatment（5.58,0.05）; genomics（5.58,0.05）; fibrosis（5.58,0.05）; magnetic resonance imaging（5.58,0.05）; drug discovery（4.58,0.05）
	3#	22	2020	capsule endoscopy（22.4,0.000 1）; convolutional neural network（14.65,0.001）; gastrointestinal bleeding（11.86,0.001）; capsule（11.86,0.001）; ulcers（9.85,0.005）
	4#	22	2021	virtual chromoendoscopy（15.7,0.000 1）; confocal laser endomicroscopy（6.15,0.05）; endocytoscopy（6.15,0.05）; virtual electronic chromoendoscopy（5.71,0.05）; white light endoscopy（5.71,0.05）
	5#	21	2014	Crohn disease（7.01,0.01）; health communication（7.01,0.01）; serum protein biomarker（3.5,0.1）; neural networks and deep learning（3.5,0.1）; impact（3.5,0.1）
	6#	19	2016	psoriasis（10.71,0.005）; inflammatory bowel disease（5.96,0.05）; infliximab（5.33,0.05）; PML（5.33,0.05）; metabolomics（5.33,0.05）
	7#	19	2021	colorectal cancer（10.63,0.005）; computer-aided diagnosis（9.55,0.005）; computer-aided detection（6.95,0.01）; dysplasia（5.37,0.05）; gastrointestinal endoscopy（5.37,0.05）
	8#	16	2018	small intestine（9.46,0.005）; video capsule endoscopy（9.46,0.005）; Crohn disease（9.11,0.005）; indications（4.72,0.05）; agreement（4.72,0.05）
	9#	14	1999	gender differences（6.86,0.01）; cognitive capacities（6.86,0.01）; Amsterdam alexithymia scale reliability and validity（6.86,0.01）; emotional capacity（6.86,0.01）; personality traits（6.86,0.01）
	10#	10	2015	computer assessment in pathology（5.8,0.05）; morphometric features（5.8,0.05）; society（5.8,0.05）; mucosal damage assessment（5.8,0.05）; service（5.8,0.05）

续表

类别	聚类ID	大小	平均年份	高权重关键词（前5）
基于标题词、关键词和摘要的组合	0#	44	2018	strong recommendation（105.91，0.000 1）; clinical application（92.08，0.000 1）; gastrointestinal diseases（82.33，0.000 1）; routine use（79.39，0.000 1）; weak recommendation（79.39，0.000 1）
	1#	28	2021	EHRead technology（164.72，0.000 1）; F1 score（98.62，0.000 1）; free text（65.68，0.000 1）; related variable（65.68，0.000 1）; CNLP system（65.68，0.000 1）
	2#	24	2020	learning modeling（72.96，0.000 1）; predictive diagnostics（62.52，0.000 1）; omics data（52.09，0.000 1）; remitting period（41.66，0.000 1）; real-world environment（41.66，0.000 1）
	3#	22	2020	small bowel capsule（84.43，0.000 1）; intermediate bleeding risk（44.98，0.000 1）; automatic identification（44.98，0.000 1）; enteric mucosa（44.98，0.000 1）; obscure gastrointestinal bleeding（44.98，0.000 1）
	4#	22	2021	endoscopic technique（67.46，0.000 1）; high expectation（57.17，0.000 1）; histological remission（57.17，0.000 1）; accurate evaluation（41.47，0.000 1）; colonic lesion（38.09，0.000 1）
	5#	21	2014	AI communication（57.45，0.000 1）; e-BBPS score（55.96，0.000 1）; specific patient（47.08，0.000 1）; using technology（47.08，0.000 1）; functional validation（47.08，0.000 1）
	6#	19	2016	vitiligo patient（187.78，0.000 1）; comorbid condition（128.57，0.000 1）; high prevalence（123.19，0.000 1）; medical record（117.82，0.000 1）; rheumatoid arthritis（96.35，0.000 1）
	7#	19	2021	colorectal cancer incidence（120.76，0.000 1）; average risk（90.49，0.000 1）; detection tool（90.49，0.000 1）; deep learning model（65.78，0.000 1）; incremental effect（60.28，0.000 1）
	8#	16	2018	video capsule（43.13，0.000 1）; third-generation SB-CE（37.53，0.000 1）; kappa statistics（34.86，0.000 1）; video-capsule endoscopy（34.86，0.000 1）; inter-observer agreement（34.86，0.000 1）
	9#	14	1999	AAS score（60.2，0.000 1）; defining feature（40.06，0.000 1）; Amsterdam alexithymia scale（40.06，0.000 1）; verbalizing emotion（30.91，0.000 1）; with respectively（30.91，0.000 1）
	10#	10	2015	mucosal damage（122.13，0.000 1）; proposed system（81.3，0.000 1）; developed system（81.3，0.000 1）; clinical practice（79.53，0.000 1）; inflammatory bowel disease endoscopy（70.18，0.000 1）

讨 论

　　IBD 已成为一种全球性疾病,其发病率和患病率在全球范围内不断上升,对全球健康、社会功能和医疗资源的利用造成了严重影响[17-19]。来自电子健康记录、多组学(包括基因组学、蛋白质组学、转录组学和元基因组学)和成像方法(内镜检查和显微内镜检查)的大型数据集的出现,有助于揭示 IBD 的发病机制,并解决尚未满足的临床需求[7]。AI 的出现和发展大大提高了临床医生和研究人员处理、分析和解释大型数据集的能力。因此,近年来 AI 在 IBD 中的应用受到越来越多的关注。正如本研究所示,近 2 年有关 AI 在 IBD 中应用的文献数量大幅上升,超过了前 6 年的总和。面对浩如烟海的文献,了解研究领域的概况并预测研究趋势至关重要。与系统综述或荟萃分析不同,文献计量学分析利用可视化软件,如 VOSviewer 和 CiteSpace,对现有文献进行综合,从而使研究趋势可视化,并预测未来的研究热点[20]。

　　尽管近年来发表了许多与文献计量学分析相关的文献[12, 21-22],但本研究是首次通过两种广泛使用的文献计量学软件工具,对 AI 在 IBD 中的应用现状进行总结,并直观地揭示其发展趋势和未来研究热点的文献计量学分析。据 WoSCC 统计,1999—2022 年间,共有 898 位作者、473 家研究机构、106 种期刊、41 个国家和地区发表了 176 篇相关文献。自 2019 年以来,随着 AI 技术的不断成熟,发表的文献数量呈逐年上升趋势,预示着未来该领域的文献数量会越来越多。很明显,成果最多、影响力最大、引用率最高的作者都来自美国和欧洲等发达地区。然而,合作网络表明,大多数研究人员几乎没有合作。这可能是因为标注和校准基础数据需要大量人力和财力,使得数据收集变得复杂而有价值。建议中国等亚洲国家的研究人员加强与发达国家研究人员的合作,这将通过共同努力促进更有意义的研究创新和突破,引导研究紧跟国际研究前沿和热点。此外,我们还发现高产作者并非最有影响力的作者,这说明文献的数量和质量没有必然联系,或者说真正有影响力的作者还没有出现。

　　本研究发现,仅有 40 个国家和地区参与了这一领域的研究,其中近半数国家和地区发表的文献数量不足 5 篇,这表明 AI 在 IBD 中的应用对许多国家和地区来说仍是一个新兴领域。毕竟,AI 在 IBD 中应用的相关研究最早出现在 1999 年,比 1956 年 AI 首次提出时晚了近半个世纪[23]。这也导致该领域在不同国家和地区的发展存在很大差异。从文献数量来看,除中国外,排名前 10 的国家和地区均为发达国家,这表明发展中国家和地区对 AI 在 IBD 领域的应用研究明显落后于发达国家和地区,这可能与发达国家和地区雄厚的科技基础和繁荣的经济有关。许多低收入国家和地区由于医疗资源不足,无法在医疗行业广泛应用 AI 技术[24],导致其在该领域相对落后。但我们发现,与美国和意大利的文献数量稳步增长相比,近年来中国、日本和印度发表的文献数量增长迅速,这表明各个国家和地区的研究人员对 AI 在 IBD 领域的应用更加关注。可以预见,今后将有更多国家和研究人员参与这一领域的工作。尽管根据 WoSCC 的数据,中国在该领域发表的文献数量位居世界第五,但仍然缺乏高质量的文献,原因可能有以下几点:①我国 IBD 领域的 AI 研究起步较晚,在国际上的学术影响力较低;②AI 核心算法缺乏创新,与国际先进研究人员的合作较少;③可能存在一定的语言障碍。此外,还有许多高质量的期刊,如 *Gut*、*Gastrointestinal Endoscopy* 和 *Inflammatory Bowel Diseases* 等,都有大量与 AI 在 IBD 中的应用相关的研究。可以预见,今后这一领域的更多文献也将优先在上述期刊上发表。*Diagnostics*、*World Journal of Gastroenterology* 和 *Frontiers in Medicine* 也是高产期刊。它们有潜力发表更多高质量的文献，提高其学术地位和影响因子。

诊断和评估 IBD 的活动度是一个常见的临床难题，需要综合不同的因素，包括临床数据、生化指标、影像学、内镜检查和病理组织学[25]。其中，内镜检查是诊断和随访 IBD 的基石[26]。随着模式识别 AI 技术的发展，胶囊内镜检查有望成为众多内镜检查中最有益的检查之一[27]，这与我们的关键词分析结果一致。读取胶囊内镜图像是一项非常烦琐的工作，由于需要较长的时间和扎实的专业知识，读取过程容易出错。随着深度学习技术的发展，这一领域的研究非常活跃，未来很有可能应用到实际临床实践中。在关键词分析中，许多术语都与 AI 有关，包括机器学习（machine learning, ML）（如随机森林和提升）和深度学习（如递归神经网络和卷积神经网络），所有这些都是指算法可以模仿人类决策，学习识别模式以解决复杂问题的方式[28]。与传统统计技术不同的是，ML 从数据中推断模式以执行特定任务，通常是分类或回归，并将模型应用于未见过的病例[29]。与传统预测工具相比，它的优势在于计算算法自动发现和学习预测标记与结果之间复杂、隐蔽关系的潜在能力[30]。对于深度学习或人工神经网络方法来说，尤其如此[31]。通过预测建模，ML 有可能在 IBD 病程的每个阶段改善患者护理：从快速诊断亚型以确定适当的治疗方案，到评估疾病活动性和识别并发症风险较高的患者[29]。本研究的聚类分析同样显示，AI 相关算法是最重要的关键词，研究人员显然对诊断和治疗最感兴趣。同时，聚类图显示了相关热点随时间的演变情况。目前，AI 在 IBD 领域的应用主要集中在提高内镜的诊断和治疗效率上，未来 AI 在内镜领域的研究仍将是一个热点。

本研究仍存在一些局限性。首先，WoSCC 数据库是本研究分析的唯一数据来源，这可能会使结果产生偏差。不过，作为世界上可用范围最广的数据库之一，本研究选择的 WoSCC 数据库被认为是进行文献计量学分析的最佳数据库。其次，本研究只包括英文文献。然而，英语是发表学术文献最常用的语言，因此本研究的结果仍然是可靠的。最后，由于文献达到一定的被引频次需要一定的时间，近年来高质量的文献并未达到理想的被引频次，容易造成研究偏差。

结　论

我们通过可视化软件和数据挖掘，对 AI 在 IBD 中应用的发表文献数量、作者及其合作网络、国家、主要研究机构、发表期刊和关键词进行了全面、系统和客观的文献计量学分析。这些分析确定了该领域的研究基础、当前热点和未来发展趋势。AI 在 IBD 中的应用仍处于起步阶段，该领域的重点将转向通过深度学习技术提高诊断和治疗效率、基于大数据的治疗和预后预测。

参考文献

[1] GLASSNER K L, ABRAHAM B P, QUIGLEY E M M. The microbiome and inflammatory bowel disease [J]. J Allergy Clin Immunol, 2020, 145 (1): 16-27.

［2］CHEN G, SHEN J. Artificial intelligence enhances studies on inflammatory bowel disease［J］. Front Bioeng Biotechnol, 2021, 9: 635764.

［3］BETTENWORTH D, LOPEZ R, HINDRYCKX P, et al. Heterogeneity in endoscopic treatment of Crohn's disease-associated strictures: an international inflammatory bowel disease specialist survey［J］. J Gastroenterol, 2016, 51(10): 939-948.

［4］ANANTHAKRISHNAN A N, SHI H Y, TANG W, et al. Systematic review and meta-analysis: phenotype and clinical outcomes of older-onset inflammatory bowel disease［J］. J Crohns Colitis, 2016, 10(10): 1224-1236.

［5］KLENSKE E, BOJARSKI C, WALDNER M, et al. Targeting mucosal healing in Crohn's disease: what the clinician needs to know［J］. Therap Adv Gastroenterol, 2019, 12: 1756284819856865.

［6］STAFFORD I S, KELLERMANN M, MOSSOTTO E, et al. A systematic review of the applications of artificial intelligence and machine learning in autoimmune diseases［J］. NPJ Digit Med, 2020, 3: 30.

［7］GUBATAN J, LEVITTE S, PATEL A, et al. Artificial intelligence applications in inflammatory bowel disease: emerging technologies and future directions［J］. World J Gastroenterol, 2021, 27(17): 1920-1935.

［8］SHABAN-NEJAD A, MICHALOWSKI M, BUCKERIDGE D L. Health intelligence: how artificial intelligence transforms population and personalized health［J］. NPJ Digit Med, 2018, 1: 53.

［9］STIDHAM R W, TAKENAKA K. Artificial intelligence for disease assessment in inflammatory bowel disease: how will it change our practice?［J］. Gastroenterology, 2022, 162(5): 1493-1506.

［10］LIU G, ZHAO J, TIAN G, et al. Visualizing knowledge evolution trends and research hotspots of artificial intelligence in colorectal cancer: a bibliometric analysis［J］. Front Oncol, 2022, 12: 925924.

［11］YU Y, LI Y, ZHANG Z, et al. A bibliometric analysis using VOSviewer of publications on COVID-19［J］. Ann Transl Med, 2020, 8(13): 816.

［12］LIU C, YU R, ZHANG J, et al. Research hotspot and trend analysis in the diagnosis of inflammatory bowel disease: a machine learning bibliometric analysis from 2012 to 2021［J］. Front Immunol, 2022, 13: 972079.

［13］FALAGAS M E, PITSOUNI E I, MALIETZIS G A, et al. Comparison of pubmed, scopus, web of science, and google scholar: strengths and weaknesses［J］. FASEB J, 2008, 22(2): 338-342.

［14］LIU S, SUN Y P, GAO X L, et al. Knowledge domain and emerging trends in Alzheimer's disease: a scientometric review based on CiteSpace analysis［J］. Neural Regen Res, 2019, 14(9): 1643-1650.

［15］JIALAL I, SCHREIBER W E, GIUSTINI D M. H-index and academic medicine［J］. Am J Clin Pathol, 2019, 151(6): 648-649.

［16］TAKENAKA K, OHTSUKA K, FUJII T, et al. Development and validation of a deep neural network for accurate evaluation of endoscopic images from patients with ulcerative colitis［J］. Gastroenterology, 2020, 158(8): 2150-2157.

［17］NG S C, SHI H Y, HAMIDI N, et al. Worldwide incidence and prevalence of inflammatory bowel disease in the 21st century: a systematic review of population-based studies［J］. Lancet, 2017, 390(10114): 2769-2778.

［18］CLICK B, RAMOS RIVERS C, KOUTROUBAKIS I E, et al. Demographic and clinical predictors of high healthcare use in patients with inflammatory bowel disease［J］. Inflamm Bowel Dis, 2016, 22(6): 1442-1449.

［19］WINDSOR J W, KAPLAN G G. Evolving Epidemiology of IBD［J］. Curr Gastroenterol Rep, 2019, 21(8): 40.

［20］MENG F, LIAO X, CHEN H, et al. Bibliometric and visualization analysis of literature relating to diabetic erectile dysfunction［J］. Front Endocrinol(Lausanne), 2022, 13: 1091999.

［21］AHMAD P, SLOTS J. A bibliometric analysis of periodontology［J］. Periodontol 2000, 2021, 85（1）: 237-240.

［22］BRANDT J S, HADAYA O, SCHUSTER M, et al. A bibliometric analysis of top-cited journal articles in obstetrics and gynecology［J］. JAMA Netw Open, 2019, 2（12）: e1918007.

［23］MCCARTHY J, MINSKY M L, ROCHESTER N, et al. A Proposal for the Dartmouth Summer Research Project on Artificial Intelligence, August 31, 1955［J］. AI Magazine, 2006, 27（4）: 12.

［24］GUO Y, HAO Z, ZHAO S, et al. Artificial intelligence in health care: bibliometric analysis［J］. J Med Internet Res, 2020, 22（7）: e18228.

［25］FEUERSTEIN J D, CHEIFETZ A S. Crohn disease: epidemiology, diagnosis, and management［J］. Mayo Clin Proc, 2017, 92（7）: 1088-1103.

［26］MAASER C, STURM A, VAVRICKA S R, et al. ECCO-ESGAR Guideline for Diagnostic Assessment in IBD Part 1: Initial diagnosis, monitoring of known IBD, detection of complications［J］. J Crohns Colitis, 2019, 13（2）: 144-164.

［27］KIM S H, LIM Y J. Artificial intelligence in capsule endoscopy: a practical guide to its past and future challenges［J］. Diagnostics（Basel）, 2021, 11（9）: 1722.

［28］COHEN-MEKELBURG S, BERRY S, STIDHAM R W, et al. Clinical applications of artificial intelligence and machine learning-based methods in inflammatory bowel disease［J］. J Gastroenterol Hepatol, 2021, 36（2）: 279-285.

［29］STAFFORD I S, GOSINK M M, MOSSOTTO E, et al. A systematic review of artificial intelligence and machine learning applications to inflammatory bowel disease, with practical guidelines for interpretation［J］. Inflamm Bowel Dis, 2022, 28（10）: 1573-1583.

［30］CHEN H, SUNG J J Y. Potentials of AI in medical image analysis in Gastroenterology and Hepatology［J］. J Gastroenterol Hepatol, 2021, 36（1）: 31-38.

［31］LE BERRE C, SANDBORN W J, ARIDHI S, et al. Application of artificial intelligence to gastroenterology and hepatology［J］. Gastroenterology, 2020, 158（1）: 76-94.e72.

（曾憬琦　何浩东　李湘云　王　强　董卫国）

炎症性肠病诊断研究热点与趋势分析：2012—2021 年文献计量分析

【目的】本研究旨在通过文献计量学方法，对炎症性肠病（inflammatory bowel disease, IBD）诊断相关的文献进行分析，展示其当前状况、研究热点和发展趋势。

【方法】我们从 Web of Science 核心合集的科学引文索引 - 扩展版（Science Citation Index-Expanded, SCI-E）中获取了有关 IBD 诊断的文献。通过 CiteSpace 软件和文献计量在线分析平台对文献中作者、机构、国家、期刊、参考文献和关键词的共现和合作关系进行分析。同时，我们制作了相关知识图谱，进行了关键词聚类分析和突现分析。

【结果】此次分析共纳入了 14 742 篇相关文献,表明近年来该领域的文献数量逐渐增加。研究结果显示,University Hospital of Nancy-Brabois 的 Peyrin-Biroulet L 是发表文献数量最多的作者。文献数量最多的机构是梅奥诊所,美国在文献产出方面遥遥领先,发挥着主导作用。关键词分析显示,共有 818 个关键词,主要集中在与 IBD 引发或共存相关的疾病研究,如结直肠癌和自身免疫性疾病,以及 IBD 的诊断和治疗方法。关键词突现分析显示,未来的研究热点和趋势可能是 IBD 的治疗和精准医学。

【结论】本研究是首次利用可视化软件和数据信息挖掘方法对 IBD 诊断领域的出版物进行文献计量学分析,获得了该领域的当前状况、研究热点和发展趋势。未来的研究热点可能是 IBD 的精准医学,但还需要深入探讨其机制,为其临床应用提供理论依据。

【关键词】炎症性肠病,诊断,精准医学,文献计量,CiteSpace

引　言

炎症性肠病(inflammatory bowel disease,IBD)是一种全身性的、自身免疫性的、反复发作和缓解的胃肠疾病,多发生在 20~30 岁[1-2]。IBD 在西方人群中的发病率超过 0.3%,已经成为全球性问题[3]。溃疡性结肠炎(ulcerative colitis,UC)和克罗恩病(Crohn disease,CD)是 IBD 的两种主要形式[4-5],它们可以通过不同的病理特征来区分[6]。IBD 患者通常会出现肠道症状,但也可能出现全身炎症的症状和体征,包括肠外表现[7]。有时这些症状和体征轻微,以至于临床上不容易怀疑 IBD,但它们可能在其他原因进行结肠镜检查时被意外发现[8]。目前,IBD 尚无法治愈,治疗重点在于诱导和维持缓解,减少住院和手术[9]。

因此,及时而正确地诊断 IBD 具有重要意义。许多共识和指南提出了更清晰的 IBD 诊断标准,但也明确指出,IBD 的诊断需要仔细的鉴别诊断[10-11]。近年来,随着对 IBD 发病机制的深入研究和辅助检查技术的进步,研究者对 IBD 的诊断和鉴别诊断有了许多新的理解,这使我们能够更全面地了解 IBD 并作出更准确的诊断。因此,分析 IBD 诊断研究的临床应用进展、研究现状、热点和发展趋势对于在临床实践中扩展 IBD 诊断的应用和深入的基础研究具有重要的参考价值。此外,随着与 IBD 诊断相关的研究的深入,文献的信息量迅速增长。因此,手动检索文献已难以展示研究领域的全貌和进展。

文献计量学是一种由 Pritchard 于 1969 年定义的数学和统计方法,用于分析文献、书籍等。作为一种有用和有效的文献分析工具,这一技术已广泛应用于不同的科学知识领域[12]。文献计量学是一门跨学科的领域,它使用数学和统计方法来量化分析知识载体。科学知识图谱是科学知识的可视呈现,可以从时间和空间维度探索、绘制、分析、总结和揭示知识的结构和领域[13]。知识可视化与文献计量学的结合可以直观、生动地展示信息,如研究模型、结构关系和知识的发展过程[14-15]。尽管有许多种可视化分析软件,如 Sci2、CiteSpace、VOSviewer 等,但 CiteSpace 目前是最受欢迎的知识图绘制工具之一,它是由陈昌明教授使用

Java 语言开发的信息可视化工具[16]。CiteSpace 具有支持多种数据格式、综合功能齐全和可视效果良好的特点,并已应用于许多学科的相关研究[17]。

文献计量学作为一种新兴方法已广泛应用于医学的各个领域,如内科、外科等临床领域[18-20]。近年来,相关文献计量学的数量呈指数级增长。此外,已经有大量关于 IBD 的文献计量学研究。Connelly TM 等对 UC 的 100 篇经典论文进行了度量可视化分析[21]。Schöffel N 等通过科学计量学方法总结了 UC 的全球研究产出和网络[22]。Azer SA 等进行了 50 篇被引用最多的 IBD 文献的文献计量分析[23]。然而,目前尚无 IBD 诊断研究的可视定量分析。近 10 年的文献对于把握当前研究状况和引导未来趋势研究更具参考性。因此,基于文献计量学方法和科学知识图谱,本研究使用 CiteSpace 软件从文献分布和共现图等多个角度对过去 10 年的 IBD 诊断全球研究进展和现状进行了可视化分析。同时,通过时间线视图和关键词突现轨迹揭示了相关出版物的研究热点和未来趋势,并对研究前沿进行了展望。

方 法

(一)数据来源

本研究是一项文献计量学研究,不涉及任何临床试验和患者同意,因此,无须经过伦理委员会或机构审查委员会的批准。数据来源于 Clarivate Analytics 的 Web of Science 核心合集(Web of Science Core Collection,WoSCC)数据库中科学引文索引-扩展版(Science Citation Index-Expanded,SCI-E),获取日期为 2022 年 4 月 28 日。检索时间范围是 2012 年 1 月 1 日至 2021 年 12 月 31 日,并限定为英文文献。在 WoSCC 数据库中,采用了主题词检索方法,主题领域不受限制。检索策略为: TS= "inflammatory bowel disease" 或 "Crohn" 或 "Crohn disease" 或 "ulcerative colitis" 或 "IBD" 或 "CD" 或 "UC",和 TS= "diagnosis"。所有电子检索均在 2022 年 4 月 28 日完成。两位独立的审阅者通过阅读从 WoSCC 数据库中 SCI-E 获取的标题和摘要来收集所有数据。必要时,全文从 PubMed 或其他数据库下载。两位审阅者之间的任何差异通过与第三位审阅者讨论解决。

(二)数据建立与处理

1. 数据创建与转化　Note Express 是一款功能齐全的文献管理软件,用于管理从不同数据库获取的研究,具备文献信息检索、下载和分类功能。检索到的研究关于 IBD 诊断的期刊文献被导入 Note Express 软件中,重复的文献被电子方式删除,进行进一步筛选,最终包括了 14 742 篇文献。从 WoSCC 导出的文献数据以 "RefWorks" 格式保存。两名研究人员审查了选定的文献,分析识别并记录了以下数据:①标题;②作者;③引用次数;④关键词;⑤发表年份;⑥主题;⑦参考文献;⑧机构和国家。此外,还使用 2021 年版《期刊引证报告》(Journal Citation Report,JCR)记录了期刊名称和影响因子(impact factor,IF)。数据转换为 "txt" 格式,命名为 "download_*.txt",然后导入 CiteSpace(版本 5.8.R3)和文献计量在线分析平台(Online Analysis platform of Literature Metrology,OALM)进行分析。OALM 通过 Web 服务以图形可视化的形式为研究人员提供科学引文数据的计量分析,并以最简单的操作方式和最直观的表达方式为研究人员提供有价值的参考信息。

2. 数据处理　我们使用 Excel 软件对包括的文献数据进行了分析。在 CiteSpace 中,我们选择了适当的参数,生成了关于 IBD 诊断研究的期刊、作者、机构、国家、参考文献和关键词的共现可视化图,还进行了关键词的聚类分析和突现分析。软件设置:①时间切分:2012—2021;时区选择(每片一年):1年;节点类型:(引用)作者、机构、国家、引用期刊、参考文献、关键词。②阈值(每个切片的前 N):10%,即选择每个时区前 10% 但少于 100 个高频关键词。为了防止共引网络过于复杂,本文采用了"Pathfinder"算法,该算法可以通过删除违反三角不等式的边来简化网络,并适当提取网络的核心结构。可视化使用默认系统进行。CiteSpace 聚类算法主要使用名词术语来检测研究热点,帮助研究人员在图中找到突变词汇,探索研究热点,把握研究方向。同时,还使用 OALM 来分析每年关键词数量、合作关系(包括作者、机构和国家)和文献引用关系。

结　果

(一)文献数量与一般特征

基于 WoSCC 数据,我们发现自 2012 年至 2021 年,发表的文献数量总体呈递增趋势,表明对 IBD 诊断的研究受到了广泛关注,相关研究的挖掘价值不断上升。目前,2021 年发表的文献数量已经达到最高点,共计 2 202 篇。根据普赖斯定律,文献产出的增长呈指数增长,其指数增长曲线方程为 $y=8E-79e^{0.0928x}$。模拟曲线与年度文献增长趋势高度吻合,具有很高的决定系数($R^2=0.981\ 8$)。根据拟合曲线,我们可以预测未来几年文献数量将继续增长。根据指数增长曲线方程,平均年增长率为 9.28%。根据数学公式的计算,文献翻倍时间为 7.47 年。此外,我们选择了过去 10 年中这一领域中被引用率较高且备受关注的 134 篇论文,并将其称为"引文经典"。其中,2017 年发表的文献数量最多,达到 19 篇。大多数文献类型为论著。

(二)作者分析

根据 WoSCC,过去 10 年涉及相关研究的共有 62 916 位作者,其中引文经典文献涉及 1 605 位作者(图 7-21A、B)。通过 CiteSpace 对作者和被引用作者的合作网络进行了分析,获得了共现可视化图。基于 CiteSpace 的分析如下:在过去 10 年的研究中,有 702 个节点,代表 702 位作者(图 7-21D),引文经典中有 280 个节点(图 7-21E)。节点越大,代表作者发表的文献越多。其中,累计文献数量最多的作者是 Peyrin-Biroulet L,共发表了 119 篇文献。根据 Web of Science,高引用指数(H 指数)是一个综合性的定量指标,可用于评估研究者的学术产出数量和水平。同样基于 Web of Science,中位引文百分位可以反映作者的影响力。Colombel JF 的影响力最大,H 指数为 125,中位引文百分位为 87%(表 7-24)。在过去 10 年的研究中,有 1 034 位被引用作者(图 7-21F),引文经典中有 382 位(图 7-21G)。高产作者之间存在合作关系,形成了稳定的研究团队。同时,作者的合作网络图也显示,半数研究团队合作较少(图 7-21C)。

(三)国家和机构分析

基于 WoSCC,过去 10 年相关研究涉及 149 个国家 / 地区和 11 324 个机构。其中,美国发表了最多的文献,达到 4 178 篇(图 7-22A),哈佛大学发表了最多的文献,达到 488 篇(图 7-22C)。同时,引文经典文献涉及 65 个国家和 826 个机构。美国发表了最多的文献,共有 75 篇(图 7-22B),哈佛大学发表了最多的文献,共有 18 篇(图 7-22D)。通过

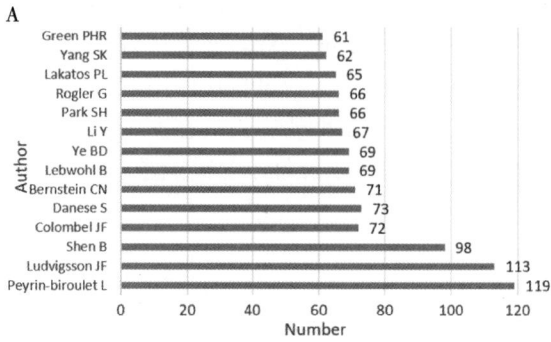

A

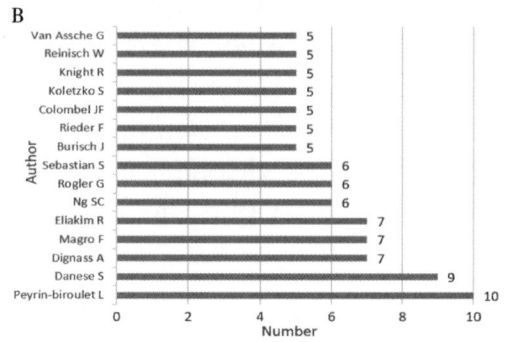

B

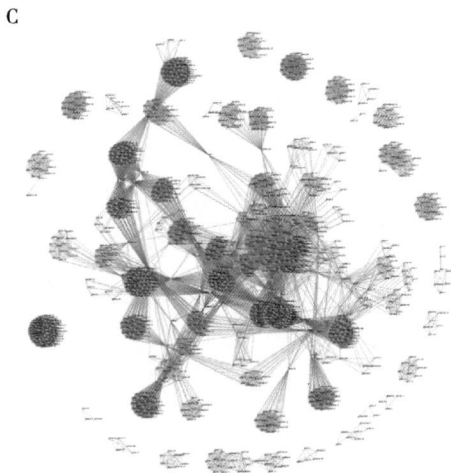

C

D

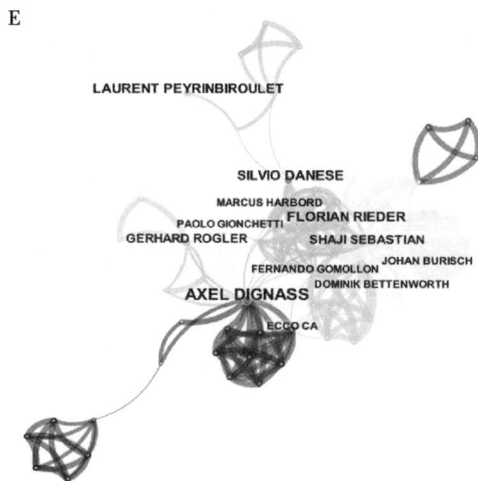

E

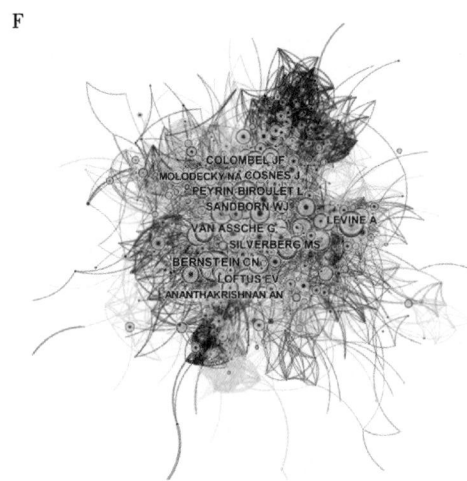

F

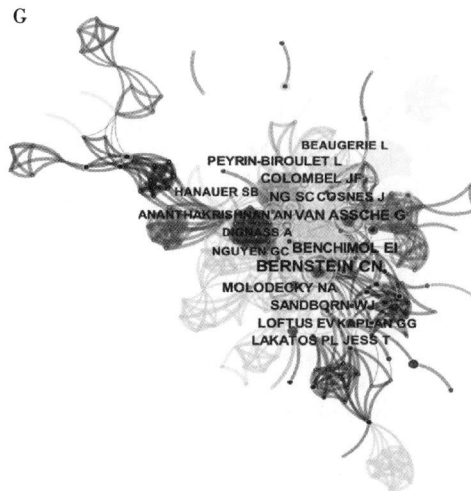

图 7-21 作者分析

A. 过去 10 年内 IBD 诊断研究的常见作者发表的文章数量；D. 作者的共现图；F. 被引用作者的共现图。
B. 引文经典文献中常见作者发表的文章数量；E. 作者的共现图；G. 被引用作者的共现图。C. 作者之间的合作关系。

表 7-24 近 10 年内 IBD 诊断相关文献的前 14 位作者

排序	作者	文献数量	H 指数	中位引文百分位	中心性	度（degree）
1	Peyrin-Biroulet L	119	88	72nd	0.09	46
2	Ludvigsson JF	113	64	76th	0.04	25
3	Shen B	98	52	53rd	0.05	23
4	Danese S	73	93	77th	0.08	44
5	Colombel JF	72	125	87th	0.07	41
6	Bernstein CN	71	88	76th	0.08	35
7	Lebwohl B	69	37	62nd	0.02	14
8	Ye BD	69	36	57th	0.01	22
9	Li Y	67	5	41st	0.00	3
10	Park SH	66	29	62nd	0.02	19
11	Rogler G	66	67	62nd	0.09	40
12	Lakatos PL	65	17	53rd	0.08	49
13	Yang SK	62	46	57th	0.02	23
14	Green PHR	61	73	73rd	0.00	11

CiteSpace 分析国家和机构的合作网络,并获得了共现可视化图。根据 CiteSpace 分析显示,在过去 10 年中有 180 个国家和地区(图 7-22E)。其中,美国发表文献最多,有 4 020 篇,其次是意大利、中国、英国、德国和加拿大,都有 500 篇以上的文献。在引文经典文献中,有 65 个国家,美国以 75 篇领先,还有 7 个国家发表了 20 篇以上的文献(图 7-22F)。在过去 10 年的文献中,有 563 个机构(图 7-22G)。其中,梅奥诊所发表的文献最多,共有 358 篇,其次是卡罗琳斯卡学院、多伦多大学、特拉维夫大学、哈佛大学医学院、克利夫兰医学中心、麻省总医院、米兰大学、西奈山伊坎医学院、宾夕法尼亚大学和卡尔加里大学,都有 100 篇以上的文献。在引文经典中,有 263 个机构,其中梅奥诊所发表文献最多,有 13 篇,还有 9 个机构的文献数量达到或超过 5 篇(图 7-22H)。基于 OALM,每个小黑点代表一个机构,连接代表相互合作。可以看到,这些机构紧密相连,大多数研究机构是大学(图 7-22K、L)。各国之间有稳定的合作关系,但大多数国家之间的联系较少(图 7-22I、J)。

A

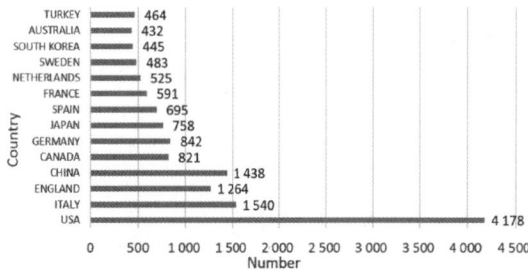

B

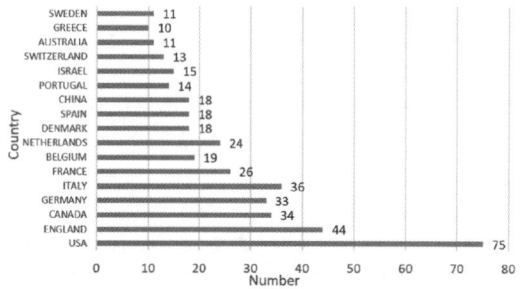

C

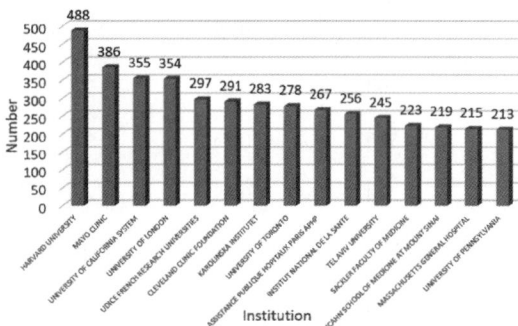

D

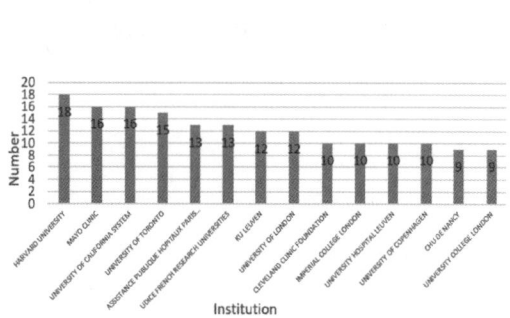

E

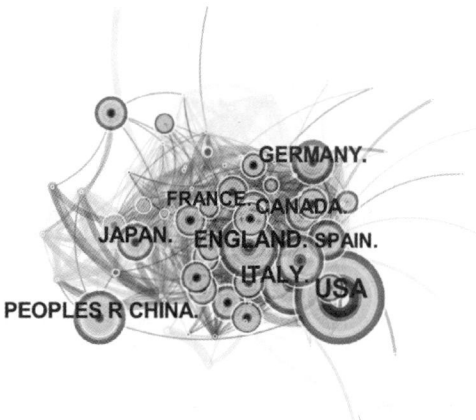

F

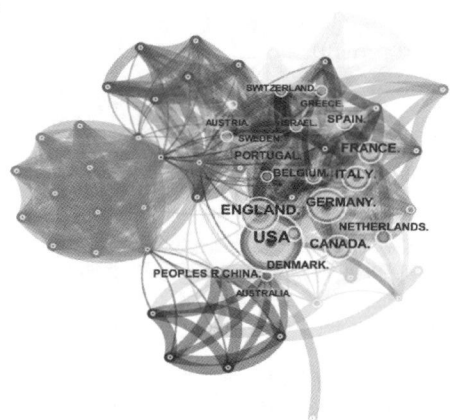

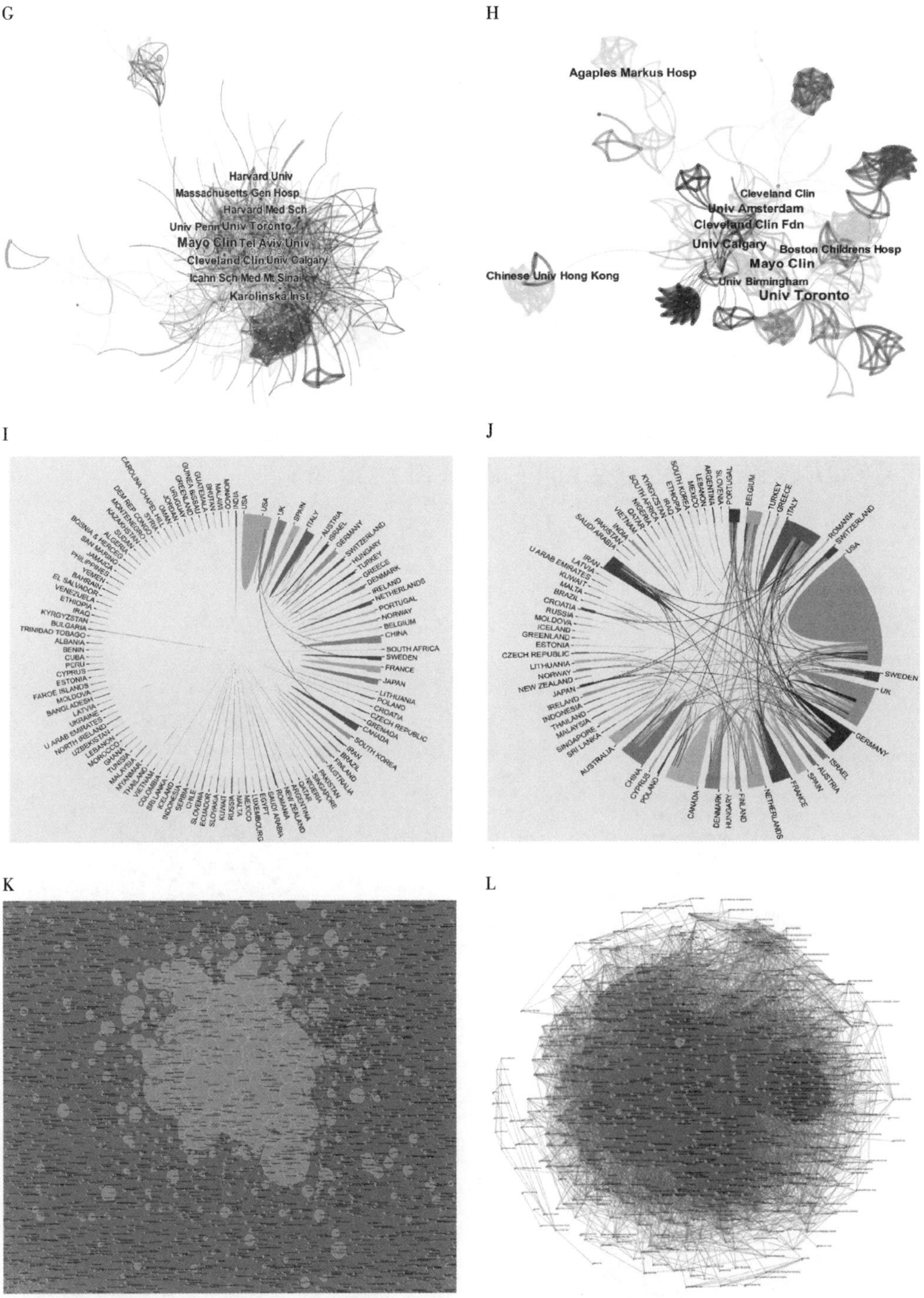

图 7-22　国家与机构分析

A. 过去 10 年内 IBD 诊断研究的常见国家发表的文章数量；E. 国家的共现图；I. 国家之间的合作关系。
B. 引文经典文献的常见国家发表的文章数量；F. 国家的共现图；J. 国家之间的合作关系。C. 常见机构发表的文章数量；G. 机构的共现图；K. 机构之间的合作关系。D. 引文经典文献的常见机构发表的文章数量；H. 机构的共现图；I. 机构之间的合作关系。

（四）参考文献和期刊的引用分析

根据 WoSCC,过去 10 年来相关研究已经发表在 2 771 种期刊上。*Inflammatory Bowel Diseases*（2021 IF=7.29）在这一研究领域贡献最大,发表了 590 篇文献（图 7-23A）。在引文经典文献中,涉及 59 种期刊,其中 *Gastroenterology*（2021 IF=33.88）发表了最多的文献,达到 20 篇（图 7-23E）。通过 CiteSpace 分析了被引用期刊和参考文献的合作网络,并获得了共现可视化图。基于 CiteSpace 的分析如下:在过去 10 年中,共引用了 1 462 种期刊,其中 *Gastroenterology* 被引用最多,达到 6 576 次,有 17 种期刊被引用超过 2 000 次（图 7-23B）。在经典引用文献中,被引用了 313 种期刊,其中 *Gastroenterology* 被引用最多,达到 100 次,有 14 种期刊被引用 50 次以上（图 7-23F）。在最近的 10 年研究中,此文献[24]被引用最多,达到 268 次,有 18 项研究被引用 100 次以上（图 7-23C）。在引文经典文献中,此文献[24]也被引用最多,达到 12 次,同时有 8 项研究被引用 5 次以上（图 7-23G）。在基于 OALM 的文献引用关系网络图中,每个小黑点代表一项研究,线条代表相互引用。可以看到,文献的相互引用关系相对较密切,尤其是过去 10 年的研究（图 7-23D、H）。

A

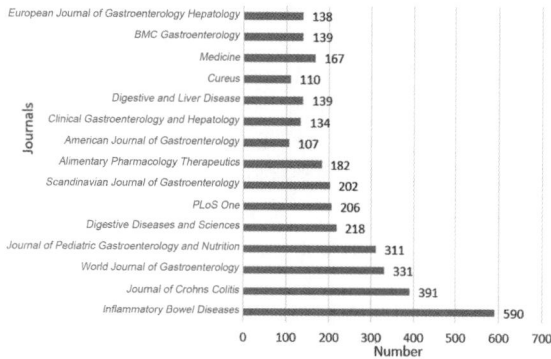

B

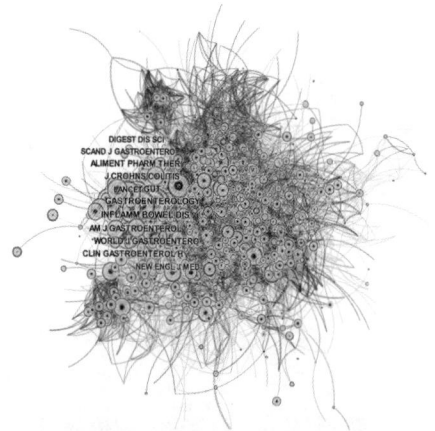

C

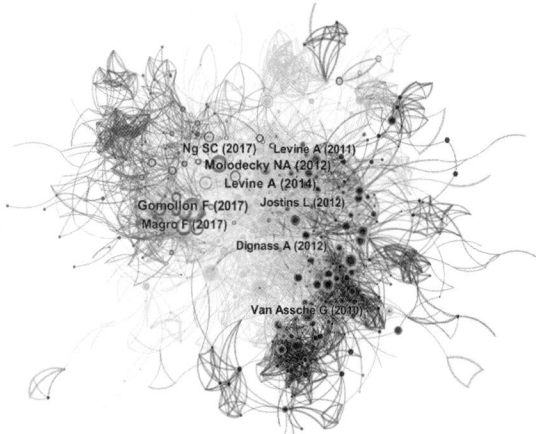

D

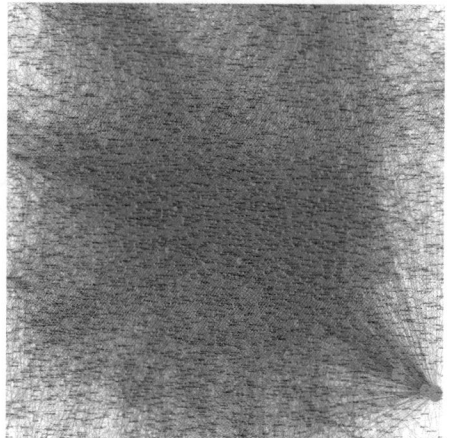

E

F

G

H

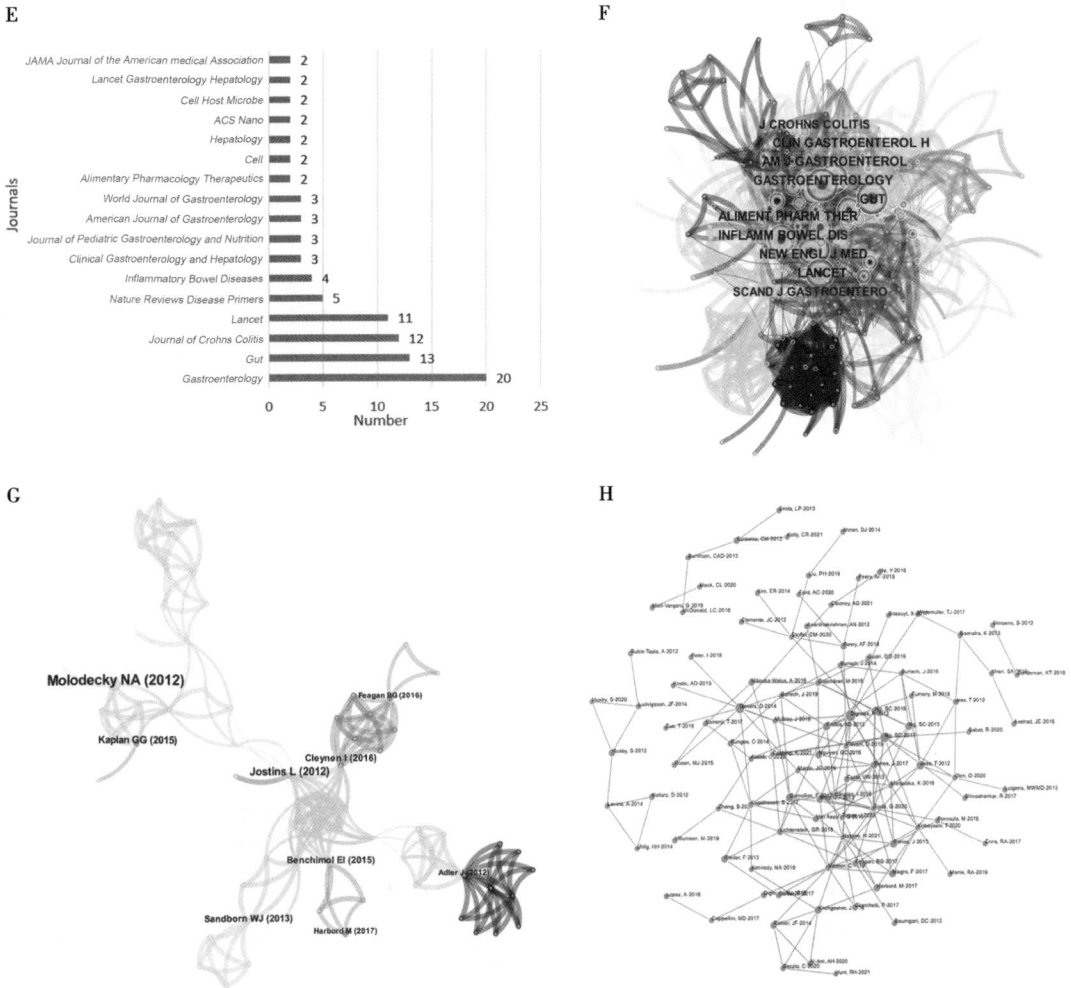

图 7-23 期刊分析

A. 过去 10 年内 IBD 诊断研究的期刊发表的文章数量；B. 期刊的共现图；C. 被引用期刊的共现图；D. 期刊之间的合作关系。E. 引文经典文献的期刊发表的文章数量；F. 期刊的共现图；G. 被引用期刊的共现图；H. 期刊之间的合作关系。

（五）关键词分析

1. 词频分析 关键词起到了浓缩和概括主题的作用。统计研究文献中的关键词，获得被引次数较多的关键词，在一定程度上反映了关键词的重要性，可以用来分析研究热点的演变[25]。通过关键词分析，除了检索术语"inflammatory bowel disease""Crohn disease""ulcerative colitis""diagnosis"外，本研究呈现的关键词还主要反映了 IBD 相关疾病，如"colorectal cancer""*Clostridium difficile* infection""primary sclerosing cholangitis"等；反映了 IBD 治疗，如"management""therapy"；反映了 IBD 相关特征，如"quality of life""risk factor""natural history""evidence based consensus""follow up""children"等（表 7-25）。

表 7-25 IBD 诊断相关文献的前 12 位关键词

排序	关键词	频率	关键词	中心性
	近 10 年文献			
1	inflammatory bowel disease	4 281	Inflammatory bowel disease	0.03
2	Crohn disease	3 250	diagnostic accuracy	0.03
3	ulcerative colitis	2 601	natural history	0.02
4	diagnosis	2 042	rheumatoid arthritis	0.02
5	management	1 098	*Clostridium difficile* infection	0.02
6	prevalence	739	antibody	0.02
7	risk	649	prediction	0.02
8	children	627	calprotectin	0.02
9	risk factor	556	ct enterography	0.02
10	therapy	554	receptor	0.02
11	epidemiology	454	prognosis	0.02
12	colorectal cancer	429	genome wide association	0.02

排序	关键词	频率	关键词	中心性
	引文经典			
1	inflammatory bowel disease	56	inflammatory bowel disease	0.78
2	ulcerative colitis	41	Crohn disease	0.73
3	Crohn disease	34	ulcerative colitis	0.2
4	quality of life	10	colorectal cancer	0.16
5	colorectal cancer	9	rheumatoid arthritis	0.12
6	*Clostridium difficile* infection	8	quality of life	0.09
7	risk factor	7	risk factor	0.09
8	management	7	primary sclerosing cholangitis	0.07
9	evidence based consensus	6	*Clostridium difficile* infection	0.06
10	primary sclerosing cholangitis	6	chronic kidney disease	0.06
11	diagnosis	5	genome wide association	0.06
12	follow up	5	diagnosis	0.05

本研究使用了 CiteSpace 软件进行可视化图谱分析,其中包含 818 个节点,其中一个节点代表一个关键词。节点的大小与关键词的频率成正比,节点之间的连接表示关键词之间的联系,连接越粗表示关键词共现频率越高,联系越紧密。节点中心性(centrality)用于衡量网络中节点的重要性和与其他节点的亲近程度。关键词的中心性越高,越容易成为网络中的关键节点,表明该关键词在该领域具有影响力,周围的研究范围广泛。过去 10 年的研究中获得了 818 个关键词,其中有 5 个关键词的词频 ≥ 1 000(图 7-24A),引文经典文献中获得了 266 个关键词,其中有 4 个关键词的词频 ≥ 10(图 7-24B)。可视化图中具有影响力的关键词包括 inflammatory bowel disease(0.78)、Crohn disease(0.73)、ulcerative colitis(0.2)、colorectal cancer(0.16)、rheumatoid arthritis(0.12)等(表 7-25)。此外,为了加强关键词的可靠性,我们在 PubMed 中检索了 1 000 篇与该领域相关的研究,包含 2 127 个关键词。去除了一些重复词后,剩下了 1 907 个关键词。这些文献中出现的关键词数量以词云的形式展示(图 7-24C),可以看出核心关键词的趋势与前述相似。

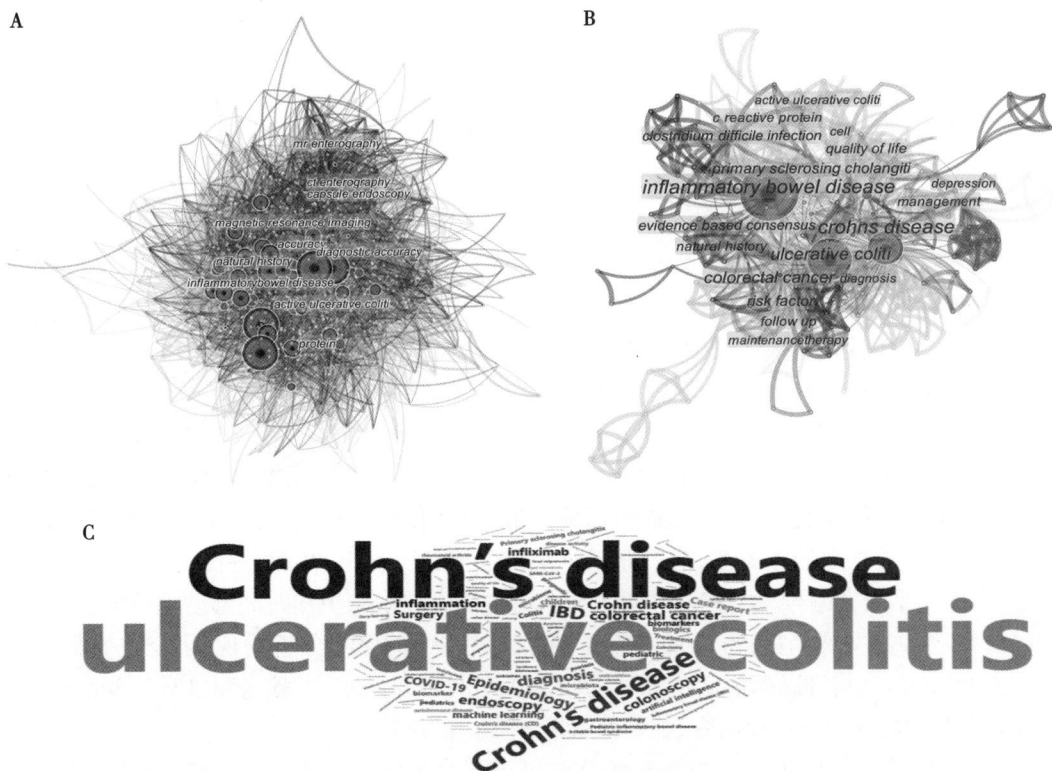

图 7-24 关键词分析

A. 过去 10 年内 IBD 诊断研究的关键词的共现图;B. 引文经典文献的关键词的共现图;C. PubMed 中的关键词词云形式。

2. 聚类分析 关键词聚类分析是对研究文献中共现的关键词进行相关性操作,将密切相关的词汇聚类成类别,以挖掘隐藏信息。本文通过 CiteSpace 进行了主要关键词的聚类分析,使用对数似然比(log-likelihood ratio, LLR)方法标记了聚类,以获取聚类时间线视图(图 7-25A、C)和时间区域图(图 7-25B、D)。聚类图绘制效果的两个重要评估指标是 Modularity Q(Q,数值区间[0,1])和 Weighted Mean Silhouette S(S,数值区间[-1,1])。

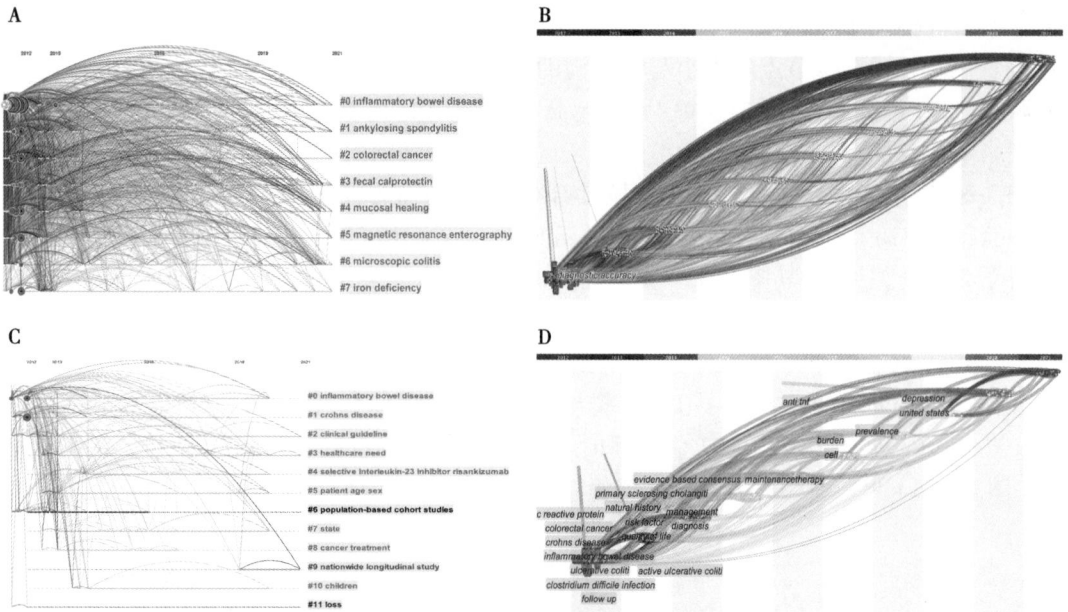

图 7-25 聚类与研究热点分析

A. 过去 10 年内 IBD 诊断研究的关键词聚类时间线视图；B. 时区地图。C. 引文经典文献的关键词聚类时间线视图；D. 时区地图。

Q 值用于评估聚类网络的质量，数值越高，聚类网络的结构越好；Q>0.3 表示获得的网络结构具有显著的可信度。S 值用于衡量聚类成员的同质性，数值越大，类内成员之间的一致性越高；S>0.5 表示聚类结果合理。图 7-25 中 Q 值分别为 0.387 6 和 0.591（均 >0.3），S 值分别为 0.710 8 和 0.868 3（均 >0.7），表明这些聚类图是合理的，具有参考价值。

在过去 10 年的研究中，形成了 8 个有意义的聚类（表 7-26），在引文经典文献中形成了 12 个聚类（表 7-26）。从 #0 到 #12，编号越小的聚类包含的关键词越多。在关键词聚类图中存在多个重叠的聚类，表明它们密切相关。聚类时间线视图直观展示了每个聚类的时间跨度和不同聚类之间的相关性，清晰显示了研究的演化过程。时间线视图的横坐标是发表年份，纵坐标是聚类编号。关键词时间区域图可以清晰展示知识在时间维度上的演化过程，获取研究热点的发展趋势，为未来研究提供方向。本文的聚类分析发现，研究主要集中在两个方面：①与炎症性肠病引起或并存的相关疾病的研究，如结直肠癌和自身免疫性疾病；②炎症性肠病的诊断和治疗研究，如影像诊断和维持治疗。

3. 突现分析　Kleinberg 的突现检测算法可用于检测某一学科研究兴趣的突然增长[26]。突现检测是一种原创的计算技术，可以检测事件发生的急剧变化。事件的突现意味着事件的出现呈现出激增，例如关键词的频率激增。而突现关键词可能是发展趋势的关键方向。因此，关键词的突现分析可以显示对某一关键词的研究在一段时间内有所增加，这意味着在此期间该关键词的关注度增加了。通过 CiteSpace 软件进行了对与 IBD 诊断相关文献的关键词突现分析，时间跨度为 2012—2021 年。每个突现关键词都有一个由单元格组成的亮度条，每个单元格代表一年（表 7-27）。在 2012—2021 年的早期阶段，IBD 诊断研究主要集中在一般特征和诊断方法方面。在后期，IBD 诊断的研究热点扩展到了 IBD 的治疗和机制研究，这一方面的研究需要进一步探讨。值得注意的是，精准医学可能是未来的研究趋势。

表 7-26　关键词共现网络聚类表

类别	聚类 ID	大小	轮廓系数	平均年份	高权重关键词（前 5）
近10年文献	0#	140	0.694	2014	inflammatory bowel disease; natural history; population-based study; clinical characteristics; disease course
	1#	127	0.654	2014	ankylosing spondylitis; inflammatory diseases; axial spondyloarthritis; rheumatoid arthritis; pyoderma gangrenosum
	2#	126	0.673	2013	colorectal cancer; colorectal neoplasia; ulcerative colitis; Crohn disease; ulcerative colitis-associated neoplasia
	3#	117	0.704	2015	fecal calprotectin; faecal calprotectin; fecal lactoferrin; volatile organic compound; intestinal tuberculosis
	4#	99	0.678	2014	mucosal healing; exclusive enteral nutrition; long-term efficacy; clinical remission; serious infection
	5#	96	0.807	2013	magnetic resonance enterography; capsule endoscopy; MR enterography; small bowel; inflammatory bowel disease
	6#	80	0.756	2015	microscopic colitis; collagenous colitis; lymphocytic colitis; inflammatory bowel disease; Crohn disease
	7#	35	0.864	2015	iron deficiency; iron deficiency anemia; ferric carboxymaltose; Crohn disease; ulcerative colitis
引文经典文献	0#	43	0.797	2015	inflammatory bowel disease; toronto consensus statement; worldwide incidence; environmental risk factor; 21st century
	1#	30	0.932	2014	Crohn disease; risk pathogenesis prevention; reduced risk; IBD detection; initial diagnosis monitoring
	2#	29	0.864	2015	clinical guideline; fecal microbiota transplantation; therapeutic potential; review article; gut microbiome
	3#	29	0.8	2017	healthcare need; unmet need; hidradenitis suppurativa; evaluating patient; global survey
	4#	25	0.831	2017	selective interleukin-23 inhibitor Risankizumab; to-severe Crohn disease; double-blind placebo-controlled phase; induction therapy; international expert
	5#	21	0.901	2016	patient age sex; phenotype associate; young adult; increasing incidence; rectal cancer
	6#	20	0.876	2012	population-based cohort studies; colorectal cancer; decreasing risk; declining risk; colitis epidemiology study
	7#	19	0.876	2015	state; burden; functional gastrointestinal disorder; childhood; gastrointestinal liver
	8#	19	0.903	2015	cancer treatment; role; cancer; iron deficiency anemia; Crohn disease
	9#	12	0.97	2020	nationwide longitudinal study; dementia risk; inflammatory bowel disease; Crohn disease; systematic review
	10#	9	0.945	2015	children; espghan; Porto criteria; adolescent; diagnosis
	11#	6	0.973	2012	loss; infantile inflammatory bowel disease; therapy; diagnosis; inflammatory bowel disease

表 7-27　IBD 诊断相关文献中关键词突现分析

分类	关键词	强度	开始年份	结束年份	2012—2021 年
A. 近10年文献	CT enterography	10.96	2012	2013	
	survival	5.83	2012	2013	
	carcinoma	5.31	2012	2013	
	cancer risk	5.3	2012	2013	
	MR enteroclysis	5.24	2012	2013	
	increasing incidence	6.2	2013	2014	
	liver disease	5.79	2015	2016	
	tumor	5.53	2015	2018	
	regulatory T cell	4.95	2015	2016	
	diet	5.71	2017	2019	
	postoperative complication	5.3	2017	2018	
	combination therapy	4.98	2017	2021	
	pathway	6.11	2018	2021	
	fecal microbiota	5.75	2018	2019	
	anti-TNF therapy	5.74	2018	2021	
	gut microbiota	5.19	2018	2021	
	burden	5.7	2019	2021	
	clinical practice guideline	5.62	2019	2021	
	care	5.52	2019	2021	
	accuracy	5.13	2019	2021	
	evidence based consensus	4.88	2019	2021	
	precision medicine	1.68	2020	2021	
B. 引文经典文献	natural history	1.99	2013	2013	
	primary sclerosing cholangitis	1.9	2013	2016	
	maintenance therapy	1.52	2016	2017	
	quality of life	1.85	2018	2021	
	necrosis factor-α	1.66	2018	2018	
	Clostridium difficile infection	1.64	2018	2018	
	risk	1.59	2020	2021	
	diagnosis	1.44	2020	2021	

注：A 中 γ[0,1]=2,突现最小持续年份 =2;B 中 γ[0,1]=0.6,突现最小持续年份 =1。

讨　论

根据 2015 年 Kaplan 的一份报告,美洲有超过 100 万人,欧洲有 250 万人患有 IBD[27]。从发展中国家缺乏流行病学炎症性肠病数据的情况来看,随着最近工业化的增加,发展中国家 IBD 流行的情况可能更严重[28]。炎症性肠病的早期诊断和治疗通常可以改善患者的生活质量,因此其诊断研究具有重要价值。在当今大量文献中,迅速了解研究领域的概况变得尤为紧迫,而文献计量学可以满足这一需求。

本文是第一篇基于文献计量学方法并结合内容分析方法对 IBD 诊断相关文献进行数学统计分析的文献,以挖掘基于数据信息的研究热点和发展趋势。一般而言,为获取标准的 CiteSpace 知识谱系,需要进行以下四个步骤:软件安装、原始文献检索和下载、软件功能操作(包括各种参数的调整等)、图谱解释。为了准确、全面地收集文献,作者应注意数据检索方法,根据自己的需求选择适当的参数,并调整杂乱的谱系以获得清晰而美观的谱系。

这项研究涵盖了 2012—2021 年间 IBD 诊断相关的 14 742 篇文献的分析,发现发表的文献数量总体呈上升趋势,表明这一研究领域具有广阔的前景和潜力。排名前 10 位的国家发表的文献数量占全部文献的 80%,其中 90% 来自发达国家,因为这些国家通常拥有先进的医学研究机构和顶尖的医学研究人员。这些国家政府有能力建立完善的医疗保障体系并提供足够的资金用于药物研究。其中,美国遥遥领先并发挥着主导作用,这可能与美国用于科学研究的财政资源有关[29]。加拿大一直是全球第四大 IBD 研究资助国,从 2013 年至 2017 年共投入了超过 1.19 亿美元。凭借这一投资,加拿大在学术产出和影响力的各项指标上均在国际上名列前茅[30]。中国是这 10 个国家中唯一的发展中国家,这表明中国最近在这一领域取得了巨大进展。中国在研究和发明方面的投资已经超过了除美国以外的任何国家,而且其资金每年以 20% 的速度增长[31],从而在许多医学研究领域取得了显著进展[32-33]。目前,IBD 诊断研究领域发表最多文献的作者是来自 University Hospital of Nancy-Brabois 的 Peyrin-Biroulet L。令人惊讶的是,在总体文献分析和引文经典文献方面,该作者不仅在发表文献数量方面表现出色,还在文献质量方面表现出色,这表明他在这一研究领域发挥了关键作用。梅奥诊所、多伦多大学和卡罗林斯卡学院等机构发表了大量文献,分别位于美国、加拿大和瑞典。此外,美国在推动国际合作方面发挥了关键作用,美国与加拿大之间的合作最为紧密。因此可以发现,科学家、机构和国家都受益于国际合作[34]。由于高影响因子期刊对科学界的吸引力[35],期刊的影响因子在某种程度上是最有力的引用指标之一。高度引用的文献通常发表在高影响因子期刊上。这一领域的研究主要发表在 *Inflammatory Bowel Diseases* 和 *Journal of Crohns & Colitis*,其影响因子分别为 7.29 和 10.02,这也提示了该领域的产出质量。

通过 CiteSpace 可视化分析 IBD 诊断相关文献的关键词,发现热门词汇主要包括 colorectal cancer、rheumatoid arthritis、*Clostridium difficile* infection、primary sclerosing cholangitis、risk、therapy、maintenance therapy、quality of life、antibody、evidence-based consensus、diagnostic accuracy 等。随着研究的不断深化和拓展,精准医学已成为新的热点和趋势。在 IBD 诊断研究的早期阶段,主要关注了一般特征和诊断方法。而在后期,研究热点

扩展到了 IBD 的治疗机制和生活质量。引文经典文献的分析进一步验证了上述情况。

在关键词聚类分析中,疾病领域的关键词占比最高,如感染和肿瘤等。这些疾病主要集中在与 IBD 相关或共存的相关疾病,如结直肠癌和自身免疫性疾病。这些疾病可能与 IBD 的发病机制和并发症有关。有证据表明,IBD 患者的肠道微生物多样性减少,黏膜附着细菌增多[36]。肠道微生物的变化导致宿主生理和免疫平衡严重失衡,最终导致感染和炎症。例如,IBD 患者特别容易患艰难梭菌感染(*Clostridium difficile* infection, CDI),发病率和死亡率增加[37]。艰难梭菌是一种肠道病原体,CDI 被认为是抗生素相关腹泻和结肠炎的主要原因,也是 IBD 的重要并发症[38]。IBD 的一种肠外表现是原发性硬化性胆管炎(primary sclerosing cholangitis, PSC),其主要临床表现与 IBD 相关[39]。大约 70% PSC 患者有潜在的 IBD,其中超过 75% 的病例中以 UC 最为常见[40]。PSC 和 IBD 是相互关联的疾病,主要是免疫介导的过程[41]。这两种疾病有共同的抗体。例如,在 PSC 患者中发现 26%~85% 患者具有周核抗中性粒细胞胞浆自身抗体(perinuclear anti-neutrophil cytoplasmic autoantibodies, p-ANCA),而 UC 患者中这一比例高达 68%[42-43]。近年来,越来越多的研究注意到类风湿性关节炎(rheumatoid arthritis, RA)倾向于与 IBD 一起发生[44-45],而且 IBD 患者更容易有 RA[46]。此外,贫血是 IBD 最常见的肠外全身并发症之一,影响 41%~75% 儿童 IBD 患者[47]。IBD 贫血的病因是多因素的,主要可能是慢性炎症和肠黏膜损伤导致潜在慢性失血[48],主要涉及铁缺乏性贫血和慢性疾病性贫血。更重要的是,IBD 患者有结直肠癌的风险增加,这归因于长期慢性炎症,加上基因变异和微生物群等环境因素的影响[49],但详细机制尚不明确[50]。IBD 相关结直肠癌(IBD-associated colorectal cancer, IBD-CRC)可能通过不同的肿瘤发生途径出现,因为肿瘤发生在结肠的炎症区域,并具有特征性的临床病理特征[51-52]。

此外,关于 IBD 诊断方法的关键词中也包括了许多与 IBD 诊断方法相关的术语,如 endoscopy、C-reactive protein、fecal calprotectin、antibody、CT 等。内镜活检是确定 IBD 诊断的“金标准”。由于黏膜愈合已成为重要的治疗目标,结肠镜在监测疾病活动中起到了重要作用[53]。此外,结肠镜能更好地监测和管理结直肠肿瘤的并发症,如狭窄[53]。C 反应蛋白是一种用于监测疾病活动的生物标志物,但它与内镜结果的相关性较差,有 1/3 患者浓度从未增加[54]。60%~70% 患者的血清中可能含有抗微生物抗体,最常见的是抗酵母菌抗体(anti-*Saccharomyces cerevisiae* antibody, ASCA)IgA[43, 55]。这些抗体的敏感性和特异性对于 IBD 诊断仍显不足,如 ASCA[43]、p-ANCA[43, 56]、抗神经节糖脂抗体[57]等,但这些抗体可应用于其他自身免疫性疾病的临床诊断[58],例如 ASCA 存在于大多数腹腔疾病患者中[43, 59]。研究表明,75% CD 患者和 27% UC 患者发现 ASCA 阳性,72% UC 患者和 16% CD 患者检测到 p-ANCA,因此 ASCA 和 p-ANCA 可用于鉴别 UC 和 CD[43]。其他生物标志物,如 microRNA,也可用于鉴别 UC 和 CD[60]。粪便生物标志物,包括粪便卡尔保脂蛋白,越来越多地用于 IBD 的筛查和评估疾病活动。粪便钙卫蛋白是一种可以在粪便中检测的蛋白质,其浓度与肠内中性粒细胞浸润有关,是肠道炎症的替代标志物,可用于监测疾病活动、评估治疗反应、预测临床复发和术后复发[61]。低粪便钙卫蛋白的患者患 IBD 的机会不到 1%[62],因此它对于 IBD 的诊断具有很高的敏感性和特异性。成像检查,如超声检查、CT 或 MR 肠成像,在 CD 的治疗中变得越来越重要。CD 诊断时应进行 CT 或 MR 肠成像,以评估疾病范围和是否存在狭窄或瘘管等并发症,从而提供有关疾病行为的信息[63]。在随访过程中,越来越多地使用成像来评估疾病活动、并发症和治疗反应[64-65]。总的来说,成像在确定 UC 的诊断中的作用有限。对于急性重度 UC 患者,应通过腹部平片评估毒性巨结肠[64]。CT 和 MRI 可显示增厚的结肠,但其敏感性和特异性不足以作为诊断工具[64]。上述诊断方法具有一定的参考价值,但准确性需要进一步探讨和解决。因此,深入研究 IBD 的精确诊断和治疗机制具有重要意义。

本研究存在一些限制。首先,本研究仅关注 WoSCC 数据库中的出版物,排除了其他数据库,如 PubMed 和 Scopus,这可能会产生稍微不同的结果。虽然 WoSCC 是科学计量学领域中综合性和流行的在线数据库,但有可能有关此主题的若干篇论文发表在未包括在 Web of Science 中的期刊上。其次,排除了非英文出版物,因此未考虑其他语言发表的重要文献,导致一些文献未被包括。最后,引用次数不能完全反映出版物的质量,因为需要时间来引用文稿。较早的期刊可能会获得更多的引用,因此具有影响力的文稿可能需要数年时间才能生成引用。

结　论

据我们所知,这项研究是首次使用可视化软件和数据信息挖掘进行 IBD 诊断领域出版物的文献计量学分析,已获取了该领域的现状、热点和发展趋势。该领域的研究主要集中在与 IBD 相关的疾病,而未来的研究热点可能是 IBD 的精准医学,但需要深入探讨机制,为其临床应用提供理论基础。IBD 的研究人员和从业者可以利用研究结果来提升他们对该领域的了解,促进他们进一步的知识发展。此外,它可以为初学者研究人员、感兴趣的读者,或没有专业知识的研究管理者和评估者提供信息,帮助他们建立对 IBD 诊断视角的认知。

参考文献

[1] KHOR B, GARDET A, XAVIER R J. Genetics and pathogenesis of inflammatory bowel disease[J]. Nature, 2011, 474(7351): 307-317.

[2] WONG K, ISAAC D M, WINE E. Growth delay in inflammatory bowel diseases: significance, causes, and management[J]. Dig Dis Sci, 2021, 66(4): 954-964.

[3] NG S C, SHI H Y, HAMIDI N, et al. Worldwide incidence and prevalence of inflammatory bowel disease in the 21st century: a systematic review of population-based studies[J]. Lancet, 2017, 390(10114): 2769-2778.

[4] UNGARO R, MEHANDRU S, ALLEN P B, et al. Ulcerative colitis[J]. Lancet, 2017, 389(10080): 1756-1770.

[5] TORRES J, MEHANDRU S, COLOMBEL J F, et al. Crohn's disease[J]. Lancet, 2017, 389(10080): 1741-1755.

[6] NIKOLAUS S, SCHREIBER S. Diagnostics of inflammatory bowel disease[J]. Gastroenterology, 2007, 133(5): 1670-1689.

[7] GREUTER T, VAVRICKA S R. Extraintestinal manifestations in inflammatory bowel disease - epidemiology, genetics, and pathogenesis[J]. Expert Rev Gastroenterol Hepatol, 2019, 13(4): 307-317.

［8］JOHNSTON R D, LOGAN R F. How often is IBD diagnosed incidentally at screening colonoscopy done for colorectal cancer surveillance or other reasons?［J］. Inflamm Bowel Dis, 2008, 14 Suppl 2: S170-S171.

［9］PEYRIN-BIROULET L, BRESSENOT A, KAMPMAN W. Histologic remission: the ultimate therapeutic goal in ulcerative colitis?［J］. Clin Gastroenterol Hepatol, 2014, 12(6): 929-934.

［10］Inflammatory Bowel Disease Group, Chinese Society of Gastroenterology, Chinese Medical Association. Chinese consensus on diagnosis and treatment in inflammatory bowel disease (2018, Beijing)［J］. J Dig Dis, 2021, 22(6): 298-317.

［11］MAASER C, STURM A, VAVRICKA S R, et al. ECCO-ESGAR Guideline for Diagnostic Assessment in IBD Part 1: Initial diagnosis, monitoring of known IBD, detection of complications［J］. J Crohns Colitis, 2019, 13(2): 144-164.

［12］WANG B, PAN S, KE R, et al. An overview of climate change vulnerability: a bibliometric analysis based on Web of Science database［J］. Nat Hazards, 2014, 74(3): 1649-1666.

［13］SHIFFRIN R M, BÖRNER K. Mapping knowledge domains［J］. Proc Natl Acad Sci U S A, 2004, 101 Suppl 1: 5183-5185.

［14］ZHENG M, FU H Z, HO Y S. Research trends and hotspots related to ammonia oxidation based on bibliometric analysis［J］. Environ Sci Pollut Res Int, 2017, 24(25): 20409-20421.

［15］YANG J, CHENG C, SONG C, et al. Visual analysis of the evolution and focus in landslide research field［J］. J Mt Sci-Engl, 2019, 16(5): 991-1004.

［16］CHEN C M. CiteSpace II: Detecting and visualizing emerging trends and transient patterns in scientific literature［J］. J Am Soc Inf Sci Tec, 2006, 57(3): 359-377.

［17］LIANG C, LUO A, ZHONG Z. Knowledge mapping of medication literacy study: A visualized analysis using CiteSpace［J］. SAGE Open Med, 2018, 6: 2050312118800199.

［18］DEHGHANBANADAKI H, AAZAMI H, KESHAVARZ A R S, et al. Global scientific output trend for *Akkermansia muciniphila* research: a bibliometric and scientometric analysis［J］. BMC Med Inform Decis Mak, 2020, 20(1): 291.

［19］LIU P, ZHANG C, LU Z, et al. Global research status and trends of UKA for knee osteoarthritis: a bibliometric analysis［J］. Arthroplasty, 2020, 2(1): 20.

［20］MA H, LI H, LIU P, et al. Bibliometric analysis of China's contribution to the knowledge system of cerebrovascular intervention［J］. Chin Neurosurg J, 2021, 7(1): 50.

［21］CONNELLY T M, DEVANE L, KELLY J C, et al. The 100 classic papers in ulcerative colitis: a bibliometric analysis［J］. Expert Rev Gastroenterol Hepatol, 2016, 10(10): 1187-1195.

［22］SCHÖFFEL N, BENDELS M H, GRONEBERG D A. Ulcerative colitis: A scientometric approach to the global research output and network［J］. Eur J Intern Med, 2016, 34: e41-e43.

［23］AZER S A, AZER S. What can we learn from top-cited articles in inflammatory bowel disease? A bibliometric analysis and assessment of the level of evidence［J］. BMJ Open, 2018, 8(7): e21233.

［24］MOLODECKY N A, SOON I S, RABI D M, et al. Increasing incidence and prevalence of the inflammatory bowel diseases with time, based on systematic review［J］. Gastroenterology, 2012, 142(1): 46-54.

［25］SUN J, WANG M H, HO Y S. A historical review and bibliometric analysis of research on estuary pollution［J］. Mar Pollut Bull, 2012, 64(1): 13-21.

［26］KLEINBERG J. Bursty and Hierarchical Structure in Streams［J］. Data Min Knowl Disc, 2003, 7(4): 373-397.

［27］KAPLAN G G. The global burden of IBD: from 2015 to 2025［J］. Nat Rev Gastroenterol Hepatol, 2015, 12(12): 720-727.

［28］KAPLAN G G, NG S C. Understanding and preventing the global increase of inflammatory bowel disease［J］.

Gastroenterology, 2017, 152（2）: 313-321.

［29］ ZHAO S X, YU S, TAN A M, et al. Global pattern of science funding in economics［J］. Scientometrics, 2016, 109（1）: 463-479.

［30］ ROSE K L, SHERMAN P M, COOKE-LAUDER J, et al. The impact of inflammatory bowel disease in Canada 2018: IBD research landscape in Canada［J］. J Can Assoc Gastroenterol, 2019, 2（Suppl 1）: S81-S91.

［31］ Reforming research in China［J］. Lancet, 2007, 369（9565）: 880.

［32］ XING D, ZHAO Y, DONG S, et al. Global research trends in stem cells for osteoarthritis: a bibliometric and visualized study［J］. Int J Rheum Dis, 2018, 21（7）: 1372-1384.

［33］ YE J, DING H, REN J, et al. The publication trend of neuropathic pain in the world and China: a 20-years bibliometric analysis［J］. J Headache Pain, 2018, 19（1）: 110.

［34］ ADAMS J. Collaborations: The fourth age of research［J］. Nature, 2013, 497（7451）: 557-560.

［35］ GARFIELD E. The history and meaning of the journal impact factor［J］. JAMA, 2006, 295（1）: 90-93.

［36］ NAGALINGAM N A, LYNCH S V. Role of the microbiota in inflammatory bowel diseases［J］. Inflamm Bowel Dis, 2012, 18（5）: 968-984.

［37］ D'AOUST J, BATTAT R, BESSISSOW T. Management of inflammatory bowel disease with *Clostridium difficile* infection［J］. World J Gastroenterol, 2017, 23（27）: 4986-5003.

［38］ RAZIK R, RUMMAN A, BAHREINI Z, et al. Recurrence of *Clostridium difficile* infection in patients with inflammatory bowel disease: the RECIDIVISM study［J］. Am J Gastroenterol, 2016, 111（8）: 1141-1146.

［39］ WEISMÜLLER T J, TRIVEDI P J, BERGQUIST A, et al. Patient age, sex, and inflammatory bowel disease phenotype associate with course of primary sclerosing cholangitis［J］. Gastroenterology, 2017, 152（8）: 1975-1984.

［40］ DE VRIES A B, JANSE M, BLOKZIJL H, et al. Distinctive inflammatory bowel disease phenotype in primary sclerosing cholangitis［J］. World J Gastroenterol, 2015, 21（6）: 1956-1971.

［41］ PALMELA C, PEERANI F, CASTANEDA D, et al. Inflammatory bowel disease and primary sclerosing cholangitis: a review of the phenotype and associated specific features［J］. Gut Liver, 2018, 12（1）: 17-29.

［42］ ROSSI R E, CONTE D, MASSIRONI S. Primary sclerosing cholangitis associated with inflammatory bowel disease: an update［J］. Eur J Gastroenterol Hepatol, 2016, 28（2）: 123-131.

［43］ GRANITO A, ZAULI D, MURATORI P, et al. Anti-*Saccharomyces cerevisiae* and perinuclear anti-neutrophil cytoplasmic antibodies in coeliac disease before and after gluten-free diet［J］. Aliment Pharmacol Ther, 2005, 21（7）: 881-887.

［44］ BAE J M, CHOO J Y, KIM K J, et al. Association of inflammatory bowel disease with ankylosing spondylitis and rheumatoid arthritis: a nationwide population-based study［J］. Mod Rheumatol, 2017, 27（3）: 435-440.

［45］ CHEN Y, CHEN L, XING C, et al. The risk of rheumatoid arthritis among patients with inflammatory bowel disease: a systematic review and meta-analysis［J］. BMC Gastroenterol, 2020, 20（1）: 192.

［46］ PARK S W, KIM T J, LEE J Y, et al. Comorbid immune-mediated diseases in inflammatory bowel disease: a nation-wide population-based study［J］. Aliment Pharmacol Ther, 2019, 49（2）: 165-172.

［47］ WISKIN A E, FLEMING B J, WOOTTON S A, et al. Anaemia and iron deficiency in children with inflammatory bowel disease［J］. J Crohns Colitis, 2012, 6（6）: 687-691.

［48］ RESÁL T, FARKAS K, MOLNÁR T. Iron deficiency anemia in inflammatory bowel disease: what do we know?［J］. Front Med（Lausanne）, 2021, 8: 686778.

［49］ LUCAFÒ M, CURCI D, FRANZIN M, et al. Inflammatory bowel disease and risk of colorectal cancer: an overview from pathophysiology to pharmacological prevention［J］. Front Pharmacol, 2021, 12: 772101.

［50］ ULLMAN T A, ITZKOWITZ S H. Intestinal inflammation and cancer［J］. Gastroenterology, 2011, 140（6）: 1807-1816.

[51] RAJAMÄKI K, TAIRA A, KATAINEN R, et al. Genetic and epigenetic characteristics of inflammatory bowel disease-associated colorectal cancer[J]. Gastroenterology, 2021, 161(2): 592-607.

[52] LU C, SCHARDEY J, ZHANG T, et al. Survival Outcomes and Clinicopathological Features in Inflammatory Bowel Disease-Associated Colorectal Cancer: A Systematic Review and Meta-Analysis[J]. Ann Surg, 2022, 276(5): e319-330.

[53] ANNESE V, DAPERNO M, RUTTER M D, et al. European evidence based consensus for endoscopy in inflammatory bowel disease[J]. J Crohns Colitis, 2013, 7(12): 982-1018.

[54] MOSLI M H, ZOU G, GARG S K, et al. C-reactive protein, fecal calprotectin, and stool lactoferrin for detection of endoscopic activity in symptomatic inflammatory bowel disease patients: a systematic review and meta-analysis[J]. Am J Gastroenterol, 2015, 110(6): 802-819; quiz 820.

[55] VERMEIRE S, PEETERS M, VLIETINCK R, et al. Anti-*Saccharomyces cerevisiae* antibodies(ASCA), phenotypes of IBD, and intestinal permeability: a study in IBD families[J]. Inflamm Bowel Dis, 2001, 7(1): 8-15.

[56] REESE G E, CONSTANTINIDES V A, SIMILLIS C, et al. Diagnostic precision of anti-*Saccharomyces cerevisiae* antibodies and perinuclear antineutrophil cytoplasmic antibodies in inflammatory bowel disease[J]. Am J Gastroenterol, 2006, 101(10): 2410-2422.

[57] GRANITO A, TOVOLI F, RAITERI A, et al. Anti-ganglioside antibodies and celiac disease[J]. Allergy Asthma Clin Immunol, 2021, 17(1): 53.

[58] GRANITO A, MURATORI P, TOVOLI F, et al. Anti-neutrophil cytoplasm antibodies(ANCA) in autoimmune diseases: a matter of laboratory technique and clinical setting[J]. Autoimmun Rev, 2021, 20(4): 102787.

[59] GRANITO A, MURATORI L, MURATORI P, et al. Anti-*Saccharomyces cerevisiae* antibodies(ASCA) in coeliac disease[J]. Gut, 2006, 55(2): 296.

[60] YARANI R, SHOJAEIAN A, PALASCA O, et al. Differentially expressed miRNAs in ulcerative colitis and Crohn's disease[J]. Front Immunol, 2022, 13: 865777.

[61] MENEES S B, POWELL C, KURLANDER J, et al. A meta-analysis of the utility of C-reactive protein, erythrocyte sedimentation rate, fecal calprotectin, and fecal lactoferrin to exclude inflammatory bowel disease in adults with IBS[J]. Am J Gastroenterol, 2015, 110(3): 444-454.

[62] SANDS B E. Biomarkers of inflammation in inflammatory bowel disease[J]. Gastroenterology, 2015, 149(5): 1275-1285.e2.

[63] ORDÁS I, RIMOLA J, RODRÍGUEZ S, et al. Accuracy of magnetic resonance enterography in assessing response to therapy and mucosal healing in patients with Crohn's disease[J]. Gastroenterology, 2014, 146(2): 374-382.e1.

[64] PANES J, BOUHNIK Y, REINISCH W, et al. Imaging techniques for assessment of inflammatory bowel disease: joint ECCO and ESGAR evidence-based consensus guidelines[J]. J Crohns Colitis, 2013, 7(7): 556-585.

[65] PARIENTE B, MARY J Y, DANESE S, et al. Development of the Lémann index to assess digestive tract damage in patients with Crohn's disease[J]. Gastroenterology, 2015, 148(1): 52-63.e3.

（刘 传 董晨雨 何浩东 张吉翔 毛 仁 董卫国）

肠道炎症性疾病中微生物群与
免疫系统的相互作用

【目的】本研究旨在对肠道炎症性疾病中微生物群与免疫相互作用的相关文献进行文献计量学分析，并展示其现状、热点和发展趋势。

【方法】相关文献来源于 Web of Science 核心合集数据库，检索时间为 2022 年 10 月 12 日。通过 CiteSpace（版本 6.1.R3）软件和文献计量在线分析平台对文献中的作者、机构、国家、参考文献、关键词进行共现合作关系分析。同时绘制相关知识图谱，对关键词进行聚类分析和突现分析。

【结果】相关文献共纳入 3 608 篇，该领域的文章数量呈逐年增加趋势。结果显示，Gasbarrini A 和 Sokol H 两位作者的累计文章数最多，均为 25 篇；哈佛大学的累计文章数最多，为 142 篇。美国以 1 131 篇文献遥遥领先，占据主导地位，中国以 707 篇紧随其后。*Frontiers in Immunology* 杂志对这一研究领域的贡献最大，发表了 213 篇文章。在合作网络分析中，美国、哈佛大学和 Xavier RJ 分别是合作最广泛的国家、机构和作者，这意味着他们的影响力很高。关键词分析显示，共有 770 个关键词，主要分类为"inflammatory bowel disease""irritable bowel syndrome""colorectal cancer"等肠道相关疾病，以及"intestinal microbiota""commensal microbiota""regulatory T cell""dendritic cell""barrier function""activation""anti-inflammatory properties""intestinal epithelium"和"diversity"等微生物群与免疫的相互作用机制。新兴的分析表明，未来的研究热点和趋势可能是短链脂肪酸、肠道生态失调、肠 - 肝轴和具核梭杆菌。

【结论】本研究首次利用可视化软件和数据信息挖掘对肠道炎症性疾病中微生物群与免疫相互作用领域的出版物进行文献计量分析，获得该领域的现状、热点和发展，为该领域的科学研究提供理论依据。

【关键词】微生物群，免疫，肠道炎症性疾病，文献计量，CiteSpace

引　言

　　肠道炎症性疾病是常见的肠道组织疾病，严重影响人类的生活和健康，主要表现为受损肠道组织引起的消化功能障碍、腹痛、腹泻和便血等临床症状。全球范围内，炎症性肠病（inflammatory bowel disease，IBD）、乳糜泻、坏死性小肠结肠炎（necrotizing enterocolitis，NEC）和全身性自身免疫性疾病等肠道炎症性疾病的发病率正在增加[1-3]。其中，IBD 是最常见的肠道炎症性疾病，包括溃疡性结肠炎（ulcerative colitis，UC）和克罗恩病（Crohn disease，CD），其患病率预计到 2030 年将达到 1%，这将对全球医疗资源造成重大负担[2]。乳糜泻是一种免疫介导的慢性小肠吸收不良综合征，易感个体摄入麸质物质后引起，其发病率和患病率随时间增加[3]。NEC 是早产婴儿常见的严重肠道炎症性疾病,与早产、感染、缺氧和肠道菌群失调相关,由未指明的炎症途径驱动,病死率和死亡率较高[1]。肠道炎症性疾病的发病机制可能主要是由于未发育或紊乱的肠道屏障。肠道屏障包括外部物理、化学和微生物屏障以及内部免疫屏障,在肠道中起着重要作用,对人类健康至关重要[4]。

大量研究表明,肠道菌群与免疫细胞之间的相互作用在肠道炎症和免疫调节中发挥着核心作用[5-9]。黏膜的天然免疫系统与微生物群之间的相互作用促进了肠道生态系统的免疫调节[9]。天然免疫的典型特征是通过模式识别受体(pattern recognition receptor, PRR)识别潜在病原菌和无害抗原,其中 Toll 样受体(Toll-like receptor, TLR)是表达在巨噬细胞、中性粒细胞、树突状细胞、肠道上皮细胞(intestinal epithelial cell, IEC)等免疫细胞上的主要 PRR 类别。肠道上皮细胞是黏膜表面天然防御机制中最重要的部分,除了其吸收、消化和分泌功能外,还直接参与各种免疫过程[10]。肠道另一个重要的免疫部分是基质层,这里有大量巨噬细胞、树突状细胞、T 细胞和分泌 IgA 的 B 细胞。内在层 B 细胞活跃,并可以转化为产生 IgA 的浆细胞。IgA 在经过上皮细胞运输后分泌到肠道腔内。特定的肠道上皮细胞吸收肠道腔内的抗原并将其转运给特定的抗原呈递细胞(antigen-presenting cell, APC),从而触发获得性免疫系统[6, 11]。总的来说,肠道菌群调节着肠道免疫系统对病原菌入侵的形成和成熟。特别是在生命早期,菌群诱导肠道免疫系统识别无害和有害细菌,建立二者之间的平衡,维持肠道健康。当这种平衡被破坏时,会出现多种胃肠和肠外疾病[4]。因此,探究肠道炎症性疾病中微生物群与免疫系统之间的相互作用是一个重要的课题。

文献计量学结合了数学、统计学和文献学,利用定量分析探索学科的结构特征和热点趋势,评估和预测研究结果[12]。在计算工具的应用下,该学科在理论和应用方面得到了更高的关注,基于此,科学知识映射构成了文献学的一部分。作为文献分析的有效工具,文献计量学已广泛应用于医学各个领域,相关文献数量近年来呈指数级增长[13-14]。然而,在肠道炎症性疾病中微生物群与免疫相互作用的研究中,尚未有可视化的定量分析。因此,本文采用文献计量学方法,系统地审视了这一领域的研究,并借助可视化文献分析工具对该研究领域的研究热点和发展前沿进行了分析,同时对相关文献进行了定量分析。与传统文献综述相比,这项研究是对全球范围内这一研究领域的发展进行审视和可视化呈现的新尝试,旨在帮助学者了解该领域的当前状况和发展趋势,并为科研人员和决策者开展相关工作提供一些指导。

方 法

(一)数据来源

数据来源于 Clarivate Analytics 的 Web of Science 核心合集(Web of Science Core Collection, WoSCC)数据库(https://clarivate.com/),时间为 2022 年 10 月 12 日。搜索的时间范围没有限制,仅限于使用英语撰写的出版物。在 WoSCC 数据库中,采用了主题词搜索方法,且没有限制主题领域。搜索词包括"microbiota""immune""intestinal inflammatory diseases"等。所有数据库检索均在 2022 年 10 月 12 日进行。文献由两位评估者独立阅读,首先根据文章的标题和摘要进行初步筛选,然后根据纳入和排除标准再次进行筛选。筛选后,如果存在争议,第三位评估者会阅读整篇文章并进行讨论,最终作出决定。

(二)数据建立与处理

1. 数据创建与转化 对研究微生物群与免疫在肠道炎症性疾病中相互作用的出版物

进行了检索,导入到 Note Express 软件中,电子方式去除了重复内容,并进一步筛选,最终纳入了 3 608 篇论文。从 WoSCC 导出的文档数据保存为"RefWorks"格式。两位研究人员审查了所选文章,识别并记录了以下数据以供分析:①标题;②作者;③引用次数;④关键词;⑤发表年份;⑥主题;⑦参考文献;⑧机构和国家。此外,还使用 2021 年版《期刊引证报告》(Journal Citation Report, JCR)记录了期刊名称和影响因子(impact factor, IF)。将数据转换为"txt"格式,命名为"download_*.txt",然后导入到 CiteSpace(版本 6.1.R3)和文献计量在线分析平台(Online Analysis platform of Literature Metrology, OALM)进行分析。OALM 通过网络服务以图形可视化的形式为研究人员提供科学引文数据的文献计量分析,并为研究人员提供有价值的参考信息,以最简单的操作方式和最直观的表达方式进行研究。

2. 数据处理 本文使用 Excel 软件对所包含的文献数据进行了分析。我们在 CiteSpace(版本 6.1.R3)中选择适当的参数,生成作者、机构和国家的共现可视化图,并对关键词进行聚类分析和突现分析。共现图包含许多节点。不同的节点代表着各种元素,比如作者、国家和关键词等,节点的大小反映元素的频率或重要性,节点之间的连接表示合作、共现或共引关系。连接的颜色代表节点出现的时间,冷色系代表早期出现,暖色系代表晚期出现:①时间范围:从 1990 年到 2022 年;②时区选择:间隔 1 年;③节点类型:作者、机构、国家、关键词;④阈值标准:前 10%。可视化方面采用了默认系统。同时,还使用了 OALM 分析了按年份的关键词数量、合作关系(包括作者、机构和国家)以及文章的引用关系。

(三)文献评估指标

1. 频率 频率(frequency)是文献计量分析的一个指标,指的是在特定领域分析数据中不同节点类型的出现次数,通过计算某一节点类型的高低频率,可以衡量和分析该领域的研究现状。

2. 中心性 中心性(centrality)是网络分析中使用的主要指标之一,用来衡量网络中个体的地位。centrality 是网络图中节点对资源控制程度的核心度量,主要衡量每个节点在特定网络图中的角色。在共现网络中,如果节点的 centrality 较高,表明该节点在网络图的最短路径上出现的可能性越大,其他节点与其建立共现关系的可能性也越大,进而在网络图中的影响力和重要性也更大。centrality 超过 0.1 的节点被称为关键节点。

3. 度中心性 度中心性(degree)是节点重要性的另一个常见度量,也是网络分析中最直接的中心性度量。节点的 degree 越高,节点在网络中的重要性就越大。

4. sigma(∑) ∑是科学创新性的度量,用于识别具有创新性的科学文献。∑是 CiteSpace 中的一个指标,结合了空间中的重要性(centrality)和时间中的重要性(burst),因此∑的大小直接与 centrality 和 burst 的大小相关,而这两者的值越大,∑值也越大。如果一个节点具有较高的∑值,表明其创新水平较高。

5. 突发性 突发性(burst)检测算法用于网络图的计量分析,以确定某一特定时间段内节点的突然增长率,并根据其值的波动变化来判断特定节点的激增期和激增程度。它聚焦于特定主题术语本身的发展和变化阶段,并展示了热门话题的突出性。将 burst 检测方法与频率词分析方法相结合,可以分析特定领域的研究热点。

结 果

(一)文献数量及一般特征

研究发现文献数量整体呈上升趋势,表明肠道炎症性疾病微生物群与免疫相互作用的研究备受关注,并具有日益增长的价值。目前,2021 年发表的文献数量已达到最大值,为 515 篇文章。2022 年的 419 篇文章略有下降,可能是因为本研究的统计截止于 2022 年 10 月 12 日,距 2022 年结束还有约 80 天,预计在今年年底之后将达到新的高峰。根据普赖斯定律,文献产量的增长呈指数增长,指数曲线方程为 $y=1.025\,5e^{0.287x}$。模拟曲线与年度文献增长趋势拟合良好,确定系数较高($R^2=0.895\,9$)。根据指数曲线方程,平均年增长率为 28.7%。通过拟合曲线,我们可以预测未来几年年度文章数量将继续增长。此外,我们在这一领域选择了 184 篇高被引用的论文,并将其称为"引用经典"。其中,2018 年发表的文章数量最多,达到 28 篇。大多数文献类型为论著,但引用经典中大多数类型为综述。

(二)作者分析

基于 WoSCC,所有相关研究中共有 16 364 名作者,引用经典中有 1 155 名作者。Gasbarrini A 和 Sokol H 是累计文章数量最多的作者,各有 25 篇文章,而 Xavier RJ 是引用经典中发表最多的作者,达到 7 篇。根据 CiteSpace,在所有相关研究中有 788 名作者(图 7-26A),引用经典中有 291 名作者(图 7-26B)。其中,累计文章数量最多的作者是 Wang Y,有 71 篇文章,而在引用经典中发表最多的作者是 Xavier RJ,达到 4 篇。作者合作网络图表明了高产作者之间的合作关系以及稳定研究团队的形成,Xavier RJ 在所有研究(图 7-26C)和引用经典(图 7-26D)中均表现出最高的合作性和广泛的合作,暗示了来自麻省理工学院的 Xavier RJ 是该领域最有影响力的作者。

(三)机构分析

根据 WoSCC 数据显示,在所有相关研究中涉及 3 248 家机构,其中在引用经典中涉及 462 家机构。其中,哈佛大学发表的文章最多,达到 142 篇,在引用经典中则是加利福尼亚大学系统的文章最多,共 17 篇。而根据 CiteSpace 数据,在所有相关研究中涉及 502 家机构(图 7-27A),引用经典中涉及 270 家机构(图 7-27B)。其中,哈佛大学发表的文章最多,达到 63 篇,同时在引用经典中哈佛大学的文章数也最多,共 9 篇。机构合作网络图显示,研究机构之间存在着紧密的合作关系,以大学为主导,其中哈佛大学在所有研究(图 7-27C)和引用经典(图 7-27D)中都表现出最为广泛和紧密的合作,表明哈佛大学在该领域作出了最显著的贡献。

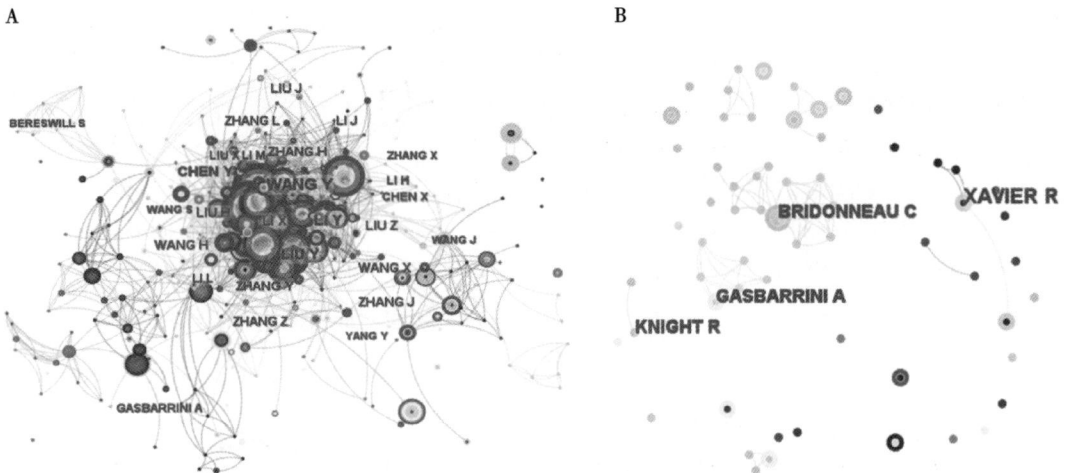

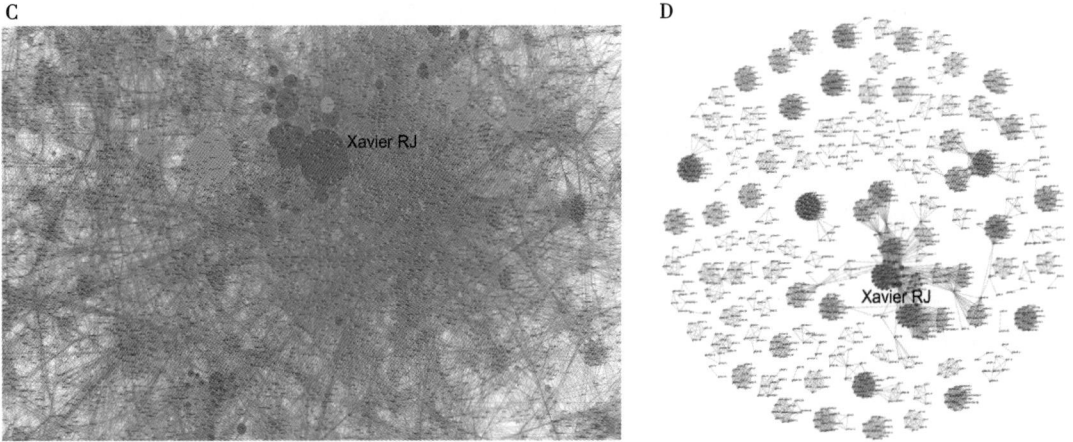

图 7-26　相关文献的作者共现（A、B）及作者之间的合作关系（C、D）

A、C. 所有相关文献；B、D. 引用经典文献。图 C、D 中每个小点代表一个作者，连接表示合作关系，点越大表示合作越多。

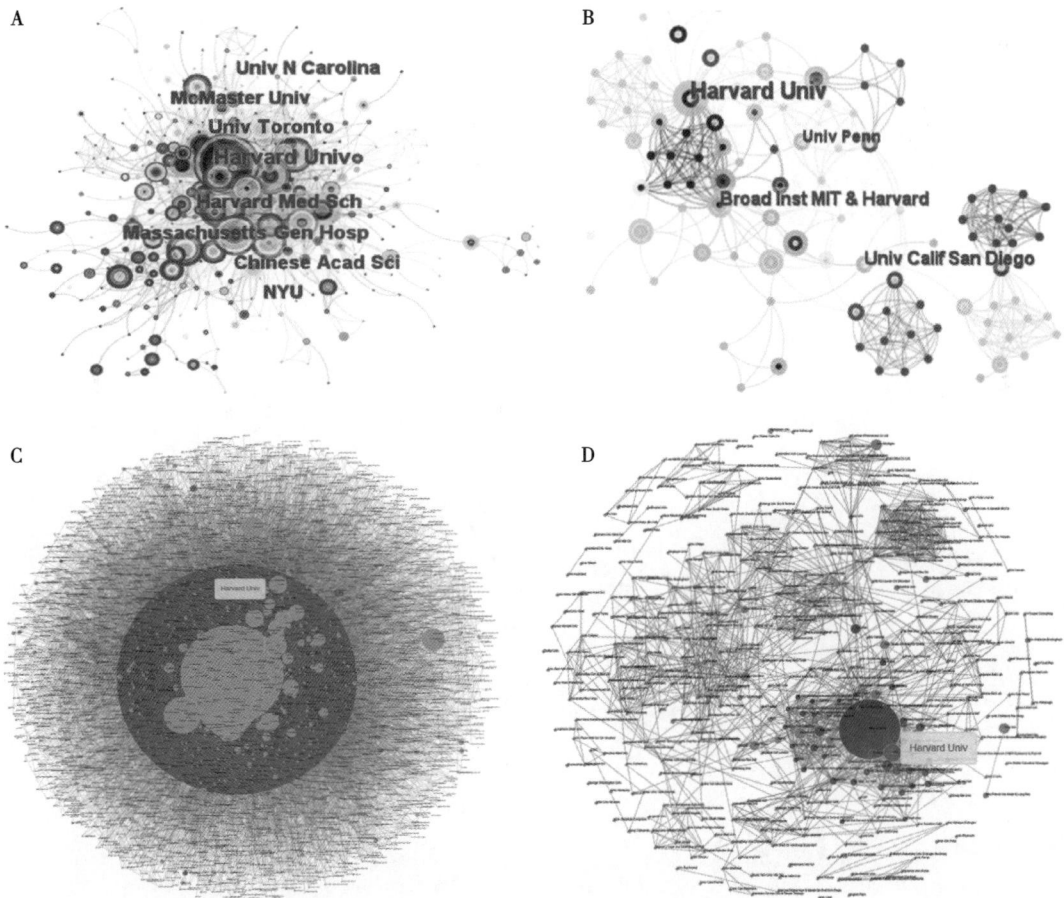

图 7-27　相关文献的机构共现（A、B）及机构之间的合作关系（C、D）

A、C. 所有相关文献；B、D. 引用经典文献。图 C、D 中每个小点代表一个机构，连接表示合作关系，点越大表示合作越多。

（四）国家分析

根据 WoSCC 数据显示,在所有相关研究中涉及 93 个国家 / 地区,引用经典中涉及 38 个国家 / 地区。美国发表的文章最多,达到 1 131 篇,在引用经典中美国的文章数也最多,共 81 篇。而根据 CiteSpace 的数据,在所有相关研究中涉及 93 个国家(图 7-28A 展示发文量名列前茅的国家),引用经典中涉及 38 个国家(图 7-28B 展示发文量名列前茅的国家)。其中,美国发表的文章最多,达到 1 119 篇,其次是中国、意大利、德国、英国和加拿大,均超过 200 篇。在引用经典中,美国遥遥领先,共有 81 篇发表。国家合作网络图显示,高产国家之间存在着紧密而稳定的合作关系,美国的合作范围最广且遥遥领先,而有一半国家的合作较少(图 7-28C、D)。

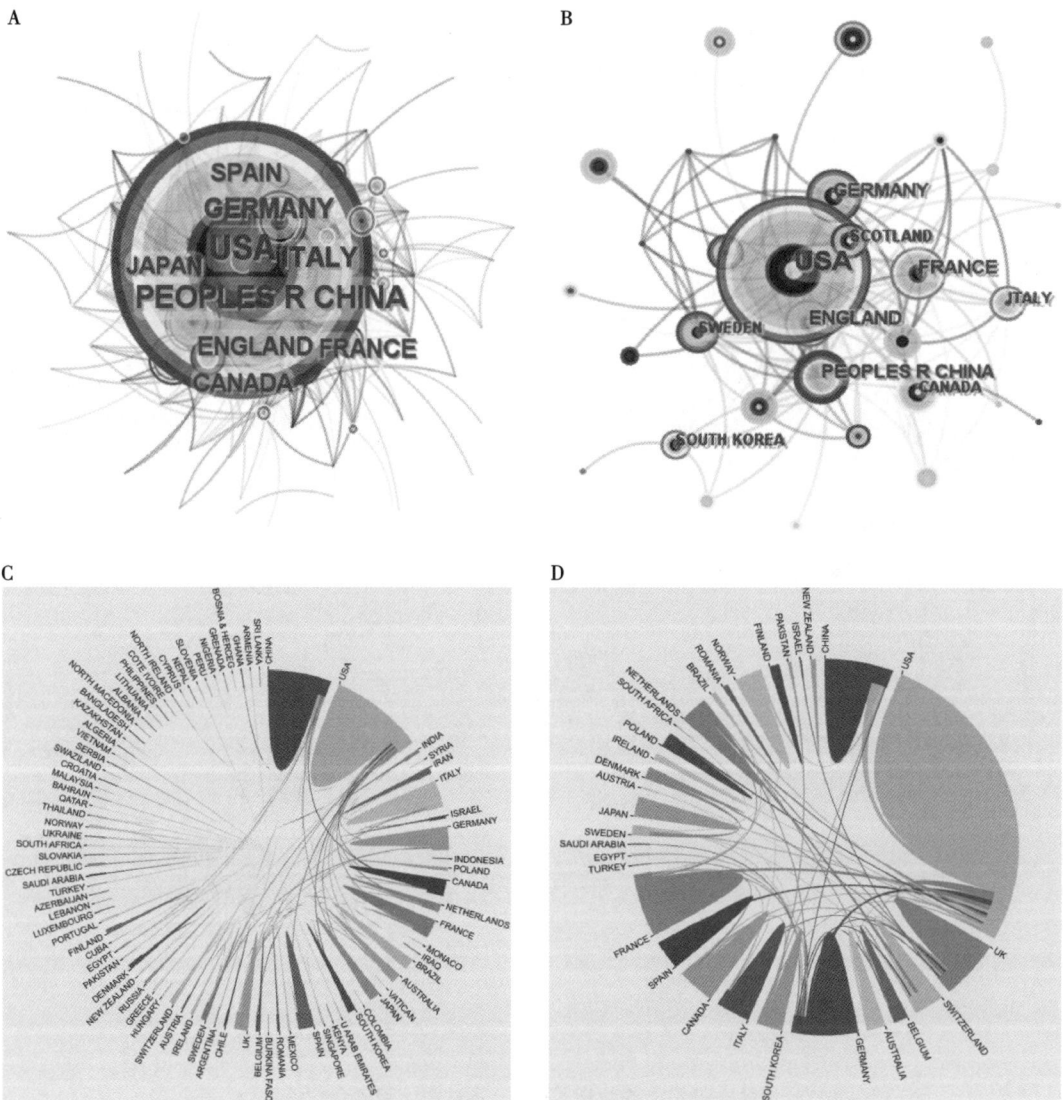

图 7-28 相关文献的国家共现(A、B)及国家之间的合作关系(C、D)

A、C. 所有相关文献;B、D. 引用经典文献。

（五）期刊和被引文章分析

根据 WoSCC 数据显示,相关研究发表在了 963 种期刊上。*Frontiers in Immunology*（2021 IF=8.787）对该研究领域作出了最大的贡献,共发表 213 篇文章（图 7-29A）。在引用经典中涉及 102 种期刊,其中 *Nutrients*（2021 IF=6.706）发表的文章最多,共有 11 篇（图 7-29B）。文章[9]是被引次数最多的,共被引用了 2 946 次,平均每年被引用 210 次,在引用经典中,文章[8]是被引次数最多的,共 2 429 次,平均每年被引用 220 次。文章引用关系网络图显示了相互引用关系比较紧密（图 7-29C、D）。在这 3 608 篇相互引用的文章中,文章[15]是被引次数最多的（图 7-29C）,而在这 184 篇引用经典中,文章[16]是被引次数最多的（图 7-29D）。

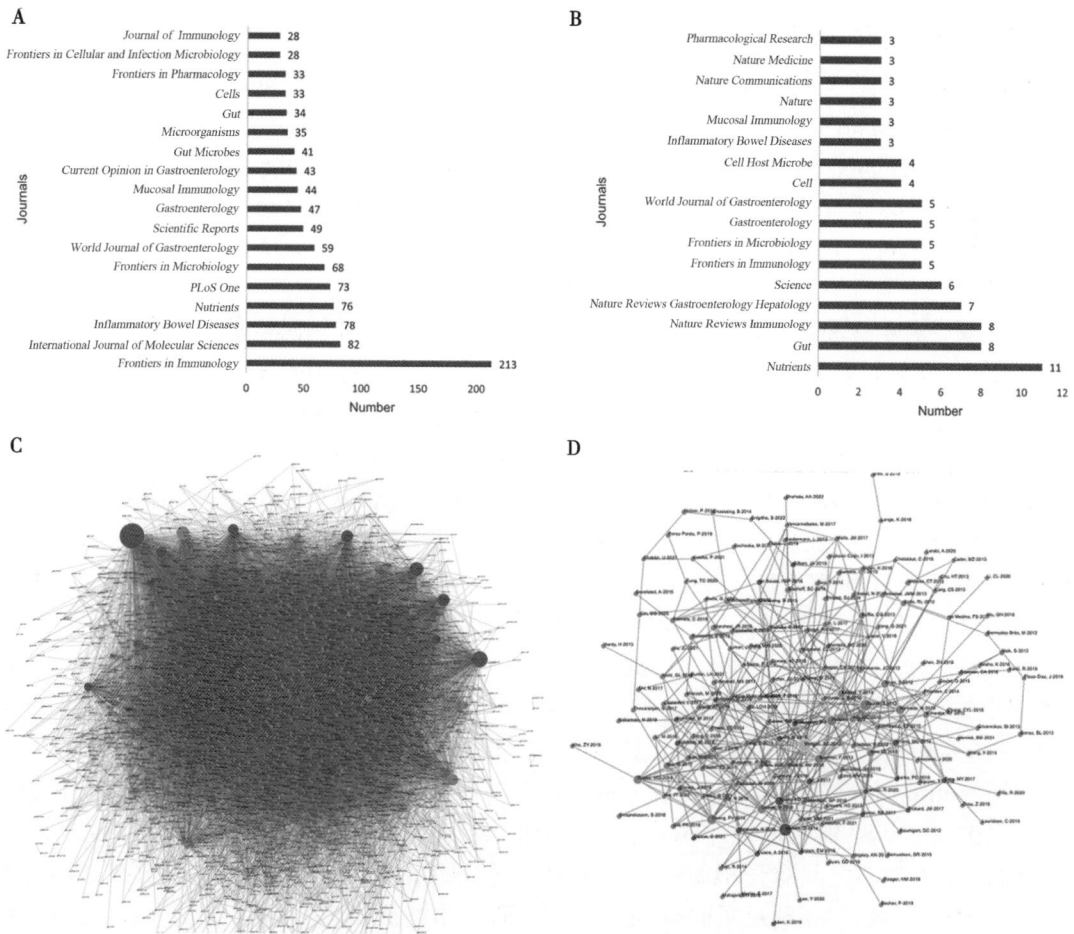

图 7-29　相关文献期刊发表文章数量（A、B）及文章引用关系网络（C、D）

A、C. 所有相关文献;B、D. 引用经典文献。图 C、D 中每个小点代表一篇文章,连接表示引用关系,点越大表示引用越多。

（六）关键词分析

1. 词频分析　关键词清晰简明地反映了研究的核心内容,对高频关键词的分析能准确揭示领域的研究热点和整体发展趋势。研究文献中计算的关键词在一定程度上反映了关键词的重要性,并可用于检测研究热点的演变[17]。通过关键词分析,本研究还呈现了反映肠道相关疾病的关键词,如 inflammatory bowel disease、Crohn disease、ulcerative colitis、irritable bowel syndrome、colorectal cancer 等;反映肠道微生物群,如 gut microbiota、intestinal microbiota、bacteria、fecal microbiota、commensal microbiota 等;反映免疫系统,如 immune system、immune response、regulatory T cell、dendritic cell、innate lymphoid cell、innate immunity 等;反映细菌类型,如 commensal bacteria、*Clostridium difficile* infection、*Escherichia coli*、segmented filamentous bacteria、*Faecalibacterium prausnitzii*、lactic acid bacteria、*Akkermansia muciniphila* 等;反映肠道炎症性疾病机制,如 mucosal immunity、genome wide association、hygiene hypothesis、chain fatty acid、activation、aryl hydrocarbon receptor、gene expression、oxidative stress、barrier function 等(表 7-28)。

所有相关研究共获取了 770 个关键词,其中有 5 个关键词的词频 ≥ 500;在引用经典文献中获取了 301 个关键词,其中有 7 个词频 ≥ 20。具有影响力的关键词包括 inflammatory bowel disease(degree=79, centrality=0.36)、gut microbiota(degree=78, centrality=0.34)、intestinal microbiota(degree=76, centrality=0.28)、Crohn disease(degree=69, centrality=0.21)、regulatory T cell(degree=55, centrality=0.18)、ulcerative colitis(degree=49, centrality=0.15)、Toll-like receptor(degree=40, centrality=0.1)、colorectal cancer(degree=39, centrality=0.1)(表 7-28)。

2. 聚类分析 将散布的学科术语分类,并利用聚类统计对共现频率高的学科术语进行矩阵操作,将它们聚集成小集群,并在时间轴上展示,以探索潜在信息。在文献计量学中,一个集群通常反映了学科的研究主题和焦点。本研究采用 CiteSpace 软件分别对标题词和关键词进行聚类分析,并使用对数似然比(log-likelihood ratio, LLR)方法标记集群,以获得所有相关研究(图 7-30A)和引用经典(图 7-30B)的聚类时间线视图。一个词的 LLR 值越大,它对该集群的代表性就越强。用于评估集群映射效果的两个重要指标是 Modularity Q(Q,范围 [0, 1])和 Weighted Mean Silhouette S(S,范围 [-1, 1])。Q 值用于评估聚类网络的性能,值越高,聚类网络构建得越好。S 值用于衡量集群成员的同质性,值越大,类内一致性越好。Q>0.3 和 S>0.5 表示得到的聚类网络结构明显可信,聚类结果合理。图 7-30A 和图 7-30B 中的 Q 值分别为 0.304 2 和 0.480 4(均 >0.3),S 值分别为 0.640 6 和 0.769 6(均 >0.6),表明这些聚类图是合理且具有信息性的。

所有相关研究形成了 7 个有意义的集群(表 7-29A),引用经典作品形成了 11 个集群(表 7-29B)。从 #0 到 #10,数字越小,集群中包含的关键词越多。在聚类图中有多个重叠的集群,表明它们之间有强相关性。聚类时间线视图展示了每个集群的时间段以及不同集群之间的关联,清晰展示了研究的演变。本研究中的聚类分析揭示了最多研究的内容与 IBD 相关,而其他三个领域主要集中在:①对肠道炎症性疾病机制的研究,如抗炎特性、脑 - 肠轴、B 细胞系统和激活;②与 IBD 相关疾病的研究,如结肠直肠癌和 IBD 相关结直肠癌;③对肠道炎症性疾病治疗的研究,如粪便微生物移植和潜在新型治疗方法;④对肠道状态的研究,如肠道微生物群、肠道多样性、肠道菌群、宿主发育、肠道菌群失调和肠道上皮。

表 7-28 相关文献的前 15 个关键词

类别	排序	关键词	词频	关键词	中心性	关键词	度	关键词	Σ
所有文献	1	inflammatory bowel disease	1 277	Escherichia coli	0.06	Crohn disease	90	Crohn disease	2.9
	2	gut microbiota	1 136	Crohn disease	0.05	Escherichia coli	87	Toll-like receptor	2.02
	3	Crohn disease	745	gastrointestinal tract	0.05	experimental colitis	85	dendritic cell	1.67
	4	ulcerative colitis	695	disease	0.05	activation	84	Escherichia coli	1.35
	5	intestinal microbiota	596	intestinal epithelial cell	0.05	bacteria	82	segmented filamentous bacteria	1.33
	6	microbiota	311	experimental colitis	0.04	chain fatty acid	80	flora	1.29
	7	regulatory T cell	304	activation	0.04	expression	80	genome wide association	1.27
	8	chain fatty acid	291	bacteria	0.04	dendritic cell	78	experimental colitis	1.24
	9	T cell	280	chain fatty acid	0.04	colitis	77	regulatory T cell	1.24
	10	expression	279	dendritic cell	0.04	colonization	77	placebo controlled trial	1.23
	11	immune response	266	lactic acid bacteria	0.04	fecal microbiota	76	intestinal epithelial cell	1.22
	12	inflammation	265	regulatory T cell	0.03	regulatory T cell	75	Faecalibacterium prausnitzii	1.18
	13	dendritic cell	256	ulcerative colitis	0.03	invasive Escherichia coli	73	invasive Escherichia coli	1.15
	14	bacteria	251	mucosal immunity	0.03	ulcerative colitis	72	hygiene hypothesis	1.14
	15	disease	247	fecal microbiota	0.03	gastrointestinal tract	72	commensal bacteria	1.14

续表

类别	排序	关键词	词频	关键词	中心性	关键词	度	关键词	Σ
引用经典	1	inflammatory bowel disease	68	inflammatory bowel disease	0.36	inflammatory bowel disease	79	gut microbiota	2.34
	2	gut microbiota	53	gut microbiota	0.34	gut microbiota	78	ulcerative colitis	1.37
	3	Crohn disease	45	intestinal microbiota	0.28	intestinal microbiota	76	Toll-like receptor	1.24
	4	intestinal microbiota	43	Crohn disease	0.21	Crohn disease	69	chain fatty acid	1.21
	5	regulatory T cell	29	regulatory T cell	0.18	regulatory T cell	55	dendritic cell	1.08
	6	chain fatty acid	27	ulcerative colitis	0.15	ulcerative colitis	49	immune system	1.08
	7	ulcerative colitis	26	Toll-like receptor	0.1	fecal microbiota	40	T cell	1.07
	8	Toll-like receptor	15	colorectal cancer	0.1	chain fatty acid	39	segmented filamentous bacteria	1.05
	9	fecal microbiota	15	bacteria	0.09	Toll-like receptor	39	intestinal epithelial cell	1.04
	10	aryl hydrocarbon receptor	12	double blind	0.09	innate lymphoid cell	34	microbiota	1.04
	11	innate lymphoid cell	12	chain fatty acid	0.08	colorectal cancer	34	commensal microbiota	1.03
	12	colorectal cancer	10	fecal microbiota	0.07	aryl hydrocarbon receptor	32	mice	1.03
	13	T cell	9	innate lymphoid cell	0.07	Akkermansia muciniphila	32	intestinal microbiota	1.03
	14	irritable bowel syndrome	9	aryl hydrocarbon receptor	0.06	bacteria	27	response	1.02
	15	Clostridium difficile infection	8	dietary fiber	0.06	Clostridium difficile infection	27	diet induced obesity	1.02

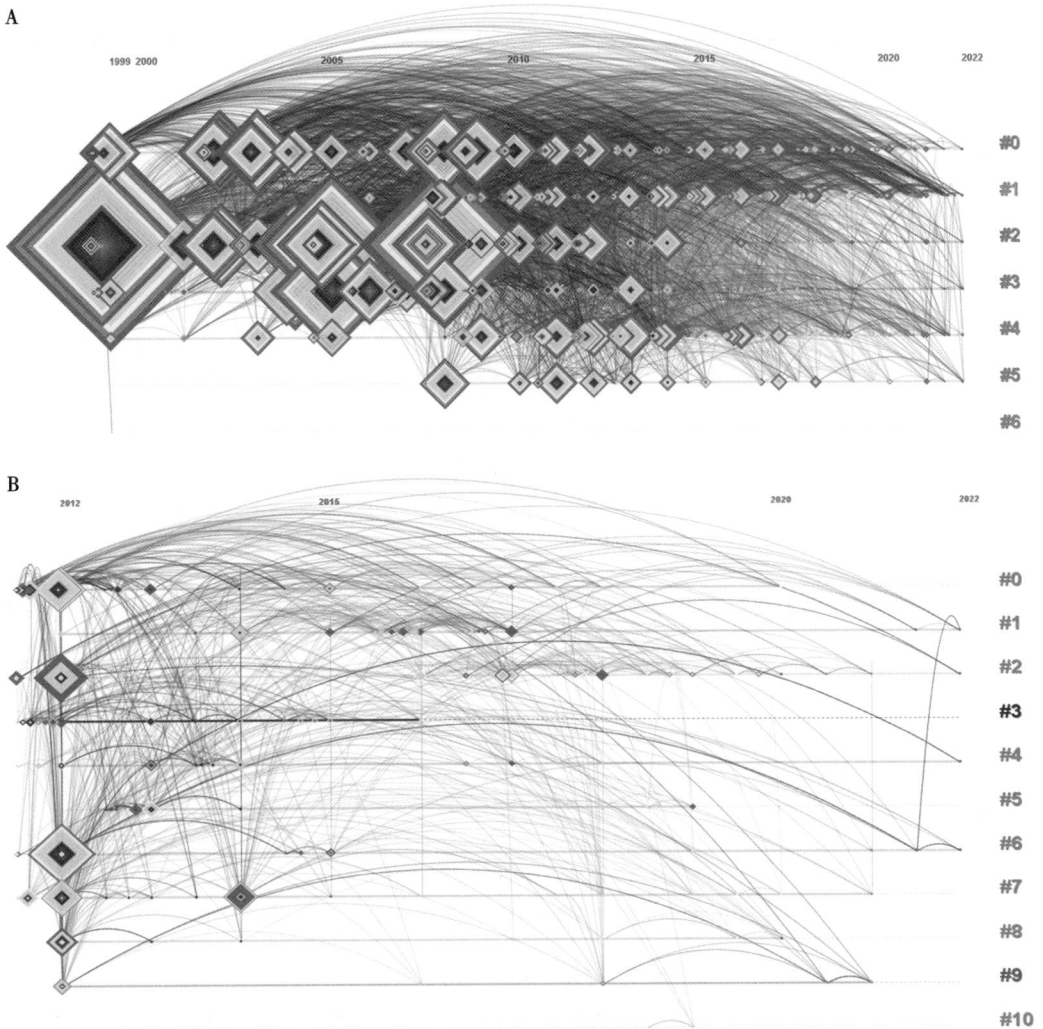

A

B

图 7-30 关键词聚类时间线视图

A. 所有相关文献；B. 引用经典文献。

表 7-29 关键词共现网络聚类表

类别	聚类 ID	大小	平均年份	高权重关键词（前5）
A. 所有文献—— title words cluster	0#	173	2011	anti-inflammatory properties（2 870.68，0.000 1）；gram-positive cell wall（2 615.23，0.000 1）；normal intestinal microbiota（2 615.23，0.000 1）；regulatory T cell（2 581.43，0.000 1）；myeloid cell（2 418.3，0.000 1）
	1#	170	2016	gut-brain axis（6 627.4，0.000 1）；multiple sclerosis（3 641.4，0.000 1）；fatty acid（2 692.22，0.000 1）；inflammatory bowel disease（2 500.25，0.000 1）；diabetes mellitus（2 190.1，0.000 1）
	2#	156	2009	inflammatory bowel disease（11 369.38，0.000 1）；intestinal inflammation（5 113.07，0.000 1）；gastrointestinal tract（3 821.67，0.000 1）；commensal microbiota（3 141.74，0.000 1）；Toll-like receptor（3 071.84，0.000 1）

续表

类别	聚类ID	大小	平均年份	高权重关键词（前5）
A. 所有文献——title words cluster	3#	119	2009	fecal microbiota transplantation（2 764.49, 0.000 1）; intestinal inflammation（2 722.06, 0.000 1）; human microbiome（2 560.7, 0.000 1）; health benefit（2 449.09, 0.000 1）; scientific evidence（2 324.55, 0.000 1）
	4#	112	2015	inflammatory bowel disease（5 082.06, 0.000 1）; gut microbiome（4 083.55, 0.000 1）; juvenile idiopathic arthritis（3 623.68, 0.000 1）; narrative review（2 762.35, 0.000 1）; pediatric inflammatory bowel diseases（2 476.82, 0.000 1）
	5#	32	2015	colorectal cancer（3 832.71, 0.000 1）; colorectal tumorigenesis（1 109.32, 0.000 1）; indirect effect（902.54, 0.000 1）; additive titanium dioxide（879.63, 0.000 1）; inflammatory pathogenesis（871.96, 0.000 1）
	6#	8	1999	B-cell system（25.29, 0.000 1）; human mucosae（25.29, 0.000 1）; exocrine gland（25.29, 0.000 1）; inflammatory bowel disease（0.5, 0.5）; gut microbiota（0.44, 1.0）
A. 所有文献——keywords cluster	0#	173	2011	activation（73.91, 0.000 1）; expression（68.89, 0.000 1）; cell（65.77, 0.000 1）; colitis（54.89, 0.000 1）; mice（51.82, 0.000 1）
	1#	170	2016	inflammatory bowel disease（55.95, 0.000 1）; gut-brain axis（55.63, 0.000 1）; neuroinflammation（39.55, 0.000 1）; obesity（34.67, 0.000 1）; Crohn disease（33.96, 0.000 1）
	2#	156	2009	inflammatory bowel disease（96.46, 0.000 1）; Crohn disease（54.22, 0.000 1）; genome wide association（49.54, 0.000 1）; commensal bacteria（41.37, 0.000 1）; ulcerative colitis（40.43, 0.000 1）
	3#	119	2009	intestinal microbiota（40.05, 0.000 1）; probiotics（37.34, 0.000 1）; fecal microbiota transplantation（36.82, 0.000 1）; irritable bowel syndrome（34.15, 0.000 1）; lactic acid bacteria（31.07, 0.000 1）
	4#	112	2015	diversity（31.71, 0.000 1）; intestinal microbiome（25.48, 0.000 1）; ankylosing spondylitis（23.94, 0.000 1）; diet（21.92, 0.000 1）; colorectal cancer（21.57, 0.000 1）
	5#	32	2015	colorectal cancer（104.07, 0.000 1）; colon cancer（44.06, 0.000 1）; stem cell（19.98, 0.000 1）; colitis-associated cancer（19.5, 0.000 1）; endoplasmic reticulum stress（17.01, 0.000 1）
	6#	8	1999	Epstein-Barr virus（14.04, 0.001）; peripheral lymph node（14.04, 0.001）; J chain gene（14.04, 0.001）; follicular dendritic cell（14.04, 0.001）; IgA deficient patient（14.04, 0.001）

续表

类别	聚类 ID	大小	平均年份	高权重关键词（前5）
B. 引用经典——title words cluster	0#	56	2015	inflammatory disease（91.68, 0.000 1）; gut microbiota（67.81, 0.000 1）; butyrate-producing colon bacteria（59.81, 0.000 1）; human gut（59.81, 0.000 1）; pathogen colonization（56.93, 0.000 1）
	1#	39	2016	short chain（81.1, 0.000 1）; microbiota metabolite（52.43, 0.000 1）; fatty acids GPCR（52.43, 0.000 1）; distant organ（48.36, 0.000 1）; epithelial barrier（44.29, 0.000 1）
	2#	38	2019	gut microbiota（65.07, 0.000 1）; changing ecosystem（42.98, 0.000 1）; age environment diet（42.98, 0.000 1）; intestinal permeability（42.81, 0.000 1）; inflammatory bowel disease（41.82, 0.000 1）
	3#	30	2013	intestinal tract（54.55, 0.000 1）; bacterial diversity（54.55, 0.000 1）; following allogeneic hematopoietic stem cell transplantation（54.55, 0.000 1）; allergic inflammation（48.41, 0.000 1）; commensal fungi（42.29, 0.000 1）
	4#	26	2016	potential novel therapeutics（50.89, 0.000 1）; human health（44.17, 0.000 1）; basic science（36.17, 0.000 1）; early life（34.62, 0.000 1）; *Lactobacillus reuteri*（28.87, 0.000 1）
	5#	26	2015	host development（56.91, 0.000 1）; risk pathogenesis prevention（49.68, 0.000 1）; diverging inflammasome signal（28.19, 0.000 1）; human health（21.88, 0.000 1）; gut microbiota（17.64, 0.000 1）
	6#	26	2016	natural polysaccharide（56.58, 0.000 1）; programming health（48.56, 0.000 1）; potential role（48.56, 0.000 1）; phytogenic substance（45.06, 0.000 1）; cesarean section（41.58, 0.000 1）
	7#	25	2015	colorectal cancer（67, 0.000 1）; central mediator（56.53, 0.000 1）; gut-brain communication（56.53, 0.000 1）; colitis-associated neoplasia（52.17, 0.000 1）; gut microbiota composition（47.83, 0.000 1）
	8#	15	2016	brain-gut interaction（47.28, 0.000 1）; functional gastrointestinal disorder（33.8, 0.000 1）; irritable bowel syndrome（33.8, 0.000 1）; inflammatory bowel disease（32.82, 0.000 1）; host-microbiota interaction（27.23, 0.000 1）
	9#	13	2019	related diseases（38.56, 0.000 1）; rheumatoid arthritis（28.74, 0.000 1）; gut-joint axis（28.74, 0.000 1）; mediterranean diet（19.05, 0.000 1）; IBD patient（19.05, 0.000 1）
	10#	4	2019	candida albican（13.48, 0.001）; pathology（13.48, 0.001）; cross-reactivity（13.48, 0.001）; gut microbiota（0.39, 1.0）; intestinal microbiota（0.3, 1.0）

类别	聚类ID	大小	平均年份	高权重关键词（前5）
B. 引用经典—— keywords cluster	0#	56	2015	gut dysbiosis（145.24, 0.000 1）; symbiotic bacteria（141.8, 0.000 1）; GI tract（126.96, 0.000 1）; butyrate-producing colon bacteria（119.07, 0.000 1）; butyrogenic effect（119.07, 0.000 1）
	1#	39	2016	intestinal epithelium（167.38, 0.000 1）; intestinal homeostasis（132.59, 0.000 1）; bacterial metabolite（94.25, 0.000 1）; gut bacteria（82.44, 0.000 1）; crucial role（75.64, 0.000 1）
	2#	38	2019	neurofibrillary tangle（164.23, 0.000 1）; β-peptide（138.47, 0.000 1）; systemic inflammation（99.91, 0.000 1）; gut microbiota balance（99.08, 0.000 1）; external factor（78.56, 0.000 1）
	3#	30	2013	intestinal diversity（115.43, 0.000 1）; Treg cell（76.88, 0.000 1）; mucosal interface（76.88, 0.000 1）; allergic asthma（69.02, 0.000 1）; pulmonary infection（64.05, 0.000 1）
	4#	26	2016	early-life gut microbiota（78.78, 0.000 1）; intestinal permeability（56.2, 0.000 1）; microbial translocation（52.49, 0.000 1）; axis-related dysfunction（45.92, 0.000 1）; neuroactive metabolite（45.92, 0.000 1）
	5#	26	2015	IBD-associated CRC（188.14, 0.000 1）; bacterial microbiota（66.98, 0.000 1）; smoking cessation（66.98, 0.000 1）; oxidative stress（66.98, 0.000 1）; homeostatic regulation（53.57, 0.000 1）
	6#	26	2016	cesarean delivery（277.36, 0.000 1）; natural polysaccharide（257.09, 0.000 1）; anti-inflammatory effect（155.85, 0.000 1）; acute colitis（130.75, 0.000 1）; phytogenic substance（98.94, 0.000 1）
	7#	25	2015	colorectal cancer（138.98, 0.000 1）; molecular mechanism（119.41, 0.000 1）; various mechanism（107.04, 0.000 1）; normal mice（107.04, 0.000 1）; Japanese colorectal cancer（90.54, 0.000 1）
	8#	15	2016	brain-gut axis（96.26, 0.000 1）; risk factor（60.11, 0.000 1）; disease course（48.08, 0.000 1）; salivary cortisol（48.08, 0.000 1）; pharmacologic nutritional（48.08, 0.000 1）
	9#	13	2019	related diseases（197.89, 0.000 1）; intestinal barrier disruption（98.58, 0.000 1）; metabolic disorder（83.96, 0.000 1）; intestinal bacteria（73.8, 0.000 1）; diabetes patient（65.64, 0.000 1）
	10#	4	2019	Th17 cell（26.35, 0.000 1）; albican（26.35, 0.000 1）; cross-reactivity（13.14, 0.001）; protection（13.14, 0.001）; single ubiquitous member（13.14, 0.001）

3. 突现分析　关键词的出现频率突然变化的程度被称为关键词出现度，主要用于研究特定时期的热点。本文利用 CiteSpace 软件分析了与肠道炎症性疾病中微生物群和免疫相互作用相关的文献中出现的新词。每个新词都有一个由每个单元格组成的深灰色突出显示的柱状图，以及其他单元格的浅灰色柱状图（表 7-30），其中每个单元格代表 1 年。所有文

表 7-30　相关文献中关键词的突现分析

分类	关键词	强度	开始年份	结束年份	1997—2022 年
A. 所有文献	oral tolerance	7.82	1999	2015	
	dendritic cell	14.61	2004	2013	
	16S ribosomal RNA	6.65	2004	2013	
	Crohn disease	22.68	2005	2012	
	hygiene hypothesis	7.52	2005	2016	
	adaptive immunity	8.01	2006	2015	
	Toll-like receptor	22.92	2007	2014	
	placebo controlled trial	9.75	2007	2015	
	genome wide association	9.75	2008	2012	
	in vivo	8.91	2008	2014	
	commensal bacteria	6.44	2009	2015	
	Clostridium difficile	6.29	2009	2016	
	TGF-β	6.13	2009	2013	
	Helicobacter hepaticus	5.77	2009	2015	
	Paneth cell	5.67	2009	2013	
	segmented filamentous bacteria	18.09	2010	2015	
	germ free	7.91	2010	2015	
	innate immunity	7.14	2010	2015	
	susceptibility loci	7.02	2011	2012	
	regulatory T cell	6.64	2011	2012	
	ROR gamma T	6.45	2011	2015	

续表

分类	关键词	强度	开始年份	结束年份	1997—2022 年
A. 所有文献	ileal mucosa	6.11	2011	2016	
	commensal microbiota	8.88	2012	2017	
	mucosa associated microbiota	7.41	2012	2017	
	retinoic acid	6.37	2012	2013	
	fecal microbiota	7.22	2014	2017	
	Faecalibacterium prausnitzii	6.58	2014	2016	
	randomized controlled trial	6.12	2014	2018	
	antibiotic treatment	5.63	2014	2016	
	commensal bacteria	5.58	2014	2018	
	Clostridium difficile infection	7.23	2015	2018	
	intestinal inflammation	7.58	2016	2018	
	murine model	6.6	2017	2018	
	differentiation	6.91	2019	2020	
	prebiotics	6.3	2019	2020	
	growth performance	5.8	2019	2022	
	short-chain fatty acid	7.52	2020	2022	
	bile acid	6.62	2020	2022	
	gut dysbiosis	6.58	2020	2022	
	gut-liver axis	5.79	2020	2022	
	Fusobacterium nucleatum	5.64	2020	2022	

续表

分类	关键词	强度	开始年份	结束年份	1997—2022 年
B. 引用经典	dendritic cell	2.59	2012	2015	（2012—2022 年）
	response	2.24	2012	2012	（2012—2022 年）
	Toll-like receptor	2.15	2012	2013	（2012—2022 年）
	mice	2.08	2012	2014	（2012—2022 年）
	segmented filamentous bacteria	2.02	2012	2013	（2012—2022 年）
	recognition	1.81	2012	2012	（2012—2022 年）
	obesity	1.82	2013	2013	（2012—2022 年）
	RORγT	1.82	2013	2013	（2012—2022 年）
	regulatory T cell	1.59	2013	2013	（2012—2022 年）
	mucosa associated microbiota	1.8	2014	2014	（2012—2022 年）
	fecal microbiota	1.64	2014	2016	（2012—2022 年）
	NF-κB	1.61	2014	2014	（2012—2022 年）
	Escherichia coli	1.61	2015	2016	（2012—2022 年）
	intestinal microbiota	2.76	2016	2017	（2012—2022 年）
	T cell	2.04	2016	2017	（2012—2022 年）
	diet induced obesity	1.83	2016	2017	（2012—2022 年）
	commensal microbiota	1.82	2016	2017	（2012—2022 年）
	commensal bacteria	1.58	2016	2017	（2012—2022 年）
	chain fatty acid	2.15	2017	2019	（2012—2022 年）
	epithelial cell	1.87	2017	2018	（2012—2022 年）
	intestinal epithelial cell	1.87	2017	2018	（2012—2022 年）

续表

分类	关键词	强度	开始年份	结束年份	1997—2022 年
B. 引用经典	Clostridium difficile infection	1.6	2017	2018	（2012—2022 年）
	necrosis factor alpha	1.59	2017	2017	（2012—2022 年）
	tight junction protein	1.59	2017	2017	（2012—2022 年）
	dietary fiber	1.58	2017	2019	（2012—2022 年）
	distal ulcerative colitis	1.49	2017	2018	（2012—2022 年）
	immune system	2.39	2018	2018	（2012—2022 年）
	butyrate	1.57	2018	2022	（2012—2022 年）
	microbiota	2.43	2019	2019	（2012—2022 年）
	gut microbiota	2.65	2020	2022	（2012—2022 年）
	ulcerative colitis	2.16	2020	2020	（2012—2022 年）
	genome wide association	1.85	2020	2020	（2012—2022 年）
	intestinal permeability	1.85	2020	2020	（2012—2022 年）
	activation	1.65	2020	2022	（2012—2022 年）

注：A 中 γ[0,1]=1，实现最小持续年份 =2；B 中 γ[0,1]=0.6，实现最小持续年份 =1。

献的关键词突现分析（表 7-30A）从 1997 年开始逐渐深入，涉及树突细胞、Toll 样受体等，其中在 1997—2022 年的早期阶段，研究重点主要集中在基因组学方面，例如 16S 核糖体 RNA 和基因组范围内的关联，以及儿童生长方面，如体重指标和膳食营养摄入。在中期阶段，研究重点主要是肠道细菌感染，如粪便菌群和共生菌，以及免疫系统研究，如调节性 T 细胞和 Toll 样受体。在后期阶段，研究重点主要是肠道炎症性疾病的机制，如肠 - 肝轴、短链脂肪酸、肠道炎症和肠道菌群失调。值得注意的是，对于具核梭杆菌、肠 - 肝轴和短链脂肪酸的研究可能是未来的研究趋势。引用经典（表 7-30B）集中在 2012—2022 年的时期，突现分析显示，热点主要集中在与肠道微生物群和免疫系统调节相关的机制研究上。

讨　论

全球肠道炎症性疾病发病率的上升是一个具有挑战性的疾病和全球负担[1-3]。肠道菌群与免疫细胞之间的相互作用在肠道炎症性疾病的发病机制中起着非常重要的作用[8]。因此，肠道炎症性疾病中微生物群与免疫系统之间的相互作用是一个至关重要的课题。随着相关文献的不断增多，有必要对这一研究领域进行概览，而文献计量学可以满足这一需求。

本文是第一篇运用文献计量方法结合内容分析方法对与肠道炎症性疾病中微生物群与免疫相互作用相关的文献进行数学统计分析，并基于数据信息挖掘研究热点和发展趋势的文章。总体上，这一领域的研究出版物数量逐年增加，表明该领域相对受欢迎且有前景。美国和中国是主要的研究输出国家。从整体全球研究的角度来看，美国是这一领域的核心国家，在早期研究、出版物数量最多以及研究内容的中心性方面占据领先地位，并处于世界领先地位。在出版物数量前 10 位的国家中，中国是唯一来自发展中国家的国家，仅次于美国，这表明中国在这一领域多年来取得了巨大进步并发挥了重要作用，也证明中国学者在这一领域正逐渐接近和对齐国际研究。尽管中国在这一领域取得了快速发展，但仍缺乏具有高国际影响力和领先国际研究前沿的核心成果，更需要提高论文"质量"而不是突破"数量"。至于机构，哈佛大学拥有最多的出版物，并且能够与其他机构保持最广泛的合作关系，是最具影响力的机构之一，除了机构之间整体更密切的合作和良好的合作关系外。在高产作者中，值得注意的是来自麻省理工学院的 Xavier RJ 不仅发表了大量论文，且被引用次数很高，并且是引用经典中发表论文最多的作者。合作网络代表着全球最活跃和最具代表性的研究团队，并且可以为进行相关研究的其他学者提供科学参考。Xavier RJ 是合作最广泛且影响力最大的作者。但大多数作者倾向于在一个小团队内进行合作研究。因此，加强作者之间的合作研究，特别是来自不同国家或机构的合作，可以极大地促进学术思想的交流和研究领域的创新。在某种程度上，期刊的影响因子是引用的最有力指标之一，通常代表着该领域研究的影响力。在这一领域的研究主要发表在具有 8.787 影响因子的 *Frontiers in Immunology* 杂志上，也反映了该领域的产出质量。

通过 CiteSpace 对与肠道炎症性疾病中微生物群与免疫相互作用相关文献的关键词进行可视化分析，揭示了主要的热词为 "inflammatory bowel disease" "Crohn disease" "ulcerative colitis" "colorectal cancer" "gut microbiota" "intestinal microbiota" "bacteria" "immune response" "regulatory T cell" "dendritic cell" *"Clostridium difficile* infection" *"Escherichia coli"* "mucosal immunity" "chain fatty acid" "activation" 等。随着研究的深入和发展，

"*Fusobacterium nucleatum*" "gut-liver axis" "short-chain fatty acid" 已成为新兴的研究课题和未来方向。在研究的早期阶段,主要集中在基因组学、肠道细菌感染和免疫系统研究上。而在后期,研究热点扩展到了肠道炎症性疾病的机制。对引用经典作品的分析进一步证实了上述信息。

聚类分析加强了这一领域研究的主要方向是肠道炎症性疾病的机制,特别是肠道微生物群与免疫系统的相互作用。肠道屏障有效阻止了肠道菌群的侵入和转位,不会对共生微生物产生过度反应[4]。当肠道屏障受损时,不成熟的免疫系统更频繁地获取微生物抗原。此时,在肠道中存在的树突状细胞开始呈现抗原,并激活 T 细胞、单核细胞和巨噬细胞,并启动大量促炎细胞因子和趋化因子的产生。这种炎症级联反应导致中性粒细胞的招募、活性氧的释放,进一步引发肠道炎症和坏死。这种炎症导致更多的炎症,并可在系统上扩散,影响远至大脑的器官,这是脑 - 肠轴的一部分[18]。因此,肠道细菌感染或转位引发了一系列免疫炎症反应,进而导致肠上皮细胞凋亡,并进一步损害肠道屏障功能。免疫炎症的恶性循环促进了肠道炎症性疾病的发展[7]。值得注意的是,由于肠上皮细胞对微生物的识别过程引发的过度信号转导和炎症也可能促进了炎症性肠病相关的结直肠癌[19]。T 细胞和调节性T 细胞(regulatory T cell, Treg 细胞)在肠道炎症性疾病的发病机制中起着重要作用,因为Treg 细胞能够抑制效应 T 细胞的功能,促进更具容忍性的免疫表型[20]。在肠道炎症性疾病中,T 细胞和 Treg 细胞之间的平衡发生了变化,炎症性细胞因子的产生和 T 细胞激活形成了正反馈环路,促进了疾病的发展[21]。人类肠道微生物组是一个极其复杂的微生态系统,涉及大量种类的微生物,随着疾病进展,微生物群的个体间变异和时间变异频繁发生[5]。与微生物组变化相关的功能性变化越来越被认识到是重要的,并可能成为未来研究的重点。例如,丁酸盐中的丁酸是肠道中的重要免疫调节分子,它提高了肠道屏障的完整性,从而调节肠道菌群失调,并促进了肠 - 肝轴中的能量代谢[22]。此外,对肠道中具核梭杆菌的研究是未来的趋势之一。已发现具核梭杆菌不仅与各种炎症性疾病(如肺炎、感染性心内膜炎、脓毒性肝脓肿、胰腺脓肿、炎症性肠病等)相关,而且影响各种肿瘤(如口腔癌、结直肠癌等)的发展过程[23]。具核梭杆菌影响疾病发展的发病机制尚未完全了解,未来可以期待对相关病原机制进行更全面的研究。我们也希望开发针对具核梭杆菌的靶向治疗药物和生物制剂,让其不良反应降低,并进一步制定规范化和优化的治疗方案,以使更多患者受益。

这篇论文表明,IBD 是肠道炎症性疾病中研究最多、最常见的一种自身免疫性疾病,与多种因素之间的复杂相互作用相关,包括免疫炎症、肠道微生态和遗传[5,11,24]。内在免疫和适应性免疫都参与了 IBD 的发展。在 IBD 中,CD 主要被认为是由 Th1 免疫反应引起的,其特点是通过 IFN-γ、TNF-α 和 IL-12 介导的肠道炎症,而 UC 与 Th2 反应相关联,在炎症介导中以 IL-5 和 IL-13 为主[24]。肠道微生态在 IBD 的发展中也发挥着重要作用[5]。与一般人群相比,患有 IBD 的患者存在肠道微生态失调,主要特点是 thick-walled bacteria 和 *Bacteroides* 减少, *Aspergillus* 和 *Actinomyces* 增加[24]。肠道菌群可能通过调节肠上皮细胞凋亡和紧密连接相关蛋白的合成等机制来损害肠道屏障功能,激活免疫反应,并诱导肠道炎症,导致 IBD 的发生[24]。

这项研究存在一些局限性。本研究仅包括 WoSCC 发布的相关研究,并且文章类型受限于英文文献,可能忽略了其他语言的高质量文献。此外,文献的共引用频率是时间相关的,近年发表的文献总共引用频率可能相对较低,导致研究结果与实际情况存在差异。

结　论

据我们所知,这项研究是首次利用可视化软件和数据信息挖掘对微生物群与肠道炎症性疾病相互作用领域的出版物进行文献计量分析,以获取该领域的当前热点和趋势,为科学研究提供理论依据。该领域的研究聚焦于肠道炎症性疾病的机制,未来的研究热点可能包括具核梭杆菌、肠 - 肝轴和短链脂肪酸。相关研究者可利用本研究结果来提升他们对该领域的知识和理解,并被鼓励进一步探索。

参考文献

[1] AZIZ M, PRINCE J M, WANG P. Gut microbiome and necrotizing enterocolitis: understanding the connection to find a cure [J]. Cell Host Microbe, 2022, 30 (5): 612-616.

[2] KAPLAN G G, WINDSOR J W. The four epidemiological stages in the global evolution of inflammatory bowel disease [J]. Nat Rev Gastroenterol Hepatol, 2021, 18 (1): 56-66.

[3] LEBWOHL B, RUBIO-TAPIA A. Epidemiology, presentation, and diagnosis of celiac disease [J]. Gastroenterology, 2021, 160 (1): 63-75.

[4] MEHANDRU S, COLOMBEL J F. The intestinal barrier, an arbitrator turned provocateur in IBD [J]. Nat Rev Gastroenterol Hepatol, 2021, 18 (2): 83-84.

[5] CARUSO R, LO B C, NÚÑEZ G. Host-microbiota interactions in inflammatory bowel disease [J]. Nat Rev Immunol, 2020, 20 (7): 411-426.

[6] ZHENG D P, LIWINSKI T, ELINAV E. Interaction between microbiota and immunity in health and disease [J]. Cell Res, 2020, 30 (6): 492-506.

[7] XUE J, AJUWON K M, FANG R. Mechanistic insight into the gut microbiome and its interaction with host immunity and inflammation [J]. Anim Nutr, 2020, 6 (4): 421-428.

[8] HOOPER L V, LITTMAN D R, MACPHERSON A J. Interactions between the microbiota and the immune system [J]. Science, 2012, 336 (6086): 1268-1273.

[9] ROUND J L, MAZMANIAN S K. The gut microbiota shapes intestinal immune responses during health and disease [J]. Nat Rev Immunol, 2009, 9 (5): 313-323.

[10] PARIKH K, ANTANAVICIUTE A, FAWKNER-CORBETT D, et al. Colonic epithelial cell diversity in health and inflammatory bowel disease [J]. Nature, 2019, 567 (7746): 49-55.

[11] CHEN Y, CUI W, LI X, et al. Interaction between commensal bacteria, immune response and the intestinal barrier in inflammatory bowel disease [J]. Front Immunol, 2021, 12: 761981.

[12] WANG B, PAN S Y, KE R Y, et al. An overview of climate change vulnerability: a bibliometric analysis based on Web of Science database [J]. Nat Hazards, 2014, 74 (3): 1649-1666.

[13] LI C, ZHU X, ZHANG Y, et al. COVID-19 influences both physical and mental health: lessons from bibliometric analysis [J]. Travel Med Infect Dis, 2022, 49: 102405.

[14] LIU C, YU R, ZHANG J, et al. Research hotspot and trend analysis in the diagnosis of inflammatory bowel disease: a machine learning bibliometric analysis from 2012 to 2021 [J]. Front Immunol, 2022, 13: 972079.

[15] FRANK D N, ST AMAND A L, FELDMAN R A, et al. Molecular-phylogenetic characterization of microbial community imbalances in human inflammatory bowel diseases [J]. Proc Natl Acad Sci U S A, 2007, 104

（34）：13780-13785.

［16］GEVERS D, KUGATHASAN S, DENSON L A, et al. The treatment-naive microbiome in new-onset Crohn's disease［J］. Cell Host Microbe, 2014, 15（3）：382-392.

［17］SUN J, WANG M H, HO Y S. A historical review and bibliometric analysis of research on estuary pollution［J］. Mar Pollut Bull, 2012, 64（1）：13-21.

［18］AGIRMAN G, YU K B, HSIAO E Y. Signaling inflammation across the gut-brain axis［J］. Science, 2021, 374（6571）：1087-1092.

［19］FRIGERIO S, LARTEY D A, D'HAENS G R, et al. The role of the immune system in IBD-associated colorectal cancer: from pro to anti-tumorigenic mechanisms［J］. Int J Mol Sci, 2021, 22（23）：12739.

［20］XU M, POKROVSKII M, DING Y, et al. c-MAF-dependent regulatory T cells mediate immunological tolerance to a gut pathobiont［J］. Nature, 2018, 554（7692）：373-377.

［21］JACOBSE J, LI J, RINGS E H H M, et al. Intestinal regulatory T cells as specialized tissue-restricted immune cells in intestinal immune homeostasis and disease［J］. Front Immunol, 2021, 12：716499.

［22］DELEU S, MACHIELS K, RAES J, et al. Short chain fatty acids and its producing organisms: an overlooked therapy for IBD?［J］. EBioMedicine, 2021, 66：103293.

［23］BRENNAN C A, GARRETT W S. *Fusobacterium nucleatum*-symbiont, opportunist and oncobacterium［J］. Nat Rev Microbiol, 2019, 17（3）：156-166.

［24］RAMOS G P, PAPADAKIS K A. Mechanisms of disease: inflammatory bowel diseases［J］. Mayo Clin Proc, 2019, 94（1）：155-165.

（刘　传　王欣宜　董晨雨　苏文豪　董卫国）

基于人体微生物筛查结直肠癌的文献计量学分析

【目的】通过文献计量学分析及可视化分析来探索人体微生物在结直肠癌（colorectal cancer, CRC）筛查中的研究现状、热点和未来研究趋势。

【方法】本研究基于 Web of Science 核心合集数据库进行相关的文献检索，检索时间截止至 2023 年 1 月 5 日。本研究通过 CiteSpace（版本 5.8.R3）软件及文献计量在线分析平台分析作者、机构、国家 / 地区、期刊、被引文章和关键词等维度，并对关键词进行了聚类分析和突现分析。

【结果】最终检索出 700 篇文献，文献计量学分析表明该领域的年发文量自 1992 年起呈不断增加的趋势。来自香港中文大学的 Yu J 教授是累积发文量最多的学者，而上海交通大学则是发文量最多的机构。中国和美国是所有国家中发文最多的。关键词词频分析提示 "colorectal cancer" "gut microbiota" "*Fusobacterium nucleatum*" "risk" 和 "microbiota" 是词频最高的关键词。关键词聚类分析发现该领域目前的研究热点是：①CRC 筛查中的癌前病变，比如炎症性肠病及高风险腺瘤；②肠道来源的菌群用于 CRC 筛查；③CRC 的早期筛查。突现分析则表明肠道微生物组学联合代谢组学可能是未来 CRC 筛查的研究趋势。

【结论】本文献计量学分析系统地分析了微生物组学在 CRC 筛查领域的研究现状、热点和未来研究趋势。整体上,该领域的研究正在变得更加深入和多样化。具核梭杆菌等人体微生物标志物在 CRC 筛查中展现出巨大的潜力。未来,微生物组学与代谢组学的联合分析将成为 CRC 风险筛查领域中的研究趋势。

【关键词】微生物,结直肠癌,筛查,文献计量学分析,CiteSpace 软件

引　言

结直肠癌(colorectal cancer,CRC)是一种严重威胁人类健康的恶性肿瘤,其在全球范围内的发病率和病死率分别位居第三和第二。2020 年的统计数据显示,CRC 的新发病例数高达 1 880 700 例,死亡人数也达到了 915 800 人,给全球的卫生系统带来了巨大的压力和挑战[1]。近年来,随着 CRC 研究的不断深入,其治疗已经取得了很大进展,然而,治愈 CRC 仍然很困难,特别是对于那些晚期 CRC 患者。CRC 的预后与其临床分期密切相关,Ⅰ期的 5 年生存率高达 90%,而具有远处转移的晚期 CRC 的 5 年生存率仅为 14%[2]。既往多项研究表明,对一般人群进行 CRC 筛查是一种降低 CRC 发病率和病死率的有效方法[3-4]。早期 CRC 往往没有明显的症状,因此一种能够用于 CRC 早期筛查的手段就显得尤为重要,目前常用的 CRC 筛查方式包括肠镜、粪便隐血试验、CT 结肠成像和 CRC 风险评估量表[比如亚太结直肠筛查评分系统(Asia-Pacific Colorectal Screening Scoring System,APCS)],然而这些方法都有各自的不足之处[5-6]。因此,目前依然缺乏一种理想的 CRC 筛查手段。

人体微生物组是一个非常复杂的微生态系统,具有极其丰富的微生物种类和数量。它们主要栖息在皮肤、口腔、肺、肠道和阴道等部位,其中有超过 1 000 种的细菌定植在肠道和口腔中[7-8]。这些微生物在维持宿主稳态方面发挥着重要作用,但是微生态的失调同样也与各系统疾病的发生密切相关,包括消化系统、内分泌系统、中枢神经系统和免疫系统疾病等[9]。近年来,越来越多的证据表明 CRC 的发生、发展与人体微生物组密切相关,微生物的研究已经逐步成为 CRC 研究的热点之一。在 CRC 筛查方面,一项近期发表的研究发现肠道菌群在健康人群和 CRC 患者中存在显著差异,因此这些菌群是潜在的可用于 CRC 筛查的生物标志物[10]。除了肠道来源的菌群外,Zhang C 等[11]的研究还发现,相比健康对照组而言,CRC 患者口腔中的梭杆菌属、链球菌属和草螺菌属的丰度更高,但是嗜血杆菌属和奈瑟菌属的丰度更低,研究人员进一步通过随机森林算法及口腔菌群标志物构建了 CRC 的风险筛查模型,最终发现该模型筛查 CRC 的受试者操作特征曲线下面积[area under the receiver operating characteristic(ROC)curve,AUC]高达 0.96。另一项研究则发现 CRC 患者血清中的具核梭杆菌抗体浓度显著高于健康对照人群(P<0.001)[12],提示血液中的微生物标志物在 CRC 筛查中也具有一定准确性。上述这些微生物标志物在 CRC 筛查中的价值(尤其是具核梭杆菌)已经在大量的既往研究中得以证实[13-15],这些研究为 CRC 的筛查提供了新的思路。因此,基于微生物组学分析 CRC 筛查领域的当前研究现状、热点和趋势,对指导临床实践和进一步的基础研究具有很大的参考价值。

由于基于人体微生物筛查 CRC 的研究数量在近些年来增长快速,该领域已经积累了大量文献,因此单纯通过手动检索相关文献很难做到对该研究领域进行全面评估。文献计量学分析将发表的文献作为研究对象,通过定性结合定量分析的方式评估某一领域的研究现状和未来研究趋势,这个过程主要针对研究的关键词、作者、机构、国家、来源期刊等信息进行分析[16]。与传统的引文统计分析不同,文献计量学分析注重各个研究之间的联系,它在创建知识结构和预测未来研究趋势方面具有较大优势[17-18]。目前,作为一种新颖的研究手段,文献计量学分析已经被广泛地应用于医学在内的各个领域[19-22]。在本研究中,我们通过文献计量学分析方法阐明了人体微生物标志物在 CRC 筛查中的研究现状、热点和未来研究趋势。

材料和方法

（一）文献来源和检索策略

文献计量学分析的整个研究过程不涉及伦理相关问题,因此本研究的开展不需要伦理委员会的审批。根据文献的纳排标准,我们在 Web of Science 核心合集（Web of Science Core Collection, WoSCC）数据库进行了全面的文献检索过程,检索时间截止至 2023 年 1 月 5 日,WoSCC 的官网地址是 https://clarivate.com/,检索的语言限制为英语,文献类型限于综述和论著。此外,本研究采用了主题词检索的方式进行文献检索工作,检索策略为：TS= "colorectal cancer" 或 "colorectal neoplasm" 或 "colorectal carcinoma" 或 "colorectal tumor",和 TS= "microbiota" 或 "microbiome" 或 "bacteria",和 TS= "screening" 或 "screen" 或 "detect" 或 "detection"。由两位独立的研究者对检索到的文献进行初筛（仔细阅读题目和关键词）,两者之间的分歧通过讨论解决,如果两者讨论后仍无法定论,另外一位研究者将参与进一步讨论以达成检索共识。

（二）文献精炼及相关信息提取

我们使用文献管理工具——Endnote 对检索到的文献进一步处理。首先将检索到的文献导入到 Endnote,通过这个工具将重复的文献去除,随后由两位研究者对去重后的文献再次进行仔细审查,最终纳入了 700 篇文献,这些纳入的文献以 "RefWorks" 格式保存,并被用于后续的文献计量学分析。同时,我们也提取了以下相关文献信息：①标题;②作者名字;③发表年份;④作者的单位和国家 / 地区;⑤关键词;⑥被引次数;⑦主题;⑧引用的文献;⑨杂志名称和对应的影响因子［根据最新的《期刊引证报告》（Journal Citation Report, JCR）确定］。

（三）文献计量学分析和可视化

我们将提取的数据文件以 "txt" 格式保存,文件夹命名为 "download_*.txt",随后我们将文件导入 CiteSpace（版本 5.8.R3）软件,CiteSpace 软件由美国德雷塞尔大学的陈超美教授开发,是一个专门用于知识图谱可视化分析的软件,它可以帮助我们提取纳入文献的关键信息并且以节点和连接的形式可视化这些信息,这个软件目前被广泛应用于各个领域[23]。与此同时,我们还将数据文件上传到文献计量在线分析平台（http://bibliometric.com/）,这个在线平台不仅界面直观、用户友好,还提供科学引文数据的文献计量数据分析,并能以图形的形式清晰呈现。

CiteSpace 软件用于可视化作者、机构、国家/地区、期刊、文章和关键词的共现网络关系。此外,本研究还对关键词进行了聚类分析和突现分析。CiteSpace 软件设置的参数如下:①时间范围:从数据库建立初始到 2022 年 12 月 31 日;②间隔年数:1 年;③关系强度的度量方法:Cosine 法;④节点类型:作者、被引作者、机构、国家、参考文献、关键词;⑤过滤标准:每个时间节点的前 50 位;⑥网络剪切方式选择:Pathfinder、Pruning sliced networks 和 Pruning the merged network。其他参数均采用默认值。采用对数似然比(log-likelihood ratio, LLR)算法对关键词进行聚类分析,聚类分析的效果用聚类模块值(简称 Q 值)和加权平均聚类轮廓值(简称 S 值)两个指标评价,其中 Q 值取值范围在 0~1,Q 值用于评价聚类结构的显著程度,通常 Q 值 >0.3 意味着聚类结构显著。S 值取值范围在 –1~1,S 值与聚类结构的合理性呈正相关,S 值 >0.5 表示聚类结构是合理的。通过对关键词的突现分析,可以了解基于微生物筛查 CRC 这个领域在某段时间节点内的研究热点、趋势和前沿动态等。

结 果

(一)年度发文情况

去除会议摘要、书籍章节、信件、编辑材料后,一共剩下 700 篇文献,包括 536 篇(77%)论著和 164 篇(23%)综述(图 7-31B)。图 7-31A 展示了 1992—2022 年每年发文量的变化趋势,其中 2022 年发文量最多,达到了 138 篇文章,提示基于人体微生物筛查 CRC 的研究正在受到越来越多研究者的青睐。根据普莱斯定律,该领域的发文量呈指数级增长,指数曲线方程的数学公式为 $y=3.087\ 1e^{0.262\ 3x}$。图 7-31C 显示模拟曲线与年发文量增长趋势一致,决定系数高达 0.974 8,表明未来几年的年发文量将继续增加。在图 7-31C 中还可以看出,过去 15 年的年均发文量增长率高达 26.23%。

(二)发文作者情况分析

从 WoSCC 平台可以看出,一共有 4 752 个研究者在这个领域做了相关的研究工作,并且公开发表了相关研究成果(表 7-31 展示了累计发文量排在前 15 的研究者)。本研究使用 CiteSpace 软件构建作者和被引作者的合作网络图及作者的共现网络图谱,共现网络图谱共有 616 个作者节点,代表着 616 位作者(图 7-32A),节点的大小代表该作者的发文量大小,从图中可以看出,来自香港中文大学的 Yu J 教授具有最大的累计发文量,表明 Yu J 教授团队在这个领域作出了重要贡献。高被引指数(high citation index, H-index)是一个用于反映文献影响力大小的简易评估指标,该指数的大小主要取决于研究者发表的高影响力文章的数量,高 H-index 意味着研究者具有高的学术影响力。在这篇文献计量学分析中,来自哈佛大学的 Ogino S 教授的 H-index 高达 98(表 7-32),位列所有研究者首位,因此 Ogino S 教授在本领域具有最高的学术影响力。我们也通过 CiteSpace 软件分析了被引作者的情况,结果发现一共有 996 位被引作者,其中 Kostic AD、Castellarin M 和 Rubinstein MR 是被引次数最多的三位学者(图 7-32B,表 7-33)。此外,本研究还通过合作网络图分析了各作者群之间的合作关系,从图 7-32C 中可以看出超过一半以上的作者群与其他作者群的合作关系并不密切。

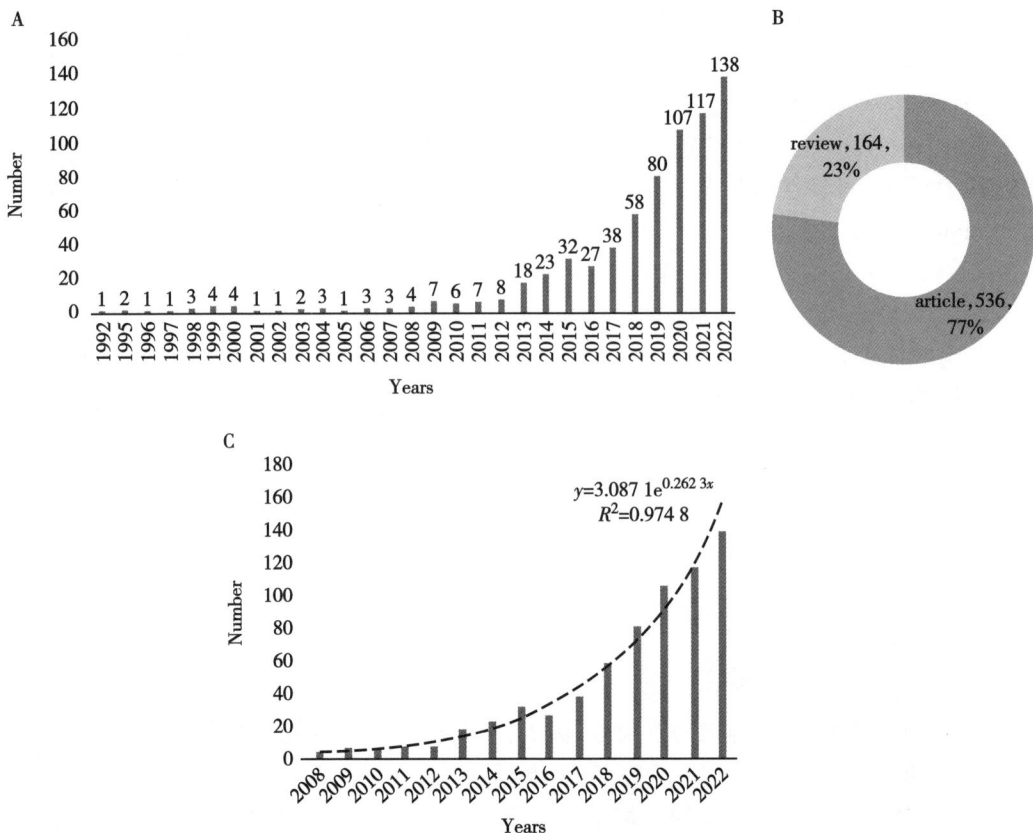

图 7-31　年度发文趋势及文献类型

A. 年发文量情况；B. 文献类型；C. 年发文量指数增长图。

表 7-31　基于 WoSCC 的作者、机构和国家分析

排名	作者	数量	机构	数量	国家	数量
1	Yu J	14	上海交通大学	26	中国	214
2	Fang JY	10	哈佛大学	23	美国	186
3	Han S	8	哈佛大学医学院	19	意大利	45
4	Li H	8	密西根大学	18	日本	40
5	Ogino S	8	密西根大学系统	18	英国	37
6	Sinha R	8	美国国立卫生研究院	17	荷兰	34
7	Zhang J	8	香港中文大学	16	法国	33
8	Zhang L	8	复旦大学	16	德国	33
9	Chan AT	7	美国国家癌症研究所	15	西班牙	29
10	Li Y	7	西班牙网络生物医学研究中心	14	韩国	22
11	Schloss PD	7	法国国家农业科学研究院	14	澳大利亚	21
12	Sears CL	7	法国研究型大学	14	加拿大	18
13	Wang X	7	布莱根女子医院	13	伊朗	17
14	Yang J	7	西班牙最高科研理事会	13	爱尔兰	15
15	Yang X	7	哈佛大学陈曾熙公共卫生学院	13	印度	14

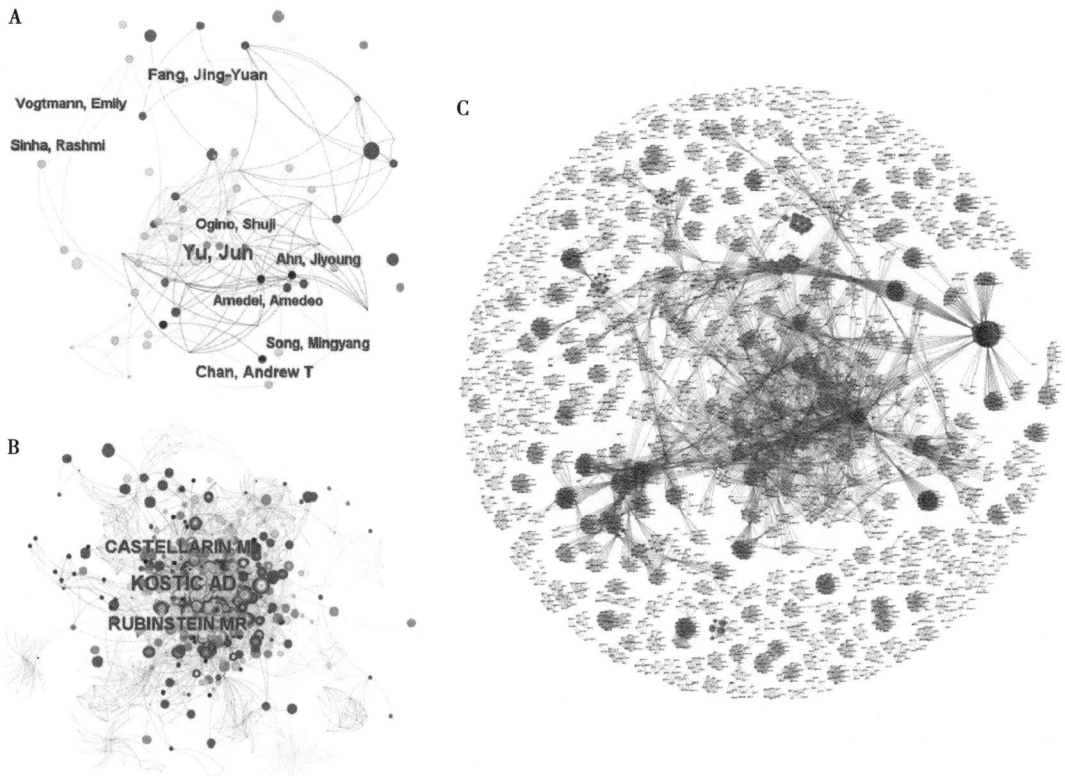

图 7-32　作者分析

A. 作者共现分析；B. 被引作者分析；C. 作者间合作网络图。

表 7-32　基于 CiteSpace 软件的作者发文情况分析

排名	作者	机构	频率	高被引指数
1	Yu J	香港中文大学	9	89
2	Chan AT	福瑞德·哈金森癌症研究中心	5	64
3	Fang JY	上海交通大学	5	59
4	Ahn J	纽约大学	4	45
5	Song M	哈佛大学	4	42
6	Vogtmann E	美国国家癌症研究所	4	25
7	Ogino S	哈佛大学	4	98
8	Sinha R	美国国家技术学院	4	37
9	Amedei A	佛罗伦萨大学	4	48
10	Nosho K	哈佛大学	3	57

表 7-33 基于 CiteSpace 的被引作者、被引期刊、国家和机构排名情况

分类	排名	被引作者	数量	被引杂志	数量	国家	数量	机构	数量
词频	1	Kostic AD	183	Gut	441	中国	207	上海交通大学	23
	2	Castellarin M	118	PLoS One	418	美国	180	复旦大学	15
	3	Rubinstein MR	97	Gastroenterology	375	意大利	45	香港中文大学	14
	4	Arthur JC	95	Nature	354	日本	39	密西根大学	13
	5	Siegel RL	89	Science	352	英国	35	美国国家癌症研究所	12
	6	Zackular JP	84	Proc Natl Acad Sci U S A	292	德国	33	布列根和妇女医院	11
	7	Zeller G	82	Int J Cancer	272	法国	33	哈佛大学医学院	11
	8	Wong SH	78	Cell Host Microbe	259	荷兰	32	哈佛大学陈曾熙公共卫生学院	10
	9	Mima K	77	Cell	258	西班牙	28	德国癌症研究中心	9
	10	Dejea CM	75	World J Gastroenterol	252	韩国	21	中山大学	9
中心性	1	Ohkusa T	0.2	Am J Clin Nutr	0.14	美国	0.38	美国国家癌症研究所	0.07
	2	Swidsinski A	0.14	Cancer	0.08	意大利	0.15	中山大学	0.07
	3	Bayerdorffer E	0.12	Am J Pathol	0.08	法国	0.14	德国癌症研究中心	0.05
	4	Barthold SW	0.12	Biochem Biophys Res Commun	0.08	丹麦	0.12	布列根和妇女医院	0.04
	5	Cummings JH	0.11	Brit J Cancer	0.06	捷克共和国	0.09	哈佛大学医学院	0.04
	6	Hamilton SR	0.11	Cell	0.05	印度	0.08	赫尔辛基大学医院	0.04
	7	Arthur JC	0.1	Digest Dis Sci	0.05	阿根廷	0.07	哈佛大学陈曾熙公共卫生学院	0.04
	8	Fearon ER	0.1	Brit J Nutr	0.05	沙特阿拉伯	0.07	上海交通大学	0.04
	9	Kostic AD	0.09	Am J Gastroenterol	0.05	哥伦比亚	0.06	广州医科大学	0.03
	10	Barker N	0.09	Am J Clin Pathol	0.05	德国	0.06	奥斯陆大学医院	0.02

续表

分类	排名	被引作者	数量	被引杂志	数量	国家	数量	机构	数量
度	1	Kostic AD	80	*Am J Clin Nutr*	127	丹麦	30	德国癌症研究中心	22
	2	Sobhani I	78	*Cell*	103	美国	29	布列根和妇女医院	20
	3	Zackular JP	74	*Gut*	100	捷克共和国	27	美国国家癌症研究所	19
	4	Arthur JC	72	*Cancer*	96	哥伦比亚	25	哈佛大学医学院	17
	5	Rubinstein MR	68	*Gastroenterology*	94	阿根廷	24	赫尔辛基大学医院	17
	6	Marchesi JR	64	*Digest Dis Sci*	90	意大利	23	哈佛大学陈曾熙公共卫生学院	16
	7	Zeller G	62	*Brit J Cancer*	87	希腊	23	丹娜法伯癌症研究院	16
	8	Castellarin M	61	*Aliment Pharmacol Ther*	86	比利时	22	上海交通大学	15
	9	Tjalsma H	59	*Am J Pathol*	86	澳大利亚	22	奥斯陆大学医院	14
	10	Wang TT	57	*Nature*	83	德国	21	中山大学	12

（三）机构和国家/地区情况分析

通过 WoSCC 平台分析可知，一共有 1 448 个机构和 71 个国家/地区在这个领域发表了相关研究。其中上海交通大学以 26 篇的累计发文量位列机构第一，中国以 214 篇的累计发文量位列国家/地区第一，美国的累计发文量为 186 篇，其余国家/地区的累计发文量均低于 100 篇（表 7-31）。通过 Citespace 软件，我们分别分析并绘制了机构和国家/地区之间的合作关系网络图，一共有 398 个机构在这个研究领域发表了相关文献，其中上海交通大学、复旦大学、香港中文大学、密歇根大学的累计发文量名列前四，分别为 23 篇、15 篇、14 篇和 13 篇（图 7-33A，表 7-33）。图 7-33C 展示了机构间的合作关系网络图，相互引用的情况通过点之间的连线表示，从图中可以看出机构间的合作关系紧密。此外，基于 Citespace 软件分析，一共有 71 个国家/地区发表了相关文献，中国的累计发文量最大，高达 207 篇文献被发表，随后是美国 180 篇文献、意大利 45 篇文献、日本 39 篇文献以及英国 35 篇文献（图 7-33B，表 7-33），但是在国家/地区间的合作关系网络图中，我们发现中国与其他国家/地区的合作并不紧密，相比之下，美国与其他国家/地区的合作显得更为紧密（图 7-33D）。

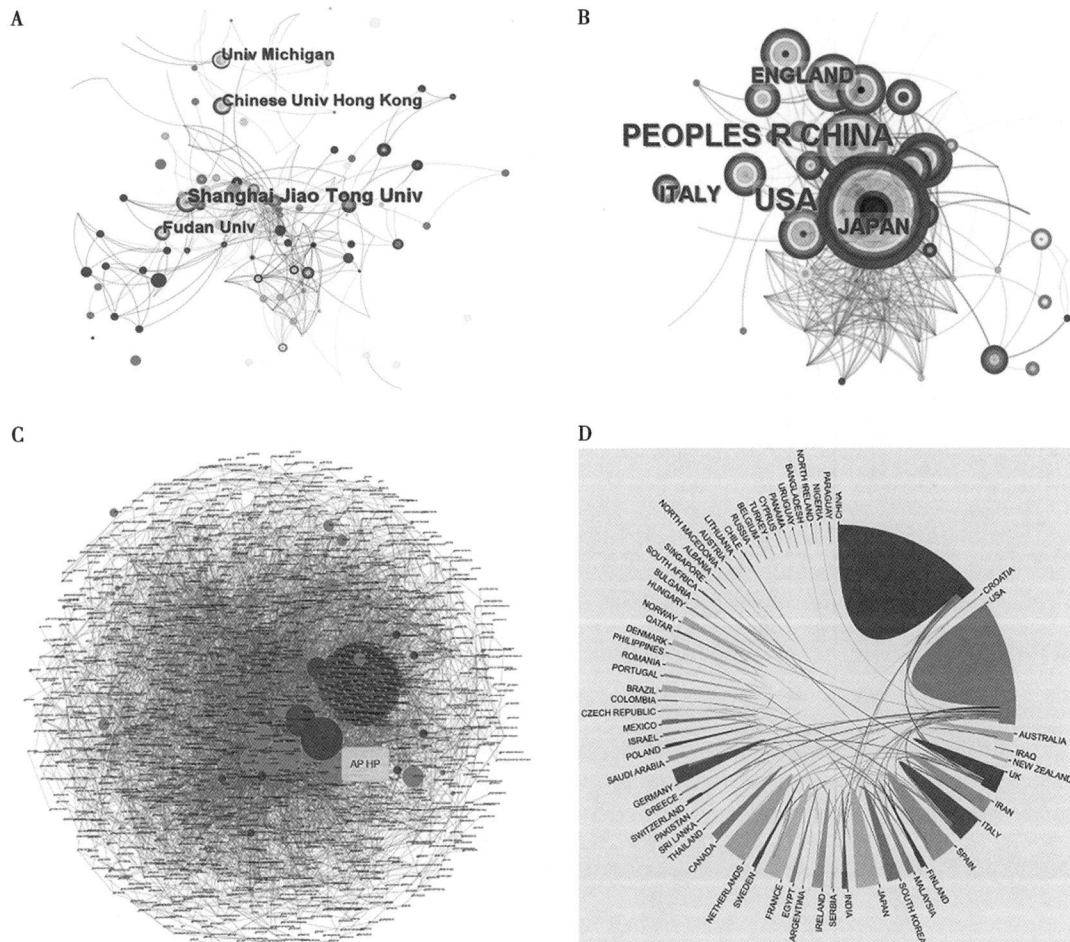

图 7-33　机构/国家分析
A. 机构共现分析；B. 国家共现分析；C. 机构间合作网络图；D. 国家间合作图。

（四）被引杂志及被引文献情况分析

根据 WoSCC 在线分析平台的结果,有高达 368 种杂志发表了本领域的相关研究成果,其中 *World Journal of Gastroenterology* 杂志以 19 篇文献名列所有杂志第一（图 7-34A）。本研究还通过 Citespace 软件绘制了被引杂志和被引文献之间的引用关系网络图,一共有 698 种被引杂志,其中 *Gut* 以 441 次的被引次数位列所有杂志第一,另外有 14 种杂志的被引次数超过 200（图 7-34B,表 7-33）。除此之外,还有 1 011 篇被引文献,Bray F 团队[24]发表的文献被引次数高达 68 次,位列所有文献第一,紧随其后的是 Yu J 团队[25]和 Flemer B 团队[26]发表的文献,被引次数分别为 61 次和 57 次（图 7-34C）。在本研究中,文献被引关系网络图通过在线分析平台绘制,每一个小节点代表一篇文献,节点之间的连线代表相互引用。在这张网络图中,我们发现纳入的 700 篇文献大部分存在相互引用,其中发表在 *Genome Research* 杂志上的一篇文献被引次数最多[27]（图 7-34D）。

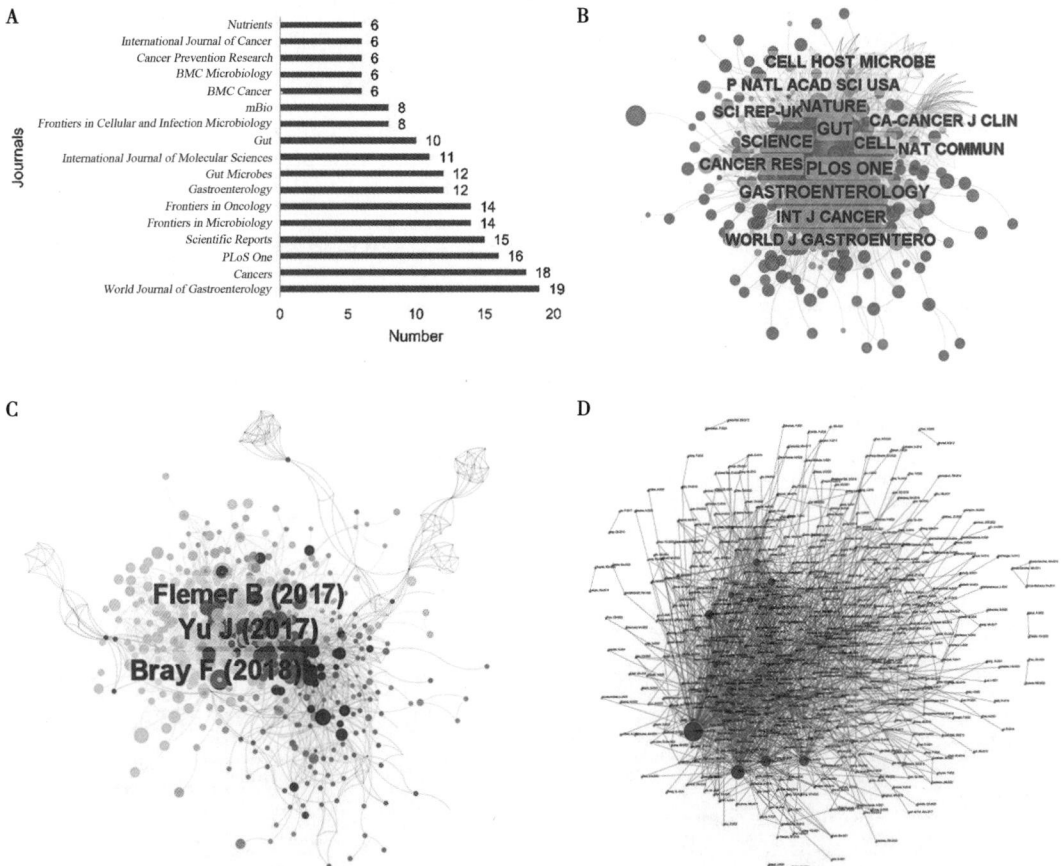

图 7-34　杂志／被引文献分析
A. 杂志发文情况；B. 被引杂志共现分析；C. 被引文献共现分析；D. 文献引用关系网络图。

（五）关键词分析

1. 词频分析　关键词是对研究内容的高度概括,反映了文献的核心信息,在文献计量学分析中,它通常被用于探索某个研究领域的热点和研究趋势[28]。我们在本研究中利用 CiteSpace 软件绘制关键词的共现网络图谱,在图中共发现 628 个节点,每一个节点代表一个关键词,节点之间的连线代表关键词之间的联系,节点大小代表关键词的词频高低(图7-35A)。在表7-34中,我们可以看到词频排名前15的关键词,其中"colorectal cancer"具有最高的词频,达到了374次,随后分别是"gut microbiota""*Fusobacterium nucleatum*""risk""microbiota"。我们还分析了关键词的中心性,中心性代表了节点在整个网络中的重要性,中心性越高,则该关键词在这个领域具有越高的重要性,在这篇文献计量学分析中,中心性排名前3的关键词分别是"colorectal cancer""colon cancer""bacteria"(表7-34)。

2. 聚类分析　通过Citespace软件,我们对标题词、关键词和摘要进行聚类分析,图7-35B~D展示了相关聚类图。聚类图中的每个区域代表一个聚类,图中有13个聚类区块,分别被编码为#0到#13(表7-35),聚类图中的不同区域之间存在较大面积的重叠区域,提示这些聚类之间具有密切的关系。Q值和S值分别为0.475(>0.3)和0.768 9(>0.5),进一步表明本文献计量学的聚类结构是显著且合理的。通过本研究的聚类分析,我们确定当前该领域的研究热点主要集中在以下三个方面:①CRC筛查中的癌前病变,比如炎症性肠病及高风险腺瘤;②肠道来源的菌群用于CRC筛查;③CRC的早期筛查。

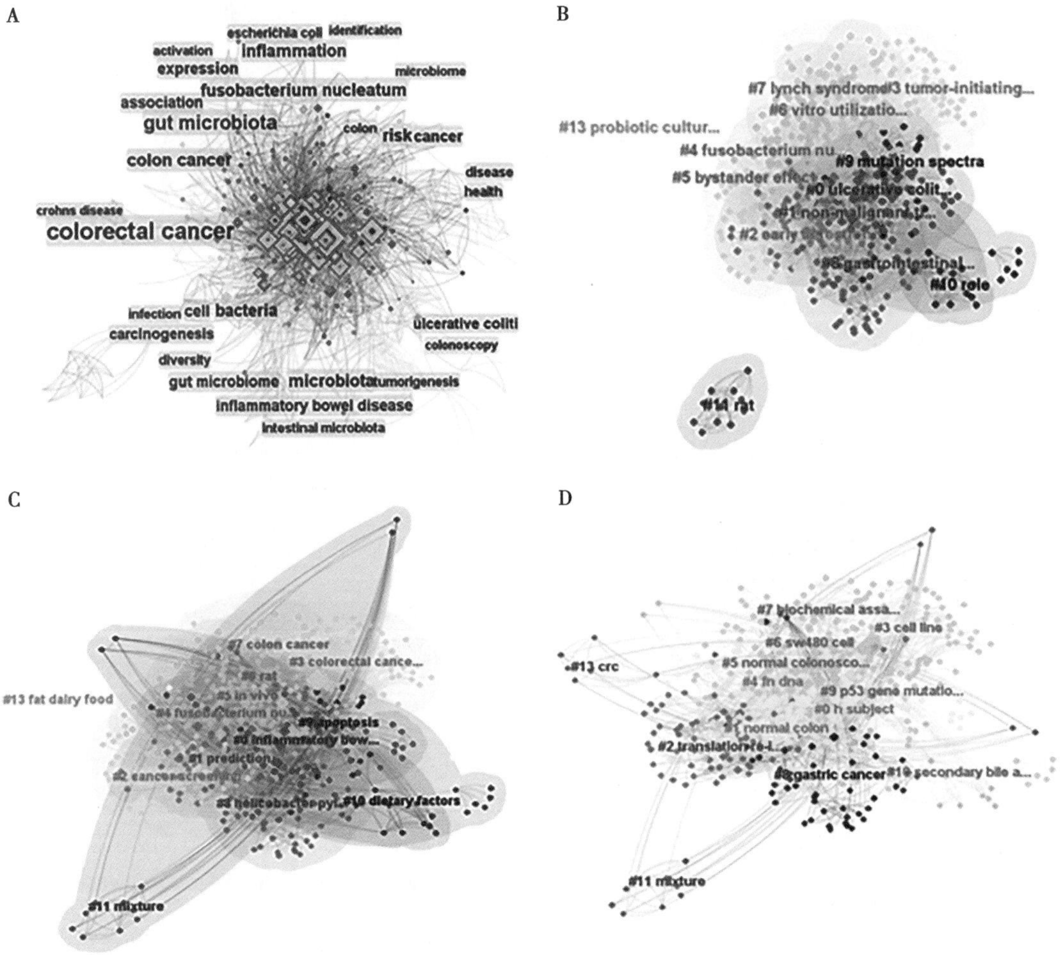

图 7-35　关键词共现 / 聚类分析
A. 关键词共现分析;B. 基于标题词的聚类分析;C. 基于关键词的聚类分析;D. 基于摘要的聚类分析。

表 7-34　关键词分析

排序	关键词	词频	关键词	中心性	关键词	度	关键词	突现强度
1	colorectal cancer	374	colorectal cancer	0.38	colorectal cancer	148	colon cancer	5.03
2	gut microbiota	154	colon cancer	0.19	colon cancer	103	inflammatory bowel disease	4.65
3	*Fusobacterium nucleatum*	88	bacteria	0.12	bacteria	89	*Escherichia coli*	4.15
4	risk	79	cancer	0.11	cancer	79	metabolite	4.12
5	microbiota	76	inflammatory bowel disease	0.1	inflammatory bowel disease	78	ulcerative colitis	4.03
6	colon cancer	75	expression	0.09	expression	72	association	3.93
7	inflammation	68	carcinogenesis	0.09	association	71	microbiota	3.81
8	bacteria	65	*Escherichia coli*	0.08	carcinogenesis	70	*Fusobacterium nucleatum*	3.7
9	cancer	53	bile acid	0.08	*Escherichia coli*	62	Crohn disease	3.65
10	expression	52	gut microbiota	0.08	cell	56	tumorigenesis	3.43
11	inflammatory bowel disease	47	association	0.07	bile acid	56	epithelial cell	3.28
12	cell	47	inflammation	0.07	ulcerative colitis	55	human gut microbiome	3.23
13	association	43	DNA	0.06	gut microbiota	54	African American	3.13
14	gut microbiome	43	gene expression	0.06	inflammation	53	prevalence	3.1
15	carcinogenesis	38	gut	0.06	tumorigenesis	53	island methylator phenotype	3.04

表 7-35 关键词聚类分析

类别	聚类ID	大小	平均年份	高权重关键词（前5）
A. 基于标题词	0#	77	2013	ulcerative colitis（442.81, 0.000 1）; inflammatory bowel disease（348.08, 0.000 1）; inflammatory bowel diseases（188.81, 0.000 1）; inflammatory status（171.21, 0.000 1）; old age（171.21, 0.000 1）
	1#	70	2016	non-malignant tissue（173.42, 0.000 1）; normal participant（169.64, 0.000 1）; other intestinal disorder（169.64, 0.000 1）; *Clostridium butyricum*（160.25, 0.000 1）; colorectal cancer gut microbiome（153.07, 0.000 1）
	2#	65	2015	early detection（206.29, 0.000 1）; early onset colorectal cancer（178.12, 0.000 1）; non-invasive colorectal cancer（164.38, 0.000 1）; bacterial two-hybrid system（157.51, 0.000 1）; premature stop codon-detection method（157.51, 0.000 1）
	3#	63	2008	tumor-initiating potency（134.72, 0.000 1）; phenolic-rich dietary fiber matrix（132.27, 0.000 1）; human renal cell carcinoma cell line（124.93, 0.000 1）; colonic carcinogenesis model（122.57, 0.000 1）; heterocyclic amine aminophenylnorharman（122.57, 0.000 1）
	4#	62	2013	*Fusobacterium nucleatum*（268.83, 0.000 1）; population-based cohort study（230.55, 0.000 1）; anaerobic bacteria（230.55, 0.000 1）; molecular feature（159.77, 0.000 1）; gastric cancer（139.99, 0.000 1）
	5#	54	2012	bystander effect（152.51, 0.000 1）; *Enterococcus faecalis*（152.51, 0.000 1）; metabolite perspective（148.67, 0.000 1）; high-fat diet-induced colitis-associated cancer（144.84, 0.000 1）; evodiamine inhibit（144.84, 0.000 1）
	6#	53	2009	vitro utilization（182.14, 0.000 1）; intestinal bacteria（172.81, 0.000 1）; human colonic bacteria（170.92, 0.000 1）; high-amylose maize（170.92, 0.000 1）; tissue-associated microbiota（166.09, 0.000 1）
	7#	52	2008	Lynch syndrome（186.92, 0.000 1）; natural-history surveillance management（186.92, 0.000 1）; translesion DNA synthesis（179.41, 0.000 1）; deoxycytidine adduct（179.41, 0.000 1）; α-dehydroxylating clostridia *Desulfovibrio vulgaris methanobrevibacter*（171.91, 0.000 1）
	8#	51	2005	gastrointestinal tract（125.33, 0.000 1）; family history（115.02, 0.000 1）; clinical management（105.29, 0.000 1）; early stage（94.72, 0.000 1）; bacterial antigen（94.72, 0.000 1）
	9#	25	2010	mutation spectra（90.85, 0.000 1）; new approaches（90.85, 0.000 1）; understanding p53 gene tumor（90.85, 0.000 1）; compound k（79.44, 0.000 1）; multiple pathway（79.44, 0.000 1）
	10#	13	1996	role（19.19, 0.000 1）; bile acid（19.19, 0.000 1）; colorectal carcinogenesis（8.24, 0.005）; colorectal cancer（0.61, 0.5）; *Fusobacterium nucleatum*（0.14, 1.0）
	11#	11	2004	rat（18.01, 0.000 1）; mixture（18.01, 0.000 1）; cecal microbial metabolism（18.01, 0.000 1）; change（18.01, 0.000 1）; drinking water disinfection by-product（18.01, 0.000 1）
	13#	9	2005	probiotic culture（33.72, 0.000 1）; fermented milk（33.72, 0.000 1）; mechanistic approach（16.73, 0.000 1）; nutraceutical（16.73, 0.000 1）; colon cancer（10.6, 0.005）

类别	聚类 ID	大小	平均年份	高权重关键词（前 5）
B. 基于关键词	0#	77	2013	inflammatory bowel disease（27.45，0.000 1）；Crohn disease（23.01，0.000 1）；ulcerative colitis（23.01，0.000 1）；inflammatory bowel diseases（7.88，0.005）；tumor growth（7.88，0.005）
	1#	70	2016	prediction（14.55，0.001）；adenoma（13.34，0.001）；machine learning（10.91，0.001）；16S RNA（10.53，0.005）；gut microbiome（10.36，0.005）
	2#	65	2015	cancer screening（15.68，0.000 1）；liquid biopsy（15.68，0.000 1）；microRNA（11.34，0.001）；cardiovascular disease（10.45，0.005）；circulating tumor cells（10.45，0.005）
	3#	63	2008	colorectal cancer（27.26，0.000 1）；f（7.33，0.01）；nanoparticles（7.33，0.01）；modulation（7.33，0.01）；colonoscopy（6.92，0.01）
	4#	62	2013	*Fusobacterium nucleatum*（34.03，0.000 1）；expression（13.46，0.001）；anaerobic bacteria（10.86，0.001）；inflammatory bowel disease（10.36，0.005）；prognosis（7.24，0.01）
	5#	54	2012	in vivo（16.97，0.000 1）；*Escherichia coli*（16.41，0.000 1）；DNA damage（12.22，0.001）；activation（11.6，0.001）；genomic instability（8.47，0.005）
	6#	53	2009	rat（6.66，0.01）；gut bacteria（6.66，0.01）；transgenic mice（5.15，0.05）；SLC26A3（5.15，0.05）；subtractive genomics approach（5.15，0.05）
	7#	52	2008	colon cancer（26.53，0.000 1）；breast cancer（11.21，0.001）；clinical trial（8.1，0.005）；body mass index（8.1，0.005）；chemoprevention（8.1，0.005）
	8#	51	2005	*Helicobacter pylori*（26.41，0.000 1）；gastric cancer（19.92，0.000 1）；enteric bacteria（14.66，0.001）；intestinal metaplasia（10.89，0.001）；epidemiology（10.89，0.001）
	9#	25	2010	apoptosis（10.07，0.005）；gut microbiota（8.48，0.005）；high nitrite diet（8.33，0.005）；p27mt（8.33，0.005）；GC-MS（8.33，0.005）
	10#	13	1996	dietary factors（12.96，0.001）；bile acids and salts（12.96，0.001）；colonic carcinogenesis（12.96，0.001）；cell proliferation（10.19，0.005）；cytotoxicity（7.97，0.005）
	11#	11	2004	mixture（12.96，0.001）；bacterial metabolism（12.96，0.001）；water（12.96，0.001）；disinfection（10.19，0.005）；colon（7.24，0.01）
	13#	9	2005	fat dairy food（10.48，0.005）；antimutagenic property（10.48，0.005）；*casei* strain Shirota（10.48，0.005）；*Lactobacillus acidophilus*（10.48，0.005）；nutraceutical（10.48，0.005）
C. 基于摘要	0#	77	2013	H subject（723.74，0.000 1）；*Desulfovibrio* sp（672.3，0.000 1）；I-deficient mice（522.7，0.000 1）；Crohn disease（447.02，0.000 1）；*prausnitzii* population（433.93，0.000 1）
	1#	70	2016	normal colon（748.2，0.000 1）；colorectal neoplasia（589，0.000 1）；dietary polyphenol（516.82，0.000 1）；advanced adenoma（501.93，0.000 1）；marker FN（493.31，0.000 1）
	2#	65	2015	translation re-initiation event（555.44，0.000 1）；human gene（555.44，0.000 1）；extracellular vesicle（380.14，0.000 1）；lethal prostate cancer（343.91，0.000 1）；baseline serum level（343.91，0.000 1）

续表

类别	聚类 ID	大小	平均年份	高权重关键词（前 5）
C. 基于摘要	3#	63	2008	cell line（1344.4, 0.000 1）; tumor-bearing mice（767.96, 0.000 1）; kg body（679.71, 0.000 1）; corresponding tumor tissue（679.71, 0.000 1）; phenolic metabolite（660.79, 0.000 1）
	4#	62	2013	Fn DNA（983.65, 0.000 1）; HNSCC tissue（952.31, 0.000 1）; saliva sample（807.06, 0.000 1）; *Fusobacterium* species（747.77, 0.000 1）; CRC diagnosis（713.57, 0.000 1）
	5#	54	2012	normal colonoscopy（568.57, 0.000 1）; intestinal microbiome（559.26, 0.000 1）; endoscopic finding（553.3, 0.000 1）; obese adult（455.98, 0.000 1）; high-fat diet（443.6, 0.000 1）
	6#	53	2009	SW480 cell（833.23, 0.000 1）; amylopectin maize starch（593.32, 0.000 1）; *Bifidobacterium* spp（593.32, 0.000 1）; peptide m2163（499.5, 0.000 1）; FMT treatment（457.84, 0.000 1）
	7#	52	2008	biochemical assay（444.15, 0.000 1）; metachronous CRC（321.72, 0.000 1）; human cell（308.83, 0.000 1）; degrees C（295.96, 0.000 1）; IBD-associated CRC（283.07, 0.000 1）
	8#	51	2005	gastric cancer（560.39, 0.000 1）; MUC gene expression（418.01, 0.000 1）; mucosal surface（313.36, 0.000 1）; colorectal cancer（305.79, 0.000 1）; mucus gel（208.79, 0.000 1）
	9#	25	2010	p53 gene mutation（233.83, 0.000 1）; human cancer（155.79, 0.000 1）; human tumor（155.79, 0.000 1）; panax ginseng（146.04, 0.000 1）; cell cycle（126.56, 0.000 1）
	10#	13	1996	secondary bile acid（50, 0.000 1）; fruit intake（16.63, 0.000 1）; genetic susceptibility（16.63, 0.000 1）; metabolism（16.63, 0.000 1）; dehydroxylation（16.63, 0.000 1）
	11#	11	2004	mixture（81.06, 0.000 1）; change（48.51, 0.000 1）; treatment（41.79, 0.000 1）; intestinal microbial metabolism（32.3, 0.000 1）; DBP（32.3, 0.000 1）
	13#	9	2005	CRC（96.83, 0.000 1）; probiotics（82.96, 0.000 1）; milk（82.96, 0.000 1）; evidence（77.22, 0.000 1）; probiotic culture（55.27, 0.000 1）

3. 突现分析　在突现分析中,每个突现词的出现年份以数字和深灰色长条的形式展示,突现词的开始和结束时间也同样能在表中展现出来,出现的频率则是通过突现强度这个指标指代,突现强度越高,代表突现词出现的频率越高（表 7-36）。在 1992—2022 年这个时间段的早期,该领域的研究主要集中在病理生理,如炎症性肠病或基因突变可能是通过改变人体微生物群而诱发 CRC。在中期,该研究领域主要集中于某些特定微生物,例如 *Escherichia coli* 和 *Fusobacterium nucleatum*,它们是 CRC 筛查的潜在生物标志物。在后期,该领域的研究则主要集中于通过肠道微生物组学或代谢组学来实现 CRC 的筛查。值得注意的是,微生物组学与代谢组学的联合可能是 CRC 筛查研究领域的未来趋势。

表 7-36 关键词突现分析

关键词	强度	开始年份	结束年份	1992—2022 年
mutation	3.03	1995	2006	
Crohn disease	3.65	2002	2015	
inflammatory bowel disease	4.65	2009	2016	
gene expression	2.82	2009	2014	
epithelial cell	3.28	2010	2017	
ulcerative colitis	4.03	2011	2015	
colon cancer	5.03	2013	2015	
tumorigenesis	3.43	2014	2017	
island methylator phenotype	3.04	2014	2018	
mice	2.61	2014	2015	
Escherichia coli	4.15	2015	2017	
neoplasia	2.83	2015	2018	
African American	3.13	2016	2018	
DNA damage	2.44	2016	2018	
association	3.93	2017	2018	
Fusobacterium nucleatum	3.70	2017	2019	
human gut microbiome	3.23	2017	2020	
prevalence	3.10	2017	2019	
metabolism	2.58	2017	2019	
microbiota	3.81	2018	2019	
dietary fiber	2.98	2019	2022	
metabolite	4.12	2020	2022	
microbiome	2.99	2020	2022	
Faecalibacterium prausnitzii	2.83	2020	2022	
risk factor	2.43	2020	2022	

讨 论

本研究采用文献计量学分析方法和可视化工具,对 700 篇基于微生物筛查 CRC 的相关研究进行了综合分析,通过分析被引作者、机构、国家 / 地区、被引期刊、被引文章和关键词,探讨了当前基于人体微生物筛查 CRC 的研究现状、热点和未来趋势,同时,这也是迄今第一篇基于人体微生物筛查 CRC 领域的文献计量学分析。

微生物研究已成为 CRC 研究领域的热点之一,其涉及 CRC 的预防、诊断、治疗和发病机制等方面。目前已有不少研究者在这个领域进行了文献综述,近期发表的一项文献计量学分析纳入了高达 5 696 篇文献,结果表明 "microbiome sequencing and tumor" "microbiome compositions, interactions, and treatment" "microbiome molecular features and mechanisms" "microbiome and metabolism" 是肠道微生物在 CRC 研究领域的热点[29]。同样,Wu W[30]等也研究了肠道微生物组学在 CRC 研究中的趋势,研究者发现 "gut microbiota" "colorectal cancer" "inflammation" "probiotic" 等关键词的词频最高,同时研究者也揭示了这个领域的研究热点和趋势。但是,上述两项研究纳入的文献大部分并不涉及 CRC 的筛查。因此,通过这两项研究并不能明确人体微生物组学在 CRC 筛查研究中的现状、热点和未来趋势。不同于上述两项研究,我们的文献计量学分析仅仅纳入那些有关人体微生物筛查 CRC 的文献。除了肠道微生物外,我们也纳入了其他部位(口腔、血液等部位)的人体微生物在 CRC 筛查中的研究文献[12, 31-32]。我们的工作首次研究了基于人类微生物组筛查 CRC 的当前研究热点和未来研究趋势。近些年基于人体微生物组筛查 CRC 的研究数量增长快速,因此,我们的文献计量学分析将为 CRC 筛查的临床实践和基础研究工作带来极大的参考价值。

在这项文献计量学分析中,我们发现该领域的研究数量在近 30 年来呈逐年增加的趋势,这表明有越来越多的研究者开始关注并开展这个领域的研究工作。其中,来自中国和美国的研究者发表的相关研究数量最多,随后依次是意大利、日本、英国、德国和法国,表明这些国家在这一领域取得了进展,由于上述国家大部分都是发达国家,所以这可能是国家政府支持并资助开展该领域研究的结果。中国是唯一的发展中国家,并且是发文量最多的国家,以下一些原因可能可以解释这个现象:一方面,中国政府近年来在科研研究中的投入不断增长,投资总额甚至超过除美国以外的其他发达国家;另一方面,中国具有最庞大的人口数量,为临床研究提供了充足的患者来源。这些因素共同推动了中国医学研究的进步[33-34]。对于美国而言,美国的国内生产总值(gross domestic product, GDP)位列世界第一,且具有成熟的医学研究体系,拥有最顶尖的医学研究机构和研究人员,这些因素确保了美国有能力为该领域的研究提供足够的财政资源和优越的研究条件[35],这可以解释美国累计发文量同样较多的原因。值得注意的是,尽管中国的发文量世界第一,但是中国和其他国家 / 地区在该领域的研究合作并不多,因此,中国需要加强与其他国家 / 地区的科研合作。与国家的发文量情况类似,发文数量排名第一的机构是来自中国的上海交通大学,发文量名列前茅的机构大多数是本国的顶尖大学,并且研究机构间的合作关系整体上均较为密切。

在作者方面,中国学者 Yu J 教授的发文量最高。在学术影响力方面,美国学者 Ogino S 的 H-index 高达 98,位列第一,而 Yu J 以 89 的 H-index 位列第二。因此,我们认为 Ogino S 是该领域最具有影响力的学者,而 Yu J 则是成果最多,且具有较高影响力的学者。我们的文献计量学分析发现,作者群之间的合作较少,因此各作者群应加强合作以取得更多研究突破。在所有发表相关文献的期刊中,*World Journal of Gastroenterology* 杂志上发表的文献数量最多,其次是 *Cancer*,前者是消化系统疾病研究领域的专业期刊,后者是肿瘤学研究期刊。在被引期刊中,影响因子为 31.79 的 *Gut* 杂志的被引次数位列第一,表明 *Gut* 杂志在该研究领域具有较高的学术影响力。值得注意的是,在本研究领域的被引文献分析中,发现 2012 年发表的题为 "*Fusobacterium nucleatum* infection is prevalent in human colorectal carcinoma" 的文献[27]被引次数最多,该研究采用实时定量聚合酶链反应(quantitative polymerase chain reaction, q-PCR)技术对具核梭杆菌的 DNA 进行扩增,发现肿瘤组织中具核梭杆菌的 DNA 序列较正常对照组织更加富集。同时,该研究还发现具核梭杆菌的富集也与淋巴结的转移呈正相关。该研究结果表明,粪便具核梭杆菌可能是 CRC 筛查的潜在生物标志物。随后发表的多项研究也同样证实了这一点。2019 年发表的一项荟萃分析评估了粪便具核梭杆菌对 CRC 的诊断准确性,结果发现,粪便具核梭杆菌在筛查 CRC 中的敏感性和特异性分别为 71% 和 76%,AUC 为 0.80。除了粪便中的具核梭杆菌外,一些研究还发现口腔来源的具核梭杆菌也是一种很有前景的 CRC 筛查生物标志物[36-37]。

关键词的可视化分析表明微生物筛查 CRC 这个领域的热门关键词是 "colorectal cancer" "gut microbiota" "*Fusobacterium nucleatum*" "risk" "microbiota",表明肠道来源的微生物标志物在这个领域被研究得最多。在肠道微生物群中,我们对关键词的分析发现,一种名为具核梭杆菌的厌氧菌在 CRC 筛查的微生物标记中扮演着"明星肠道细菌"的角色。肠道来源的样本,如粪便样本,很容易获得,而且是非侵入性的,CRC 筛查中的粪便微生物组学研究已经进行了很多年,发表的文章也相对较多[13]。由于 CRC 的预后与诊断时的临床分期密切相关,早期筛查 CRC 就显得尤为重要。越来越多的研究人员评估了粪便微生物组学在 CRC 早期筛查中潜在作用,我们的聚类分析也证实了 CRC 的早期筛查已经成为研究热点之一。在这些已发表的文献中,绝大多数研究分析了粪便来源的微生物组学在检测晚期腺瘤或息肉方面的表现,这些研究的 AUC 波动于 0.28~0.87[38-43]。另外一些研究还评估了粪便来源的微生物组学筛查 I/II 期 CRC 的准确性,发现 AUC 波动于 0.59~0.96[44-47]。为了提高筛查准确性,一些研究人员还将粪便微生物组学与粪便潜血试验[48-50]、肿瘤标志物(主要是癌胚抗原)以及基本的人口统计学信息(比如性别、年龄和体重身高指数)[51-52]等相结合,这些组合提高了 CRC 筛查的准确性。

在突现分析中,我们发现微生物组学联合代谢组学可能是 CRC 筛查领域的未来研究热点。越来越多的研究表明肠道微生物及其代谢产物与 CRC 的发生有关。已有研究发现大肠埃希菌通过产生三甲胺诱导 DNA 的甲基化,因此三甲胺可能诱发 CRC 的发生[53],而沃氏嗜胆菌和锥形杆菌则可能是通过产生具有基因毒性的亚硫酸氢诱导 CRC 的发生[54-56]。相反,高纤维饮食已被证明可以增加肠道短链脂肪酸的含量,后者可通过减少肠道炎症并降低 CRC 风险。在这个过程中,某些肠道益生菌如罗氏菌、双歧杆菌和乳杆菌在将膳食纤维代谢为短链脂肪酸过程中起关键作用[57-58]。Wei PL[40]等最近发表的一项研究将肠道微生物组学和代谢组学联合,构建了 CRC 筛查模型,他们发现该模型在 CRC 筛查中的 AUC 达 0.915 5,高于仅用肠道微生物组学或仅用代谢组学筛查 CRC 获得的 AUC 值。在另一项研究中,研究人员同样开发了一个基于微生物组学及代谢组学联合的 CRC 筛查模型,该模型筛查 CRC 的 AUC 高达 0.994,筛查肠道腺瘤的 AUC 也高达 0.912[47]。总体来说,将代谢组学与微生物组学联合的方式显著提高了 CRC 筛查的准确性,因此我们认为该领域的潜在突破之一可能是在未来通过使用包括但不限于人类微生物组学和代谢组学的多组学技术对CRC 进行个性化和准确地筛查。然而,基于微生物组学和代谢组学联合的 CRC 筛查研究仍较少,该领域需要解决许多未探索的问题。

我们的文献计量学分析表明,使用人体微生物标记物可能是 CRC 筛查的一种新方法。许多研究还探索了人体微生物群在 CRC 中的潜在作用机制,这解释了为什么人体微生物可以作为 CRC 筛查的潜在生物标志物。人体微生物在 CRC 中的作用机制复杂,主要与炎症、免疫、基因毒素、氧化应激和细菌代谢物有关[59-60]。在炎症和免疫方面,具核梭杆菌、牙龈卟啉单胞菌、中间普雷沃菌和齿垢密螺旋体可产生硫化氢等物质,这些物质具有一定的肠毒性,导致肠道慢性炎症的发生[61]。此外,某些类型的微生物还可以通过激活 NF-κB 途径和增加促炎细胞因子的释放来引发促炎环境[62-63],慢性炎症已被证实与 CRC 的发展有关[64]。部分研究还发现细菌产生的基因毒素可通过 DNA 损伤诱导 CRC。大肠埃希菌、空肠弯曲菌和沙门菌均已被证实可通过产生特异性基因毒素诱导 CRC[65-67]。在慢性炎症过程中,肠道内的炎症细胞可能会产生促氧化分子和活性氮物质,这些物质会诱导 DNA 损伤或使一些相关基因失活,从而导致肠道内的肿瘤发生。除炎症细胞外,粪肠球菌、大肠埃希菌和脆弱拟杆菌也可直接或间接增加促氧化分子水平[68-70]。肠道菌群作为饮食与宿主之间的中介,在宿主代谢中起着重要作用。一方面,不同的饮食方式可能导致不同的微生物群在肠道中占主导地位:研究发现,动物脂肪或蛋白质含量高的饮食会产生拟杆菌为主的肠型,而碳水化合物含量高的饮食则会产生普氏菌为主的肠型[71-72]。另一方面,高纤维含量的饮食会增加丁酸盐的水平,丁酸盐是一种有效的预防 CRC 的单链脂肪酸[73]。高脂肪饮食和高蛋白饮食则可通过增加肠道中次级粪便胆汁酸、硫化氢和 N-亚硝基化合物的浓度来促进肿瘤的发生[61,74-75]。总体而言,人体微生物群在 CRC 的发生、发展中发挥着重要作用,但相关机制复杂,目前尚未完全阐明。

尽管本研究首次基于文献计量学分析探索了人体微生物筛查 CRC 的研究现状、热点和趋势,但本研究也存在一些局限性。首先,我们只纳入以英语发表的文献,导致非英语的文献没有被纳入分析,可能会对研究结果造成一定的影响。其次,本研究仅从 WoSCC 数据库提取数据,而其他数据库比如 Pubmed 上的文献并没有被纳入分析,部分文献可能并没有在WoSCC 数据库中被收录,这也许会造成一定的偏倚。最后,部分近期发表的高质量文献由于发表时间过短,导致其被引量并不高,因此,文献被引频率在某种程度上是无法真实反映文献质量的。

结 论

总的来说,我们使用文献计量学分析方法对基于人体微生物筛查 CRC 的相关文献进行了全面、深入的综述。当前这一领域的研究焦点主要集中在 CRC 的癌前病变筛查、通过肠道菌群筛查 CRC 以及 CRC 的早期筛查等方面。而未来的研究趋势则可能是在 CRC 精准筛查方面,通过将微生物组学与代谢组学相结合的方式来实现。本文献计量学分析的结果,将为相关研究人员进一步了解该领域的研究现状,以及把握未来潜在的研究方向,提供宝贵的指导。

参考文献

[1] SUNG H, FERLAY J, SIEGEL R L, et al. Global cancer statistics 2020：GLOBOCAN estimates of incidence and mortality worldwide for 36 cancers in 185 countries［ J ］. CA Cancer J Clin, 2021, 71（ 3 ）: 209-249.

[2] SIEGEL R L, MILLER K D, JEMAL A. Cancer statistics, 2020［ J ］. CA Cancer J Clin, 2020, 70（ 1 ）: 7-30.

[3] BUSKERMOLEN M, CENIN D R, HELSINGEN L M, et al. Colorectal cancer screening with faecal immunochemical testing, sigmoidoscopy or colonoscopy: a microsimulation modelling study［ J ］. BMJ（ Clinical research ed ）, 2019, 367: l5383.

[4] STOCK C, IHLE P, SCHUBERT I, et al. Colonoscopy and fecal occult blood test use in Germany: results from a large insurance-based cohort［ J ］. Endoscopy, 2011, 43（ 9 ）: 771-781.

[5] SHAUKAT A, LEVIN T R. Current and future colorectal cancer screening strategies［ J ］. Nat Rev Gastroenterol Hepatol, 2022, 19（ 8 ）: 521-531.

[6] GUPTA S. Screening for colorectal cancer［ J ］. Hematology Oncol Clin North Am, 2022, 36（ 3 ）: 393-414.

[7] LAMONT R J, KOO H, HAJISHENGALLIS G. The oral microbiota: dynamic communities and host interactions［ J ］. Nat Rev Microbiol, 2018, 16（ 12 ）: 745-759.

[8] ZHOU H, YUAN Y, WANG H, et al. Gut microbiota: a potential target for cancer interventions［ J ］. Cancer Manag Res, 2021, 13: 8281-8296.

[9] SILBERGELD E K. The Microbiome［ J ］. Toxicol Pathol, 2017, 45（ 1 ）: 190-194.

[10] KHAROFA J, APEWOKIN S, ALENGHAT T, et al. Metagenomic analysis of the fecal microbiome in colorectal cancer patients compared to healthy controls as a function of age［ J ］. Cancer Med, 2023, 12（ 3 ）: 2945-2957.

[11] ZHANG C, HU A, LI J, et al. Combined non-invasive prediction and new biomarkers of oral and fecal microbiota in patients with gastric and colorectal cancer［ J ］. Front Cell Infect Microbiol, 2022, 12: 830684.

[12] WANG H F, LI L F, GUO S H, et al. Evaluation of antibody level against *Fusobacterium nucleatum* in the serological diagnosis of colorectal cancer［ J ］. Sci Rep, 2016, 6: 33440.

[13] ZHOU P, YANG D, SUN D, et al. Gut microbiome: new biomarkers in early screening of colorectal cancer［ J ］. J Clin Lab Anal, 2022, 36（ 5 ）: e24359.

[14] XIAO Q, LU W, KONG X, et al. Alterations of circulating bacterial DNA in colorectal cancer and adenoma: a proof-of-concept study［ J ］. Cancer Lett, 2021, 499: 201-208.

[15] ZHANG S, KONG C, YANG Y, et al. Human oral microbiome dysbiosis as a novel non-invasive biomarker in detection of colorectal cancer［ J ］. Theranostics, 2020, 10（ 25 ）: 11595-11606.

[16] WANG Y, WANG Q, WEI X, et al. Global scientific trends on exosome research during 2007—2016: a bibliometric analysis［ J ］. Oncotarget, 2017, 8（ 29 ）: 48460-48470.

[17] YIN Y, DUNFORD M, LIU Z, et al. Visualizing the intellectual structure and evolution of innovation systems research: a bibliometric analysis［ J ］. Scientometrics, 2015, 103（ 1 ）: 135-158.

[18] GUTIÉRREZ-SALCEDO M, MARTÍNEZ M A, MORAL-MUNOZ J A, et al. Some bibliometric procedures for analyzing and evaluating research fields［ J ］. Appl Intell, 2017, 48（ 4 ）: 1275-1287.

[19] VAN RAAN A F J. Advances in bibliometric analysis: research performance assessment and science mapping ［ J ］. Urn Isbn, 2014: 17-28.

[20] SUGIMOTO C R, AHN Y Y, SMITH E, et al. Factors affecting sex-related reporting in medical research: a cross-disciplinary bibliometric analysis［ J ］. Lancet, 2019, 393（ 10171 ）: 550-559.

［21］LIU C, YU R, ZHANG J, et al. Research hotspot and trend analysis in the diagnosis of inflammatory bowel disease：a machine learning bibliometric analysis from 2012 to 2021［J］. Front Immunol, 2022, 13：972079.

［22］LU H, HAN T, LI F, et al. Global trends and hotspots in research of robotic surgery in oncology：a bibliometric and visual analysis from 2002 to 2021［J］. Front Oncol, 2022, 12：1055118.

［23］CHEN C. CiteSpace Ⅱ : Detecting and visualizing emerging trends and transient patterns in scientific literature［J］. Journal of the American Society for Information Science and Technology, 2006, 57 (3)：359-377.

［24］BRAY F, FERLAY J, SOERJOMATARAM I, et al. Global cancer statistics 2018：GLOBOCAN estimates of incidence and mortality worldwide for 36 cancers in 185 countries［J］. CA Cancer J Clin, 2018, 68 (6)：394-424.

［25］YU J, FENG Q, WONG S H, et al. Metagenomic analysis of faecal microbiome as a tool towards targeted non-invasive biomarkers for colorectal cancer［J］. Gut, 2017, 66 (1)：70-78.

［26］FLEMER B, LYNCH D B, BROWN J M, et al. Tumour-associated and non-tumour-associated microbiota in colorectal cancer［J］. Gut, 2017, 66 (4)：633-643.

［27］CASTELLARIN M, WARREN R L, FREEMAN J D, et al. *Fusobacterium nucleatum* infection is prevalent in human colorectal carcinoma［J］. Genome Res, 2012, 22 (2)：299-306.

［28］SUN J, WANG M H, HO Y S. A historical review and bibliometric analysis of research on estuary pollution［J］. Mar Pollut Bull, 2012, 64 (1)：13-21.

［29］YU C, ZHOU Z, LIU B, et al. Investigation of trends in gut microbiome associated with colorectal cancer using machine learning［J］. Front Oncol, 2023, 13：1077922.

［30］WU W, OUYANG Y, ZHENG P, et al. Research trends on the relationship between gut microbiota and colorectal cancer：a bibliometric analysis［J］. Front Cell Infect Microbiol, 2023, 12：1027448.

［31］CHEN F, DAI X, ZHOU C C, et al. Integrated analysis of the faecal metagenome and serum metabolome reveals the role of gut microbiome-associated metabolites in the detection of colorectal cancer and adenoma［J］. Gut, 2022, 71 (7)：1315-1325.

［32］POORE G D, KOPYLOVA E, ZHU Q, et al. Microbiome analyses of blood and tissues suggest cancer diagnostic approach［J］. Nature, 2020, 579 (7800)：567-574.

［33］YIP W, FU H, CHEN A T, et al. 10 years of health-care reform in China：progress and gaps in universal health coverage［J］. Lancet, 2019, 394 (10204)：1192-1204.

［34］Reforming research in China［J］. Lancet, 2007, 369 (9565)：880.

［35］ZHAO, STAR X, XIN, et al. Global pattern of science funding in economics［J］. Scientometrics, 2016, 109 (1)：463-479.

［36］RUSSO E, BACCI G, CHIELLINI C, et al. Preliminary comparison of oral and intestinal human microbiota in patients with colorectal cancer：a pilot study［J］. Front Microbiol, 2017, 8：2699.

［37］ZHANG X, ZHANG Y, GUI X, et al. Salivary *Fusobacterium nucleatum* serves as a potential biomarker for colorectal cancer［J］. iScience, 2022, 25 (5)：104203.

［38］AI L, TIAN H, CHEN Z, et al. Systematic evaluation of supervised classifiers for fecal microbiota-based prediction of colorectal cancer［J］. Oncotarget, 2017, 8 (6)：9546-9556.

［39］CLOS-GARCIA M, GARCIA K, ALONSO C, et al. Integrative analysis of fecal metagenomics and metabolomics in colorectal cancer［J］. Cancers (Basel), 2020, 12 (5)：1142.

［40］WEI P L, WU M S, HUANG C K, et al. Exploring gut microenvironment in colorectal patient with dual-omics platform：a comparison with adenomatous polyp or occult blood［J］. Biomedicines, 2022, 10 (7)：1741.

［41］MO S, WANG H, HAN L, et al. Fecal multidimensional assay for non-invasive detection of colorectal cancer：fecal immunochemical test, stool DNA mutation, methylation, and intestinal bacteria analysis［J］. Front

Oncol, 2021, 11: 643136.

[42] COKER O O, LIU C, WU W K K, et al. Altered gut metabolites and microbiota interactions are implicated in colorectal carcinogenesis and can be non-invasive diagnostic biomarkers[J]. Microbiome, 2022, 10(1): 35.

[43] GAO R, WANG Z, LI H, et al. Gut microbiota dysbiosis signature is associated with the colorectal carcinogenesis sequence and improves the diagnosis of colorectal lesions[J]. J Gastroenterol Hepatol, 2020, 35(12): 2109-2121.

[44] XIE Y H, GAO Q Y, CAI G X, et al. Fecal *Clostridium symbiosum* for noninvasive detection of early and advanced colorectal cancer: test and validation studies[J]. EBioMedicine, 2017, 25: 32-40.

[45] KONISHI Y, OKUMURA S, MATSUMOTO T, et al. Development and evaluation of a colorectal cancer screening method using machine learning-based gut microbiota analysis[J]. Cancer Med, 2022, 11(16): 3194-3206.

[46] GUO S, LI L, XU B, et al. A simple and novel fecal biomarker for colorectal cancer: ratio of *Fusobacterium nucleatum* to probiotics populations, based on their antagonistic effect[J]. Clin Chem, 2018, 64(9): 1327-1337.

[47] GAO R, WU C, ZHU Y, et al. Integrated analysis of colorectal cancer reveals cross-cohort gut microbial signatures and associated serum metabolites[J]. Gastroenterology, 2022, 163(4): 1024-1037.e9.

[48] ZHANG Y, LU M, LU B, et al. Leveraging fecal microbial markers to improve the diagnostic accuracy of the fecal immunochemical test for advanced colorectal adenoma[J]. Clin Transl Gastroenterol, 2021, 12(8): e00389.

[49] YAO Y, NI H, WANG X, et al. A new biomarker of fecal bacteria for non-invasive diagnosis of colorectal cancer[J]. Front Cell Infect Microbiol, 2021, 11: 744049.

[50] LIU K, YANG X, ZENG M, et al. The role of fecal *Fusobacterium nucleatum* and pks$^+$ *escherichia coli* as early diagnostic markers of colorectal cancer[J]. Dis Markers, 2021, 2021: 1171239.

[51] ZACKULAR J P, ROGERS M A, RUFFIN M T 4th, et al. The human gut microbiome as a screening tool for colorectal cancer[J]. Cancer Prev Res(Phila), 2014, 7(11): 1112-1121.

[52] YOUNG C, WOOD H M, FUENTES BALAGUER A, et al. Microbiome analysis of more than 2,000 NHS bowel cancer screening programme samples shows the potential to improve screening accuracy[J]. Clin Cancer Res, 2021, 27(8): 2246-2254.

[53] XU R, WANG Q, LI L. A genome-wide systems analysis reveals strong link between colorectal cancer and trimethylamine N-oxide(TMAO), a gut microbial metabolite of dietary meat and fat[J]. BMC Genomics, 2015, 16 Suppl 7(Suppl 7): S4.

[54] YAZICI C, WOLF P G, KIM H, et al. Race-dependent association of sulfidogenic bacteria with colorectal cancer[J]. Gut, 2017, 66(11): 1983-1994.

[55] HALE V L, JERALDO P, MUNDY M, et al. Synthesis of multi-omic data and community metabolic models reveals insights into the role of hydrogen sulfide in colon cancer[J]. Methods, 2018, 149: 59-68.

[56] ATTENE-RAMOS M S, NAVA G M, MUELLNER M G, et al. DNA damage and toxicogenomic analyses of hydrogen sulfide in human intestinal epithelial FHs 74 Int cells[J]. Environ Mol Mutagen, 2010, 51(4): 304-314.

[57] SMITH P M, HOWITT M R, PANIKOV N, et al. The microbial metabolites, short-chain fatty acids, regulate colonic Treg cell homeostasis[J]. Science, 2013, 341(6145): 569-573.

[58] MACFARLANE G T, MACFARLANE S. Fermentation in the human large intestine: its physiologic consequences and the potential contribution of prebiotics[J]. J Clin Gastroenterol, 2011, 45 Suppl: S120-S127.

[59] CHENG Y, LING Z, LI L. The intestinal microbiota and colorectal cancer[J]. Front Immunol, 2020, 11:

615056.

[60] ZHAO H, MING T, TANG S, et al. Wnt signaling in colorectal cancer: pathogenic role and therapeutic target [J]. Mol Cancer, 2022, 21 (1): 144.

[61] MILELLA L. The negative effects of volatile sulphur compounds [J]. J Vet Dent, 2015, 32 (2): 99-102.

[62] KOSTIC A D, CHUN E, ROBERTSON L, et al. *Fusobacterium nucleatum* potentiates intestinal tumorigenesis and modulates the tumor-immune microenvironment [J]. Cell Host Microbe, 2013, 14 (2): 207-215.

[63] LONG X, WONG C C, TONG L, et al. Peptostreptococcus anaerobius promotes colorectal carcinogenesis and modulates tumour immunity [J]. Nat Microbiol, 2019, 4 (12): 2319-2330.

[64] MUTHUSAMI S, RAMACHANDRAN I K, BABU K N, et al. Role of inflammation in the development of colorectal cancer [J]. Endocr Metab Immune Disord Drug Targets, 2021, 21 (1): 77-90.

[65] CUEVAS-RAMOS G, PETIT C R, MARCQ I, et al. Escherichia coli induces DNA damage in vivo and triggers genomic instability in mammalian cells [J]. Proc Natl Acad Sci U S A, 2010, 107 (25): 11537-11542.

[66] LASRY A, ZINGER A, BEN-NERIAH Y. Inflammatory networks underlying colorectal cancer [J]. Nat Immunol, 2016, 17 (3): 230-240.

[67] MARTIN O C B, BERGONZINI A, D'AMICO F, et al. Infection with genotoxin-producing Salmonella enterica synergises with loss of the tumour suppressor APC in promoting genomic instability via the PI3K pathway in colonic epithelial cells [J]. Cell Microbiol, 2019, 21 (12): e13099.

[68] HUYCKE M M, MOORE D, JOYCE W, et al. Extracellular superoxide production by *Enterococcus faecalis* requires demethylmenaquinone and is attenuated by functional terminal quinol oxidases [J]. Mol Microbiol, 2001, 42 (3): 729-740.

[69] GOODWIN A C, DESTEFANO SHIELDS C E, WU S, et al. Polyamine catabolism contributes to enterotoxigenic bacteroides fragilis-induced colon tumorigenesis [J]. Proc Natl Acad Sci U S A, 2011, 108 (37): 15354-15359.

[70] ELATRECH I, MARZAIOLI V, BOUKEMARA H, et al. Escherichia coli LF82 differentially regulates ROS production and mucin expression in intestinal epithelial T84 cells: implication of NOX1 [J]. Inflamm Bowel Dis, 2015, 21 (5): 1018-1026.

[71] DE FILIPPO C, CAVALIERI D, DI PAOLA M, et al. Impact of diet in shaping gut microbiota revealed by a comparative study in children from Europe and rural Africa [J]. Proc Natl Acad Sci U S A, 2010, 107 (33): 14691-14696.

[72] WU G D, CHEN J, HOFFMANN C, et al. Linking long-term dietary patterns with gut microbial enterotypes [J]. Science, 2011, 334 (6052): 105-108.

[73] FUNG K Y, COSGROVE L, LOCKETT T, et al. A review of the potential mechanisms for the lowering of colorectal oncogenesis by butyrate [J]. Br J Nutr, 2012, 108 (5): 820-831.

[74] OU J, DELANY J P, ZHANG M, et al. Association between low colonic short-chain fatty acids and high bile acids in high colon cancer risk populations [J]. Nutr Cancer, 2012, 64 (1): 34-40.

[75] GILL C I, ROWLAND I R. Diet and cancer: assessing the risk [J]. Br J Nutr, 2002, 88 Suppl 1: S73-S87.

（ 甄军海　郭兴洲　王欣宜　刘雪梅　董卫国 ）

IL-6 家族相关 JAK-STAT 信号通路和 IBD 的全球趋势：2003—2022 年的文献计量和可视化分析

【背景】炎症性肠病（inflammatory bowel disease, IBD）是一种以肠道炎症为特征的慢性消化系统疾病。最近的研究表明，IL-6 家族相关 JAK-STAT 信号通路和 IBD 之间存在着重要的联系。然而，目前缺乏系统的文献计量学研究探讨这一关系。

【方法】本研究利用 VOSviewer、CiteSpace、R 语言 bibliometrix 软件包、在线分析网站以及 Microsoft Office Excel 2016 对 Web of Science 核心合集中的 1 288 篇文献进行文献计量学分析。

【结果】近 20 年来，该领域的发文量显著增长。美国、加州大学圣地亚哥分校和 Neurath MF 在发表论文最多的国家、机构和作者方面处于领先地位。同样，加州大学圣地亚哥分校和苏金宇在这一领域最为活跃。目前主题包括炎症、JAK 抑制剂和 STAT3 信号通路。未来的研究领域可能集中在 JAK 抑制剂的安全性和有效性以及 IL-6 家族相关 JAK-STAT 信号通路与 IBD 的关系。

【结论】本研究开创性地采用文献计量学方法可视化分析了 IL-6 家族相关 JAK-STAT 信号通路与 IBD 的关系，为未来的研究趋势提供了见解。

【关键词】文献计量学，JAK-STAT，IBD，STAT3，JAK 抑制剂

引 言

炎症性肠病（inflammatory bowel disease, IBD）是一种影响肠道的慢性非特异性炎症性疾病。它通常分为三种类型：溃疡性结肠炎（ulcerative colitis, UC）、克罗恩病（Crohn disease, CD）和未分类的 IBD[1-2]。IBD 发病机制复杂，遗传和环境因素之间复杂的相互作用使肠黏膜屏障受损。这种屏障的恶化随后会导致各种临床症状，包括腹泻、腹痛、便血、体重减轻等[3]。

自 1990 年以来，在非洲、亚洲和南美洲的新兴工业化国家，IBD 的发病率呈明显上升趋势。此外，IBD 在西方国家的发病率已显示出稳定的迹象，但仍处于相当高的水平，基础发病率为 0.3%[4]。IBD 在世界范围内的传播似乎与西方化饮食密切相关，西方化饮食可破坏肠道微生物群的组成，并增加有遗传易感性的个体对 IBD 的易感性[5]。

IL-6 家族相关 JAK-STAT 信号通路是 JAK/STAT 通路中重要的信号通路，KEGG 数据库显示该信号通路主要包括 IL-6 家族下游的 6 个关键分子。其中，JAK 的上游片段并不包括主要定位于免疫细胞内 JAK3 分子。它主要包括 JAK1、JAK2 和 TYK2，这些分子在整个肠道中广泛分布。关于该通路的下游成分，则主要包括 STAT1、STAT3 和 STAT6，并分别由上述三个 JAK 分子激活[6-7]。这些分子在各种各样的基本生物过程中发挥着至关重要的作

用。它们在炎症调节、组织重塑、神经保护、细胞分化、癌症通路和免疫反应等关键方面发挥着重要作用。此外,它们还在抵抗感染、维持免疫耐受和增强屏障功能等重要功能中发挥着重要作用。它们的多方面参与强调了它们在维持内稳态和总体生理健康方面的重要性[8-9]。

因此,JAK 已成为近年来在 IBD 治疗中倍受关注的靶点。通过抑制 JAK 分子,有望调节 JAK/STAT 通路,该通路在 IBD 及其协调的固有和适应性免疫应答中发挥重要作用。这种靶向治疗方法有可能减轻胃肠道内的慢性炎症,从而改善 IBD 患者的治疗效果[10-11]。

另外,STAT1、STAT3、STAT6 与 IBD 之间的关系也得到了广泛的研究[12-16]。STAT3 作为一种致癌转录因子的多方面作用已被广泛研究。它对肿瘤细胞增殖、侵袭、迁移、抗凋亡、免疫抑制和 T 细胞分化等多个方面相关基因的表达产生重要影响。STAT3 在这些通路中的关键作用强调了其在 IBD 发生和进展中的重要性[9, 17-18]。在 IBD 中,STAT3 调节促炎和抗炎因子,影响炎症的发展[19-20]。因此,了解 IL-6 家族相关 JAK-STAT 信号通路在 IBD 中的作用对于提高我们对 IBD 的认识和指导进一步的研究至关重要。

以往的系统综述往往仅依赖于进行文献综述和提取的个体研究人员,这可能无法充分捕捉某一领域内研究人员、机构和国家的时空分布。相比之下,文献计量学分析通过提供更全面的研究趋势的观点,显著增强了我们对某领域发展的理解。该方法已成功应用于探索 microRNA- 微生物组相互作用的关系、研究自身免疫性疾病与肠道菌群的关系以及探索 IBD 与结直肠癌的关系等多个领域。通过应用文献计量学分析,研究人员可以更深入地了解这些复杂关系,并为各自领域的发展做出贡献[21-23]。

IL-6 家族相关 JAK-STAT 信号通路与 IBD 的关系是一个复杂且重要的研究领域,而目前尚无对该研究主题的文献计量学分析。本研究首次使用文献计量学和可视化分析进行了可视化检查,为潜在的未来研究趋势提供了见解。本研究通过对近 20 年的学术文献进行全面梳理,有助于为该领域未来的研究方向提供有价值的参考思路。

材料与方法

(一)数据收集与检索策略

我们使用 Clarivate Analytics 的 Web of Science 核心合集(Web of Science Core Collection,WoSCC)数据库进行数据收集。搜索策略由两个部分组成。在前半部分中,我们使用 "OR" 连接词将术语添加到查询预览中。我们添加的术语分别是 JAK1、JAK2、TYK2、STAT1、STAT3、STAT6、Janus kinase 1、Janus kinase 2、tyrosine kinase 2、signal transducer and activator of transcription 1、signal transducer and activator of transcription 3、signal transducer and activator of transcription 6,后半部分术语是 inflammatory bowel disease、IBD。而后我们使用 "AND" 将这两个部分合并,得到该领域共 1 448 篇论文。检索标准设置为仅包括文献类型为 "article" 和 "review" 的英文文献。选择的文献发表日期范围为 2003 年 1 月 1 日至 2022 年 12 月 31 日。为确保准确性,手动排除了于 2022 年发表但与检索日期(2023 年 5 月 30 日)重叠的在线文章。这种严格的方法旨在收集已发表文章的集合,以便进行全面分析。要获得详细检索结果的可视化表示,参见图 7-36A。

(二)数据分析

为了分析从论文中获得的数据,本研究使用了几种工具。采用 VOSviewer(版本

1.6.19)、CiteSpace(版本 5.7.R1)、R 语言 bibliometrix 软件包(版本 4.3.0)、在线分析网站(Online Analysis Platform of Bibliometric, OAPB)和 Microsoft Office Excel 2016 进行统计分析。

我们采用 Microsoft Office Excel 2016 对文献年份进行统计分析并生成相关表格后,再利用 CiteSpace(版本 5.7.R1)、VOSviewer、R 语言 bibliometrix 软件包和在线分析网站分析论文发表国家/地区、机构、参考文献、作者和论文关键词的数量和关系。

CiteSpace(版本 5.7.R1)还用于生成时间轴图、关键词聚类图和关键词突变图等附加分析。第一步是将选定的学术文章导入 CiteSpace,以便进行后续分析。随后,我们在 CiteSpace 中建立了具体的参数配置,具体参数配置如下:①时间划分:2003 年 1 月至 2022 年 12 月;②术语来源:Title、Abstract、Author Keywords、Keyword Plus;③节点类型:Author、Institution、Country、Keyword、Source、Reference;④链接强度测量:cosine;⑤选择标准:G-index,比例因子设置为 25。

基于 Leidesdorff 的研究,我们通过 VOSviewer 生成了 2015 年的五簇基准图[24-25]。VOSviewer 是一款基于统计数据(包括作者、机构、国家、关键词、参考文献和来源)构建和可视化文献计量图的软件应用。各种类型的分析,如 Co-authorship、Co-occurrence、citation、bibliographic coupling 和 Co-citation,均可被用于图形创建。我们采用全计数法进行数据汇总,进一步的细节在图中说明。

R 语言 bibliometrix 软件包以网站的形式呈现。将论文导入到这个包中,我们可以根据我们的具体要求,有效地缩小文献范围。它能够在八个维度上生成多种类型的图形和表格:概述、来源、作者、论文、聚类、概念结构、知识结构和社会结构。

文献计量在线分析平台(https://bibliometric.com/)为学术文献的综合分析提供了一系列的功能。我们利用该平台进行文献总量分析,探索作者或机构之间的合作关系,评估出版物的影响力,进行关键词分析,并检验引文网络。

结　果

(一)发表趋势

从 2003 年 1 月至 2022 年 12 月,我们共检索到 IL-6 家族相关 JAK-STAT 信号通路与 IBD 相关的研究论文 1 288 篇,其中 article 1 098 篇,review 190 篇(图 7-36A)。图 7-36B 显示了 2003—2022 年该研究领域发文量的总体趋势,呈现出逐渐增加的趋势。最初,在 2003—2007 年期间,年度出版物数量保持相对较低。2008—2015 年,年度发文量持续稳定增长,8 年间发文量翻了一番。随后,2016—2018 年的发文量显著增加,2018 年发文量超过 100 篇。2018 年后,年度发文量呈逐年显著增长趋势。

文献价值增长曲线揭示了文献科学的增长规律,表明文献总量随时间变化为 $F(x) = ae^{bx}$,可以看出文献总量和年度文献数量应随时间呈指数增长。剔除 2023 年的发文量数据后,构建了逻辑回归模型。总发文量的回归函数为 $y = 25.877e^{0.214\ 5x}$,决定系数 R^2 为 0.952 8(图 7-36B)。结果与 Price 文献的增长曲线一致。

基于荷兰著名计量经济学家 Loet Leydesdorff 的研究,我们使用 VOSviewer 来分析所选文章的研究领域(图 7-36C)[26]。在图 7-36C 中,描述了所选择文献在 WoS 中所属的种类,其中最多的是胃肠病学与肝病学,其次是免疫学,紧接着的是药理学与药剂学。

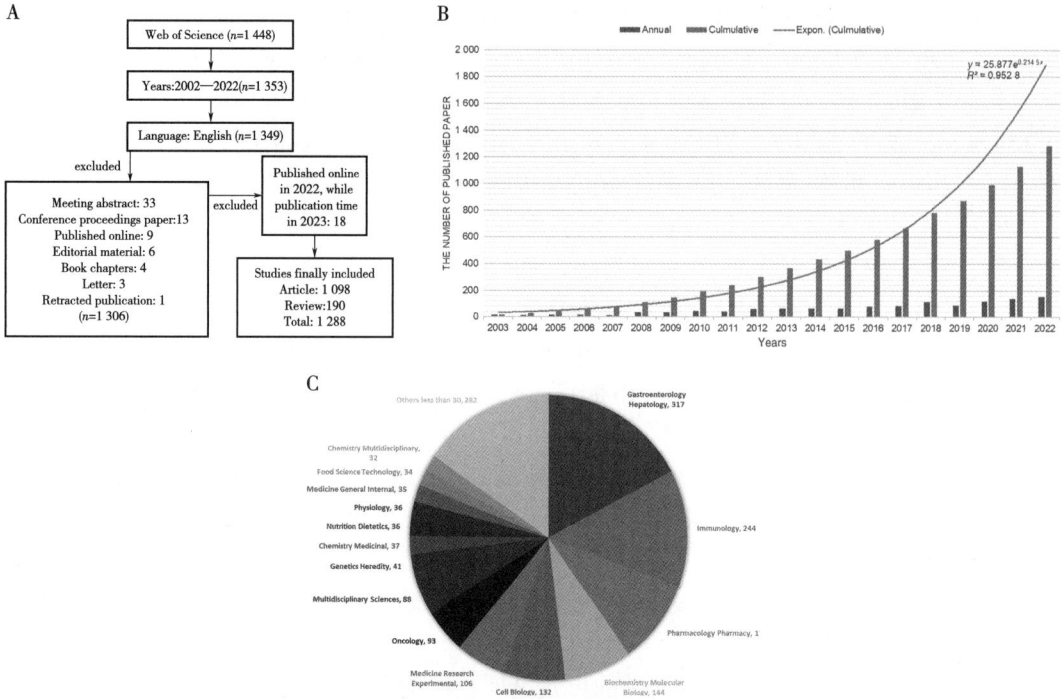

图 7-36 文献筛选流程及文献总量构成

（二）国家 / 地区的分析

在 1 288 篇文献中，70 个国家 / 地区对该领域的文献产出做出了贡献。美国和中国的总产出最高，德国、日本、韩国和英国紧随其后。它们的排名是由总发文量决定的，美国和中国的发文量超过 300 篇，而德国、日本、韩国和英国各有大约 100 篇。在合作成果方面，基于多国合作占比数据，美国（0.353）、德国（0.292）和英国（0.429）在国际合作发表比例方面的优势更为明显，而中国（0.125）和韩国（0.101）相对较弱（图 7-37A，表 7-37）。

值得强调的是，美国在多国出版领域表现出更为显著的存在，而中国在单一国家出版领域表现出更高的比例。

美国、中国和德国用最大的圆点表示（图 7-37C）。圆圈表示它们明显且重要的中心位置。这些国家 / 地区被众多错综复杂的线条所包围，表明它们在这一领域的密切合作。它们共同在各个国家 / 地区之间建立了强大的合作网络。

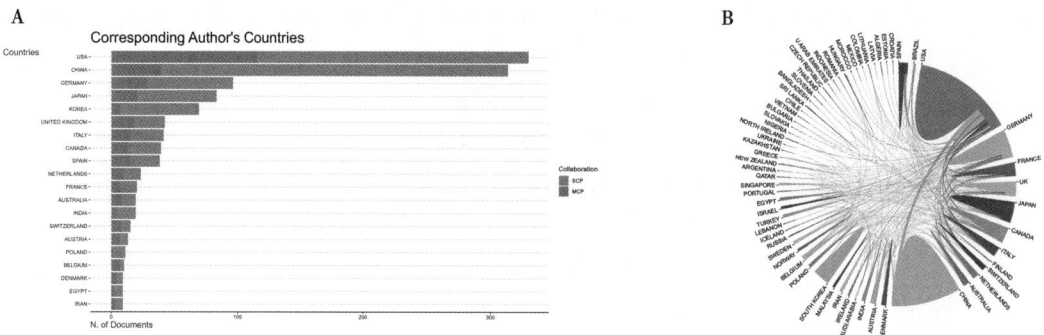

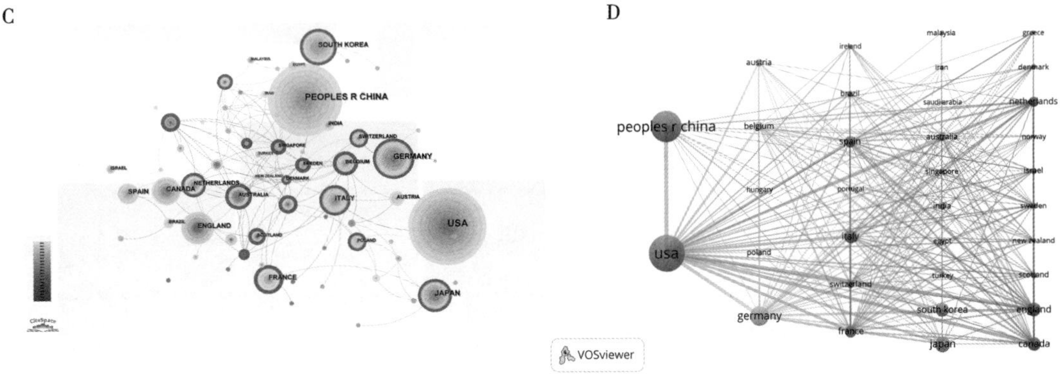

C

D

图 7-37　国家发文量及相互作用

SCP, single country publications；MCP, multiple country publications。

表 7-37　通讯作者所属国家发文情况

国家	文章数	单国	多国	频次	多国占比
美国	329	213	116	0.255	0.353
中国	313	274	39	0.243	0.125
德国	96	68	28	0.075	0.292
日本	83	63	20	0.064	0.241
韩国	69	62	7	0.054	0.101
英国	42	24	18	0.033	0.429
意大利	41	26	15	0.032	0.366
加拿大	39	26	13	0.03	0.333
西班牙	38	23	15	0.03	0.395
荷兰	23	13	10	0.018	0.435

　　OALB（图 7-37B）和 VOSviewer（图 7-37D）生成的其他数据也显示了国家间合作的相同趋势。

　　突现分析（表 7-38）提供了在特定时间段内被广泛引用的国家/地区的见解,从而揭示了在全球范围内该领域高质量产出的国家分布的变化。表中所列的国家/地区是按爆发的时间顺序排列的。我们观察到分布从最初的日本、德国和英国转移到后期的韩国、埃及和中国。这种转变可以看作对未来高质量产出国家/地区潜在分布的预测。

表 7-38　国家突现分析

国家	年份	强度	开始年份	结束年份	2003—2022 年
日本	2003	8.067 3	2003	2010	
德国	2003	5.000 8	2005	2007	
苏格兰	2003	3.643 7	2009	2011	
澳大利亚	2003	2.732 6	2010	2015	

续表

国家	年份	强度	开始年份	结束年份	2003—2022 年
瑞士	2003	2.074 0	2011	2013	
马来西亚	2003	3.262 3	2013	2016	
土耳其	2003	2.690 9	2015	2016	
韩国	2003	3.427 8	2016	2019	
埃及	2003	1.998 5	2018	2022	
中国	2003	4.838 0	2019	2020	

总体而言,美国、德国、加拿大、英国和法国等国家在这一领域表现出更密切的合作关系。相反,中国、日本和韩国在这一研究领域的国家间合作水平较低。

（三）机构分析

在 2003—2022 年的时间框架内,总共有 1 776 家机构为这一特定领域的学术论文传播做出了贡献。表 7-39 概述了排名前 10 的大学。美国加州大学圣地亚哥分校（57 篇）、首尔大学（43 篇）、西奈山伊坎医学院（41 篇）等大学占据了论文发表量的前 3 位。

表 7-39　通讯作者所属机构发文量

机构	文章数
加利福尼亚大学圣迭戈分校	57
首尔大学	43
西奈山伊坎医学院	41
上海交通大学	39
浙江大学	38
哈佛大学	37
基尔大学	36
基因泰克公司	32
加利福尼亚大学洛杉矶分校	31
耶鲁大学	31

VOSviewer 根据出版物数量在图 7-38A 中展示了不同的集群,我们能够在这些集群（12 个集群）中观察到显著水平的互联性,表明所代表的机构之间存在良好的沟通。

此外,项目密度可视化（图 7-38B）类似于网络可视化,通过各自的亮度表示项目的重要性。值得注意的是,受南京医科大学、哈佛大学和加州大学圣地亚哥分校影响的星系团表现出明显更亮的密度。这表明他们在文献产出数量方面的显著领导地位,并且在邻近机构中具有更高权重。另外,项目密度可视化（图 7-38B）,类似于网络和覆盖率可视化,通过各自的标签表示项目。

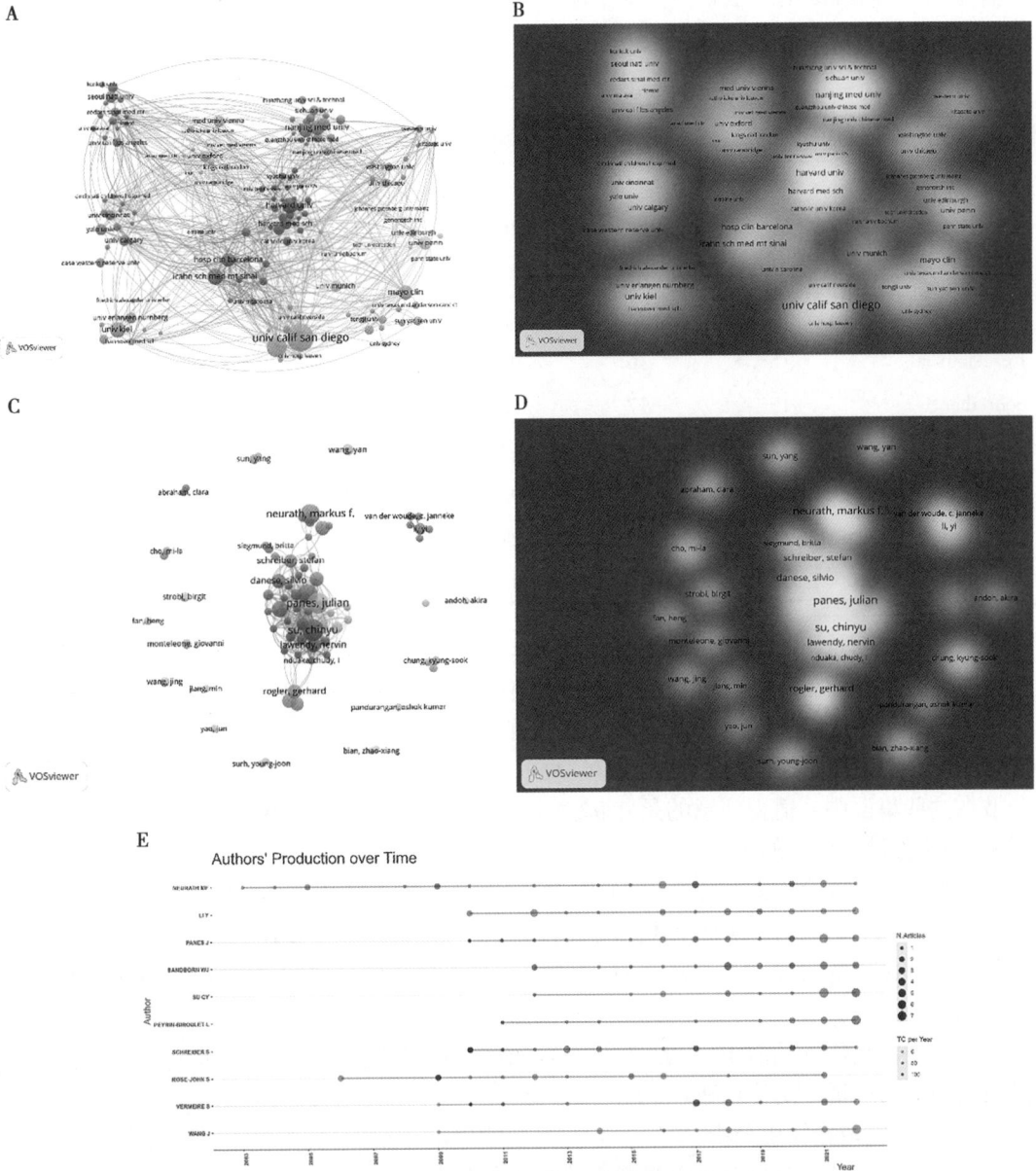

图 7-38　机构及作者相互合作图

A. 机构相互合作图；B. 机构密度可视化；C. 作者相互合作图；D. 作者密度可视化；E. 作者发文量时间轴可视化。

　　作为一个总机构网络集合，绝大多数机构错综复杂地交织在一起，形成了 12 个不同的集群，这些集群围绕着受人尊敬的机构。然而，这些集群之间的相互联系体现了显著的协同作用，为该领域无数机构的密切沟通创造了有利的环境。

（四）作者及作者间合作关系分析

　　在本研究中，共有 8 199 位作者被纳入了选定的研究领域。学者学术贡献的评价和对即将到来的科学进步的预测包括出版物量、被引频次、H 指数和 M 指数的测量[27]。在众多作者中, Neurath MF 的发表次数最多, 为 25 篇, 紧随其后的是 Li Y 和 Panes J, 均发表了 23 篇, Sandborn WJ 发表了 21 篇 (表 7-40)。

表 7-40　作者影响力

作者	H 指数	G 指数	M 指数	总引	发文量	发文起始
Sandborn WJ	18	21	1.5	2 113	21	2012
Neurath MF	17	25	0.81	2 381	25	2003
Li Y	16	23	1.143	1 071	23	2010
Panes J	16	23	1.143	4 444	23	2010
Rose-John S	15	16	0.833	2 708	16	2006
Schreiber S	15	17	1.071	4 358	17	2010
Su CY	13	21	1.083	1 066	21	2012
Vermeire S	13	16	0.867	4 065	16	2009
Brand S	11	12	0.611	4 361	12	2006
Danese S	11	14	0.786	841	14	2010

值得注意的是, 在受人尊敬的 H 指数前 10 位作者中, 总共有 4 位研究人员超过了总引用 4 000 次。他们分别是 Panes J (4 444)、Schreiber S (4 358)、Brand S (4 361) 和 Vermeire S (4 065)。

值得注意的是, 在图 7-38C 中, 高度合作作者的分组产生了五个不同的集群, 其中来自该领域 H 指数前 10 名的杰出人物, 如 Neurath MF、Panes J、Su CY、Danese S、Schreiber S 等, 分散在这些集群中。值得注意的是, 前文所提及的高 H 指数作者 Li Y 并没有出现在这些集群中, 而是分散在周围的集群中。

在作者的相互合作图 (图 7-38C) 中, Neurath MF、Danese S、Panes J、Su CY 以及其他来自德国、意大利、西班牙、美国和其他国家的研究人员处于合作网络的核心位置。这表明这些作者在该领域的研究中有着密切的合作, 并表现出更强的合作倾向。相反, 位于中心节点周围的作者节点更加分散, 这表明这些作者之间在该研究领域的合作频率较低。

在发表作品优异的前 10 作者中, bibliometrix 软件包还生成了关于他们每年发表作品数量及引用量的可视化图片 (图 7-38E)。

（五）引文与共被引分析

引文分析和共引分析是科学制图领域的基本方法。

引文分析的前提是, 当一个出版物引用另一个出版物时, 引文可以作为出版物之间建立联系的指标。通过计算所受引用次数, 可以评估出版物的影响。这种分析有助于识别特定研究领域内有影响力的出版物, 有助于理解研究领域的目前动态。

另外, 共引分析是在假设经常被引用的出版物具有主题相似性的基础上进行的。这种分析有助于揭示一个研究领域的知识结构, 包括其潜在的主题。在共引网络中, 如果两个出版物都在另一个出版物的参考书目中被引用, 则它们是相互关联的。

在入选论文中, 共包括 444 种期刊, 表 7-41 给出了 H 指数排名前 10 的期刊。Bradford's law 是文献计量学领域的一个基本原则, 它证实了这样一种观点, 即某一学科内的科学期刊可以根据其出版数量划分为不同的核心领域和随后的细分领域。这些期刊的分布遵循

表 7-41 期刊影响力

期刊	H 指数	G 指数	M 指数	总引	发文量	发文起始
Gastroenterology	32	32	1.524	2 788	32	2003
Inflammatory Bowel Diseases	30	48	1.429	2 420	67	2003
PLoS One	24	41	1.714	1 860	41	2010
Journal of Immunology	20	29	0.952	1 844	29	2003
American Journal of Physiology-Gastrointestinal and Liver Physiology	18	24	0.857	1 513	24	2003
Gut	17	18	0.944	2 406	18	2006
Journal of Crohns & Colitis	15	24	1.5	609	28	2014
World Journal of Gastroenterology	15	25	0.789	763	25	2005
Journal of Biological Chemistry	14	16	0.667	789	16	2003
Mucosal Immunology	14	18	0.875	597	18	2008

$1:n:n^2$ 的比例（图 7-39A）。利用这一原则，我们确定了这一特定领域内 18 种重要期刊。其中，就发文量方面，*Inflammatory Bowel Disease* 以 67 篇出版物领先，紧随其后的是 *PLoS One*，以 40 篇出版物排名第二，*Gastroenterology* 以 32 篇出版物排名第三。

在 H 指数方面，*Gastroenterology* 以 32 分排名第一，其次是 *Inflammatory Bowel Disease*，为 30 分，而 *PLoS ONE* 则为 24 分。值得注意的是，*Journal of Immunology* 的 H 指数达到了 20（表 7-41）。

VOSviewer 生成了一个网络，显示 444 种期刊中发表文章超过 5 篇的 56 种期刊之间的相互关系（图 7-39B）。这些期刊被分为 7 个不同的集群。如上所述，我们使用引文分析作为我们选择的方法。密度图显示，与其他期刊相比，表 7-41 中排名前 3 的期刊被明显更亮的节点所包围（图 7-39C）。

在图 7-39D 中，我们使用 VOSviewer 对被引文献进行共被引分析。这种分析产生了一个包含 169 个被引用超过 20 次的参考文献的网络图。如前所述，共引分析将在文章的参考文献列表中同时出现的两个参考文献联系起来，从而揭示它们之间的关联模式。

在这四个分类中，被引用次数最多的文章如下：Xavier RJ 在 2007 年发表的 "Unravelling the pathogenesis of inflammatory bowel disease"，Grivennikov S 在 2009 年发表的 "IL-6 and Stat3 are required for survival of intestinal epithelial cells and development of colitis-associated cancer"，Mudter J 在 2005 年发表的 "Activation pattern of signal transducers and activators of transcription（STAT）factors in inflammatory bowel diseases"，以及 Sandborn WJ 在 2017 年发表的 "Tofacitinib as induction and maintenance therapy for ulcerative colitis"。这些文章提供了对各自集群内潜在主题的见解，并有助于描绘研究领域的知识结构。

在参考文献中文章共同出现的频率越高，其共引强度越大，线越粗。参考点越重要，它的点越大。因此，Citespace 对参考文献的共引分析表明，Sandborn J 在 2017 年发表的文章是该领域最有价值的文章（图 7-39E）。

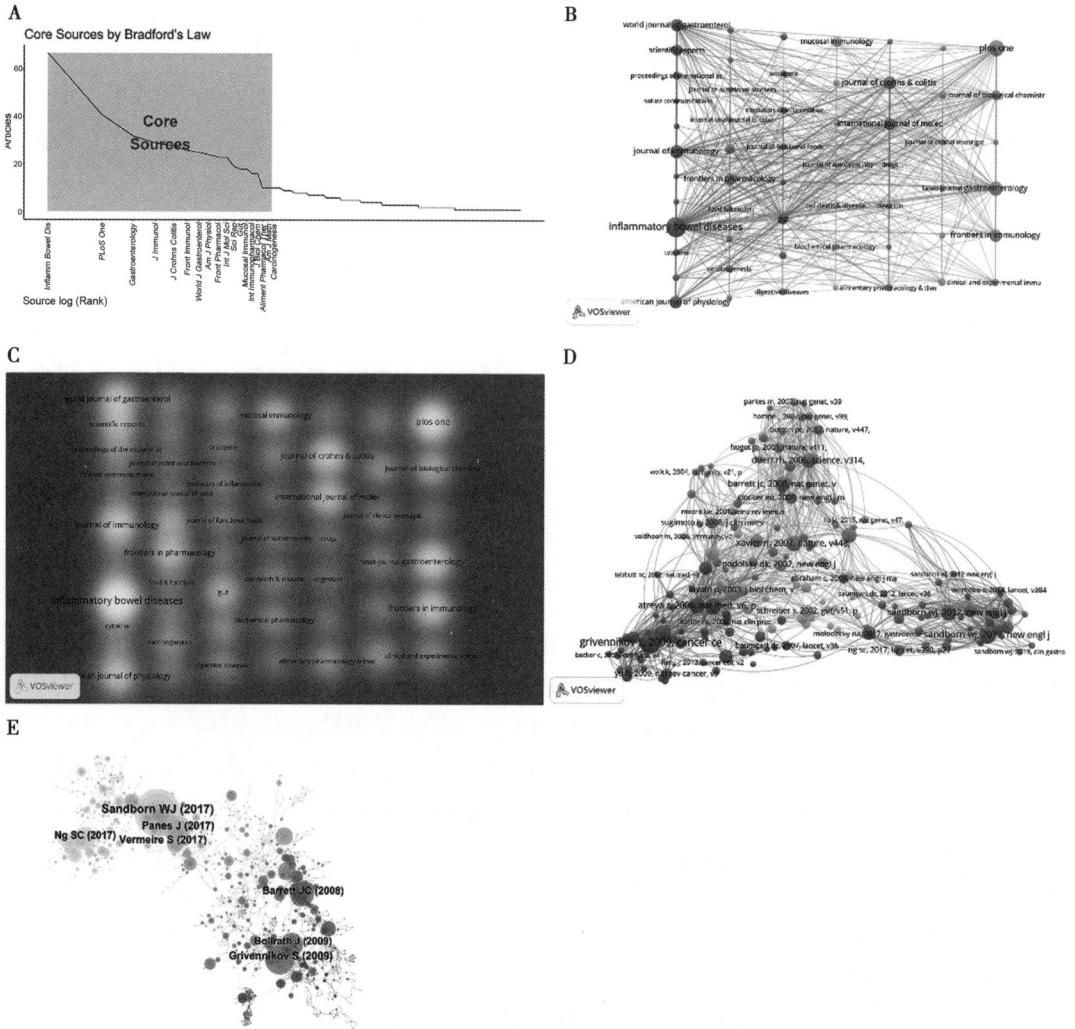

图 7-39　引用分析及共引分析

（六）关键词分析

1. 关键词总体发展趋势　由 bibliometrix 软件包生成的趋势主题图（图 7-40B）显示了 2003—2022 年关键词出现频率的变化情况。通过观察这张图,我们可以看出各年来关键词的总体趋势。从最初的重点关注 IL-4、IL-11、transcription factors 等关键词,逐渐发展到 susceptibility loci、genome-wide association 和 gene expression 等方面。最终,近年来 tofacitinib、maintenance therapy 和 severe CD 的关键词得到了重视。分析这一趋势可以让我们了解当前研究领域的热点问题,并预测未来可能的研究方向。

2. 关键词共现分析　我们使用 CiteSpace 进行关键词聚类分析（图 7-40A）。经过优化聚类后,从 1 288 篇文章中提取的关键词分为 11 个聚类,分别是"#0 JAK inhibitor""#1 sodium-induced colitis"和"#2 T helper"等。为了可视化每个集群随时间的发生频率,我们将结果转换为时间轴视图（图 7-40C）。2003 年出现了两个最大的节点,它们是"#4 growth hormone"和"#5 STAT3 signaling pathway"。在剩下的 8 个集群中,大部分在 2012 年之前的关键词频率都很高。相反,自 2012 年起,"#0 JAK inhibitor""#1 sodium-induced colitis"和 "#09 fecal calprotectin"的关键词频率持续较高。

同样,我们使用 VOSviewer 对作者关键词出现 5 次以上的次数进行了共现分析,得到了 120 个符合标准的关键词。然后用 VOSviewer 将这些关键词分类为 10 个不同的集群。与共引分析类似,共现分析假设频繁共现的词在主题上彼此相关。

在图 7-40D 中,节点之间的关系错综复杂,集群内节点之间的联系更强,不同集群的节点之间也有一定程度的共现。另外,图 7-40E 是密度可视化图,显示了某些关键词的密度亮度。在该图中,来自同一群集的代表"ulcerative colitis""inflammatory bowel disease"和"Crohn disease"的节点表现出最突出的密度亮度。关键词如"inflammation""colitis"和"STAT3"显示出稍弱的密度,而"IL-6""colorectal cancer""NF-κB"和"apoptosis"等节点的密度亮度比典型节点略强。

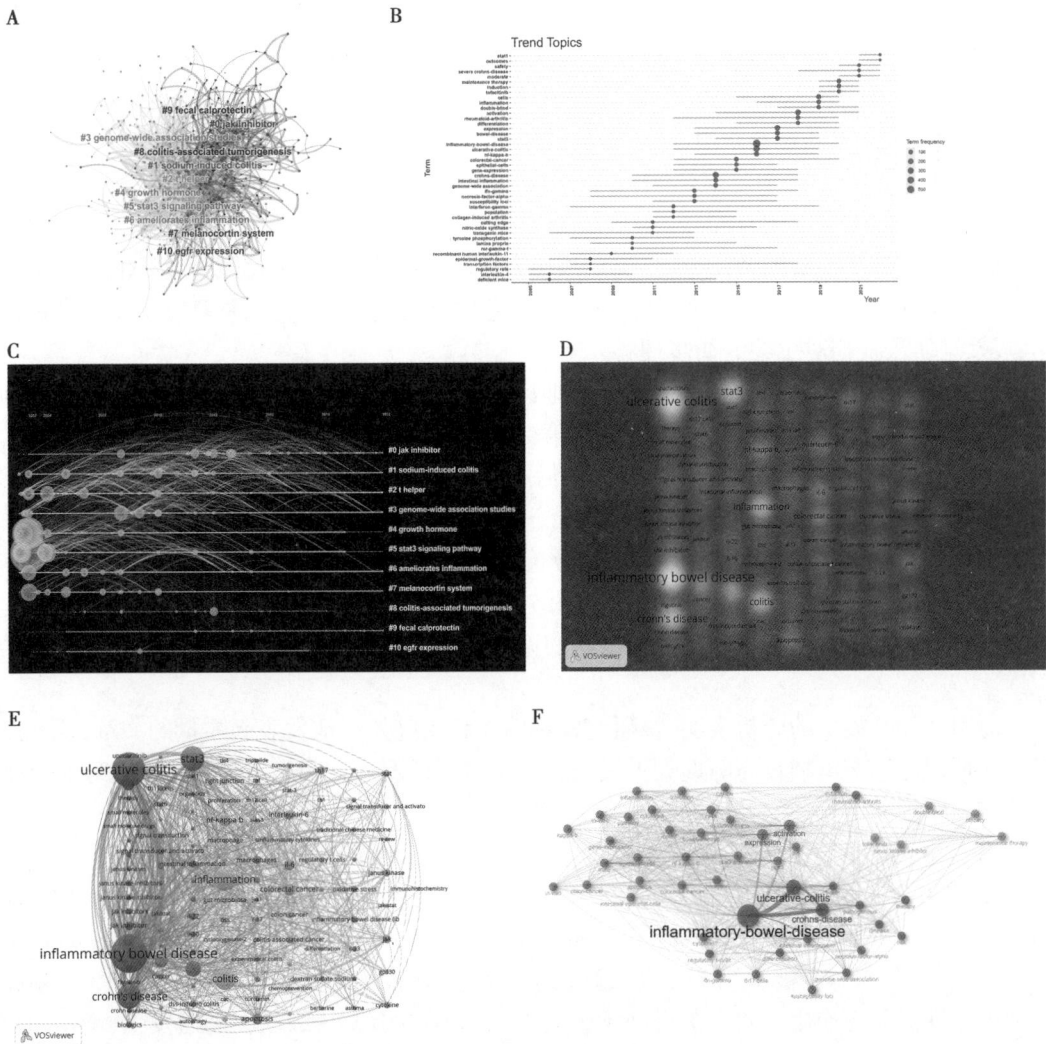

图 7-40 关键词频次及共现图

A. 关键词聚类图;B. 关键词逐年趋势图;C. 关键词聚类时间趋势图;D. 关键词密度图;E. 关键词共现图;F. 关键词聚类互作图。

OAPB 生成的共现网络,将关键词划分为 4 个集群。关键词"inflammatory bowel disease""rheumatoid arthritis""Janus kinase inhibitor"和"activation"是它们各自集群的缩影(图 7-40F)。

讨 论

(一)总体趋势

IBD 是一种复杂的慢性炎症,以消化道非特异性炎症为特征。它涉及多种因素,如自身免疫、肠道微生物群的破坏、环境影响、遗传易感性等。

为了更好地了解目前的研究现状和确定潜在的未来研究趋势,本研究采用文献计量学方法,通过可视化 KEGG 数据库记载的 IL-6 家族相关 JAK-STAT 信号通路与 IBD 之间的关系,系统地梳理该领域相关的国家/地区、机构、作者、文献、期刊和关键词。通过这些分析,该研究将有助于为研究前景提供见解,并为该领域的未来研究提供可能的研究方向。

从 2003 年到 2022 年的 20 年间,我们在 WoSCC 中收集了 1 288 条与此主题相关的参考文献。在这 20 年的最初阶段,这一领域的年度出版物数量较低,此后逐渐稳步上升,在过去 3 年中达到顶峰。这种观察到的上升模式可能与上述 STAT3 和 JAK 抑制剂在此期间获得较大关注并被大量引用有关。

图 7-36C 显示了根据 WoSCC 分类对该研究领域内的文章进行的分类。该图表明,文章被分为五个突出的集群。特别值得注意的是红色集群的流行,它们主要对应于生物学和医学领域,证实了我们对主题的初步理解。

就对这一研究领域做出贡献的国家/地区而言,美国和中国以相当大的优势超过其他国家,在出版物数量方面分别位居第一和第二。在机构间合作领域也观察到类似的情况。然而,他们之间的跨国、跨机构交流与合作仍然存在差异。中日韩学者应该加强合作纽带,加强国家间的交流。

值得注意的是,在作者与作者的协作分析中,存在强协作的中心协作网络中,大多数作者节点的规模比其周围的分散节点更大(图 7-38C)。因此,从结果导向的角度来看,培养作者之间的合作关系,有利于本研究领域内的论文发表,促进这些学者对课题进行更深入的探索。

对引文和共被引的分析表明,该研究领域的作者始终如一地发表高质量的文章,这一点可以从他们选择在影响较高的期刊上发表文章中得到证明。这凸显了该领域在全球研究领域的突出地位和价值[28]。

高引用文献的存在通常表明研究领域的一个焦点,无论是在现在还是在过去。在过去的 20 年中,该领域被引用最多的文献是 2009 年发表在 *Cancer Cell* 上的一篇题为"IL-6 and Stat3 are required for survival of intestinal epithelial cells and development of colitis-associated cancer"的文章。本文被引用 152 次,超过其他文献,在探索 IL-6、NF-κB 和 STAT3 之间的关系中发挥了关键作用。它显著有助于确立 NF-κB-IL-6-STAT3 级联在肿瘤发生、增殖和存活中的重要性。从那时起,这篇文章对塑造该领域的研究方向起了主导作用。

在 IL-6 家族与 JAK-STAT 信号通路与 IBD 的关系中,6 个关键分子 JAK1、JAK2、TYK2、STAT1、STAT3 和 STAT6 的参与意义重大。共现分析中一个值得注意的观察结果是 JAK 抑制剂和 STAT3 均为突出的关键词,进一步强调了它们在研究领域的重要性。CiteSpace 聚类图的 Timeline 视图(图 7-40D)一致显示了自 2003 年以来 JAK 抑制剂聚类和 STAT3 信号通路聚类的影响地位。这种持续的影响表明,他们将继续保持至关重要的地位,并在随后的几年里为研究领域的进步做出贡献。

(二)JAK 抑制剂和 STAT3 与 IBD 的关系

近年来,越来越多的研究者致力于 IBD 的研究,目的是寻找缓解甚至治愈 IBD 的有效途径。IBD 的主要治疗方法经历了从非特异性抗炎药物到生物制剂再到目前的 JAK 抑制剂的过渡[29-32]。因此,近年来,在 IBD 的热门治疗剂 JAK 抑制剂的研究中,IL-6 家族到 JAK-STAT 信号通路受到了相当大的关注[33-35]。

JAK 抑制剂是一个重要的关键词,现在包括 tofacitinib 和 pecicitinib,它们抑制 JAK1、JAK2、JAK3 和 TYK2,而 baricitinib 特异性地靶向 JAK1 和 JAK2。其他值得注意的药物包括 abrocitinib、itacitinib、filgotinib 和 upadacitinib,它们选择性地抑制 JAK1,以及作用于 TYK2 的 deucravacitinib[36]。截至 2022 年年底,欧洲药品管理局已批准 3 种 JAK 抑制剂用于治疗中度至重度 UC 的成人患者。这些药物包括综合性 JAK 抑制剂 tofacitinib、JAK1 抑制剂 filgotinib 和 upadacitinib[37]。

然而,重要的是要注意这些化合物具有潜在的风险。在目前的一项研究中,观察到的主要不良反应包括感染(26%)、高胆固醇血症等实验室标志物升高(19.3%)和肌酸激酶水平升高(13.5%)[38]。因此,在 JAK 抑制剂及其与 IBD 关系的研究中存在着许多未被探索的问题和挑战,具有重要的科学价值。

新出现的报告表明,关键词 STAT3 在 UC 和 CD 的复杂进展中起着关键的调节作用[39-41]。

涉及 STAT3 的这种机制在多种疾病的发展中起着至关重要的作用,包括肿瘤、炎症性疾病、阿尔茨海默病等[9, 42-43]。

研究发现骨髓细胞(中性粒细胞和巨噬细胞)和肠细胞中 STAT3 的遗传消除可导致慢性结肠炎,这表明这些先天免疫相关细胞中 STAT3 的激活对结肠炎具有保护作用。相反,T 细胞中 STAT3 的激活已被证明有助于结肠炎的发展。对 T 细胞特异性 *STAT3* 敲除小鼠的研究显示,T 细胞的增殖受到抑制[44]。通过 JAK/STAT 通路激活 STAT3 在 IBD 中具有重要意义。虽然并不是所有的研究结果都能轻易调和,但我们可以推断,STAT3 在对适应性免疫机制产生促炎影响的同时,在先天防御机制中具有保护作用。

因此,STAT3 潜在的分子和基因机制,内部和外部因素对 JAK/STAT 活性的影响,表观遗传和转录因子的影响,以及 JAK/STAT 信号失调的遗传起源,这些见解都将为靶向药物干预的开发和应用提供有价值的视角。

(三)局限与展望

CiteSpace、VOSviewer 和 R 语言 bibliometrix 软件包等工具为研究分析提供了有价值的帮助。然而,值得承认的是,它们并不能完全替代彻底的系统搜索,并且需要解决一些局限性。最初,我们的搜索涵盖了 2003—2022 年的文献。然而,由于 WoSCC 文献的不断更新,本研究的检索结果可能与实际纳入的文献数量有所不同。此外,WoSCC 数据库中的少量记录可能缺乏特定的信息,如关键词、机构或其他细节。因此,虽然从纳入的文献中获得的信息数量超过了系统的搜索,但信息的深度仍存在局限性。此外,本研究包括了文章和综述,因此所收集的文献质量存在差异,可能影响地图分析的可信度。尽管存在这些局限性,基于文献的可视化分析为研究者及时了解 IL-6 家族相关 JAK-STAT 信号通路和 IBD 领域的研究主题、热点和发展趋势奠定了基础。

结 论

在本研究中,我们使用 CiteSpace(版本 5.7.R1)、VOSviewer(版本 1.6.19)、R 语言 bibliometrix 软件包以及在线分析平台,评估近 20 年来 IL-6 家族相关 JAK-STAT 信号通路和 IBD 相关的学术文献。随着时间的推移,IL-6 家族相关 JAK-STAT 信号通路和 IBD 之间的关系呈现出显著的上升轨迹。尤其具有研究意义的是研究涉及 STAT3 的细胞 - 分子相互作用以及 JAK 抑制剂在该通路中的治疗潜力。尽管 JAK 抑制剂的应用范围广泛,但仍存在一些尚未解决的问题和挑战,这凸显了未来巨大的研究潜力。在全球范围内,中国和美国是该领域的主要贡献者,其中 University of California San Diego 是一个突出的机构,对研究成果具有重要影响。美国、德国、加拿大、英国和法国在该领域的合作努力蓬勃发展,而中国、日本和韩国应更加重视促进沟通与合作,以促进国家间的合作。值得强调的是,Sandborn WJ 在这一研究领域的显著贡献。IL-6 家族相关 JAK-STAT 信号通路和炎症性肠病的关系受到广泛关注,具有广阔的研究前景。这些文献计量学数据可以为后续学者提供理论依据,并为该领域的新课题研究提供灵感。

参考文献

[1] CORDES F, FOELL D, DING J N, et al. Differential regulation of JAK/STAT-signaling in patients with ulcerative colitis and Crohn's disease[J]. World J Gastroenterol, 2020, 26(28): 4055-4075.

[2] SALAS A, HERNANDEZ-ROCHA C, DUIJVESTEIN M, et al. JAK-STAT pathway targeting for the treatment of inflammatory bowel disease[J]. Nat Rev Gastroenterol Hepatol, 2020, 17(6): 323-337.

[3] COSKUN M, SALEM M, PEDERSEN J, et al. Involvement of JAK/STAT signaling in the pathogenesis of inflammatory bowel disease[J]. Pharmacol Res, 2013, 76: 1-8.

[4] NG S C, SHI H Y, HAMIDI N, et al. Worldwide incidence and prevalence of inflammatory bowel disease in the 21st century: a systematic review of population-based studies[J]. Lancet, 2017, 390(10114): 2769-2778.

[5] KAPLAN G G, NG S C. Understanding and preventing the global increase of inflammatory bowel disease[J]. Gastroenterology, 2017, 152(2): 313-321 e2.

[6] SOENDERGAARD C, BERGENHEIM F H, BJERRUM J T, et al. Targeting JAK-STAT signal transduction in IBD[J]. Pharmacol Ther, 2018, 192: 100-111.

[7] BOLAND B S, SANDBORN W J, CHANG J T. Update on Janus kinase antagonists in inflammatory bowel disease[J]. Gastroenterol Clin North Am, 2014, 43(3): 603-617.

[8] FELCHER C M, BOGNI E S, KORDON E C. IL-6 cytokine family: a putative target for breast cancer prevention and treatment[J]. Int J Mol Sci, 2022, 23(3): 1809.

[9] HU Q, BIAN Q, RONG D, et al. JAK/STAT pathway: extracellular signals, diseases, immunity, and therapeutic regimens[J]. Front Bioeng Biotechnol, 2023, 11: 1110765.

[10] HARRIS C, CUMMINGS J R F. JAK1 inhibition and inflammatory bowel disease[J]. Rheumatology (Oxford), 2021, 60(Supple 2): ii45-ii51.

[11] FRAGOULIS G E, MCINNES I B, SIEBERT S. JAK-inhibitors. New players in the field of immune-mediated diseases, beyond rheumatoid arthritis[J]. Rheumatology(Oxford), 2019, 58(Suppl 1): i43-i54.

[12] FRIEDRICH M, POHIN M, POWRIE F. Cytokine networks in the pathophysiology of inflammatory bowel disease[J]. Immunity, 2019, 50(4): 992-1006.

[13] LIN Y, LI B, YANG X, et al. Non-hematopoietic STAT6 induces epithelial tight junction dysfunction and promotes intestinal inflammation and tumorigenesis[J]. Mucosal Immunol, 2019, 12(6): 1304-1315.

[14] HUANG C, WANG J, LIU H, et al. Ketone body beta-hydroxybutyrate ameliorates colitis by promoting M2 macrophage polarization through the STAT6-dependent signaling pathway[J]. BMC Med, 2022, 20(1): 148.

[15] YU Y L, CHEN M, ZHU H, et al. STAT1 epigenetically regulates LCP2 and TNFAIP2 by recruiting EP300 to contribute to the pathogenesis of inflammatory bowel disease[J]. Clin Epigenetics, 2021, 13(1): 127.

[16] WOZNICKI J A, SAINI N, FLOOD P, et al. TNF-α synergises with IFN-γ to induce caspase-8-JAK1/2-STAT1-dependent death of intestinal epithelial cells[J]. Cell Death Dis, 2021, 12(10): 864.

[17] TO S Q, DMELLO R S, RICHARDS A K, et al. STAT3 signaling in breast cancer: multicellular actions and therapeutic potential[J]. Cancers(Basel), 2022, 14(2): 429.

[18] LEE J Y, HALL J A, KROEHLING L, et al. Serum amyloid a proteins induce pathogenic Th17 cells and promote inflammatory disease[J]. Cell, 2020, 183(7): 2036-2039.

[19] MITSUYAMA K, MATSUMOTO S, ROSE-JOHN S, et al. STAT3 activation via interleukin 6 trans-signalling contributes to ileitis in SAMP1/Yit mice[J]. Gut, 2006, 55(9): 1263-1269.

[20] ZHANG M, ZHOU L, XU Y, et al. A STAT3 palmitoylation cycle promotes Th17 differentiation and colitis[J]. Nature, 2020, 586(7829): 434-439.

[21] ZHANG Y, PENG Y, XIA X. Autoimmune diseases and gut microbiota: a bibliometric and visual analysis from 2004 to 2022[J]. Clin Exp Med, 2023, 23(6): 2813-2827.

[22] XIONG S, LIU K, YANG F, et al. Global research trends on inflammatory bowel diseases and colorectal cancer: a bibliometric and visualized study from 2012 to 2021[J]. Front Oncol, 2022, 12: 943294.

[23] YAN X Y, YAO J P, LI Y Q, et al. Global trends in research on miRNA-microbiome interaction from 2011 to 2021: a bibliometric analysis[J]. Front Pharmacol, 2022, 13: 974741.

[24] RAFOLS I, PORTER A L, LEYDESDORFF L. Science Overlay Maps: A New Tool for Research Policy and Library Management[J]. J Am Soc Inf Sci Tec, 2010, 61(9): 1871-1887.

[25] LEYDESDORFF L, RAFOLS I. A Global Map of Science Based on the ISI Subject Categories[J]. J Am Soc Inf Sci Tec, 2009, 60(2): 348-62.

[26] LEYDESDORFF L, CARLEY S, RAFOLS I. Global maps of science based on the new web-of-science categories[J]. Scientometrics, 2013, 94(2): 589-593.

[27] HIRSCH J E. An index to quantify an individual's scientific research output[J]. Proc Natl Acad Sci U S A, 2005, 102(46): 16569-16572.

[28] GRIVENNIKOV S, KARIN E, TERZIC J, et al. IL-6 and stat3 are required for survival of intestinal epithelial cells and development of colitis-associated cancer[J]. Cancer Cell, 2009, 15(2): 103-113.

[29] PITHADIA A B, JAIN S. Treatment of inflammatory bowel disease(IBD)[J]. Pharmacol Rep, 2011, 63(3): 629-642.

[30] TORRES J, BONOVAS S, DOHERTY G, et al. ECCO Guidelines on therapeutics in Crohn's disease: medical treatment[J]. J Crohns Colitis, 2020, 14(1): 4-22.

[31] NEURATH M F. Current and emerging therapeutic targets for IBD[J]. Nat Rev Gastroenterol Hepatol, 2017, 14(5): 269-278.

[32] LEI H, CRAWFORD M S, MCCOLE D F. JAK-STAT pathway regulation of intestinal permeability:

pathogenic roles and therapeutic opportunities in inflammatory bowel disease [J]. Pharmaceuticals (Basel), 2021, 14 (9): 840.

[33] LIU E, ASLAM N, NIGAM G, et al. Tofacitinib and newer JAK inhibitors in inflammatory bowel disease-where we are and where we are going [J]. Drugs Context, 2022, 11: 2021-11-4.

[34] DUDEK P, FABISIAK A, ZATORSKI H, et al. Efficacy, safety and future perspectives of JAK inhibitors in the IBD treatment [J]. J Clin Med, 2021, 10 (23): 5660.

[35] WANG L, HU Y, SONG B, et al. Targeting JAK/STAT signaling pathways in treatment of inflammatory bowel disease [J]. Inflamm Res, 2021, 70 (7): 753-764.

[36] CAIAZZO G, CAIAZZO A, NAPOLITANO M, et al. The use of JAK/STAT inhibitors in chronic inflammatory disorders [J]. J Clin Med, 2023, 12 (8): 2865.

[37] HERRERA-DEGUISE C, SERRA-RUIZ X, LASTIRI E, et al. JAK inhibitors: a new dawn for oral therapies in inflammatory bowel diseases [J]. Front Med (Lausanne), 2023, 10: 1089099.

[38] TRONCONE E, MARAFINI I, DEL VECCHIO BLANCO G, et al. Novel therapeutic options for people with ulcerative colitis: an update on recent developments with Janus kinase (JAK) Inhibitors [J]. Clin Exp Gastroenterol, 2020, 13: 131-139.

[39] ZUNDLER S, NEURATH M F. Integrating immunologic signaling networks: the JAK/STAT pathway in colitis and colitis-associated cancer [J]. Vaccines (Basel), 2016, 4 (1): 5.

[40] LOVATO P, BRENDER C, AGNHOLT J, et al. Constitutive STAT3 activation in intestinal T cells from patients with Crohn's disease [J]. J Biol Chem, 2003, 278 (19): 16777-16781.

[41] CHEN Y F, ZHENG J J, QU C, et al. Inonotus obliquus polysaccharide ameliorates dextran sulphate sodium induced colitis involving modulation of Th1/Th2 and Th17/Treg balance [J]. Artif Cells Nanomed Biotechnol, 2019, 47 (1): 757-766.

[42] LEE H J, HOE H S. Inhibition of CDK4/6 regulates AD pathology, neuroinflammation and cognitive function through DYRK1A/STAT3 signaling [J]. Pharmacol Res, 2023, 190: 106725.

[43] AGRAWAL M, ARORA S, LI J, et al. Bone, inflammation, and inflammatory bowel disease [J]. Curr Osteoporos Rep, 2011, 9 (4): 251-257.

[44] KASEMBELI M M, BHARADWAJ U, ROBINSON P, et al. Contribution of STAT3 to inflammatory and fibrotic diseases and prospects for its targeting for treatment [J]. Int J Mol Sci, 2018, 19 (8): 2299.

（ 郭兴洲　闫文宣　孙佳一　董卫国 ）

第八章　肝胆系统疾病

肝肾综合征的全球研究热点及趋势：
一项文献计量学可视化分析

【目的】本研究旨在对全球肝肾综合征相关的文献进行文献计量学分析,展示其研究现状、热点和趋势,为临床决策和科学研究提供新的启示。

【方法】相关文献于 2023 年 6 月 15 日从 Web of Science 核心合集数据库获取。通过 CiteSpace(版本 5.7.R3)软件、文献计量在线分析平台(OALM)和 VOSviewer(版本 1.6.19)软件对文献中的作者、机构、国家/地区、期刊、参考文献和关键词进行分析,并绘制相关的知识图谱。

【结果】共筛选出相关出版物 2 552 篇,年度分布图显示该领域的文章数量呈上升趋势。Ginès P 是累积文章数最高的作者(124 篇);巴塞罗那大学发表的相关文章最多(182 篇),且被引频次也最高;美国在文章产出方面遥遥领先(821 篇),其次是西班牙(253 篇)。*Hepatology* 杂志对这一研究领域贡献最大,共发表了 106 篇文章。在合作网络分析中,美国、巴塞罗那大学和 Ginès P 分别是合作最广泛的国家、机构和作者,这意味着它们具有高水平的影响力。关键词分析显示高频关键词主要归为三类:器官功能障碍、发病机制和治疗方案。突现分析表明,全身炎症状态、分子标志物、诊断和鉴别诊断是未来研究的热点和趋势。

【结论】本研究首次利用可视化软件和数据信息挖掘对肝肾综合征领域的文献进行了计量学分析,得出了该领域研究的现状、热点和趋势,为下一步的科学研究提供了理论依据。

【关键词】肝肾综合征,CiteSpace,文献计量学分析,可视化,Web of Science

引 言

肝肾综合征是一种功能性的肾功能恶化,肾脏无实质性病变,其肾小球滤过率（glomerular filtration rate, GFR）下降是由肾脏血流减少尤其是肾皮质灌注不足造成的。它是终末期肝硬化和门静脉高压的严重并发症,通常可导致肝移植前死亡。目前的药物治疗主要为全身血管收缩药,目的是增加肾脏灌注。虽然肝肾综合征是可逆的,但如果未及时发现和治疗,可能会迅速致命,其未治疗情况下的中位生存期为 7~10 天[1]。肝肾综合征得到逆转是最理想的结果,但最终最有效的治疗是肝移植。

肝肾综合征的发病机制始于肝硬化。肝硬化是指肝内纤维组织增生和肝细胞结节状再生导致肝内血管阻力增加,同时压迫门静脉分支,进而引起门静脉高压[2]。门静脉血流减少可使血管舒张因子产生及释放增加,这些血管舒张因子因不能被肝脏灭活从而进一步引起体循环血管床扩张。同时,门静脉高压会导致肠黏膜通透性增加引起细菌移位[3],从而激活炎症反应,进一步增强血管舒张[4]。作为代偿,血管收缩系统如肾素-血管紧张素-醛固酮系统、交感神经系统等被激活以增加有效循环血量和升高血压,从而保证终末器官的灌注压[5]。但是这些系统激活的结果是肾脏的钠水潴留增加、腹水加重、低钠血症,以及进行性肾血管收缩,最终导致肾血流量严重下降、GFR 降低和进行性肾衰竭。此外,目前认识到肝肾综合征不仅涉及循环系统的功能障碍,还涉及全身性炎症[6]。全身炎症状态下释放的炎症介质会进一步恶化循环系统功能,从而加剧肾脏灌注不足。

文献计量学分析是一种运用数据和统计学方法来分析和评估文献的定量分析方法。它通过量化和评估文献的产出量、引用网络、作者的合作关系、影响力和引用频次等相关指标来帮助研究人员确定特定主题的研究重点和趋势[7]。研究者可以通过知识图谱提供的大量数据来直观地评估一门学科的发展,并识别前沿趋势。文献计量学最近越来越多地被应用于包括医学在内的各个领域[8],然而目前还没有肝肾综合征领域的文献计量学分析。本研究使用多种文献计量分析工具对全球肝肾综合征相关的文献进行分析,为该领域日后的临床决策和科学研究提供新的启示。

材料和方法

（一）数据来源和检索策略

由于文献计量学分析的特点,本研究不涉及伦理问题,因此不需要伦理委员会的批准。我们于 2023 年 6 月 15 日根据检索策略完成了文献检索。Web of Science 核心合集（Web of Science Core Collection, WoSCC）数据库（https://clivate.com/）具有严格的评估流程,能够提供有影响力和可信度的信息,因此我们选择 WoSCC 作为数据来源。检索的时间范围不受限制,语言仅限于英语,文章类型仅限于论著和综述。我们采用主题词检索法作为数据库的检索策略,检索词为 "hepatorenal syndrome"。使用 Note Express 软件管理从数据库中检索到的文献,在去除重复文献后由两名数据收集者独立审阅了从数据库中检索到的文献标题和摘要,并通过讨论解决分歧。当讨论未能解决两位数据收集者之间的分歧时,邀请了第三位作者参与讨论并达成共识。最终纳入本研究的文献总数为 2 552 篇。

（二）数据整理和提取

将 WoSCC 导出的元数据文件作为书目分析信息文件，以"RefWorks"格式保存。用于随后分析的提取数据如下：①文章标题；②作者全名；③发表年份；④作者所在单位和地区；⑤关键词；⑥总被引次数；⑦主题；⑧被引文献；⑨根据最新发表的《期刊引证报告》（Journal Citation Report，JCR），发表期刊的名称和相应的影响因子（impact factor，IF）。

（三）数据分析与可视化

我们以"txt"格式保存提取的数据文件，并将其命名为"download_*.txt"。然后，将该文件导入 CiteSpace（版本 5.7.R3）。该软件可以自动提取相关信息，并以节点和链接的形式可视化关键信息。同时，我们还将"txt"格式的数据文件导入 OALM（http://bibliometric.com/）进行文献计量学分析。该平台是一个直观的、用户友好的网站，能够以图表的形式展示文献计量学分析数据。CiteSpace 用于可视化作者、机构、国家/地区、期刊、文献和关键词的共现网络。此外，还对关键词进行聚类分析和突现分析。在本研究中，CiteSpace 的应用参数设置如下：①时间范围：从数据库建立初始到 2023 年 6 月 15 日；②间隔年数：1 年；③关系强度的度量方法：Cosine 法；④节点类型：作者、被引作者、机构、国家/地区、参考文献、关键词；⑤过滤标准：每个时间节点的前 50 位；⑥网络剪切方式选择：Pathfinder、Pruning sliced networks 和 Pruning the merged network。我们为其余设置选择了 CiteSpace 的默认参数。此外，我们还利用 OALM 分析了按年份分类的常见国家文章数量和关键词、合作关系（作者、机构和国家/地区），以及文章之间的引用关系。同时，我们还使用 VOSviewer 1.6.19 版本来可视化国家/地区、机构、作者之间的协作，以及关键词的共现。

结　果

（一）文献一般特征

共纳入肝肾综合征相关的文献 2 552 篇，包括 1 885 篇（74%）论著和 667 篇（26%）综述（图 8-1A）。文献的年度分布图（图 8-1B）显示，从 1979 年到 2023 年，年发表量呈增加趋势，线性方程为 $y=3.499\ 8x-20.745$。出版物数量最多的是 2021 年（171 篇），2023 年的文章数量有所减少（45 篇），因为这项研究的统计数据截止于 6 月 15 日。但距离年底还有约 230 天，相信 2023 年的文章数将达到新的高峰。

（二）作者分析

基于 WoSCC，共有 10 361 名作者在肝肾综合征领域开展了相关研究（表 8-1）。利用 CiteSpace 构建了（被引）作者的合作网络图和共现网络图谱。作者共现网络图（图 8-1C）显示了代表 1 190 位作者的 1 190 个节点。节点的大小与作者发表的论文数呈正相关，其中来自巴塞罗那大学的 Ginès P 累积发表的论文数最多，表明他在肝肾综合征领域做出了显著贡献。利用 CiteSpace 软件对被引作者进行分析，共被引作者 1 413 人。Ginès P、Arroyo V 和 Salerno F 在被引频次上排名前 3 位（表 8-2）。此外，利用 VOSviewer（VOS）合作网络图（图 8-1D~F）可探讨作者群之间的合作，从图中可以看出，高产作者之间存在合作关系，并形成了稳定的研究团队。巴塞罗那大学的 Ginès P 是合作最广泛的作者，这意味着 Ginès P 是该领域最有影响力的研究者。

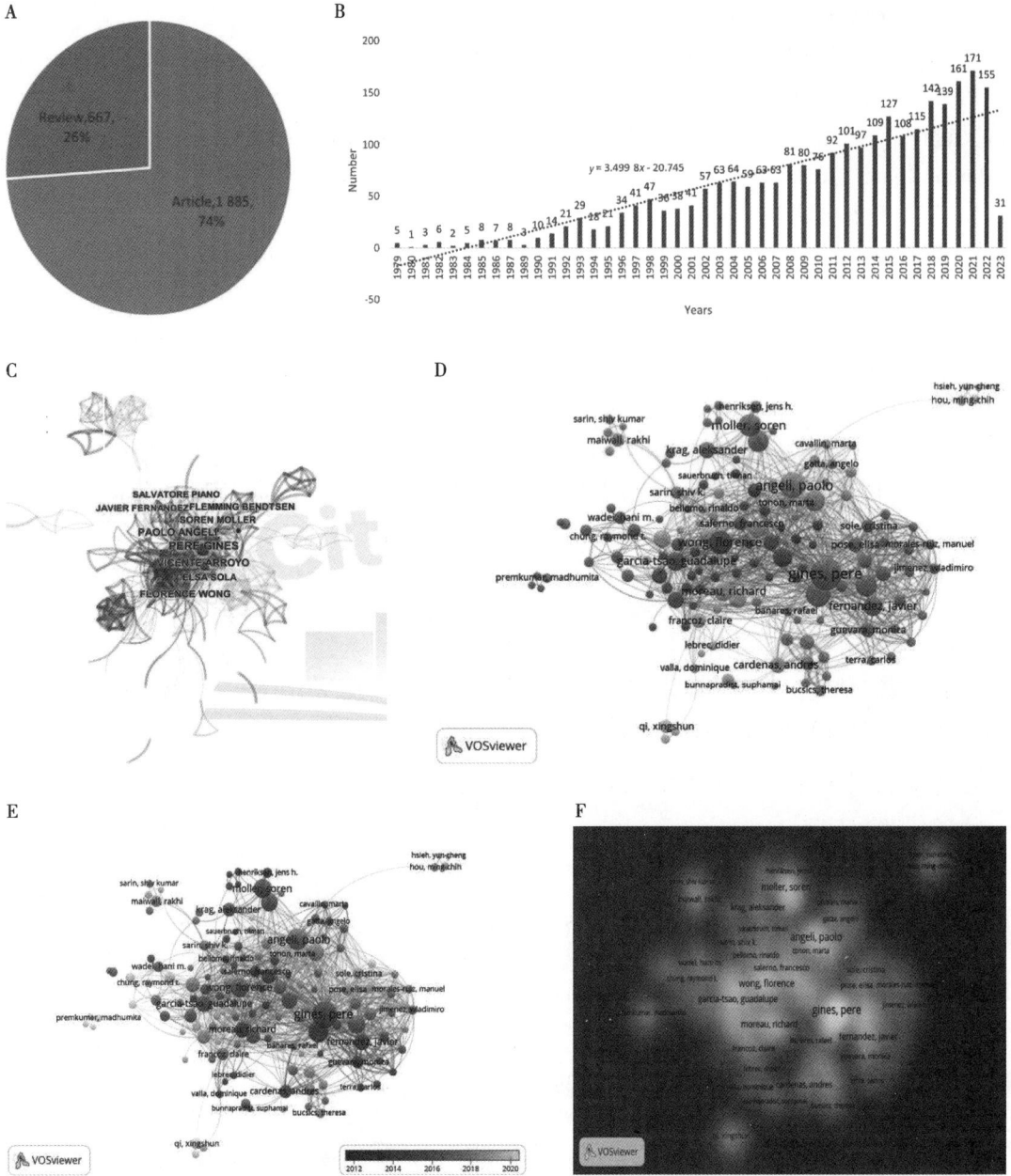

图 8-1 文献分布与作者网络分析相关图

A. 文献类型；B. 文献年度分布图；C. 作者共现网络图；D~F. 作者 VOS 合作网络图。

表 8-1 基于 WoSCC 的发文量前 15 位作者、机构和国家 / 地区排名表

排名	作者	数目	机构	数目	国家 / 地区	数目
1	Ginès P	124	巴塞罗那大学	182	美国	821
2	Arroyo V	96	巴塞罗那临床医院	173	西班牙	253
3	Angeli P	55	伦敦大学	123	意大利	244
4	Moller S	51	巴塞罗那临床与生物研究所	107	德国	214

排名	作者	数目	机构	数目	国家 / 地区	数目
5	Wong F	51	加州大学系统	106	中国	195
6	Jalan R	42	法国卓越研究型大学联盟	101	英国	185
7	Moreau R	41	伦敦大学学院	94	法国	128
8	Garcia-Tsao G	39	巴黎公共医院集团	91	加拿大	127
9	Bendtsen F	38	梅奥诊所	88	印度	116
10	Guevara M	37	巴黎文理研究大学	86	丹麦	97
11	Sola E	35	哥本哈根大学	81	日本	77
12	Rodes J	34	西班牙国家生物医学中心	76	韩国	62
13	Fernandez J	33	西班牙消化系统疾病生物医学研究网络中心	74	比利时	54
14	Bernardi M	32	法国国家卫生与医学研究院	73	中国台湾	50
15	Piano S	31	帕多瓦大学	70	埃及	48

表 8-2　基于 CiteSpace 的被引作者、被引期刊、国家 / 地区和机构排名情况

类别	排名	被引作者	数目	被引期刊	数目	国家 / 地区	数目	机构	数目
频次	1	Ginès P	1 028	*Hepatology*	2 087	美国	752	巴塞罗那大学	131
	2	Arroyo V	979	*J Hepatol*	1 830	西班牙	219	梅奥诊所	62
	3	Salerno F	736	*Gastroenterology*	1 783	意大利	189	伦敦大学	53
	4	Wong F	727	*New Engl J Med*	1 548	德国	182	帕多瓦大学	50
	5	Angeli P	711	*Gut*	1 389	英国	154	耶鲁大学	45
	6	Moreau R	608	*Lancet*	1 065	中国	149	多伦多大学	44
	7	Gines A	514	*Am J Gastroenterol*	1 027	法国	119	哥本哈根大学	41
	8	Schrier RW	477	*Liver Transplant*	871	加拿大	106	博讯医院	32
	9	Sanyal AJ	434	*Liver Int*	854	印度	96	巴塞罗那临床医院	32
	10	Guevara M	406	*J Gastroen Hepatol*	745	丹麦	79	弗吉尼亚联邦大学	31
中心性	1	Boyer TD	0.1	*Blood*	0.06	美国	0.69	博讯医院	0.06
	2	Gonwa TA	0.06	*J Biol Chem*	0.05	德国	0.33	巴塞罗那大学	0.05

类别	排名	被引作者	数目	被引期刊	数目	国家/地区	数目	机构	数目
中心性	3	Bosch J	0.06	*Am J Surg*	0.05	英国	0.25	梅奥诊所	0.04
	4	Conn HO	0.06	*Am J Med*	0.04	意大利	0.24	伦敦大学	0.04
	5	Arroyo V	0.05	*Am J Physiol*	0.04	法国	0.21	帕多瓦大学	0.04
	6	Bernardi M	0.05	*Brit J Surg*	0.04	西班牙	0.19	博洛尼亚大学	0.03
	7	Arieff AI	0.05	*Am J Kidney Dis*	0.03	印度	0.13	加州大学洛杉矶分校	0.03
	8	Jalan R	0.04	*Proc Natl Acad Sci U S A*	0.03	加拿大 A	0.11	印度肝胆科学研究所	0.03
	9	Epstein M	0.04	*Arch Surg-Chicago*	0.03	丹麦	0.11	耶鲁大学	0.02
	10	Henriksen JH	0.04	*Brit Med J*	0.03	埃及	0.1	多伦多大学	0.02
度	1	Boyer TD	176	*Am J Surg*	145	美国	274	巴塞罗那大学	78
	2	Bernardi M	130	*Circ Res*	137	德国	147	博让医院	56
	3	Lebrec D	123	*Am J Physiol*	131	意大利	121	帕多瓦大学	55
	4	Bosch J	120	*Brit J Pharmacol*	129	英国	116	耶鲁大学	55
	5	Claria J	118	*J Biol Chem*	128	法国	108	伦敦大学	54
	6	Brensing KA	115	*Biochem Bioph Res Co*	121	西班牙	102	多伦多大学	54
	7	Henriksen JH	114	*Proc Natl Acad Sci U S A*	116	加拿大	76	弗吉尼亚联邦大学	53
	8	Arroyo V	111	*Am J Med*	115	丹麦	59	梅奥诊所	52
	9	Wong F	107	*Brit Med J*	115	印度	56	阿尔伯塔大学	48
	10	Sanyal AJ	105	*J Clin Endocr Metab*	113	比利时	53	博洛尼亚大学	46

（三）机构分析

基于 WoSCC 的相关研究中共有 2 366 个机构,其中巴塞罗那大学的文章最多,共计 182 篇。基于 CiteSpace 的相关研究中共有 920 个机构(图 8-2A),其中巴塞罗那大学的文章最多(131 篇)。基于 VOS 的机构合作网络图(图 8-2B~D)显示,以大学为主的研究机构之间存在密切的合作。巴塞罗那大学是开展合作最多和最广泛的机构,表明巴塞罗那大学对该领域做出了最突出的贡献。

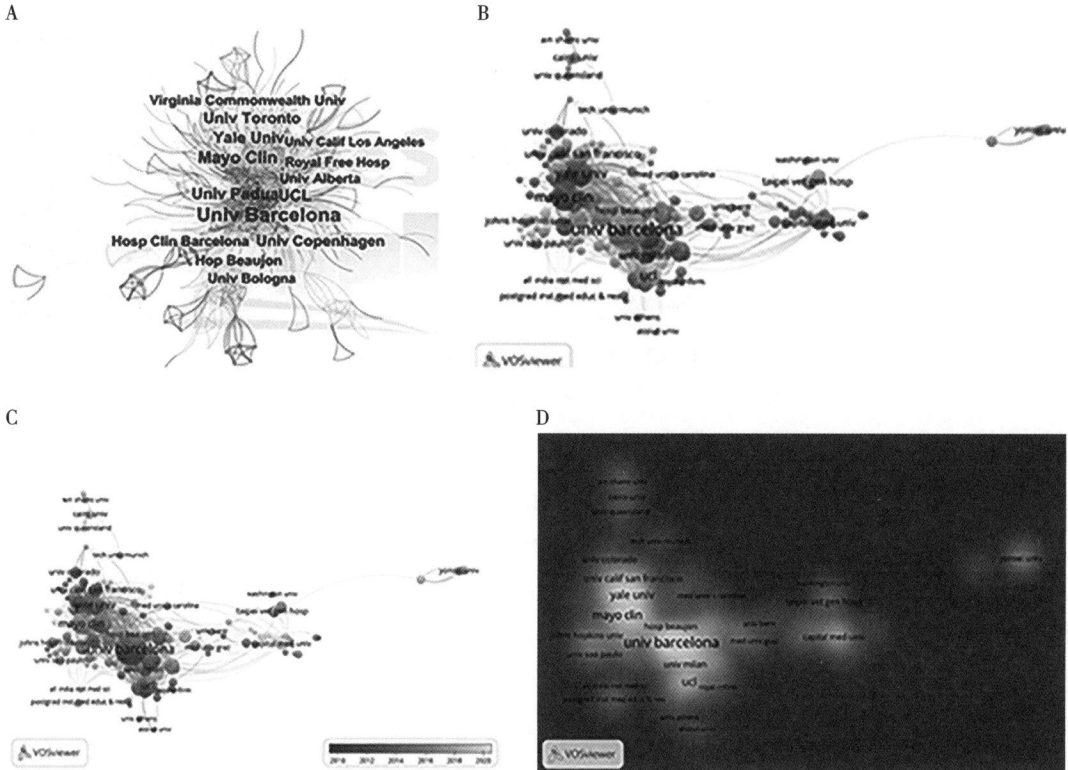

图 8-2 机构共现与合作网络分析图

A. 机构共现分析；B~D. 机构 VOS 合作网络图。

（四）国家 / 地区分析

基于 WoSCC 的相关研究中共有 89 个国家 / 地区，其中美国发表的文章最多（821 篇）。基于 CiteSpace 的相关研究中，同样也是美国发表的文章最多（752 篇），其次是西班牙、意大利、德国、英国和中国（图 8-3A，表 8-2）。值得注意的是，大约 1/2 的论文来自排名前 3 的国家 / 地区，表明这些国家 / 地区在肝肾综合征的研究领域中占主导地位。VOS 的国家 / 地区合作网络图（图 8-3B~D）显示，高产出国家 / 地区之间的合作密切而稳定，以美国的合作最为广泛，并且遥遥领先。

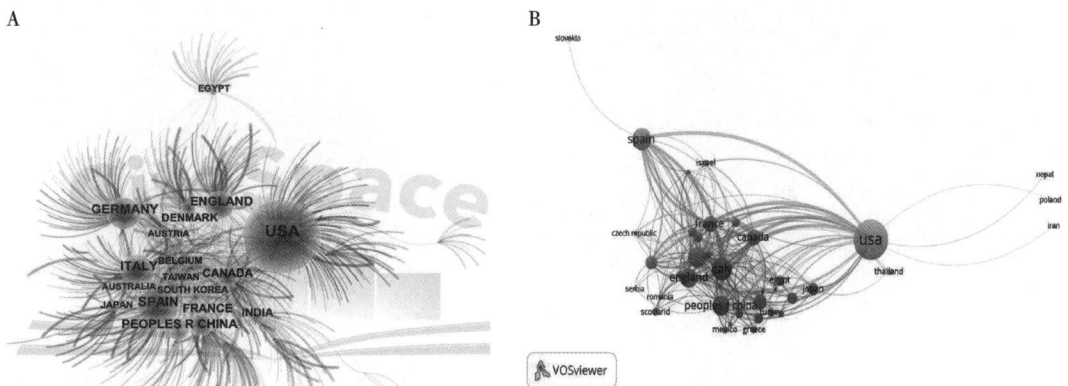

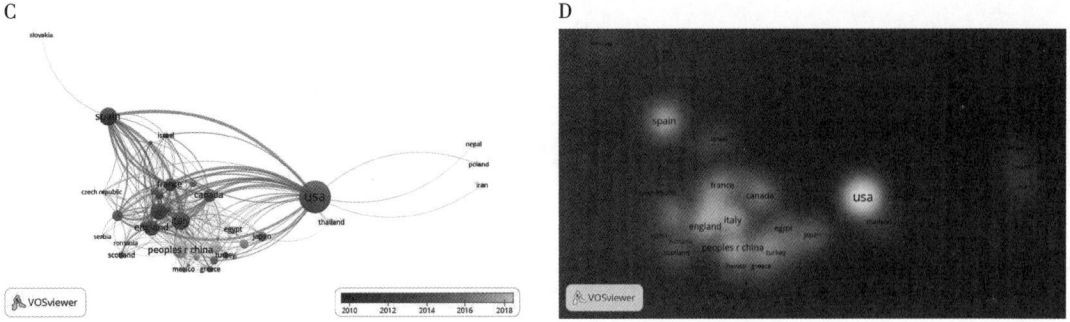

图 8-3　国家 / 地区共现与合作网络分析图
A. 国家地区共现分析；B~D. 国家地区 VOS 合作网络图。

（五）期刊和被引文章分析

基于 WoSCC，我们发现多达 668 家期刊发表了与该主题相关的论文。*Hepatology*（2022 IF=24.5，Q1）发表的文章最多，为 106 篇。利用 CiteSpace 软件对被引期刊和被引作者的合作网络进行分析，并绘制共现可视化图（图 8-4A、B）。其中共被引期刊 1 051 个，*Hepatology*

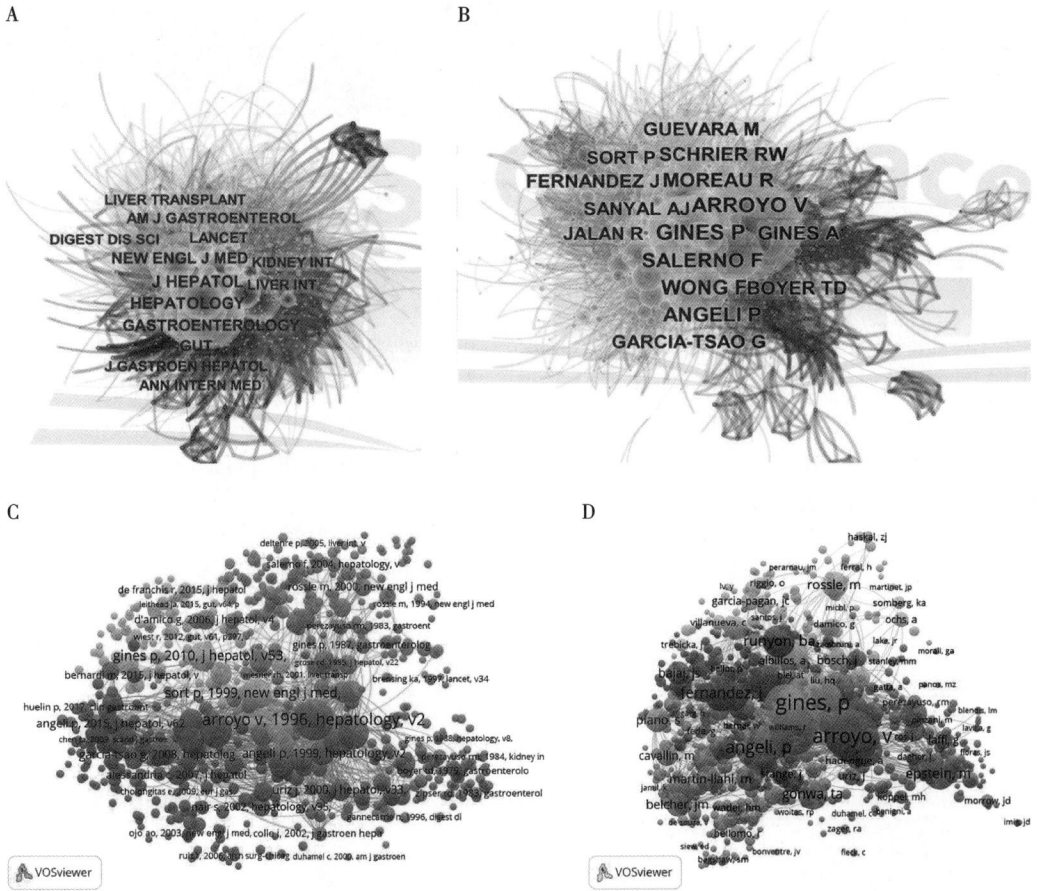

图 8-4　被引用分析相关图
A. 被引期刊共现分析；B. 被引作者共现分析；C. 被引文献 VOS 网络图；D. 被引作者 VOS 网络图。

被引频次最高（2 087 次），被引超过 200 次的期刊多达 55 种（表 8-2）。被引用的文章有 2 038 篇。Ginès P 等的研究（72 篇）被引最多，共 1 028 次，其次是 Arroyo V 等的研究（47 篇）被引 979 次，Salerno F 等的研究（7 篇）被引 736 次。利用 VOSviewer 软件，绘制了引文网络图（图 8-4C）和被引作者网络图（图 8-4D）。引文网络图中每个节点代表一篇文章，而相互引用则由点之间的线表示。从图中可以看出，这 2 552 篇文章中的大部分都被相互引用，而发表在 *Hepatology* 上的一项研究被引用的频次最高[9]（图 8-4C）。

（六）关键词分析

1. 词频分析　关键词是对研究内容的简要总结，反映了文章的关键信息。在文献计量学分析中，关键词可以用来探索某一领域的热点和趋势。利用 CiteSpace 绘制关键词共现图，得到了 2 507 个节点。在表 8-3 中，我们可以看到前 13 个关键词的出现频率，其中 "hepatorenal syndrome" 以 1 423 次排名第一，其次是 "cirrhosis" "ascite" "acute kidney injury" "spontaneous bacterial peritonitis"。我们还分析了关键词的中心性，中心性是衡量节点在整个网络中的作用的指标，中心性越高，通常意味着关键词在该领域的影响力越大。中心性排名前 3 的关键词是 hepatorenal syndrome、portal hypertension、liver（表 8-3）。

表 8-3　基于 CiteSpace 相关文献的前 13 个关键词

排序	关键词	频次	关键词	中心度	关键词	度
1	hepatorenal syndrome	1 423	hepatorenal syndrome	0.12	portal hypertension	142
2	cirrhosis	866	portal hypertension	0.09	cirrhotic patient	129
3	ascite	467	liver	0.08	ascite	126
4	acute kidney injury	360	cirrhosis	0.07	liver cirrhosis	119
5	spontaneous bacterial peritonitis	335	liver cirrhosis	0.07	liver	115
6	management	324	disease	0.06	cirrhosis	113
7	portal hypertension	321	failure	0.06	liver disease	108
8	liver cirrhosis	291	liver disease	0.06	hemodynamics	108
9	survival	282	ascite	0.05	hepatorenal syndrome	107
10	cirrhotic patient	269	spontaneous bacterial peritonitis	0.05	spontaneous bacterial peritonitis	107
11	mortality	268	cirrhotic patient	0.05	hepatic encephalopathy	105
12	terlipressin	254	liver transplantation	0.05	failure	103
13	liver transplantation	252	acute renal failure	0.05	liver transplantation	101

2. 聚类分析　利用 CiteSpace 和 VOSviewer 软件，我们基于标题词、关键词进行了聚类分析（图 8-5）。图 8-5A 中的每个色块区域代表一个聚类，图中形成了 9 个聚类。集群的编码从 #0 到 #8（表 8-4），数量越少意味着集群中包含的关键字越多。在聚类图中，不同的色块之间也有多个重叠区域，说明这些聚类关系密切。对数似然比（log-likelihood ratio，LLR）算法用于关键词的聚类分析。我们计算了两个评价指标以评价聚类分析的效果，即聚类模块值（Q 值）和聚类平均轮廓值（S 值）。Q 值的区间为 0~1，该指标反映网络结构的优良性。

通常，Q 值 >0.3 意味着聚类结构显著。S 值在 –1~1，S 值与聚类网络的合理性呈正相关。S 值 >0.5 表示聚类网络合理，而 >0.7 表示聚类结果令人信服。本研究计算出的 Q 值为 0.342 3（>0.3），S 值为 0.710 4（>0.7），进一步说明聚类结果信息丰富、合理。通过本研究的聚类分析，我们认为目前该领域的研究热点主要集中在以下三个方面：①肝肾综合征病因如肝硬化和门静脉高压症；②肝肾综合征的发病机制如钠潴留和收缩 / 舒张功能不全；③肝肾综合征的治疗如特利加压素、血液透析、人工肝。

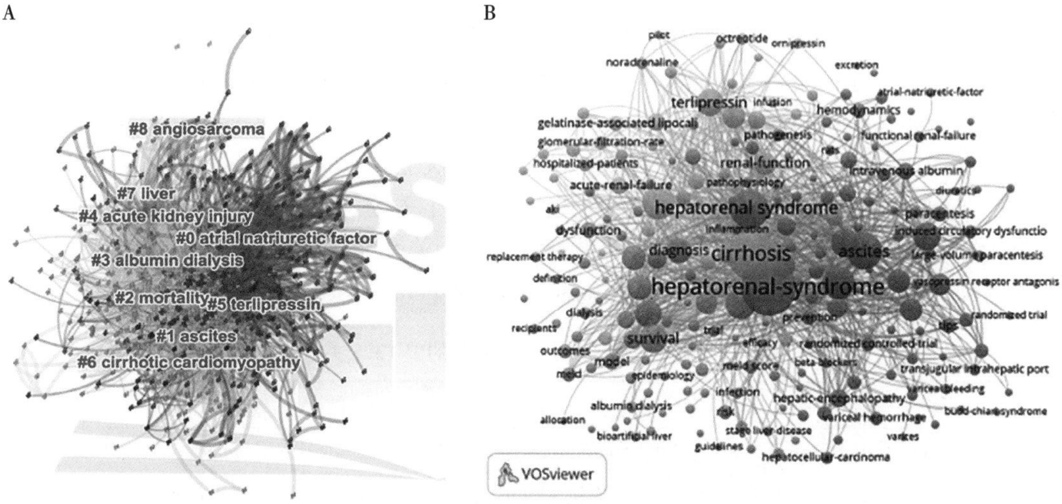

图 8-5　基于关键词的相关分析图
A. 基于关键词的聚类分析；B. 基于关键词的 VOS 网络图。

表 8-4　关键词共现网络聚类表

类别	聚类 ID	大小	平均年份	高权重关键词（前 5）
A. 基于标题词	0	185	1994	cysteinyl leukotriene（2493.12，0.000 1）；nitric oxide（2325.38，0.000 1）；plasma level（1871.96，0.000 1）；lipid peroxidation（1744.7，0.000 1）；endothelin-1 level（1726.07，0.000 1）
	1	167	2007	hepatorenal syndrome（3431.69，0.000 1）；on-chronic hepatitis B liver failure（2516.7，0.000 1）；end-stage liver disease（2037.63，0.000 1）；on-chronic liver failure patient（2023.47，0.000 1）；transjugular intrahepatic portosystemic shunt（2018.07，0.000 1）
	2	118	2008	hepatorenal syndrome（3431.69，0.000 1）；on-chronic hepatitis B liver failure（2516.7，0.000 1）；end-stage liver disease（2037.63，0.000 1）；on-chronic liver failure patient（2023.47，0.000 1）；transjugular intrahepatic portosystemic shunt（2018.07，0.000 1）
	3	105	2003	albumin dialysis（4043.62，0.000 1）；molecular adsorbent recirculating system（3993.58，0.000 1）；liver failure（3918.37，0.000 1）；molecular adsorbent（2567.12，0.000 1）；acute liver failure（2391.44，0.000 1）

续表

类别	聚类 ID	大小	平均年份	高权重关键词（前 5）
A.基于标题词	4	97	2012	acute kidney injury（10430.47, 0.000 1）; gelatinase-associated lipocalin（3330.34, 0.000 1）; cystatin C（2841.18, 0.000 1）; on-chronic liver failure（2780.49, 0.000 1）; urinary neutrophil（2614.66, 0.000 1）
	5	86	2004	hepatorenal syndrome（14658.28, 0.000 1）; pilot study（2504.16, 0.000 1）; liver cirrhosis（2069.52, 0.000 1）; on-chronic liver failure（1784.77, 0.000 1）; transjugular intrahepatic portosystemic shunt（1607.95, 0.000 1）
	6	49	2007	cirrhotic cardiomyopathy（918.52, 0.000 1）; cirrhotic cardiomyopathy-a（488.46, 0.000 1）; well-compensated alcoholic cirrhosis（478.05, 0.000 1）; sodium homeostasis（478.05, 0.000 1）; non-absorbable disaccharide（467.63, 0.000 1）
	7	42	2006	hepatic ischemia（1031.8, 0.000 1）; reperfusion injury（926.54, 0.000 1）; autosomal recessive polycystic kidney disease（916.07, 0.000 1）; unsaturation deficit（533.02, 0.000 1）; lipid fraction（533.02, 0.000 1）
	8	6	1993	microangiopathic hemolytic anemia（23.55, 0.000 1）; thorotrast-induced angiosarcoma（23.55, 0.000 1）; intravascular coagulation（23.55, 0.000 1）; case report（10.19, 0.005）; hepatorenal syndrome（0.84, 0.5）
B.基于关键词	0	185	1994	atrial natriuretic factor（48.1, 0.000 1）; nitric oxide（47.23, 0.000 1）; cirrhosis（40.6, 0.000 1）; functional renal failure（37.63, 0.000 1）; sodium retention（36.54, 0.000 1）
	1	167	2007	ascites（124.99, 0.000 1）; portal hypertension（90.34, 0.000 1）; transjugular intrahepatic portosystemic shunt（57.98, 0.000 1）; variceal bleeding（56.88, 0.000 1）; tips（54.62, 0.000 1）
	2	118	2008	mortality（77.21, 0.000 1）; outcome（68.76, 0.000 1）; meld（58.09, 0.000 1）; risk factor（48.62, 0.000 1）; prognosis（43.95, 0.000 1）
	3	105	2003	albumin dialysis（93.31, 0.000 1）; liver failure（59.45, 0.000 1）; bioartificial liver（59.22, 0.000 1）; blood purification（45.53, 0.000 1）; adsorbent recirculating system（43.6, 0.000 1）
	4	97	2012	acute kidney injury（142.72, 0.000 1）; cystatin C（53.71, 0.000 1）; biomarkers（53.35, 0.000 1）; gelatinase associated lipocalin（38.22, 0.000 1）; AKI（36.52, 0.000 1）
	5	86	2004	terlipressin（176.26, 0.000 1）; albumin（66.09, 0.000 1）; noradrenaline（59.54, 0.000 1）; midodrine（53.72, 0.000 1）; octreotide（42.55, 0.000 1）

类别	聚类 ID	大小	平均年份	高权重关键词（前 5）
B. 基 于 关 键 词	6	49	2007	cirrhotic cardiomyopathy（74.52, 0.000 1）；diastolic dysfunction（27.9, 0.000 1）；echocardiography（27.9, 0.000 1）；systolic dysfunction（20.91, 0.000 1）；lactulose（20.91, 0.000 1）
	7	42	2006	liver（47.38, 0.000 1）；apoptosis（33, 0.000 1）；children（26.46, 0.000 1）；ciliopathy（26.39, 0.000 1）；ultrasound（26.39, 0.000 1）
	8	6	1993	angiosarcoma（15.43, 0.000 1）；thorotrast（15.43, 0.000 1）；thrombosis（15.43, 0.000 1）；hemolysis（15.43, 0.000 1）；coagulopathy（10.03, 0.005）

3. 突现分析 "突现"是指在一段时间内突然增加。通过关键词突现性检测，可以了解在某个时间节点内的研究热点、趋势和前沿动态等的发展变化情况。突现检测通过描绘关键词的时间分布，检测出变化频率高、增长速度快的关键词，有助于了解肝肾综合征的全球研究热点和发展趋势。在表 8-5 中，每个新出现单词的年份分布以数字和深灰色条形表示，同时还显示了词语的出现频率和强度（强度越大，频率越高）。在早期，研究主要集中在病理生理状态，如血流动力学、功能性肾衰竭。中期的研究主要集中在临床表现和手术治疗方面，如顽固性腹水、支架分流和肝内门腔分流。后期的研究主要集中在新的发病机制和治疗方面，如全身炎症状态在肝肾综合征中的影响和特利加压素联合白蛋白治疗。值得注意的是，分子标志物可能是肝肾综合征的未来研究趋势。

表 8-5 突现分析

关键词	强度	开始年份	结束年份	1979—2023 年
rat	11.72	1989	2001	
hemodynamics	15.49	1992	2003	
atrial natriuretic factor	15.4	1992	2003	
functional renal failure	13.07	1992	1999	
nitric oxide	21.82	1993	2009	
stent shunt	15.82	1996	2005	
water retention	14.19	1996	2008	

续表

关键词	强度	开始年份	结束年份	1979—2023 年
refractory ascite	12.94	1996	2002	
ornipressin	12.35	1996	2008	
fulminant hepatic failure	10.69	1996	2011	
intrahepatic portosystemic shunt	14.65	1999	2008	
renal function	10.93	1999	2005	
predictive factor	17.56	2003	2010	
serum sodium	12.58	2005	2013	
paracentesis plus albumin	10.29	2005	2008	
meld	11.75	2006	2012	
hospitalized patient	13.79	2015	2023	
differential diagnosis	11	2015	2023	
acute kidney injury	32.46	2017	2023	
chronic liver failure	11.99	2017	2021	
management	21.29	2018	2023	
terlipressin plus albumin	20.75	2018	2023	
systemic inflammation	10.03	2018	2023	
biomarker	9.96	2018	2023	
diagnosis	14.58	2019	2023	

讨 论

本研究采用文献计量学方法和可视化工具,对筛选出的 2 552 篇肝肾综合征相关的文献进行分析,对(被引)作者、机构、国家/地区、(被引)期刊、被引文章和关键词进行了分析。据我们所知,这是第一个聚焦于肝肾综合征全球研究的文献计量学分析。

基于肝肾综合征课题研究的迅速增长,我们认为本项文献计量学分析是有意义的,能够为肝肾综合征的临床实践和进一步的基础研究提供一定的参考价值。在本篇文献计量学分析中,我们发现年发文量在过去 40 余年里呈增长趋势,表明全球各地的研究人员对肝肾综合征领域越来越感兴趣。在进行相关研究最多的 10 个国家/地区中,有 8 个是发达国家/地区,2 个是发展中国家/地区。美国的出版物数量最多,其次是西班牙和意大利,中国排在第六,印度排在第九,丹麦排在最后,表明这些国家在这一领域取得了进展。排名靠前的大多数都是发达国家/地区,除了拥有先进的医学研究体系、顶尖的医疗机构和研究人员外,发达国家/地区的政府也有能力为医学研究提供足够的资金和研究条件。东亚是肝硬化患病率最高的地区,而中国是世界上肝硬化患者最多的国家,为肝肾综合征的临床研究提供了充足的患者来源。因此,中国和印度在这一领域开展了大量研究,出版物数量排名全球前10[10]。在国家/地区时间图上可以看出,中国发表的研究主要集中在近 10 年,这一现象表明近 10 年中国经济迅速发展,中国政府对于医学研究的投入也快速增长进而使得中国医学研究取得显著进步。

在论文数量机构排名中,第一名是西班牙的巴塞罗那大学。出版物数量多的机构大多数都是本国的顶尖大学,机构间普遍存在着密切的合作。排名前 10 的机构中有 7 所是大学,这表明大学是最常见的研究群体。排名前 10 的机构中有 4 所来自美国(梅奥诊所、耶鲁大学、哥本哈根大学和弗吉尼亚联邦大学),因此美国是该领域研究的主力军,拥有众多大型研究小组。在作者分析方面,巴塞罗那大学的 Ginès P 作者发表的论文数量最多;在以 H 指数评价的学术影响力方面,依然是 Ginès P 作者的 H 指数最高。因此,巴塞罗那大学的 Ginès P 作者是最有生产力和影响力的学者。我们的文献计量学分析发现,作者群之间的合作较少,因此各作者群之间应该加强合作,以便在这一领域有更多的突破。在所有发表相关文章的期刊中,*Hepatology* 发表的文章最多,其次是 *World Journal of Hepatology*。在被引期刊方面,*Hepatology*(2022 IF=24.5,Q1)在被引频次上排名第一,说明 *Hepatology* 在该研究领域具有较高的学术影响力。值得注意的是,在本研究的被引文献分析中,被引次数最多的是 Salerno F 在 2007 年发表的题为《肝硬化中肝肾综合征的诊断与防治》的文章(137 篇)[11]。

本研究使用 CiteSpace 检测突现关键词,这些统计数据对于预测研究前沿具有潜在价值。关键词"acute kidney injury""chronic liver failure""terlipressin plus albumin""systemic inflammation"和"biomarker"预计将在接下来的几年中经常出现,预示着新的趋势。肝肾综合征领域五大前沿依次为:①慢性肝衰竭:慢加急性肝衰竭(acute-on-chronic liver failure,ACLF)是指在慢性肝病基础上,突然出现肝功能急性失代偿和肝脏或肝外器官衰竭的临床表现。它与多器官衰竭和短期死亡率增加有关,是肝肾综合征患者死亡的一个重要原因。确切的发病机制目前尚不清楚,全身炎症状态在其发病机制中起关键作用,炎症反应的强度与 ACLF 的严重程度平行。除了器官衰竭和非常高的短期死亡风险外,ACLF 患者还表现出其他特征,将其与非 ACLF 患者区分开来。例如,患者通常更年轻,有更多的酒精性肝硬化和较少的丙型肝炎病毒相关肝硬化,主要并发更高频率的活动性酒精中毒和严重的细菌感染[12]。对于 ACLF 的潜在机制、风险预测模型、治疗靶点和肝移植等方面的新发现需要更多研究。②全身炎症状态:全身炎症状态通过以下三种机制影响肾功能从而加重肝肾综合征:第一,肠道菌群的过度生长、黏膜屏障对细菌和细菌产物的通透性增加导致炎症介质的释放增加是全身炎症状态的主要机制,此外全身炎症刺激内脏小动脉释放的一氧化氮进一步扩张内脏血管床导致内源性血管收缩系统过度激活[13],引起肾血管的强烈收缩和灌注不足;第二,全身炎症可能激活免疫细胞[14],导致组织损伤进而导致器官功能受损[15];第三,全身炎症会引起重要的代谢变化。炎症环境诱导肾小管细胞低代谢[16],使营养物质(葡萄糖、氨基酸、脂肪)重新分配给活化的免疫细胞。此外,全身炎症还会抑制外周(非免疫)器官的营养消耗,从而导致肾脏功能受损[17]。③急性肾损伤:之前,肝肾综合征通常细分为 1 型和 2 型,1 型特征是肾脏功能迅速恶化,通常是在突发事件后迅速发生,如果不治疗,普遍致命;2 型特征是肾衰竭的进展不符合 1 型的标准,病程缓慢,与难治性腹水相关,常在各种诱因作用下转为 1 型而死亡。最近诊断标准和命名法的更新已将 1 型肝肾综合征重命名为肝肾综合征 - 急性肾损伤(hepatorenal syndrome-acute kidney injury, HRS-AKI)[18],不符合 HRS-AKI 标准的功能性肾损伤称为肝肾综合征 - 非急性肾损伤,其中非急性肾损伤进一步分为持续时间小于 3 个月的肝肾综合征 - 急性肾脏疾病(HRS-acute kidney disease, HRS-AKD)和持续时间大于 3 个月的肝肾综合征 - 慢性肾脏疾病(HRS-chronic kidney disease, HRS-CKD)。急性肾损伤可分为 3 种类型:在有效循环容量严重减少的情况下,因肾脏灌注不足引起的肾前氮质血症[19]、因肾小管细胞坏死引起的内源性肾衰竭[20]和继发于尿流出道梗阻的肾衰竭[21]。肝肾综合征入院前要密切检查,因为 30% 急性肾损伤发生在入院前[22]。④特利加压素联合白蛋白治疗:特利加压素作用于血管平滑肌上的 V1 受体,可使血管收缩。同时其可作用于远端肾小管基底膜外侧的 V2 受体,从而增强抗利尿激素的抗利尿作用。在肾脏外,特利加压素可提高Ⅷ因子和血管性血友病因子水平,增加脑血流量[23]。所有血管收缩药都需要使用白蛋白,可以增强特利加压素的正面作用。白蛋白通过增加胶体渗透压而增加平均动脉压,进而改善体循环。此外,它还具有抗氧化、调节免疫和抗炎的特性[24]。因此,白蛋白仍然是肝肾综合征治疗的主心骨。在 2022 年 9 月,美国食品药品监督管理局已批准特利加压素用于改善肾功能迅速下降的肝肾综合征成人患者的肾功能。与白蛋白相比,特利加压素联合白蛋白可显著提高肝肾综合征的逆转率[1]。在使用白蛋白后,如果不能确定急性肾衰竭的其他病因,应尽早考虑特利加压素[25]。⑤生物标志物诊断:在急性肾损伤患者的初步评估中,早期、正确地诊断出病因是必要的,因为每一个病因都有不同的处理方法和临床预后[26]。急性肾损伤诊断不及时可能导致药物治疗的延迟开始,进而可能发展到需要透析的 3 期急性肾损伤。如果排除了肾后原因,急性肾损伤(acute kidney injury, AKI)的诊断评估需要以下几点:第一,早期识别不常见的原因,肾炎、肾病和梗阻性急性肾损伤是肝硬化患者中最不常见的急性肾损伤原因[27]。这些病例通常可以通过尿液分析和肾脏超声快速无创诊断。如果尿液分析显示血尿和 / 或尿蛋白超过 500mg/d,应考虑肾病的原因。肾脏超声可以排除梗阻性尿路疾病。第二,识别急性肾小管坏死(acute tubular necrosis, ATN),因为肾小管功能障碍导致无法浓缩尿液和再吸收钠[28]。尿常规检查显示棕色,反常性酸性尿,尿钠升高,表现为钠排泄分数升高(filtration sodium excretion fraction, FENa)[29]；然而，一些研究发现 FENa 在 ATN 和肾前 AKI 之间没有区别。新的生物标志物可能可以区分 ATN 和肾前 AKI。目前研究出了多种肾脏生物标志物，如尿中性粒细胞明胶酶相关脂蛋白（ neutrophil gelatinase-associated lipocalin, NGAL ）、白细胞介素 18、肾损伤分子 1、肝型脂肪酸结合蛋白和尿白蛋白。NGAL 似乎在肝硬化患者中最有希望鉴别出病因[30]。第三，区分容量反应性和非反应性肾前急性肾损伤。

本研究存在一定的局限性。首先，我们认为 WoSCC 数据库为出版物和引文提供了声誉良好和可靠的服务，因此，我们只从中提取数据。但这可能会限制所有可用文章的覆盖范围，并导致分析中包含的文献数量减少。其次，搜索方法也可能不够充分，因为我们只搜索了带有 "hepatorenal syndrome" 短语的出版物，这可能会由于缺少其他术语而导致检索结果不全。最后，我们主要采用定量分析方法来有选择地分析数据，而少有定性分析，因此某些关键点和细节可能会被忽略。以上考虑都可能会导致结果偏差，故对结果的解释应该谨慎。

结 论

据我们所知，本文是近 40 余年来首个利用可视化软件和数据信息挖掘技术对肝肾综合征领域的出版物进行文献计量学分析的研究，并获得了该领域全球研究的现状、热点和趋势，为下一步的科学研究提供了理论依据。相关研究人员和从业人员可以利用本研究的结果来提高对该领域的理解。

参考文献

[1] WONG F, PAPPAS S C, CURRY M P, et al. Terlipressin plus albumin for the treatment of type 1 hepatorenal syndrome[J]. N Engl J Med, 2021, 384(9): 818-828.

[2] SIMONETTO D A, GINES P, KAMATH P S. Hepatorenal syndrome: pathophysiology, diagnosis, and management[J]. BMJ, 2020, 370: m2687.

[3] SHAH A, SHANAHAN E, MACDONALD G, et al. Systematic review and meta-analysis: prevalence of small intestinal bacterial overgrowth in chronic liver disease[J]. Semin Liver Dis, 2017, 37(4): 388-400.

[4] ALBILLOS A, DE GOTTARDI A, RESCIGNO M. The gut-liver axis in liver disease: pathophysiological basis for therapy[J]. J Hepatol, 2020, 72(3): 558-577.

[5] BELCHER J M. Hepatorenal Syndrome[J]. Med Clin N Am, 2023, 107(4): 781-792.

[6] ARROYO V, ANGELI P, MOREAU R, et al. The systemic inflammation hypothesis: towards a new paradigm of acute decompensation and multiorgan failure in cirrhosis[J]. J Hepatol, 2021, 74(3): 670-685.

[7] WANG Y, WANG Q, WEI X, et al. Global scientific trends on exosome research during 2007—2016: a bibliometric analysis[J]. Oncotarget, 2017, 8(29): 48460-48470.

[8] SUGIMOTO C R, AHN Y Y, SMITH E, et al. Factors affecting sex-related reporting in medical research: a cross-disciplinary bibliometric analysis[J]. Lancet, 2019, 393(10171): 550-559.

[9] ARROYO V, GINÈS P, GERBES A L, et al. Definition and diagnostic criteria of refractory ascites and hepatorenal syndrome in cirrhosis. International ascites club.[J]. Hepatology, 1996, 23(1): 164-176.

[10] DE CARVALHO J R, VILLELA-NOGUEIRA C A, PEREZ R M, et al. Burden of chronic viral hepatitis and liver cirrhosis in Brazil-the Brazilian global burden of disease study[J]. Ann Hepatol, 2017, 16(6): 893-

900.

[11] SALERNO F, GERBES A, GINÈS P, et al. Diagnosis, prevention and treatment of hepatorenal syndrome in cirrhosis [J]. Postgrad Med J, 2008, 84 (998): 662-670.

[12] MOREAU R, JALAN R, GINES P, et al. Acute-on-chronic liver failure is a distinct syndrome that develops in patients with acute decompensation of cirrhosis [J]. Gastroenterology, 2013, 144 (7): 1426-1437, 1437.e1-9.

[13] MEHTA G, GUSTOT T, MOOKERJEE R P, et al. Inflammation and portal hypertension-the undiscovered country [J]. J Hepatol, 2014, 61 (1): 155-163.

[14] LÓPEZ-VICARIO C, CHECA A, URDANGARIN A, et al. Targeted lipidomics reveals extensive changes in circulating lipid mediators in patients with acutely decompensated cirrhosis [J]. J Hepatol, 2020, 73 (4): 817-828.

[15] WANG A, LUAN H H, MEDZHITOV R. An evolutionary perspective on immunometabolism [J]. Science, 2019, 363 (6423): eaar3932.

[16] MOREAU R, CLÀRIA J, AGUILAR F, et al. Blood metabolomics uncovers inflammation-associated mitochondrial dysfunction as a potential mechanism underlying ACLF [J]. J Hepatol, 2020, 72 (4): 688-701.

[17] GOMEZ H, INCE C, DE BACKER D, et al. A unified theory of sepsis-induced acute kidney injury: inflammation, microcirculatory dysfunction, bioenergetics, and the tubular cell adaptation to injury [J]. Shock, 2014, 41 (1): 3-11.

[18] ANGELI P, GARCIA-TSAO G, NADIM M K, et al. News in pathophysiology, definition and classification of hepatorenal syndrome: a step beyond the international club of ascites (ICA) consensus document [J]. J Hepatol, 2019, 71 (4): 811-822.

[19] MEHTA R L, KELLUM J A, SHAH S V, et al. Acute kidney injury network: report of an initiative to improve outcomes in acute kidney injury [J]. Crit Care, 2007, 11 (2): R31.

[20] ROSI S, PIANO S, FRIGO A C, et al. New ICA criteria for the diagnosis of acute kidney injury in cirrhotic patients: can we use an imputed value of serum creatinine? [J]. Liver Int, 2015, 35 (9): 2108-2114.

[21] WONG F, O'LEARY J G, REDDY K R, et al. New consensus definition of acute kidney injury accurately predicts 30-day mortality in patients with cirrhosis and infection [J]. Gastroenterology, 2013, 145 (6): 1280-1288.e1.

[22] LIZAOLA-MAYO B, VARGAS H E. Hepatorenal syndrome-acute kidney injury in liver transplantation [J]. Clin Gastroenterol Hepatol, 2023, 21 (10S): S20-S26.

[23] KAM P C, WILLIAMS S, YOONG F F. Vasopressin and terlipressin: pharmacology and its clinical relevance [J]. Anaesthesia, 2004, 59 (10): 993-1001.

[24] TREBICKA J. Role of albumin in the treatment of decompensated liver cirrhosis [J]. Curr Opin Gastroenterol, 2022, 38 (3): 200-205.

[25] DUONG N, KAKADIYA P, BAJAJ J S. Current pharmacologic therapies for hepatorenal syndrome-acute kidney injury [J]. Clin Gastroenterol Hepatol, 2023, 21 (10): S27-S34.

[26] HUELIN P, PIANO S, SOLÀ E, et al. Validation of a staging system for acute kidney injury in patients with cirrhosis and association with acute-on-chronic liver failure [J]. Clin Gastroenterol Hepatol, 2017, 15 (3): 438-445.e5.

[27] VELEZ J C Q, THERAPONDOS G, JUNCOS L A. Reappraising the spectrum of AKI and hepatorenal syndrome in patients with cirrhosis [J]. Nat Rev Nephrol, 2020, 16 (3): 137-155.

[28] GUPTA K, BHURWAL A, LAW C, et al. Acute kidney injury and hepatorenal syndrome in cirrhosis [J]. World J Gastroenterol, 2021, 27 (26): 3984-4003.

［29］FRANCOZ C, NADIM M K, DURAND F. Kidney biomarkers in cirrhosis［J］. J Hepatol, 2016, 65（4）: 809-824.

［30］MAZUMDER N R, JUNNA S, SHARMA P. The diagnosis and non-pharmacological management of acute kidney injury in patients with cirrhosis［J］. Clin Gastroenterol Hepatol, 2023, 21（10）: S11-S19.

（闫文宣　吴彦瑞　郭兴洲　董卫国）

表观遗传学在非酒精性脂肪性肝病中的研究趋势：近 15 年的文献计量学分析

【背景】非酒精性脂肪性肝病（non-alcoholic fatty liver disease, NAFLD）的易感性和疾病进展在人群间存在显著差异，因此理清背后的具体机制至关重要。近年来，表观遗传学研究丰富了我们对个体间差异的理解。本文旨在总结 NAFLD 领域表观遗传学的研究成果，为下一步的研究提供方向。

【方法】在 Web of Science 核心集数据库中检索 2008—2022 年该主题的出版物。采用的文献计量学分析工具包括 CiteSpace、VOSviewer、R 语言和 Excel。此外，还使用了 Scimago Graphica 和 Pajek 软件进行可视化分析。

【结果】该主题的论文数从 2016 年才开始较为快速地增长，并且至今尚未达到高峰。美国在论文总数、总被引量和总关联强度方面均处于领先地位。值得注意的是，位于英国的西奈山伊坎医学院和伦敦大学学院发表了数篇极具影响力的论文。表观遗传修饰与胰岛素抵抗及疾病进展的关系是近年来的研究热点，修饰的机制主要与 DNA 甲基化和 microRNA 相关。

【结论】本研究采用多种文献计量学分析工具，对表观遗传学在 NAFLD 领域的研究现状及热点进行了全面展示。表观遗传学介导 NAFLD 发生、发展的具体机制仍然是未来的研究趋势。

【关键词】表观遗传学，非酒精性脂肪性肝病，文献计量学分析，可视化，Web of Science

引　言

非酒精性脂肪性肝病（non-alcoholic fatty liver disease, NAFLD）正在成为最常见的慢性肝病，一项发表于 2022 年的 meta 分析估计全球 NAFLD 的患病率为 32.4%[1]。NAFLD 被认为与代谢危险因素（如肥胖、糖尿病、高脂血症和高血压）密切相关，定义为超过 5% 的肝细胞存在脂肪变性，并且排除了酒精性肝病和其他原因所致的慢性肝病[2]。其最常通过影像学进行诊断，如超声或磁共振。2020 年，由 22 个国家 30 位专家组成的国际专家小组建议将 NAFLD 更名为代谢功能障碍相关脂肪性肝病（metabolic associated fatty liver disease,

MAFLD），以强调代谢危险因素的中心地位[3]。NAFLD 的自然病程可分为以下几个阶段：①在疾病初期是伴或不伴轻度炎症的脂肪变性，称为非酒精性脂肪肝（non-alcoholic fatty liver，NAFL）；②非酒精性脂肪性肝炎（non-alcoholic steatohepatitis，NASH），其特征是存在肝细胞损伤（即肝细胞气球样变）；③进展为肝硬化和肝细胞癌（hepatocellular carcinoma，HCC）[4]。根据研究报道，NAFLD 患者最主要的死亡原因是心血管疾病[5]，这也很容易理解，因为它们共有一些代谢危险因素。但是进展为肝硬化后，肝脏疾病则成为主要的死亡风险。

NAFLD 的一个特点是人群之间疾病易感性和患者之间疾病进展的差异显著。并不是所有肥胖者都会患上 NAFLD，NAFLD 也可以在体重正常或者瘦型人群中被诊断出来[6]。据估计，只有 20% NAFLD 患者患有 NASH，其中 20% 可能在 30~40 年内进展为肝硬化[7]。造成个体间差异的原因尚不完全清楚，目前的观点认为可能与遗传和环境之间的动态相互作用有关[8]。但是理清这背后的具体机制至关重要，因为这有助于实现高风险人群的早期筛查以及 NAFLD 患者的分层管理。近年来，全基因组关联研究（genome-wide association studies，GWAS）、候选基因研究和表观遗传学研究逐渐丰富了我们对 NAFLD 易感性及疾病进展个体间差异的遗传因素的理解[9]。尤其是表观遗传学，它能够解释非 DNA 序列变化引起的基因表达和表型变异，并且可能是环境和遗传之间动态相互作用的媒介。表观遗传修饰可由 DNA 甲基化 / 去甲基化、组蛋白修饰及基于 RNA 的机制（如非编码 RNA）引起[10]。当前，表观遗传学是 NAFLD 领域的研究热点，进一步探索其介导疾病发生、发展的机制将有助于发现更多的诊断指标和治疗靶点。因此，我们希望对当前已发表的文献进行多角度的分析，从而对该领域的研究现状、热点及趋势进行全景展示。

文献计量学分析是一种将数理统计方法与数据可视化相结合的研究方法，用于定性和定量分析特定主题的出版物，已被广泛应用于各个领域[11-12]。它可评估国家 / 地区、机构和作者的论文产出量、影响力及合作情况，也可评估期刊的出版量和被引情况，从而迅速筛选出特定领域的高水平研究者及高质量论文。更重要的是，它可以对关键词进行聚类、时间线变迁及突现分析，从而有助于学者了解研究热点及未来趋势，为研究方向的制定提供科学有力的支持。本研究采用一系列文献计量学分析工具对 Web of Science 核心合集（Web of Science Core Collection，WoSCC）数据库收录的表观遗传学在 NAFLD 领域中的研究文献进行分析，评估近 15 年来该领域的研究进展和发展趋势。

方　法

（一）检索策略与数据收集

于 2023 年 5 月 21 日检索 WoSCC 数据库中与 NAFLD 表观遗传研究相关的文献，图 8-6 展示了具体的检索策略和筛选过程。检索策略为：TS= "nonalcoholic fatty liver disease" 或 "NAFLD" 或 "nonalcoholic fatty liver" 或 "NAFL" 或 "nonalcoholic steatohepatitis" 或 "NASH" 或 "metabolic associated fatty liver disease" 或 "MAFLD"，和 TS= "epigenomic" 或 "epigenomics" 或 "epigenetic" 或 "epigenetics"。检索时间框设定为 2008—2022 年，文献类型限定为论著或综述，语言限定为英语。共有 491 篇文献符合上述标准，经 CiteSpace 软件扫描后未发现重复文献。此外，两位研究人员独立审阅了选定的文献，以保证结果的可靠性。由于所有数据均来自公共数据库，本研究不存在伦理问题，因此不需要伦理委员会的批准。

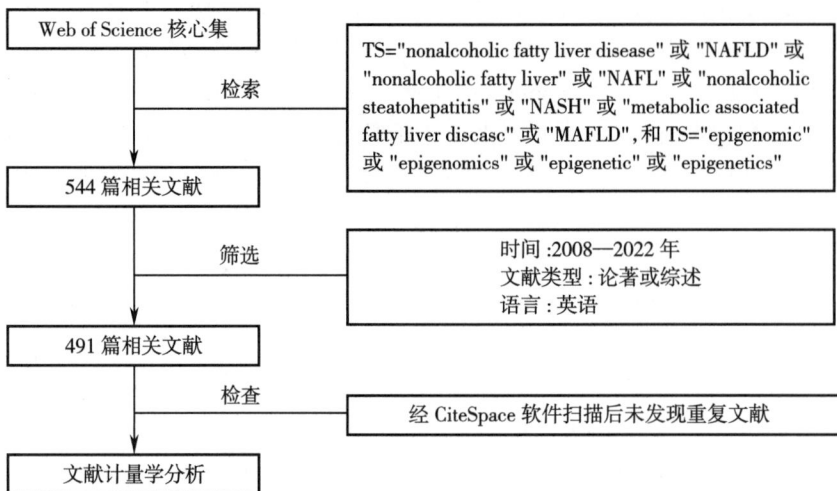

图 8-6　文献检索与筛选流程

（二）数据分析

本文将从出版年份、国家／地区、机构、核心作者、期刊、关键文献及关键词等角度展开分析。采用的文献计量学分析工具包括 CiteSpace（版本 5.7.R2）、VOSviewer（版本 1.6.19）、R 语言（版本 4.3.0）bibliometrix 软件包和 Microsoft Excel 2016。此外，在可视化分析中还应用了 Scimago Graphica（版本 1.0.34）和 Pajek（版本 5.16）。本文提及的影响因子（impact factor，IF）来源于 2022 年版《期刊引证报告》（Journal Citation Reports，JCR）。Microsoft Excel 2016 主要用于描述文献数量的逐年增长趋势。bibliometrix 是一个能进行较为完整的文献计量学分析的 R 语言软件包[13]，而 Biblioshiny 是为 bibliometrix 提供网页界面的应用程序，本文大多数表格中的数据都是由 Biblioshiny 分析后导出的。CiteSpace[14] 和 VOSviewer[15] 是目前最常用的两个文献计量学分析工具。本文使用 CiteSpace 对机构、作者之间的合作网络进行可视化，以及构建包含强被引关键词的突现图。VOSviewer 用于可视化国家／地区之间的合作网络，以及进行关键词的聚类分析。此外，借助 Scimago Graphica，国家／地区合作网络可视化得以实现；借助 Pajek，关键词节点和聚类之间的联系得以清楚显现。

结　果

（一）发文趋势

从 WoSCC 数据库提取的 491 篇文献中，有 266 篇论著和 225 篇综述。发文量的年度分布如图 8-7 所示，呈现出逐年上升的趋势，表明近 15 年来 NAFLD 领域的研究人员对表观遗传学的关注度逐渐增加。在 2012 年之前，该领域的年发文量较少（<10 篇／年）。2012—2016 年，发文量开始呈现出增长趋势，但是速度相对较缓。2016—2022 年则处于快速增长阶段，但尚未达到峰值，有持续增长的趋势。数据的指数拟合和线性拟合如图 8-7 所示，指数拟合方程为 $y=5E-234e^{0.268\ 1x}$（$R^2=0.925\ 3$），线性拟合方程为 $y=6.057\ 1x-12\ 172$（$R^2=0.913\ 4$），所以指数拟合效果优于线性拟合。

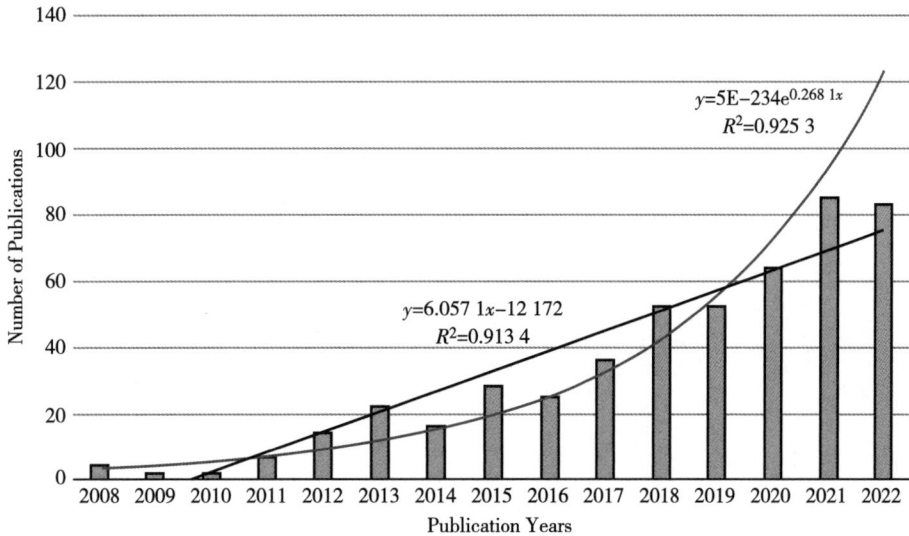

图 8-7　发文量年度分布

（二）国家 / 地区分析

在过去的 15 年中，62 个国家 / 地区发表了该主题的论文，发文量最高的 10 个国家 / 地区如表 8-6 所示。美国、中国和意大利位列前 3，贡献了总发文量的近 50%。美国的总被引次数最高，英国的篇均被引次数最高，而中国和意大利的篇均被引次数并不高。多国出版物（multiple country publications，MCP）比率是指通讯作者来自不同国家的文章占比，可结合总关联强度反映某一国家与其他国家的合作关系。

表 8-6　发文量前 10 的国家 / 地区

排名	国家 / 地区	发文量	总被引次数	篇均被引次数	MCP 比率	总关联强度
1	美国	126	9 232	73.27	0.325	121
2	中国	87	2 056	23.63	0.126	32
3	意大利	42	1 484	35.33	0.214	56
4	英国	20	2 699	134.95	0.350	56
5	阿根廷	18	869	48.28	0.056	5
5	日本	18	372	20.67	0.056	16
7	德国	17	1 094	64.35	0.588	53
8	韩国	16	395	24.69	0.188	4
9	墨西哥	13	145	11.15	0.077	1
10	巴西	12	223	18.58	0.250	8

注：MCP，多国出版物。

此外，发文量大于 5 的国家 / 地区间合作网络如图 8-8 所示，圆圈大小表示文章数量，连线宽度表示总关联强度。可以看出，北美、亚洲和欧洲国家对该领域研究的贡献较大，其中美国是对外研究合作最活跃的国家。

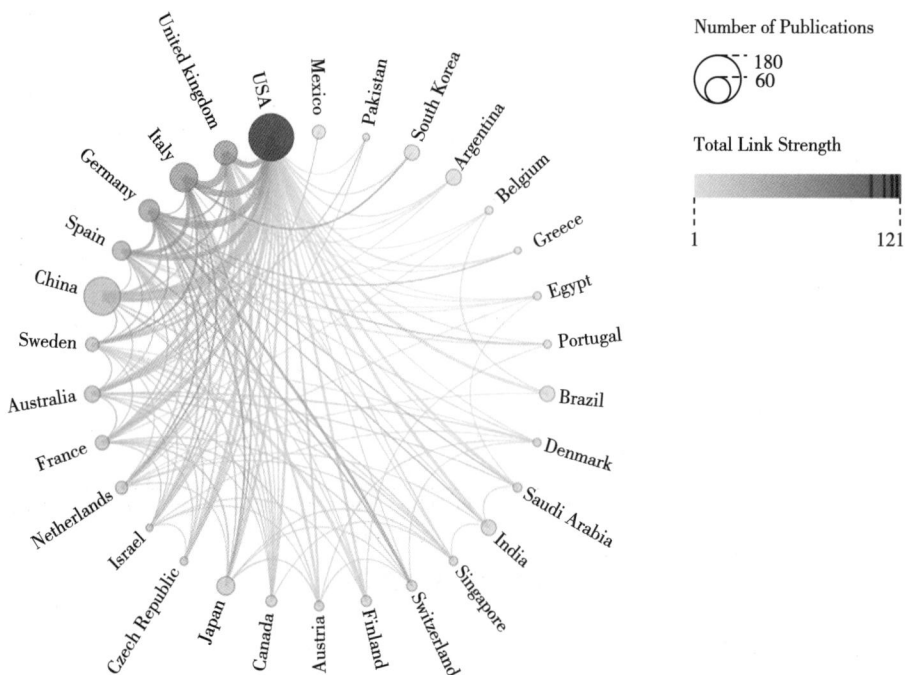

图 8-8　国家或地区间合作网络

（三）机构分析

共有 867 所机构对这一专题的论文做出了贡献,表 8-7 分别列出了产出量及总被引次数排名前 10 的机构。如表 8-7 所示,布宜诺斯艾利斯大学发表的论文最多,其次是米兰大学和哈佛大学医学院。西奈山伊坎医学院总被引次数最高(2 330 次),其次是伦敦大学学院(1 537 次)和加利福尼亚大学圣迭戈分校(1 389 次)。值得注意的是,西奈山伊坎医学院和伦敦大学学院都位于英国。尽管在论文产出最多的 10 所机构中有 4 所来自中国,但在总被引次数方面,只有香港中文大学跻身前 10。机构合作网络的可视化由 CiteSpace 生成(图 8-9A)。

表 8-7　产出量及总被引次数前十的机构

A. 产出量前 10 的机构

排名	机构	论文数	总被引次数	篇均被引次数	所在地
1	布宜诺斯艾利斯大学	15	1 020	68.00	阿根廷
2	米兰大学	14	999	71.36	意大利
3	哈佛大学医学院	12	880	73.33	美国
4	南京医科大学	11	352	32.00	中国
5	美国国家毒理研究中心	10	390	39.00	美国
5	上海交通大学	10	258	25.80	中国
7	加利福尼亚大学圣迭戈分校	9	1 389	154.33	美国
7	悉尼大学	9	865	96.11	澳大利亚
7	香港中文大学	9	581	64.56	中国
7	中山大学	9	167	18.56	中国

B. 总被引次数前 10 的机构

排名	机构	总被引次数	论文数	篇均被引次数	所在地
1	西奈山伊坎医学院	2 330	6	388.33	英国
2	伦敦大学学院	1 537	6	256.17	英国
3	加利福尼亚大学圣迭戈分校	1 389	9	154.33	美国
4	纽卡斯尔大学	1 044	8	130.50	英国
5	布宜诺斯艾利斯大学	1 020	15	68.00	阿根廷
6	米兰大学	999	14	71.36	意大利
7	哈佛大学医学院	880	12	73.33	美国
8	悉尼大学	865	9	96.11	澳大利亚
9	科罗拉多大学	590	8	73.75	美国
10	香港中文大学	581	9	64.56	中国

A
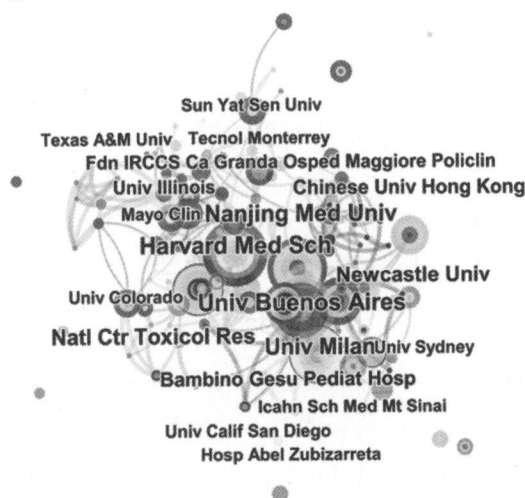

B
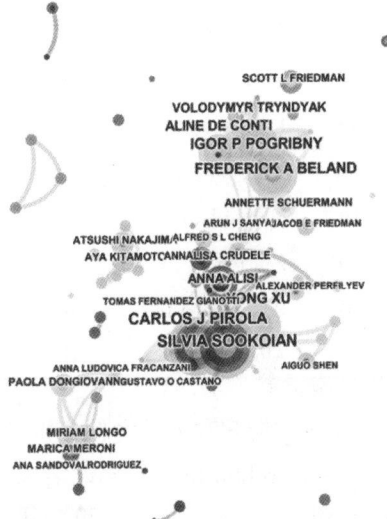

图 8-9　机构合作网络与作者合作网络

（四）作者分析

根据 VOSviewer 的统计结果,入选的 491 篇文献来自 2 735 位作者,其中 89.36% 作者只参与了一篇文章的撰写。发文量排名前 10 的作者信息如表 8-8 所示,包括文章数、总被引次数、起始发表年份和多项评价指标。H 指数是一个主流的作者影响力评价指标,表示有 H 篇文章至少被引用了 H 次[16];G 指数是指研究者前 G 篇文章(根据被引次数排序)的被引量不低于 G^2[17];M 指数是 H 指数的变体,显示自首次发表以来每年的 H 指数,可用于比较同一领域职业生涯长短不同研究人员的学术影响力。如表 8-8 所示,Sookoian S 以 15 篇文章居首,Pirola CJ 以 14 篇文章紧随其后。在被引次数方面,Friedman SL 拥有最高的总被引次数(2 330 次),同时也是并列第 10 位最高产作者(6 篇)。值得注意的是,Sookoian S 和 Pirola CJ 均来自布宜诺斯艾利斯大学,而 Friedman SL 则来自西奈山伊坎医学院,可见这两所院校在 NAFLD 领域的表观遗传学研究方面做出了很大的贡献。Dongiovanni P、Longo M 和 Meroni M 的 M 指数最高,并且文章的发表时间相近,可见这些作者是该领域研究的新生力量。图 8-9B 为作者间合作网络的可视化。

表 8-8　发文量前 10 的作者

排名	作者	论文数	总被引次数	H 指数	G 指数	M 指数	起始发表年份
1	Sookoian S	15	1 020	12	15	0.86	2010
2	Pirola CJ	14	801	12	14	0.86	2010
3	Pogribny IP	11	408	10	11	0.67	2009
4	Beland FA	10	392	9	10	0.60	2009
4	Xu Y	10	314	8	10	0.73	2013
6	Vinciguerra M	8	253	7	8	0.64	2013
7	Dongiovanni P	7	299	7	7	1.00	2017
7	de Conti A	7	148	7	7	0.70	2014
7	Tryndyak V	7	148	7	7	0.70	2014
10	Friedman SL	6	2 330	6	6	0.67	2015
10	Friedman JE	6	457	6	6	0.50	2012
10	Longo M	6	257	6	6	1.00	2018
10	Meroni M	6	257	6	6	1.00	2018
10	Fan JG	6	234	5	6	0.56	2015
10	Pihlajamaki J	6	220	6	6	0.67	2015
10	Alisi A	6	180	4	6	0.33	2012

（五）期刊和关键文献分析

根据 Biblioshiny 的统计结果,入选的 491 篇论文来自 265 个不同的期刊。发文量前 10 的期刊及其总被引次数、2022 年影响因子和 JCR 分区如表 8-9 所示。这 10 本期刊共发表论文 103 篇,占总发文量的 20.98%。*International Journal of Molecular Sciences* 位居榜首,其次是 *World Journal of Gastroenterology* 和 *Clinical Epigenetics*。*Journal of Hepatology* 的总被引次数最多(1 184 次),影响因子也最高(25.7)。JCR 分区中,这 10 本期刊有 3 本为不同领域的 Q1(影响因子位列前 25%),其余为 Q2(25%~50%)。

表 8-9　发文量前 10 的期刊

排名	期刊	发文量	总被引次数	影响因子	JCR 分区
1	*International Journal of Molecular Sciences*	26	692	5.6	Q2
2	*World Journal of Gastroenterology*	11	422	4.3	Q2
2	*Clinical Epigenetics*	11	295	5.7	Q1
4	*PLoS One*	10	528	3.7	Q2

续表

排名	期刊	发文量	总被引次数	影响因子	JCR 分区
4	*Nutrients*	10	521	5.9	Q2
6	*Journal of Hepatology*	8	1 184	25.7	Q1
7	*Gut*	7	685	24.5	Q1
7	*Frontiers in Endocrinology*	7	182	5.2	Q2
7	*Scientific Reports*	7	94	4.6	Q2
10	*Cancers*	6	106	5.2	Q2

被引频次排名前 10 的文献如表 8-10 所示,其中有 3 篇被引频次超过 1 200。这 10 篇论文有 7 篇来自美国,8 篇是综述。阅读这些高被引文献有助于研究者快速了解该领域的主流观点和研究进展。"pathogenesis""mechanisms"和"targets"在这些文献的标题中被多次提及,体现了表观遗传学在 NAFLD 发病机制中的作用,并且可能成为未来的治疗靶点。

表 8-10　被引频次前 10 的文献

排名	标题	第一作者	发表年份	期刊	被引频次
1	The multiple-hit pathogenesis of non-alcoholic fatty liver disease(NAFLD)	Buzzetti E	2016	*Metabolism*	1 413
2	Mechanisms of hepatic stellate cell activation	Tsuchida T	2017	*Nat Rev Gastro Hepat*	1 286
3	Alcoholic liver disease:pathogenesis and new therapeutic targets	Gao B	2011	*Gastroenterology*	1 232
4	Hepatic stellate cells as key target in liver fibrosis	Higashi T	2017	*Adv Drug Deliver Rev*	627
5	Metabolism disrupting chemicals and metabolic disorders	Heindel JJ	2017	*Reprod Toxicol*	517
6	Genetics and epigenetics of NAFLD and NASH:Clinical impact	Eslam M	2018	*J Hepatol*	468
7	Obesity accelerates epigenetic aging of human liver	Horvath S	2014	*Proc Natl Acad Sci U S A*	425
8	Mechanisms and disease consequences of nonalcoholic fatty liver disease	Loomba R	2021	*Cell*	325
9	DNA methylation analysis in nonalcoholic fatty liver disease suggests distinct disease-specific and remodeling signatures after bariatric surgery	Ahrens M	2013	*Cell Metab*	321
10	Physical activity, sedentary behaviour, diet, and cancer:an update and emerging new evidence	Kerr J	2017	*Lancet Oncol*	304

（六）关键词分析

使用 VOSviewer 对所有关键词进行聚类分析,包括作者关键词和拓展关键词。为了保证结果的准确性,首先用软件提取出所有关键词,对同义词进行合并后,再次导入软件进行聚类分析。最终共识别出 2 563 个关键词,其中有 196 个出现频次不低于 5,这些关键词被纳入分析。根据词频绘制的词云如图 8-10 所示。除 "epigenetics" "NAFLD" 等反映主题的关键词外,出现频率最高的关键词是 "insulin-resistance" "DNA methylation" 和 "obesity",分别出现了 141 次、111 次和 76 次。图 8-11A 是 Pajek 对关键词聚类分布进行优化后由 VOSviewer 生成的共现图,可以发现关键词被分为 6 类:基因研究、DNA 甲基化、基因表达、

图 8-10　关键词词云图

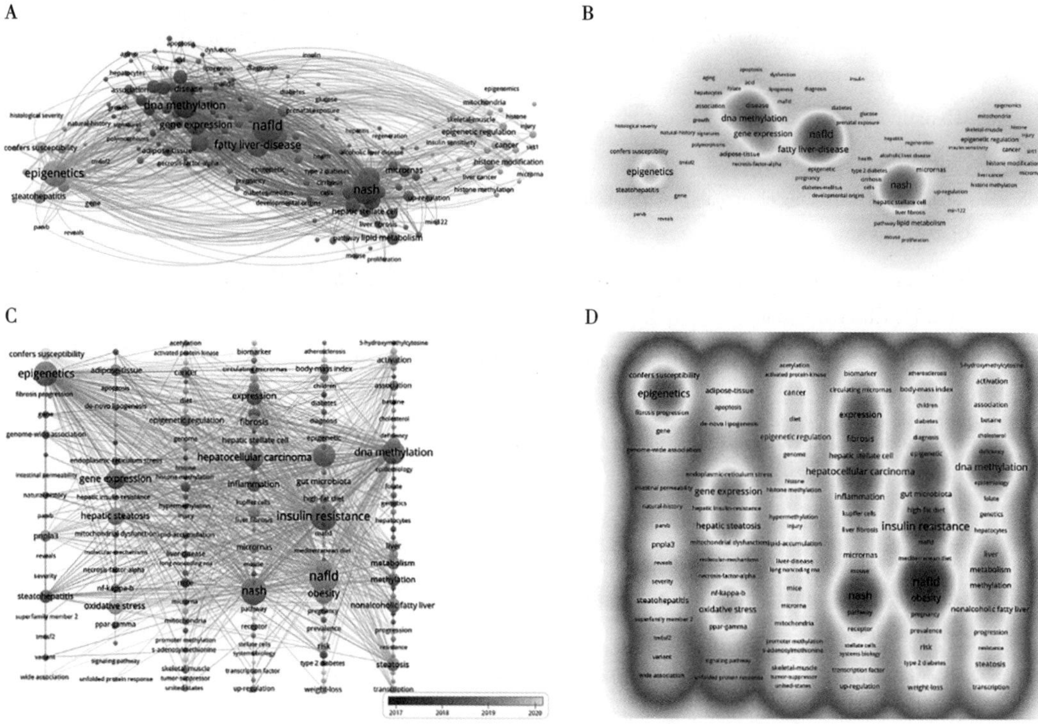

图 8-11　关键词聚类

肥胖与胰岛素抵抗、疾病进展、表观遗传调控。由此可见,研究热点集中于表观遗传修饰的具体机制及其与胰岛素抵抗、疾病进展的关系。基于图 8-11A 的密度可视化如图 8-11B 所示。此外,使用 Pajek 可将关键词聚类改为垂直排布的形式(图 8-11C、D),使所有节点得以清楚显现。

CiteSpace 生成的关键词突现分析如表 8-11 所示,包含 35 个强被引关键词,能够在一定程度上反映研究热点的变迁。值得注意的是,所有关键词都持续到 2022 年,这表明 NAFLD 领域与表观遗传学有关的研究仍处于探索阶段,研究人员在既有认识的基础上逐步深化研究。突现强度大于 3 的关键词为 "metabolic syndrome" "hepatocellular carcinoma" "insulin resistance" "steatohepatitis" "PNPLA3" 和 "cirrhosis"。除此之外,那些从 2020 年开始突现的关键词也值得关注,因为它们反映了近几年的研究趋势,即表观遗传学介导 NAFLD 发生、发展的具体机制。

表 8-11 基于 CiteSpace 的关键词突现分析(Top35)

关键词	年份	强度	开始年份	结束年份	2008—2022 年
developmental orgin	2008	2.03	2011	2022	
risk factor	2008	2.38	2012	2022	
metabolic sydrome	2008	3.89	2012	2022	
acid defined diet	2008	2.47	2012	2022	
activated receptor-γ	2008	2.33	2012	2022	
inflammation	2008	2.11	2013	2022	
carcinogenesis	2008	1.68	2013	2022	
insulin resistance	2008	3.29	2013	2022	
DNA methylation	2008	2.30	2014	2022	
pregnancy	2008	1.96	2014	2022	
steatohepatitis	2008	3.21	2014	2022	
NF-κB	2008	2.03	2014	2022	
circulating microRNA	2008	2.47	2015	2022	
hepatocellular carcinoma	2008	3.45	2016	2022	
PNPLA3	2008	3.19	2016	2022	
fibrosis	2008	2.61	2017	2022	
intestinal microbioma	2008	2.02	2017	2022	
betaine	2008	1.83	2017	2022	
macrophage	2008	1.76	2018	2022	
transcription	2008	1.97	2018	2022	
oxidative stress	2008	1.99	2018	2022	

续表

关键词	年份	强度	开始年份	结束年份	2008—2022 年
body mass index	2008	1.98	2018	2022	
mitochondrial dysfunction	2008	1.76	2018	2022	
long noncoding RNA	2008	2.46	2018	2022	
transcriptional regulation	2008	2.88	2018	2022	
cirrhosis	2008	3.09	2019	2022	
hepatic stellate cell	2008	1.70	2019	2022	
promoter methylation	2008	1.70	2020	2022	
unfolded protein response	2008	1.70	2020	2022	
diabetes mellitus	2008	1.88	2020	2022	
fibrosis progression	2008	2.45	2020	2022	
glucose homeostasis	2008	1.70	2020	2022	
cardiovascular disease	2008	2.18	2021	2022	
extracellular vesicle	2008	2.14	2021	2022	
diagnosis	2008	1.77	2021	2022	

讨 论

在这个信息快速增长的时代,如何及时掌握本领域的研究动态是科研人员较为关心的问题,而文献计量学分析是解决该问题的一个有效方法。它能够对一定时间跨度内特定主题的文献进行多角度的分析,从而为研究者们提供丰富且有价值的参考信息。本研究采用多个文献计量学分析工具,对近 15 年发表的 NAFLD 领域表观遗传学相关的文献进行了多维度的分析,并以图或表的形式对结果进行展示。

从图 8-7 可以看出,该主题的论文数从 2016 年才开始较为快速地增长,并且尚未达到峰值,说明表观遗传学的关注度将会继续增加。虽然年发文量数据的指数拟合优度(R^2)高于线性拟合,但是它们的差距很小,可能是因为该领域的研究正处于发展阶段,论文数量的指数增长模式尚不显著。在国家 / 地区分析中,美国无论是论文总数,还是总被引量和总关联强度,都处于领先地位。除了美国在该领域的研究开展得较早外,基金支持也是一个重要原因。虽然英国的论文数量排名第四,但篇均被引量却是最高的。结合机构分析可以看出,位于英国的西奈山伊坎医学院和伦敦大学学院这两所院校发表了较多具有高影响力的文章,在该领域做出了重要的贡献。虽然中国的论文数量是可观的,篇均被引量和总关联强度却并不高,说明还需要注重提升论文质量并开展国际学术合作。关于作者分析,发文量前两名的作者(Sookoian S 和 Pirola CJ)均来自布宜诺斯艾利斯大学,通过作者间合作网络推测,两位学者有可能来自同一个团队。从论文发表的期刊来看,并不局限于胃肠肝病学领域的期刊,也包括一些综合性期刊及分子生物学、肿瘤学、内分泌学和营养学领域的期刊。*Journal of Hepatology* 及 *Gut* 的篇均被引量处于领先地位，与它们的高 IF 相一致。

文献计量学分析最有价值之处在于关键词分析，这也是本研究重点关注的。从词云图（图 8-10）可以看出，出现频次最多的关键词中，与病程进展有关的是 "NASH" 和 "hepatocellular carcinoma"，与表型有关的是 "insulin resistance" 和 "obesity"，与表观遗传学具体机制有关的是 "DNA methylation" 和 "microRNA"。这说明 NAFLD 主要见于肥胖患者，并且胰岛素抵抗在疾病的发生、发展中起着至关重要的作用，而表观遗传学在该领域的研究主要集中在 DNA 甲基化和 microRNA 这两种表观遗传修饰方式上。通过关键词聚类分析，我们也可以得出相似的结论。通过对图 8-11C、D 的观察，我们大致可以将关键词分为以下 6 类：基因研究、基因表达、表观遗传调控、病程进展、肥胖与胰岛素抵抗、DNA 甲基化，分别对应从左至右的 6 个聚类。

DNA 甲基化一般发生在富含胞嘧啶 - 鸟嘌呤二核苷酸（cytosine-phosphate-guanine dinucleotide，CpG）的调控区或启动子区域（称为 CpG 岛），CpG 岛的高甲基化与基因失活 / 沉默有关，而 CpG 岛的低甲基化则促进基因的表达[10]。一项甲基组和转录组的分析表明，轻度 NAFLD 患者和晚期纤维化患者之间存在甲基化的功能相关差异，这揭示了 DNA 甲基化在 NAFLD 进展中的重要作用[18]。patatin 样磷脂酶域蛋白 3（patatin-like phospholipase domain-containing protein 3，PNPLA3）的 148 位异亮氨酸替换为蛋氨酸（PNPLA3 I148M）是与 NAFLD 最为相关的遗传变异，有研究指出，*PNPLA3* 基因的表达也可能受到特定位点甲基化的调控[19]。另一种表观遗传通过非编码 RNA 调控。既往已有研究证明，NASH 与肝脏 miRNA 的失调有关[20]。miR-122 是肝脏中表达最丰富的 miRNA，在小鼠模型中，肝脏 miR-122 的缺失与 NASH 的发展以及随后的 HCC 进展有关[21]。此外，也有研究表明，miR-21 和 miR-34a 的上调通过调节肝脏脂肪生成和脂质分泌参与了 NAFLD 的发病[22-23]。以上结果进一步说明，表观遗传学研究对于探索 NAFLD 发生和发展机制、开发非侵入性诊断或监测指标以及寻找治疗靶点均具有重大的意义。但是目前的研究成果仍然非常有限，未来应该在这一领域进行更加深入的挖掘。

本文也存在一些局限性。首先，我们只收集了 WoSCC 数据库中的英文出版物，而没有关注其他数据库及其他语种，这可能会造成一些遗漏。其次，我们是有所选择地对所获取的数据进行分析，以突出其关键点，所以可能会错过一些细节。最后，由于出版物的被引次数和作者的论文发表量等数据一直在变化，新的研究热点也会不断出现，因此本研究的结果只能在一定时间内提供参考。

结　论

本研究采用多种文献计量学分析工具，对表观遗传学在 NAFLD 领域的研究现状、热点及趋势进行了全面展示。表观遗传学介导 NAFLD 发生、发展的具体机制是近年来的研究热点，并且主要集中于 DNA 甲基化和 microRNA。希望本文能够为该领域的研究者提供有价值的参考信息。

参考文献

[1] RIAZI K, AZHARI H, CHARETTE JH, et al. The prevalence and incidence of NAFLD worldwide: a systematic review and meta-analysis[J]. Lancet Gastroenterol Hepatol, 2022, 7 (9): 851-861.

[2] EUROPEAN ASSOCIATION FOR THE STUDY OF THE LIVER, EUROPEAN ASSOCIATION FOR THE STUDY OF DIABETES, EUROPEAN ASSOCIATION FOR THE STUDY OF OBESITY. EASL-EASD-EASO clinical practice guidelines for the management of non-alcoholic fatty liver disease[J]. J Hepatol, 2016, 64 (6): 1388-1402.

[3] ESLAM M, NEWSOME PN, SARIN SK, et al. A new definition for metabolic dysfunction-associated fatty liver disease: an international expert consensus statement[J]. J Hepatol, 2020, 73 (1): 202-209.

[4] LOOMBA R, FRIEDMAN SL, SHULMAN GI. Mechanisms and disease consequences of nonalcoholic fatty liver disease[J]. Cell, 2021, 184 (10): 2537-2564.

[5] MANTOVANI A, SCORLETTI E, MOSCA A, et al. Complications, morbidity and mortality of nonalcoholic fatty liver disease[J]. Metabolism, 2020, 111S: 154170.

[6] KIM D, KIM WR. Nonobese fatty liver disease[J]. Clin Gastroenterol Hepatol, 2017, 15 (4): 474-485.

[7] SINGH S, ALLEN AM, WANG Z, et al. Fibrosis progression in nonalcoholic fatty liver vs nonalcoholic steatohepatitis: a systematic review and meta-analysis of paired-biopsy studies[J]. Clin Gastroenterol Hepatol, 2015, 13 (4): 643-654.e1-9; quiz e39-40.

[8] ESLAM M, GEORGE J. Genetic and epigenetic mechanisms of NASH[J]. Hepatol Int, 2016, 10 (3): 394-406.

[9] ESLAM M, VALENTI L, ROMEO S. Genetics and epigenetics of NAFLD and NASH: Clinical impact[J]. J Hepatol, 2018, 68 (2): 268-279.

[10] SODUM N, KUMAR G, BOJJA SL, et al. Epigenetics in NAFLD/NASH: targets and therapy[J]. Pharmacol Res, 2021, 167: 105484.

[11] LIU C, YU R, ZHANG J, et al. Research hotspot and trend analysis in the diagnosis of inflammatory bowel disease: A machine learning bibliometric analysis from 2012 to 2021[J]. Front Immunol, 2022, 13: 972079.

[12] ZHEN J, LIU C, LIAO F, et al. The global research of microbiota in colorectal cancer screening: a bibliometric and visualization analysis[J]. Front Oncol, 2023, 13: 1169369.

[13] ARIA M, CUCCURULLO C. bibliometrix: an R-tool for comprehensive science mapping analysis[J]. Journal of Informetrics, 2017, 11 (4): 959-975.

[14] CHEN C. CiteSpace Ⅱ: Detecting and visualizing emerging trends and transient patterns in scientific literature[J]. Journal of the American Society for Information Science and Technology, 2006, 57 (3): 359-377.

[15] VAN ECK NJ, WALTMAN L. Software survey: VOSviewer, a computer program for bibliometric mapping[J]. Scientometrics, 2010, 84 (2): 523-538.

[16] HIRSCH JE. An index to quantify an individual's scientific research output[J]. Proc Natl Acad Sci U S A, 2005, 102 (46): 16569-16572.

[17] EGGHE L. Theory and practise of the g-index[J]. Scientometrics, 2006, 69 (1): 131-152.

[18] MURPHY SK, YANG H, MOYLAN CA, et al. Relationship between methylome and transcriptome in patients with nonalcoholic fatty liver disease[J]. Gastroenterology, 2013, 145 (5): 1076-1087.

[19] KITAMOTO T, KITAMOTO A, OGAWA Y, et al. Targeted-bisulfite sequence analysis of the methylation

of CpG islands in genes encoding PNPLA3, SAMM50, and PARVB of patients with non-alcoholic fatty liver disease[J]. J Hepatol, 2015, 63（2）: 494-502.

[20] CHEUNG O, PURI P, EICKEN C, et al. Nonalcoholic steatohepatitis is associated with altered hepatic MicroRNA expression[J]. Hepatology, 2008, 48（6）: 1810-1820.

[21] HSU SH, WANG B, KOTA J, et al. Essential metabolic, anti-inflammatory, and anti-tumorigenic functions of miR-122 in liver[J]. J Clin Invest, 2012, 122（8）: 2871-2883.

[22] CALO N, RAMADORI P, SOBOLEWSKI C, et al. Stress-activated miR-21/miR-21* in hepatocytes promotes lipid and glucose metabolic disorders associated with high-fat diet consumption[J]. Gut, 2016, 65（11）: 1871-1881.

[23] XU Y, ZALZALA M, XU J, et al. A metabolic stress-inducible miR-34a-HNF4α pathway regulates lipid and lipoprotein metabolism[J]. Nat Commun, 2015, 6: 7466.

（吴彦瑞　甄军海　闫文宣　董卫国）

自身免疫性肝炎治疗领域文献计量学与可视化分析

【背景】自身免疫性肝炎（autoimmune hepatitis，AIH）是一种与多因素相关的慢性炎症性肝病，近年来其治疗领域相关的研究受到了越来越多的关注。

【目的】为了更好地了解目前自身免疫性肝炎治疗领域的研究热点和发展趋势，我们进行了本次文献计量学研究，以帮助研究者进行后续的研究和探索。

【方法】从 Web of Science 数据库中检索 2014—2023 年与 AIH 治疗相关的文献。使用 VOSviewer、CiteSpace、bibliometrix 等工具进行具体的计量分析。

【结果】共纳入了 2 015 篇期刊论文，分析结果详见原文及讨论。2014—2023 年的年度发文量呈线性增长。美国、中国、德国作为突出的出版大国领跑全球。中国的研究产出显著，排名前十位的发文机构中有一半位于中国。"diagnosis""fibrosis""SARS-CoV-2""liver transplantation""efficacy""guideline"是该领域的主要关键词。根据关键词聚类和突现分析，目前的研究热点和发展趋势如下：①探索大流行背景下 AIH 与 SARS-CoV-2 的相互作用；②未来可能会更加重视 AIH 指南的制定，以实现早期诊断和规范治疗，并整合最新的研究成果；③注重评估 AIH 患者疗效，提出个性化治疗方案。

【结论】AIH 治疗领域的研究主要侧重于指南和疗效评估，在新型冠状病毒感染大流行的背景下，人们对 SARS-CoV-2 与 AIH 之间的关联也越来越感兴趣，这为该领域的研究人员提供了宝贵的支持和创新的方向。

【关键词】自身免疫性肝炎，治疗，SARS-CoV-2，肝移植，指南，疗效，可视化，VOSviewer，CiteSpace，bibliometrix

引　言

自身免疫性肝炎（autoimmune hepatitis，AIH）是由遗传易感个体对肝脏自身抗原的免疫反应引起的肝脏炎症性损伤，往往发生于中年妇女中[1]。其临床表现差异很大，能够以从亚临床疾病到急性肝衰竭和终末期肝病中的任何形式存在[2]。越来越多的证据表明，特定自身免疫生态系统中的遗传易感性、分子模拟以及效应和调节免疫之间的不平衡是疾病发展的关键病理因素，遗传与环境因素协同作用，与此同时，研究显示米诺环素、他汀类等药物诱发的 AIH 也成为目前常见的病因之一[3-4]。尽管 AIH 相对较罕见，但相对于人口的流行率及治愈率而言，临床负担依然过高[5]，且在一项前瞻性人群研究中发现，随访期间 AIH 发病率增加显著[6]，这使研究人员迫切需要加强对新的、更有效的治疗方法的探索，以减轻疾病对社会和个体的影响。

AIH 的初始治疗常涵盖高剂量糖皮质激素，然后逐渐减量，此外，为了减少治疗引起的不良反应，常采用硫唑嘌呤等药物辅助治疗，对于那些病情进展至急性肝衰竭或晚期肝病的患者，肝移植常被视为一种主要选择[7]。综上所述，AIH 的治疗方法多种多样，通过深入分析该领域的研究进展及热点问题，我们不仅能够洞察未来的研究趋势，还能为临床实践以及基础和临床研究的进一步发展提供更多新思路。

相较于传统综述，文献计量分析能够基于大规模的文献数据，为科学文献的定量分析提供一个模型，通过特定研究领域出版物的产出和状态，了解该研究领域的发展[8-9]。这种方法能够减少主观性偏见，揭示该领域的研究趋势、热点问题、国家及作者合作网络等信息，为研究者们提供更全面、客观的了解，有助于预测未来的研究方向并推动学科的发展。文献计量工具如 CiteSpace 和 VOSviewer 是两种信息可视化软件，通过对国家、作者、机构、关键词等进行可视化分析，对研究领域的发展过程进行全面的解读，目前已广泛应用于医学领域[10-11]。本文通过对 AIH 治疗相关文献的可视化分析，直观地了解其当前研究状况，确定研究热点，展望未来的研究趋势及发展前景。

方　法

（一）搜索策略和数据收集

以 Web of Science 核心合集数据库为检索平台，检索策略为：TS= "autoimmune hepatitis" 或 "autoimmune hepatitide"，和 "therapy" 或 "treat" 或 "cure" 或 "remedy"；时间范围设置为 2014—2023 年，检索的语言限制为英语，类别选择为 "article"。检索到该时间段内相关的文献共计 2 015 篇，于 2023 年 6 月 28 日下载所有信息。检索结果以 "全记录与引用的参考文献" 的 "纯文本文件" 形式导出，作为 CiteSpace 的数据源；以 "全记录与引用的参考文献" 的 "制表符分隔文件" 形式导出，作为 VOSviewer 的数据源。将获得的数据分别导入 CiteSpace（版本 5.1.R8）和 VOSviewer（版本 1.16.19）软件进行知识图谱分析。

（二）数据分析

将获得的信息分别导入 CiteSpace 与 VOSviewer 中。使用 VOSviewer（版本 1.16.19）完成国家和机构分析、共被引期刊分析、作者和共被引作者分析以及关键词聚类分析。导入

CiteSpace 中的 2 015 篇文献,经系统去重后共计 2 013 篇。在 CiteSpace（版本 5.1.R8）软件中新建"project"进行可视化分析,时间切片中时间跨度设置为 2014—2023 年,单个时间分区的长度设置为 1。节点根据所执行的分析类型分别选取作者、国家、机构、关键词聚类分析及文献和杂志的共被引分析,同时调整 burstness 指标得到近 10 年关键词突现情况。Q 值（模块度）和 S 值（平均连通度）是两个重要的指标,用来衡量聚类的质量和结构。Q 值在 0~1,用来度量网络结构的良好性,聚类结构是否显著。S 值在 –1~1,用来衡量网络结构的合理性,聚类是否令人信服。突现分析主要是将文献中出现的关键词进行统计和分析,以揭示研究领域内的主题结构、研究热点和关联性。这些分析策略有助于我们更好的理解该研究领域的动态、趋势和热点情况。修剪方式选择"Pathfinder""Pruning sliced networks""Pruning the merged network",可视化模块选择"Cluster View-Static""Show Merged Network",选择标准为 G 指数,比例因子 K 设置为 5 进行所有分析,综合并绘制相关的可视化图谱。

结　果

（一）发文统计与年度出版物分布分析

从 2014 年到 2023 年,在 Web of Science 上发表的 AIH 治疗相关文献共计 2 015 篇,去重后删去 2 篇,共纳入了 2 013 篇。根据发文统计折线图（图 8-13A）可以发现,2014—2023 这十年内的年累计发文量逐年增多,并且呈现出线性增加的趋势,年累计发文增加量较稳定,约为 213 篇。年发文量从最初的不到 200 篇,近两年已达到 250 篇以上,除 2019 年及 2023 年之外,总体也呈现上升趋势。同时,根据 Web of Science 引文报告可见,这十年内（除 2023 年）的文章去除自引后被引频次合计 26 919,篇均被引频次 14.8,引用频次总体一直呈现上升趋势（图 8-13B）。上述这些数据表明,近年来相关学者越来越重视 AIH 治疗的相关研究,目前已经发展成为一大研究热点问题。

（二）研究力合作网络

1. 作者分析　共有 12 406 位作者参与了 AIH 治疗的相关研究,并为这 2 013 篇论文的发表做出了贡献。其中,Lohse AW 和 Schramm C 在过去十年中一直是该领域的优秀研究者,每年的产出相当可观（图 8-12A）。他们分别发表了 34 篇文章,并列第一位,Manns MP 等紧随其后（图 8-12C）。图 8-12D 显示了前 160 位作者的共现关系,可以看出该领域的各作者之间合作较积极,于图中的表现即是各节点之间的连线较密集,且粗线条居多。

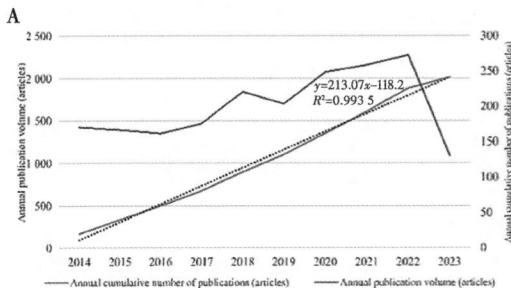

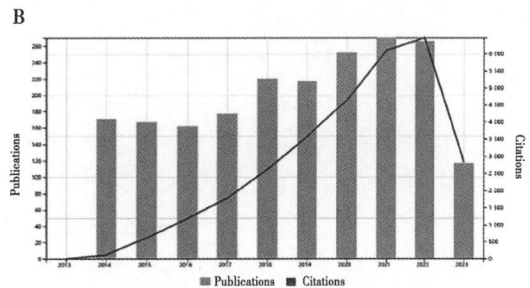

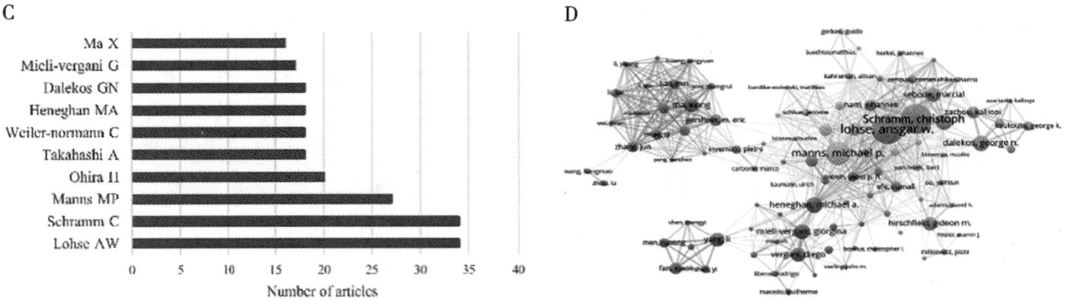

图 8-12　出版物及作者可视化分析

A. 2014—2023 年 AIH 治疗领域的文献发表统计；B. 按年份的引用频率和发表分布；C. 按发表文章数量排序的前 10 名作者；D. 作者的共现图。圆圈越大，发表文章数量越多；连线越多，合作范围越广；线越粗，合作越密切。

2. 国家和机构分析　使用 VOSviewer 等工具进行国家和机构出版物分布情况的分析。过去十年内，不同国家之间在该领域存在着积极的合作，呈现出较为密集的合作网络（图 8-13B）。同时，通过 VOSviewer 对出版物发表机构进行聚类及分析，设置最低发文数量为 13 对所

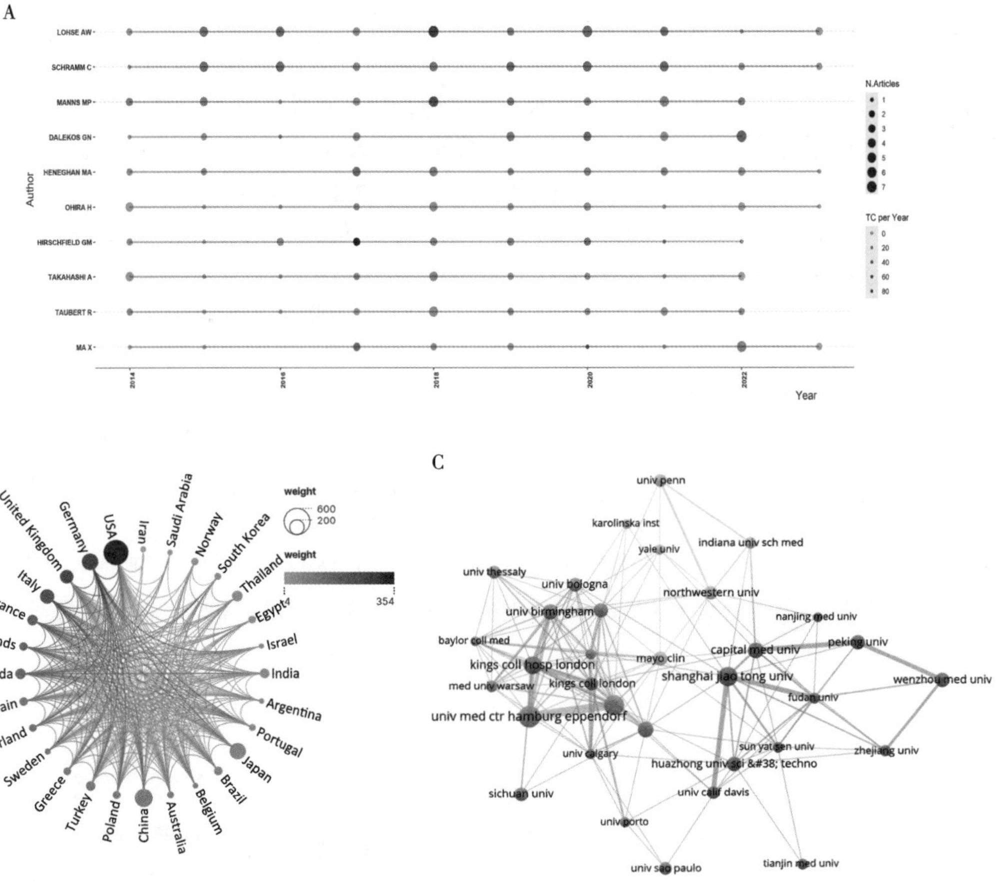

图 8-13　作者、国家及机构可视化分析

A. 作者随时间的发表产量；B. 国家合作关系图；C. 出版机构的共现图。圆圈越大，发表文章数量越多；连线越多，合作范围越广；线条越粗，合作越密切。

有数据进行过滤,并根据机构之间的具体合作情况手动筛选出其中的 33 个机构(图 8-13C)。德国的汉堡埃彭多夫医学中心及汉诺威医学院分别以 45、40 篇发文量位居第一、第二,中国的上海交通大学以 36 篇的发文量位居第三。排名前十的机构总共属于 4 个国家,其中 1/2 位于中国,包含上海交通大学、首都医科大学、北京大学、温州医科大学及华中科技大学五所院校。

(三)关键词可视化分析

1. 关键词共现和密度　通过 VOSviewer 分析关键词共生、密度、聚类和涌现,将高频关键词按照相关度进行聚类,有助于理解该领域的研究热点、研究前沿及发展趋势。根据软件统计显示,导入的所有文章中共有 6 693 个关键词,设置关键词的最小出现次数为 15,有 207 个满足该阈值。其中去除"autoimmune hepatitis""AIH""management""therapy"在文献检索中用到的搜索词,最终得到 204 个目标关键词,其中 8 个关键词出现 100 次以上,46 个关键词出现 50 次以上(包含 50 次)。设置 Layout 参数引力为 2,斥力为 0;Clustering 参数分辨率为 1.00,最小簇大小为 30,得到最终的关键字共现、聚类及密度分布图(图 8-14A、B)。此外,通过关键词的频率分析以词云的形式呈现(图 8-14C、D)。我们发现,"diagnosis""fibrosis""cirrhosis"和"liver transplantation"具有较大的节点和较高的频率,构成了该领域的代表性术语,其他关键词也均与 AIH 的治疗息息相关,符合我们的研究主题。

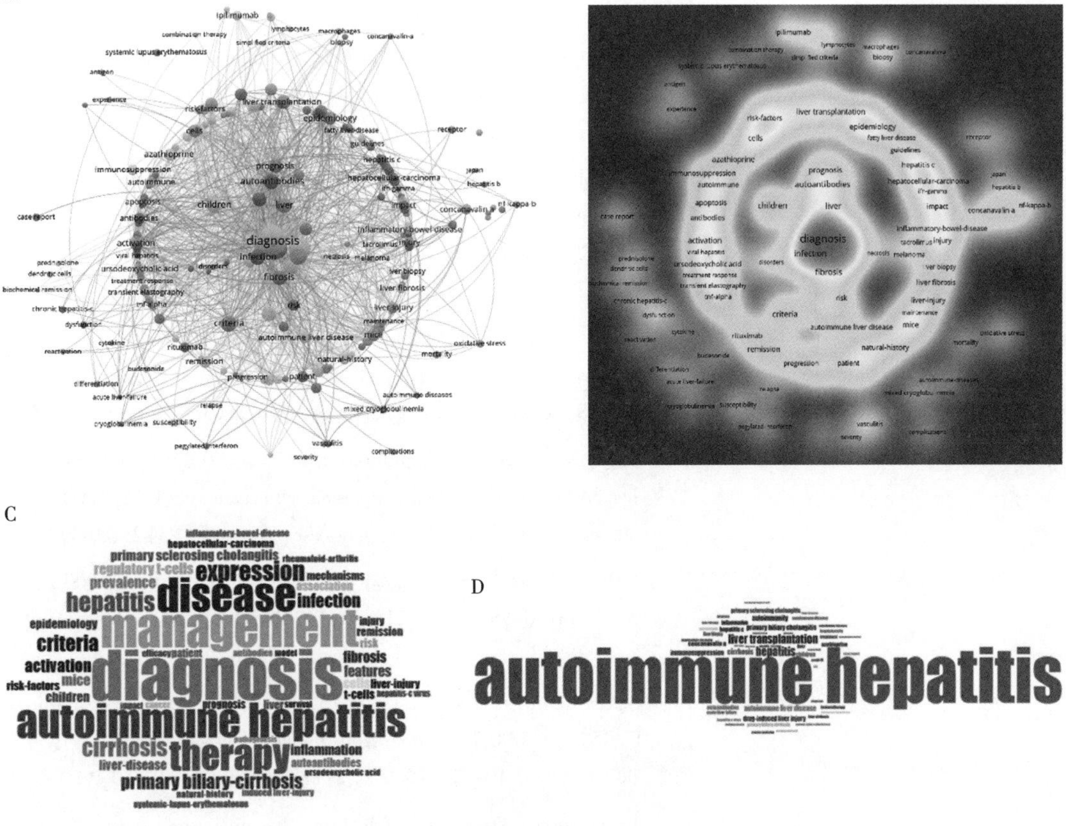

图 8-14　关键词共现及密度分析

A. 关键词共现图:每个圆圈代表一个关键词,圆圈越大,出现频率越高;B. 关键词密度图;C. 基于 bibliometrix 软件包的关键词 Plus 词云;D. 基于 bibliometrix 软件包的作者关键词词云。

　　同时,利用 CiteSpace 进行关键词聚类分析,可以帮助研究者直观地了解 AIH 治疗领域关键词的演化和变化,从而揭示出其发展趋势、研究热点的变化以及领域内的关联性,得到从 #0 到 #9 总共 10 个聚类(表 8-12),较小的数字意味着集群中包含更多的关键词。Q 值为 0.806 1(>0.3),S 值为 0.821 9(>0.7),进一步证明得到的结果质量较高,聚类效果较好。

表 8-12　关键词共现网络聚类表

聚类 ID	大小	轮廓系数	平均年份	高权重关键词(前 5)
0#	20	0.969	2016	overall response(434.11, 0.000 1); prognostic factor(407.03, 0.000 1); treatment complication(407.03, 0.000 1); connecting study(132.25, 0.000 1); long-term safety(132.25, 0.000 1)
1#	17	0.87	2016	histological endpoint(577.83, 0.000 1); long-term obeticholic acid therapy(577.83, 0.000 1); bile acid(257.22, 0.000 1); prognostic model(253.88, 0.000 1); tertiary paediatric centre(230, 0.000 1)
2#	14	0.945	2017	PD-1 therapy(538.21, 0.000 1); histologic pattern(538.21, 0.000 1); liver injury(536.74, 0.000 1); safe administration(334.15, 0.000 1); second-generation check-point inhibitor(170.3, 0.000 1)
3#	13	0.877	2015	liver transplantation(172.68, 0.000 1); nationwide survey(172.68, 0.000 1); infectious complication(172.68, 0.000 1); challenging diagnosis(118.21, 0.000 1); histological endpoint(92.89, 0.000 1)
4#	13	0.895	2017	controlled attenuation parameter(361.49, 0.000 1); advanced chronic liver disease(361.49, 0.000 1); prolonged-release pirfenidone(158.29, 0.000 1); prometeo study(158.29, 0.000 1); care treatment(158.29, 0.000 1)
5#	12	0.931	2015	mouse model(483.82, 0.000 1); functional prediction(277.38, 0.000 1); comprehensive functional analysis(256.83, 0.000 1); circular rna(256.83, 0.000 1); JNK signaling pathway(210.03, 0.000 1)
6#	11	0.899	2015	living donor liver transplantation(375.38, 0.000 1); recurrent hepatitis C(270.71, 0.000 1); plasma cell hepatitis(270.71, 0.000 1); chronic HBV(254.28, 0.000 1); disease progression(254.28, 0.000 1)
7#	11	0.878	2017	CoV-2 infection(262.21, 0.000 1); french bulldog(211.36, 0.000 1); miniature dachshund(211.36, 0.000 1); chronic enteropathy(211.36, 0.000 1); class Ⅱ genotype(211.36, 0.000 1)
8#	11	0.887	2015	Schistosomiasis japonica(205.76, 0.000 1); heat shock protein(205.76, 0.000 1); humanized mouse(194.22, 0.000 1); liver inflammation(194.22, 0.000 1); gut microbiota(142.8, 0.000 1)
9#	11	0.89	2015	liver disease(278.8, 0.000 1); chronic hepatitis C infection(250.48, 0.000 1); steroid sensitive nephrotic syndrome(185.15, 0.000 1); putative acceleration(96.48, 0.000 1); optic neuritis(96.48, 0.000 1)

2. 突现词分析 运用 CiteSpace 突现词检测功能生成高强度突变率的关键词排序表,突变强度越大,说明围绕该关键词展开的相关主题研究前沿趋势越明显。如图所示为2014—2023 年间最强引用爆发的前 24 个关键词(表 8-13),显示了该领域这 10 年内研究热点内容随时间的变化,并且可以在一定程度上预测未来的延展趋势。突变强度越大,证明围绕该关键词展开的相关主题研究前沿趋势越明显。由图可以发现,前期"rheumatoid arthritis""induced liver injury""inflammatory bowel disease""failure"等词条突变强度较高,研究主要集中于自身抗体、抗原、炎症性肠病等免疫领域的机制研究。而在近 5 年,突变强度较高的关键词主要包括"efficacy"(7.97,2019—2023 年)、"guideline"(6.64,2020—2023 年)、"case report"(7.21,2021—2023 年)、"COVID-19"(9.11,2021—2023 年)、"SARS-CoV-2"(6.07,2021—2023 年)等,主要注重于在如今新型冠状病毒感染防控常态化的局势下,针对AIH 相关指南及现有治疗措施的疗效评估等方面的研究。基于 bibliometrix 软件包得到的关键词随时间的结果类似(图 8-15)。

表 8-13 基于 CiteSpace 的关键词突现分析(Top24)

关键词	年份	强度	开始年份	结束年份	2014—2023 年
overlap sydrome	2014	6.547 7	2014	2016	
autoantibody	2014	6.226 1	2014	2015	
ribavirin	2014	6.269 9	2014	2016	
antigen	2014	5.320 7	2014	2015	
rheumatoid arthritis	2014	5.410 2	2014	2017	
rituximab	2014	5.418 6	2014	2015	
induced liver injury	2014	6.790 5	2016	2018	
inflammatory bowel disease	2014	5.051 6	2016	2018	
hepatotoxicity	2014	6.524 0	2016	2017	
failure	2014	6.397 1	2016	2018	
cytokine	2014	6.081 9	2018	2019	
natural history	2014	7.575 6	2018	2021	
response	2014	5.612 8	2018	2019	
ipilimumab	2014	7.716 3	2018	2020	
survival	2014	7.612 6	2019	2020	
efficacy	2014	7.967 3	2019	2023	
primary biliary cholangiti	2014	6.509 4	2020	2021	
safety	2014	7.193 0	2020	2021	
guideline	2014	6.643 7	2020	2023	
AIH	2014	5.202 1	2021	2023	
case report	2014	7.207 0	2021	2023	
COVID-19	2014	9.113 8	2021	2023	
autoimmunehepatiti	2014	5.118 9	2021	2023	
SARS-CoV-2	2014	6.071 8	2021	2023	

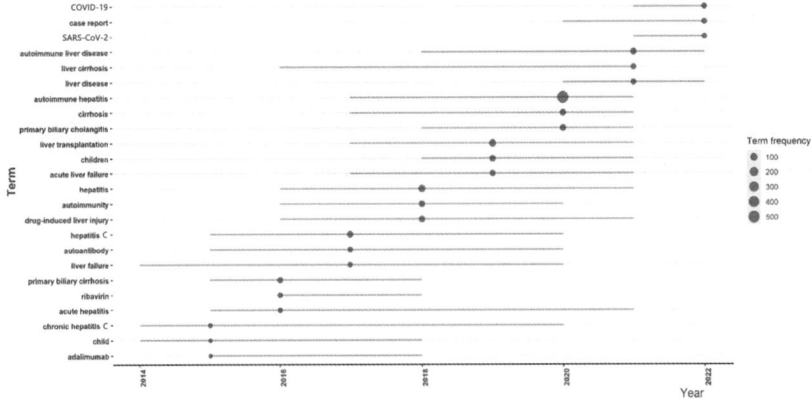

图 8-15　突现词可视化分析
A. AIH 治疗领域具有最强引用爆发的前 24 个关键词；B. 关键词随时间的频率。

（四）期刊和被引期刊分析

通过对数据的在线分析，得到发文量前 10 及被引率前 10 的期刊如表 8-14 所示。我们发现，AIH 治疗领域相关的出版物广泛发表于多类期刊，其中 *Frontiers in Immunology* 发表了最多的论文，共计 44 篇。影响因子最高的期刊是 *Journal of Hepatology*（IF=25.7），发文量 31 篇。同时从表格中我们可以发现，共被引率排名前 10 的期刊引用次数均大于 500。*Hepatology* 杂志以 1 304 次排名第一，*Journal of Hepatology* 杂志以 1 209 次排名第二，*Gastroenterology* 杂志以 854 次排名第三。通过观察 JCR 分区及影响因子情况，可以发现这些杂志的学术影响力均较高，体现出研究者们对 AIH 治疗领域的重视，证明该领域的学术活跃度较高且具备了足够的学术价值和质量，意味着在这个领域内有许多重要的研究问题及热门话题。

表 8-14　2014—2023 年 AIH 治疗领域期刊与被引期刊 Top 10

排名	杂志	发文数	影响因子	分区	共被引杂志	被引数	影响因子	分区
1	*Frontiers in Immunology*	44	7.3	Q1	*Hepatology*	1 304	13.5	Q1
2	*Liver International*	43	6.7	Q1	*Journal of Hepatology*	1 209	25.7	Q1
3	*PLoS One*	32	3.7	Q2	*Gastroenterology*	854	29.4	Q1
4	*Journal of Hepatology*	31	25.7	Q1	*New England Journal of Medicine*	752	158.5	Q1
5	*Hepatology*	28	13.5	Q1	*World Journal of Gastroenterology*	631	4.3	Q2
6	*Medicine*	28	1.6	Q3	*Lancet*	605	168.9	Q1
7	*Journal of Pediatric Gastroenterology and Nutrition*	26	2.9	Q3	*American Journal of Gastroenterology*	544	9.8	Q1
8	*Journal of Autoimmunity*	26	12.8	Q1	*Liver International*	530	6.7	Q1

续表

排名	杂志	发文数	影响因子	分区	共被引杂志	被引数	影响因子	分区
9	*Clinics in Liver Disease*	26	5.1	Q2	*Gut*	508	24.5	Q1
10	*Internal Medicine*	24	1.2	Q4	*Clinical Gastroenterology and Hepatology*	503	12.6	Q1

讨　论

为了更好的了解 AIH 治疗领域的一些最新研究和进展情况,有必要进行相关的文献计量学研究。根据我们导入的数据信息,从 2014 年至 2023 年,AIH 治疗领域发表的年累计文章数量呈线性增加的趋势,且引用频次也呈现稳步上升的态势,这意味着 AIH 的治疗依然是研究者们关注的重要问题。特别是新型冠状病毒感染与 AIH 之间的关系日益引发研究者的兴趣,不少研究聚焦于探讨这两者之间的相互影响。针对 AIH 的治疗指南也成为研究的重要方向之一,研究人员努力为临床实践提供更精准的指导,以优化患者的治疗方案,同时现有治疗措施在患者身上所展现出的疗效问题也在近年来备受关注。

（一）作者

从检索到的数据中我们发现,Lohse AW 及 Schramm C 是该领域最具生产力的作者,发表篇数最多。根据目前发表的关于 AIH 诊断与治疗的研究,现阶段 AIH 的治疗方案为,类固醇诱导治疗,硫唑嘌呤维持治疗,必要时进行肝移植[12]。布地奈德已被测试为泼尼松龙或泼尼松龙的替代品,但有研究显示,其达到的缓解率明显低于泼尼松龙,且经其治疗后的 AIH 患者出现更严重不良反应的风险可能更高,因而不作为首选[13]。社会心理支持是充分罕见病护理的重要组成部分,但迄今为止的需求尚未得到充分满足。Schramm C 教授就曾在文章中提出,抑郁和焦虑症状时常出现在 AIH 患者中,即使在生化缓解期,因而改善心境障碍应是 AIH 的重要治疗目标之一[14]。同时,Lohse AW 教授等也开展了一项以罕见自身免疫性肝病患者为研究对象的社会心理跨国合作研究,预计该干预措施能够帮助患者适应疾病,同时提高他们的心理生活质量,帮助恢复[15]。

（二）国家与机构

美国、中国及德国是开展 AIH 治疗相关研究的三个主要国家,由于经济较发达,在科研投资、人才培养及政策支持等方面有积极的努力和投入,发文量均达 200 篇以上,且不同国家之间均存在较为紧密的合作关系。发文量前十的机构,均属于各国的顶尖名校,科研资源雄厚,有强大的研究团队及科研文化,其中 1/2 位于中国,其中中国的上海交通大学以 36 篇的发文量位居第三。尽管如此,中国虽与很多国家已经开展了交流合作,但目前联系的强度及广度较美国、加拿大等国家来说依然并不十分理想,这一定程度上会阻碍中国在该研究领域的进展,因此,还需要加深机构之间的跨国合作,大家共同努力、共同提高,从而推动 AIH 治疗领域的进一步发展。

（三）期刊

通过在线数据分析,我们得到了 AIH 治疗领域发文量和被引率排名前十的期刊。发文量前 10 的期刊涵盖多个学科领域,其中 *Frontiers in Immunology* 以最高发文量(44 篇)排名首位,*Journal of Hepatology* 影响因子最高(IF=25.7)。共被引率排名前十的期刊被引用次数均大于 500,其中以 *Hepatology*(1 304 次)、*Journal of Hepatology*(1 209 次)和 *Gastroenterology*(854 次)位居前三。通过对 JCR 分区和影响因子的观察,我们发现这些期刊具有较高的学术影响力,本研究领域的研究文献被这些优秀期刊录用,显示出研究者对 AIH 治疗领域的高度关注。这证实了该领域具有较高的学术活跃度和科研价值,涵盖了许多重要的研究问题和热门话题。

(四)关键词

在这项研究中,根据关键词的突现分析可以了解到近几年的一些相关主题研究前沿趋势。主要集中于以下几个方面:①目前新型冠状病毒感染防控常态化的情况下,未来可能会更加关注 SARS-CoV-2 与 AIH 之间的关系与相互影响;②新型冠状病毒感染治疗领域的研究日新月异,未来可能会更加注重制定和及时更新针对 AIH 的指南,做到早期诊断并给予标准化治疗,并且这些新指南将会融入最新的研究成果和治疗策略;③未来可能会更加注重 AIH 患者的疗效评估,开发更加个性化的治疗方案。

近些年来,COVID-19 相关性 AIH 逐渐成为讨论的热点内容。研究显示,患者在 SARS-CoV-2 感染后可能会出现 AIH,可见肝细胞损伤和免疫球蛋白 A(immunoglobulin A, IgA)升高,但在开始使用泼尼松龙并停用英夫利昔单抗后,患者的肝功能随着症状的消退而显著改善[16]。与其他特殊类型的慢性肝病不同,AIH 可能并不会增加感染 SARS-CoV-2 后出现不良后果的风险,因而在 AIH 患者 COVID-19 治疗期间免疫抑制药物的用法及用量可以不做改变[17]。近几年在研究者们的努力下,SARS-CoV-2 疫苗广泛普及。研究发现,对于感染 SARS-CV-2 的 AIH 患者,接种疫苗后没有关于肝炎情况恶化的报道,并且可以显著降低 AIH 患者 COVID-19 的严重程度及死亡风险[18-19]。但与此同时疫苗潜在的不良反应也引起了大家的重视。有很多病例报道了疫苗接种后出现急性 AIH 的情况[20-22],因而医疗保健提供者在大规模接种该类疫苗期间必须保持警惕,必要时长期随访。

同时,新型冠状病毒感染治疗领域的研究日新月异,并且由于 AIH 临床表现的广泛特异性,未来可能会更加注重制定和及时更新针对 AIH 的诊断与治疗指南,以做到早期准确诊断并给予标准化治疗。结合各类指南,目前 AIH 的诊断主要依赖肝活检、血清氨基转氨酶水平升高及血清免疫球蛋白 G(immunoglobulin G, IgG)水平升高、自身抗体阳性,并且排除其他类似疾病;对于没有肝硬化或重度 AIH 的患者,建议将布地奈德或泼尼松/泼尼松龙联合硫唑嘌呤作为初始一线治疗,若治疗失败或出现不耐受,建议使用吗替麦考酚酯或他克莫司来实现和维持生化缓解[23-24]。由此可以发现,目前很多权威指南对于 AIH 领域均较为重视,或许在未来随着对 AIH 的认识不断增加和更新,相关组织和机构可能会进一步发掘更适于该疾病的指南。这些新的指南可能会考虑到最新的研究成果和治疗策略,以提高治疗效果和患者生活质量。

随着新药物和疗法的出现,评估和治疗自身免疫性肝病的疗效成为一个重要的研究领域。未来的研究可能会更加注重临床试验和对照研究,以评估各种治疗方法的疗效和安全性。例如在多项前瞻性研究中发现,尽管缓解标准非常严格,但接受吗替麦考酚酯的患者治疗后完全缓解的维持率甚至可以达到 75%,因此可能成为安全、有效的一线诱导和维持治疗方法[25-27]。此外,关于硫鸟嘌呤、甘草酸制剂等多种新疗法也已进行了许多疗效评估研究,有较好的耐受性和有效性[28-29]。同时,研究者们对疾病机制和患者分型的了解愈发深入,针对不同类型 AIH 患者会开发更加个性化的治疗方案,以进一步提高疗效,帮助患者康复。因此,"efficacy"也可能会成为未来 AIH 研究的一个重要趋势。

根据关键词共现与密度分析,可以发现 AIH 治疗与"diagnosis""liver transplantation""fibrosis""inflammatory bowel disease"和"ursodeoxycholic acid"等词条密切相关。AIH 作为一种自身免疫性疾病,临床表现具有相当宽泛的异质性,与病毒性肝炎、胆汁淤积型肝炎及非酒精性脂肪性肝炎等疾病在很多情况下较难鉴别,这对临床医生来讲是一个很大的挑战[30-32]。目前关于 AIH 的诊断,临床常用的是临床与病理活检相结合,单一的组织学或检查无法完全诊断,对于 AIH 患者依然缺乏诊断的"金标准",需要研究者们后续不断地探究[33-34]。针对该类患者的治疗,尽管已有较多病例报道显示出很高的 AIH 治疗效果,但由于这类患者发生肝硬化甚至肝细胞癌的风险增加,病死率仍高于相应年龄的其他人群[35]。因此,早期准确且完整的诊断,早期给予适量硫唑嘌呤等药物进行免疫抑制治疗[36],早期管理肝纤维化、肝硬化及炎症性肠病等并发症,早期进行肝移植准备等措施均显示出较高的必要性。熊去氧胆酸(ursodeoxycholic acid,UDCA)与 AIH 的治疗也有较好的相关性,可以疏肝利胆,减轻肝脏细胞凋亡与溶解,在一项肝硬化患者的回顾性队列研究中发现,UDCA 的暴露与 SARS-CoV-2 感染的减少以及有症状的危重 COVID-19 的减少有关[37]。

(五)优势与局限

据我们所知,本文是第一篇对 AIH 治疗领域文献进行计量分析的研究。与该领域既往的研究不同,我们纳入了更多更全面的高质量数据,且运用多个角度对研究结果进行分析,结果拥有更高的可信度和说服力,可以帮助研究人员对该领域有更深一步的了解,为未来的探索和发展提供重要参考。当然,文献计量分析虽然为我们提供了 AIH 治疗领域的研究现状、热点和趋势,但在这项研究中也存在一定的局限性。一方面,研究者只手动选择了论文词条可能也会导致一定的选择偏倚;另一方面,上述内容是仅从 Web of Science 收集得来的数据,导致遗漏了例如 PubMed 等其他网站来源的文献,且本次数据分析只纳入了英文文献,可能存在数据的不完整性。但尽管如此,本研究仍为 AIH 治疗领域的研究提供了很多有价值的信息,未来的研究可以继续扩大数据来源,增加多语言文献的纳入,从而更全面地了解 AIH 治疗领域的发展动态。

结　论

本研究主要纳入了 AIH 治疗领域 2014—2023 年发表的相关文献,采用多种分析工具对 AIH 治疗领域的相关研究进行文献计量学分析,以了解近 10 年来的发展趋势。综合所有结果,我们发现 AIH 患者缺乏诊断的"金标准",但并发症风险较高,因而要格外重视早期的临床诊断与治疗。目前 AIH 治疗的研究热点主要集中于指南的制定与更新以及对各类治疗措施疗效的评估,同时在如今新型冠状病毒感染防控常态化的态势下,SARS-CoV-2 与 AIH 之间的关系也备受关注。总之,这些结果可以为该领域研究人员的后续研究提供理论支持和新的启发,追求更有价值的方向。

参考文献

[1] KATSUMI T, UENO Y. Epidemiology and surveillance of autoimmune hepatitis in Asia[J]. Liver Int, 2022, 42(9): 2015-2022.

[2] CZAJA AJ. Diagnosis and management of autoimmune hepatitis: current status and future directions[J]. Gut Liver, 2016, 10(2): 177-203.

[3] ZACHOU K, ARVANITI P, LYBEROPOULOU A, et al. Impact of genetic and environmental factors on autoimmune hepatitis[J]. J Transl Autoimmun, 2021, 4: 100125.

[4] SUCHER E, SUCHER R, GRADISTANAC T, et al. Autoimmune hepatitis-immunologically triggered liver pathogenesis-diagnostic and therapeutic strategies[J]. J Immunol Res, 2019, 2019: 9437043.

[5] TRIVEDI PJ, HIRSCHFIELD GM. Recent advances in clinical practice: epidemiology of autoimmune liver diseases[J]. Gut, 2021, 70(10): 1989-2003.

[6] LAMBA M, NGU JH, STEDMAN CAM. Trends in incidence of autoimmune liver diseases and increasing incidence of autoimmune hepatitis[J]. Clin Gastroenterol Hepatol, 2021, 19(3): 573-579.e1.

[7] MIELI-VERGANI G, VERGANI D, CZAJA A J, et al. Autoimmune hepatitis[J]. Nat Rev Dis Primers, 2018, 4: 18017.

[8] WU F, GAO J, KANG J, et al. Knowledge mapping of exosomes in autoimmune diseases: a bibliometric analysis(2002—2021)[J]. Front Immunol, 2022, 13: 939433.

[9] GE Y, CHAO T, SUN J, et al. Frontiers and hotspots evolution in psycho-cardiology: a bibliometric analysis from 2004 to 2022[J]. Curr Probl Cardiol, 2022, 47(12): 101361.

[10] CHEN C. An information-theoretic view of visual analytics[J]. IEEE Comput Graph Appl, 2008, 28(1): 18-23.

[11] CHEN C. Searching for intellectual turning points: progressive knowledge domain visualization[J]. Proc Natl Acad Sci U S A, 2004, 101 Suppl 1(Suppl 1): 5303-5310.

[12] MURATORI L, LOHSE AW, LENZI M. Diagnosis and management of autoimmune hepatitis[J]. BMJ, 2023, 380: e070201.

[13] STEINMANN S, LOHSE AW. Treatment of autoimmune hepatitis: budesonide does not solve our problems [J]. Hepatology, 2023, 77(4): 1071-1073.

[14] PAPE S, SCHRAMM C, GEVERS TJ. Clinical management of autoimmune hepatitis[J]. United European Gastroenterol J, 2019, 7(9): 1156-1163.

[15] UHLENBUSCH N, BAL A, BALOGH B, et al. Improving quality of life in patients with rare autoimmune liver diseases by structured peer-delivered support (Q.RARE.LI): study protocol for a transnational effectiveness-implementation hybrid trial[J]. BMC psychiatry, 2023, 23(1): 193.

[16] HONG JK, CHOPRA S, KAHN JA, et al. Autoimmune hepatitis triggered by COVID-19[J]. Intern Med J, 2021, 51(7): 1182-1183.

[17] MARJOT T, BUESCHER G, SEBODE M, et al. Contributing Members And Collaborators Of ERN RARE-LIVER/COVID-Hep/SECURE-Cirrhosis, Moon A M, Webb G J, Lohse A W. SARS-CoV-2 infection in patients with autoimmune hepatitis[J]. J Hepatol, 2021, 74(6): 1335-1343.

[18] EFE C, TAŞÇILAR K, GERUSSI A, et al. SARS-CoV-2 vaccination and risk of severe COVID-19 outcomes in patients with autoimmune hepatitis[J]. J Autoimmun, 2022, 132: 102906.

[19] SCHNEIDER L, SCHUBERT L, WINKLER F, et al. SARS-CoV-2 vaccine response in patients with

autoimmune hepatitis［J］. Clin Gastroenterol Hepatol, 2022, 20（9）: 2145-2147.e2.

［20］BRIL F, AL DIFFALHA S, DEAN M, et al. Autoimmune hepatitis developing after coronavirus disease 2019（COVID-19）vaccine: causality or casualty?［J］. J Hepatol, 2021, 75（1）: 222-224.

［21］GHIELMETTI M, SCHAUFELBERGER HD, MIELI-VERGANI G, et al. Acute autoimmune-like hepatitis with atypical anti-mitochondrial antibody after mRNA COVID-19 vaccination: a novel clinical entity?［J］. J Autoimmun, 2021, 123: 102706.

［22］GARRIDO I, LOPES S, SIMÕES MS, et al. Autoimmune hepatitis after COVID-19 vaccine-more than a coincidence［J］. J Autoimmun, 2021, 125: 102741.

［23］KWO PY, COHEN SM, LIM JK. ACG clinical guideline: evaluation of abnormal liver chemistries［J］. Am J Gastroenterol, 2017, 112（1）: 18-35.

［24］European Association For The Study Of The Liver. EASL clinical practice guidelines: autoimmune hepatitis［J］. J Hepatol, 2015, 63（4）: 971-1004.

［25］ZACHOU K, GATSELIS N, PAPADAMOU G, et al. Mycophenolate for the treatment of autoimmune hepatitis: prospective assessment of its efficacy and safety for induction and maintenance of remission in a large cohort of treatment-naïve patients［J］. J Hepatol, 2011, 55（3）: 636-646.

［26］ZACHOU K, GATSELIS NK, ARVANITI P, et al. A real-world study focused on the long-term efficacy of mycophenolate mofetil as first-line treatment of autoimmune hepatitis［J］. Aliment Pharmacol Ther, 2016, 43（10）: 1035-1047.

［27］ROBERTS SK, LIM R, STRASSER S, et al. Efficacy and safety of mycophenolate mofetil in patients with autoimmune hepatitis and suboptimal outcomes after standard therapy［J］. Clin Gastroenterol Hepatol, 2018, 16（2）: 268-277.

［28］VAN DEN BRAND FF, VAN NIEUWKERK CMJ, VERWER BJ, et al. Biochemical efficacy of tioguanine in autoimmune hepatitis: a retrospective review of practice in the Netherlands［J］. Aliment Pharmacol Ther, 2018, 48（7）: 761-767.

［29］BI X, YANG L, LIN Y, et al. Efficacy and safety of glycyrrhizic acid in treatment of autoimmune hepatitis［J］. Am J Chin Med, 2023, 51（2）: 391-405.

［30］DALEKOS GN, GATSELIS NK, ZACHOU K, et al. NAFLD and autoimmune hepatitis: do not judge a book by its cover［J］. Eur J Intern Med, 2020, 75: 1-9.

［31］CZAJA AJ. Cholestatic phenotypes of autoimmune hepatitis［J］. Clin Gastroenterol Hepatol, 2014, 12（9）: 1430-1438.

［32］VERGANI D, MIELI-VERGANI G. Autoimmune manifestations in viral hepatitis［J］. Semin Immunopathol, 2013, 35（1）: 73-85.

［33］LOHSE AW, SEBODE M, BHATHAL PS, et al. Consensus recommendations for histological criteria of autoimmune hepatitis from the International AIH pathology group: results of a workshop on AIH histology hosted by the European reference network on hepatological diseases and the European Society of Pathology: results of a workshop on AIH histology hosted by the European reference network on hepatological diseases and the European Society of Pathology［J］. Liver Int, 2022, 42（5）: 1058-1069.

［34］WOBSER H, PAUR T, SCHNOY E, et al. Suitability of the simplified autoimmune hepatitis score for the diagnosis of autoimmune hepatitis in a German cohort［J］. United European Gastroenterol J, 2018, 6（2）: 247-254.

［35］MIGITA K, WATANABE Y, JIUCHI Y, et al. Hepatocellular carcinoma and survival in patients with autoimmune hepatitis（Japanese National Hospital Organization-autoimmune hepatitis prospective study）［J］. Liver Int, 2012, 32（5）: 837-844.

［36］LI YN, MA H, ZHOU L, et al. Autoimmune hepatitis-related cirrhosis: clinical features and effectiveness of immunosuppressive treatment in Chinese patients[J]. Chin Med J（Engl）, 2016, 129（20）: 2434-2440.

[37] JOHN BV, BASTAICH D, WEBB G, et al. Ursodeoxycholic acid is associated with a reduction in SARS-CoV-2 infection and reduced severity of COVID-19 in patients with cirrhosis[J]. J Intern Med, 2023, 293（5）: 636-647.

（柳雅斐　孙佳一　谢育列　董卫国）

胆道恶性肿瘤的靶向治疗：一项 2013—2023 年的文献计量学研究和可视化分析

【目的】本研究旨在对胆道恶性肿瘤靶向治疗的近十年研究成果进行文献计量学分析，总结其发展现状、演变趋势和未来热点。

【方法】该领域的所有文献均于 2023 年 5 月 9 日从 Web of Science 核心合集数据库获得。使用文献计量在线分析平台、软件 CiteSpace（版本 6.2.R3）和 VOSviewer（版本 1.6.19）分析文献中的国家、机构、作者和参考文献的共现合作关系，并对所有关键词进行共现、聚类和突现分析，绘制相关图谱以使分析结果可视化。

【结果】本研究共纳入 1 370 篇文章，由于 CiteSpace 的自动去重，实际共分析了 1 308 篇文章。结果显示，该领域发文量存在小幅度波动，总体呈上升趋势。中国以 478 篇文献的总产出排名第一，美国排名第二，共计 446 篇文献。Research Libraries UK 为发文量最多的机构，共 67 篇。Pawlik TM 是发表文章数量最多的作者，共 30 篇，Zhu AX 是高被引论文中发文最多的作者，共 9 篇。在这一领域中，*Cancers* 共发表了 68 篇文章，作出了卓越的贡献。在合作关系网络中，美国、梅奥诊所和 Zhu AX 分别是合作关系最为广泛的国家、机构和作者。关键词分析中，共提取出 463 个关键词，主要涵盖了反映胆道恶性肿瘤疾病的关键词，如 intrahepatic cholangiocarcinoma、gallbladder carcinoma、extrahepatic cholangiocarcinoma 和 perihilar cholangiocarcinoma，反映靶向治疗的关键词，如 KRAS、P53、isocitrate dehydrogenase 1、EGFR 和 PD-L1 等。根据突现分析结果，本文预测未来研究热点可能为免疫检查点抑制剂、PD-1/PD-L1、TMB、pembrolizumab 和 larotrectinib。

【结论】本研究首次将文献计量学分析引入到胆道恶性肿瘤的靶向治疗这一研究领域，经过多平台综合分析，总结了近十年的发展历程、研究现状及未来研究热点。这将为胆道恶性肿瘤靶向治疗的科学研究提供新的视角。

【关键词】胆道恶性肿瘤, 肝内胆管癌, 胆囊癌, 靶向治疗, 文献计量学, CiteSpace 软件

引　言

胆道恶性肿瘤（biliary tract cancer，BTC）包括胆囊癌（gallbladder cancer，GBC）和胆管癌（cholangiocarcinoma，CCA），其中 CCA 根据发病部位分为肝内胆管癌（intrahepatic cholangiocarcinoma，ICC）和肝外胆管癌（extrahepatic cholangiocarcinoma，ECC），ECC 又可细分为肝门周围胆管癌和远端胆管癌。GBC 发病率占比第一，在世界范围内的尸检研究中，GBC 占胆道肿瘤的 85%~90%[1]。几乎所有 GBC 都是腺癌，起源于腺样细胞，其他类型包括腺鳞癌、鳞状细胞癌、癌肉瘤均非常罕见。GLOBOCAN 的数据显示，2020 年全球 GBC 发病例数为 115 949 例，死亡例数为 84 695 例，中国均占比第一，分别为 28 923 例（24.9%）和 23 297 例（27.5%），印度排名第二，分别为 19 570 例（16.9%）和 14 736 例（17.4%），日本排名第三，分别为 9 734 例（8.4%）和 6 509 例（7.7%）[2]。CCA 是仅次于肝细胞癌的第二大原发性肝癌，在英国，自 20 世纪 90 年代以来，ICC 已取代肝细胞癌成为原发性肝癌的主要死因[3]。胆道肿瘤相对少见，仅占消化道肿瘤的 3%，但由于其临床表现多不明显，当出现食欲不振、消瘦、黄疸、腹痛等症状时，多已进展到晚期阶段，多数情况下无法通过手术治疗予以根治性切除，预后较差。BTC 具有难以发现、复发率高、生存率低等特点，已引起越来越多的关注。目前，BTC 的发病率呈上升趋势，其中以亚洲国家最为显著，根据国际癌症研究机构（International Agency for Research on Cancer，IARC）统计，预计到 2040 年，全球 GBC 病例将达到 240 000 例，这将对全球医疗资源造成一定的威胁。

CCA 是一种起源于胆管系统上皮细胞的恶性肿瘤，大多数 CCA 都是新发的，尚未发现明确的致病因素。一项观察性队列研究显示，原发性硬化性胆管炎（primary sclerosing cholangitis，PSC）患者罹患 CCA 的风险显著增加，约 2% PSC 患者在确诊后第一年诊断出 CCA。此外，在 30 年的随访中，发生 CCA 的比率可高达 20%，并且患者预后较差[4]。华支睾吸虫感染、胆道系统结石和病毒性肝炎等均可引起胆道上皮的慢性炎性，也是 BTC 发生的危险因素[5-6]。对于不同部位的胆管，危险因素的影响程度也不尽相同，病毒性肝炎和肝硬化主要影响肝内胆管，而胆总管结石和胆囊结石主要影响肝外胆管[7]。除此以外，先天性胆管疾病也与 CCA 存在一定的关联，包括先天性胆管扩张症、胰胆管连接不良和先天性肝内胆管囊状扩张症等。目前，BTC 尚无良好的治疗方案，基于切除边缘阴性和保留术后足够大小和功能残肝的原则，外科手术是可选择的治愈 BTC 的唯一方法，然而术后复发率仍高达 80%[8]。因此，为提高手术切除患者的治愈率，研究者对术后辅助治疗投入了更多研究。Horgan 等对 6 712 例 BTC 患者进行了系统回顾和荟萃分析，结果显示，与单纯手术相比，术后增加辅助治疗可显著提高患者的总生存期，尤其是淋巴结阳性和 R1 患者[9]。尽管如此，60%~70% 患者确诊时已处于晚期阶段，病灶已不可切除或发生转移，主要治疗方案是系统治疗或必要时采取姑息性局部治疗。基于晚期胆道癌（ABC-02）Ⅲ期试验的数据，全球治疗指南将吉西他滨和顺铂联合疗法（GemCis）确定为标准一线疗法。随着二代基因测序技术的发展，越来越多胆道癌症中的体细胞突变被发现，靶向治疗也因此进入了一个新阶段。目前已知的突变多发生在基因 TP53、CDKN2A/B、KRAS 和 SMAD4，但在诸如 IDH1/2、FGFR2、BRAF、PIK3CA 和 NTRK 等的靶基因突变中，发病率较低（<5%）[10]。在大多数胆道癌症中，肿瘤微环境具有免疫抑制或免疫排斥的特点，利用免疫检查点抑制剂

（immune checkpoint inhibitors，ICI），靶向阻断免疫检测部位，重新建立正常的抗肿瘤免疫已成为近年来的研究热点，有望与靶向基因治疗相结合开启新的篇章。最近，已有动物实验表明 *ErbB2/ErbB3* 突变的 GBC 细胞程序性死亡因子配体 1（programmed death ligand 1，PD-L1）的表达增加、PI3K/Akt 信号通路激活、细胞毒性 T 细胞（cytotoxic T lymphocyte，CTL）活性受到抑制、促进肿瘤在体内的生长和进展，而 ErbB2/ErbB3 抑制剂与 PD-L1 单克隆抗体联合治疗 GBC 效果显著[11]。另外，有研究显示免疫治疗与 BRAF 抑制相结合可以产生显著的抗肿瘤活性[12]。因此，BTC 的靶向治疗及其与 ICI 的联合应用价值是一个值得深入研究的课题。

文献计量学是一门计量学与信息学交叉的学科，它采用数学和统计学等计量研究方法，对出版信息（如期刊、出版机构、国家、作者）和相关数据（如摘要、关键词、引文）进行分析，以描述所研究对象的发展、现状和趋势，获得量化的客观数据。在网络分析中，每个网络节点根据它们之间的关系形成连接，根据这些关系映射网络节点，可以发现和总结他们的隐藏结构[13-14]。文献计量学可以通过文献计量指标来衡量科学研究成果的重要性和影响力，已被广泛应用于医学在内的多个领域。目前，BTC 的靶向治疗这一研究课题尚未引入文献计量学研究。因此，本文采用文献计量学方法对该领域进行全面系统性回顾，跟踪研究课题的发展历程，衡量发展趋势，探究研究热点，形成科学有效的分析结果，以客观地评价研究成果，为研究界和政策制定者提供指导。

材料与方法

（一）数据来源和检索策略

本研究所用的数据均从 Clarivate Analytics（https：//clarivate.com/）的 Web of Science 核心合集（Web of Science Core Collection，WoSCC）数据库获取。在 WoSCC 数据库中，使用主题词进行搜索，包括 biliary tract cancer、bile duct cancer、gallbladder cancer、cholangiocarcinoma、intrahepatic cholangiocarcinoma、extrahepatic cholangiocarcinoma、perihilar cholangiocarcinoma、distal cholangiocarcinoma 和 targeted therapy 等，搜索时间范围限定在 2013—2023 年，文献类型限定为"article"和"review"，语种限于英语，全部搜索过程均在 2023 年 5 月 9 日完成。

（二）文献筛选标准

在 WoSCC 数据库检索后，将所有符合条件的条目导入 Endnote 软件中，根据纳入和排除标准进行筛选。纳入标准包括：①研究主题需涵盖胆道恶性肿瘤（如 GBC、ICC 和 ECC 等）和靶向治疗；②文章类型包括原始研究、综述、meta 分析、病例报告、临床试验和观察性研究等；③文章内容涉及 BTC 的靶点分析，靶向药物及涵盖靶向治疗的治疗方案等。排除标准包括：①与 BTC 的靶向治疗无关的文献；②重复出现的文献；③文章缺乏足够的数据或信息，无法被计量分析工具所使用。

（三）数据分析与处理

1. 数据导出　根据纳入和排除标准对所有数据筛选后，共获得 1 370 篇文献。将这些符合条件的文章从 WoSCC 数据库中以"纯文本文件"格式导出，导出内容为"全记录与引用的参考文献"，命名保存为"download_*.txt"，然后将其导入 CiteSpace 软件，该软件自动去重后共捕捉到可利用条目 1 308 条，进行下一步分析。同时，以"制表符分隔文件"格式从

WoSCC 数据库导出符合条件的文章,导出内容为"全记录与引用的参考文献",分别导入文献计量在线分析平台(OALM)和 VOSviewer 软件进行分析。同样的,选择以上符合标准文献中的高被引论文,共计 43 篇,采用与上述相同的方法进行分析(图 8-16)。

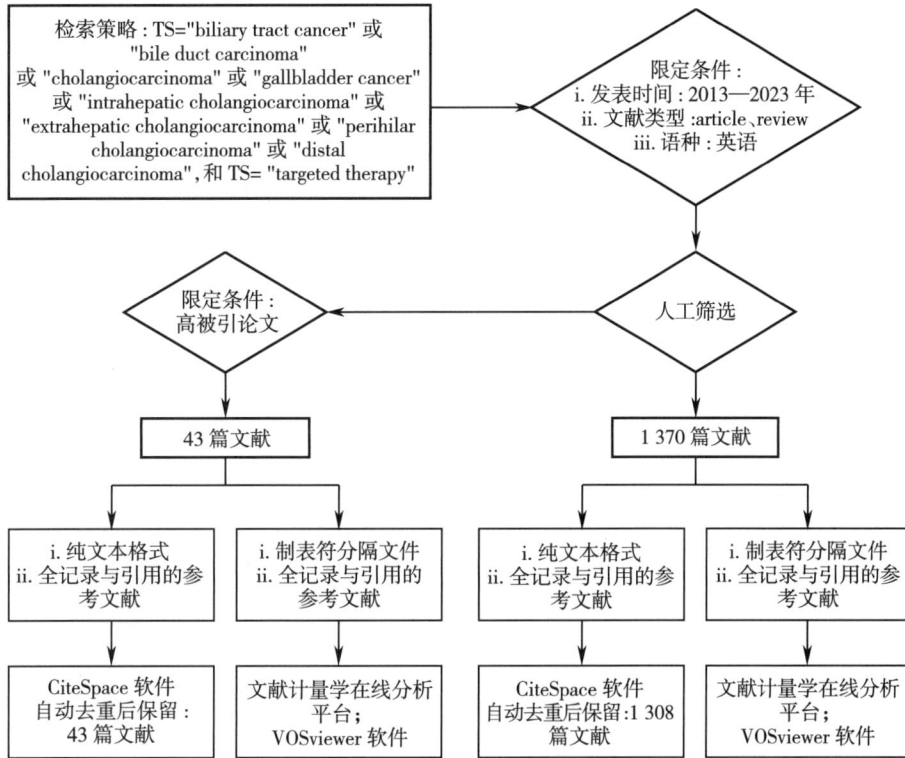

图 8-16 数据建立过程

2. 数据处理与参数设置 在 CiteSpace 软件中,我们调整了合适的参数进行统计分析:①时间范围:2013 年 1 月 1 日至 2023 年 5 月 9 日,间隔年数为 1 年;②关系强度的度量方法:Cosine 法;③节点类型:作者、被引作者、机构、国家、参考文献和关键词;④过滤标准:每个时间节点的前 50 位;⑤网络剪切方式选择:Pathfinder、Pruning sliced networks 和 Pruning the merged network。其他参数均采用默认值。在 OALM,我们分别按照国家文章数量、年度常见关键词数量、合作关系分析(包括国家、机构、作者)以及文章被引关系进行分析。同时,我们使用 VOSviewer 软件,选择"bibliographic data",数据来源为"bibliographic databases files",选定由 WoSCC 获取的制表符分隔文件后,进行所有关键词的共现分析。为了使所有分析结果更为直观地表现出来,我们同步利用 Excel 软件进行了数据的处理与图谱绘制。

(四)可视化分析指标

1. 频率 频率(frequency)是指从某一领域的分析数据中筛选出的不同节点的出现次数,它是衡量关键词的一个重要指标。频率与关注度呈正相关,一般来说,出现频率越高,则该关键词的关注度越高。

2. 中心性 中心性(centrality)是文献计量学分析中的一个重要指标,主要用来衡量节点的重要性和影响力。根据中心性的计算公式,是指一个节点在任意两个节点最短路径中出现频次之和。在共现网络中,节点中心性越高,即该节点在网络图中最短路径上出现的次数越多,在该领域研究中具有更重要的作用。中心性 >0.1 的节点可被视为关键节点。中心性值高的文献通常是连接两个不同领域的关键枢纽,在 CiteSpace 中也称其为转折点。

3. 度中心性　度中心性(degree)指节点所连接的边的数量,即节点所有连接的出和入之和。一个节点的度中心性值越大,说明该节点与其他节点的连接越紧密,具有更大的影响力。

4. Σ　Σ 指数是 CiteSpace 中结合节点在网络结构和时间上的重要性从而复合构造出的测量节点新颖性的指标,即中心性和突发性。Σ 值越大,说明该节点的创新水平越高。因此,该指标可用于衡量关键词的新颖程度,从而挖掘该领域的未来热点。

5. 频次　频次(occurrence)指关键词出现的次数,是 VOSviewer 软件中用于衡量关键词重要程度的指标。关键词出现频率越高,在图谱中表现为节点越大,也反映了其在该研究中越重要。

6. 突发性　突发性(burst)是了解研究焦点转变的重要指标,表明研究领域的一个主题在某个时间段发文量显著增加。当一个主题出现时,相关的文章和研究会突然增加,超出于常规发表量的增长。突发性即代表一个更为显著、重要的主题或趋势。通过对突发性数值的分析比较,研究者可以看到关键词的兴起或衰落情况,从而洞察该领域未来潜在的研究热点。

结　果

(一)文献数量和一般特征

将本研究纳入的 1 370 篇文献导入 OALM 进行分析后发现,发文总量在 2017—2018 年和 2021—2022 年有小幅下降,但总体呈上升趋势,说明人们越来越重视 BTC 的靶向治疗研究,这是一个具有潜在研究价值的研究热点。据统计,2021 年发文量最高,为 239 篇,由于统计日期为 2023 年 5 月 9 日,2023 年发文量不具代表意义,故未纳入总量统计。我们使用 Excel 对总发文量进行回归分析,并拟合了一条趋势线。回归分析是一种预测性的建模技术,可以研究自变量和因变量之间的关系,发现变量间的统计规律,同时可以用于预测分析。在本研究中,自变量为年份,因变量为发文量。分别用线性趋势线与指数趋势线拟合,R^2 是反映趋势线拟合程度的指标,当该数值等于或趋近于 1 时,拟合程度高,趋势线也越可靠。对比后发现指数趋势线与文献增长趋势拟合良好,指数曲线方程为 $y=40.987e^{0.179\,8x}$,$R^2=0.926\,5$,可以预测,未来几年的文献数量将持续增长,预计 2023 年发文量可达 296 篇(图 8-17A)。此外,我们选取了该领域的高被引论文,共计 43 篇,其中 2020 年数量最多,为 10 篇(图 8-17B)。文献类型在所有文献中以论著居多,在高被引论文中则以综述居多(图 8-18A)。

(二)国家分析

根据 WoSCC 的分析结果,共有 56 个国家发表了相关研究文章,其中中国以 478 篇文章排名第一,美国以 446 篇文章排名第二。高被引论文共涉及 20 个国家,美国以 30 篇排名第一。经 CiteSpace 软件分析后,共有 56 个国家发表了相关研究文章,其中中国发表的文章最多,为 465 篇,美国排名第二,为 439 篇,均明显多于其他国家(图 8-17C)。高被引论文中共包含 20 个国家,美国同样以 30 篇文章排名第一,而其他国家发表的文章数均不超过 11 篇(图 8-17D)。另外,根据分析,在所有研究中,美国是合作关系最为广泛的国家,中国位居第二(图 8-18B)。在高被引论文中,美国同样是合作关系最为广泛的国家,中国的排名则较为靠后(图 8-18C)。

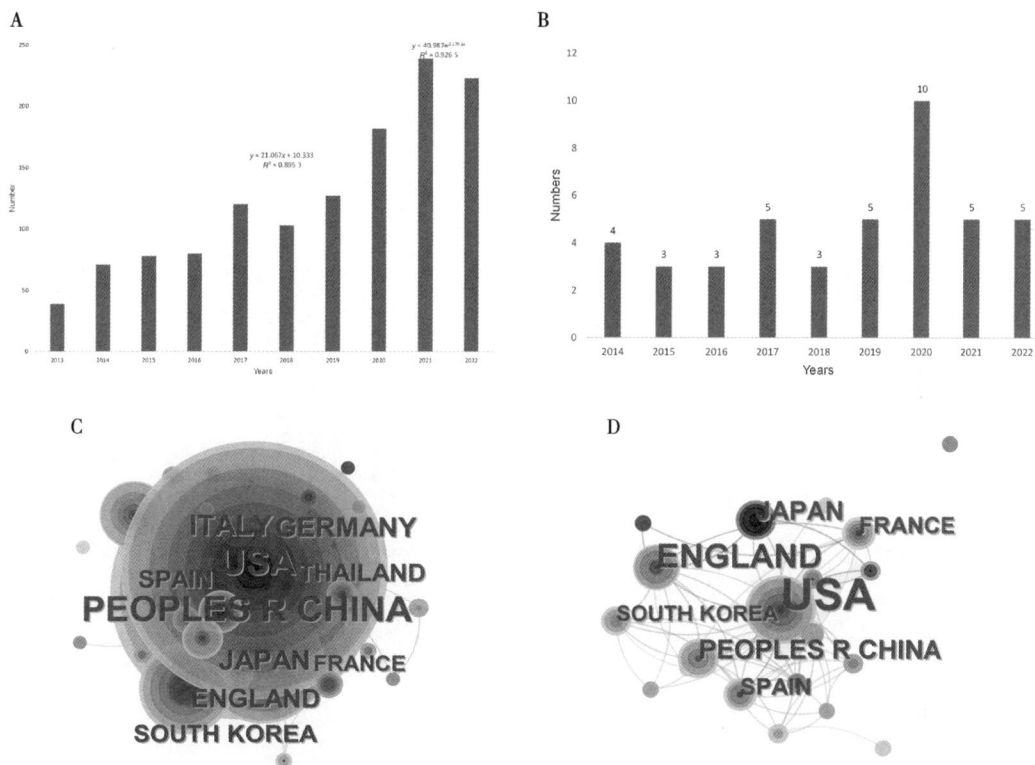

图 8-17　发文量及国家分析

A. 所有相关文献的年度发表数量;B. 高被引论文的年度发表数量;C. 所有相关文献的国家共现分析;D. 高被引论文的国家共现分析。

(三)机构分析

根据 WoSCC 的分析结果,共有 1 734 家机构参与了 BTC 靶向治疗的研究,梅奥诊所共发表 66 篇文章,排名第一。高被引论文中,共有 178 家机构参与,哈佛大学发表文章最多,共发表 11 篇文章。导入 CiteSpace 软件对所有相关研究机构进行分析后,共有 315 家机构参与,Research Libraries UK 共发表 67 篇文章,排名第一;梅奥诊所共发表 61 篇文章,位居第二(图 8-19A)。高被引论文中共有 127 个机构参与,同样是 Research Libraries UK 发表文章最多,共发表 12 篇文章;哈佛大学共发表 11 篇,位居第二(图 8-19B)。将该研究所有数据导入 OALM 进行分析,在所有研究中,梅奥诊所合作关系最广泛(图 8-18D),高被引论文中 National Cancer Center-Japan 的合作关系最为广泛(图 8-18E)。

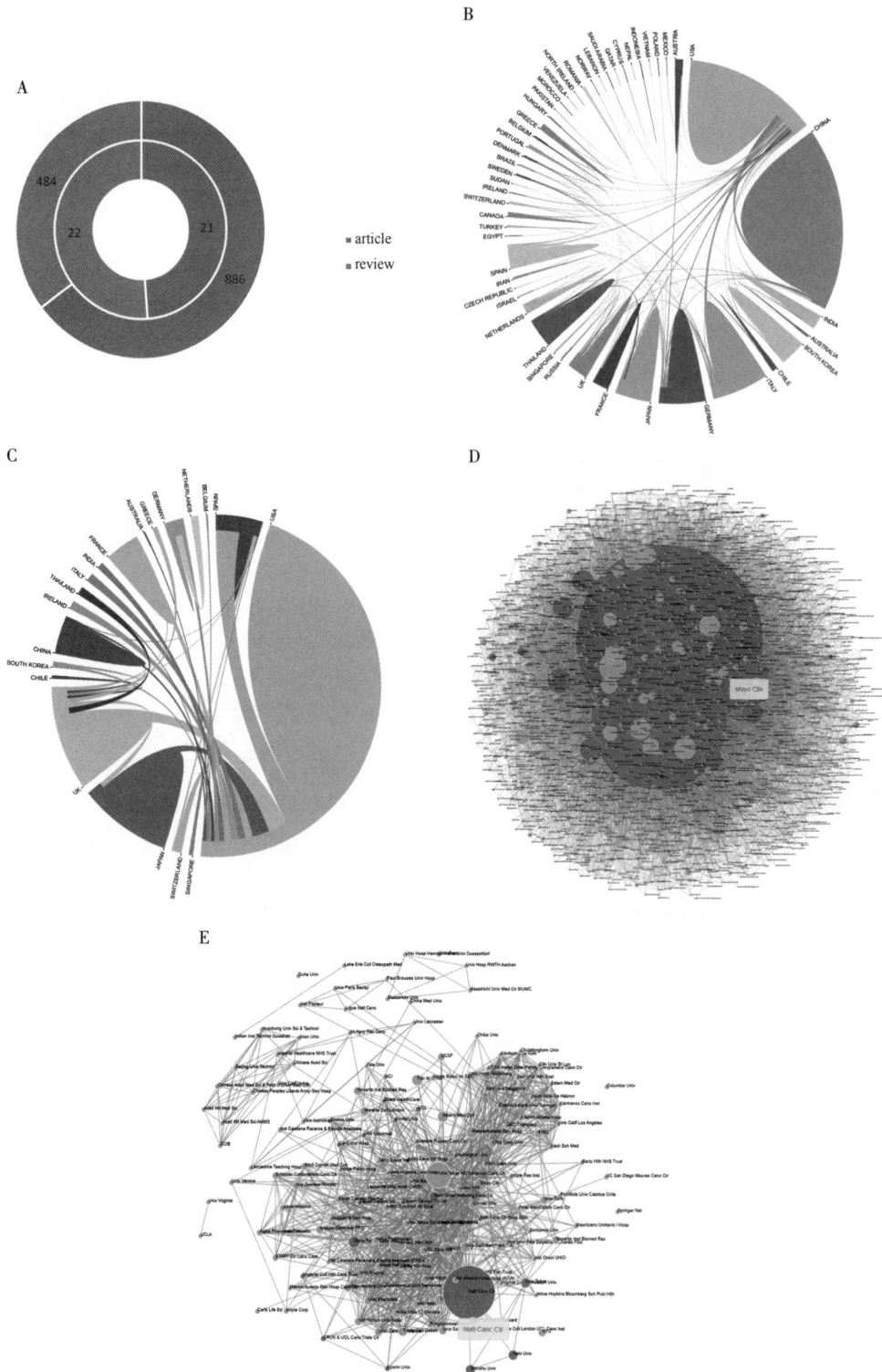

图 8-18　文献类型 / 国家及机构合作关系分析

A. 所有相关文献以及高被引论文的文献类型分布；B. 所有相关文献的国家合作关系分析；C. 高被引论文的国家合作关系分析；D. 所有相关文献的机构合作关系分析；E. 高被引论文的机构合作关系分析。

（四）作者分析

根据 WoSCC 分析结果,所有文章共包含 7 954 位作者,Pawlik TM 排名第一,共发表 30 篇文章,高被引论文中共包含 373 位作者,Zhu AX 以总计发表 9 篇文章排名第一。导入 CiteSpace 后,所有相关研究共有 459 位作者参与,其中 Pawlik TM 发文量最多,为 22 篇（图 8-19C）,高被引论文共包含 209 位作者,其中 Zhu AX 排名第一,共发表 9 篇文章（图 8-19D）。将该研究所有数据导入 OALM 分析,并使作者及研究团队之间的合作关系可视化,从而分析出合作关系最为广泛的作者。在所有相关研究与高被引论文中,Zhu AX 均为合作关系最广泛的作者（图 8-20A、B）,表明 Zhu AX 在所有作者中的影响力最大,其研究更值得关注。

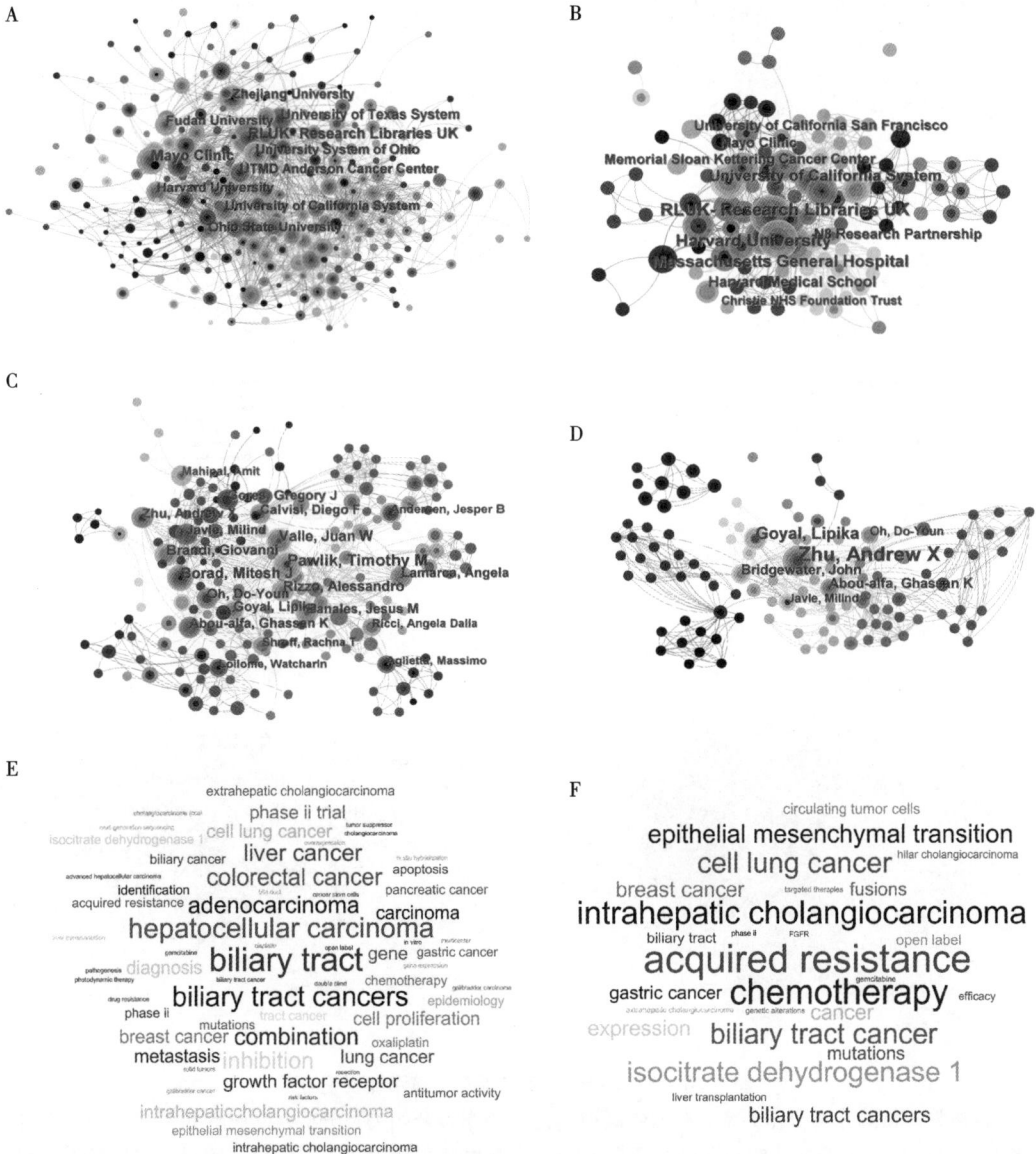

图 8-19 机构 / 作者 / 关键词分析

A. 所有相关文献的机构共现分析;B. 高被引论文的机构共现分析;C. 所有相关文献的作者共现分析;D. 高被引论文的作者共现分析;E. 所有相关文献的关键词词云图;F. 高被引论文的关键词词云图。

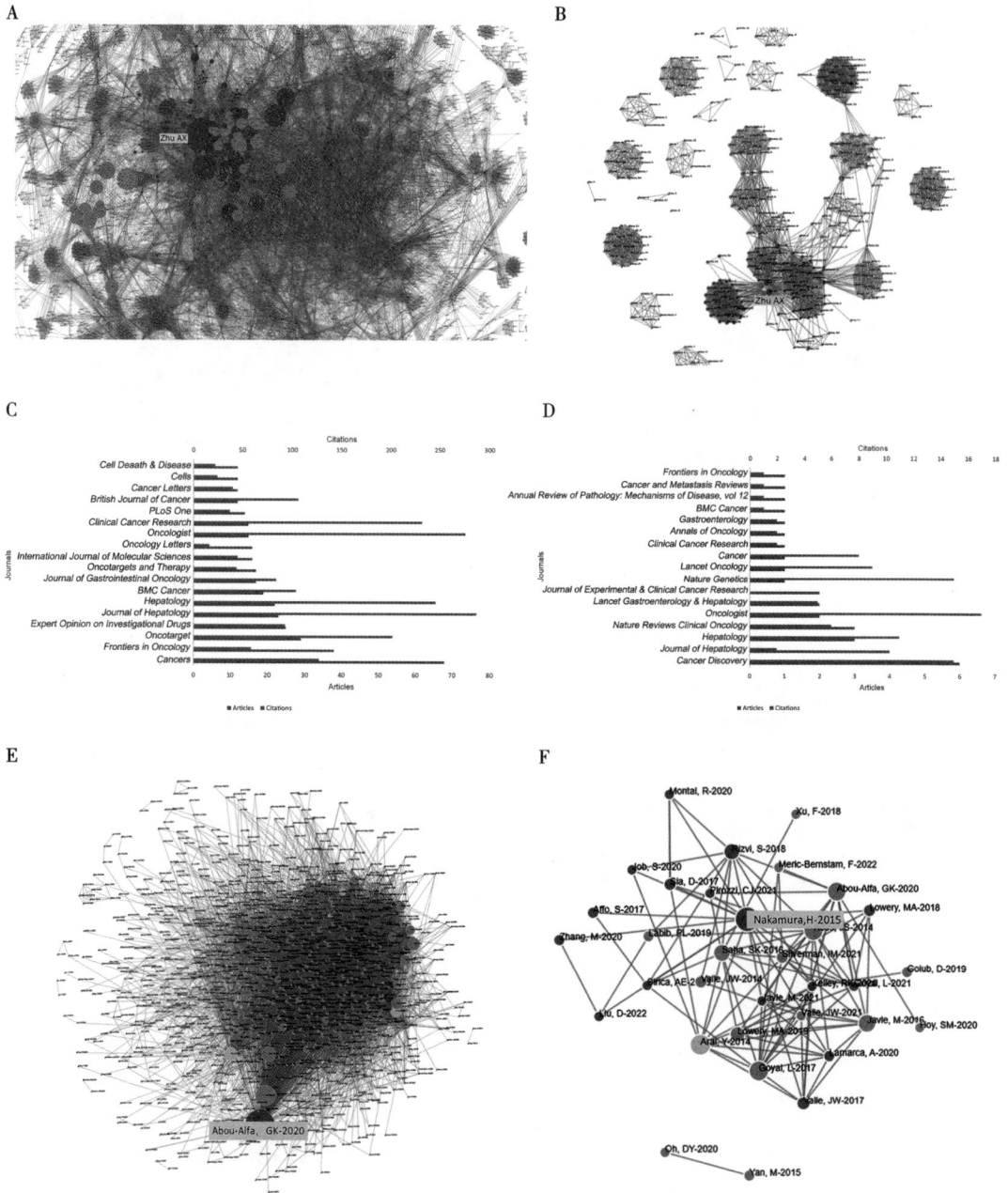

图 8-20　作者合作关系／期刊／被引论文分析

A. 所有相关文献的作者合作关系分析；B. 高被引论文的作者合作关系分析；C. 所有相关文献的期刊发表文章数量；D. 高被引论文的期刊发表文章数量；E. 所有相关文献的文章引用关系网；F. 高被引论文的文章引用关系网。

（五）期刊和被引论文分析

根据 WoSCC 分析结果，所有文章共发表在 436 种期刊上，其中 *Cancers*（IF=6.921，Q1）排名第一，共发表了 68 篇文章（图 8-20C），高被引论文共发表在 29 种期刊上，*Cancer Discovery*（IF=38.272，Q1）以 6 篇文章排名第一（图 8-20D）。在所有文章中，文章"Cholangiocarcinoma-evolving concepts and therapeutic strategies"被引频次最高，共计 785 次，平均每年被引 130 次。根据 OALM 形成引用关系的网络图，在所有文章中，文章"Ivosidenib in IDH1-mutant, chemotherapy-refractory Croatia& cholangiocarcinoma（ClarIDHy）: a multicentre, randomised, double-blind, placebo-controlled, phase 3 study"被引用次数最多（图 8-20E），在高被引论文中，文章"Genomic spectra of biliary tract cancer"被引用次数最多（图 8-20F）。

（六）关键词分析

关键词是文献研究内容的浓缩，可以简明扼要地反映文章的核心内容。关键词分析即通过对文章中的关键词进行提取和聚类，列出所有数据中出现频率较高的关键词，从而描绘出该领域的研究现状和发展趋势，挖掘出研究中存在的问题，为今后的研究方向提供指导。在本研究中，利用 CiteSpace 软件进行关键词词频、聚类和突现分析，利用 VOSviewer 软件进行关键词的共现聚类分析。分析结果如下。

1. 词频分析 基于 CiteSpace 分析结果，所有研究共获得关键词 463 个，其中词频超过 200 的共有 5 个，包括 biliary tract cancer、expression、intrahepatic cholangiocarcinoma、targeted therapy、cancer。高被引论文共获得关键词 199 个，其中词频≥5 的共有 7 个，分别是 cancer、intrahepatic cholangiocarcinoma、isocitrate dehydrogenase-1、biliary tract cancer、chemotherapy、open label、mutations。将所有相关文献和高被引论文的关键词按照 centrality 排序，分别形成词云图（图 8-19E、F）。综合 centrality 和 degree 分析，比较具有影响力的关键词包括 biliary tract、biliary tract cancer、chemotherapy、isocitrate dehydrogenase 1、intrahepatic cholangiocarcinoma、cell lung cancer、growth factor receptor、adenocarcinoma、colorectal cancer、inhibition（表 8-15）。

2. 聚类分析 聚类分析即将所有分散的关键词进行分类，以节点表示关键词，分布在所属类别的时间轴或分区内，直观地展现出关键词的演变进程与趋势。将所有研究数据导入 CiteSpace 软件中，分别对所有文献和高被引论文提取关键词进行聚类分析（图 8-21A、B），并以对数似然比（log-likelihood ratio，LLR）为参考指标，LLR 值越大，即越具有聚类代表性。CiteSpace 依据网络结构和聚类的清晰度，提供了模块值（modularity，简称 Q 值）和平均轮廓值（silhouette，简称 S 值），Q 值一般在区间 [0，1]，一般认为 Q>0.3 意味着划分出来的聚类结构是显著的。S 值即用来衡量集群成员的同质性，S 值越大，表示类成员之间的一致性越好[15]。当 S>0.7 时，聚类是令人信服的，若在 0.5 以上，聚类一般认为是合理的，若 S 值为无穷大，则聚类个数过少。本研究聚类结果 Q 值为 0.326 4 和 0.752 9，S 值为 0.678 2 和 0.916 3，因此，所得聚类结果均是显著且合理的，令人信服。在所有研究中，聚类形成了 7 个分类标签，高被引论文共形成了 10 个分类标签。根据先后顺序，越靠前则关键词越多。聚类结果如表 8-16 所示。

表 8-15 基于 CiteSpace 排名前 15 的关键词

分类	排名	关键词	词频 (frequency)	关键词	中心性 (centrality)	关键词	度 (degree)	关键词	Σ
A. 所有相关文献	1	biliary tract cancer	274	biliary tract	0.08	biliary tract	66	biliary tract	1.34
	2	expression	245	biliary tract cancers	0.06	adenocarcinoma	61	growth factor receptor	1.3
	3	intrahepatic cholangiocarcinoma	245	hepatocellular carcinoma	0.06	biliary tract cancers	57	colorectal cancer	1.21
	4	targeted therapy	237	adenocarcinoma	0.05	combination	57	identification	1.21
	5	cancer	203	colorectal cancer	0.05	colorectal cancer	57	cell lung cancer	1.18
	6	open label	196	inhibition	0.05	growth factor receptor	55	in vitro	1.17
	7	hepatocellular carcinoma	179	liver cancer	0.05	diagnosis	53	double blind	1.13
	8	gemcitabine	168	growth factor receptor	0.04	inhibition	52	bile duct	1.13
	9	therapy	156	diagnosis	0.04	cell lung cancer	52	phase Ⅱ trial	1.12
	10	multicenter	147	cell lung cancer	0.04	phase ii trial	51	lung cancer	1.12
	11	phase Ⅱ	128	phase ii trial	0.04	intrahepatic cholangiocarcinoma	50	metastasis	1.11
	12	chemotherapy	115	intrahepatic cholangiocarcinoma	0.04	biliary tract cancer	50	gastric cancer	1.11
	13	gallbladder cancer	112	cell proliferation	0.04	open label	50	extrahepatic cholangiocarcinoma	1.09
	14	mutations	102	gene	0.04	liver cancer	49	gene expression	1.09
	15	growth factor receptor	101	isocitrate dehydrogenase 1	0.03	chemotherapy	48	epidemiology	1.08

续表

分类	排名	关键词	词频 (frequency)	关键词	中心性 (centrality)	关键词	度 (degree)	关键词	Σ
B. 高被引论文	1	cancer	8	acquired resistance	0.23	acquired resistance	28	microsatellite instability	1
	2	intrahepatic cholangiocarcinoma	7	chemotherapy	0.21	biliary tract cancer	27	mutations	1
	3	isocitrate dehydrogenase1	7	intrahepatic cholangiocarcinoma	0.2	chemotherapy	26	circulating tumor cells	1
	4	biliary tract cancer	5	isocitrate dehydrogenase 1	0.15	intrahepatic cholangiocarcinoma	24	acute myeloid leukemia	1
	5	chemotherapy	5	biliary tract cancer	0.15	cancer	24	gallbladder carcinoma	1
	6	mutations	5	cell lung cancer	0.15	cell lung cancer	23	hilar cholangiocarcinoma	1
	7	acquired resistance	4	epithelial mesenchymal transition	0.14	biliary tract cancers	20	discovery	1
	8	cell lung cancer	4	cancer	0.12	isocitrate dehydrogenase 1	19	blockade	1
	9	expression	4	expression	0.11	gastric cancer	18	immune checkpoint	1
	10	biliary tract cancers	3	biliary tract cancers	0.11	fusions	18	gallbladder cancer	1
	11	fusions	3	breast cancer	0.11	breast cancer	16	death ligand 1	1
	13	extrahepatic cholangiocarcinoma	3	mutations	0.09	efficacy	15	epigenetics	1
	14	hepatocellular carcinoma	3	circulating tumor cells	0.08	genetic alterations	14	growth factor receptor	1
	15	gemcitabine	2	biliary tract	0.07	biliary tract	14	class I	1

A

B

C

D

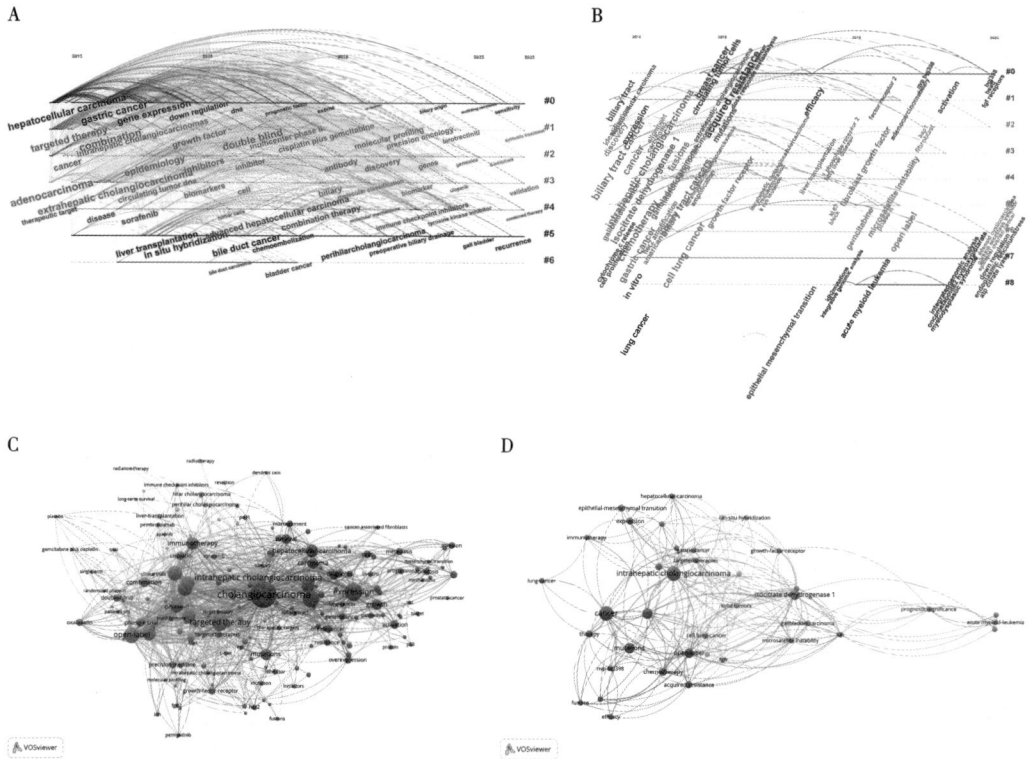

图 8-21　关键词分析

A. 所有相关文献的关键词聚类时间线视图；B. 高被引论文的关键词聚类时间线视图；C. 所有相关文献的关键词共现网络分析；D. 高被引论文的关键词共现网络分析。

表 8-16　基于 CiteSpace 的关键词共现分析聚类标签

类别	聚类 ID	大小	平均年份	高权重关键词（前5）
A. 所有相关文献	0#	121	2015	hepatocellular carcinoma（27.47，0.000 1）；cells（24.13，0.000 1）；biliary tract cancer（24.09，0.000 1）；proliferation（23.39，0.000 1）；expression（21.62，0.000 1）
	1#	96	2016	biliary tract cancer（72.65，0.000 1）；targeted therapy（39.22，0.000 1）；chemotherapy（25.39，0.000 1）；gemcitabine（24.64，0.000 1）；oxaliplatin（21.54，0.000 1）
	2#	71	2017	identification（18.43，0.000 1）；intrahepatic cholangiocarcinoma（15.02，0.001）；therapy（12.1，0.001）；acquired resistance（11.75，0.001）；heterogeneity（11.75，0.001）
	3#	65	2017	liquid biopsy（19.59，0.000 1）；next-generation sequencing（19.1，0.000 1）；NGS（12.22，0.001）；bile（12.22，0.001）；subtypes（12.22，0.001）
	4#	57	2019	immune checkpoint inhibitors（25.1，0.000 1）；hepatocellular carcinoma（hcc）（13.97，0.001）；immunotherapy（10.76，0.005）；single arm（9.31，0.005）；cancer vaccines（9.31，0.005）

续表

类别	聚类ID	大小	平均年份	高权重关键词（前5）
A. 所有相关文献	5#	38	2018	liver transplantation（35.53，0.000 1）；perihilar cholangiocarcinoma（22.6，0.000 1）；radiofrequency ablation（19.55，0.000 1）；neoadjuvant therapy（19.55，0.000 1）；resection（19.55，0.000 1）
	6#	11	2017	bladder cancer（16.87，0.000 1）；immune checkpoint gene（8.42，0.005）；sulfasalazine（8.42，0.005）；molecular mechanisms（8.42，0.005）；immune checkpoint（8.42，0.005）
B. 高被引论文	0#	29	2018	whole-body homeostasis（12.36，0.001）；FGFR inhibitor（12.36，0.001）；cancer cells tumor microenvironment（12.36，0.001）；umbrella review（8.13，0.005）；major anatomical site（8.13，0.005）
	1#	25	2017	intrahepatic disease（10.98，0.001）；cholangiocarcinoma incidence（10.98，0.001）；forty-year trend（10.98，0.001）；new route（7.23，0.01）；targeted therapy（7.23，0.01）
	2#	21	2017	genomic spectra（15.31，0.000 1）；targeting FGFR inhibition（10.01，0.005）；biliary tract cancer（7.42，0.01）；unique molecular subtype（4.91，0.05）；tyrosine kinase fusion（4.91，0.05）
	3#	20	2018	evolving concept（15.99，0.000 1）；therapeutic strategies（15.99，0.000 1）；molecular pathogenesis（10.43，0.005）；polyclonal secondary *FGFR2* mutation（5.11，0.05）；FGFR2 fusion-positive cholangiocarcinoma（5.11，0.05）
	4#	18	2015	clinical management（12.76，0.001）；biliary cancer（12.76，0.001）；expert consensus statement（8.38，0.005）；next-generation sequencing（6.5，0.05）；new horizon（4.13，0.05）
	5#	17	2018	systemic therapy（15.31，0.000 1）；molecular targeted therapy（10.01，0.005）；intrahepatic cholangiocarcinoma（6.32，0.05）；*IDH1*-mutant advanced cholangiocarcinoma（4.91，0.05）；biliary tract cancer（3，0.1）
	6#	16	2017	HER2 expression status（8.96，0.005）；review（8.96，0.005）；result（8.96，0.005）；diverse cancer（8.96，0.005）；patient（5.35，0.05）
	7#	14	2018	wogonin（6.21，0.05）；prevention（6.21，0.05）；analog（6.21，0.05）；treatment（6.21，0.05）；systematic review（6.21，0.05）
	8#	14	2020	*IDH* mutation（7.8，0.01）；therapy（7.8，0.01）；cancer development（7.8，0.01）；intrahepatic cholangiocarcinoma（0.36，1.0）；biliary tract cancer（0.3，1.0）

将所有数据导入 VOSviewer 中，对关键词进行网络分析，图片中圆圈和标签组成一个元素，元素的大小取决于节点、连线的强度、被引量等。利用该软件对关键词进行共现分析，筛选出出现次数为 15 次及以上的关键词，共计 182 个，所有文献的关键词共被分为 5 个集群（图 8-21C）。集群 1 主要围绕胆道癌症的基本特征展开，包括

"pathogenesis" "diagnosis" "prognosis" "biomarker"。集群 2 主要描述 BTC 靶向治疗这一主题，其中 "growth factor receptor" "KRAS" "isocitrate dehydrogenase 1" "CMET" 和 "EGFR" 等反映了针对 BTC 的靶标，"sorafenib" "apatinib" 和 "cetuximab" 等则反映了对靶向治疗药物的研究。集群 3 主要反映对 BTC 的基因突变分子研究，如 "HER2" "FGFR" 和 "fusions"，且这一部分内容与集群 2 中与靶标有关的节点存在明显关联。集群 4 主要围绕 ICC 展开，主要描述了 ICC 的治疗，如 "liver-transplantation" "resection" "radiotherapy" 和 "surgery"。集群 5 围绕免疫治疗展开，如 "T cell" "dendritic cell" 和 "tumor microenvironment"，同时出现了 "PD-L1" "pembrolizumab" 和 "immune checkpoint inhibitors" 等靶向治疗的关键词。对 182 个关键词按照 occurrence 进行排序，并筛选出前 10 位出现次数最多的关键词（表 8-17）。同样，对高被引论文进行网络分析，筛选出出现次数不少于 3 次的关键词，共计 39 个，形成了 5 个集群，每个集群出现频次最多的关键词分别为 "cancer"（11）、"isocitrate dehydrogenase 1"（7）、"intrahepatic cholangiocarcinoma"（11）、"cell lung-cancer"（4）（图 8-21D，表 8-17）。

表 8-17　基于 VOSviewer 的关键词共现网络分析标签

分类	聚类	排名前 10 的关键词
A. 所有相关文献	Cluster 1（75items）	cholangiocarcinoma（514）; expression（262）; cancer（249）; therapy（156）; hepatocellular carcinoma（140）; growth（108）; carcinoma（102）; survival（89）; prognosis（81）; activation（70）
	Cluster 2（57items）	targeted therapy（248）; open-label（211）; gemcitabine（199）; chemotherapy（187）; biliary tract cancer（164）; multicenter（160）; phase-Ⅱ（136）; gallbladder cancer（124）; combination（86）; cisplatin（71）
	Cluster 3（19items）	mutations（110）; metastatic cholangiocarcinoma（42）; HER2（32）; inhibitor（31）; acquired-resistance（30）; FGFR（30）; antitumor-activity（26）; therapies（23）; fusions（19）; pemigatinib（19）
	Cluster 4（19items）	intrahepatic cholangiocarcinoma（301）; risk-factors（63）; extrahepatic cholangiocarcinoma（52）; liver-transplantation（31）; perihilar cholangiocarcinoma（31）; biliary-tract cancers（26）; prognostic-factors（24）; radiotherapy（20）; primary sclerosing cholangitis（18）; long-term survival（16）
	Cluster 5（12items）	immunotherapy（143）; efficacy（45）; tumor microenvironment（45）; PD-L1（28）; T cell（23）; pembrolizumab（21）; immune checkpoint inhibitors（19）; biliary（16）; immune cell（16）; dendritic cell（15）
B. 高被引论文	Cluster 1（12items）	cancer（11）; cholangiocarcinoma（7）; mutations（7）; open-label（6）; chemotherapy（5）; acquired-resistance（4）; therapy（4）; efficacy（3）; fusions（3）; lung-cancer（3）; multicenter（3）; NVP-BGJ398（3）
	Cluster 2（10items）	isocitrate dehydrogenase 1（7）; acute myeloid-leukemia（3）; gallbladder carcinoma（3）; growth-factor-receptor（3）; IDH（3）; microsatellite instability（3）; oncometabolite 2-hydroxyglutarate（3）; phase-Ⅱ trial（3）; prognostic-significance（3）; promotes differentiation（3）

续表

分类	聚类	排名前 10 的关键词
B. 高被引论文	Cluster 3 (10items)	intrahepatic cholangiocarcinoma (11); epithelial-mesenchymal transition (4); expression (4); targeted therapy (4); extrahepatic cholangiocarcinoma (3); gastric-cancer (3); hepatocellular-carcinoma (3); immunotherapy (3); prognosis (3); targeted therapies (3)
	Cluster 4 (7items)	cell lung-cancer (4); biliary-tract cancer (3); fgfr (3); gemcitabine (3); in-situ hybridization (3); primary sclerosing cholangitis (3); olid tumors (3)

3. 突现分析　关键词突现是指在短时间内发表文章中出现频次极高的关键词,从关键词突现开始至突现结束形成横线标记,表明关键词在该研究领域的重要程度和被关注度,突现长度越长,说明该关键词热度持续时间越久、研究前沿性越强。根据 CiteSpace 的分析结果,有关 BTC 的研究,早期主要集中在 BTC 的分子机制研究,如"growth factor receptor""KRAS""PTEN""p53"和"isocitrate dehydrogenase 1"等。中期研究为早期研究的延续,根据早期分子研究的方向开展靶向治疗。此时,二代基因测序逐渐发展,也对如"mutational landscape""gene expression"进行了更全面的分析研究。晚期阶段已经涌现出多种靶向治疗药物,如"sorafenib""larotrectinib",同时"immune checkpoint inhibitors"也成为一种研究靶点,成为一个热门研究方向,如"nivolumab""pembrolizumab""PD-L1"。综合以上分析,靶向治疗正逐步走向成熟,涌现出多种靶向药物,同时有包括"immune checkpoint inhibitors"等的新研究方向出现,对以往靶点的靶向药物、ICI 等的研究可能是未来的研究趋势(表 8-18)。

表 8-18　基于 CiteSpace 的关键词突现分析

关键词	年份	强度	出现年份	结束年份	2013—2023 年
growth factor receptor	2013	7.45	2013	2017	
in vitro	2013	6.62	2013	2018	
identification	2013	5.98	2013	2016	
KRAS	2013	5.88	2013	2016	
bile duct	2013	5.07	2013	2017	
biliary tract	2013	4.06	2013	2016	
cell lung cancer	2013	3.87	2013	2015	
gallbladder carcinoma	2013	3.16	2013	2015	
PTEN	2013	2.77	2013	2015	
tract cancer	2013	2.73	2013	2017	
liver	2014	5.28	2014	2018	
colorectal cancer	2014	3.66	2014	2018	

续表

关键词	年份	强度	出现年份	结束年份	2013—2023 年
extrahepatic cholangiocarcinoma	2014	3.39	2014	2016	
tumor suppressor	2014	3.00	2014	2015	
photodynamic therapy	2014	2.97	2014	2015	
in vivo	2014	2.58	2014	2016	
p53	2014	2.41	2014	2016	
isocitrate dehydrogenase 1	2014	2.07	2014	2017	
intrahepatic cholangiocarcinoma	2015	2.91	2015	2016	
human hepatocellular carcinoma	2015	2.80	2015	2018	
phase Ⅱ trial	2013	2.76	2015	2017	
cholangiocarcinoma cells	2015	2.45	2015	2017	
prostate cancer	2014	5.54	2016	2018	
mutational landscape	2016	4.15	2016	2018	
endothelial growth factor	2016	2.72	2016	2019	
breast cancer	2014	2.48	2016	2018	
next generation sequencing	2017	4.73	2017	2018	
gene expression	2015	4.33	2017	2020	
therapeutic targets	2018	4.34	2018	2021	
prognostic factor	2018	3.94	2018	2020	
gallbladder carcinoma	2018	2.09	2018	2019	
prognostic significance	2018	3.37	2019	2021	
cisplatin plus gemcitabine	2019	3.31	2019	2020	
EGFR	2019	2.36	2019	2020	
adjuvant therapy	2013	2.14	2019	2020	
sorafenib	2015	3.47	2021	2021	
molecular profiling	2020	3.20	2020	2021	
perihilar cholangiocarcinoma	2020	2.40	2020	2021	
nivolumab	2020	2.40	2020	2021	
double blind	2017	5.79	2021	2023	
immune checkpoint inhibitors	2021	5.36	2021	2023	

续表

关键词	年份	强度	出现年份	结束年份	2013—2023 年
gemcitabine plus cisplatin	2021	4.30	2021	2023	
target therapy	2016	3.27	2021	2023	
liquid biopsy	2021	3.21	2021	2023	
immune cell	2021	3.21	2021	2023	
dendritic cell	2021	3.15	2021	2023	
pembrolizumab	2021	3.80	2022	2023	
PD-L1	2021	2.85	2021	2023	
tumor mutational burden	2021	2.50	2021	2023	
larotrectinib	2022	2.09	2022	2023	

讨　论

　　BTC,包括 GBC 与 CCA,是一组较为罕见的异质性上皮细胞肿瘤,具有高度侵袭性,发病率不足 1%[16],但近年来呈现上升趋势,尤其是 ICC 和诊断时已有远处病变的 CCA[17]。由于患者发现时往往已处于晚期,姑息治疗是唯一可以选择的治疗方案,预后较差,因此迫切需要发展新的治疗方案提高患者的治愈率。随着二代测序的蓬勃发展,靶向治疗正在迅速改变 CCA 的治疗模式。本文将首次引入文献计量学分析方法,对近十年 BTC 靶向治疗的相关文献进行领域分析、科研评价和前沿分析。

　　总体而言,该领域的发文量存在小幅波动,但整体呈上升趋势,说明该领域目前比较有发展前景。美国和中国是主要的科研产出国家,在发文量上中国与美国不相上下,尤其是近几年,发文量明显多于美国,而美国是该领域合作关系最为广泛的国家。但中国在该领域的高质量论文占比较低,同样的,在高被引论文中,中国与其他国家合作关系的密切程度也排名靠后,这也体现了中国发表的文章存在结构性失衡。综合分析,美国和中国在该领域依旧是核心国家,但中国的论文质量仍有待提升。在机构方面,不同分析平台由于运算方法不同,得出结果有出入,但总的来说,多个机构在该领域取得了较好的研究成果,合作关系密切,呈现出百花齐放的景象。梅奥诊所、Research Libraries UK 和哈佛大学这三所机构在该领域处于领先地位,研究成果可观,相对来说具有较大的影响力。关于该领域的研究人员,Pawlik TM 和 Zhu AX 从众多作者中脱颖而出。其中,Pawlik TM 总发文量最多,而 Zhu AX 在高被引论文中占有最高的发文比例,且在所有研究者中合作范围最为广泛。然而,大多数作者倾向于在小范围内进行合作研究。因此,加强作者之间的合作研究,特别是来自不同国家或机构的作者之间的合作研究,可以极大地促进学术思想的交流和研究领域的创新。期刊的影响因子是衡量期刊受到学术界关注程度的有效指标之一。该领域的研究主要发表在 *Cancers* 上,IF 为 6.921;高被引论文主要发表在 *Cancer Discovery* 上,IF 为 38.272,这也是评价研究成果的有效指标,客观反映了该领域的研究产出数据可观,研究成果水平较高。

　　根据 CiteSpace 和 VOSviewer 软件对该领域关键词的可视化分析结果，biliary tract cancer、intrahepatic cholangiocarcinoma、targeted therapy、gallbladder cancer、isocitrate dehydrogenase 1、chemotherapy、next-generation sequencing 等关键词出现频次较高。同时可以发现，不同时期的热词也有所不同，早期多为反映 BTC 分子机制研究的关键词，晚期以靶向治疗药物为主，同时又出现了新的研究方向。这直接表明 BTC 靶向治疗这一领域逐步走向成熟，应用于临床，并不断探索和发现未知。在 BTC 的分子基础研究中，已发现多种有临床价值的分子靶点。在目前已进行的 BTC 分子发病机制的研究中，多项研究表明 *TP53* 和 *KRAS* 是最常出现的突变[18-19]。*TP53* 是人类基因组中最重要的肿瘤抑制因子之一，已被证明在血管生成、DNA 损伤反应、癌基因激活和非整倍体繁殖预防中发挥重要作用。*TP53* 突变后，便失去了原有的抑癌功能，还获得了新功能，包括基因组不稳定、铁细胞凋亡[20]、调控肿瘤微环境、促进肿瘤干细胞自我更新与增殖[21]。*KRAS* 在丝裂原活化蛋白激酶（mitogen-activated protein kinase，MAPK）信号通路中发挥着重要的作用，*KRAS* 的下游信号通路包括 PI3K-AKT-mTOR 和 Raf-MEK-ERK 轴，*KRAS* 的激活能够启动 MAPK 途径中下游部分的蛋白级联反应，使 Raf-1-MEK-ERK1&2 等信号分子进行磷酸化并进一步参与到细胞核因子的激活之中。*KRAS* 发生突变后，导致一系列细胞内信号转导通路发生改变，促使细胞持续增殖和癌变[22]。在不同人体内，*KRAS* 突变频率相差较大[23]。目前靶向 *KRAS* 基因突变的机制主要有直接抑制突变的 *KRAS*、靶向 *KRAS* 下游信号通路中的各种信号因子、抑制 *KRAS* 突变协同致死基因等。

　　通过关键词的可视化分析，本研究发现在 CCA 的研究中，对于 ICC 的研究所占比重较大，相关关键词出现的频率也高于其他类型的 CCA，并且在 VOSviewer 的集群网络分析中，形成了单独的集群。这与 ICC 的发病率显著升高有关[24-25]，同时 ICC 直接位于肝组织，具有不同的生长模式和临床表现，因此受到更多关注。在 ICC 中，*IDH1/2* 是较常发生突变的基因之一，在至少 30% 的 ICC 中被发现[26]。*IDH* 突变往往会导致多种酶的功能失调，导致细胞内 2- 羟基戊二酸水平升高，从而引起表观遗传学的变化，因此使用针对 *IDH* 基因突变的抑制剂是一种潜在的靶向治疗药物。除此以外，分析结果中还涵盖了 *PTEN*、*CMET*、*HER2* 等与基因突变有关的关键词。随着二代测序的出现，基因组研究无论在深度还是广度方面都达到了前所有未的水平[27]，越来越多的科研人员投身于 BTC 分子特征的研究中，也有更多分子靶点为人们所发现。由于 CCA 被发现时多处于晚期，多数已不能手术切除，往往采取活检、细针穿刺或其他方法获得生物标本，检测时存在局限性，同时考虑到标本的纯度等影响因素，获取足够的肿瘤基因组材料仍存在阻碍，这也是进一步全面了解突变景观所需要解决的问题。

　　本文认为，靶向治疗药物的开发与临床试验是该领域的研究趋势之一。突现分析中出现频次较多的靶向治疗药物包括 sorafenib、apatinib、cetuximab 和 larotrectinib。sorafenib 是一种多靶点酪氨酸酶抑制剂，它可以针对 RAF 激酶、VEGFR-2/3、PDGFR-β、Fit3 和 C-kit 受体产生抑制作用。在一项前瞻性研究中，纳入的患者对 sorafenib 表现出较良好的耐受性，sorafenib 联合最佳支持治疗对晚期 ICC 患者有一定疗效[28]。apatinib 也是一种小分子酪氨酸激酶抑制剂，能够高度选择性竞争细胞内 VEGFR-2 的 ATP 结合位点，阻断下游信号转导，为肝癌二线抗血管生成药物。在已有临床试验中发现，对于转移性 BTC 患者，apatinib 显示出抗肿瘤活性且安全性可接受，值得进一步临床试验[29]。cetuximab 是一种人源的单克隆抗体药物，主要靶向表皮生长因子受体。在一项 Ⅱ 期随机对照研究中，晚期 BTC 患者接受 cetuximab 联合化疗（吉西他滨和奥沙利铂）治疗,结果显示似乎没有显著提高晚期 CCA 患者的化疗疗效,但仍需进一步研究[30]。larotrectinib 为美国食品药品监督管理局（Food and Drug Administration, FDA）已批准的可用于 *NTRK* 融合阳性实体瘤的 NTRK 抑制剂,NTRK 是一种膜结合受体,可自磷酸化并激活驱动肿瘤发生的下游通路,*NTRK1/NTRK2/NTRK3* 融合在 BTC 患者中发生率 <1%[31]。2023 年美国国家综合癌症网络（National Comprehensive Cancer Network, NCCN）针对胆道恶性肿瘤的临床实践指南显示,在某些情况下,可作为不可切除或转移性 *NTRK* 基因融合阳性肿瘤的一线治疗选择。

除了以上靶向治疗药物外,对于 ICI 药物的研发和临床应用也可能是未来的一大研究热点。目前上市的 ICI 主要包括细胞毒 T 淋巴细胞相关抗原 4（cytotoxic T lymphocyte-associated antigen-4, CTLA-4）抑制剂和程序性细胞死亡蛋白 1（programmed cell death protein-1, PD-1）相关抑制剂,在本研究中,PD-L1 以及 nivolumab、pembrolizumab 出现的频率较高。PD-1 是表达在 T 细胞表面的一种重要的免疫抑制跨膜蛋白,可作为免疫检查点蛋白,通过与配体 PD-L1 或 PD-L2 结合以抑制 T 细胞的激活。PD-1/PD-L1 系统抑制了主动肿瘤免疫,因此通过抑制剂阻断 PD-1 及其配体 PD-L1 和 PD-L2 之间的相互作用,有望重建免疫反应从而达到抗肿瘤的目的。nivolumab、pembrolizumab 均为 PD-1 抑制剂。近年来,研究发现 CTLA-4 和 PD-1 等检查点抑制剂作为单药治疗时,应答反应并不显著[32]。错配修复（mismatch repair, MMR）缺陷是由肿瘤中 *MLH1*、*MSH2*、*MSH6* 和 *PMS2* 基因突变导致的,这些基因编码的蛋白质主要负责 DNA 的错配修复。微卫星为细胞基因组中以几个核苷酸为单位重复的 DNA 序列,当微卫星出现复制错误时,MMR 缺陷导致无法修复,从而表现为微卫星不稳定（microsatellite instability, MSI-H）。已有研究显示,MSI-H 或 MMR 缺陷患者对 ICI 的应答反应更为持久、显著[33]。MSI-H 或 MMR 在 BTC 患者中较为少见,出现频率不超过 10%,在 GBC 和 ICC 中仅有 5%。除此以外,肿瘤突变负荷（tumor mutational burden, TMB）、PD-L1 表达情况、肿瘤微环境和 *DDR* 基因突变都能作为胆道肿瘤对 ICI 应答效应的预测因子[34]。因此,将 ICI 应用于应答反应强的患者将会获得更大的收益,这就需要投入更多研究来寻找精准而高效的预测因子。与此同时,已有研究者提出将 ICI 与化疗、靶向治疗药物联用的治疗方案。在 Keynote966 研究中,pembrolizumab 联合 GemCis 成功实现了 III 期阳性结果,可以作为晚期 BTC 一种新的治疗方案[35]。在基础研究已验证机制的基础上,已不断有靶向药物与 ICI 联合应用的个案报道。针对晚期 ICC 患者,1 例 IIIB 期 ICC 患者在接受靶向 VEGFR 等多靶点 TKI、lenvatinib 及 PD-1 单克隆抗体 tislelizumab 联合治疗后获得部分缓解,进一步手术治疗,随访未见复发[36]。在 32 名既往已接受过抗癌治疗的患者中,联合多激酶抑制剂 lenvatinib 和 pembrolizumab 治疗,也取得了令人鼓舞的结果[37]。综上所述,ICI 在该领域存在较大的研究价值,仍有广阔的研究空间,为了让 ICI 在 BTC 患者中获得更大的收益,需要在未来进行更多研究。

本研究存在一定局限性。本研究仅纳入 WoSCC 数据库中相关研究,且语种限定为英语,可能忽略了其他数据库以及其他语种的高质量科研成果。由于时间限定在 2013—2023 年,对于该领域的发展变化过程可能存在遗漏,从而导致分析结果与实际情况存在误差。此外,在数据分析之前进行了文章的人工初步筛选,此过程可能存在偏倚。

结 论

本研究首次将文献计量学分析引入 BTC 的靶向治疗这一领域,利用 OALM、CiteSpace 和 VOSviewer 软件对所有数据进行定量可视化分析。该领域的研究已从早期的分子机制研究逐步走向成熟,目前主要集中在靶向药物的研发与临床试验方面,未来的研究热点可能是 ICI、PD-1/PD-L1、TMB、pembrolizumab 和 larotrectinib。相关研究者可以以本研究的结果作为参考,从而进行下一步的探索。

参考文献

[1] LAZCANO-PONCE E C, MIQUEL J F, MUÑOZ N, et al. Epidemiology and molecular pathology of gallbladder cancer[J]. CA cancer J Clin, 2001, 51(6): 349-364.

[2] SUNG H, FERLAY J, SIEGEL R L, et al. Global Cancer Statistics 2020: GLOBOCAN estimates of incidence and mortality worldwide for 36 cancers in 185 countries[J]. CA cancer J Clin, 2021, 71(3): 209-249.

[3] TAYLOR-ROBINSON S D, TOLEDANO M B, ARORA S, et al. Increase in mortality rates from intrahepatic cholangiocarcinoma in England and Wales 1968—1998[J]. Gut, 2001, 48(6): 816-820.

[4] BOONSTRA K, WEERSMA R K, VAN ERPECUM K J, et al. Population-based epidemiology, malignancy risk, and outcome of primary sclerosing cholangitis[J]. Hepatology, 2013, 58(6): 2045-2055.

[5] KAEWPITOON N, KAEWPITOON S J, PENGSAA P, et al. Opisthorchis viverrini: the carcinogenic human liver fluke[J]. World J Gastroenterol, 2008, 14(5): 666-674.

[6] NAKANUMA Y, SATO Y, HARADA K, et al. Pathological classification of intrahepatic cholangiocarcinoma based on a new concept[J]. World J Hepatol, 2010, 2(12): 419-427.

[7] CLEMENTS O, ELIAHOO J, KIM J U, et al. Risk factors for intrahepatic and extrahepatic cholangiocarcinoma: a systematic review and meta-analysis[J]. J Hepatol, 2020, 72(1): 95-103.

[8] VOGEL A, BRIDGEWATER J, EDELINE J, et al. Biliary tract cancer: ESMO clinical practice guideline for diagnosis, treatment and follow-up[J]. Ann Oncol, 2023, 34(2): 127-140.

[9] HORGAN A M, AMIR E, WALTER T, et al. Adjuvant therapy in the treatment of biliary tract cancer: a systematic review and meta-analysis[J]. J Clin Oncol, 2012, 30(16): 1934-1940.

[10] HO J, FIOCCO C, SPENCER K. Treating biliary tract cancers: new targets and therapies[J]. Drugs, 2022, 82(17): 1629-1647.

[11] LI M, LIU F, ZHANG F, et al. Genomic *ERBB2/ERBB3* mutations promote PD-L1-mediated immune escape in gallbladder cancer: a whole-exome sequencing analysis[J]. Gut, 2019, 68(6): 1024-1033.

[12] HU-LIESKOVAN S, MOK S, HOMET M B, et al. Improved antitumor activity of immunotherapy with BRAF and MEK inhibitors in BRAF(V600E)melanoma[J]. Sci Transl Med, 2015, 7(279): 279ra41.

[13] LIU C, YU R, ZHANG J, et al. Research hotspot and trend analysis in the diagnosis of inflammatory bowel disease: a machine learning bibliometric analysis from 2012 to 2021[J]. Front Immunol, 2022, 13: 972079.

[14] NINKOV A, FRANK J R, MAGGIO L A. Bibliometrics: Methods for studying academic publishing[J]. Perspect Med Educ, 2022, 11(3): 173-176.

[15] LIU C, SU W, TAN Z, et al. The interaction between microbiota and immune in intestinal inflammatory diseases: global research status and trends[J]. Front Cell Infect Microbiol, 2023, 13: 1128249.

［16］YEO C J, PITT H A, CAMERON J L. Cholangiocarcinoma［J］. Surg Clin North Am, 1990, 70（6）: 1429-1447.

［17］PATEL N, BENIPAL B. Incidence of cholangiocarcinoma in the USA from 2001 to 2015: a US cancer statistics analysis of 50 states［J］. Cureus, 2019, 11（1）: e3962.

［18］CHURI C R, SHROFF R, WANG Y, et al. Mutation profiling in cholangiocarcinoma: prognostic and therapeutic implications［J］. PLoS One, 2014, 9（12）: e115383.

［19］YOON J G, KIM M H, JANG M, et al. Molecular characterization of biliary tract cancer predicts chemotherapy and programmed death 1/programmed death-ligand 1 blockade responses［J］. Hepatology, 2021, 74（4）: 1914-1931.

［20］LIU D S, DUONG C P, HAUPT S, et al. Inhibiting the system x（C）（－）/glutathione axis selectively targets cancers with mutant-p53 accumulation［J］. Nat Commun, 2017, 8: 14844.

［21］CHEN X, ZHANG T, SU W, et al. Mutant p53 in cancer: from molecular mechanism to therapeutic modulation［J］. Cell Death Dis, 2022, 13（11）: 974.

［22］PARIKH K, BANNA G, LIU S V, et al. Drugging KRAS: current perspectives and state-of-art review［J］. J Hematol Oncol, 2022, 15（1）: 152.

［23］RIJKEN A M, VAN GULIK T M, POLAK M M, et al. Diagnostic and prognostic value of incidence of K-ras codon 12 mutations in resected distal bile duct carcinoma［J］. J Surg Oncol, 1998, 68（3）: 187-192.

［24］BERTUCCIO P, BOSETTI C, LEVI F, et al. A comparison of trends in mortality from primary liver cancer and intrahepatic cholangiocarcinoma in Europe［J］. Ann Oncol, 2013, 24（6）: 1667-1674.

［25］SAHA S K, ZHU A X, FUCHS C S, et al. Forty-year trends in cholangiocarcinoma incidence in the U.S.: intrahepatic disease on the rise［J］. Oncologist, 2016, 21（5）: 594-599.

［26］ROSS J S, WANG K, GAY L, et al. New routes to targeted therapy of intrahepatic cholangiocarcinomas revealed by next-generation sequencing［J］. Oncologist, 2014, 19（3）: 235-242.

［27］MACCONAILL L E. Existing and emerging technologies for tumor genomic profiling［J］. J Clin Oncol, 2013, 31（15）: 1815-1824.

［28］LUO X, JIA W, HUANG Z, et al. Effectiveness and safety of sorafenib in the treatment of unresectable and advanced intrahepatic cholangiocarcinoma: a pilot study［J］. Oncotarget, 2017, 8（10）: 17246-17257.

［29］WANG C, HUANG M, GENG Q, et al. Apatinib for patients with metastatic biliary tract carcinoma refractory to standard chemotherapy: results from an investigator-initiated, open-label, single-arm, exploratory phase Ⅱ study［J］. Ther Adv Med Oncol, 2021, 13: 17588359211039047.

［30］MALKA D, CERVERA P, FOULON S, et al. Gemcitabine and oxaliplatin with or without cetuximab in advanced biliary-tract cancer（BINGO）: a randomised, open-label, non-comparative phase 2 trial［J］. Lancet Oncol, 2014, 15（8）: 819-828.

［31］OKAMURA R, BOICHARD A, KATO S, et al. Analysis of *NTRK* alterations in pan-cancer adult and pediatric malignancies: Implications for NTRK-Targeted Therapeutics［J］. JCO Precis Oncol, 2018, 2018: PO.18.00183.

［32］PIHA-PAUL S A, OH D Y, UENO M, et al. Efficacy and safety of pembrolizumab for the treatment of advanced biliary cancer: Results from the KEYNOTE-158 and KEYNOTE-028 studies［J］. Int J Cancer, 2020, 147（8）: 2190-2198.

［33］MARABELLE A, LE D T, ASCIERTO P A, et al. Efficacy of pembrolizumab in patients with noncolorectal high microsatellite instability/mismatch repair-deficient cancer: results from the phase Ⅱ KEYNOTE-158 study［J］. J Clin Oncol, 2020, 38（1）: 1-10.

［34］RIZZO A, RICCI A D, BRANDI G. PD-L1, TMB, MSI, and other predictors of response to immune checkpoint inhibitors in biliary tract cancer［J］. Cancers（Basel）, 2021, 13（3）: 558.

［35］KELLEY R K, UENO M, YOO C, et al. Pembrolizumab in combination with gemcitabine and cisplatin compared with gemcitabine and cisplatin alone for patients with advanced biliary tract cancer（KEYNOTE-966）: a randomised, double-blind, placebo-controlled, phase 3 trial［J］. Lancet, 2023, 401（10391）: 1853-1865.

［36］DING Y, HAN X, SUN Z, et al. Systemic sequential therapy of CisGem, tislelizumab, and lenvatinib for advanced intrahepatic cholangiocarcinoma conversion therapy［J］. Front Oncol, 2021, 11: 691380.

［37］LIN J, YANG X, LONG J, et al. Pembrolizumab combined with lenvatinib as non-first-line therapy in patients with refractory biliary tract carcinoma［J］. Hepatobiliary Surg Nutr, 2020, 9（4）: 414-424.

（孙佳一　谭　铖　甄军海　董卫国）

第九章　胰腺疾病

组学在胰腺炎中的应用：一项文献计量学研究

　　【目的】对胰腺炎中组学技术应用这一领域的研究进行文献计量分析并可视化，分析其研究现状、研究热点及研究趋势。

　　【方法】纳入的文献从 Clarivate 的 Web of Science 核心合集数据库中获取，利用 CiteSpace（版本 6.2.R2）、VOSviewer（版本 1.6.19）以及文献计量在线分析平台（OALM）从数量、国家、作者、机构、期刊、引用及关键词等多个方面进行分析，绘制共现网络图、聚类图等。

　　【结果】纳入了 1993—2023 年的文献，共 1 448 篇。该领域的文献数量正逐年增长。University of Pittsburgh 的 Whitcomb DC 发表了 32 篇文章，是发表文章数量最多的作者。Institut National de la Sante et de la Recherche Medicale 是发表文章最多的机构，共 71 篇。美国发表的文章数量最多，而中国近几年在该领域的贡献较大。*Pancreas* 是收录文章最多的期刊，为 83 篇。关键词分析显示，共有 710 个关键词，主要集中在胰腺炎及相关疾病（如 acute pancreatitis、pancreatic cancer）、微生物与感染（如 bacterial translocation、infection、gut microbiome、probiotics）。突现结果显示，最新的热点主要与肠道微生物相关。

　　【结论】本研究首次利用可视化软件和数据信息挖掘对组学技术在胰腺炎中的应用进行文献计量分析，对该领域的研究现状、研究趋势、研究热点进行分析。微生物与胰腺炎的关系是目前的研究热点，其中也仍然存在大量尚未阐明的问题有待进一步研究。本研究为胰腺炎的机制及临床治疗提供依据。

　　【关键词】组学，胰腺炎，微生物，文献计量，关键词，聚类

引 言

胰腺炎是一类以胰腺组织炎性损伤为主要特点的消化系统疾病,病因多样复杂,主要与胆道疾病、酒精、免疫、感染以及外源性损伤等相关,根据病程长短及病理表现的不同常分为急性胰腺炎(acute pancreatitis, AP)和慢性胰腺炎(chronic pancreatitis, CP)两大类。AP 的主要病理表现主要为各种因素引发的胰酶激活进而导致胰腺水肿、出血、坏死,临床上以急性上腹疼痛及血清淀粉酶或脂肪酶升高为特点,是常见的需要住院治疗的消化系统急症[1]。CP 是胰腺局部或弥漫性的慢性进展性纤维素性炎,常导致慢性疼痛、胰腺外分泌及内分泌功能不全[2]。近年来,AP 和 CP 的发病率均呈上升趋势[2-3],严重损害患者生命健康,为患者家庭、社会造成了极大负担。

随着生命过程整体分析技术的出现,以及近年来测序、色谱、质谱及磁共振技术的发展,组学分析在各种疾病的研究中被广泛使用。组学从群体或集合的角度整体检视生物体内各类分子的结构与功能以及基因之间的相互作用,主要包括基因组学、转录组学、外显子组学、蛋白质组学、代谢组学以及微生物组学等。上述技术可作为疾病分子机制、分型、诊断、治疗靶点和临床管理研究的工具。

文献计量是利用计算机对某一范围内的文献进行统计、聚类、构建网络的研究方法,集合了文献管理学、信息学、统计学等多方面的技术,可以提供发表数量、作者、研究机构、研究趋势及热点等数据,为该领域的研究人员决策提供辅助[4]。近年来,得益于各种分析软件的出现和文献数据库的发展,文献计量在不同学科和领域中得到了广泛应用[5-6]。聚焦于消化系统疾病的研究中,文献计量研究层出不穷[7-8]。然而,目前没有对组学技术在胰腺炎中的应用进行文献计量分析的研究。因此,本文对应用组学技术研究胰腺炎的文献进行计量研究,从多个维度分析研究特点,并对研究结果进行可视化。

材料和方法

(一)数据源及检索策略

本研究所纳入的文献于 2023 年 5 月 3 日在 Clarivate(https://clarivate.com/)的 Web of Science 核心合集(Web of Science Core Collection, WoSCC)数据库中获取,文献发表的时间限定在 1993 年 1 月 1 日至 2023 年 5 月 3 日。以限定主题为检索策略,检索词包含 omics、genomics、transcriptomics、proteomics、metabonomics、lipidomics、microbiomics 等。所纳入文献涵盖了论著、综述、会议论文、评论、书籍等多种类型。检索工作由两人分别独立完成后再进行汇总比较,以减少检索过程中产生的主观偏倚,并对文献论文的标题和摘要进行筛选,保证文献符合研究纳入标准,若对文献存在争议,则由第三人进行综合判断。

(二)数据处理

在 WoSCC 中检索并筛选后,纳入组学技术与胰腺炎相关研究的文献 1 448 篇,纳入微生物组学与胰腺炎相关的文献 628 篇,以包含"全记录与引用的参考文献"的"纯文本文件"和"制表符分隔文件"形式导出备用。Excel 软件用于分析纳入的文献数据。将"制表符分隔文件"上传到文献计量在线分析平台(Online Analysis platform of Literature Metrology,

OALM）进行在线分析,该平台通过网页端的服务,以图形可视化的方式,以更友好的交互方式进行呈现,为研究人员提供有价值的参考信息。在 OALM 中,我们对文献数量、国家间关系、机构间关系、作者关系以及关键词频次进行分析。"纯文本文件"被重命名为"download_"后上传到 CiteSpace（版本 6.2.R2）及 VOSviewer（版本 1.6.19）进一步分析。我们在 CiteSpace（版本 6.2.R2）中对国家、研究机构、作者、引用关系构建了可视化网络图,并对关键词进行聚类分析和突现分析。可视化网络图中各个节点代表着被分析的元素（国家、机构、作者等）,节点间连线与合作、引用相关,节点大小与元素的频次和重要性相关,颜色梯度与节点的出现时间相关。在 VOSviewer（版本 1.6.19）也对关键词进行了聚类分析,其节点颜色与其被聚类的类别相关。被纳入出版物的 JCR 分区及影响因子数据来源于 Clarivate。

结 果

（一）文献数量分析

研究发现,自 1993 年至今,组学与胰腺炎相关的研究总体呈上升趋势,说明组学技术在胰腺炎研究中的应用越来越多,具有很高的应用价值（图 9-1A）。目前,发表的文献数量在 2022 年达到顶峰,为 119 篇。由于本研究在检索时处于 2023 年第二季度,2023 年已经发表的相关文献仅 34 篇,预计到 2023 年结束时,文献数量将超过 2022 年达到新的顶峰。普莱斯定律是文献计量法研究的重要成果之一,它描述了某一类文献量随时间的变化模式,并预测了未来的变化趋势。根据普莱斯定律,文献产量增长呈指数级,指数曲线方程为 $y=16.424e^{0.058\,4x}$,指数方程曲线与文献增长吻合良好,具有较高的决定系数（$R^2=0.906\,8$）。根据指数方程,文献增长率为 5.84%,因此可以预见的是该领域的研究将进一步增长。

（二）作者分析

根据 WoSCC 中的数据,所有相关研究共有 8 097 名作者,Whitcomb DC 是发表文章最多的作者,共发表了 32 篇文章。在 CiteSpace 中,所有相关研究共有 911 名作者（图 9-1B）,共有 1 137 名被引用的作者。作者间关系图能直观地反映作者之间的合作关系及其工作团队,Whitcomb DC 是所有研究中合作关系最密切的作者（图 9-1C）。

（三）机构分析

根据 WoSCC 的数据,所有纳入的文献由 1 843 个机构研究发表。法国国家健康与医学研究院发表了 71 篇论文,是发表论文数量最多的机构,占文章总数的 4.903%。在 CiteSpace 中,共有 538 个机构参与了研究,法国国家健康与医学研究院发表的文章数量最多,为 66 篇（图 9-2A）。机构间关系图对发表论文的研究机构之间的合作关系进行可视化,可以让我们对各个机构之间的合作交流情况有直观的认识。University of Pittsburgh 是与其他机构合作研究最密切的机构（图 9-2B）。

（四）国家 / 地区分析

根据 WoSCC 的数据,共有 70 个国家参与了研究,美国发表了 399 篇论文,为发表文章数量最多的国家 / 地区,其次是中国、德国、日本、法国。在 CiteSpace 中,共有 69 个国家 / 地区参与了研究（图 9-2C）,其中,发表文章数量最多的是美国,为 391 篇,在 OALM 中构建了国家间关系的可视化网络图（图 9-2D）。

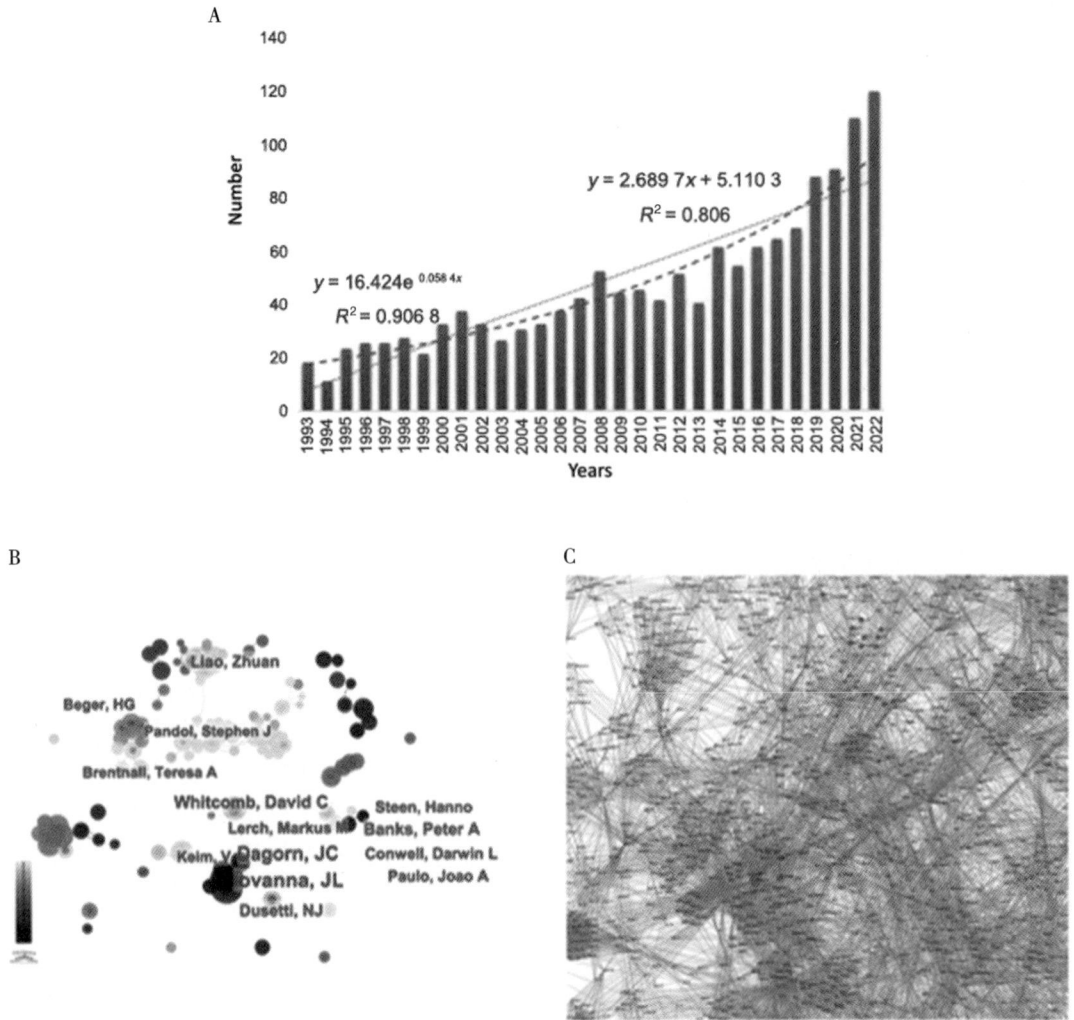

图 9-1 年度发文量及作者分析

A. 年度出版物数量；B. 相关文献作者共现网络；C. 及相关文献作者之间的合作关系。

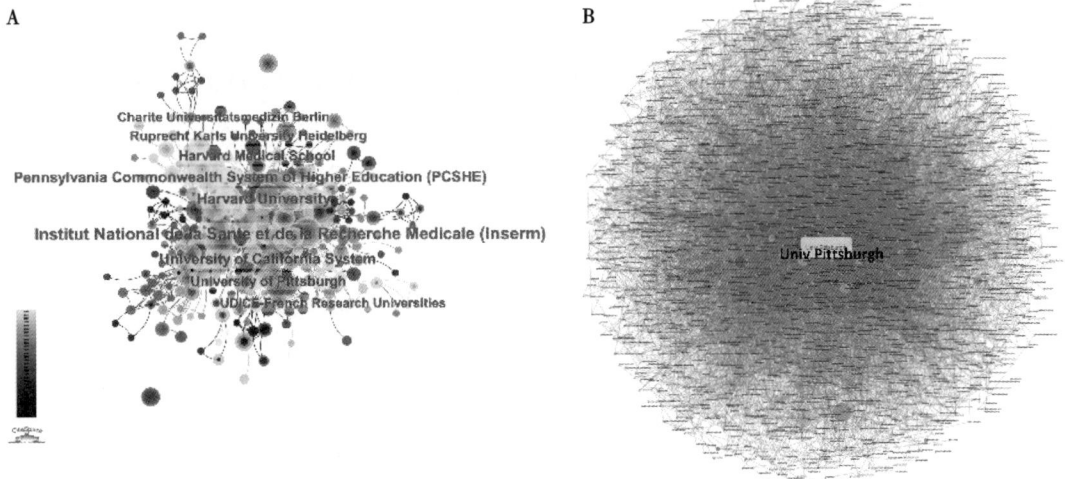

C　　　　　　　　　　　　　　　　　　　　　　　D

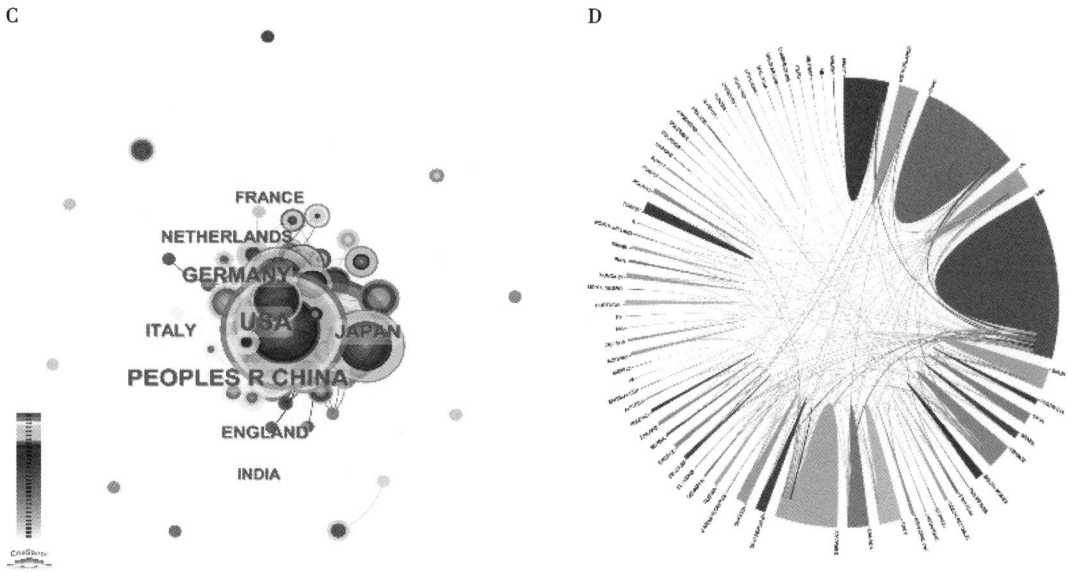

FRANCE
NETHERLANDS
GERMANY
ITALY　　USA　　JAPAN
PEOPLES R CHINA
ENGLAND
INDIA

图 9-2　机构 / 国家分析

A. 相关文献的机构共现网络；B. 相关文献机构之间的合作关系；C. 相关文献的国家共现网；D. 相关文献国家之间的合作关系。

（五）期刊及被引文献分析

根据 WoSCC 的数据，被纳入的所有研究发表在 635 种期刊上，*Pancreas*（2023 IF=2.9，Q3）是收录文章最多的期刊，为 83 篇（图 9-3A），其次为 *Gastroenterology*（2023 IF=29.4，Q1）、*Pancreatology*（2023 IF=3.6，Q2）、*Gut*（2023 IF=24.5，Q1）、*World Journal of Gastroenterology*（2023 IF=4.3，Q2），均为消化领域较有影响力的期刊。利用 CiteSpace 对被引期刊进行分析，*Gastroenterology* 在引用频率上排名第一，达到 835 次。被引次数最多的是这篇文章[9]，发表至今被引用 1 047 次，平均每年被引用 150 次。在 OALM 中构建了文章交叉引用关系的可视化网络图（图 9-3B）。这篇文章[10]是所有研究交叉引用网络中最重要的节点。在 CiteSpace 中构建引用网络并可视化（图 9-3C），这篇文章[11]是引用网络中最重要的节点。

（六）关键词分析

1. 词频分析　关键词是一篇文章中最能够代表其主题或者内容的词语，是对文章要点的高度浓缩。对文章的关键词进行分析是探寻该领域研究热点和趋势所不可或缺的。在表 9-1，我们可以看到前 15 个关键词的出现频率，其中 "acute pancreatitis" 以 215 次排名第一，其次是 "expression" "chronic pancreatitis" "cancer" 和 "diagnosis"。我们还分析了关键词的中心性、degree 及 sigma（Σ）。中心性是衡量节点在整个网络中作用大小的指标，中心性越高通常意味着关键词在该领域具有更大的影响力；degree 也是衡量节点重要性的指标，节点的 degree 越大，其在网络中的重要性越高；Σ 与创新性相关，较高的 Σ 值，则表示其创新水平更高。就中心性和 degree 而言，排名前三位的关键词是 "acute pancreatitis" "expression" 和 "chronic pancreatitis"，而 "messenger RNA" "bacterial translocation" "inflammation" 则为 Σ 较高的前三位（表 9-1）。

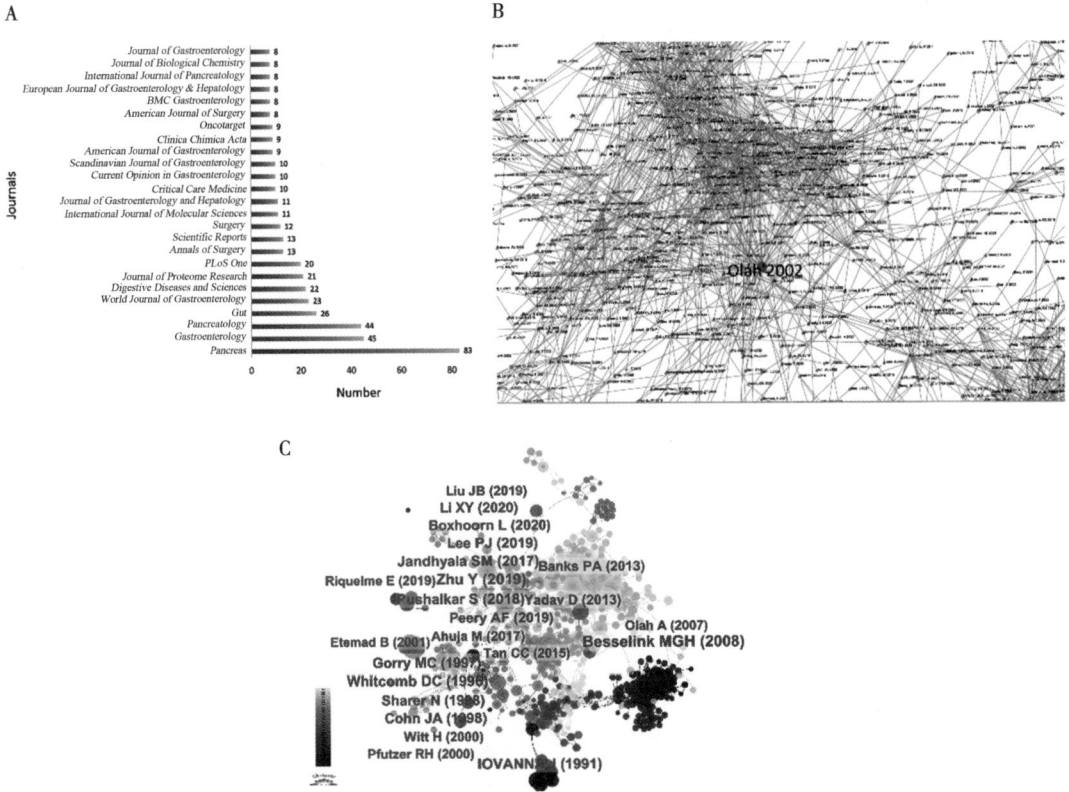

图 9-3　期刊 / 被引文献分析

A. 期刊发表的文章数量；B. 被引文献的共现；C. 相关文献的文章引文关系网络。

表 9-1　相关文献的 15 大关键词

排名	关键词	频率	关键词	中心性	关键词	度	关键词	Σ值
1	acute pancreatitis	215	acute pancreatitis	0.26	acute pancreatitis	158	messenger RNA	2.63
2	expression	152	expression	0.19	expression	129	bacterial translocation	1.87
3	chronic pancreatitis	125	chronic pancreatitis	0.13	chronic pancreatitis	114	inflammation	1.74
4	cancer	94	diagnosis	0.1	diagnosis	100	identification	1.53
5	diagnosis	90	identification	0.1	identification	98	infection	1.52
6	pancreatic cancer	85	activation	0.09	bacterial translocation	98	pancreatitis	1.52
7	disease	80	bacterial translocation	0.09	activation	98	early enteral nutrition	1.48
8	identification	78	early enteral nutrition	0.09	cancer	93	sepsis	1.46

排名	关键词	频率	关键词	中心性	关键词	度	关键词	Σ值
9	activation	77	cancer	0.08	disease	90	disease	1.42
10	bacterial translocation	70	disease	0.08	acute necrotizing pancreatitis	85	double blind	1.3
11	infection	67	infection	0.07	association	82	acute necrotizing pancreatitis	1.26
12	inflammation	67	messenger RNA	0.07	infection	80	management	1.26
13	acute necrotizing pancreatitis	66	management	0.06	adenocarcinoma	78	pancreatic cancer	1.25
14	risk	66	association	0.06	necrosis	74	gut microbiota	1.23
15	severe acute pancreatitis	63	acute necrotizing pancreatitis	0.05	management	71	adenocarcinoma	1.22

2. 聚类分析 聚类是将数据分类到不同的类或者簇的一个过程,同一个簇中的对象有很大的相似性,而不同簇间的对象有很大的相异性。聚类分析是一种探索性的分析,在分类的过程中,人们不必事先给出一个分类的标准,聚类分析能够从样本数据出发,自动进行分类。对文献的关键词进行聚类分析能在一定程度上对该领域的研究进行分类,并对研究趋势做出分析和预测。本研究利用 CiteSpace 对标题词和关键词分别进行聚类分析,采用对数似然比方法对聚类进行标记,对所有文献(图 9-4A)的关键词聚类可视化。节点的对数似然比与其在此聚类中的代表性成正比。Modularity Q(Q,范围[0,1])和 Weighted Mean Silhouette S(S,范围[-1,1])被用来评估聚类有效性。Q 与集群网络的构建良好程度成正比。S 与聚类内部节点的同质性相关,S 越大,聚类成员的一致性越好。Q>0.3 和 S>0.5 被看作是聚类网络结构合格的标准,图 9-4A 中 Q、S 分别为 0.448 7 和 0.771 5,因此本研究中构建的聚类网络是有效的。所有研究生成了 11 个聚类条目(#0~#10,表 9-2)。利用 CiteSpace 对所有研究进行聚类分析表明,研究内容绝大部分与 AP 和 CP 相关,其他几个研究方向包括:①其他胰腺疾病,如 pancreatic cancer、pancreatic ductal adenocarcinoma 等;②微生物与感染,如 bacterial translocation、infection、gut microbiome、probiotics 等;③基因组学,如 nucleotide sequence、long non-coding RNA-mRNA、network、gene expression、mutation 等。此外,我们使用 VOSviewer 对关键词进行共现分析,并构建可视化网络(图 9-4B)。集群由具有共同特征的节点组成,节点的大小表示使用特定关键字的文章数量。在此基础上对所有研究构建的共现网络进行时间分析,以 2018—2023 年为限制(图 9-4C)。该共现图中节点出现较晚的主要包括 gut microbiota、dysbiosis、microbiome,说明近年来有较多的研究者聚焦于微生物与胰腺炎的研究。

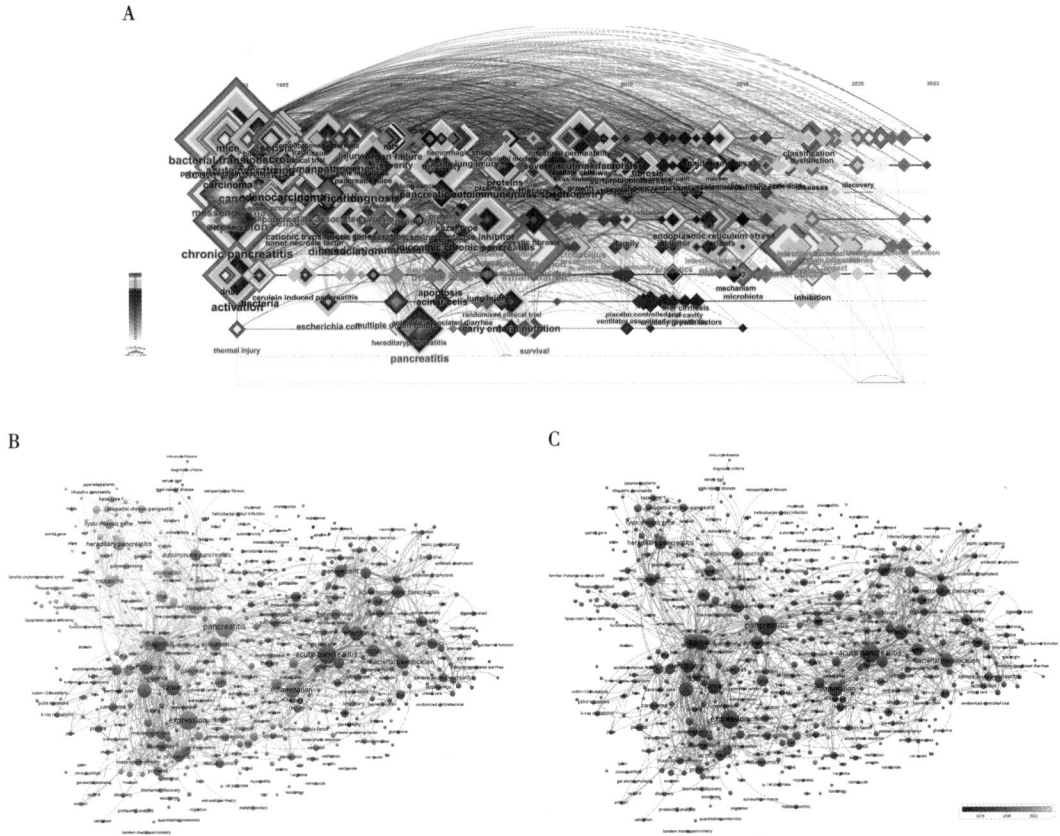

图 9-4 关键词聚类分析

A. 关键词聚类时间轴视图；B. 关键词共现聚类图；C. 关键词共现检签图。

表 9-2 关键词共现网络聚类分析表

类别	聚类 ID	大小	平均时间	高权重关键词（前 5）
标题词聚类	#0	154	2004	severe acute pancreatitis（2811.81，0.000 1）；bacterial translocation（2722.75，0.000 1）；acute pancreatitis（2019.31，0.000 1）；pancreatic cancer（1324.24，0.000 1）；chronic pancreatitis（874.06，0.000 1）
	#1	131	2009	pancreatic cancer（2046.76，0.000 1）；*KRAS* mutation（1295.2，0.000 1）；pancreatic ductal adenocarcinoma（1192.78，0.000 1）；acute pancreatitis（1005.4，0.000 1）；severe acute pancreatitis（916.27，0.000 1）
	#2	105	2000	pancreatitis-associated protein（954.35，0.000 1）；acute pancreatitis（676.99，0.000 1）；chronic pancreatitis（526.65，0.000 1）；structural organization（526.62，0.000 1）；pancreatic lithostathine（484.21，0.000 1）
	#3	85	2006	severe acute pancreatitis（726.96，0.000 1）；chronic pancreatitis（677，0.000 1）；prss1 gene（575.01，0.000 1）；cystic fibrosis transmembrane conductance regulator（563.2，0.000 1）；hereditary pancreatitis（555.1，0.000 1）
	#4	79	2015	gut microbiota（1598.81，0.000 1）；gut microbiome（1056.97，0.000 1）；pancreatic diseases（429.44，0.000 1）；narrative review（411.38，0.000 1）；systematic review（374.6，0.000 1）

续表

类别	聚类 ID	大小	平均时间	高权重关键词（前5）
标题词聚类	#5	59	2008	gallstone pancreatitis（426.95，0.000 1）; disease pathogenesis（337.39，0.000 1）; shock-induced protection（282.77，0.000 1）; long non-coding RNA-mRNA network（276.7，0.000 1）; severe acute pancreatitis-induced acute lung injury（276.7，0.000 1）
	#6	39	2010	ill-a 21st-century perspective（152.49，0.000 1）; intensive care unit（140.29，0.000 1）; trial evidence（128.11，0.000 1）; dietary supplementation（115.96，0.000 1）; infectious diseases（115.96，0.000 1）
	#7	25	2004	labeling *Escherichia coli*（173.16，0.000 1）; green fluorescent protein（173.16，0.000 1）; trypsin inhibitor gene mutation（152.73，0.000 1）; cystic fibrosis gene mutation（152.73，0.000 1）; epithelial ion transport（152.73，0.000 1）
	#8	4	2005	potential determinant（19.16，0.000 1）; 5'-untranslated region（19.16，0.000 1）; mouse organ protein（19.16，0.000 1）; coxsackievirus B3（19.16，0.000 1）; viral tissue tropism（19.16，0.000 1）
	#9	4	2021	pseudo-pheochromocytoma（32.52，0.000 1）; obstructive sleep apnea（32.52，0.000 1）; case report（16.33，0.000 1）; paneth cells deficiency（15.28，0.000 1）; intestinal *TLR4* deletion（15.28，0.000 1）
	#10	3	1993	treatment（20.06，0.000 1）; intraabdominal infection（20.06，0.000 1）; critical analysis（20.06，0.000 1）; recent innovation（20.06，0.000 1）; acute pancreatitis（0.33，1.0）
关键词聚类	#0	154	2004	acute pancreatitis（94.1，0.000 1）; bacterial translocation（81.04，0.000 1）; acute necrotizing pancreatitis（42.1，0.000 1）; severe acute pancreatitis（33.01，0.000 1）; infection（30.74，0.000 1）
	#1	131	2009	pancreatic cancer（76.17，0.000 1）; proteomics（54.35，0.000 1）; mass spectrometry（46.35，0.000 1）; biomarkers（42.93，0.000 1）; plasma（36.29，0.000 1）
	#2	105	2000	messenger RNA（48.97，0.000 1）; expression（37.15，0.000 1）; nucleotide sequence（30.03，0.000 1）; sequence（24.82，0.000 1）; gene expression（24.25，0.000 1）
	#3	85	2006	hereditary pancreatitis（70.01，0.000 1）; chronic pancreatitis（55.95，0.000 1）; cystic fibrosis gene（51.22，0.000 1）; mutations（43.3，0.000 1）; spink1（27.51，0.000 1）
	#4	79	2015	gut microbiota（45.85，0.000 1）; gut microbiome（34.27，0.000 1）; dysbiosis（17.18，0.000 1）; innate immunity（17.1，0.000 1）; probiotics（16.34，0.000 1）
	#5	59	2008	acinar cells（30.05，0.000 1）; activation（17.62，0.000 1）; lung injury（15.35，0.000 1）; Stat3（10.23，0.005）; alpha（10.23，0.005）

类别	聚类 ID	大小	平均 时间	高权重关键词（前 5）
关键词 聚类	#6	39	2010	microbial translocation（21.89，0.000 1）；Crohn disease（16.41，0.000 1）；probiotics（14.79，0.001）；minerals（10.93，0.001）；insulinogenic（10.93，0.001）
	#7	25	2004	cholangitis（14.09，0.001）；vas deferens（14.09，0.001）；lipoprotein lipase deficiency（10.33，0.005）；pancreatitis（8.69，0.005）；polymorphism（8.66，0.005）
	#8	4	2005	coxsackievirus B3（14.02，0.001）；5 untranslated region（14.02，0.001）；protein-RNA interactions（14.02，0.001）；tissue tropism（14.02，0.001）；acute pancreatitis（0.23，1.0）
	#9	4	2021	acute pancreatitis（19.22，0.000 1）；cortisol（17.41，0.000 1）；vitamin D（17.41，0.000 1）；chronic pancreatitis（17.02，0.000 1）；pancreatic cancer（14.06，0.001）
	#10	3	1993	peritoneal lavage（12.01，0.001）；drainage（12.01，0.001）；debridement（12.01，0.001）；imipenem cilastatin（12.01，0.001）；gram negative bacteria（12.01，0.001）

3. 突现分析　Kleinberg 突现检测算法是一种有效的分析工具，用于识别指定时间范围内引用或关键词频率的突然变化。利用 CiteSpace 对关键词进行突现分析（表 9-3），记录了关键词出现的时间节点、突然变化的时间段及时间长度，并对其进行可视化。在纳入的所有研究中，前期的研究热点主要与基因组学相关，如 massager RNA、nucleotide sequence、sequence；中期的研究热点主要聚焦于疾病的发病机制和治疗，如 pathogenesis、organ failure、serine protease inhibitor、early enteral nutrition 等；最新的热点主要与肠道微生物相关，如 gut microbiota、dysbiosis、intestinal microbiota 等。

表 9-3　相关文献中关键词的突现分析

关键词	强度	开始 时间	结束 时间	1993—2023 年
messenger RNA	15.14	1993	2004	
nucleotide sequence	8.45	1993	2002	
sequence	8.35	1993	1997	
abscess	5.8	1993	2002	
chronic calcifying pancreatitis	4.73	1993	1999	

续表

关键词	强度	开始时间	结束时间	1993—2023 年
antibiotics	4.39	1993	2001	
gut	4.32	1993	2003	
infection	6.5	1994	2001	
rat	6.2	1994	1998	
sepsis	10.98	1995	2003	
acute necrotizing pancreatitis	4.39	1996	2001	
pancreatitis associated protein	6	1997	2006	
necrosis	4.19	1997	2003	
bacterial translocation	7.13	1998	2003	
pathogenesis	4.31	1998	2001	
cationic trypsinogen gene	6.45	2000	2008	
organ failure	5.51	2000	2006	
pancreatitis	8.2	2001	2011	
cystic fibrosis gene	4.51	2001	2004	
idiopathic chronic pancreatitis	6.27	2003	2010	
serine protease inhibitor	5.67	2003	2015	
Kazal type 1	5.22	2003	2010	
identification	4.61	2003	2005	

续表

关键词	强度	开始时间	结束时间	1993—2023 年
cystic fibrosis	4.24	2006	2016	
double blind	5.62	2008	2014	
severe acute pancreatitis	4.71	2008	2014	
mass spectrometry	7.7	2009	2017	
proteins	5.12	2009	2018	
early enteral nutrition	4.63	2011	2013	
pancreatic cancer	8.07	2012	2021	
autoimmune pancreatitis	5.44	2012	2016	
NF-κB	4.22	2014	2020	
intestinal microbiota	5.02	2015	2021	
inflammation	16.51	2018	2023	
meta-analysis	8.07	2018	2021	
dysbiosis	6.8	2018	2023	
dysfunction	5.72	2018	2023	
gut microbiome	4.65	2018	2023	
gut microbiota	15.25	2019	2023	
risk factors	4.21	2020	2023	

讨　论

　　组学技术的出现加快了人们对于正常生命活动和疾病的认知,多种组学技术已经被用于胰腺炎的研究中。以传统综述的形式对某一领域的研究进行概述具有其独特优势,但相比之下文献计量更加客观、直接,能够以数据和图表的形式反映该领域的研究现状、研究趋势和热点。因此,本文首次对组学技术在胰腺炎中的应用相关研究进行文献计量分析。

　　截至目前,该领域的研究总体呈现上升趋势,且有进一步增长的空间。美国和中国在该领域中的贡献较大。美国和中国分别为世界第一和第二大经济体,具有一定的经济基础以供其在生命科学研究领域的投入。其中,美国是发表相关文献最多的国家/地区,这可能与美国长久以来的经验积累与技术的超前发展相关。值得注意的是,自2017年开始,中国发表的文献表现出爆发性增长,且每年的数量均超过美国,这可能与近年来中国的经济发展以及对科研领域的投入较大有关。在所有研究机构中,法国国家健康与医学研究院是发表文章数量最多的机构。法国国家健康与医学研究院是一所总部位于法国巴黎的国家级公共科学和技术研究机构,在多个研究领域处于领先地位。University of Pittsburgh 是所有研究中合作关系最广泛、最密切的机构,我们注意到该机构的研究者 Whitcomb DC 是所有研究中发表文章数量最多的,并且其是合作最广泛的作者,其 H-index 为 70,H-index 是评估研究人员工作影响力的易于使用的指标,由极具影响力的已发表研究的数量决定,因此该作者具有很高的影响力。因此,研究者在构建和完善自身研究团队的同时,也应该重视与其他团队、其他机构、其他国家进行广泛的交流与合作,共同解决科研问题,促进学术创新发展。

　　通过 CiteSpace 对文献中与胰腺炎相关的关键词的可视化分析显示,包括 acute pancreatitis、expression、chronic pancreatitis、diagnose、pancreatic cancer、bacterial translocation、infection、acute necrotizing pancreatitis、autoimmune pancreatitis、messenger RNA、gut microbiota 等。"gut microbiota" 从 2019 年起频次出现了明显的增长,后续的聚类分析也同样表明了对肠道微生物与胰腺炎的关系进行研究是目前的新兴热点。

　　利用 CiteSpace 对关键词进行聚类分析时,规模最大的聚类主要以疾病及病因为主。"acute pancreatitis" "acute necrotizing pancreatitis" "severe acute pancreatitis" 均为胰腺炎的亚型,而 "bacterial translocation" 和 "infection" 则是参与上述疾病过程的病理因素。我们发现,与基因组学相关的聚类(如 messenger RNA、nucleotide sequence、gene expression)出现在 2000 年,这可能与那个时期测序技术的高度发展和应用相关。随着基因组和转录组分析的广泛应用,人们意识到对于复杂的生命活动,基于对上述两种水平的分析是不够的。蛋白质是生命活动主要的承担者,生命体内正常的生命活动现象以及疾病的发生、发展都离不开蛋白质。在此背景下,蛋白质组学应运而生,成为"后基因组"时代主要的研究方向。因此,随着质谱、液相色谱以及核磁氢谱技术的发展,从 2009 年开始形成了一个以 "pancreatic cancer" "proteomics" "mass spectrometry" "biomarkers" "plasma" 为主要构成的聚类,这可能代表着研究者们将 MS、HPLC、NMR 等技术应用于对疾病的研究,尤其是对血浆的成分进行分析以预测可能的生物标志物,后来逐渐发展为了蛋白质组学研究。早在 2003 年,就有研究者将蛋白质组学应用于胰腺炎的基础研究中。对蔚蓝素诱导的胰腺 AR42J 细胞胰腺炎体外模型进行蛋白质组学分析,筛选出热休克蛋白 90、线粒体 ATP 合酶 β 链前体等 5 种蛋白质作为评估胰腺炎可能的预测指标[12]。对胰腺组织标本进行的蛋白质组学分析揭示了 UHRF1、ATP7A 和 aldehyde oxidase 1 的组合表达分析可能为内镜检查期间获得的细针抽吸或细胞学标本提供有用的额外诊断工具[13]。血浆蛋白质组学分析是寻找生物标志物的有效手段,一项大规模定量蛋白质组学研究发现 AZGP1 可能是 CP 的生物标志物[14]。

近年来,肠道菌群、肠道微生态的研究方兴未艾,许多非消化系统疾病也表现出与肠道微生物有一定的相关性。因此,许多研究者也意识到作为消化系统常见疾病的胰腺炎与肠道微生物存在潜在联系,聚焦于"gut microbiota""innate immunity""bacterial translocation""dysbiosis""probiotics"等方面。关于微生物组学在胰腺炎中的研究主要集中在这几个方面:微生物参与胰腺炎的发病机制、胰腺微生物群、肠道微生物与胰腺炎临床预后、益生菌作为胰腺炎的候选治疗方法。微生物、感染、炎症是密切相关的,感染可能引起或加重炎症,益生菌可能参与抗感染、抑制炎症的过程。已有多项临床研究证实,感染会增加胰腺炎患者的病死率,其死亡风险加倍[15-16]。动物实验表明,肠道菌群失调使患者和小鼠急性胰腺炎的严重程度恶化[17]。因此,找到微生物与胰腺炎之间相互作用的方式尤为重要。胰腺曾被认为是没有微生物定植的,最近的一些研究打破了这个结论,他们发现胰腺可能具有微生物群[18-19]。研究发现,拟杆菌属、埃希氏菌属/志贺菌属和酸性氨基球菌属在胰腺囊肿液中占主导地位,同时检测到大量葡萄球菌属和梭杆菌属成分[19]。目前对于胰腺微生物群与胰腺生理、病理过程的关系有待明确。肠道微生物与胰腺之间的研究较为深入,首先,胰腺腺泡组织可以分泌抗菌肽作用于肠道调节其微生物群及天然免疫[20-21],而抗菌肽的分泌又受到肠道微生物群的影响[22]。早在 1986 年就有研究发现肠道微生物与坏死性胰腺炎的严重程度相关[23]。对胰腺炎患者血液中的微生物进行分析发现,急性胰腺炎患者的易位菌主要由来源于肠道的机会性病原体组成[24],其机制可能与细菌易位相关。细菌易位是指肠道细菌和/或其产物通过肠道屏障扩散到肠外部位的过程,这被认为是肠道微生物影响胰腺炎发生、发展的方式之一[25]。细菌易位常伴随着肠道黏膜屏障功能的损害,肠道通透性增高,这有利于肠道细菌向外扩散。一项早期的临床研究发现 AP 患者肠道通透性增高,肠道屏障功能损害可能提示不良结局[26]。针对这一病理生理过程,调节肠道菌群或阻止 AP 早期肠道屏障功能损害可能缓解菌血症及 AP 进展。益生菌是调节肠道菌群的常用手段之一,动物实验发现益生菌可通过诱导回肠黏膜谷胱甘肽生物合成来预防大鼠 AP 的肠屏障功能障碍[27],然而目前对于益生菌是否能改善 AP 预后尚无定论[10,28],可能需要更大样本的临床研究进行证实。除此之外,最近也有研究者对肠道微生物影响 AP 的其他可能机制进行了探寻。NLRP3 炎性小体在平衡 AP 的促炎和抗炎方面起着关键作用,AP 急性期肠道微生物群的紊乱可能通过 NLRP3 炎症小体激活刺激肠道炎症,这有助于上皮屏障受损并促进肠道细菌向远处器官的易位[29]。另一项研究发现肠上皮中 TLR4 的缺失加剧了 AP 期间的肠道和胰腺损伤,这可能归因于肠道微生物群的生态失调(乳酸杆菌的衰竭)和潘氏细胞的功能障碍[30]。另外,最近的一些研究聚焦于肠道微生态与自身免疫性胰腺炎(autoimmune pancreatitis, AIP)。有研究发现肠道生态失调通过激活能产生大量 IFN-α 和 IL-33 的浆细胞样树突状细胞(plasmacytoid dendritic cell, pDC),从而引起胰腺中的慢性纤维炎症反应[31]。对 AIP 患者和 CP 患者的粪便样本进行微生物组学分析,结果也表现出肠道微生物群特征不同[32]。肠道定植的肺炎克雷伯菌被认为是发挥致病性的重要病原体之一[33]。另外值得注意的是,早年的一些研究提出了幽门螺杆菌参与 AIP 的理论[34]，但目前并无确切证据。最近的一项荟萃分析也表明，幽门螺杆菌感染与 AIP 并无显著关系[35]。目前的研究支持肠道生态失调参与 AIP 的发展。然而，肠道生态失调通过激活 pDC 增强对 AIP 的敏感性，但不能单独引起 AIP[36]。另外，通过肠 - 胰轴诱导 AIP 的分子机制尚不清楚，产生致病性免疫应答的位点也有待进一步研究。

本研究存在着一定的局限性。本研究中所纳入的文献均源自 WoSCC，并未在其他文献数据库（如 PubMed）进行全面检索，这可能会导致部分文献未被收录；同时，纳入的研究均为英文出版物，而使用非英文出版的高质量文献并未被纳入进来，这可能对研究结果产生影响。另外，引用次数可能随着发表时间而增长，因此引用次数并不能很精准地反映文献质量。

结　论

据我们所知，本研究是首次利用可视化软件和数据信息挖掘对组学技术在胰腺炎中的应用进行的文献计量分析，对该领域的研究现状、研究趋势、研究热点进行了分析。组学数据具有多变量、高维的特点。本文表明，该领域的文献数量正逐年增长，组学研究极大促进了人们在分子水平上对胰腺炎的认识，为胰腺炎的机制研究、治疗靶点及生物标志物的筛选提供了较大的帮助。尤其是近年来大量研究者们聚焦于微生物与胰腺炎的研究，取得了一定的成果，但其中的机制尚未完全阐明，针对肠道微生物的疗法也缺乏强有力的循证医学证据，这些问题可能是该领域今后备受关注的研究热点。多组学联合分析是近年来疾病研究的一个新兴手段，相比仅对基因表达的上游进行单一的分析，将基因和 / 或转录组学与下游的蛋白质组学、代谢组学、脂质组学以及微生物组学等结合起来进行研究具有其独特的优势，相关研究人员可以利用多组学联合分析系统地对该领域进一步探索。

参考文献

［1］BOXHOORN L, VOERMANS R P, BOUWENSE S A, et al. Acute pancreatitis［J］. Lancet, 2020, 396（10252）: 726-734.

［2］BEYER G, HABTEZION A, WERNER J, et al. Chronic pancreatitis［J］. Lancet, 2020, 396（10249）: 499-512.

［3］IANNUZZI J P, KING J A, LEONG J H, et al. Global incidence of acute pancreatitis is increasing over time: a systematic review and meta-analysis［J］. Gastroenterology, 2022, 162（1）: 122-134.

［4］WILSON M, SAMPSON M, BARROWMAN N, et al. Bibliometric analysis of neurology articles published in general medicine journals［J］. JAMA Netw Open, 2021, 4（4）: e215840.

［5］DONTHU N, KUMAR S, MUKHERJEE D, et al. How to conduct a bibliometric analysis: an overview and guidelines［J］. J Bus Res, 2021, 133: 285-296.

［6］MUKHERJEE D, LIM W M, KUMAR S, et al. Guidelines for advancing theory and practice through bibliometric research［J］. J Bus Res, 2022, 148: 101-115.

［7］LIU C, SU W, TAN Z, et al. The interaction between microbiota and immune in intestinal inflammatory diseases: global research status and trends[J]. Front Cell Infect Microbiol, 2023, 13: 1128249.

[8] ZHANG T, ZHANG B, MA X, et al. Research trends in the field of the gut-brain interaction: functional dyspepsia in the spotlight-an integrated bibliometric and science mapping approach[J]. Front Neurosci, 2023, 17: 1109510.

[9] Cancer Genome Atlas Research Network. Integrated genomic characterization of pancreatic ductal adenocarcinoma[J]. Cancer cell, 2017, 32(2): 185-203.e13.

[10] OLÁH A, BELÁGYI T, ISSEKUTZ A, et al. Randomized clinical trial of specific lactobacillus and fibre supplement to early enteral nutrition in patients with acute pancreatitis[J]. Br J Surg, 2002, 89(9): 1103-1107.

[11] BESSELINK M G, VAN SANTVOORT H C, BUSKENS E, et al. Probiotic prophylaxis in predicted severe acute pancreatitis: a randomised, double-blind, placebo-controlled trial[J]. Lancet, 2008, 371(9613): 651-659.

[12] YU J H, YUN S Y, LIM J W, et al. Proteome analysis of rat pancreatic acinar cells: implication for cerulein-induced acute pancreatitis[J]. Proteomics, 2003, 3(12): 2446-2453.

[13] CRNOGORAC-JURCEVIC T, GANGESWARAN R, BHAKTA V, et al. Proteomic analysis of chronic pancreatitis and pancreatic adenocarcinoma[J]. Gastroenterology, 2005, 129(5): 1454-1463.

[14] PAN S, CHEN R, CRISPIN D A, et al. Protein alterations associated with pancreatic cancer and chronic pancreatitis found in human plasma using global quantitative proteomics profiling[J]. J Proteome Res, 2011, 10(5): 2359-2376.

[15] PETROV M S, SHANBHAG S, CHAKRABORTY M, et al. Organ failure and infection of pancreatic necrosis as determinants of mortality in patients with acute pancreatitis[J]. Gastroenterology, 2010, 139(3): 813-820.

[16] WERGE M, NOVOVIC S, SCHMIDT P N, et al. Infection increases mortality in necrotizing pancreatitis: a systematic review and meta-analysis[J]. Pancreatology, 2016, 16(5): 698-707.

[17] ZHU Y, HE C, LI X, et al. Gut microbiota dysbiosis worsens the severity of acute pancreatitis in patients and mice[J]. J Gastroenterol, 2019, 54(4): 347-358.

[18] PUSHALKAR S, HUNDEYIN M, DALEY D, et al. The pancreatic cancer microbiome promotes oncogenesis by induction of innate and adaptive immune suppression[J]. Cancer Discov, 2018, 8(4): 403-416.

[19] LI S, FUHLER G M, BN N, et al. Pancreatic cyst fluid harbors a unique microbiome[J]. Microbiome, 2017, 5(1): 147.

[20] BEVINS C L, SALZMAN N H. Paneth cells, antimicrobial peptides and maintenance of intestinal homeostasis [J]. Nat Rev Microbiol, 2011, 9(5): 356-368.

[21] AHUJA M, SCHWARTZ D M, TANDON M, et al. Orai1-mediated antimicrobial secretion from pancreatic acini shapes the gut microbiome and regulates gut innate immunity[J]. Cell Metab, 2017, 25(3): 635-646.

[22] SUN J, FURIO L, MECHERI R, et al. Pancreatic β -cells limit autoimmune diabetes via an immunoregulatory antimicrobial peptide expressed under the influence of the gut microbiota[J]. Immunity, 2015, 43(2): 304-317.

[23] BEGER H G, BITTNER R, BLOCK S, et al. Bacterial contamination of pancreatic necrosis. A prospective clinical study[J]. Gastroenterology, 1986, 91(2): 433-438.

[24] LI Q, WANG C, TANG C, et al. Bacteremia in patients with acute pancreatitis as revealed by 16S ribosomal RNA gene-based techniques*[J]. Crit Care Med, 2013, 41(8): 1938-1950.

[25] LIU J, HUANG L, LUO M, et al. Bacterial translocation in acute pancreatitis[J]. Crit Rev Microbiol, 2019, 45(5-6): 539-547.

[26] LIU H, LI W, WANG X, et al. Early gut mucosal dysfunction in patients with acute pancreatitis[J].

Pancreas, 2008, 36 (2): 192-196.

［27］LUTGENDORFF F, NIJMEIJER R M, SANDSTRÖM P A, et al. Probiotics prevent intestinal barrier dysfunction in acute pancreatitis in rats via induction of ileal mucosal glutathione biosynthesis［J］. PLoS One, 2009, 4 (2): e4512.

［28］KUMAR M, KISSOON-SINGH V, CORIA A L, et al. Probiotic mixture VSL#3 reduces colonic inflammation and improves intestinal barrier function in Muc2 mucin-deficient mice［J］. Am J Physiol Gastrointest Liver physiol, 2017, 312 (1): G34-G45.

［29］LI X, HE C, LI N, et al. The interplay between the gut microbiota and NLRP3 activation affects the severity of acute pancreatitis in mice［J］. Gut Microbes, 2020, 11 (6): 1774-1789.

［30］QI-XIANG M, YANG F, ZE-HUA H, et al. Intestinal TLR4 deletion exacerbates acute pancreatitis through gut microbiota dysbiosis and Paneth cells deficiency［J］. Gut Microbes, 2022, 14 (1): 2112882.

［31］KAMATA K, WATANABE T, MINAGA K, et al. Intestinal dysbiosis mediates experimental autoimmune pancreatitis via activation of plasmacytoid dendritic cells［J］. Int Immunol, 2019, 31 (12): 795-809.

［32］HAMADA S, MASAMUNE A, NABESHIMA T, et al. Differences in gut microbiota profiles between autoimmune pancreatitis and chronic pancreatitis［J］. Tohoku J Exp Med, 2018, 244 (2): 113-117.

［33］YAMAKI K, OHTA M, NAKASHIMA I, et al. Microbial adjuvant and autoimmunity. IV. Production of lesions in the exocrine pancreas of mice by repeated injection of syngeneic pancreatic extract together with the capsular polysaccharide of Klebsiella pneumoniae［J］. Microbiol Immunol, 1980, 24 (10): 945-956.

［34］CHMIELA M, GONCIARZ W. Molecular mimicry in *Helicobacter pylori* infections［J］. World J Gastroenterol, 2017, 23 (22): 3964-3977.

［35］YOUSSEFI M, TAFAGHODI M, FARSIANI H, et al. *Helicobacter pylori* infection and autoimmune diseases; Is there an association with systemic lupus erythematosus, rheumatoid arthritis, autoimmune atrophy gastritis and autoimmune pancreatitis? A systematic review and meta-analysis study［J］. J Microbiol Immunol Infect, 2021, 54 (3): 359-369.

［36］YOSHIKAWA T, WATANABE T, KAMATA K, et al. Intestinal dysbiosis and autoimmune pancreatitis［J］. Front Immunol, 2021, 12: 621532.

（谭 铖 丛建超 吕 浩 董卫国）

第十章　其他疾病

第十章彩图

N6-甲基腺苷在癌症中的文献计量学分析

【背景】N6-甲基腺苷（N6-methyladenosine，m6A）在癌症中起重要作用，目前正在被深入研究。本文献计量学分析旨在全面了解 m6A 在癌症中的作用，以指导和拓宽未来的研究。

【方法】从 WoSCC 和 PubMed 检索出版物（2000—2021 年），关键词为"m6A"和"癌症"，并在 R 软件和 VOSviewer 中进行分析。

【结果】共纳入 1 013 份文献，其中中国和美国是收录文献最多的国家。文献重点介绍了 m6A 调节基因的机制和预测生物标志物。m6A 与其他研究热点的交叉整合，包括"免疫疗法""缺氧"和"多态性"是 m6A 在癌症中的前沿。

【结论】这项文献计量学研究对癌症中 m6A 提供了一个全新的视角。

【关键词】文献计量学，癌症，m6A，N6-甲基腺苷

引　言

　　生物大分子，包括 DNA、RNA、蛋白质和脂质，需要由酶来调节它们的结构、功能和稳定性。在真核生物中，已经发现了 140 多种 RNA 的转录后化学修饰，包括 5- 甲基胞嘧啶（5-methylcytosine，5mC）甲基化、N6- 甲基腺苷（m6A）甲基化和 A-to-I RNA 编辑，这些修改统称为表观遗传转录组学[1]。其中，m6A 甲基化是最常见的可逆转录后修饰之一[2-3]。随着包括 RNA 在内的新型测序技术的应用免疫沉淀（RNA binding protein immunoprecipitation assay，RIP）测序、光活化核糖核苷增强交联和免疫沉淀（photoactivatable ribonucleoside-enhanced crosslinking and immunoprecipitation，PAR-CLIP）测序和 m6A 甲基化测序，表观基因组学已经吸引了更多注意力[4-6]。表观转录组学在生理和病理过程中发挥着至关重要的作用，尤其是在癌症中，并被认为是癌症和其他疾病的重要潜在靶点[7-8]。

在过去的几年里,研究人员已经确定了参与调节 m6A 修饰的关键机制。每个 m6A 修饰都需要添加一个"写入器"(如 *METTL14* 基因)、一个"擦除器"(例如 *FTO* 基因)删除,并读取"阅读器""=(如 *YTHDF1* 基因)[9]。现有研究表明,m6A 不仅影响 RNA 剪接,而且影响 RNA 翻译和稳定性。不同的 m6A "写入器"可以改变 m6A 修饰的 RNA 分子。例如,YTHDF2 可以促进 m6A 修饰的快速降解 RNA 分子,而 YTHDF1 可以促进 m6A 修饰的 RNA 的翻译[2]。

m6A 研究的快速发展是分子生物学向前迈出的重要一步。m6A 改变与肿瘤相关基因的激活和抑制密切相关,并且对癌症患者预后有重要影响。据报道,在多种癌症中,m6A 调节因子和 m6A 本身的水平异常,靶向某些异常的调节因子以恢复 m6A 修饰的平衡可能是一种潜在的抗癌靶点[10]。

表观转录组学是表观遗传学的一个分支领域,可以帮助发现癌症相关的分子途径并有助于开发新的癌症治疗靶点。然而,完全理解 m6A 的在癌症中的机制还有很长的路要走[11]。

文献计量学分析是一种有效的统计工具,用于分析和可视化科学产出、研究公共文献数据库中的热点和趋势主题[12]。这种方法已用于多种包括医学在内的学科[13]。本研究分析了癌症中 m6A 领域的研究成果、学科分布、出版物来源、活跃国家 / 地区、机构和研究人员,以协助研究人员选择合适的期刊和合作者。此外,本研究还结合了共被引分析,关键词共现分析和主题图分析映射癌症中 m6A 研究的知识结构、研究热点和前沿。本文的目的是揭示癌症中 m6A 相关研究的研究趋势,指导未来研究方向,并促进癌症中 m6A 研究的发展。

材料和方法

(一)数据源和搜索策略

在两个大型多学科数据库中进行了综合查询,截止日期为 2021 年 12 月 31 日。PubMed 和 WoSCC[14] 是拥有高质量学术、同行评审文献的最大数据库[15]。关键字为"m6A"和"癌症",检索策略为:TS= "m6A"或"N6- 甲基腺苷",和 TS= "cancer"或"tumor"。由于在 2000 年以前发现的出版物很少,所以搜索时间限定在 2000—2021 年,这一时间框架足够长,足以反映研究重点的趋势。所有以英语发表的文章和综述都被纳入本研究,删除重复项后,提取从两个数据库中所获得的所有记录。

(二)数据分析

在这项研究中,包括国家 / 地区、机构和研究人员在内的原始数据是直接从数据库中检索的。本文的文献计量分析主要通过 R 语言(版本 3.6.3)bibliometrix 软件包(版本 3.1.4,http://www.bibliometrix.org)实现。通常,bibliometrix 软件包中的原始文件已加载格式;然后计算和绘制 metadata,包括来源、作者和引文;随后对类型、概念结构、知识结构和社会结构进行了深入分析[16]。此外,VOSviewer[17-18] 软件(版本 1.6.17)也用于文献计量分析,包括合著分析、关键词共现分析、引文和共被引分析。

为了获得更令人信服和可靠的结果,通过不同文献计量分析软件对类似功能的结果进行了比较。专题地图是通过书目分析应用程序和关键词共现分析生成的。主题图展示了癌症中 m6A 领域的研究前沿。

（三）统计分析

通过 Spearman 秩相关系数检验相关性，并通过 R 软件（版本 3.6.3）中的 ggpubr 包（版本 0.4.0）进行可视化。在 R 软件（版本 3.6.3）中进行统计分析，所有报告的 P 值均符合双侧检验。

结　果

（一）相关文献的基本情况

从 PubMed 和 WoSCC 数据库中总共收集了 1 013 份没有重复的文件。WoSCC 的导出文件被选为分析的数据源，因为 WoSCC 完全覆盖了数据；少量研究始于 2000—2016 年（图 10-1A）。图 10-1A 显示，在 2016 年之前，该领域的研究产出并不高，但在那之后，文献数量迅速增加。使用多项式模型拟合发现，出版年份和出版产出之间存在显著关联（Coef R：0.93，文章和评论总数分别为 0.91 和 0.91；图 10-1A）。据多项式曲线拟合预测，2022 年文章的出版量将达到 600 篇左右。

根据通讯作者所属的国家或地区（表 10-1）分析显示，中国（n=864）是产量最高的国家，其次是美国（n=62）、日本（n=14）、印度（n=11）和意大利（n=10）。864 篇来自中国的文章中，有 70 篇（8.1%）是多国合作出版物（multiple country publications，MCP），而来自美国和日本的 MCP 比率分别为 38.7% 和 14.3%，远高于来自中国的文献（图 10-1B，表 10-1）。值得注意的是，这些国家之间或每个国家的附属机构之间都有密切的合作。中国和美国合作最多的大学分别是中山大学（n=273）和芝加哥大学（n=74）（表 10-2）。合作地图显示，中国中山大学、美国芝加哥大学和加拿大多伦多大学是各自的代表性合作中心（图 10-1C）。该领域相关的文章发表在了 291 种不同的期刊上。表 10-3 列出了在癌症中发表关于 m6A 的出版物最多的前 20 种期刊。*Frontiers* 系列期刊发表了大量相关论文，*Molecular Cancer* 以 38 篇论文并列第三（图 10-2A，表 10-3）。Wang X 是最高产的作家，共发表了 68 篇论文，包括 52 篇文章和 16 篇综述（图 10-2B）。图 10-2C 显示了前 20 位最相关作者的文章；圆圈越大，发表的文章就越多，颜色越深，引用的次数就越多。

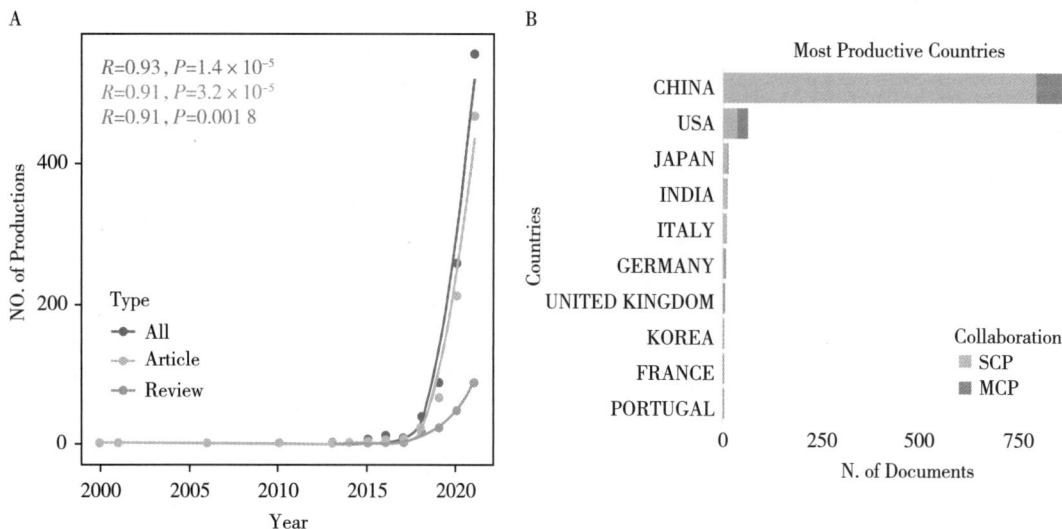

A

$R=0.93, P=1.4 \times 10^{-5}$
$R=0.91, P=3.2 \times 10^{-5}$
$R=0.91, P=0.001\ 8$

Type
— All
— Article
— Review

B

Most Productive Countries

Collaboration
SCP
MCP

C

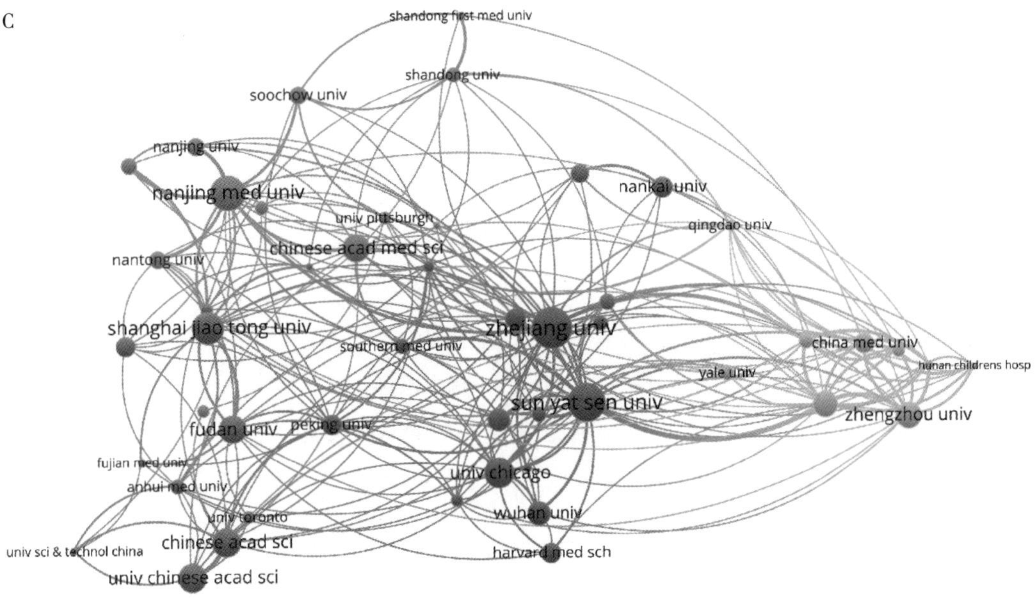

图 10-1 癌症中 m6A 的概况：产出、国家和隶属关系

表 10-1 根据通讯作者的国家分类得到的产出

国家	文献数量	占比	作者均来自同一个国家的文章数	作者来自不同国家的文章数	作者来自不同国家的文章数占比
中国	864	0.852 912	794	70	0.081
美国	62	0.061 204	38	24	0.387
日本	14	0.013 82	12	2	0.143
印度	11	0.010 859	11	0	0
意大利	10	0.009 872	10	0	0
德国	8	0.007 897	4	4	0.5
英国	6	0.005 923	2	4	0.667
韩国	5	0.004 936	3	2	0.4
法国	4	0.003 949	2	2	0.5
葡萄牙	4	0.003 949	2	2	0.5
加拿大	3	0.002 962	2	1	0.333
西班牙	3	0.002 962	3	0	0
土耳其	3	0.002 962	2	1	0.333
澳大利亚	2	0.001 974	2	0	0
以色列	2	0.001 974	1	1	0.5
巴基斯坦	2	0.001 974	1	1	0.5
俄罗斯	2	0.001 974	0	2	1
南非	2	0.001 974	2	0	0
比利时	1	0.000 987	0	1	1
塞浦路斯	1	0.000 987	1	0	0

表 10-2 2000—2021 年癌症 m6A 领域最相关的附属机构

机构	文献数量	机构	文献数量
中山大学	273	南通大学	60
南京医科大学	244	温州医科大学	60
中南大学	218	同济大学	58
郑州大学	188	广州医科大学	55
浙江大学	171	苏州大学	54
中国医科大学	167	武汉大学	54
复旦大学	134	南方医科大学	52
上海交通大学	116	哈尔滨医科大学	50
芝加哥大学	74	北京协和医学院	48
山东大学	67	华中科技大学	45

表 10-3 2000—2021 年癌症 m6A 领域最相关的 20 种期刊

期刊	文献数量	分区	影响因子
Frontiers in Oncology	73	Q1	6.244
Frontiers in Cell and Developmental Biology	48	Q1	6.684
Molecular Cancer	38	Q1	27.401
Frontiers in Genetics	30	Q1	4.599
Aging-US	26	Q2	5.682
Cancer Cell International	25	Q2	5.722
Journal of Cellular and Molecular Medicine	19	Q2	5.310
Cell Death & Disease	16	Q1	8.469
Molecular Therapy-Nucleic Acids	16	Q1	8.886
Journal of Experimental & Clinical Cancer Research	15	Q1	11.161
Annals of Translational Medicine	13	Q3	3.932
Biochemical and Biophysical Research Communications	13	Q3	3.575
Oncogene	13	Q1	9.867
Frontiers in Immunology	12	Q1	7.561
Frontiers in Molecular Biosciences	12	Q2	5.246
Journal of Hematology & Oncology	12	Q1	17.388
Cancer Letters	11	Q1	8.679
Journal of Cancer	11	Q2	4.207
Oncology Letters	11	Q4	2.967
Oncotargets and Therapy	11	Q2	4.147

注:《期刊引证报告》和影响因子数据来源于 2021 年版 Web of Science。

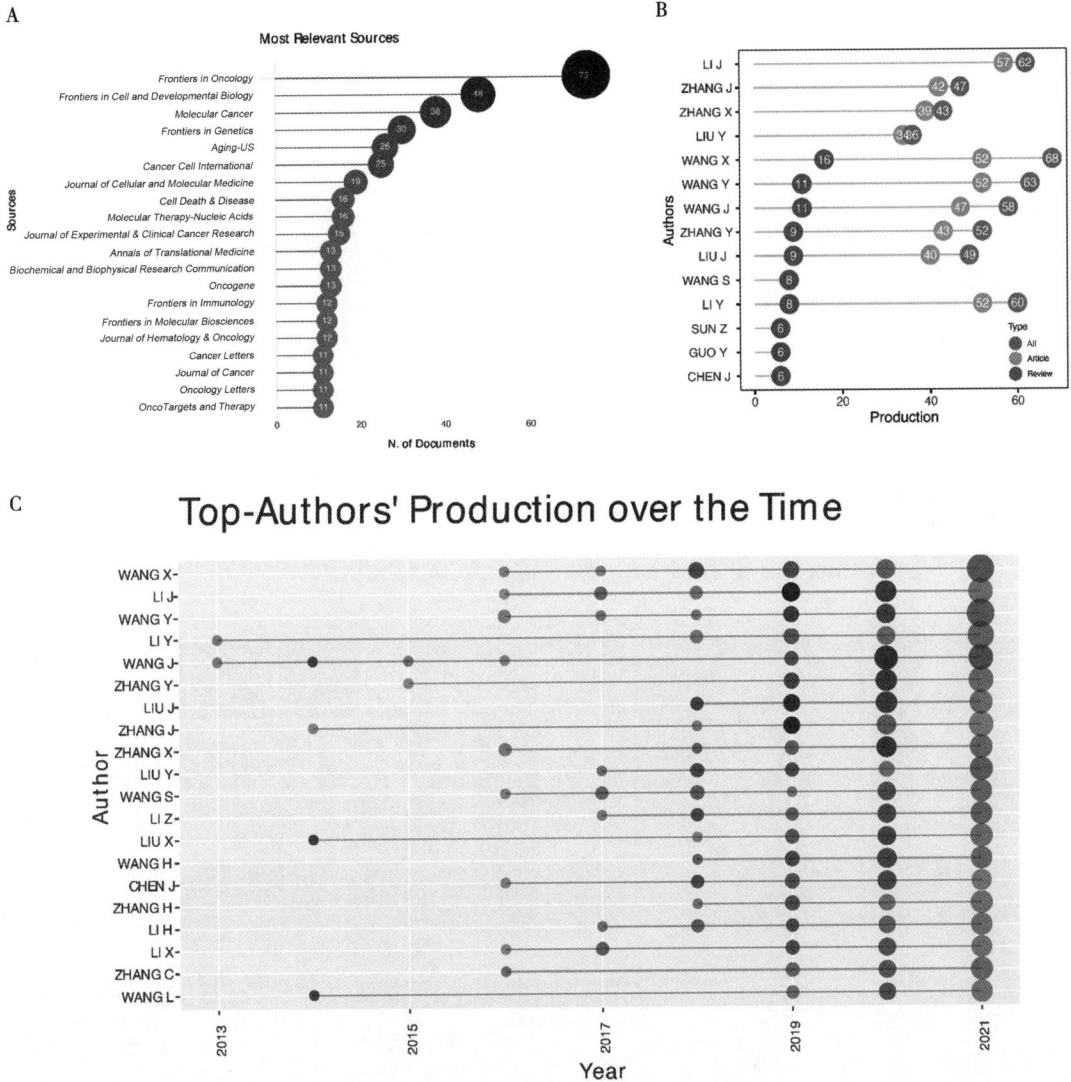

图 10-2　N6- 甲基腺苷在癌症中的形势

（二）m6A 在癌症中的热点

关键词共现分析是为了观察关键词出现在这些论文中的频率,有助于反映热点问题,提高研究人员对科学发现的理解。单词云图和树图显示,除了"m6A"和"癌症"这两个查询词之外,肝细胞癌、胃癌和乳腺癌也是出现频率较高的关键词。此外,关键词共现分析也表明该领域对包括 *METTL3*、*FTO*、*ALKBH5*、*YTHDF1* 和 *IGF2BP2* 在内的 m6A 相关调节基因进行了深入研究（图 10-3）。这些结果表明,m6A 调节的功能和机理研究是 m6A 领域的基础研究（图 10-3）。m6A 作为癌症预测生物标志物的潜在应用依赖于更好地理解其在癌症中的作用机制。

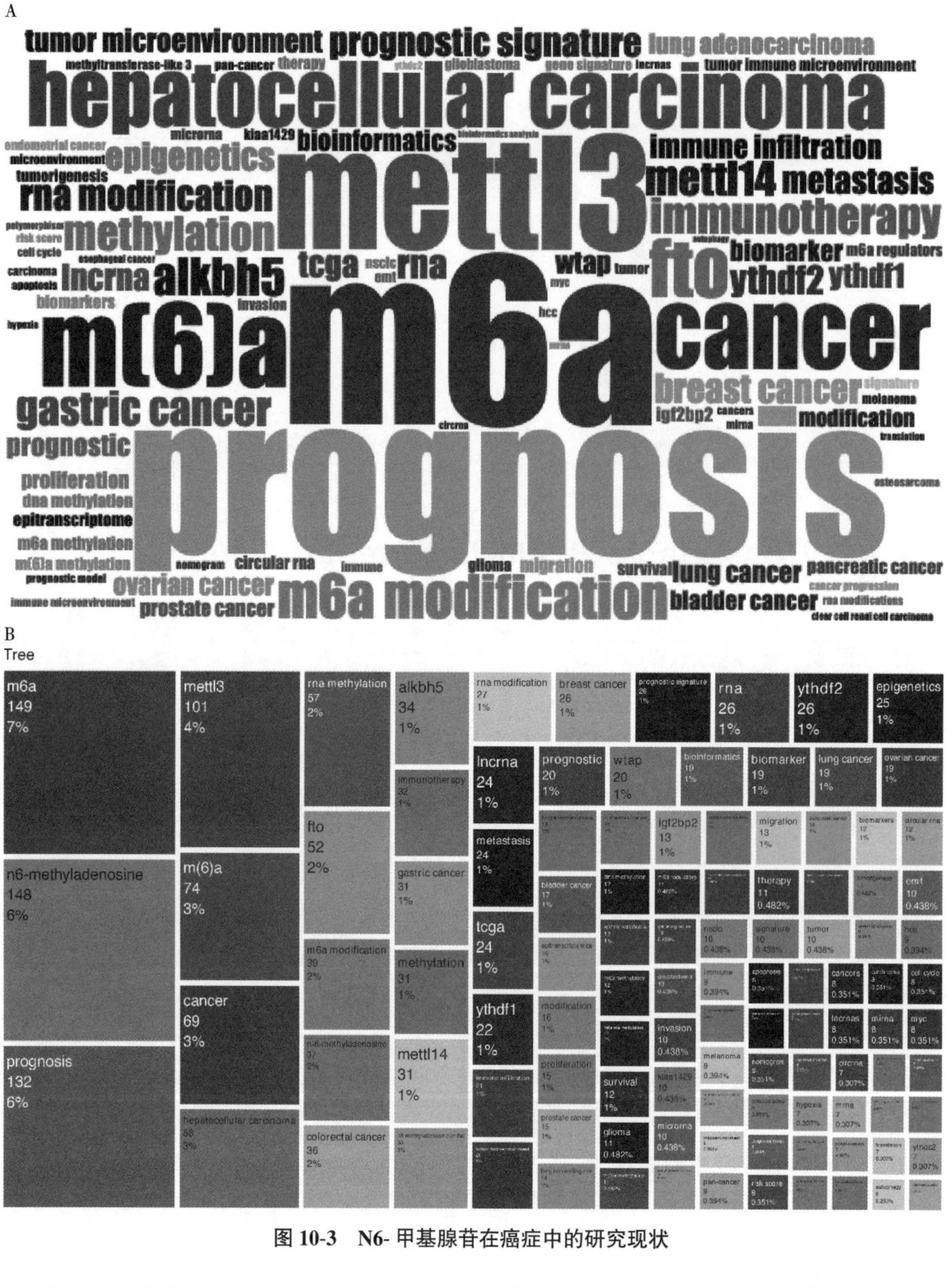

图 10-3　N6- 甲基腺苷在癌症中的研究现状

　　在这些出版物中,全球引用最多的 20 篇文章列于表 10-4。全球引用量最高的两篇文章集中在 WATP、METTLL3 和 METTL14 身上。有趣的是,一篇文献(Xiao W, 2016, *Molecular Cell*)报道了 m6A 对 RNA 选择性剪接的调控;然而,该主题没有像 RNA 翻译等其他主题那样得到充分研究(表 10-4,图 10-3)。总的来说,这些极具影响力的文章提供了一种快速了解该领域概况和拓宽研究人员视野的方法。

表 10-4 按照被引用次数排序的文章

文献	DOI	总被引次数	平均每年总被引次数	标准化总被引次数	JCR 分区	影响因子
Ping XL, 2014, *Cell Res*	10.1038/cr.2014.3	879	97.667	1.787 8	Q1	25.617
Lin S, 2016, *Mol Cell*	10.1016/j.molcel.2016.03.021	639	91.286	5.317 6	Q1	17.970
Xiao W, 2016, *Mol Cell*	10.1016/j.molcel.2016.01.012	593	98.833 3	5.218 1	Q1	17.970
Schwartz S, 2014, *Cell Reports*	10.1016/j.celrep.2014.05.048	588	65.333	1.195 9	Q1	9.423
Chen M, 2018, *Hepatology*	10.1002/hep.29683	502	100.4	5.519 5	Q1	17.425
Ma JZ, 2017, *Hepatology*	10.1002/hep.28885	384	64	3.300 9	Q1	17.425
Liu J, 2018, *Nat Cell Biol*	10.1038/s41556-018-0174-4	286	57.2	3.144 6	Q1	28.824
Haussmann IU, 2016, *Nature*	10.1038/nature20577	265	37.857	2.205 3	Q1	49.962
Chen XY, 2019, *Mol Cancer*	10.1186/s12943-019-1033-z	231	57.75	3.694	Q1	27.401
Deng X, 2018, *Cell Res*	10.1038/s41422-018-0034-6	230	46	2.528 9	Q1	25.617
Lan Q, 2019, *Cancer Res*	10.1158/0008-5472.CAN-18-2965	225	56.25	3.598	Q1	12.701
Cai X, 2018, *Cancer Lett*	10.1016/j.canlet.2017.11.018	214	42.8	2.352 9	Q1	8.679
Xiao CL, 2018, *Mol Cell*	10.1016/j.molcel.2018.06.015	199	39.8	2.188	Q1	17.970
Han J, 2019, *Mol Cancer*	10.1186/s12943-019-1036-9	192	48	3.070 3	Q1	27.401
Dai D, 2018, *Cell Death Dis*	10.1038/s41419-017-0129-x	186	37.2	2.045 1	Q1	8.469
He L, 2019, *Mol Cancer*	10.1186/s12943-019-1109-9	175	43.75	2.798 5	Q1	27.401
Niu Y, 2019, *Mol Cancer*	10.1186/s12943-019-1004-4	174	43.5	2.782 5	Q1	27.401
Taketo K, 2018, *Int J Oncol*	10.3892/ijo.2017.4219	170	34	1.869 2	Q2	5.650
Aguilo F, 2015, *Cell Stem Cell*	10.1016/j.stem.2015.09.005	160	20	2.719 5	Q1	24.633
Lin X, 2019, *Nat Commun*	10.1038/s41467-019-09865-9	159	39.75	2.542 6	Q1	14.919

注:《期刊引证报告》和影响因子数据来源于 2021 年版 Web of Science。

（三）癌症中 m6A 的发展趋势

目前的出版物为研究人员提供了热门话题；然而,仅通过现有方法是不可能实现突破的。图 10-4A 提供了近年来关键词的演变。缺氧是一个比较突出的主题；然而,由于 m6A 占了很大的权重,故该映射存在关键字重复的问题。主题映射允许四种不同类型的主题的可视化(图 10-4B)。主题地图根据关键词的中心性和密度,将主题划分为四个象限。右下象限代表基本主题。m6A 调节基因和癌症类型在右下象限突出显示(图 10-4B)。左下象限是新兴或衰落的主题。lncRNA 和 circRNA 都被包括在内,这表明生物信息学分析的生物标志物可能是下降的主题(图 10-4B)。值得注意的是,运动主题(右上象限)的中心性和密度都很高。免疫浸润是文章中"运动主题"中的主要主题(图 10-4B)。左上象限的生态位主

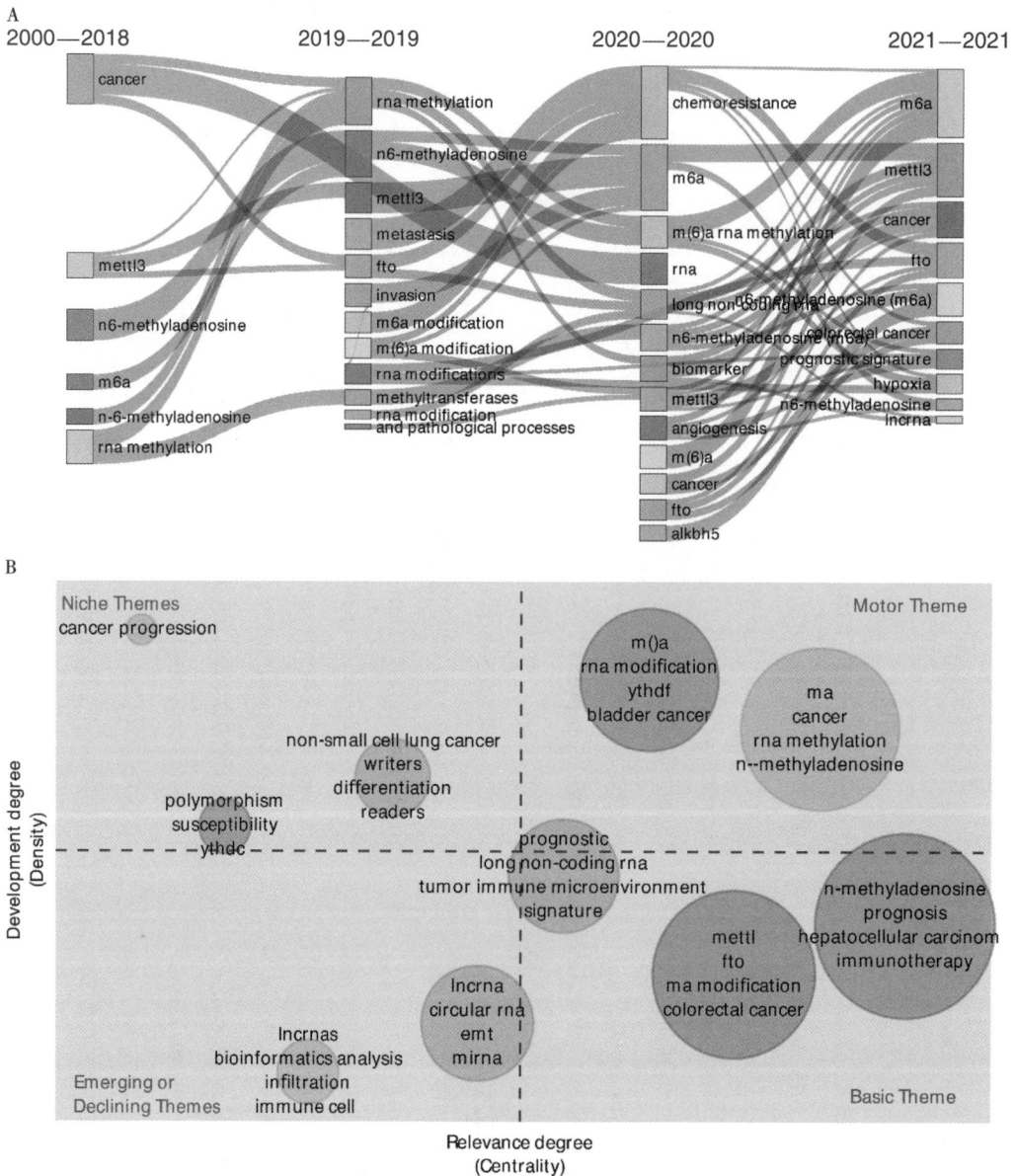

图 10-4　癌症中 N6- 甲基腺苷的趋势主题：关键词的演变

题对该领域的重要性有限,即使由于不重要的外部联系(低中心性)而具有高密度。癌症生长、多态性和易感性的话题都可以在该象限中找到(图 10-4B),此外,概念结构图显示了类似的结果,关键词被分为两个组,即功能研究和生物标志物研究(图 10-5A)。

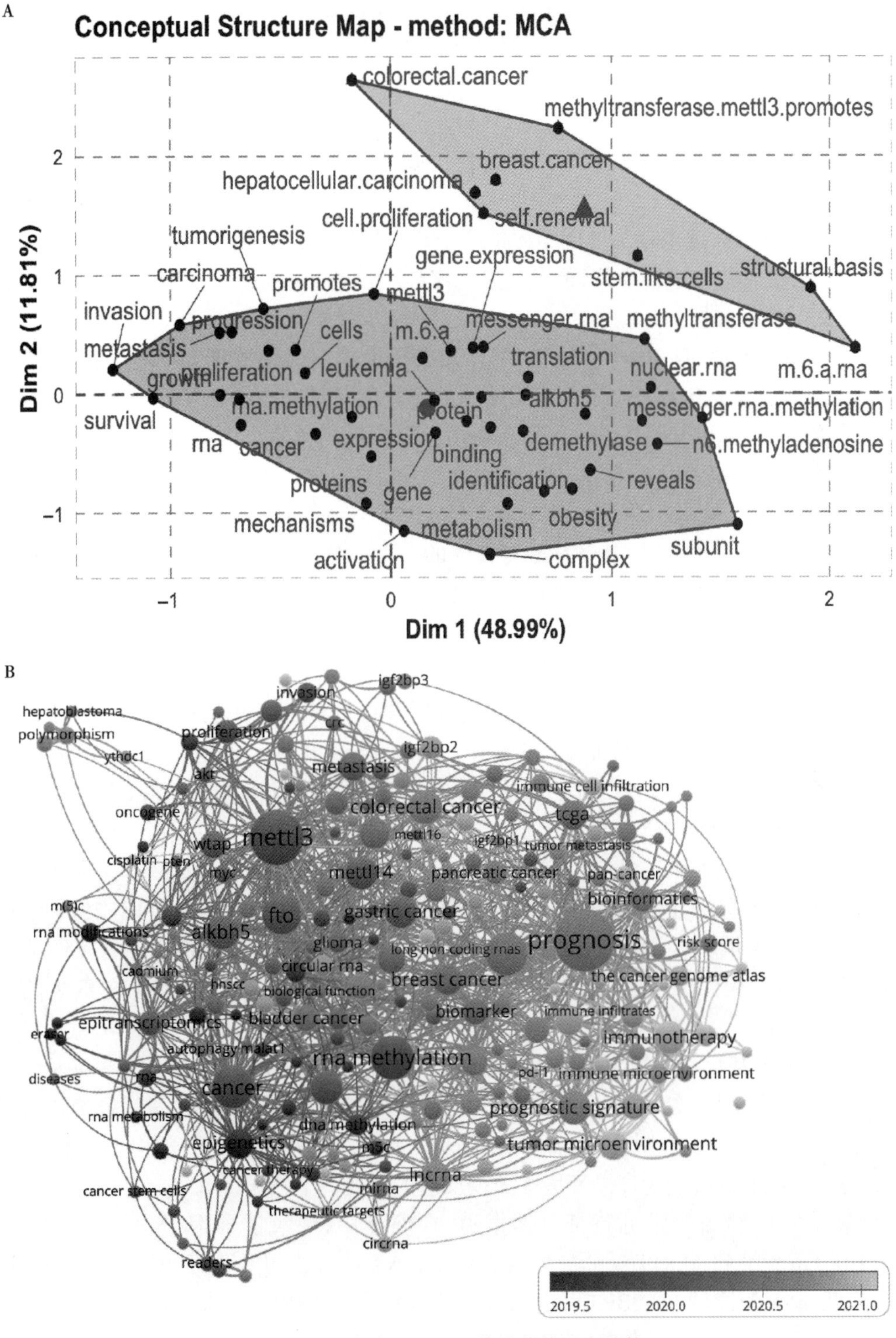

A

B

图 10-5　癌症中 N6- 甲基腺苷的研究趋势

VOSviewer 软件的关键词共现分析详细地呈现了一致的结果（图 10-5B）。2019—2021 年的趋势关键词显示为深紫色到浅色。m6A 和调节基因是先前发现的中心主题，而作为特定肿瘤类型的生物标志物的潜在应用是中心主题。此外，最近关注的焦点是"免疫疗法"和"多态性"。这些结果与通过 bibliometrix 软件包所得的文献计量结果基本一致；因此，本文的研究结果是可靠的。总之，这些发现强调了将潜在机制应用于特定功能和交叉整合研究是癌症中 m6A 的前沿。

讨 论

文献计量分析被越来越多地用于评估各个研究领域的趋势和进展。目前，m6A 是正在深入研究的代表性表观遗传学修饰，尤其是在癌症中。然而迄今为止，尚未对癌症中的 m6A 研究进行文献计量分析。

根据目前的数据，自 2016 年以来，关于 m6A 研究的出版物数量大幅增加，这可能与该领域活跃的研究人员有关。大多数相关期刊的影响因子都相当高。在各国中，中国在研究产出方面明显领先，其次是美国。美国和中国也有积极的科学合作。加拿大也是一个多产的国家，可能因为多伦多大学在这一领域也是一个成果丰硕的附属机构。

值得注意的是，全球引用最多的两篇文献都聚焦于 WTAP、METTLL3 和 METTL14。这些文章鉴定了与 METTL3（甲基转移酶复合体的一种成分）相互作用的致密蛋白质网络，并表明其中三种（WTAP、METTL14 和 KIAA1429）是甲基化所必需的，阐明了这种 RNA 修饰的蛋白质组学和转录基础。有趣的是，引用第三的文献描述了核 m6A 阅读器 YTHDC1 对 mRNA 剪接的调节，但这尚未得到充分研究。

文献的主题映射和 VOSviewer 软件的关键词共现分析都强调了 m6A 相关特征的生物信息学模型正在下降，而"长链非编码 RNA""免疫疗法""缺氧"和"多态性"是癌症中 m6A 研究的趋势主题，m6A 与其他研究热点的交叉整合是 m6A 在癌症中的前沿。

随着对 m6A 区域 mRNA 的深入研究，lncRNA 与 m6A 之间的关系正在成为现在的热点。ncRNA，包括 miRNA、lncRNA 和 circRNA，已被证明在细胞分化、血管生成、免疫、炎症和致癌方面有一定作用。m6A 调节器，例如 METTL3、ALKBH5 和 IGF2BP1 已被证明可以参与 m6A 依赖性肿瘤的发生，同时，ncRNA 可以通过靶向或调节 m6A 调节因子来影响癌症的发生[19]。m6A 修饰的 ncRNA 的详细文献计量学分析可能在不久的将来出现。

尽管 m6A 甲基化在癌细胞生长和增殖中的重要性已被充分证明，但其在癌症治疗耐药性发展中的作用仍然未知。最近，免疫疗法在治疗特定癌症方面取得了进展和突破。了解癌症治疗耐药性的分子机制，可能需要研究 m6A 突变对某些转录物的影响。据报道，m6A 甲基化是肿瘤细胞和肿瘤免疫微环境中免疫反应的主要调节因子[20]。

缺氧是实体肿瘤的常见特征。据报道，在癌症中，缺氧诱导因子（hypoxia inducible factor, HIF）依赖性和 ALKBH5- 介导的 NANOG mRNA m6A 去甲基化可诱导干细胞表型[21]。此外，敲低 m6A 阅读器 IGF2BP3 可以通过下调癌症中的 HIF1A 来抑制低氧诱导的细胞迁移和血管生成[22]。

遗传变异被认为通过改变靶位点的 RNA 序列或关键侧翼核苷酸来影响 m6A RNA 转录物的修饰。m6A 相关单核苷酸多态性位点可能影响 mRNA 的稳定性,并在疾病发展中发挥作用[23]。最近,m6A 单核苷酸多态性位点受到了广泛关注,癌症相关全基因组关联研究数据的综合分析发现了许多重要单核苷酸多态性位点,尤其是在胰腺癌、膀胱癌、结直肠癌中[23-26]。

尽管遵循了文献计量学分析的基本原则和综合分析策略,但本研究不可避免地存在一些局限性。首先,本研究只使用特定时间段内从数据库发表的英文文章和综述。尽管检索时间足够长,但仍有可能遗漏了该领域的一些开创性文章。但鉴于本分析中的文章数量足够多,我们认为本研究仍然为癌症中 m6A 研究提供了一个有指导意义的视角,并指导了该领域未来的研究。此外,由于文章数量有限,本研究可能没有发现癌症中 m6A 研究的一些潜在趋势热点。

结　论

这是一项旨在评估 m6A 癌症研究的现状和未来趋势的文献计量分析。总体而言,我们发现,自 2016 年以来,该领域的出版物增长迅速,密切合作和持续产出是必要的,有利于这一研究领域的快速发展。此外,本研究有助于研究人员选择相关期刊出版,定位可能的合作伙伴。本领域现况、亮点和趋势主题可能有助于了解研究热点和前沿,以促进该领域的进一步发展。

参考文献

[1] BORIACK-SJODIN P A, RIBICH S, COPELAND R A. RNA-modifying proteins as anticancer drug targets[J]. Nat Rev Drug Discov, 2018, 17(6): 435-453.

[2] ZHANG Z, PARK E, LIN L, et al. A panoramic view of RNA modifications: exploring new frontiers[J]. Genome Biol, 2018, 19(1): 11.

[3] LIU N, PAN T. N6-methyladenosine-encoded epitranscriptomics[J]. Nat Struct Mol Biol, 2016, 23(2): 98-102.

[4] CHI K R. The RNA code comes into focus[J]. Nature, 2017, 542(7642): 503-506.

[5] LINDER B, GROZHIK A V, OLARERIN-GEORGE A O, et al. Single-nucleotide-resolution mapping of m6A and m6Am throughout the transcriptome[J]. Nat Methods, 2015, 12(8): 767-772.

[6] GROZHIK A V, JAFFREY S R. Epitranscriptomics: shrinking maps of RNA modifications[J]. Nature, 2017, 551(7679): 174-176.

[7] WILLYARD C. An epigenetics gold rush: new controls for gene expression[J]. Nature, 2017, 542(7642): 406-408.

[8] LIAN H, WANG Q H, ZHU C B, et al. Deciphering the epitranscriptome in cancer[J]. Trends Cancer, 2018, 4(3): 207-221.

[9] DENG X, SU R, WENG H, et al. RNA N(6)-methyladenosine modification in cancers: current status and perspectives[J]. Cell Res, 2018, 28(5): 507-517.

[10] GAO R, YE M, LIU B, et al. m6A modification: a double-edged sword in tumor development[J]. Front

Oncol, 2021, 11: 679367.

[11] WANG T, KONG S, TAO M, et al. The potential role of RNA N6-methyladenosine in cancer progression[J]. Mol Cancer, 2020, 19(1): 88.

[12] ZHANG T, YIN X, YANG X, et al. Research trends on the relationship between microbiota and gastric cancer: a bibliometric analysis from 2000 to 2019[J]. J Cancer, 2020, 11(16): 4823-4831.

[13] THOMPSON D F, WALKER C K. A descriptive and historical review of bibliometrics with applications to medical sciences[J]. Pharmacotherapy, 2015, 35(6): 551-559.

[14] FALAGAS M E, PITSOUNI E I, MALIETZIS G A, et al. Comparison of PubMed, Scopus, Web of Science, and Google Scholar: strengths and weaknesses[J]. FASEB J, 2008, 22(2): 338-342.

[15] ZHU X, HU J, DENG S, et al. Bibliometric and visual analysis of research on the links between the gut microbiota and depression from 1999 to 2019[J]. Front Psychiatry, 2020, 11: 587670.

[16] ARIA M, CUCCURULLO C. Bibliometrix: an R-tool for comprehensive science mapping analysis[J]. Journal of Informetrics, 2017, 11(4): 959-975.

[17] VAN ECK N J, WALTMAN L. Software survey: VOSviewer, a computer program for bibliometric mapping[J]. Scientometrics, 2010, 84(2): 523-538.

[18] MERIGÓ J M, PEDRYCZ W, WEBER R, et al. Fifty years of Information Sciences: A bibliometric overview [J]. Information Sciences, 2018, 432: 245-268.

[19] YI Y C, CHEN X Y, ZHANG J, et al. Novel insights into the interplay between m(6)A modification and noncoding RNAs in cancer[J]. Mol Cancer, 2020, 19(1): 121.

[20] SHRIWAS O, MOHAPATRA P, MOHANTY S, et al. The impact of m6A RNA modification in therapy resistance of cancer: implication in chemotherapy, radiotherapy, and immunotherapy[J]. Front Oncol, 2021, 10: 612337.

[21] ZHANG C, SAMANTA D, LU H, et al. Hypoxia induces the breast cancer stem cell phenotype by HIF-dependent and ALKBH5-mediated m(6)A-demethylation of NANOG mRNA[J]. Proc Natl Acad Sci U S A, 2016, 113(14): E2047-E2056.

[22] JIANG L, LI Y, HE Y, et al. Knockdown of m6A reader IGF2BP3 inhibited hypoxia-induced cell migration and angiogenesis by regulating hypoxia inducible factor-1alpha in stomach cancer[J]. Front Oncol, 2021, 11: 711207.

[23] ZHAO H, JIANG J, WANG M, et al. Genome-wide identification of m6A-associated single-nucleotide polymorphisms in colorectal cancer[J]. Pharmgenomics Pers Med, 2021, 14: 887-892.

[24] YING P, LI Y, YANG N, et al. Identification of genetic variants in m(6)A modification genes associated with pancreatic cancer risk in the Chinese population[J]. Arch Toxicol, 2021, 95(3): 1117-1128.

[25] LIU H, GU J, JIN Y, et al. Genetic variants in N6-methyladenosine are associated with bladder cancer risk in the Chinese population[J]. Arch Toxicol, 2021, 95(1): 299-309.

[26] WANG X, GUAN D, WANG D, et al. Genetic variants in m(6)A regulators are associated with gastric cancer risk[J]. Arch Toxicol, 2021, 95(3): 1081-1088.

（蒋昊天 刘 传 吕 浩 丛建超 董卫国）

TET2 的全球研究热点与趋势特征：
可视化与文献计量学分析

【背景与目的】10-11 易位 -2（ten-eleven translocation 2，TET2）是甲基胞嘧啶双加氧酶家族的成员，在多种生理和病理过程中发挥重要作用。然而，目前没有文献计量学分析对 TET2 相关研究进行系统评估。因此，本研究旨在对 TET2 研究进行可视化和科学计量分析，并探讨其现状及未来研究趋势。

【方法】从 Web of Science 核心合集数据库中检索 2009—2021 年与 TET2 研究相关的文献。利用 Excel、CiteSpace 和 VOSviewer 进行文献计量可视化分析。

【结果】共检索到 2 384 篇文献。从 2009—2021 年，TET2 的发文量一直在稳步增长。美国是发文量最多的国家，哈佛大学和法国国家健康与医学研究院是发文量最多的机构，而 Levine RL 是最多产和最有影响力的作者。在 TET2 相关文献中，高频关键词为 TET2、DNA methylation、5-hrdroxymethylcytosine、5-methylcytosine、mutations、acute myeloid-leukemia。基于关键词突现，TET2 新兴研究热点包括 inflammation、gene expression、landscape、clonal hematopoiesis。

【结论】在过去十年中，TET2 相关研究不断发展。本文采用文献计量学方法，对 TET2 研究领域的全球现状、研究热点和潜在趋势进行客观、全面地分析。这些成果将有助于研究人员了解 TET2 的知识结构，为未来的研究方向作出指导。

【关键词】TET2，DNA 甲基化，文献计量学分析，CiteSpace，VOSviewer

引　言

DNA 甲基化是脊椎动物基因调控的重要表观遗传机制[1]，是指将甲基转移至胞嘧啶的第 5 个碳原子上以生成 5- 甲基胞嘧啶（5-methylcytosine，5mC），主要位于 CG 二核苷酸（CpG 位点）[2]。越来越多的证据表明，DNA 甲基化模式的建立和维持对于基因表达、转座子沉默和基因组印记至关重要[3-5]。最初，DNA 甲基化被视为一个不可逆的过程，只能在 DNA 复制过程中通过稀释被动消除[6]。直到 2009 年，Tahiliani 等在 *Science* 上发表文献，表明双加氧酶 TET 家族成员之一的人类 11-11 易位 1（ten-eleven translocation 1，TET1）可以催化 5mC 转化为 5- 羟甲基胞嘧啶（5-hydroxymethylcytosine，5hmC），从而促进 DNA 去甲基化[7]。随后，Ito 等发现小鼠 TET 家族的所有成员 TET1、TET2 和 TET3 都能够催化 DNA 去甲基化反应[8]。目前，TET 被公认为表观遗传主调节因子，能够通过各种途径调节动态 DNA 甲基化图谱，密切参与各种基本生物过程[9-10]。

此外，众所周知，表观遗传图谱的改变，如 DNA 甲基化模式，是癌症的标志之一[11]。

有趣的是,负责去除这种表观遗传标记的 TET 蛋白的活性也被视为一种关键的肿瘤抑制机制[12]。在所研究的癌症类型中,血液系统癌症提供了最多的实验证据支持 TET 在肿瘤发生中的作用,而在血液系统癌症中 TET2 是 TET 家族中最常见的突变成员。2009 年,Delhommeau 等首次报道了染色体 4q24 改变的骨髓增殖性肿瘤(myeloproliferative neoplasm,MPN)和急性髓系白血病(acute myelogenous leukemia,AML)患者中存在 *TET2* 失活突变[13]。同年,其他几个研究小组也在骨髓恶性肿瘤和骨髓增生异常患者中发现了 *TET2* 基因的缺失和突变[14-16],证明了 TET2 在这些疾病发生中的作用。进一步研究证实,TET2 的体细胞突变存在于多种血液系统疾病中,包括淋巴恶性肿瘤和非恶性血液疾病[17]。此外,TET2 失调在非血液系统恶性肿瘤中的作用也已被证实。例如,TET2 催化活性的破坏与一些实体肿瘤的发生有关,如肺癌、结肠癌和黑色素瘤[18]。此外,最近的研究表明,TET2 缺失会影响炎症过程[19]。TET2 缺失诱导的炎症反应增强与小鼠的动脉粥样硬化有关[20]。因此,TET2 的生理和病理功能引起了广泛关注。

文献计量学分析是一种开创性的工具,通过可视化和统计学方法的结合来揭示学科的结构和发展[21]。通过文献计量学对特定主题的大多数文献进行系统和定量的分析,可以提供有价值的信息,如国家 / 地区、机构、作者和期刊的贡献[22]。与传统的系统评价和荟萃分析不同,文献计量学分析是揭示一个领域关键问题和趋势更有效的方法,对未来的研究有指导作用[23]。CiteSpace 和 VOSviewer 是广泛应用于文献计量学中的可视化软件。CiteSpace 软件可以直观显示研究领域的分布、模式和结构[24],而 VOSviewer 也是绘制知识领域[25]的有效工具。通过这两个工具,可以轻松呈现大量数据,包括国家和作者的信息、合作关系以及研究热点和趋势的可视化。

虽然近年来有许多关于 TET2 的研究文献,但这一领域的文献计量学分析尚未发表。因此,本研究旨在利用文献计量学的优势,对 TET2 的研究现状和前沿进行全面系统的分析,突出不同国家、机构、期刊和作者的贡献,以便进行概述和时空网络分析。

材料和方法

(一)数据采集

所有文献均来自 WoSCC 的科学引文索引 - 扩展版(Science Citation Index-Expanded,SCI-E)和社会科学引文索引(Social Sciences Citation Index,SSCI)。检索策略为:TS= "TET2"或"ten-eleven translocation 2"或"TET methylcytosine dioxygenase 2",并对 2009—2021 年发表的相关英文文献进行全面检索。为了消除数据库定期更新造成的偏差,文献检索在 1 天内(2022 年 1 月 20 日)完成。图 10-6 全面概述了本研究的工作流程。所有数据都由参与本研究的两名研究人员独立检查。

(二)文献计量学分析

所有 WoSCC 数据均以"txt"格式下载并导入分析软件。简而言之,TET2 的文献计量通过 VOSViewer(版本 1.6.16)、CiteSpace(版本 5.8.R3)、Microsoft Excel 2019 和其他文献计量学在线分析网站(https://bibliometric.com/)进行可视化。从发表年份、国家 / 地区、机构、期刊、核心作者、关键词和重点参考文献等方面对 TET2 的检索结果进行分析。此外,根据 2020 年版《期刊引证报告》确定这些文献的影响因子(impact factor,IF)、H 指数和类别四分位数。期刊的 IF 是国际公认的反映期刊影响力的指数。H 指数是衡量作者、国家、机构和期刊影响力的重要指标[26]。使用 Microsoft Office Excel 2019 对年度发文趋势进行分析。

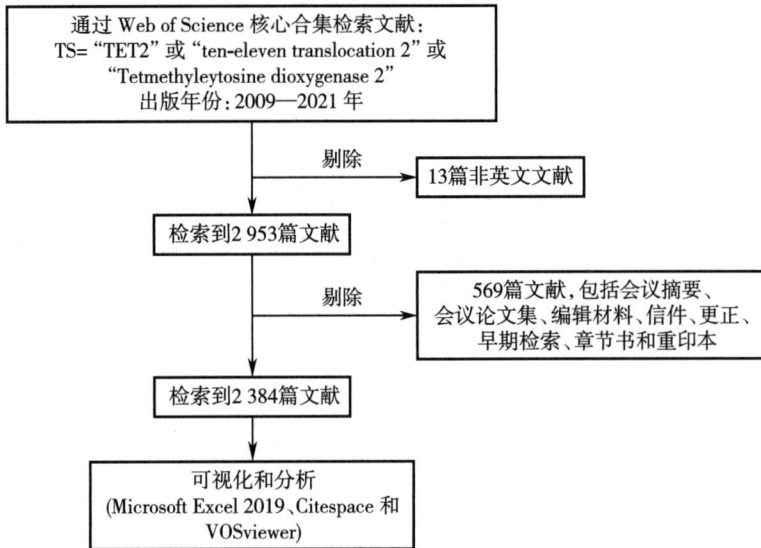

图 10-6 文献筛选流程

VOSviewer 的主要优势在于能够基于文献计量网络开发可视化网络图谱，从而实现对研究领域结构演变的深入和全面理解。在本研究中，我们使用 VOSViewer（版本 1.6.16）构建基于文本数据的关键词共现和聚类图。

CiteSpace 是一个强大的文献计量学工具，致力于探索特定领域的优先级、模式、合作、热点和可能的趋势；因此，我们使用 CiteSpace（版本 5.8.R3）进行合作网络分析（国家/地区、机构和作者）、共引分析（作者和参考文献）、引文突现检测（关键词和参考文献）和双重映射。此外，我们使用 CiteSpace 来分析中心性，它能评估网络节点的重要性，越突出的节点被视为越高的中心性[27]。

结 果

（一）对发文量的分析

2009—2021 年，有关 TET2 的文献有 2 384 篇，发文量呈上升趋势（图 10-7）。值得注意的是，2016—2021 年，TET2 的研究大幅增加，5 年间发表了 1 695 篇文献，占文献总数的71.1%。从年发文量来看，2021 年达到峰值（367 篇，15.4%）。

（二）国家/地区和机构的贡献

迄今为止，这些文献由 73 个不同的国家出版，发文最多的前 10 个国家见表 10-5。美国发表的文献最多（1 057 篇，占前 10 个国家发文量的 40%），其次是中国（635 篇）、德国（254篇）、日本（212 篇）和法国（192 篇）。使用中心性得分作为评估网络节点重要性的指标，西班牙（0.36）处于网络核心，其次是德国（0.25）和英国（0.15）。由于更频繁的合作与合作

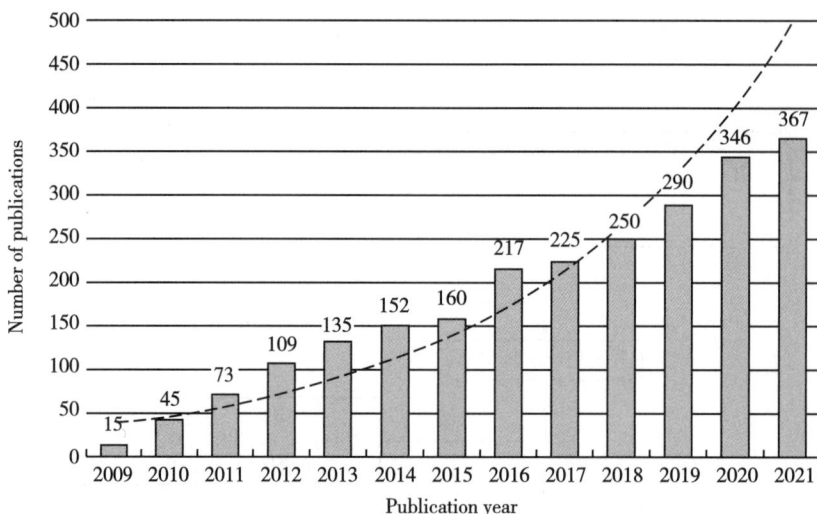

图 10-7　年发文量及国家排名（2009—2021 年）

表 10-5　发表 TET2 研究论文最多的前 10 个国家排名（2009—2021 年）

排名	文章数量	中心性得分	国家
1	1 057	0.09	美国
2	635	0.00	中国
3	254	0.25	德国
4	212	0.00	日本
5	192	0.09	法国
6	172	0.15	英国
7	125	0.00	意大利
8	102	0.36	西班牙
9	93	0.00	加拿大
10	66	0.00	韩国

网络中更高的中心性相关，我们分析了每个国家的发文量以及 TET2 研究的国家合作网络（图 10-8A）。国家合作网络图的密度较低，表明各国在发文上缺乏广泛合作。

接下来，我们分析了机构的发文量，这在一定程度上反映了机构的学术竞争力。表 10-6 显示了全球在 TET2 研究领域排名前 10 位的机构及其发文量，包括哈佛大学（152 篇）、法国国家健康与医学研究院（152 篇）、斯隆 - 凯特琳癌症中心（124 篇）、得克萨斯大学系统（114 篇）和法国巴黎公立医院集团（108 篇）。在这 10 所机构中，8 所来自美国，2 所来自法国。中心性得分最高的机构是法国国家健康与医学研究院（0.07）、梅奥诊所（0.06）、斯隆 - 凯特琳癌症中心（0.04）和康奈尔大学（0.04）。总体而言，所有机构的中心性程度较低，表明机构间合作较少。机构合作网络（图 10-8B）还直观地展示了对 TET2 研究作出最大贡献的机构以及这一领域各机构之间的交流。

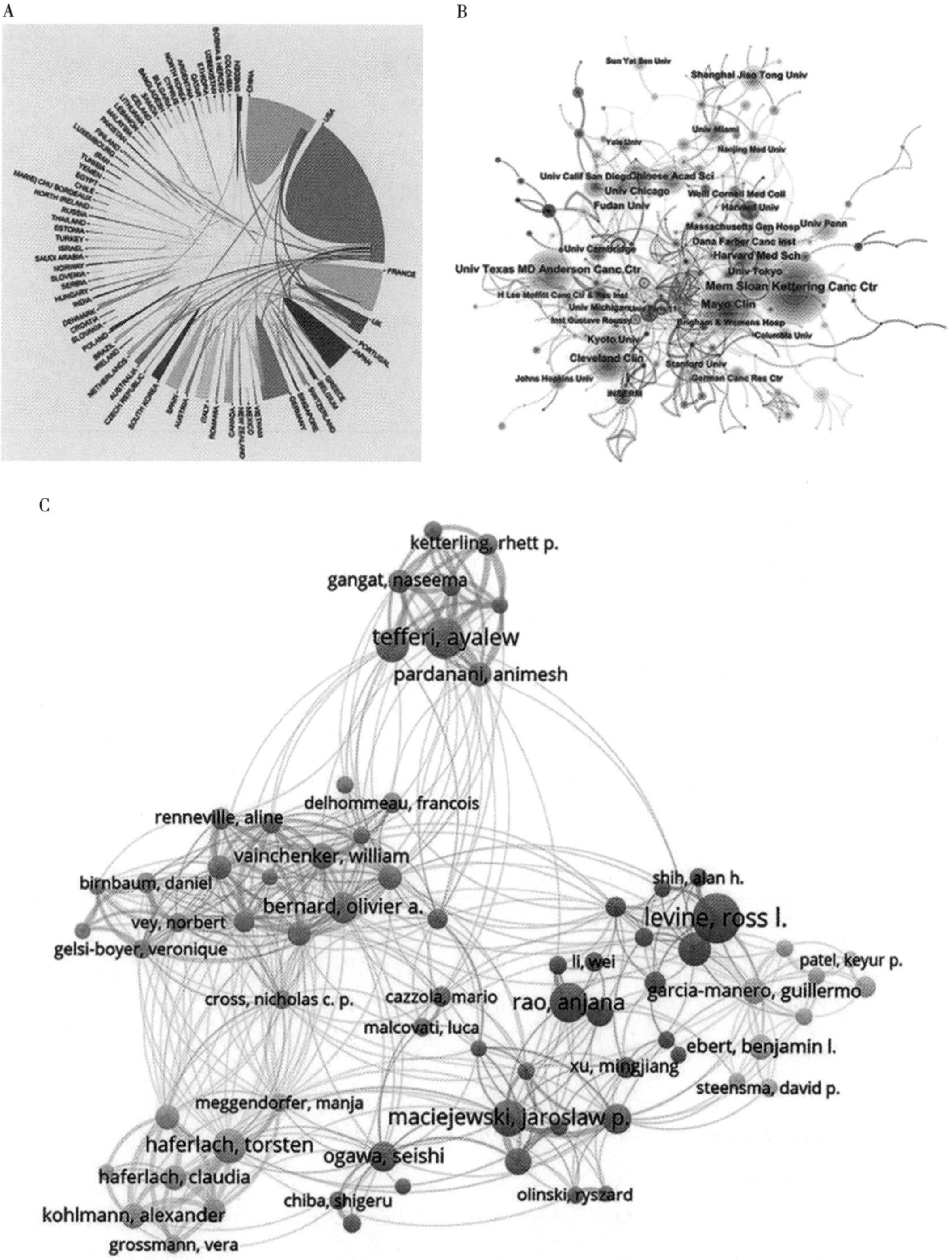

A

B

C

图 10-8　国家、机构、作者分布（2009—2021 年）

表 10-6 发表 TET2 研究最多的前 10 家机构排名（2009—2021 年）

排名	文章数量	机构	国家	中心性得分
1	152	哈佛大学	美国	0.03
2	152	法国国家健康与医学研究院	法国	0.07
3	124	斯隆 - 凯特琳癌症中心	美国	0.04
4	114	得克萨斯大学系统	美国	0.02
5	108	法国巴黎公立医院集团	法国	0.01
6	97	克利夫兰医学中心	美国	0.03
7	94	梅奥诊所	美国	0.06
8	89	得克萨斯大学安德森癌症中心	美国	0.02
9	88	加州大学系统	美国	0.02
10	81	康奈尔大学	美国	0.04

（三）作者的贡献

14 567 名作者共发表了 2 384 篇相关文献。表 10-7 列出了发文量最多的前 10 位作者。此外，我们通过两个指标来评估作者在该领域的影响力：被引次数和 H 指数。Levine RL 是发文量最多的作者，发表了 66 篇文献，其次是 Tefferi A（51 篇）、Haferlach T（47 篇）、Ogawa S（44 篇）和 Abdel-wahab O（40 篇）。重要的是，Levine RL 在被引次数（10 273 次）和 H 指数（36）均排名第一。此外，我们还通过可视化的合著关系图确定了该领域的核心作者和潜在合作者。对发表≥5 篇文献和≥500 次引用的作者进行了可视化分析。图 10-8C 中描绘了八个不同作者群体的主要合作关系模式。Levine RL 在第一组中占主导地位，而 Bernard OA 在第二组中占主导地位。Maciejewski JP 是第三组作者群体中的代表。

表 10-7 TET2 研究前 10 位作者排名（2009—2021 年）

排名	作者	文章数量	中心性得分	总引用次数	平均引用次数	H 指数
1	Levine RL	66	0.35	10 273	155.65	36
2	Tefferi A	51	0.00	4 027	78.96	33
3	Haferlach T	47	0.01	4 452	94.72	30
4	Ogawa S	44	0.15	3 339	75.89	23
5	Abdel-wahab O	40	0.00	8 615	215.38	28
6	Maciejewski JP	38	0.01	3 559	93.66	25
7	Rao A	36	0.03	6 452	179.22	29
8	Bernard OA	33	0.10	5 098	154.48	24
9	Patnaik MM	32	0.08	1 058	33.06	20
10	Haferlach C	31	0.00	3 070	99.03	22

（四）对期刊的分析

通过对相关期刊的分析,可以确定某一学术领域的权威期刊。表 10-8 列出了发文量最多的前 10 种期刊。其中,*Blood*、*Leukemia* 和 *PLoS One* TET2 相关发文量最多。多篇关于 TET2 的高 IF 文献发表在 *Blood* 杂志上。此外,*Blood* 获得了最高的 H 指数(66)和平均被引次数(115.1)。*Blood* 和 *Leukemia* 属于 1 区杂志(Q1),而 *PLoS One* 属于 2 区杂志(Q2)。结合发文数量、被引次数、IF 和 H 指数,*Blood* 可能是该领域最有影响力的期刊,值得新的研究人员关注。

表 10-8 TET2 研究论文发表量前 10 期刊排名（2009—2021 年）

排名	杂志	文章数量	国家	期刊引证报告	影响因子	总引用次数	平均引用次数	H指数
1	*Blood*	128	美国	Q1	23.629	14 733	115.1	66
2	*Leukemia*	84	英国	Q1	11.528	6 911	82.27	45
3	*PLoS One*	50	美国	Q2	3.240	1 654	33.08	22
4	*Oncotarget*	46	美国	—	—	1 067	23.2	22
5	*American Journal of Hematology*	40	美国	Q1	10.047	1 419	35.48	22
6	*Blood Advances*	40	美国	Q1	6.799	772	19.30	15
7	*Scientific Reports*	36	英国	Q1	4.380	534	14.83	13
8	*Leukemia Research*	35	英国	Q3	3.156	519	14.83	12
9	*British Journal of Hematology*	34	英国	Q1	6.998	1 184	34.82	15
10	*Haematologica*	32	意大利	Q1	9.941	796	24.88	18

（五）关键词分析与关键词突现检测

分析所涉及的关键词有助于明确主题并建立 TET2 的研究框架。我们使用 VOSviewer 从 2 384 篇检索文献中提取了 6 919 个关键词,其中有 199 个关键词达到了设定的阈值(出现次数≥20 次)。对这些关键词进行聚类分析(图 10-9A),4 种聚类分别代表四种不同的研究范围,即"yeloproliferative neoplasm""myeloid malignancies""clonal hematopoiesis""DNA methylation"。在同时出现的关键词的时间叠加网络图中,我们发现在 2015 年前,大多数研究都集中在"genetic mutations""myeloid neoplasms"上,而最近的趋势表明"clonal hematopoiesis""gene expression""DNA methylation"可能是未来的研究重点(图 10-9B)。

突现词是指一个词随着时间的推移而急剧上升,这是确定特定研究领域的研究前沿的重要指标。此外,突现持续时间和强度是评估突现词的两个关键指标。然后,我们调查了本研究中 TET2 研究中引用突现最强的关键词。表 10-9 显示了按出现时间排序的突现词列表,显示了引用突现最强的前 20 个关键词。深灰色粗线条表示关键词出现的持续时间。在 2009—2021 年,"polycythemia vera"的突现强度最高(23.52),其次是"methyltransferase gene *EZH2*"(16.19)和"JAK2"(15.9)。我们重点关注近 5 年来被引次数突现的关键词,包括"inflammation"(11.31)、"expression"(9.44)、"gene expression"(7.57)、"landscape"(7.48)、"clonal hematopoiesis"(7.43)。

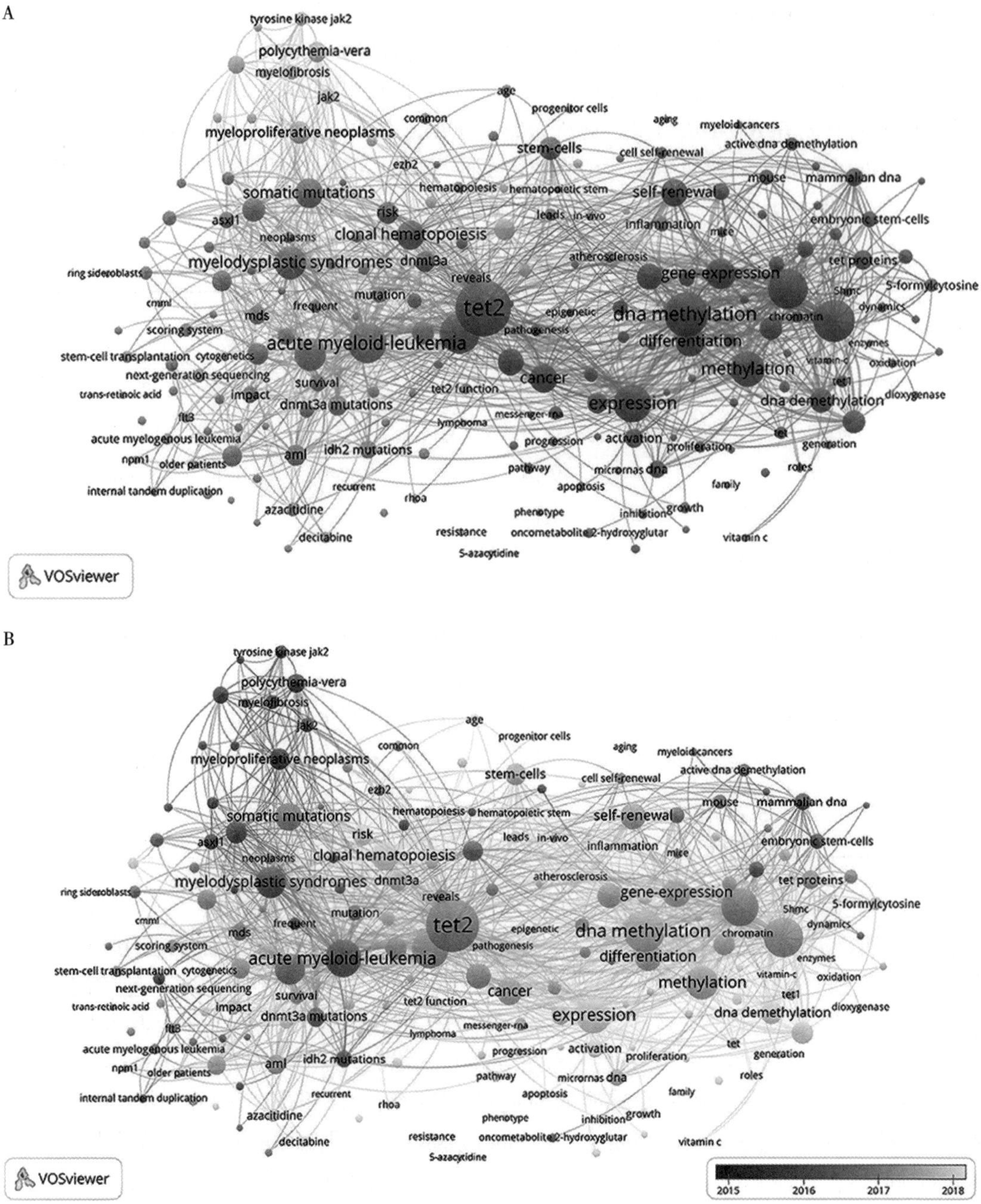

A

B

图 10-9 关键词分析（2009—2021 年）

表 10-9 基于 CiteSpace 的关键词突现分析（Top20）

关键词	年份	强度	开始年份	结束年份	2009—2021 年
polycythemia vera	2009	23.52	2009	2012	
JAK2	2009	15.90	2009	2012	
tyrosine kinase JAK2	2009	12.72	2009	2012	

续表

关键词	年份	强度	开始年份	结束年份	2009—2021 年
myelofibrosis	2009	12.60	2009	2013	
essential thrombocythemia	2009	12.11	2009	2012	
acquired uniparental disomy	2009	10.08	2009	2012	
disorder	2009	9.15	2009	2012	
activating mutation	2009	8.71	2009	2013	
frequent	2009	8.07	2010	2014	
methyltransferase gene *EZH2*	2009	16.19	2011	2013	
chronic myelomonocytic leukemia	2009	10.42	2011	2013	
IDH1	2009	8.97	2011	2012	
IDH2 mutation	2009	7.39	2011	2014	
mammalian DNA	2009	11.17	2013	2018	
embryonic stem cell	2009	10.25	2013	2017	
gene expression	2009	7.57	2016	2017	
clonal hematopoiesis	2009	7.43	2017	2019	
inflammation	2009	11.31	2019	2021	
expression	2009	9.44	2019	2021	
landscape	2009	7.48	2019	2021	

（六）共引文献和参考文献突现分析

共同引用文献是文献计量学中的一个关键指标,代表了两篇文献被其他文献共同引用的频率。聚类分析可以将大量相似的参考文献组合成若干个知识单元,客观地总结了相关知识单元的主要内容,反映了一个领域的动态演变。我们分析了 2 384 篇文献中 58 282 篇被引文献的共被引相关性,并绘制了聚类网络图。如图 10-10A 所示,在共引文献的可视化网络图中有 144 个节点和 173 个链接。每个节点代表一个被引用的参考文献,同一篇文献的引用通过节点之间的链接显示。一个节点的直径与参考文献的共引次数呈正相关,圆圈表示引文的突现性。我们确定共引文献关键集群包括"MPL""DNA methylation""clonal hematopoiesis""vitamin C""myelodysplastic syndromes"(图 10-10B)。

时间轴查看器基于一个领域中关键词之间的突变和相互作用,便于探索研究热点和研究领域的演化轨迹。图 10-10C 绘制了 TET2 的时间轴视图,表明在过去十年中 TET2 的研究聚焦于血液系统疾病。

表 10-10 列出了 10 个最常被引用的参考文献。Jaiswal 等[28]发表在 *New England Journal of Medicine* 上的文献被引次数最多(1 980 次引用),其次是 Figueroa 等[29]在 *Cancer Cell* 上(1 769 次引用),以及 Ito 等[8]在 *Nature* 上(1 718 次引用)发表的文献。这 10 篇文

献中有 8 篇与血液系统肿瘤相关。由于具有引用突现的参考文献是指在一段时间内经常被引用的参考文献,我们在 CiteSpace 中将突现持续时间设置为至少 2 年。表 10-11 显示了最具突现性的前 20 篇参考文献。值得注意的是,这些参考文献大多来自顶级学术期刊,包括 *New England Journal of Medicine*、*Nature* 和 *Science*,这表明 TET2 是医学和生物学领域的热门研究对象。

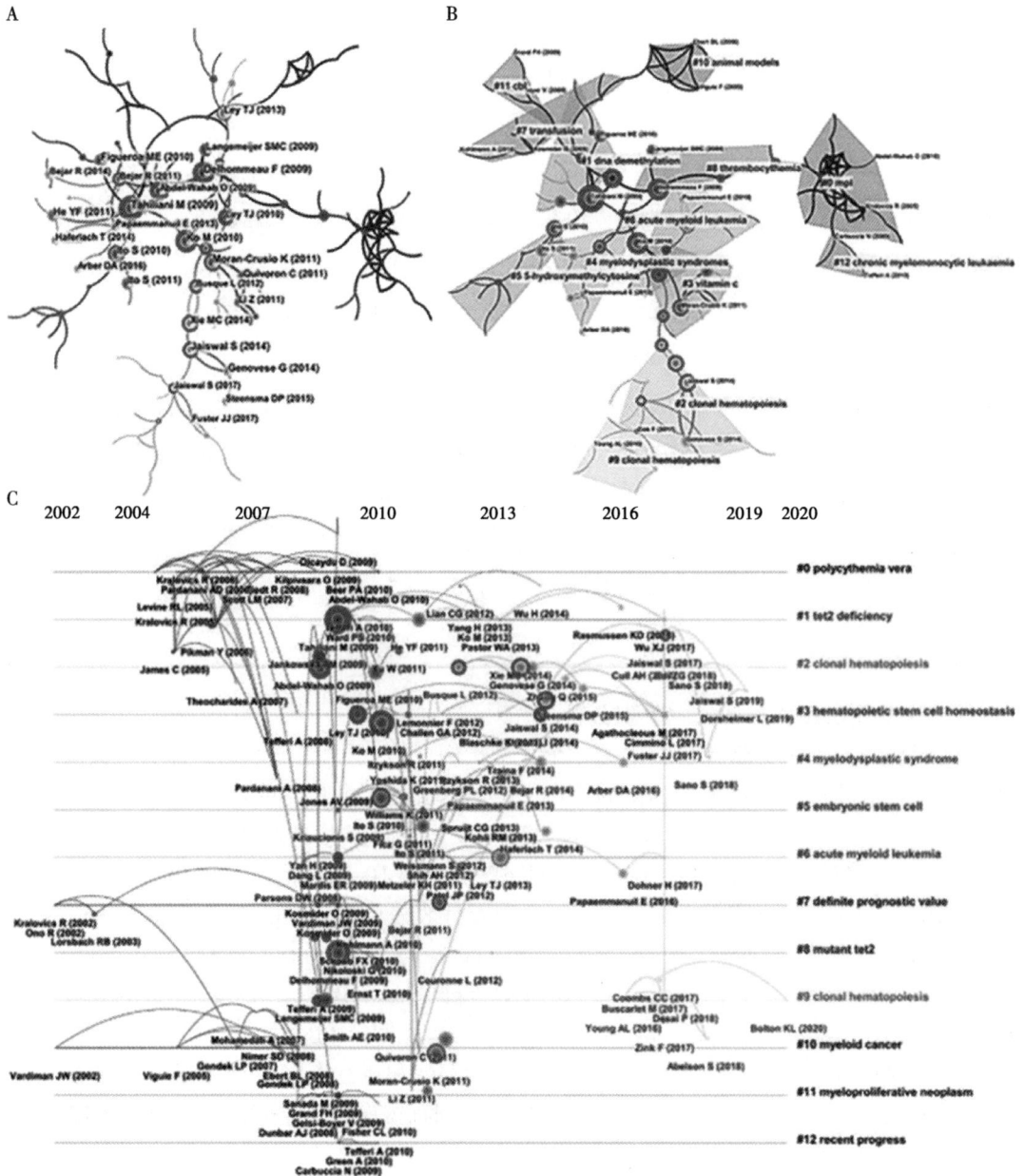

图 10-10 共引文献分析

表 10-10　TET2 研究被引用次数最多的 10 篇参考文献（2009—2021 年）

排名	标题	作者	年	杂志	引用频次
1	Age-related clonal hematopoiesis associated with adverse outcomes	Jaiswal S	2014	*New England Journal of Medicine*	1 980
2	Leukemic *IDH1* and *IDH2* mutations result in a hypermethylation phenotype, disrupt TET2 function, and impair hematopoietic differentiation	Figueroa ME	2010	*Cancer Cell*	1 769
3	Role of Tet proteins in 5mC to 5hmC conversion, ES-cell self-renewal and inner cell mass specification	Ito S	2010	*Nature*	1 718
4	Clonal hematopoiesis and blood-cancer risk inferred from blood DNA sequence	Genovese G	2014	*New England Journal of Medicine*	1 581
5	Prognostic relevance of integrated genetic profiling in acute myeloid leukemia	Patel JP	2012	*New England Journal of Medicine*	1 256
6	Mutation in TET2 in myeloid cancers	Delhommeau F	2009	*New England Journal of Medicine*	1 254
7	Global epigenomic reconfiguration during mammalian brain development	Lister R	2013	*Science*	1 127
8	Clinical and biological implications of driver mutations in myelodysplastic syndromes	Papaemmanuil E	2014	*Blood*	966
9	Age-related mutations associated with clonal hematopoietic expansion and malignancies	Xie MC	2010	*Nature Medicine*	940
10	Clonal hematopoiesis of indeterminate potential and its distinction from myelodysplastic syndromes	Steensma DP	2015	*Blood*	918

表 10-11 基于 CiteSpace 的引用突现分析（Top20）

参考文献	年份	强度	开始年份	结束年份	2009—2021 年
Tefferi A, 2009, *Leukemia*, V23, P905, DOI 10.1038/leu.2009.47	2009	36.14	2009	2012	
Delhommeau F, 2009, *New Engl J Med*, V360, P2289, DOI 10.1056/NEJMoa0810069	2009	95.79	2010	2014	
Tahiliani M, 2009, *Science*, V324, P930, DOI 10.1126/science.1170116	2009	73.53	2010	2014	
Langemeijer SMC, 2009, *Nat Genet*, V41, P838, DOI 10.1038/ng.391	2009	58.58	2010	2014	
Abdel-Wahab O, 2009, *Blood*, V114, P144, DOI 10.1182/blood-2009-03-210039	2009	42.20	2010	2014	
Ko M, 2010, *Nature*, V468, P839, DOI 10.1038/nature09586	2010	61.27	2011	2015	
Figueroa ME, 2010, *Cancer Cell*, V18, P553, DOI 10.1016/j.ccr.2010.11.015	2010	56.44	2011	2015	
Ito S, 2010, *Nature*, V466, P1129, DOI 10.1038/nature09303	2010	50.66	2011	2015	
Ley TJ, 2010, *New Engl J Med*, V363, P2424, DOI 10.1056/NEJMoa1005143	2010	42.36	2011	2015	
Ernst T, 2010, *Nat Genet*, V42, P722, DOI 10.1038/ng.621	2010	37.89	2011	2013	
Ito S, 2011, *Science*, V333, P1300, DOI 10.1126/science.1210597	2011	42.04	2012	2016	
Moran-Crusio K, 2011, *Cancer Cell*, V20, P11, DOI 10.1016/j.ccr.2011.06.001	2011	41.78	2012	2016	
He YF, 2011, *Science*, V333, P1303, DOI 10.1126/science.1210944	2011	39.44	2012	2016	
Quivoron C, 2011, *Cancer Cell*, V20, P25, DOI 10.1016/j.ccr.2011.06.003	2011	36.32	2012	2016	
Jaiswal S, 2014, *New Engl J Med*, V371, P2488, DOI 10.1056/NEJMoa1408617	2014	48.94	2016	2019	
Genovese G, 2014, *New Engl J Med*, V371, P2477, DOI 10.1056/NEJMoa1409405	2014	39.27	2016	2019	
Arber DA, 2016, *Blood*, V127, P2391, DOI 10.1182/blood-2016-03-643544	2016	37.45	2017	2021	
Jaiswal S, 2017, *New Engl J Med*, V377, P111, DOI 10.1056/NEJMoa1701719	2017	44.44	2018	2021	
Cimmino L, 2017, *Cell*, V170, P1079, DOI 10.1016/j.cell.2017.07.032	2017	39.57	2018	2021	
Fuster JJ, 2017, *Science*, V355, P842, DOI 10.1126/science.aag1381	2017	41.22	2019	2021	

讨　论

在这个信息爆炸的时代,要跟上最新的研究成果并保持在该领域的领先地位越来越困难。文献计量学是评估某个领域在特定时间范围内的发文趋势和文献之间关系的有效方法。在本研究中,我们对当前的 TET2 研究进行了文献计量学分析,并提供了定量分析和趋势预测。我们的研究结果为 TET2 研究及相关信息提供了指导,有助于研究人员评估研究的意义,促进不同学科之间的合作,并转化研究成果。

每年发文量的变化可以反映该领域的研究趋势。TET2 研究首次出现在 2009 年,当时一些研究小组报道了 TET2 突变与骨髓恶性肿瘤和骨髓增生异常综合征等血液系统疾病之间的密切关联[13-14]。同年,Tahiliani 等在 Science 上发表了一篇文献提示 TET 家族具有活跃的 DNA 去甲基化作用[7]。自取得这些突破性成果以来,有关 TET2 的文献迅速增多。特别是在近 5 年里,TET2 的研究呈爆发式增长,在此期间发表的文献占总发表文献的 70%,这表明 TET2 是近几年的一个热门研究领域。根据文献的增长曲线,我们预测将有更多的学者参与到这一领域的研究中来。

从国家/地区分布来看,美国发表的文献最多(1 057 篇),其次是中国(635 篇),两者合计占发文总数的 70.9%,这表明美国和中国在 TET2 研究中处于领先地位。中心性得分主要用于评估一个节点在整体网络结构中的桥梁作用价值。发文量最多的两个国家中心性得分并不高(低于 0.1),因为 0.1 以上的节点通常被认为是相对重要的节点,这表明它们在学术合作和交流方面需要进一步完善。在发文量最多的 10 个国家中,西班牙的中心性得分最高(0.36),这表明西班牙在该领域全球合作网络中起到了桥梁作用。排名前 10 的研究机构中,有 8 家来自美国,另外 2 家来自法国。哈佛大学和法国国家健康与医学研究院是最有影响力的机构。总体而言,我们的分析表明,与 TET2 相关的研究在世界范围内引起了极大的关注;然而,不同国家或地区的研究发展不平衡,学术交流不足,这可能会对该领域的发展产生负面影响。因此,我们强烈建议各国及其机构打破学术壁垒,扩大合作与交流,共同推动 TET2 研究的进展。

本研究还强调了有影响力的研究者的贡献,他们可以为进一步的研究方向提供指导。发文最多的作者是 Levine RL(66 篇)、Tefferi A(51 篇)、Haferlach T(47 篇)、Ogawa S(44 篇)和 Abdel-wahab O(40 篇)。值得注意的是,Levine RL 是这一领域最有影响力的学者,其被引次数和 H 指数都是最高的,表明其对 TET2 研究领域做出了杰出的贡献。此外,我们的分析显示,全球研究人员在 TET2 研究中存在明显的地域性,来自美国和欧洲的学者在该领域占主导地位。

我们的研究结果还概述了文献来源的分布,以便于确定研究 TET2 的核心期刊。在发表 TET2 相关文献的期刊中,Blood(128 篇)位居榜首,其次是 Leukemia(84 篇)和 PLoS One(50 篇)。排名前 10 的期刊中有 7 种属于一区,其中大多数是血液学专业期刊。这一结果也反映了 TET2 是血液学研究的重点。此外,共引次数最多的前 10 篇文献都发表在包括 New England Journal of Medicine、Nature 和 Science 在内的顶级学术期刊上,表明 TET2 在全球学术界得到了高度重视。有趣的是,这些文献大多集中在 Tet2 突变和血液系统恶性肿瘤之间的关系上。此外,我们的双图叠加显示了学科层面上关于内容演变的宏观信息,生物学、分子学和遗传学是 TET2 研究的基础和核心学科。对图谱中两条主要途径的分析表明，对 TET2 的研究是多学科的。

由于关键词概述了文献的研究主题和基本内容，可以通过关键词共现分析来研究不同研究热点的分布和演变。我们对高频关键词的聚类分析表明，TET2 的功能以及 TET2 在血液系统肿瘤中的作用是 TET2 研究的热点。此外，利用关键词突现，我们的研究预测了 TET2 研究前沿和新兴趋势的 4 个领域，即"clonal hematopoiesis"（2017—2019 年）、"expression"（2019—2021 年）、"inflammation"（2019—2021 年）、"landscape"（2019—2021 年）。

众所周知，DNA 胞嘧啶甲基化，主要指 5mC，是研究最为广泛的表观遗传修饰之一，在基因表达中发挥核心作用[1]。5mC 与某些蛋白质的结合限制了转录因子对启动子的激活，最终抑制了转录[30]。包括 TET2 在内的 TET 蛋白最基本、最重要的功能是调节 DNA 去甲基化。首先，TET2 能够将 5mC 依次氧化为 5hmC、5- 甲酰胞嘧啶（5-formylcytosine，5fC）和 5- 羧基胞嘧啶（5-carboxycytosine，5caC）[8]。胸腺嘧啶 DNA 糖基化酶（thymine DNA glycosylase，TDG）能识别并切除这些碱基修饰，产生无碱基位点；然后，碱基切除修复机制用未甲基化的胞嘧啶来填充这些位点[31]。有人提出，活跃的 DNA 去甲基化还有其他机制[32]，但需要进一步的研究来确定它们的生理意义。其次，5hmC 还可被动地促进 DNA 去甲基化。这是基于 DNA 甲基转移酶 1（DNA methyltransferase 1，DNMT1）不能与 5hmC 相互作用的报道。DNMT1 是一种维持甲基转移酶，负责将甲基转移到未甲基化的胞嘧啶上。此外，5hmC 及其氧化衍生物可抑制泛素化 PHD 和环指结构域 1（ubiquitin-like with PHD and ring-finger domain 1，Uhrf1）/DNMT1 与 DNA 的结合，从而抑制维持 DNA 甲基化[33]。因此，在 DNA 复制过程中，当维持 DNA 甲基化停止时，5mC 被被动稀释。一些研究还表明，TET2 通过影响组蛋白修饰来调节基因的表达。TET2 与 O- 连接的 β-N- 乙酰氨基葡萄糖转移酶（O-linked β-N-acetylglucosamine transferase，OGT）相互作用，通过组蛋白 H2B 糖基化修饰或宿主细胞因子 1（host cell factor 1，HCF1）的糖基化修饰或蛋白水解激活来调节 OGT 与靶基因启动子的结合，从而调节基因转录[34-35]。这些研究表明，TET2 可能通过改变 DNA 甲基化和染色质图谱来调节基因转录。然而，TET2 调控基因表达的机制仍然不清楚，需要进一步研究。

在过去的十年中，研究人员深入了解了 TET2 在血液系统中的复杂生物学作用。人们普遍认为，TET2 是一种重要的造血调节因子，尤其是在骨髓生成中[36]。多种血液系统恶性肿瘤是由 TET2 的失调和突变引起的[18]。我们的结果表明，克隆性造血（clonal hematopoiesis，CH）可能是 TET2 在血液学中的潜在研究重点。CH 被定义为造血系统内的任何克隆性扩张状态，其功能特征是具有共同体细胞突变的造血克隆不成比例地增殖[37]。许多学者认为 CH 可能是一种癌前状态。事实上，据报道，CH 患者患血液系统肿瘤的可能性大约是普通人群的 10 倍，绝对进展率为每年 0.5%~1%[38]。TET2 不仅是在不伴有血液系统恶性肿瘤的 CH 患者中发现的第一个体细胞突变基因[39]，也是驱动 CH 发展的最常见突变基因之一[37]。使用小鼠模型的研究一致表明，TET2 在造血系统中的缺失或单倍体不足导致造血干细胞和祖细胞的自我更新增加，并有分化为髓系的趋势[40-41]。

此外，TET2 功能丧失导致 CH 已被证明影响非恶性老年疾病，特别是心血管疾病。Pascual-Figal 等报道，心力衰竭（heart failure，HF）患者的体细胞 TET2 突变似乎有助于 HF 的加速进展和较差的长期临床结局[42]，这在小鼠模型中得到证实，即造血系统 TET2 缺失会导致更严重的心功能不全,并加剧 HF 诱导后的重塑过程[43]。此外,与对照组相比,在高胆固醇血症小鼠中植入纯合或杂合 TET2 缺陷的骨髓导致动脉粥样硬化斑块增大,表明体细胞 *Tet2* 突变驱动的 CH 加速动脉粥样硬化的发展[20]。

我们的分析还表明,最近对 TET2 的研究重点已转移到它在炎症中的作用。例如,2015 年 Zhang 等报道,在炎症消退阶段,TET2 可以抑制包括巨噬细胞和树突状细胞在内的先天性骨髓细胞中促炎细胞因子白细胞介素 6(interleukin-6,IL-6)的表达[44]。机制上,TET2 可以募集并结合组蛋白脱乙酰酶(histone deacetylase,HDAC)1/2,促进组蛋白去乙酰化,从而抑制 IL-6 基因转录。此外,TET2 缺乏加剧了脂多糖刺激的骨髓巨噬细胞的炎症反应,白细胞介素 1β(interleukin-1β,IL-1β)和 IL-6 的 mRNA 水平增加证明了这一点[45]。此外,Fuster 等还发现,TET2 缺失的巨噬细胞以 NOD 样受体家族 pyrin 结构域 3(NOD-like receptor family pyrin domain containing 3,NLRP3)炎症小体依赖性方式释放大量 IL-1β[20]。据报道,缺乏 TET2 表达的肿瘤相关巨噬细胞表现出促炎表型,包括炎症细胞因子表达增强和精氨酸酶 1(arginase 1,ARG-1)表达降低[46],以及 TET2 在炎症启动过程中调节先天免疫信号[47]。TET2 的异常调节已被视为是炎症性疾病发生的重要因素。使用干细胞移植和 TET2 丢失模型的研究表明,炎症失调促进了 CH 和相关合并症,如心血管疾病和血液系统恶性肿瘤[48]。因此,携带 *Tet2* 突变的白细胞有助于形成炎症环境,从而使克隆具有选择性优势,从而维持异常扩增和炎症的反馈循环[49]。已发现 TET2 与自身免疫性疾病的炎症有关,包括 1 型糖尿病[50]和干燥综合征[51]。最近的一项研究表明,调节性 T 细胞(regulatory T cell,Treg 细胞)中 TET2 和 TET3 的敲除严重破坏了 Treg 细胞的免疫稳态,并诱发小鼠的炎症性疾病[52]。毫无疑问,需要进一步的研究来揭示靶向 TET2 在调节炎症反应和治疗相关炎症性疾病方面的潜在治疗益处。

尽管这项研究提供了充足的信息,但这项研究存在文献计量学固有的几个局限性。首先,虽然 WoSCC 数据库涵盖了大多数文献,并且通常被用作文献计量学分析的主要数据库,但本研究仅从 WoSCC 数据库检索数据,忽略了未包括在 WoSCC 数据库中的研究。其次,WoSCC 中的数据不断更新;因此,本研究的检索结果可能在一定程度上与实际包含的文献不同。最后,本研究只对英文文献进行了评价,这可能会导致结果偏倚。值得注意的是,由于科学研究的不断发展,文献计量学只能在有限的时间范围内作为参考。尽管如此,这一文献计量分析为读者快速掌握 TET2 研究领域的研究主题、热点和趋势提供了基础。

结 论

在过去的 10 年里,TET2 研究经历了一个快速发展的阶段。美国、欧洲和中国的研究人员为这一领域的发展做出了巨大贡献。哈佛大学和法国国家健康与医学研究院的发文量最多。Levine RL 是最多产和最有影响力的学者。我们的分析表明,需要加强不同国家和机构之间的合作与交流。许多 TET2 研究已经发表在高影响力的期刊上,这表明了 TET2 研究的重要性。目前,TET2 的研究主要集中在四个领域:骨髓增殖性肿瘤、髓系恶性肿瘤、克隆性造血和 DNA 甲基化。预计未来的研究将集中在炎症、基因表达和甲基化图谱上。

综上所述,这是第一项通过文献计量学和可视化分析对 TET2 相关文献进行全面评估的研究。本研究的结果可为今后的研究提供有益的参考。

［1］SCHÜBELER D. Function and information content of DNA methylation［J］. Nature, 2015, 517（7534）: 321-326.

［2］MATTEI A L, BAILLY N, MEISSNER A. DNA methylation: a historical perspective［J］. Trends Genet, 2022, 38（7）: 676-707.

［3］LUO C, HAJKOVA P, ECKER J R. Dynamic DNA methylation: in the right place at the right time［J］. Science, 2018, 361（6409）: 1336-1340.

［4］DENIZ Ö, FROST J M, BRANCO M R. Regulation of transposable elements by DNA modifications［J］. Nat Rev Genet, 2019, 20（7）: 417-431.

［5］TUCCI V, ISLES A R, KELSEY G, et al. Genomic imprinting and physiological processes in mammals［J］. Cell, 2019, 176（5）: 952-965.

［6］MORGAN H D, SANTOS F, GREEN K, et al. Epigenetic reprogramming in mammals［J］. Hum Mol Genet, 2005, 14: R47-R58.

［7］TAHILIANI M, KOH K P, SHEN Y, et al. Conversion of 5-methylcytosine to 5-hydroxymethylcytosine in mammalian DNA by MLL partner TET1［J］. Science, 2009, 324（5929）: 930-935.

［8］ITO S, D'ALESSIO A C, TARANOVA O V, et al. Role of tet proteins in 5mC to 5hmC conversion, ES-cell self-renewal and inner cell mass specification［J］. Nature, 2010, 466（7310）: 1129-1133.

［9］WU X, ZHANG Y. TET-mediated active DNA demethylation: mechanism, function and beyond［J］. Nat Rev Genet, 2017, 18（9）: 517-534.

［10］TSIOUPLIS N J, BAILEY D W, CHIOU L F, et al. TET-mediated epigenetic regulation in immune cell development and disease［J］. Front Cell Dev Biol, 2021, 8: 623948.

［11］NISHIYAMA A, NAKANISHI M. Navigating the DNA methylation landscape of cancer［J］. Trends Genet, 2021, 37（11）: 1012-1027.

［12］BRAY J K, DAWLATY M M, VERMA A, et al. Roles and regulation of TET enzymes in solid tumors［J］. Trends Cancer, 2021, 7（7）: 635-646.

［13］DELHOMMEAU F, DUPONT S, DELLA VALLE V, et al. Mutation in TET2 in myeloid cancers［J］. N Engl J Med, 2009, 360（22）: 2289-2301.

［14］LANGEMEIJER S M, KUIPER R P, BERENDS M, et al. Acquired mutations in TET2 are common in myelodysplastic syndromes［J］. Nat Genet, 2009, 41（7）: 838-842.

［15］JANKOWSKA A M, SZPURKA H, TIU R V, et al. Loss of heterozygosity 4q24 and TET2 mutations associated with myelodysplastic/myeloproliferative neoplasms［J］. Blood, 2009, 113（25）: 6403-6410.

［16］TEFFERI A, LIM K H, ABDEL-WAHAB O, et al. Detection of mutant TET2 in myeloid malignancies other than myeloproliferative neoplasms: CMML, MDS, MDS/MPN and AML［J］. Leukemia, 2009, 23（7）: 1343-1345.

［17］FENG Y, LI X, CASSADY K, et al. TET2 function in hematopoietic malignancies, immune regulation, and DNA repair［J］. Front Oncol, 2019, 9: 210.

［18］JIANG S. Tet2 at the interface between cancer and immunity［J］. Commun Biol, 2020, 3（1）: 667.

［19］CONG B, ZHANG Q, CAO X. The function and regulation of TET2 in innate immunity and inflammation［J］. Protein Cell, 2021, 12（3）: 165-173.

［20］FUSTER J J, MACLAUCHLAN S, ZURIAGA M A, et al. Clonal hematopoiesis associated with TET2 deficiency accelerates atherosclerosis development in mice［J］. Science, 2017, 355（6327）: 842-847.

［21］ZHOU F, ZHANG T, JIN Y, et al. Emerging trends and research foci in allergic rhinitis immunotherapy from

2002 to 2021: a bibliometric and visualized study [J]. Am J Transl Res, 2022, 14 (7): 4457-4476.

[22] WANG Y, JIANG L, LI B, et al. Management of chronic myeloid leukemia and pregnancy: a bibliometric analysis (2000—2020)[J]. Front Oncol, 2022, 12: 826703.

[23] XU L, TANG F, WANG Y, et al. Research progress of pre-hospital emergency during 2000—2020: a bibliometric analysis [J]. Am J Transl Res, 2021, 13 (3): 1109-1124.

[24] SYNNESTVEDT M B, CHEN C, HOLMES J H. CiteSpace Ⅱ: visualization and knowledge discovery in bibliographic databases [J]. AMIA Annu Symp Proc, 2005: 724-728.

[25] VAN ECK N J, WALTMAN L. Software survey: VOSviewer, a computer program for bibliometric mapping [J]. Scientometrics, 2010, 84 (2): 523-538.

[26] RAD A E, BRINJIKJI W, CLOFT H J, et al. The h-index in academic radiology [J]. Acad Radiol, 2010, 17 (7): 817-821.

[27] LEI K, WANG X, LIU Y, et al. Global research hotspots and trends of the Notch signaling pathway in the field of cancer: a bibliometric study [J]. Am J Transl Res, 2022, 14 (7): 4918-4930.

[28] JAISWAL S, FONTANILLAS P, FLANNICK J, et al. Age-related clonal hematopoiesis associated with adverse outcomes [J]. N Engl J Med, 2014, 371 (26): 2488-2498.

[29] FIGUEROA M E, ABDEL-WAHAB O, LU C, et al. Leukemic IDH1 and IDH2 mutations result in a hypermethylation phenotype, disrupt TET2 function, and impair hematopoietic differentiation [J]. Cancer Cell, 2010, 18 (6): 553-567.

[30] SEETHY A, PETHUSAMY K, CHATTOPADHYAY I, et al. TETology: epigenetic mastermind in action [J]. Appl Biochem Biotechnol, 2021, 193 (6): 1701-1726.

[31] KOHLI R M, ZHANG Y. TET enzymes, TDG and the dynamics of DNA demethylation [J]. Nature, 2013, 502 (7472): 472-479.

[32] PASTOR W A, ARAVIND L, RAO A. TETonic shift: biological roles of TET proteins in DNA demethylation and transcription [J]. Nat Rev Mol Cell Biol, 2013, 14 (6): 341-356.

[33] HASHIMOTO H, LIU Y, UPADHYAY A K, et al. Recognition and potential mechanisms for replication and erasure of cytosine hydroxymethylation [J]. Nucleic Acids Res, 2012, 40 (11): 4841-4849.

[34] CHEN Q, CHEN Y, BIAN C, et al. TET2 promotes histone O-GlcNAcylation during gene transcription [J]. Nature, 2013, 493 (7433): 561-564.

[35] DEPLUS R, DELATTE B, SCHWINN M K, et al. TET2 and TET3 regulate GlcNAcylation and H3K4 methylation through OGT and SET1/COMPASS [J]. EMBO J, 2013, 32 (5): 645-655.

[36] KUNIMOTO H, NAKAJIMA H. TET2: a cornerstone in normal and malignant hematopoiesis [J]. Cancer Sci, 2021, 112 (1): 31-40.

[37] CHALLEN G A, GOODELL M A. Clonal hematopoiesis: mechanisms driving dominance of stem cell clones [J]. Blood, 2020, 136 (14): 1590-1598.

[38] JAISWAL S, LIBBY P. Clonal haematopoiesis: connecting ageing and inflammation in cardiovascular disease [J]. Nat Rev Cardiol, 2020, 17 (3): 137-144.

[39] BUSQUE L, PATEL J P, FIGUEROA M E, et al. Recurrent somatic TET2 mutations in normal elderly individuals with clonal hematopoiesis [J]. Nat Genet, 2012, 44 (11): 1179-1181.

[40] QUIVORON C, COURONNÉ L, DELLA VALLE V, et al. TET2 inactivation results in pleiotropic hematopoietic abnormalities in mouse and is a recurrent event during human lymphomagenesis [J]. Cancer Cell, 2011, 20 (1): 25-38.

[41] OSTRANDER E L, KRAMER A C, MALLANEY C, et al. Divergent effects of Dnmt3a and Tet2 mutations on hematopoietic progenitor cell fitness [J]. Stem Cell Reports, 2020, 14 (4): 551-560.

[42] PASCUAL-FIGAL D A, BAYES-GENIS A, DÍEZ-DíEZ M, et al. Clonal hematopoiesis and risk of progression

of heart failure with reduced left ventricular ejection fraction[J]. J Am Coll Cardiol, 2021, 77(14): 1747-1759.

[43] SANO S, OSHIMA K, WANG Y, et al. Tet2-mediated clonal hematopoiesis accelerates heart failure through a mechanism involving the IL-1β/NLRP3 inflammasome[J]. J Am Coll Cardiol, 2018, 71(8): 875-886.

[44] ZHANG Q, ZHAO K, SHEN Q, et al. Tet2 is required to resolve inflammation by recruiting Hdac2 to specifically repress IL-6[J]. Nature, 2015, 525(7569): 389-393.

[45] CULL A H, SNETSINGER B, BUCKSTEIN R, et al. Tet2 restrains inflammatory gene expression in macrophages[J]. Exp Hematol, 2017, 55: 56-70.

[46] PAN W, ZHU S, QU K, et al. The DNA methylcytosine dioxygenase Tet2 sustains immunosuppressive function of tumor-infiltrating myeloid cells to promote melanoma progression[J]. Immunity, 2017, 47(2): 284-297.e5.

[47] LI J, LI L, SUN X, et al. Role of Tet2 in regulating adaptive and innate immunity[J]. Front Cell Dev Biol, 2021, 9: 665897.

[48] COOK E K, LUO M, RAUH M J. Clonal hematopoiesis and inflammation: partners in leukemogenesis and comorbidity[J]. Exp Hematol, 2020, 83: 85-94.

[49] ABEGUNDE S O, BUCKSTEIN R, WELLS R A, et al. An inflammatory environment containing TNFα favors Tet2-mutant clonal hematopoiesis[J]. Exp Hematol, 2018, 59: 60-65.

[50] STEFAN-LIFSHITZ M, KARAKOSE E, CUI L, et al. Epigenetic modulation of β cells by interferon-α via PNPT1/mir-26a/TET2 triggers autoimmune diabetes[J]. JCI Insight, 2019, 4(5): e126663.

[51] LAGOS C, CARYAJAL P, CASTRO I, et al. Association of high 5-hydroxymethylcytosine levels with Ten Eleven Translocation 2 overexpression and inflammation in Sjögren's syndrome patients[J]. Clin Immunol, 2018, 196: 85-96.

[52] YUE X, LIO C J, SAMANIEGO-CASTRUITA D, et al. Loss of TET2 and TET3 in regulatory T cells unleashes effector function[J]. Nat Commun, 2019, 10(1): 2011.

（吕浩 丛建超 谢育列 谭铖 许昱）

绘制胞葬作用研究的知识结构和新兴趋势：文献计量学分析

【背景】胞葬作用是指特化或非特化吞噬细胞对凋亡细胞的生理性清除过程，在人类健康和疾病过程中发挥着重要作用。然而，关于胞葬作用的研究现状缺乏全面客观的报道。在这里，我们用文献计量学的方法直观地分析了胞葬作用研究的热点和发展趋势。

【方法】于2022年2月18日从Web of Science核心合集数据库检索相关文献。使用CiteSpace、VOSviewer、Microsoft Excel 2019和文献计量在线分析平台进行了文献计量和可视化分析。

【结果】共检索到 1 007 篇关于胞葬作用的文章。2006—2021 年,胞葬作用相关发文量迅速增加,发文量最多的国家是美国,发文量最多的机构是哈佛大学和布列根和妇女医院。最高产和最有影响力的学者是哥伦比亚大学的 Tabas I 教授。*Frontiers in Immunology* 是发文量最多的期刊,而 *Journal of Immunology* 的共引次数最高。高频关键词是 efferocytosis、inflammation、apoptotic cells、macrophages 和 apoptosis。对引用突现最强的关键词进行分析表明,"cell" 和 "resolution" 是新兴热点。

【结论】我们的研究结果表明,在过去的十年中,胞葬作用相关发文量稳步增加。目前对胞葬作用的研究主要集中在三个方面:机制、基础生物学和在疾病中的潜在作用。研究趋势包括胞葬作用过程中的参与细胞和胞葬作用在炎症消退中的作用。该文献计量学分析对胞葬作用的研究进行了全面的概述,为对该领域感兴趣的学者提供了有价值的参考。

【关键词】胞葬作用,凋亡细胞清除,炎症,文献计量学分析,可视化分析

引　言

成人每天约有 37.2 万亿个细胞死亡,其中约 0.4% 是人体正常新陈代谢所必需的[1-2]。有效清除濒死细胞和细胞碎片是维持组织稳态和生物体正常功能的关键因素[3]。凋亡和非凋亡濒死细胞都显示并释放分子信号,如 "find-me" 和 "eat-me" 信号,以募集吞噬细胞,并指导识别凋亡或濒死细胞以及随后的吞噬和免疫反应[4-5]。这种多步骤的细胞清除过程被称为胞葬作用,在拉丁语中是 "走向坟墓" 的意思[6]。在细胞生物学中,胞葬作用是指凋亡细胞被特化和非特化吞噬细胞吞噬和分解的过程[7]。

胞葬作用对于缓解感染、组织损伤和炎症等病理状态至关重要[8]。有缺陷的胞葬作用可导致炎症微环境中的凋亡细胞聚集,随后导致细胞溶解和细胞坏死,并产生促炎细胞内容物[9]。凋亡细胞清除失败或受损与许多慢性炎症性疾病密切相关[10]。例如,胞葬作用已被确定为动脉粥样硬化病变发展的关键因素[11]。凋亡细胞清除不当是肺部炎症持续存在的重要原因。包括哮喘、慢性阻塞性肺疾病和囊性纤维化在内的多种慢性肺部疾病都以凋亡细胞在肺部的异常积累为特征[12]。此外,胞葬作用缺陷可诱导自身抗原耐受性破坏,引发自身免疫,导致自身免疫性疾病的发生、发展[13]。最近,许多研究人员认为,胞葬作用是探究神经退行性疾病、糖尿病和癌症病因和疗法的一个很有希望的新靶点[14]。因此,关于胞葬作用的生理和病理功能,仍有许多知识需要了解。

文献计量学提供了一种基于特定研究领域已发表研究中的信息对证据进行定量和统计可视化的方法,其中包括国家、机构、作者和期刊的合作与贡献[15]。文献计量学分析还可以帮助理解知识结构并评估特定领域科学研究的新兴趋势[16],这是传统的综述、荟萃分析和证据映射等方法所不具备的优势。文献计量学越来越被视为制定指南和探索研究趋势的宝贵方法[17]。最常用的文献计量学工具是 CiteSpace[18] 和 VOSviewer[19],它们已广泛应用于医学[17]、生物学[16]和免疫学[20]。

据我们所知,迄今为止还没有关于胞葬作用的文献计量学分析。由于这一知识差距,我

们旨在绘制出胞葬作用研究的全貌,并确定研究趋势。此外,本文的文献计量学分析旨在为研究者提供该领域的宏观视角,为今后的研究奠定基础。

材料和方法

(一)数据采集

数据于 2022 年 2 月 18 日检索自 WoSCC 的科学引文索引 - 扩展版(Science Citation Index-Expanded,SCI-E)和社会科学引文索引(Social Sciences Citation Index,SSCI)。检索策略为:TS= "efferocytosis" 或 "efferocytotic",发表年限为 2006—2021,出版语言仅限于英文,原创研究文章和综述是唯一可用的文献类型。图 10-11 是对检索策略的全面概述。检索到的文章以 "Full Record and Cited References" 和 "Plain Text" 的格式导出。两名研究人员独立进行数据收集和录入,结果之间的任何分歧都通过讨论或咨询该领域的专家协商一致解决。

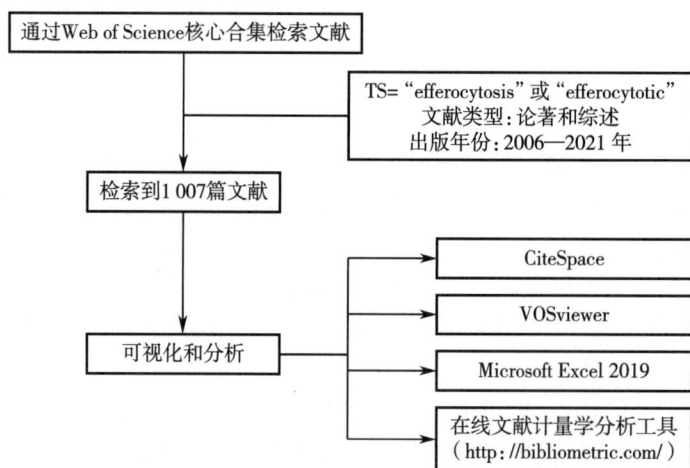

图 10-11 文献筛选流程

(二)数据分析

使用 VOSviewer(版本 1.6.16)、CiteSpace(版本 5.8.R3)、Microsoft Excel 2019 和文献计量在线分析平台(https://bibliometric.com/)进行文献计量和可视化分析。CiteSpace 是一款文献计量软件,专门分析科学领域的分布、关键点、知识结构、未来趋势和动态[18]。本文使用 CiteSpace 分析了机构共现、关键词突现、引文突现、作者与参考文献的共被引关系、参考文献时间线和期刊双图叠加。在 CiteSpace 可视化中,节点是指参考文献、作者和机构。节点大小反映了项目的共现频率,色环代表不同年份,节点之间的连线表示项目的共现关系。

VOSviewer 是一款科学计量学分析工具,可以创建知识结构并将其可视化。它描绘了三种可视化图谱类型:聚类、叠加和密度色图[19]。与常用的文献计量学工具不同,VOSviewer 强调文献计量学图形表示法,这对大规模数据的可视化作用巨大。我们使用 VOSviewer 对网络进行了可视化,包括关键词的共现和作者的共被引。

使用文献计量在线分析平台对各国的合作与发文情况进行了分析。用 Microsoft Excel 2019 分析了胞葬作用文章发表趋势。

结 果

（一）年增长趋势

2006—2021 年,共发表了 1 007 篇符合条件的有关胞葬作用的研究文章。尽管在某些时间点出现了波动性下降,但与胞葬作用相关的文章数量总体呈上升趋势(图 10-12)。值得注意的是,2017—2021 年是研究活动的高峰期,这 5 年间共发表了 636 篇文章,占相关文章总数的 60% 以上。

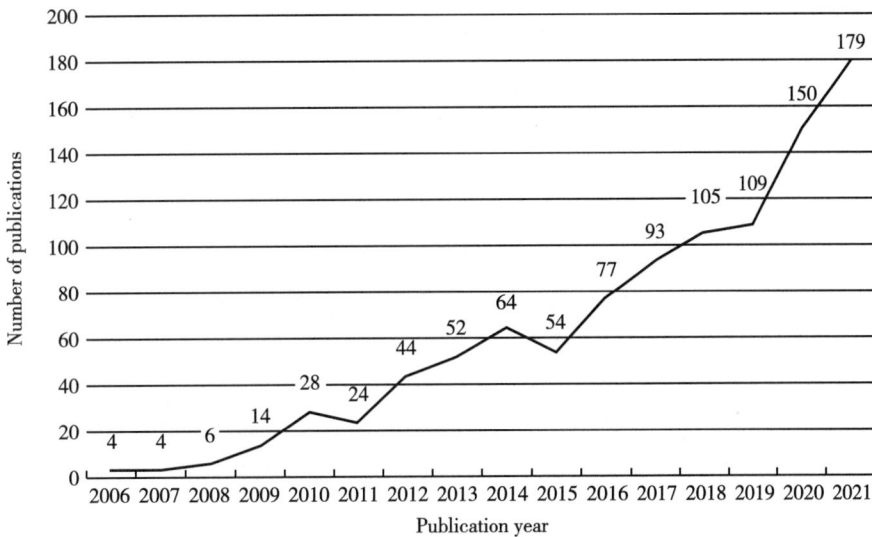

图 10-12 发文量及国家分析

（二）按国家 / 地区和机构分布

69 个国家 / 地区和 1 243 个机构发表了 1 007 篇文章。美国发文数最多(481 篇),其次是中国(102 篇)、德国(86 篇)、英国(84 篇)和法国(71 篇)(表 10-12)。美国发表了全球超过 45% 的胞葬作用研究,表明美国在这一领域处于领先地位。

中心性得分评估网络中节点的重要性[21]。合作越频繁,合作网络中的中心性得分越高。图 10-13A 描述了不同国家 / 地区的合作网络,其中英国的中心性得分最高(0.59),其次是德国(0.50)、澳大利亚(0.35)、日本(0.32)和巴西(0.23)。

利用 CiteSpace 分析了该领域发文机构的分布情况。发文量最多的五个机构如下(图 10-13B,表 10-13):哈佛大学(85 篇)、布列根和妇女医院(67 篇)、哈佛大学医学院(64 篇)、法国国家健康与医学研究院(58 篇)和哥伦比亚大学(48 篇)。排名前 10 的机构分别来自美国(8 家)、法国(1 家)和英国(1 家)。根据中心性排名,排名前三的机构是科罗拉多大学系统(0.26)、哥伦比亚大学(0.22)和密西根大学(0.21)。

表 10-12　胞葬作用研究参与度排名前 10 位的国家 / 地区

排名	文章数量	中心性得分	国家
1	481	0.10	美国
2	102	0.00	中国
3	86	0.50	德国
4	84	0.59	英国
5	71	0.19	法国
6	65	0.00	韩国
7	61	0.10	加拿大
8	51	0.35	澳大利亚
9	44	0.32	日本
10	43	0.23	巴西

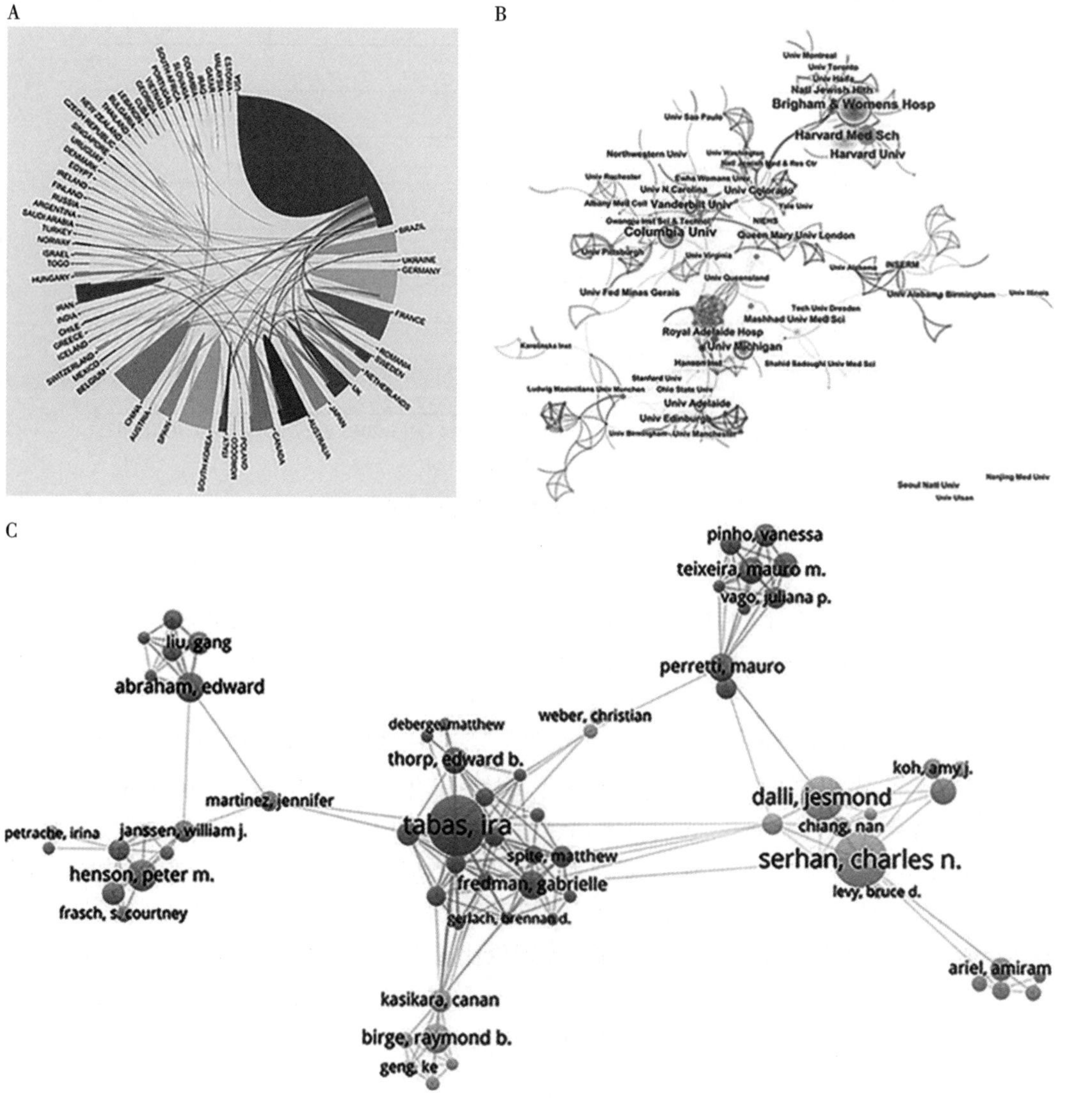

图 10-13　国家、机构和作者合作分析

表 10-13 参与胞葬作用研究的前 10 家机构

排名	文章数量	机构	国家	中心性得分
1	85	哈佛大学	美国	0.04
2	67	布列根和妇女医院	美国	0.17
3	64	哈佛大学医学院	美国	0.01
4	58	法国国家健康与医学研究院	法国	0.11
5	48	哥伦比亚大学	美国	0.22
6	35	伦敦大学	英国	0.00
7	32	美国国立卫生研究院	美国	0.03
8	30	国立犹太医学中心	美国	0.01
9	30	科罗拉多大学系统	美国	0.26
10	27	密西根大学	美国	0.21

（三）作者和共同被引作者

共有 5 218 位作者为胞葬作用研究作出了贡献。表 10-14 列出了发文量最多的 10 位作者。根据发文量，Tabas I 是最高产的作者（37 篇），其次是 Serhan CN（36 篇）、Dalli J（28篇）、Hodge S（22 篇）和 Henson PM（17 篇）。根据该领域的引用次数，Tabas I 再次排名第一（3 572 次）。根据引用次数和 H 指数对作者影响力的评估再次表明，Tabas I 是在胞葬作用研究领域最有影响力的学者。图 10-13C 描绘了九个作者群体。通常同一作者群体内部存在密切合作，如 Tabas I 和 Fredman G 之间，以及 Serhan CN 和 Dalli J 之间。此外，组群之间也有积极的合作，如 Tabas I 和 Thorp EB、Abraham E 和 Janssen W 以及 Serhan CN 和 Ariel A。

表 10-14 参与胞葬作用研究的前 10 位学者

排名	作者	文章数量	中心性	总引用次数	平均引用次数	H 指数
1	Tabas I	37	0.03	3 572	96.54	31
2	Serhan CN	36	0.01	2 982	82.83	29
3	Dalli J	28	0.00	2 276	81.29	25
4	Hodge S	22	0.00	969	44.05	16
5	Henson PM	17	0.01	1 775	104.41	17
6	Perretti M	16	0.00	926	57.88	11
7	Birge RB	16	0.00	739	46.19	13
8	Teixeira MM	16	0.00	324	20.25	10
9	Abraham E	15	0.00	700	46.67	12
10	Mccauley LK	15	0.00	579	38.60	10

（四）对期刊的分析

分析结果表明，376 种学术期刊共发表了 1 007 篇与胞葬作用相关的文章。表 10-15 列出了发文量最多的 10 种期刊，它们共发表了 266 篇文章，占文章总数的 26.4%。*Frontiers in Immunology* 发表的文章最多（72 篇），其次是 *Journal of Immunology*（39 篇）和 *PLoS One*（33 篇）。排名前 10 的期刊中有 5 种位于 1 区，8 种期刊的影响因子（impact factor, IF）大于 5。通过衡量期刊的共引次数，可以确定其对特定研究领域的影响。*Journal of Immunology*（1 863 次）、*Frontiers in Immunology*（1 643 次）和 *Arteriosclerosis Thrombosis and Vascular Biology*（1 257 次）被引用次数最多（表 10-15）。

表 10-15　胞葬作用研究排名前 10 位的期刊

排名	杂志	文章数量	国家	期刊引证报告	影响因子	总引用次数	平均引用次数	H 指数
1	*Frontiers in Immunology*	72	瑞士	Q1	8.786	1 643	22.82	23
2	*Journal of Immunology*	39	美国	Q2	5.426	1 863	47.77	23
3	*PLoS One*	33	美国	Q2	3.752	1 220	36.79	17
4	*Arteriosclerosis Thrombosis and Vascular Biology*	22	美国	Q1	10.514	1 257	57.14	17
5	*Journal of Leukocyte Biology*	20	美国	Q2	6.011	713	35.65	13
6	*Cell Death & Disease*	18	英国	Q1	9.685	396	22.00	11
7	*Cells*	16	瑞士	Q2	7.666	48	3.00	4
8	*Scientific Reports*	16	英国	Q2	4.996	288	18.00	11
9	*Circulation Research*	15	美国	Q1	23.213	1 036	69.07	14
10	*FASEB Journal*	15	美国	Q1	5.834	795	53.00	11

（五）关键词分析

由于关键词概括了研究主题，通过关键词分析可以深入了解特定研究领域的热点。本研究共检索到 4 115 个关键词，其中 194 个关键词出现频率超过 10 次。图 10-14A 描述了出现频率最高的关键词。"efferocytosis"是出现频率最高的关键词（429 次），其次是"inflammation"（291 次）和"apoptotic cells"（288 次）。聚类分析可用于确定研究领域的知识范畴。根据关键词共现的链接强度确定了五个聚类（图 10-14A）。第 1 组由"efferocytosis""phagocytosis""clearance"和"engulfment"组成。第 2 组侧重于肺部疾病，包括"alveolar macrophage""obstructive pulmonary disease""lung""epithelial cells"和"asthma"。第 3 组主要与心血管疾病有关，包括"atherosclerosis""cholesterol""plaque""smooth muscle cells""foam cells"和"metabolism"。区域颜色深度显示关键词是按时间顺序分布的（图 10-14B）。2015 年之前，大多数胞葬作用的研究集中在肺部疾病，而最近确定的研究热点表明"cancer""metabolism"和"therapy""是新兴领域。我们以密度图形式将关键词频率可视化(图 10-14C)。在特定时段内被频繁引用的关键词被定义为具有引文突现的关键词。"cell"的突现强度最高(11.49),其次是"lipid mediator"(7.46)和"neutrophil"(6.98)(表 10-16)。值得注意的是,截至 2021 年,"cell"和"resolution"都处于突现状态。

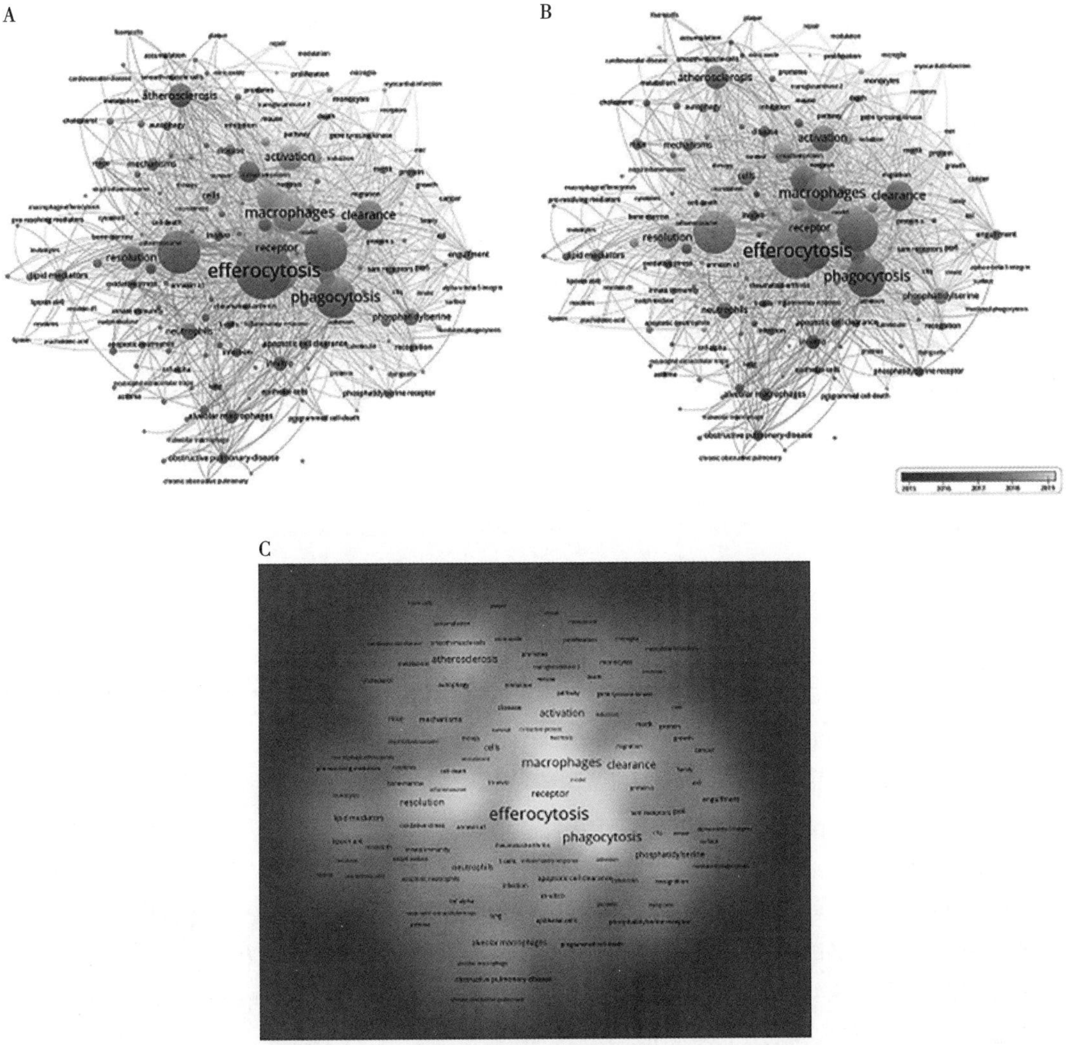

图 10-14 关键词分析

表 10-16 基于 CiteSpace 的关键词突现分析(Top20)

关键词	年份	强度	开始年份	结束年份	2006—2021 年
neutrophil	2006	6.98	2006	2012	
phosphatidylserine receptor	2006	3.42	2006	2010	
alveolar macrophage	2006	4.32	2008	2013	
death	2006	3.24	2008	2012	

续表

关键词	年份	强度	开始年份	结束年份	2006—2021 年
obstructive pulmonary disease	2006	5.42	2011	2016	
disease	2006	5.17	2011	2014	
mice	2006	3.20	2012	2012	
alternative activation	2006	3.17	2013	2013	
lipid mediator	2006	7.46	2014	2015	
identification	2006	4.36	2014	2014	
efferocytosis	2006	5.93	2015	2017	
in vitro	2006	3.39	2015	2015	
polarization	2006	4.83	2017	2017	
in vivo	2006	4.37	2017	2017	
dendritic cell	2006	3.79	2017	2017	
receptor tyrosine kinase	2006	5.96	2018	2018	
mechanism	2006	4.38	2018	2018	
cell	2006	11.49	2019	2021	
protein	2006	5.41	2019	2019	
resolution	2006	3.33	2020	2021	

（六）共引文献和参考文献突现分析

表 10-17 列出了被引用最多的 10 篇文章。其中,被引 >300 次的文章有 9 篇。被引用最多的参考文献是 Epelman 等在 *Immunity* 上发表的文章[22]（728 次）,其次是 Ortega-Gomez 等[23]在 *EMBO Molecular Medicine* 上发表的文章（416 次）,Liao 等[24]在 *Cell Metabolism* 上发表的文章（397 次）。在一段时间内,有引文突现的参考文献表明经常被引用。表 10-18 描述了引用次数最多的 20 篇文章。2014 年,Poon 等在 *Nature Reviews Immunology* 上发表了最具突现的文章（28.43,"Apoptotic cell clearance：basic biology and therapeutic potential"）。直到 2021 年,仍有两篇文献处于突现状态。

引用文献分析被认为是文献计量学研究的关键部分。通过对 1 007 篇文章中的 43 706 条被引参考文献进行共引相关性分析,绘制聚类网络图。共引文章可视化网络包含 1 026 个节点和 3 007 个链接（图 10-15A）,其中每个节点代表一个被引参考文献。节点之间的链接表示同一篇文章被引用的频率。节点直径与引用参考文献的频率成正比。图 10-15B 展示了参考文献共引网络中最大的 10 个聚类。最大的聚类是 "TAM receptor"（#0）,其次是 "murine macrophage"（#1）和 "vascular biology"（#2）。这 10 个聚类以时间轴视图的形式呈现（图 10-15C）,按降序将聚类与水平时间轴描绘在一起,从而展示了参考文献之间的相互作用和演变。我们发现,近期被引用的有关胞葬作用的参考文献主要集中在巨噬细胞的新陈代谢方面。

表 10-17 胞葬作用研究的十大被引文献

排名	标题	作者	年份	杂志	引用频次
1	Embryonic and adult-derived resident cardiac macrophages are maintained through distinct mechanisms at steady state and during inflammation	Epelman S	2014	*Immunity*	738
2	Resolution of inflammation: an integrated view	Ortega-Gomez A	2013	*EMBO Molecular Medicine*	416
3	Macrophage autophagy plays a protective role in advanced atherosclerosis	Liao XH	2012	*Cell Metabolism*	397
4	Macrophage defense mechanisms against intracellular bacteria	Weiss G	2015	*Immunological Reviews*	396
5	Macrophage dysfunction impairs resolution of inflammation in the wounds of diabetic mice	Khanna S	2010	*PLoS One*	360
6	Inflammation and its resolution in atherosclerosis: mediators and therapeutic opportunities	Back M	2019	*Nature Reviews Cardiology*	325
7	Specific lipid mediator signatures of human phagocytes: microparticles stimulate macrophage efferocytosis and pro-resolving mediators	Dalli J	2012	*Blood*	316
8	Apoptosis and clearance of apoptotic cells	Nagata S	2018	*Annual Review of Immunology*	311
9	Burying the dead-The impact of failed apoptotic cell removal (efferocytosis) on chronic inflammatory lung disease	Vandivier RW	2006	*Chest*	306
10	Neutrophils orchestrate post-myocardial infarction healing by polarizing macrophages towards a reparative phenotype	Horckmans M	2017	*European Heart Journal*	297

表 10-18　基于 CiteSpace 的引用突现分析（Top20）

参考文献	年份	强度	开始年份	结束年份	2006—2021 年
Tabas I, 2005, *Arterioscl Throm Vas*, V25, P2255, DOI 10.1161/01.ATV.0000184783.04864.9f	2005	36.14	2007	2009	
Vandivier RW, 2006, *Chest*, V129, P1673, DOI 10.1378/chest.129.6.1673	2006	95.79	2009	2010	
Miyanishi M, 2007, *Nature*, V450, P435, DOI 10.1038/nature06307	2007	73.53	2009	2011	
Ravichandran KS, 2007, *Nat Rev Immunol*, V7, P964, DOI 10.1038/nri2214	2009	58.58	2010	2012	
Thorp E, 2008, *Arterioscl Throm Vas*, V28, P1421, DOI 10.1161/ATVBAHA.108.167197	2009	42.20	2010	2012	
Tabas I, 2010, *Nat Rev Immunol*, V10, P36, DOI 10.1038/nri2675	2010	61.27	2011	2014	
Bystrom J, 2008, *Blood*, V112, P4117, DOI 10.1182/blood-2007-12-129767	2010	56.44	2011	2012	
Fernandez-Boyanapalli RF, 2009, *Blood*, V113, P2047, DOI 10.1182/blood-2008-05-160564	2010	50.66	2011	2012	
Elliott MR, 2010, *J Cell Biol*, V189, P1059, DOI 10.1083/jcb.201004096	2010	42.36	2012	2015	
Serhan CN, 2011, *Chem Rev*, V111, P5922, DOI 10.1021/cr100396c	2010	37.89	2012	2014	
Korns D, 2011, *Front Immunol*, V2, P57, DOI 10.3389/fimmu.2011.00057	2011	42.04	2013	2016	
Krishnamoorthy S, 2010, *Proc Natl Acad Sci U S A*, V107, P1660, DOI 10.1073/pnas.0907342107	2011	41.78	2013	2015	
Ravichandran KS, 2011, *Immunity*, V35, P445, DOI 10.1016/j.immuni.2011.09.004	2011	39.44	2013	2015	
Dalli J, 2012, *Blood*, V120, P60, DOI 10.1182/blood-2012-04-423525	2011	36.32	2014	2016	
Martin CJ, 2012, *Cell Host Microbe*, V12, P289, DOI 10.1016/j.chom.2012.06.010	2014	48.94	2014	2016	
Hochreiter-Hufford A, 2013, *Cold Spring Harb Perspect Biol*, V5, P0, DOI 10.1101/cshperspect.a008748	2014	39.27	2015	2018	
Chiang N, 2012, *Nature*, V484, P524, DOI 10.1038/nature11042	2016	37.45	2015	2016	
Arandjelovic S, 2015, *Nat Immunol*, V16, P907, DOI 10.1038/ni.3253	2017	44.44	2016	2021	
Poon IKH, 2014, *Nat Rev Immunol*, V14, P166, DOI 10.1038/nri3607	2017	39.57	2017	2019	
Elliott MR, 2017, *J Immunol*, V198, P1387, DOI 10.4049/jimmunol.1601520	2017	41.22	2019	2021	

A

B

C

1998   2001   2004   2007   2010   2013   2016   2019 2020

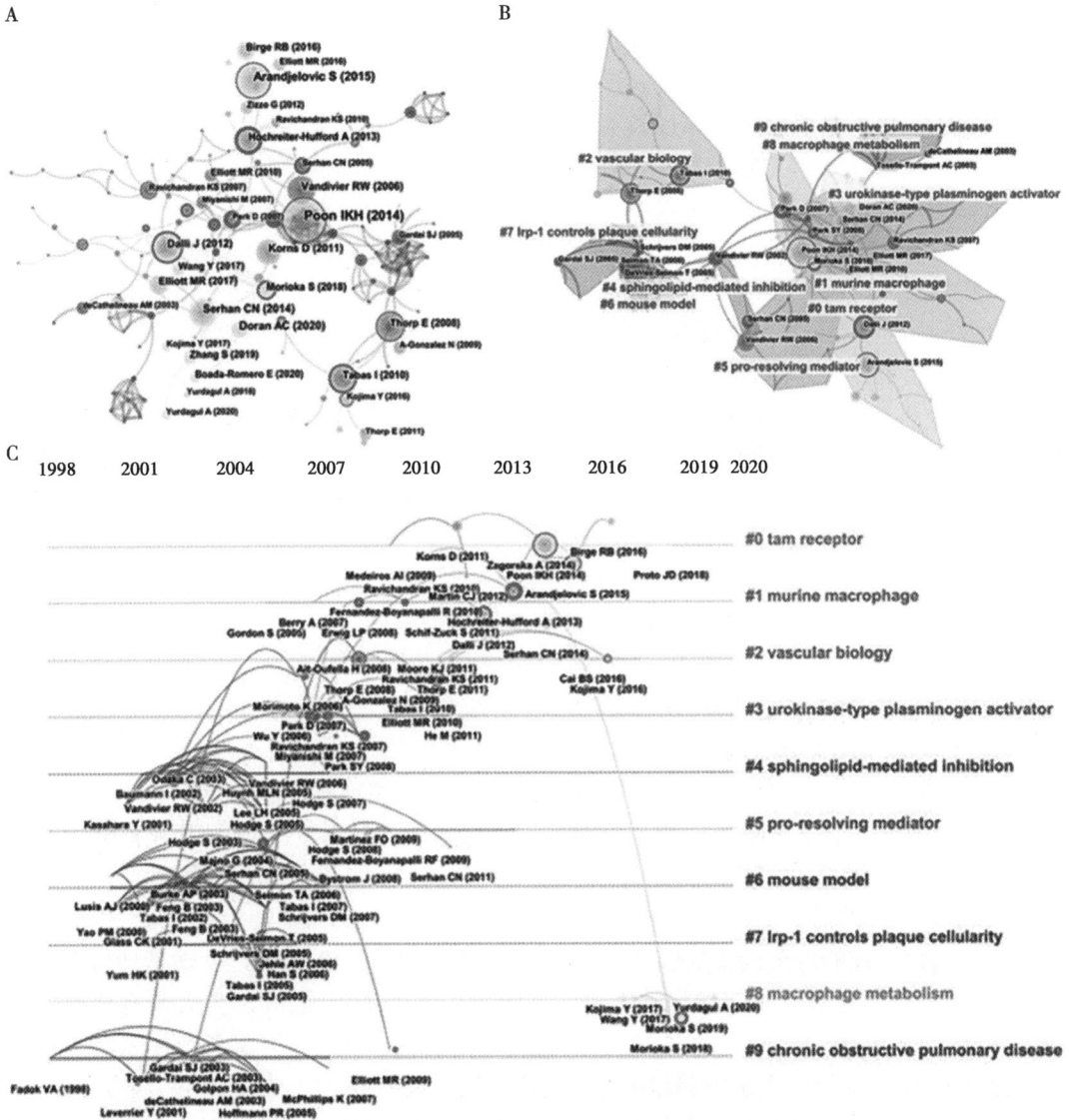

图 10-15　参考文献分析

讨　论

（一）一般信息

根据 WoSCC 数据库的数据，2006—2021 年，来自 69 个国家 / 地区的 1 243 个机构的 5 218 名作者在 376 种学术期刊上发表了 1 007 篇文章。胞葬作用的发文量呈上升趋势，表明其正成为一个热门的研究领域。事实上，我们从 WoSCC 检索到的最早的胞葬作用研究是在 2006 年发表的。从那时起，对胞葬作用的研究一直在稳步增长。值得注意的是，2017—2021 年关于胞葬作用的发文量占总量的 60% 以上，这表明该领域已进入快速发展阶段。

通过分析不同国家贡献，美国和中国在这一领域占据主导地位。美国是发文量最高的国家,发文量占所有文章的 40% 以上。这可能与这些国家的经济发展和对科学研究的财政投入有关。尽管美国(0.10)和中国(0.00)位居前十,但他们的中心性得分并不是最高的。相反,英国(0.59)的中心性得分最高,德国(0.50)紧随其后,这表明他们在胞葬作用研究的全球合作中发挥了重要作用。在排名前十的机构中,有 8 所在美国,法国和英国各有 1 所。哈佛大学发文量最多。此外,网络密度显示,各机构之间存在积极的合作。

确定某一领域主要作者的贡献可以为学者取得研究进展提供指导[15]。我们的分析表明,Tabas I 发文量最多,引用次数也最多,这表明其在胞葬作用研究方面做出了巨大贡献。发文量和引用次数显示,Serhan CN、Dalli J、Hodge S 和 Henson PM 也是该领域的领军人物。因此,这些研究人员及其团队更有可能在未来发表与胞葬作用相关的重要文章。这些顶尖研究人员可能是学术交流与合作的合适人选。

期刊分析表明,*Frontiers in Immunology* 发表的胞葬作用相关文章最多,而 *Journal of Immunology* 则是被引次数最多的期刊。总体而言,关于胞葬作用研究的前 10 种期刊主要集中在免疫学、细胞生物学和多学科科学领域。这与双图叠加分析的结果一致,该分析表明,胞葬作用研究的主要引用途径与分子、生物学和免疫学有关。我们的研究结果还发现,目前与胞葬作用相关的研究主要集中在基础研究方面,而转化医学研究匮乏。

被引频次较高的参考文献在一定程度上反映了胞葬作用相关研究的热点和动态[20]。引文突现最强的是 Poon 等的综述[25](28.43,2017—2019 年),该综述全面概述了凋亡细胞清除的基础生物学和治疗潜力。值得注意的是,两篇文献的突现正在进行中:Elliott 等[9]于 2017 年全面综述了炎症调控中的胞葬作用信号转导,Arandjelovic 和 Ravichandran[26]于 2015 年在 *Nature Immunology* 上强调了凋亡细胞清除在组织稳态中的作用。共引参考文献的集合可以部分代表知识库[21]。参考文献共引网络的聚类分析显示,胞葬作用研究主要集中在机制、基础生物学和相关疾病方面。

(二)热点和前沿

随着信息爆炸的持续,追踪最新研究成果变得越来越具有挑战性[16]。文献计量学是一种有效的工具,用于评估特定领域在特定时间范围内的文献特征,并产生大量有价值的数据[17]。在本文中,我们通过分析关键词突现、关键词共现、关键词叠加、参考文献突现和参考文献时间轴,客观地识别了胞葬作用的研究热点和新兴趋势,并总结了以下三个方面。

1. 胞葬作用的分子机制 由各种信号分子(来自凋亡细胞的介质、桥接分子和吞噬细胞受体)引导的胞葬作用的启动和实施需要准确识别和去除凋亡细胞[7]。通常情况下,胞葬作用分为三个主要阶段:募集、识别和吞噬/处理[27]。募集指濒死细胞与附近吞噬细胞的通信。凋亡颗粒释放"find-me"信号,在细胞凋亡开始时募集移动的吞噬细胞[28]。识别指吞噬细胞与凋亡细胞的连接和相互作用。吞噬细胞通过特定的表面受体("eat-me"标记)识别凋亡细胞膜的结合配体,也称为"eat-me"信号。这些相互作用激活了吞噬细胞中 Ras 相关的 C3 肉毒毒素底物 1(Ras-related C3 botulinum toxin substrate 1, Rac1)介导的信号通路,导致细胞骨架重排,从而提高其吞噬能力。反过来,这又促进了吞噬/加工,其中涉及到凋亡小体的内化,使巨噬细胞能够通过吞噬溶酶体来处理它们。

值得一提的是,我们对共引文献的分析揭示了两组重要的胞葬作用相关分子:"TAM 受体"和"促分解介质"。TAM 受体主要表达在吞噬细胞上,是一个受体酪氨酸激酶家族,包括 TYRO3 蛋白酪氨酸激酶 3(TYRO3 protein tyrosine kinase 3, Tyro3)、AXL 受体酪氨酸激酶（AXL receptor tyrosine kinase，Ax1）和 c-Mer 原癌基因酪氨酸激酶（c-Mer proto-oncogene tyrosine kinase，MerTK），它们通过凋亡细胞的桥接分子发挥作用[29]。例如，TAM 受体可以通过包括生长抑制特异性 6（growth arrest-specific 6，Gas6）和蛋白质 S（protein S，Pros1）在内的桥接分子与凋亡细胞上的磷脂酰丝氨酸结合，磷脂酰丝氨酸是研究最多的"eat-me"信号[30]。配体结合刺激 TAM 受体二聚化和磷酸化，最终导致视紫红质（rhodopsin，Rho）家族小 GTP 酶的激活。这种程序化的信号级联诱导细胞骨架吞噬细胞重排和对凋亡细胞的吞噬。有效清除凋亡细胞需要抑制促炎细胞因子和促进抗炎细胞因子的产生[31]。从必需的多不饱和脂肪酸中提取的专门化促分解介质（specialized pro-resolving mediator，SPM）是一种自体介质，在胞葬作用介导的炎症消退中具有决定性作用[32]。在 SPM 超家族中有消退素（resolvins）、脂氧素（lipoxins）、松脂素（maresins）和保护素（protectins）。SPM 家族成员均限制中性粒细胞的进一步浸润，并促进巨噬细胞清除凋亡细胞和细胞碎片，以维持组织稳态[33]。

2. 胞葬作用的参与细胞　胞葬作用主要由巨噬细胞完成，少数由特化和非特化吞噬细胞执行[4]。特化的吞噬细胞包括常驻组织的巨噬细胞、单核细胞和未成熟的树突状细胞，它们能以相对较快的摄取率连续摄取和处理各种细胞残骸[5]。相比之下，非特化吞噬细胞（如上皮细胞、成纤维细胞、内皮细胞和其他基质细胞）表现出较慢的吞噬动力学，一次摄取多个细胞残骸的能力较差[7]。在中枢神经系统中，小胶质细胞是具有胞葬作用的主要细胞。此外，神经元祖细胞和星形胶质细胞参与清除死亡细胞和其他废物[34]。总体而言，胞葬作用主要由巨噬细胞完成，其次是其他类型的细胞。值得注意的是，新的证据表明，细胞代谢修饰对塑造巨噬细胞功能和表型至关重要[35]。此外，我们的结果同样表明，巨噬细胞代谢是该领域的一个新兴研究趋势。例如，最近证明，增强糖酵解促进了巨噬细胞的胞葬作用以及由胞葬巨噬细胞诱导的抗炎环境的建立[30]。巨噬细胞脂代谢的改变会激活转录因子，如维甲酸 X 受体（retinoid X receptor，RXR）和肝 X 受体（liver X receptor，LXR），从而促进分解表型[36]。此外，巨噬细胞的胆固醇代谢与胞葬作用中的核受体信号转导相互作用[37]。线粒体代谢对于调节胞葬作用也很重要，这一点得到了多项证据的支持。胞葬巨噬细胞的代谢组学分析表明，sirtuin 1 信号激活和线粒体 β-氧化作用增强，导致促进溶解的白细胞介素 10（interleukin-10，IL-10）上调[38]。胞葬作用的一个主要结局是促进自我耐受。巨噬细胞可与调节性 T 细胞（regulatory T cell，Treg 细胞）相互作用，后者是强有力的免疫系统调节剂[39]。巨噬细胞通过释放 IL-10 和转化生长因子（transforming growth factor，TGF）-β，与 Treg 细胞相互作用，从而促进耐受性并限制过度炎症。总之，胞葬作用是一个受到严格调控的过程，涉及吞噬细胞与死亡或濒死细胞之间复杂的相互作用。

3. 胞葬作用在炎症和疾病中的作用　胞葬作用作为废物处理机制（细胞凋亡清除）促进炎症反应终止[40]。目前，人们普遍认为胞葬作用是炎症消退的先决条件。简而言之，胞葬作用通过减少促炎细胞因子的表达（例如 IL-1、IL-12 和 TNF-α）和增加抗炎细胞因子的水平（例如 TGF-β、IL-10 和 SPM），使巨噬细胞获得促分解表型[9]。SPM 合成促进胞葬作用，从而有助于炎症消退。最广为人知的示例是胞葬作用促进中性粒细胞炎症消退。中性粒细胞募集到炎症部位对于感染相关炎症或无菌炎症发展非常重要[41]。巨噬细胞吞噬了凋亡的中性粒细胞后，从促炎表型向抗炎表型转变。体外实验表明，与中性粒细胞微粒或凋亡的中性粒细胞培养的巨噬细胞中，脂质代谢发生了变化，从促炎性前列腺素和白三烯转变为促进分解的自体激素[8]。鉴于胞葬作用的抗炎特性,深入理解胞葬作用分子机制对开发针对过度炎症的新疗法很有帮助。

　　胞葬作用受损与人类疾病有关。我们在这项研究中提供了一些示例,重点放在肺部疾病和心血管疾病上。肺特别容易出现吞噬缺陷,因为它含有数量巨大、种类繁多的吞噬细胞,包括特异性吞噬细胞(肺泡巨噬细胞和树突状细胞)和非特异性吞噬细胞(呼吸道上皮细胞)[12]。2001 年,Sexton 等[42]首次发现哮喘患者的肺泡上皮细胞可以吸收凋亡的嗜酸性粒细胞,这引发了肺部炎症性疾病的胞葬作用研究。随后,人们发现患有慢性炎症性肺部疾病,如哮喘、囊性纤维化(cystic fibrosis,CF)和慢性阻塞性肺疾病(chronic obstructive pulmonary disease,COPD)患者的肺中含有更多的凋亡细胞[12]。弹性蛋白酶介导的识别受体降解的 CF 患者的肺泡巨噬细胞表现出胞葬作用功能受损和更多的凋亡细胞产生[43]。在人类中,COPD 加重的强度和频率与嗜酸性粒细胞增加和巨噬细胞对嗜酸性粒细胞清除率降低有关[44]。事实上,凋亡细胞在哮喘中更为普遍,糖皮质激素抵抗患者的单核细胞和肺泡巨噬细胞具有促炎倾向,这一事实表明胞葬作用功能受损可能在哮喘病因中发挥作用[45]。与健康受试者相比,哮喘患者的巨噬细胞胞葬作用能力较低[12]。

　　动脉粥样硬化是所有与胞葬作用功能缺陷有关的心血管疾病中研究最深入的疾病。长期以来,人们已经认识到动脉粥样硬化和斑块稳定性与凋亡和坏死碎片的积累有关[14,46]。当修饰的脂蛋白在动脉壁内积聚,从而产生炎症反应,导致白细胞渗入血管时,就会形成动脉粥样硬化斑块[47]。虽然在病变发展的早期会出现许多凋亡的白细胞,但它们能够被有效地清除。然而,在晚期斑块中,胞葬作用开始失效。未去除的凋亡和坏死细胞在动脉粥样硬化斑块内发生继发性坏死,导致坏死核心形成、斑块扩大和斑块破裂[46]。在早期动脉粥样硬化病变中,有效的巨噬细胞胞葬作用似乎可以缓解动脉粥样硬化[48]。胞葬作用可防止坏死核心的形成、斑块脆弱和急性管腔血栓形成[11]。目前人们普遍认为,晚期动脉粥样斑块中坏死核心的形成是胞葬作用功能缺陷造成的,而坏死核心的形成又导致了不稳定斑块的形成。新的证据表明,动脉粥样硬化中的胞葬作用缺陷可能是由 "eat-me" 和 "don't eat me"信号传递受损引起的[49]。

　　胞葬作用缺陷可导致凋亡细胞破裂,释放出有害的细胞内物质,从而引发自身免疫反应[13]。越来越多的证据表明,胞葬作用功能缺陷与许多自身免疫性疾病的发生和发展密切相关,如系统性红斑狼疮、类风湿性关节炎和多发性硬化症[50]。胞葬作用异常也与其他系统的疾病有关,如肝脏疾病[51]、神经退行性疾病[34]和糖尿病[52]。最近,一些参与胞葬作用的分子和通路被认为是癌症治疗的潜在靶点[53]。

　　总之,对胞葬作用的细胞和分子机制的研究仍处于早期阶段,但可能成为多种人类疾病转化治疗的基础。

(三)优势和局限性

　　据我们所知,这是第一次对有关胞葬作用的文章进行全面、客观和可视化分析。新的学者可能会从我们的研究中受益,因为他们可以相对容易地对胞葬作用的研究现状、热点、演变和趋势有一个大致的了解。此外,我们的研究结果为研究人员探索合作机会提供了参考,也为资助机构的投资决策提供了指导。

　　不可避免的是,这项研究存在一些文献计量学固有的局限性。第一,数据仅从 WoSCC 数据库获得,这导致关于胞葬作用的文章不够详尽。尽管如此,WoSCC 仍然是文献计量学分析中最常用的数据库。第二,由于我们在分析中只纳入了英文文章,其他语言的相关研究可能被忽略了。第三,WoSCC 的数据不断更新,我们的检索结果与实际可用的文章数量略有不同。但是我们认为,这一分析涵盖了 2006 年以来的几乎所有文献,即使出现少量新数据,结论也不会改变。

结　论

鉴于目前的全球趋势,与胞葬作用相关的研究正处于快速发展阶段。文章主要集中在分子、生物学和免疫学领域。美国在胞葬作用研究中占据主导地位。胞葬作用研究主要的三个方面是进一步的机制、基础生物学和在疾病中的潜在作用。炎症消退和细胞机制可能是胞葬作用研究的新兴和有前途的领域。

与传统的综述相比,本研究对胞葬作用提出了客观、系统的分析视角。相信我们的研究结果将为进一步研究胞葬作用提供有价值的参考。

参考文献

[1] YIN C, HEIT B. Cellular responses to the efferocytosis of apoptotic cells[J]. Front Immunol, 2021, 12: 631714.

[2] HOTCHKISS R S, STRASSER A, MCDUNN J E, et al. Cell death[J]. N Engl J Med, 2009, 361(16): 1570-1583.

[3] MUÑOZ L E, LEPPKES M, FUCHS T A, et al. Missing in action: the meaning of cell death in tissue damage and inflammation[J]. Immunol Rev, 2017, 280(1): 26-40.

[4] HENSON P M. Cell Removal: Efferocytosis[M]. Annu Rev Cell Dev Biol, 2017, 33: 127-144.

[5] BOADA-ROMERO E, MARTINEZ J, HECKMANN B L, et al. The clearance of dead cells by efferocytosis[J]. Nat Rev Mol Cell Biol, 2020, 21(7): 398-414.

[6] HENSON P M, VANDIVIER R W, DOUGLAS I S. Cell death, remodeling, and repair in chronic obstructive pulmonary disease?[J]. Proc Am Thorac Soc, 2006, 3(8): 713-717.

[7] GHEIBI HAYAT S M, BIANCONI V, PIRRO M, et al. Efferocytosis: molecular mechanisms and pathophysiological perspectives[J]. Immunol Cell Biol, 2019, 97(2): 124-133.

[8] GE Y, HUANG M, YAO Y M. Efferocytosis and its role in inflammatory disorders[J]. Front Cell Dev Biol, 2022, 10: 839248.

[9] ELLIOTT M R, KOSTER K M, MURPHY P S. Efferocytosis signaling in the regulation of macrophage inflammatory responses[J]. J Immunol, 2017, 198(4): 1387-1394.

[10] SZONDY Z, GARABUCZI É, JOÓS G, et al. Impaired clearance of apoptotic cells in chronic inflammatory diseases: therapeutic implications[J]. Front Immunol, 2014, 5: 354.

[11] WANG L, LI H, TANG Y, et al. Potential mechanisms and effects of efferocytosis in atherosclerosis[J]. Front Endocrinol(Lausanne), 2021, 11: 585285.

[12] MCCUBBREY A L, CURTIS J L. Efferocytosis and lung disease[J]. Chest, 2013, 143(6): 1750-1757.

[13] KAWANO M, NAGATA S. Efferocytosis and autoimmune disease[J]. Int Immunol, 2018, 30(12): 551-558.

[14] DORAN A C, YURDAGUL A Jr, TABAS I. Efferocytosis in health and disease[J]. Nat Rev Immunol,

2020, 20（4）: 254-267.

［15］WANG S, WU K, ZHANG Z, et al. Mapping theme trends and recognizing research hot spots in the use of ultrasound in orthopaedics: a bibliometric analysis of global research［J］. Am J Transl Res, 2021, 13（8）: 9892-9911.

［16］ZHOU Q, WU F, ZHAO M, et al. Bibliometric evaluation of 2012—2020 publications on ferroptosis in cancer treatment［J］. Front Cell Dev Biol, 2022, 9: 793347.

［17］XU L, TANG F, WANG Y, et al. Research progress of pre-hospital emergency during 2000—2020: a bibliometric analysis［J］. Am J Transl Res, 2021, 13（3）: 1109-1124.

［18］SYNNESTVEDT M B, CHEN C, HOLMES J H. CiteSpace Ⅱ: visualization and knowledge discovery in bibliographic databases［J］. AMIA Annu Symp Proc, 2005, 2005: 724-728.

［19］VAN ECK N J, WALTMAN L. Software survey: VOSviewer, a computer program for bibliometric mapping［J］. Scientometrics, 2010, 84（2）: 523-538.

［20］ZHOU F, ZHANG T, JIN Y, et al. Emerging trends and research foci in allergic rhinitis immunotherapy from 2002 to 2021: a bibliometric and visualized study［J］. Am J Transl Res, 2022, 14（7）: 4457-4476.

［21］ZHONG D, LI Y, HUANG Y, et al. Molecular mechanisms of exercise on cancer: a bibliometrics study and visualization analysis via CiteSpace［J］. Front Mol Biosci, 2021, 8: 797902.

［22］EPELMAN S, LAVINE K J, BEAUDIN A E, et al. Embryonic and adult-derived resident cardiac macrophages are maintained through distinct mechanisms at steady state and during inflammation［J］. Immunity, 2014, 40（1）: 91-104.

［23］ORTEGA-GÓMEZ A, PERRETTI M, SOEHNLEIN O. Resolution of inflammation: an integrated view［J］. EMBO Mol Med, 2013, 5（5）: 661-674.

［24］LIAO X, SLUIMER J C, WANG Y, et al. Macrophage autophagy plays a protective role in advanced atherosclerosis［J］. Cell Metab, 2012, 15（4）: 545-553.

［25］POON I K, LUCAS C D, ROSSI A G, et al. Apoptotic cell clearance: basic biology and therapeutic potential［J］. Nat Rev Immunol, 2014, 14（3）: 166-180.

［26］ARANDJELOVIC S, RAVICHANDRAN K S. Phagocytosis of apoptotic cells in homeostasis［J］. Nat Immunol, 2015, 16（9）: 907-917.

［27］TAJBAKHSH A, REZAEE M, KOVANEN P T, et al. Efferocytosis in atherosclerotic lesions: malfunctioning regulatory pathways and control mechanisms［J］. Pharmacol Ther, 2018, 188: 12-25.

［28］MORIOKA S, MAUERÖDER C, RAVICHANDRAN K S. Living on the edge: efferocytosis at the interface of homeostasis and pathology［J］. Immunity, 2019, 50（5）: 1149-1162.

［29］VAGO J P, AMARAL F A, VAN DE LOO F A J. Resolving inflammation by TAM receptor activation［J］. Pharmacol Ther, 2021, 227: 107893.

［30］SEGAWA K, NAGATA S. An apoptotic 'Eat Me' signal: phosphatidylserine exposure［J］. Trends Cell Biol, 2015, 25（11）: 639-650.

［31］KOURTZELIS I, HAJISHENGALLIS G, CHAVAKIS T. Phagocytosis of apoptotic cells in resolution of inflammation［J］. Front Immunol, 2020, 11: 553.

［32］DALLI J, SERHAN C N. Specific lipid mediator signatures of human phagocytes: microparticles stimulate macrophage efferocytosis and pro-resolving mediators［J］. Blood, 2012, 120（15）: e60-e72.

［33］DALLI J, SERHAN C N. Pro-resolving mediators in regulating and conferring macrophage function［J］. Front Immunol, 2017, 8: 1400.

［34］ZHAO J, ZHANG W, WU T, et al. Efferocytosis in the central nervous system［J］. Front Cell Dev Biol, 2021, 9: 773344.

［35］TRZECIAK A, WANG Y T, PERRY J S A. First we eat, then we do everything else: the dynamic metabolic regulation of efferocytosis[J]. Cell Metab, 2021, 33(11): 2126-2141.

[36] A-GONZAL EZ N, HIDALGO A. Nuclear receptors and clearance of apoptotic cells: stimulating the macrophage's appetite[J]. Front Immunol, 2014, 5: 211.

[37] VIAUD M, IVANOV S, VUJIC N, et al. Lysosomal cholesterol hydrolysis couples efferocytosis to anti-inflammatory oxysterol production[J]. Circ Res, 2018, 122(10): 1369-1384.

[38] ZHANG S, WEINBERG S, DEBERGE M, et al. Efferocytosis fuels requirements of fatty acid oxidation and the electron transport chain to polarize macrophages for tissue repair[J]. Cell Metab, 2019, 29(2): 443-456.

[39] PROTO J D, DORAN A C, GUSAROVA G, et al. Regulatory T cells promote macrophage efferocytosis during inflammation resolution[J]. Immunity, 2018, 49(4): 666-677.

[40] GREENLEE-WACKER M C. Clearance of apoptotic neutrophils and resolution of inflammation[J]. Immunol Rev, 2016, 273(1): 357-370.

[41] SINGHAL A, KUMAR S. Neutrophil and remnant clearance in immunity and inflammation[J]. Immunology, 2022, 165(1): 22-43.

[42] SEXTON D W, BLAYLOCK M G, WALSH G M. Human alveolar epithelial cells engulf apoptotic eosinophils by means of integrin- and phosphatidylserine receptor-dependent mechanisms: A process upregulated by dexamethasone[J]. J Allergy and Clin Immunol, 2001, 108(6): 962-969.

[43] ROTTNER M, FREYSSINET J M, MARTÍNEZ M C. Mechanisms of the noxious inflammatory cycle in cystic fibrosis[J]. Respir Res, 2009, 10(1): 23.

[44] ELTBOLI O, BAFADHEL M, HOLLINS F, et al. COPD exacerbation severity and frequency is associated with impaired macrophage efferocytosis of eosinophils[J]. BMC Pulm Med, 2014, 14: 112.

[45] SIMPSON J L, GIBSON P G, YANG I A, et al. Impaired macrophage phagocytosis in non-eosinophilic asthma[J]. Clin Exp Allergy, 2013, 43(1): 29-35.

[46] KOJIMA Y, WEISSMAN I L, LEEPER N J. The role of efferocytosis in atherosclerosis[J]. Circulation, 2017, 135(5): 476-489.

[47] MOORE K J, SHEEDY F J, FISHER E A. Macrophages in atherosclerosis: a dynamic balance[J]. Nat Rev Immunol, 2013, 13(10): 709-721.

[48] MOORE K J, TABAS I. Macrophages in the pathogenesis of atherosclerosis[J]. Cell, 2011, 145(3): 341-355.

[49] JARR K U, KOJIMA Y, WEISSMAN I L, et al. 2021 Jeffrey M. Hoeg award lecture: defining the role of efferocytosis in cardiovascular disease: a focus on the CD47(cluster of differentiation 47)axis[J]. Arterioscler Thromb Vasc Biol, 2022, 42(6): e145-e154.

[50] ABDOLMALEKI F, FARAHANI N, GHEIBI HAYAT S M, et al. The role of efferocytosis in autoimmune diseases[J]. Front Immunol, 2018, 9: 1645.

[51] BUKONG T N, CHO Y, IRACHETA-VELLVE A, et al. Abnormal neutrophil traps and impaired efferocytosis contribute to liver injury and sepsis severity after binge alcohol use[J]. J Hepatol, 2018, 69(5): 1145-1154.

[52] ZHENG C, SUI B, ZHANG X, et al. Apoptotic vesicles restore liver macrophage homeostasis to counteract type 2 diabetes[J]. J Extracell Vesicles, 2021, 10(7): e12109.

[53] ZHOU Y, YAO Y, DENG Y, et al. Regulation of efferocytosis as a novel cancer therapy[J]. Cell Commun Signal, 2020, 18(1): 71.

（吕 浩 丛建超 张露允 吴彦瑞 许 昱）

一项文献计量学分析（2002—2021年）：
菌群与过敏性疾病之间的关联知识绘图

【背景】近几十年来，现代环境暴露和生活方式的剧变导致哮喘、过敏性鼻炎、特应性皮炎和食物过敏等过敏性疾病的患病率急剧上升。越来越多的证据表明，微生物群在过敏性疾病的发展和演化中起着至关重要的作用。因此，迫切需要在微生物群的背景下更全面地理解过敏性疾病。本研究旨在全面概述该领域的一般特征、研究热点、演化路径和新兴趋势。

【方法】我们于2022年8月5日从Web of Science核心合集中获取了2002年1月至2021年12月的相关出版物。使用CiteSpace、VOSviewer、在线文献计量平台和Microsoft Excel 2019进行了文献计量和可视化分析。

【结果】总共有2 535篇文献符合要求。过去二十年间，每年的出版物数量呈现出快速增长的趋势。美国、加利福尼亚大学系统和图尔库大学的Isolauri E分别是最具生产力和影响力的国家、机构和作者。*Journal of Allergy and Clinical Immunology*是最多产和被共引用最多的期刊。高频关键词包括gut microbiota、asthma、atopic dermatitis、children和probiotics。根据参考文献的共引用分析，最近的研究集中在"atopic dermatitis""skin""asthma"和"probiotics"方面。关键词的突发检测分析显示，"community""skin microbiome""microbiome""*Staphylococcus aureus*"和"chain fatty acid"是新兴研究前沿，相关研究呈爆发式增长。

【结论】在过去的20年中，关于微生物群在过敏性疾病中的研究蓬勃发展，主题也越来越深入。这些发现为当前微生物群与过敏性疾病之间的关联的研究热点、空白和发展趋势提供了宝贵的参考。

【关键词】过敏性疾病，菌群，文献计量学分析

引 言

过敏性疾病是一组异质性的疾病，包括哮喘、过敏性鼻炎（allergic rhinitis，AR）、特应性皮炎（atopic dermatitis，AD）和食物过敏（food allergy，FA），其特征是主导的2型免疫反应和IgE反应[1]。众所周知，这些过敏性疾病之间存在着强烈的流行病学和病理生理学关联[2-3]。例如，Celakovska等[4]报道称，确诊的AD患者更有可能同时患有哮喘和AR。总的来说，过敏性疾病的发展是按照一定的时间顺序进行的，从婴儿期开始以AD和IgE介导的FA为主，然后是儿童期的AR和哮喘。过敏表现的自然进展被定义为"过敏进程"[5]。在工业化社会中，过敏性疾病的患病率在近几十年急剧增加，影响了全球30%以上的人口[6]。过敏性疾

病的不断增加给世界带来了沉重的医疗和社会经济负担[7]。然而,导致过敏性疾病发展的确切机制仍然大多未知。

值得注意的是,全球过敏疾病流行的增长与生活方式和环境的剧变密切相关,例如城市化和工业化的不断推进[8]。这些变化改变了主要寄居在胃肠道、皮肤和呼吸道的人体微生物群的功能和组成[9]。宿主 - 微生物群之间的相互作用对于促进健康或导致疾病的发生和进展至关重要[10-11]。事实上,宿主与微生物群之间的平衡关系被打破被认为会负面影响免疫稳态,从而导致对过敏原的过敏[12]。最近的微生物组研究强调了宿主微生物群在建立免疫平衡方面的核心作用,这种平衡巩固了对过敏性疾病的保护或发展[13-14]。在临床层面上,这种关联可以追溯到 20 世纪 80 年代的观察结果,即大家庭的孩子比小家庭的孩子更不容易患 AD 和 AR[15]。这些观察结果形成了卫生假说。随后的流行病学研究数据显示,早期微生物暴露的增加(例如母乳喂养、益生元或益生菌的使用、早期不接触抗生素、阴道分娩、童年时期与毛茸茸宠物的接触以及农场生活)与过敏性疾病的发病率降低有关[16-19]。综合这些临床证据,建立了过敏疾病发展与微生物群之间的强烈联系。

随着微生物组学的快速发展,已经进行了许多关于微生物群与过敏性疾病之间关联的研究。然而,全面评估该领域的研究现状仍然具有挑战性。文献计量学提供了一种客观、高效的手段,通过利用统计和定量方法来评估科学出版物的产出、质量、影响力、结构、相互连接性和进展[20]。与传统的文献综述和荟萃分析不同,文献计量分析能够对特定领域的科学知识进行可视化表示,并识别研究热点和趋势,从而为学者提供多元化的视角[21]。在过去的十年里,文献计量学已成为全球医学领域科学研究分析的一种高度重要的工具[22]。先前的文献计量学研究已经对胃癌中的微生物群[23]、心血管疾病中的肠道微生物群[24-25]和抑郁症中的肠道微生物群[26]进行了研究。然而,还没有文献计量学研究专注于过敏性疾病中的微生物群。因此,我们旨在使用文献计量学方法分析过敏性疾病与微生物群之间的一般特征、研究热点、发展路径和新兴趋势。这项研究将有助于填补该研究空白,提供过敏性疾病中微生物群的最新视角,最终推动该领域的发展。

材料与方法

(一)数据收集

Web of Science 核心合集(Web of Science Core Collection,WoSCC)是覆盖广泛研究类型的全球最具影响力的基于引用的数据库,被广泛用于文献计量分析[20-21]。因此,本研究使用的数据来自 WoSCC 的科学引文索引 - 扩展版(Science Citation Index-Expanded,SCI-E)和社会科学引文索引(Social Sciences Citation Index,SSCI)。为避免数据更新方面的偏差,搜索在 2022 年 8 月 15 日完成。检索策略为:TS= "allergic disease" 或 "atopic disease" 或 "allergy",和 TS= "microbiome" 或 "microbiota" 或 "microflora" 或 "flora" 或 "microorganism" 或 "microecology",出版年限限定在 2002—2021 年。出版物的语言为"英语"。只有"文章"和"综述"两种出版物类型可用。图 10-16 描述了本研究的文献搜索和筛选流程。在完成初步数据收集后,两位调查员排除了与本研究主题不符的文献。若两位研究人员的结果存在分歧,他们将通过讨论或与该领域专家进行咨询来解决分歧。

从 WoSCC 数据库的 SCI-E 和 SSCI 中检索的 2002—2021 年的文献（n=2 689）

识别

剔除文献
1. 文献类型：非综述和论著（n=73）
2. 语言：非英语（n=81）

筛选

通过资格审查的文献（n=2 535）

剔除文献
3. 文献主题：与本研究主题无关的文献（n=0）

合格性

纳入文献计量学分析的文献（n=2 535）

纳入

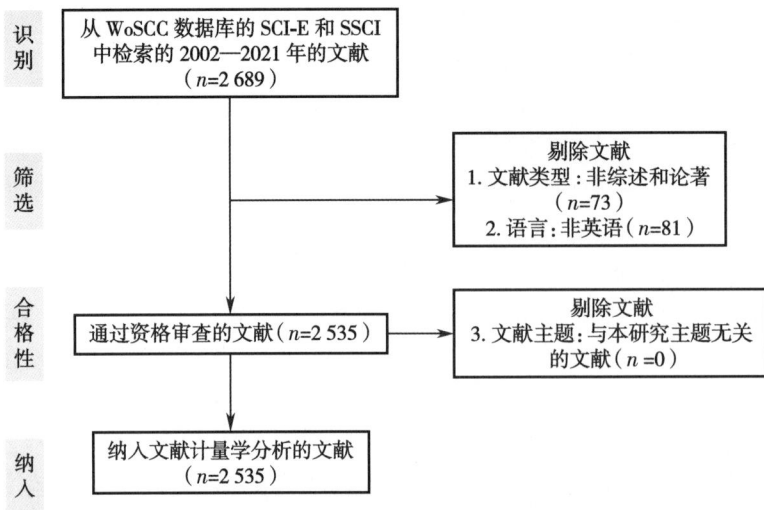

图 10-16 文献入组和数据筛选流程

（二）数据分析

提供的文献记录以"全记录与引用的参考文献"的"纯文本文件"的形式进行导出和保存。随后，这些数据被导入 VOSviewer 和 CiteSpace 进行进一步的分析。此外，我们还从《期刊引证报告》（Journal Citation Report, JCR）2021 年版中获取了期刊在学科领域中的四分位数和影响因子（impact factor, IF）。

CiteSpace 是一种基于 Java 的文献计量软件，可用于发现科学领域中的知识结构、研究热点、关键节点和未来趋势[22]。CiteSpace 中有三种标准化算法：Jaccard 相似性算法、余弦相似性算法和 Dice 相似性系数。CiteSpace 采用对数似然比（LLR）算法进行聚类分析。此外，CiteSpace 还应用了 Kleinberg 开发的突发检测算法，用于检测关键词或引用在一定时间内受关注度的快速变化。在本文中，我们使用 CiteSpace 进行机构间的合作网络分析，创建期刊的双重映射，检测具有引用突发的关键词和引用文献，进行引用共现分析，并生成关键词和引用文献的时间轴视图。CiteSpace 的具体设置如下：时间切片为 2002—2021 年，每个切片的年份为 1 年。其他参数，包括术语来源、链接强度和范围、选择标准等设置为默认设置。本文中使用了 Pathfinder 算法简化网络结构并强调网络的关键特征。

VOSviewer 是一种科学计量软件，根据文献的共被引、共同作者关系、引用和共引用等数据，可以构建和展示国家/地区、期刊、作者或关键词的计量网络图[24]。该软件以共现矩阵为基础，并且其聚类算法依赖于关联强度。该软件的距离可视化功能显示节点之间的相似性。一般来说，相似性较大的节点之间距离较近，相似性较小的节点之间距离较远。VOSviewer 特别适用于直观地可视化大规模数据[25]。在本研究中，我们使用该工具生成基于关键词共现和共同作者的可视化网络。在 VOSviewer 软件参数设置中，选择了"完全计数"作为计数方法，表示每个共现或共引链接的权重相同。在共同作者分析中，将每位作者的最小文献数量设置为 5 篇。在关键词共现分析中，设置了至少出现 20 次的阈值作为最小出现次数。

Microsoft Excel 2019 用于呈现每年的出版量。此外，我们使用在线文献计量平台（https://bibliometric.com/）分析了国家的合作网络和出版产出。

结　果

（一）出版趋势分析

在 2002—2021 年,符合纳入和排除标准的共有 2 535 篇论文发表。图 10-17 显示了总体上出版物数量呈增长趋势,尽管在某些时间点上存在波动性的下降。值得注意的是,在 2017—2021 年,全球对微生物群在过敏性疾病中的作用的兴趣达到了顶峰,这五年内共发表了 1 327 篇论文,占总发表量的 50% 以上。

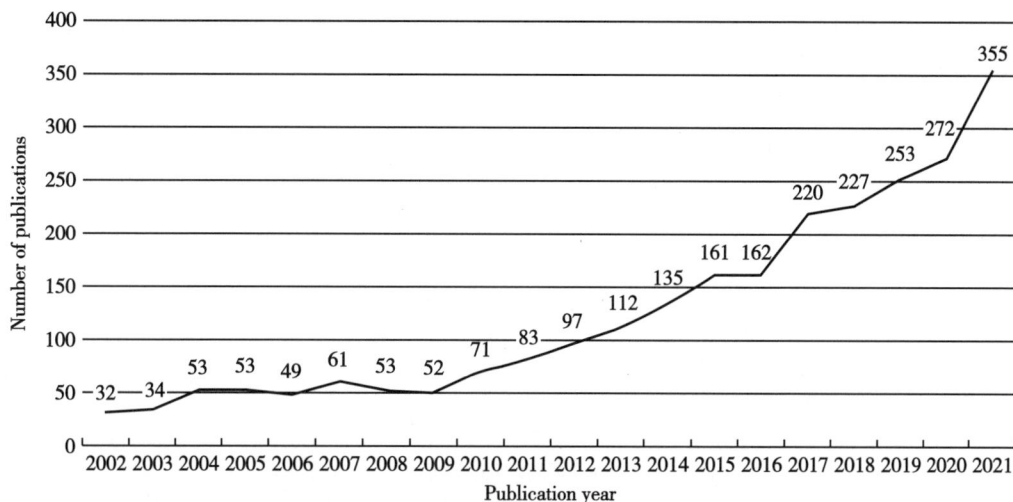

图 10-17　2002—2021 年与过敏性疾病中微生物群相关的年度出版物数量

（二）国家 / 区域和机构提供的资料

总共有 94 个国家 / 地区和 2 845 个机构产生了这些论文。如表 10-19 所示,美国是产出最多的国家（694 篇,占 27.3%）,其次是德国（244 篇,占 9.6%）、中国（204 篇,占 8.0%）、英国（189 篇,占 7.5%）和日本（183 篇,占 7.2%）。中心度分数是定量评估网络节点重要性的重要指标[26]。在合作网络中,更频繁的合作与更高的中心度相关。图 10-18A 显示了各国 / 地区之间的合作网络。根据中心度排名前五的国家 / 地区是美国（0.71）、英国（0.20）、加拿大（0.14）、荷兰（0.13）和日本（0.07）。因此,根据发表数量和中心度,美国被确定为该领域中最有影响力的国家。

表 10-19　2002—2021 年发表文章最多的前 10 个国家排名

排名	文章数量	中心性得分	国家
1	694	0.71	美国
2	244	0.00	德国
3	204	0.03	中国
4	189	0.20	英国
5	183	0.07	日本
6	182	0.13	荷兰

续表

排名	文章数量	中心性得分	国家
7	179	0.06	意大利
8	166	0.01	澳大利亚
9	138	0.14	加拿大
10	134	0.03	法国

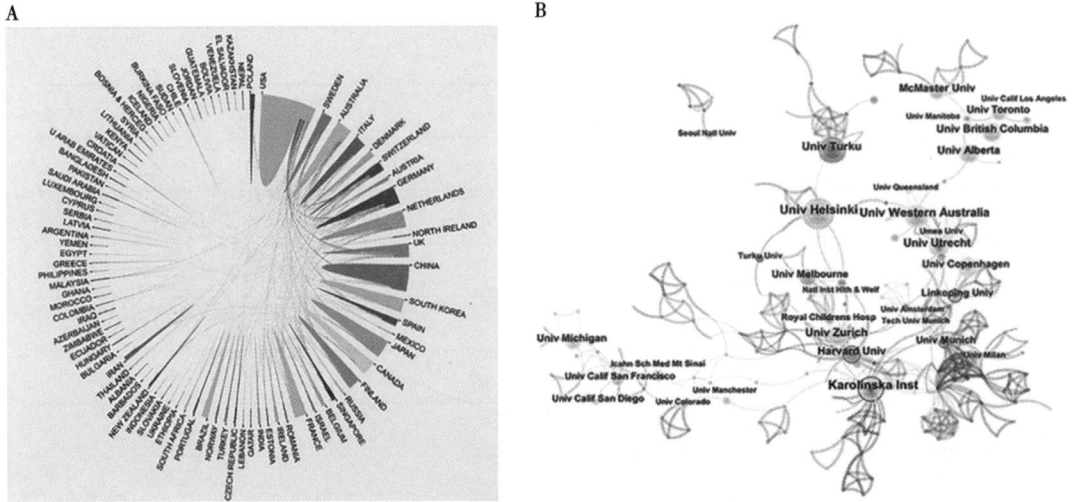

图 10-18　高产国家 / 地区以及机构合作关系图
A. 高产国家 / 地区合作网络；B. 机构合作关系可视化图。

表 10-20 列出了成果最多的前 10 所机构。加州大学系统发表了 84 篇论文，是在这一领域贡献最大的机构，其次是法国研究型大学（72 篇）、卡罗林斯卡学院（70 篇）、乌得勒支大学（69 篇）和赫尔辛基大学（66 篇）。图 10-18B 显示了各机构的合作网络图。我们可以看到，许多机构都在积极开展合作，如卡罗林斯卡研究所、西澳大利亚大学、赫尔辛基大学和图尔库大学。值得注意的是，排名前 10 的机构均来自欧洲、美国和澳大利亚等经济发达国家。

表 10-20　2002—2021 年排名前 10 的院校排名

排名	文章数量	机构	国家	中心性得分
1	84	加州大学系统	美国	0.01
2	72	法国研究型大学	法国	0.00
3	70	卡罗林斯卡学院	瑞典	0.20
4	69	乌得勒支大学	荷兰	0.03
5	66	赫尔辛基大学	芬兰	0.07
6	65	哈佛大学	美国	0.11
7	58	苏黎世大学	瑞士	0.05
8	56	伦敦大学	英国	0.00
9	54	图尔库大学	芬兰	0.05
10	51	西澳大学	澳大利亚	0.08

（三）作者和共同作者

总共有 11 457 位作者为这个领域做出了贡献。表 10-21 显示了前 10 位产出最多的学者。图尔库大学的 Isolauri E 是产出最多的学者,共发表了 37 篇论文,其次是图尔库大学的 Salminen S（26 篇）、阿尔伯塔大学的 Kozyrskyj AL（22 篇）、不列颠哥伦比亚大学的 Turvey SE（21 篇）和麦克马斯特大学的 Sears MR（20 篇）。根据总引用次数,Isolauri E 以 3 596 次引用位居第一,其次是 Marsland BJ（3 200 次）和 Salminen S（3 052 次）。Isolauri E 的 H 指数最高。这些结果表明,这些作者在该领域做出了巨大的贡献,尤其是 Isolauri E。在这个领域中,一些学术团队成为主导力量（图 10-19）。同一个簇内通常存在紧密的合作关系,

表 10-21 2002—2021 年生产力最高的 10 位作者排名

排名	作者	文章数量	中心性得分	总被引数	平均被引数	H 指数
1	Isolauri E	36	0.00	3 596	99.89	26
2	Salminen S	26	0.00	3 052	117.38	22
3	Kozyrskyj AL	22	0.07	1 610	73.18	17
4	Turvey SE	21	0.00	1 715	81.67	12
5	Sears MR	20	0.00	2 155	107.75	13
6	Haahtela T	19	0.00	2 168	114.11	14
7	Becker AB	19	0.03	1 922	101.16	12
8	Marsland BJ	18	0.00	3 200	177.78	14
9	Jenmalm MC	18	0.00	2 697	149.83	17
10	Tang M	18	0.00	1 353	75.17	16

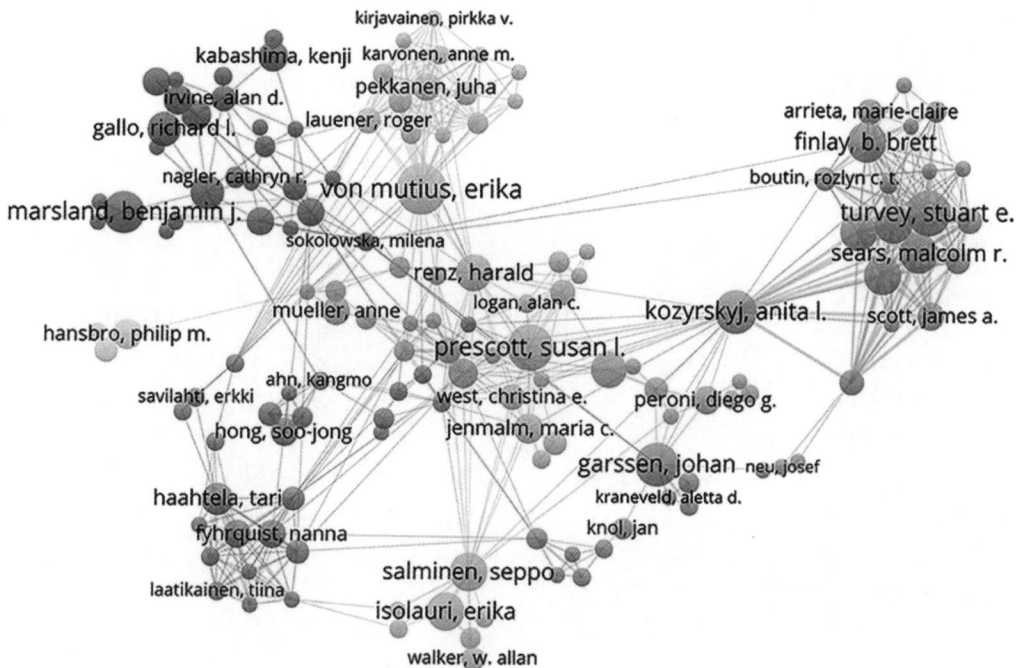

图 10-19 作者之间的协作网络图

比如 Isolauri E 和 Salminen S 之间,以及 Kozyrskyj AL 和 Turvey SE 之间。此外,我们观察到不同簇之间也存在着积极的合作,比如 Isolauri E 和 Laatikainen T 之间,Kozyrskyj AL 和 Peroni DG 之间,以及 Marsland BJ 和 von Mutius E 之间。

(四)期刊分析

学术期刊是呈现科学研究结果的重要媒介。这 2 535 篇纳入的论文发表在 741 种学术期刊中。表 10-22 呈现了前 10 种产出最多的期刊的特征。在这前 10 种产出最多的期刊中共有 563 篇论文,占总发表文章的 22.2%。其中,大多数期刊专注于过敏和免疫学领域。在论文数量方面,这个领域中最有影响力的期刊是 *Journal of Allergy and Clinical Immunology*(128 篇),其次是 *Clinical and Experimental Allergy*(77 篇)和 *Frontiers in Immunology*(67 篇)。前 10 种期刊中有 6 种位于第一四分位数(Q1),有 8 种影响因子超过 5.0。根据同被引计数,排名前三的期刊是 *Journal of Allergy and Clinical Immunology*(11 717)、*Clinical and Experimental Allergy*(6 344)和 *Allergy*(2 971)。

期刊的双重地图叠加显示了期刊之间的关系主题分布。地图的左侧是引用期刊,右侧是被引用期刊。

表 10-22　2002—2021 年生产力最高的 10 种期刊排名

排名	杂志	文章数	国家	分区	影响因子	总被引数	平均被引数	H 指数
1	*Journal of Allergy and Clinical Immunology*	128	美国	Q1	14.29	11 717	96.83	65
2	*Clinical and Experimental Allergy*	77	英国	Q2	5.401	6 344	82.39	41
3	*Frontiers in Immunology*	67	瑞士	Q1	8.786	1 424	21.25	22
4	*Allergy*	64	英国	Q1	14.71	2 971	46.42	31
5	*PLoS One*	49	美国	Q2	3.752	2 034	41.51	22
6	*Pediatric Allergy and Immunology*	46	丹麦	Q1	5.464	1 995	43.37	25
7	*Current Opinion in Allergy and Clinical Immunology*	39	美国	Q3	3.253	1 341	34.38	20
8	*Nutrients*	37	瑞士	Q1	6.706	876	23.68	19
9	*International Journal of Molecular Sciences*	33	瑞士	Q1	6.208	800	24.24	13
10	*Annals of Allergy Asthma & Immunology*	24	美国	Q2	6.248	527	21.96	13

（五）关键词共现和突发分析

通过分析共现关键词,可以确定某个知识领域内的研究热点。共提取了 6 896 个关键词,其中有 199 个关键词出现超过 20 次。图 10-21A 展示了关键词共现可视化图,其中关键词的出现次数表示节点的大小。共现频率最高的 5 个关键词是 "gut microbiota"（459）、"asthma"（449）、"atopic dermatitis"（401）、"children"（322）和 "probiotics"（319）。关键词的聚类分析可以确定相关研究领域的结构系统。根据关键词共现的链接强度,所有关键词可以被分为四个不同的群组（图 10-20A）。群组 1 主要代表呼吸道过敏；群组 2 主要与免疫和分子机制相关；群组 3 专注于益生菌和母乳喂养；群组 4 代表菌群和特应性皮炎。颜色深度表示关键词按年代顺序分布（图 10-20B）。在 2012 年之前,大部分研究集中在 "atopy" "infants" "placebo-controlled trial",而最新确定的研究热点指出 "microbiome" "chain fatty acids" 和 "innate lymphoid cells" 已成为新兴领域。此外,还生成了关键词共现的时区视图（图 10-20C）,从时间维度上帮助可视化研究热点和方向的阶段性变化。

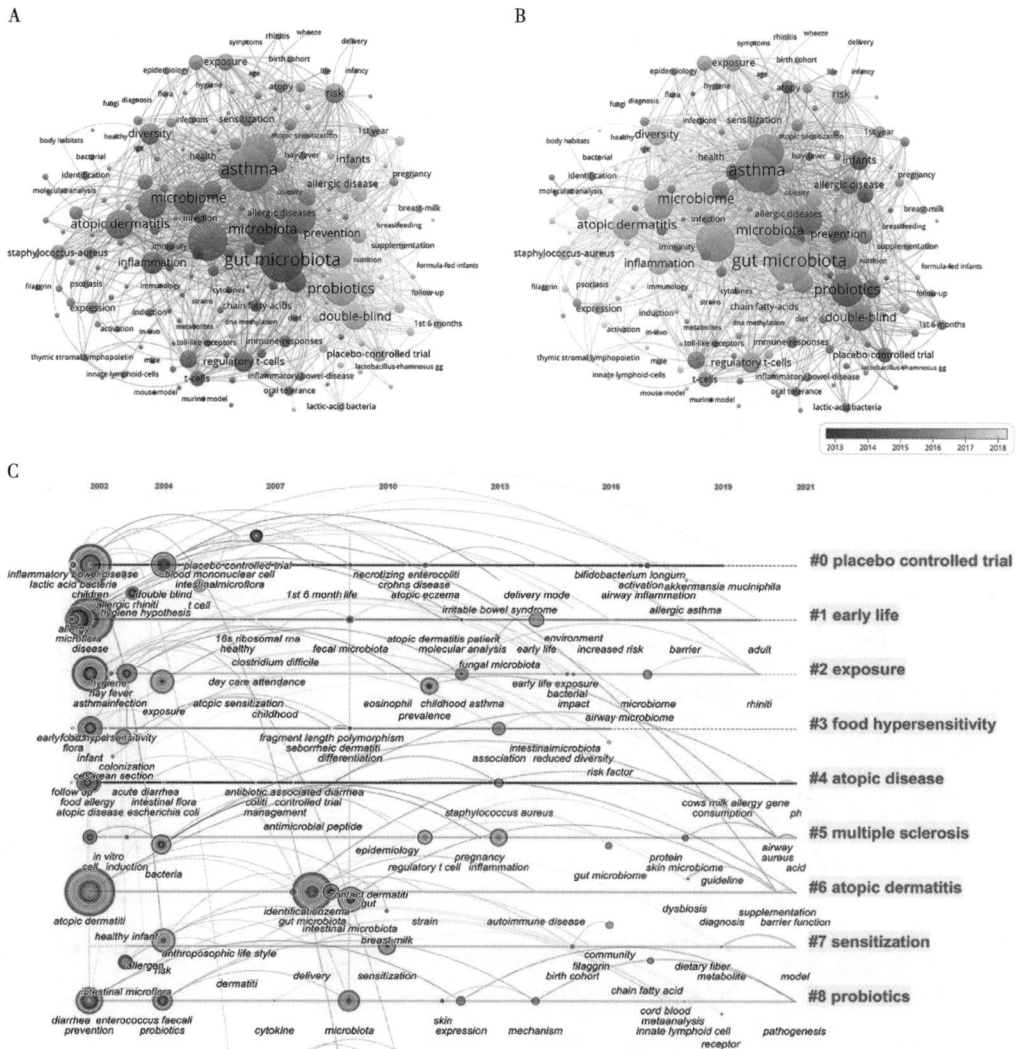

图 10-20 2002—2021 年变态反应性疾病领域微生物群研究关键词分析

A. 关键词聚类共现图；B. 基于平均出现时间的关键词分布；C. 关键词共现的时区视图。

关键词爆发可以揭示该领域的发展趋势。表 10-23 显示了具有最强引用爆发的前 25
个关键词。从 2002 年到 2021 年，"intestinal microflora"具有最高的爆发强度（24.56），其
次是"atopic disease"（22.73）和"placebo-controlled trial"（14.49）。此外，"community""skin
microbiome""microbiome""*Staphylococcus aureus*"和"chain fatty acid"具有持续到 2021 年的
爆发，反映了最新的研究趋势。

表 10-23　2002—2021 年变应性疾病微生物群相关引文爆发性最强的前 25 个关键词

关键词	年份	强度	开始年份	结束年份	2002—2021 年
atopic disease	2002	22.73	2002	2011	
microflora	2002	16.20	2002	2012	
flora	2002	7.77	2002	2004	
lactic acid bacteria	2002	6.74	2002	2011	
infant	2002	6.04	2002	2005	
early childhood	2002	5.01	2002	2008	
intestinal microflora	2002	24.56	2003	2011	
hay fever	2002	5.75	2003	2006	
prevention	2002	8.79	2004	2010	
placebo controlled trial	2002	14.49	2006	2013	
dermatiti	2002	4.92	2006	2012	
double blind	2002	10.37	2008	2014	
hygiene hypothesis	2002	5.90	2010	2016	
fecal microbiota	2002	9.67	2011	2017	
atopic eczema	2002	5.12	2011	2016	
intestinal microbiota	2002	7.58	2012	2017	
childhood asthma	2002	5.52	2012	2015	
cesarean section	2002	6.78	2015	2017	
birth cohort	2002	5.97	2015	2018	
community	2002	5.98	2016	2021	
risk factor	2002	5.79	2016	2018	
skin microbiome	2002	6.12	2018	2021	
microbiome	2002	6.01	2018	2021	
Staphylococcus aureus	2002	9.16	2019	2021	
chain fatty acid	2002	5.76	2019	2021	

（六）共引参考文献分析和引用爆发

共引参考文献指的是被一篇或多篇文章同时引用的文献,代表了某个特定领域的知识基础[25]。表 10-24 列出了前 10 篇共引文章。其中,有 9 篇文章被引用超过 300 次。Brown 等[27]在 *Science Translational Medicine*（2 292 次）上发表的文章是引用最多的,其次是 Atarashi 等[28]在 *Nature*（1 665 次）和 Trompette 等[29]在 *Nature Medicine*（1 448 次）上发表的文章。

表 10-24　2002—2021 年同被引用最多的 10 篇参考文献

排名	标题	作者	年份	杂志	引用频率
1	Hidden killers: human fungal infections	Brown GD	2012	*Science Translational Medicine*	2 292
2	T_{reg} induction by a rationally selected mixture of Clostridia strains from the human microbiota	Atarashi K	2013	*Nature*	1 665
3	Gut microbiota metabolism of dietary fiber influences allergic airway disease and hematopoiesis	Trompette A	2014	*Nature Medicine*	1 448
4	Prebiotic effects: metabolic and health benefits	Roberfroid M	2010	*British Journal of Nutrition*	1 279
5	Microbial exposure during early life has persistent effects on natural killer T cell function	Olszak T	2012	*Science*	1 036
6	Exposure to environmental microorganisms and childhood asthma	Ege MJ	2011	*New England Journal of Medicine*	990
7	Temporal shifts in the skin microbiome associated with disease flares and treatment in children with atopic dermatitis	Kong HDH	2012	*Genome Research*	951
8	Bioaerosol health effects and exposure assessment: Progress and prospects	Douwes J	2003	*Annals of Occupational Hygiene*	874
9	Early infancy microbial and metabolic alterations affect risk of childhood asthma	Arrieta MC	2015	*Science Translational Medicine*	847
10	The human skin microbiome	Byrd AL	2018	*Nature Reviews Microbiology*	675

检测具有引用爆发的参考文献可以指示某个领域随时间演变的热点和未来趋势[26]。表 10-25 展示了具有最强引用爆发的前 15 篇参考文献。其中,具有最强爆发（28.43）的文章题为 "Probiotics in primary prevention of atopic disease: a randomized placebo-controlled trial",由 Kalliomaki 等于 2001 年在 *Lancet* 杂志上发表[30]。此外, "Dynamics and stabilization of the human gut microbiome during the first year of life"[31]一文的引用爆发持续到 2021 年。

表 10-25 2002—2021 年过敏性疾病领域微生物群研究相关的前 15 篇被引频次最高的参考文献

参考文献	年份	强度	开始年份	结束年份	2002—2021 年
Kalliomaki M, 2001, *Lancet*, V357, P1076, DOI 10.1016/S0140-6736（00）04259-8	2001	152.02	2002	2006	
Kalliomaki M, 2001, *J Allergy Clin Immun*, V107, P129, DOI 10.1067/mai.2001.111237	2001	98.10	2002	2006	
Kalliomaki M, 2003, *Lancet*, V361, P1869, DOI 10.1016/S0140-6736（03）13490-3	2003	118.73	2004	2008	
Rosenfeldt V, 2003, *J Allergy Clin Immun*, V111, P389, DOI 10.1067/mai.2003.389	2003	63.70	2004	2008	
Penders J, 2006, *Pediatrics*, V118, P511, DOI 10.1542/peds.2005-2824	2006	19.48	2007	2011	
Kukkonen K, 2007, *J Allergy Clin Immun*, V119, P192, DOI 10.1016/j.jaci.2006.09.009	2007	62.11	2008	2012	
Taylor AL, 2007, *J Allergy Clin Immun*, V119, P184, DOI 10.1016/j.jaci.2006.08.036	2007	60.14	2008	2012	
Wang M, 2008, *J Allergy Clin Immun*, V121, P129, DOI 10.1016/j.jaci.2007.09.011	2008	29.13	2009	2013	
Dominguez-Bello MG, 2010, *Proc Natl Acad Sci U S A*, V107, P11971, DOI 10.1073/pnas.1002601107	2010	49.56	2011	2015	
Bisgaard H, 2011, *J Allergy Clin Immun*, V128, P646, DOI 10.1016/j.jaci.2011.04.060	2011	39.38	2012	2016	
Abrahamsson TR, 2012, *J Allergy Clin Immun*, V129, P434, DOI 10.1016/j.jaci.2011.10.025	2012	35.49	2013	2017	
Kong HDH, 2012, *Genome Res*, V22, P850, DOI 10.1101/gr.131029.111	2012	33.83	2013	2017	
Huttenhower C, 2012, *Nature*, V486, P207, DOI 10.1038/nature11234	2012	28.45	2013	2017	
Aagaard K, 2014, *Sci Transl Med*, V6, P0, DOI 10.1126/scitranslmed.3008599	2014	8.57	2015	2019	
Bäckhed F, 2015, *Cell Host Microbe*, V17, P690, DOI 10.1016/j.chom.2015.04.004	2015	5.83	2016	2021	

如图 10-21A 所示,引用参考文献网络由 122 个节点和 124 个链接组成,代表了参考文献之间的共引关系。节点之间存在链接,显示了相同文章被引用的频率。节点的直径与被引用参考文献的引用频率成比例。图 10-21B 展示了引用共引网络中最大的 11 个群组,代表了该领域的 11 个主要研究主题。其中,最大的五个群组包括 "microbiome"(#0)、"atopic dermatitis"(#1)、"skin"(#2)、"eczema"(#3)和 "asthma"(#4)。图 10-21 展示了随时间变化的共引参考文献的科学相关性,通过在时间轴上绘制九个最大群组的演变情况而生成。最近的群组是 "atopic dermatitis"(#1)、"skin"(#2)、"asthma"(#4)、"probiotics"(#5)和 "atopic diseases"(#6)。

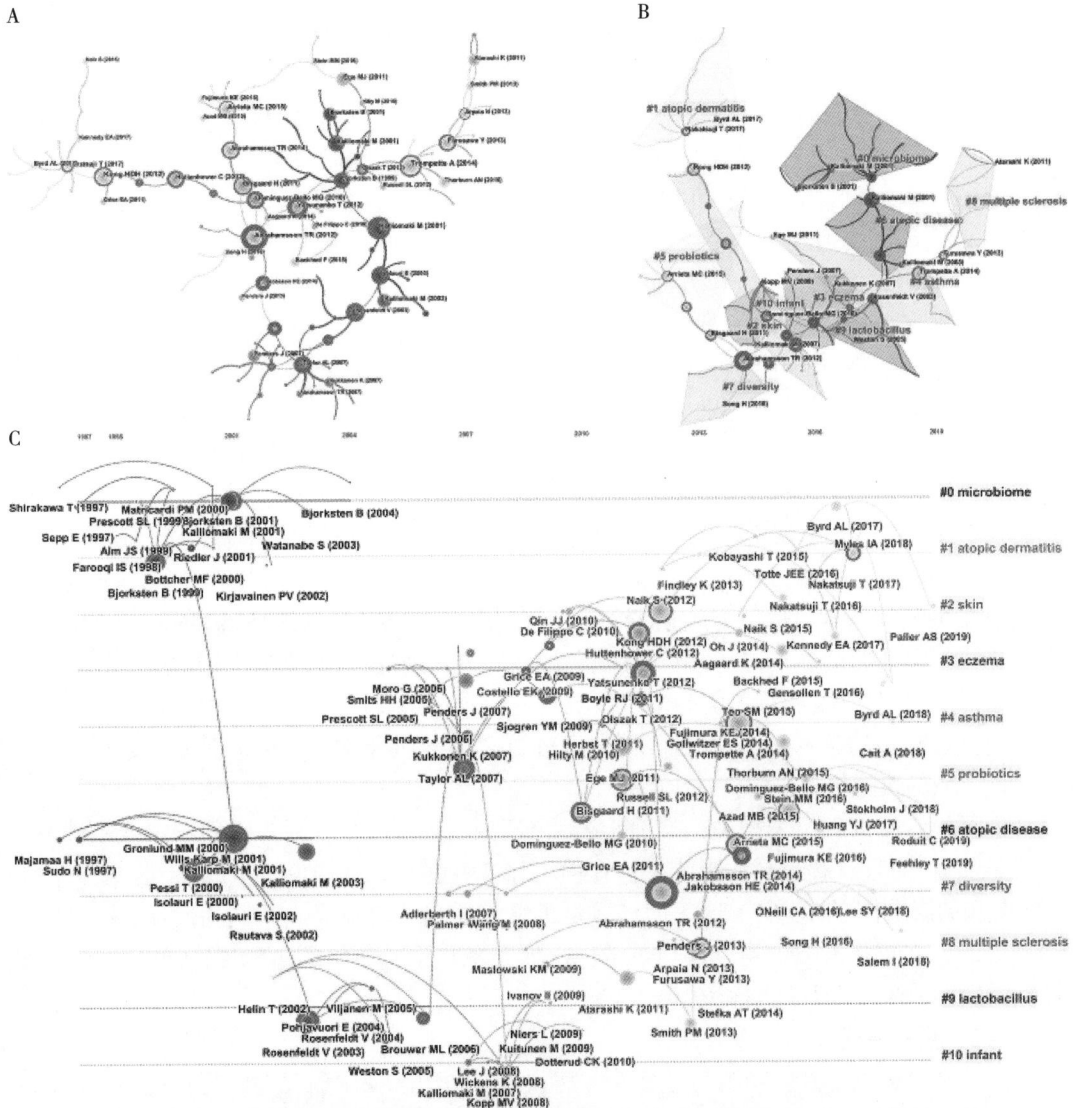

图 10-21　2002—2021 年变态反应性疾病微生物群领域共被引文献分析
A. 共被引文献网络;B. 共被引文献聚类可视化图;C. 共被引文献时间线视图。

讨　论

在过去几十年中,过敏性疾病的患病率大幅上升,已成为全球主要的健康问题之一。许多研究揭示了微生物群落失调在过敏性疾病的发展或进展中的核心作用。特别是在过去的20年里,研究人员付出了大量努力来阐明这种关联。借助文献计量学的方法,我们可以更深入地了解特定领域的研究现状,并预测未来的趋势。据我们所知,这是第一项基于文献计量学和可视化分析来研究微生物群落与过敏性疾病之间关联的研究。

（一）一般信息

根据 WoSCC 数据库,从 2002 年到 2021 年,来自 94 个国家/地区的 2 845 个机构的 11 457 名作者在 741 个学术期刊上发表了 2 535 篇论文。在过去的二十年中,关于微生物群落与过敏性疾病之间关联的出版物数量显著增加。总体的出版物增长趋势也表明这个领域是一个热门话题,并且在未来将继续吸引更多的关注。

通过国家/地区的贡献的可视化分析显示,美国在微生物群落与过敏性疾病研究方面具有明显优势。美国发表的论文数量占总发表量的 27.3%。此外,美国的中心度最高,为0.71,表明他们在促进国际合作方面起到了核心作用。值得注意的是,中国是前十名中唯一的发展中国家,在该领域发表了 204 篇论文。这可能部分归因于中国科技部发布的有关生物大分子和微生物组的重要研究与开发项目。总体而言,经济不平衡和各国政策规范的差异可能导致微生物群落与过敏性疾病的知识生产存在地区性不平衡。

全球近 3 000 个机构进行了微生物群落与过敏性疾病的研究。加利福尼亚大学是最具产出的机构。如图 10-18B 所示,虽然许多机构积极合作,但也有一些机构没有合作。因此,我们强烈建议参与类似研究课题的国家和机构加强合作,共同发展和拓展这个领域。

在众多研究人员中,Isolauri E、Salminen S、Kozyrskyj AL、Turvey SE 和 Sears MR 对该领域做出了最大的贡献,这归因于他们发表的大量论文。值得注意的是,Isolauri E 是图尔库大学临床医学系的负责人,在该领域发表了最多的论文,并拥有最高的引用次数。她在肠道微生物群落、黏膜免疫和益生菌等多个领域具有专业知识。在作者合作网络方面,该领域特点是建立了众多的学术团队,并且不同研究社群之间密切合作。这种情况在一定程度上加速了该领域的快速增长。

选择学者阅读和发表相关论文前十名的期刊可能是合适的,因为它们不仅该领域发表了大量文章,而且具有很高的影响力。在前 10 名期刊中,有 6 种位于 JCR Q1 区域,其中有2 种期刊的影响因子超过 10,这表明该领域的文献质量相对较高。我们还发现,前 10 名期刊发表的论文数量占微生物群落与过敏性疾病领域总论文数量的 1/5 以上（22.2%）。这些期刊的次学科主要涉及过敏和免疫学。

（二）新兴话题

引述部分提供了微生物组与过敏性疾病领域中的动态变化和关键研究发现的概述。它突出了几项有影响力的研究及其对了解微生物群落在过敏疾病中的作用的影响。首先提到的是 Kalliomaki 等在 2001 年发表在 Lancet 上的研究[30]。这项研究进行了一项随机安慰剂对照试验,证明了 Lactobacillus GG 在预防高风险儿童发展过敏疾病方面的有效性。更重要的是,该研究提出了肠道微生物群可能作为益生菌和天然免疫调节剂的重要来源,可以预防过敏性疾病的发生。此外，Bisgaard 等在 2001 年发表在 *Journal of Allergy and Clinical Immunology* 上的一项前瞻性队列研究展示了过去十年中最强的引用爆发[32]。该研究暗示婴儿期肠道微生物群多样性的降低与过敏疾病在学龄期的增加风险相关。他们的研究表明，婴儿期肠道微生物群的紊乱可能与过敏性疾病的发展有关。最近引用爆发发生在 2016 年，并一直延续到 2021 年，这是 Bäckhed 等在 2015 年在 *Cell Host Microbe* 上发表的一篇文章所引起的。该研究对婴儿期肠道微生物基因进行了大规模的元基因组分析，为理解人体与肠道微生物组在早期生命中的相互作用奠定了基础。

通过引用爆发，可以捕捉到某个领域的关键词和最新研究趋势。值得注意的是，一些关键词，如 "*Staphylococcus aureus*" "skin microbiome" "microbiome" 和 "chain fatty acid"，目前仍在持续引起关注，反映了最新的研究动态。

金黄色葡萄球菌（*Staphylococcus aureus*，*S. aureus*）是人体中常见的定植微生物[33]。然而，越来越多的研究报告了金黄色葡萄球菌在过敏性疾病中的核心作用。无论发病时间如何，超过 90% 的湿疹患者都有金黄色葡萄球菌的定植[34]。在湿疹急性发作期，皮肤微生物群的多样性下降，金黄色葡萄球菌成为优势菌。此外，金黄色葡萄球菌相对于其他共生菌的比例增加与湿疹的严重程度和屏障功能障碍有关[35-36]。机制研究揭示了金黄色葡萄球菌在多个方面影响湿疹。许多金黄色葡萄球菌蛋白质，如 α-毒素和丝氨酸蛋白酶，能够引起角质细胞的膜损伤/溶解，从而触发表皮屏障功能障碍[37]。金黄色葡萄球菌还可以通过其超抗原，如肠毒素和中毒性休克综合征毒素（TSST），直接触发肥大细胞脱颗粒和促进第 2 型细胞因子的过度产生[37]。此外，对于金黄色葡萄球菌入侵的反应，角质细胞释放 TSLP、IL-25 和 IL-33 等警报素，进一步增强 Th2 反应[36]。最近的研究表明，外部接触的金黄色葡萄球菌可以刺激角质细胞释放 IL-36，直接触发 B 细胞中的 IgE 类别切换并增加 IgE 的产生[38]。此外，金黄色葡萄球菌对哮喘患者的持续 Th2 气道炎症也有贡献。Kim 等[39]报道了哮喘的患病率和活动性与鼻部金黄色葡萄球菌定植之间的显著关联。最近的队列研究显示，金黄色葡萄球菌肠毒素 B（SEB）-IgE 致敏是严重哮喘的独立危险因素[40]。进一步的研究表明，IL-33/ST2 途径在金黄色葡萄球菌诱导的第 2 型气道炎症中起着关键作用[41]。此外，下鼻甲黏膜的黏膜菌群紊乱，尤其是金黄色葡萄球菌增多，与过敏性鼻炎的总 IgE 水平较高相关[42]。新的发现表明，在过敏性鼻炎患者的鼻腔黏液中，金黄色葡萄球菌占优势的菌群失调现象存在[43]。已经在过敏性鼻炎患者中发现了针对金黄色葡萄球菌超抗原形成的 IgE 的血清学证据[44]。与健康相比，过敏性鼻炎患者对 SEA、SEB 和 TSST 的 IgE 水平更高。

微生物群指的是在特定生态位中的微生物、它们的集体基因组以及它们与环境之间的相互作用的总和[9]。该术语通常与微生物组（microbiota）可互换使用[45]。正如前面提到的，过敏性疾病的不断增加在很大程度上归因于人体微生物群的紊乱[11]。随着下一代测序技术、组学分析和计算生物学的快速发展，我们对人体微生物群的理解和表征得到了极大的提升[46]。尽管微生物群研究大幅增加，但我们对微生物群的认识，特别是其在健康和疾病中的作用，仍然很浅薄。通过深入研究个体独特的微生物群，可能有望发展出精准医学的方法。作为人体微生物群的重要组成部分，皮肤微生物群对维持皮肤稳态和调节免疫功能至关重要。值得注意的是，皮肤微生物群的失调促进了过敏行军和过敏性疾病的发展[36]。

近期，学者们对肠道菌群来源代谢物，特别是脂肪酸，在过敏性疾病中的作用进行了广泛的研究。短链脂肪酸(short-chain fatty acid,SCFA),如丁酸、乙酸和丙酸,是肠道菌群通过发酵膳食纤维产生的主要代谢产物,具有多种抗过敏特性[47]。SCFA 对食物过敏具有保护作用[47]。丁酸水平较高的儿童较不容易出现变应原致敏和哮喘[48],口服 SCFA 能够减轻小鼠的过敏性气道炎症[49]。机制上,SCFA 可以增强树突状细胞的吞噬作用,但减弱其促进 Th2 细胞效应功能的能力,而这是通过 G 蛋白偶联受体 41 介导的[29]。SCFA 还能通过增强 Foxp3 启动子的乙酰化等表观遗传机制增强调节性 T 细胞(regulatory T cell,Treg 细胞)的功能和诱导效应,从而产生长期的抗过敏效应[50]。丁酸通过诱导组蛋白乙酰化抑制嗜酸性粒细胞的存活和迁移[51],同时通过抑制肥大细胞活化[52]。最近的研究表明,SCFA 通过稳定调节性 B 细胞(regulatory B cell,Breg 细胞)中的 IL-10 表达,促进 Breg 细胞功能的维持,从而缓解过敏性炎症[53]。此外,乙酸和丁酸通过增强肠道上皮屏障功能具有预防或治疗过敏性疾病的作用[47]。

长链脂肪酸是重要的营养物质,既是能量来源,又是免疫系统调节剂。研究显示,产前补充 ω-3 长链多不饱和脂肪酸(long-chain polyunsaturated fatty acid,LCPUFA)可以降低后代过敏性疾病的风险[54]。瑞典一项出生队列研究发现,母乳中含有较高水平的 ω-3 LCPUFA 可能降低 2 岁时变应原致敏的风险[55]。婴儿脐带血清中 ω-3 LCPUFA 的比例与 3 或 8 岁时过敏症的发生呈负相关[56]。此外,一项纵向研究显示,8 岁时血浆中特定 ω-3 LCPUFA 比例的增加与 16 岁时过敏性疾病(变应原致敏、哮喘和鼻炎)的风险降低相关[57]。ω-3 LCPUFA,如二十碳五烯酸(EPA)和二十二碳六烯酸(DHA),主要通过转化为脂类介质发挥抗过敏作用。例如,EPA 的代谢产物解决素 E1(resolvin E1)有助于调解过敏性哮喘的气道炎症[58],DHA 的代谢产物解决素 D1(resolvin D1)减轻过敏性结膜炎的组胺反应[59]。Sawane 等报道,15-羟基二十碳五烯酸(15-HEPE),一种 EPA 代谢产物,可以通过 PPARγ 依赖途径抑制肥大细胞脱颗粒,从而改善过敏性鼻炎小鼠的症状[60]。最近的研究表明,母体 ω-3 LCPUFA 通过增加小鼠皮肤浆细胞样树突状细胞中 TRAIL 的表达,可以改善婴儿特应性皮炎[61]。

因此,SCFAs 和 ω-3 LCPUFA 可能有助于预防或治疗过敏性疾病。然而,需要进一步研究确切的机制以促进临床应用。

(三)局限性

这项研究在文献计量学中存在一些局限性。首先,文献仅从 WoSCC 数据库中提取,可能导致所包含研究的不完整性和偏倚性。其次,仅包括英文文章和综述,因此我们的发现可能不够全面。最后,尽管我们采用了标准化的程序,但仍然存在一定的偏倚,因为一些关键词表达方式不同,一些作者具有相同的姓名,WoSCC 数据库持续更新等。我们认为这些局限性在未来尽可能得到解决。尽管存在这些限制,我们仍然可以假设我们的研究反映了这一领域的整体状况和新兴趋势。

结 论

在过去的 20 年中,这一领域的出版物数量迅速增长,表明学者们已经关注了微生物群在过敏性疾病中的作用。尽管在这一领域的研究中,研究机构和作者之间的国际合作相对密切,但仍有必要加强学术交流和合作。随着这一领域研究的发展,逐渐出现了几个不同的研究主题。最近的研究重点包括"atopic dermatitis""skin""asthma" "probiotics"和"atopic disease",构成了这一领域的重要研究基础。而"community""skin microbiome""microbiome""*Staphylococcus aureus*"和"chain fatty acid"被确定为这一领域的新的研究前沿。总体而言,这是该领域的第一项文献计量学研究,对微生物群与过敏性疾病之间的关联研究提供了客观和系统的视角,将为进一步研究提供有价值的指导。

参考文献

[1] OGULUR I, PAT Y, ARDICLI O, et al. Advances and highlights in biomarkers of allergic diseases [J]. Allergy, 2021, 76(12): 3659-3686.

[2] MASTRORILLI C, CAFFARELLI C, HOFFMANN-SOMMERGRUBER K. Food allergy and atopic dermatitis: Prediction, progression, and prevention [J]. Pediatr Allergy Immunol, 2017, 28(8): 831-840.

[3] GABRYSZEWSKI S J, HILL D A. One march, many paths: Insights into allergic march trajectories [J]. Ann Allergy Asthma Immunol, 2021, 127(3): 293-300.

[4] CELAKOVSKÁ J, BUKAČ J. Food allergy in patients suffering from atopic dermatitis-association with concomitant allergic diseases [J]. Food Agric Immunol, 2015, 26(3): 325-339.

[5] YANG L, FU J, ZHOU Y. Research progress in atopic march [J]. Front Immunol, 2020, 11: 1907.

[6] BROUGH H A, LANSER B J, SINDHER S B, et al. Early intervention and prevention of allergic diseases [J]. Allergy, 2022, 77(2): 416-441.

[7] HAAHTELA T, JANTUNEN J, SAARINEN K, et al. Managing the allergy and asthma epidemic in 2020s-lessons from the Finnish experience [J]. Allergy, 2022, 77(8): 2367-2380.

[8] LAMBRECHT B N, HAMMAD H. The immunology of the allergy epidemic and the hygiene hypothesis [J]. Nat Immunol, 2017, 18(10): 1076-1083.

[9] PERONI D G, NUZZI G, TRAMBUSTI I, et al. Microbiome composition and its impact on the development of allergic diseases [J]. Front Immunol, 2020, 11: 700.

[10] RUFF W E, GREILING T M, KRIEGEL M A. Host-microbiota interactions in immune-mediated diseases [J]. Nat Rev Microbiol, 2020, 18(9): 521-538.

[11] HUANG Y J, MARSLAND B J, BUNYAVANICH S, et al. The microbiome in allergic disease: Current understanding and future opportunities-2017 PRACTALL document of the American Academy of Allergy, Asthma & Immunology and the European Academy of Allergy and Clinical Immunology [J]. J Allergy Clin Immunol, 2017, 139(4): 1099-1110.

[12] LUNJANI N, SATITSUKSANOA P, LUKASIK Z, et al. Recent developments and highlights in mechanisms of allergic diseases: Microbiome [J]. Allergy, 2018, 73(12): 2314-2327.

[13] AGUILERA A C, DAGHER I A, KLOEPFER K M. Role of the microbiome in allergic disease development [J]. Curr Allergy Asthma Rep, 2020, 20(9): 44.

[14] AUGUSTINE T, KUMAR M, AL KHODOR S, et al. Microbial dysbiosis tunes the immune response towards allergic disease outcomes [J]. Clin Rev Allergy Immunol, 2023, 65(1): 43-71.

[15] STRACHAN D P. Hay fever, hygiene, and household size [J]. BMJ, 1989, 299(6710): 1259-1260.

[16] RACIBORSKI F, TOMASZEWSKA A, KOMOROWSKI J, et al. The relationship between antibiotic therapy in early childhood and the symptoms of allergy in children aged 6-8 years-the questionnaire study results [J].

Int J Occup Med Environ Health, 2012, 25 (4): 470-480.

[17] GERN J E, CALATRONI A, JAFFEE K F, et al. Patterns of immune development in urban preschoolers with recurrent wheeze and/or atopy [J]. J Allergy Clin Immunol, 2017, 140 (3): 836-844.e7.

[18] WEGIENKA G, ZORATTI E, JOHNSON C C. The role of the early-life environment in the development of allergic disease [J]. Immunol Allergy Clin North Am, 2015, 35 (1): 1-17.

[19] ZHANG J, SONG L, JIA J, et al. Knowledge mapping of necroptosis from 2012 to 2021: A bibliometric analysis [J]. Front Immunol, 2022, 13: 917155.

[20] DU Y, DUAN C, YANG Y, et al. Heart transplantation: A bibliometric review from 1990-2021 [J]. Curr Probl Cardiol, 2022, 47 (8): 101176.

[21] CORTESE S, SABE M, CHEN C, et al. Half a century of research on attention-deficit/hyperactivity disorder: A scientometric study [J]. Neurosci Biobehav Rev, 2022, 140: 104769.

[22] ZHANG T, YIN X, YANG X, et al. Research trends on the relationship between microbiota and gastric cancer: A bibliometric analysis from 2000 to 2019 [J]. J Cancer, 2020, 11 (16): 4823-4831.

[23] MU F, TANG M, GUAN Y, et al. Knowledge mapping of the links between the gut microbiota and heart failure: A scientometric investigation (2006-2021)[J]. Front Cardiovasc Med, 2022, 9: 882660.

[24] WANG Y, LI D, JIA Z, et al. A bibliometric analysis of research on the links between gut microbiota and atherosclerosis [J]. Front Cardiovasc Med, 2022, 9: 941607.

[25] ZHU X, HU J, DENG S, et al. Bibliometric and visual analysis of research on the links between the gut microbiota and depression from 1999 to 2019 [J]. Front Psychiat, 2020, 11: 587670.

[26] KLEINBERG J. Bursty and hierarchical structure in streams [J]. Data Min Knowl Disc, 2003, 7: 373-397.

[27] BROWN G D, DENNING D W, GOW N A, et al. Hidden killers: human fungal infections [J]. Sci Transl Med, 2012, 4 (165): 165rv13.

[28] ATARASHI K, TANOUE T, OSHIMA K, et al. Treg induction by a rationally selected mixture of clostridia strains from the human microbiota [J]. Nature, 2013, 500 (7461): 232-236.

[29] TROMPETTE A, GOLLWITZER E S, YADAVA K, et al. Gut microbiota metabolism of dietary fiber influences allergic airway disease and hematopoiesis [J]. Nat Med, 2014, 20 (2): 159-166.

[30] KALLIOMÄKI M, SALMINEN S, ARVILOMMI H, et al. Probiotics in primary prevention of atopic disease: a randomised placebo controlled trial [J]. Lancet, 2001, 357 (9262): 1076-1079.

[31] BÄCKHED F, ROSWALL J, PENG Y, et al. Dynamics and stabilization of the human gut microbiome during the first year of life [J]. Cell Host Microbe, 2015, 17 (5): 690-703.

[32] BISGAARD H, LI N, BONNELYKKE K, et al. Reduced diversity of the intestinal microbiota during infancy is associated with increased risk of allergic disease at school age [J]. J Allergy Clin Immunol, 2011, 128 (3): 646-652.e5.

[33] BYRD A L, BELKAID Y, SEGRE J A. The human skin microbiome [J]. Nat Rev Microbiol, 2018, 16 (3): 143-155.

[34] OGONOWSKA P, GILABERTE Y, BARANSKA-RYBAK W, et al. Colonization with *Staphylococcus aureus* in atopic dermatitis patients: Attempts to reveal the unknown [J]. Front Microbiol, 2021, 11: 567090.

[35] GONZALEZ T, STEVENS M L, BAATYRBEK KYZY A, et al. Biofilm propensity of *Staphylococcus aureus* skin isolates is associated with increased atopic dermatitis severity and barrier dysfunction in the MPAACH pediatric cohort [J]. Allergy, 2021, 76 (1): 302-313.

[36] DEVORE S B, GONZALEZ T, SHERENIAN M G, et al. On the surface: Skin microbial exposure contributes to allergic disease [J]. Ann Allergy Asthma Immunol, 2020, 125 (6): 628-638.

[37] GEOGHEGAN J A, IRVINE A D, FOSTER T J. *Staphylococcus aureus* and atopic dermatitis: A complex and

evolving relationship[J]. Trends Microbiol, 2018, 26(6): 484-497.

[38] PATRICK G J, LIU H, ALPHONSE M P, et al. Epicutaneous *Staphylococcus aureus* induces IL-36 to enhance IgE production and ensuing allergic disease[J]. J Clin Invest, 2021, 131(5): e143334.

[39] KIM Y C, WON H K, LEE J W, et al. *Staphylococcus aureus* nasal colonization and asthma in adults: Systematic review and meta-analysis[J]. J Allergy Clin Immunol Pract, 2019, 7(2): 606-615.e9.

[40] CARUSO C, COLANTUONO S, CIASCA G, et al. Different aspects of severe asthma in real life: Role of *Staphylococcus aureus* enterotoxins and correlation to comorbidities and disease severity[J]. Allergy, 2023, 78(1): 131-140.

[41] TEUFELBERGER A R, NORDENGRÜN M, BRAUN H, et al. The IL-33/ST2 axis is crucial in type 2 airway responses induced by *Staphylococcus aureus*-derived serine protease-like protein D[J]. J Allergy Clin Immunol, 2018, 141(2): 549-559.e7.

[42] HYUN D W, MIN H J, KIM M S, et al. Dysbiosis of inferior turbinate microbiota is associated with high total IgE levels in patients with allergic rhinitis[J]. Infect Immun, 2018, 86(4): e00934-17.

[43] KIM H J, KIM J H, HAN S, et al. Compositional alteration of the nasal microbiome and *Staphylococcus aureus*-characterized dysbiosis in the nasal mucosa of patients with allergic rhinitis[J]. Clin Exp Otorhinolaryngol, 2022, 15(4): 335-345.

[44] GUZMÁN-AVILÁN R I, GONZÁLEZ-DÍAZ S N, GUZMÁN-AVILÁN K D, et al. Staph's toxins IgE antibodies and its relation to the severity of allergic rhinitis[J]. J Asthma Allergy, 2022, 15: 665-671.

[45] HALL A B, TOLONEN A C, XAVIER R J. Human genetic variation and the gut microbiome in disease[J]. Nat Rev Genet, 2017, 18(11): 690-699.

[46] WENSEL C R, PLUZNICK J L, SALZBERG S L, et al. Next-generation sequencing: insights to advance clinical investigations of the microbiome[J]. J Clin Invest, 2022, 132(7): e154944.

[47] HIRATA S I, KUNISAWA J. Gut microbiome, metabolome, and allergic diseases[J]. Allergol Int, 2017, 66(4): 523-528.

[48] RODUIT C, FREI R, FERSTL R, et al. High levels of butyrate and propionate in early life are associated with protection against atopy[J]. Allergy, 2019, 74(4): 799-809.

[49] YIP W, HUGHES M R, LI Y, et al. Butyrate shapes immune cell fate and function in allergic asthma[J]. Front Immunol, 2021, 12: 628453.

[50] MCKENZIE C, TAN J, MACIA L, et al. The nutrition-gut microbiome physiology axis and allergic diseases[J]. Immunol Rev, 2017, 278(1): 277-295.

[51] THEILER A, BÄRNTHALER T, PLATZER W, et al. Butyrate ameliorates allergic airway inflammation by limiting eosinophil trafficking and survival[J]. J Allergy Clin Immunol, 2019, 144(3): 764-776.

[52] FOLKERTS J, REDEGELD F, FOLKERTS G, et al. Butyrate inhibits human mast cell activation via epigenetic regulation of FcεRI-mediated signaling[J]. Allergy, 2020, 75(8): 1966-1978.

[53] ZHOU C J, XIE B L, HAN H Y, et al. Short-chain fatty acids promote immunotherapy by modulating immune regulatory property in B cells[J]. J Immunol Res, 2021, 2021: 2684361.

[54] VAHDANINIA M, MACKENZIE H, DEAN T, et al. ω-3 LCPUFA supplementation during pregnancy and risk of allergic outcomes or sensitization in offspring: A systematic review and meta-analysis[J]. Ann Allergy Asthma Immunol, 2019, 122(3): 302-313.e2.

[55] ROSENLUND H, FAGERSTEDT S, ALM J, et al. Breastmilk fatty acids in relation to sensitization-the ALADDIN birth cohort[J]. Allergy, 2016, 71(10): 1444-1452.

[56] BARMAN M, RABE H, HESSELMAR B, et al. Cord blood levels of EPA, a marker of fish intake, correlate with infants' T- and B-lymphocyte phenotypes and risk for allergic disease[J]. Nutrients, 2020, 12(10):

3000.

[57] MAGNUSSON J, EKSTRÖM S, KULL I, et al. Polyunsaturated fatty acids in plasma at 8 years and subsequent allergic disease[J]. J Allergy Clin Immunol, 2018, 142(2): 510-516.e6.

[58] WENDELL S G, BAFFI C, HOLGUIN F. Fatty acids, inflammation, and asthma[J]. J Allergy Clin Immunol, 2014, 133(5): 1255-1264.

[59] LI D, HODGES R R, JIAO J, et al. Resolvin D1 and aspirin-triggered resolvin D1 regulate histamine-stimulated conjunctival goblet cell secretion[J]. Mucosal Immunol, 2013, 6(6): 1119-1130.

[60] SAWANE K, NAGATAKE T, HOSOMI K, et al. Dietary ω-3 fatty acid dampens allergic rhinitis via eosinophilic production of the anti-allergic lipid mediator 15-hydroxyeicosapentaenoic acid in mice[J]. Nutrients, 2019, 11(12): 2868.

[61] HIRATA S I, NAGATAKE T, SAWANE K, et al. Maternal ω-3 docosapentaenoic acid inhibits infant allergic dermatitis through TRAIL-expressing plasmacytoid dendritic cells in mice[J]. Allergy, 2020, 75(8): 1939-1955.

（吕 浩 谢育列 柳雅斐 张露允 许 昱）

主要术语索引

5-carboxycytosine, 5caC 348

5-formylcytosine, 5fC 348

5-hydroxymethylcytosine, 5hmC 335

5-methylcytosine, 5mC 322, 335

A

acute kidney injury, AKI 253

acute myelogenous leukemia, AML 336

acute-on-chronic liver failure, ACLF 252

acute pancreatitis, AP 306

acute tubular necrosis, ATN 253

allergic rhinitis, AR 370

angiotensin I converting enzyme 2,
    ACE2 117

antigen-presenting cell, APC 180

anti-*Saccharomyces cerevisiae* antibody,
    ASCA 174

atopic dermatitis, AD 370

area under the receiver operating
    characteristic (ROC) curve,
    AUC 77, 201

arginase 1, ARG-1 349

artificial intelligence, AI 143

Asia-Pacific Colorectal Screening Scoring
    System, APCS 201

autoimmune hepatitis, AIH 270

autoimmune pancreatitis, AIP 318

autonomic nervous system, ANS 117

AXL receptor tyrosine kinase, Ax1 365

B

biliary tract cancer, BTC 283

C

clonal hematopoiesis, CH 348

Clostridium difficile infection, CDI 174

cholangiocarcinoma, CCA 283

chronic pancreatitis, CP 306

chronic obstructive pulmonary disease,
    COPD 366

c-Mer proto-oncogene tyrosine kinase,
    MerTK 365

colorectal cancer, CRC 201

corona virus disease 2019, COVID-19 117

Crohn disease, CD 104, 121, 143,
    159, 179, 223

cytosine-phosphate-guanine dinucleotide,
    CpG 267

cytotoxic T lymphocyte, CTL 284

cytotoxic T lymphocyte-associated
    antigen-4, CTLA-4 301

cystic fibrosis, CF 366

D

DNA methyltransferase 1, DNMT1 348

docosahexaenoic acids, DHA 100

E

eicosapentaenoic acids, EPA 100

enteric nervous system, ENS 117

eosinophilic colitis, EoC 40

eosinophilic esophagitis, EoE 29

eosinophilic duodenitis, EoD 40

eosinophilic gastritis, EoG 40

eosinophilic gastroenteritis, EoGE 40

eosinophilic gastrointestinal disorders, EGIDs 40

European Society for Clinical Nutrition and Metabolism, ESPEN 100

extrahepatic cholangiocarcinoma, ECC 283

F

filtration sodium excretion fraction, FENa 253

food allergy, FA 370

Food and Drug Administration, FDA 301

G

gallbladder cancer, GBC 283

gastric cancer, GC 61

gastroesophageal reflux disease, GERD 39

genome-wide association studies, GWAS 257

global citations, GC 92

glomerular filtration rate, GFR 240

G protein-coupled receptor 43, GPR43 139

gross domestic product, GDP 216

H

heart failure, HF 348

Helicobacter pylori, Hp 45

hepatocellular carcinoma, HCC 257

hepatorenal syndrome-acute kidney injury, HRS-AKI 253

high citation index, H-index 203

histone deacetylase, HDAC 349

host cell factor 1, HCF1 348

HRS-acute kidney disease, HRS-AKD 253

HRS-chronic kidney disease, HRS-CKD 253

hypoxia inducible factor, HIF 332

I

IBD-associated colorectal cancer, IBD-CRC 174

irritable bowel syndrome, IBS 115

immune checkpoint inhibitors, ICI 284

immunoglobulin G, IgG 278

impact factor, IF 30, 106, 144, 160, 181, 241, 258, 336, 358, 372

inflammatory bowel disease, IBD 104, 121, 143, 159, 179, 223

interleukin-1β, IL-1β 349

interleukin-6, IL-6 349

interleukin-10, IL-10 365

intestinal epithelial cell, IEC 180

intestinal metaplasia, IM 62

intrahepatic cholangiocarcinoma, ICC 283

insulin-gastrin, INS-GAS 62

J

Journal Citation Report, JCR 30, 144, 160, 181, 202, 241, 372

L

liver X receptor, LXR 365

local citations, LC   92

log-likelihood ratio, LLR   72, 96, 114, 150,
169, 186, 203, 247, 291

long-chain polyunsaturated fatty acid,
LCPUFA   384

M

machine learning, ML   156

metabolic associated fatty liver disease,
MAFLD   256

microbial dysbiosis index, MDI   77

microbial taxonomic features, MTF   78

microsatellite instability, MSI-H   301

mitogen-activated protein kinase, MAPK   300

multiple country publications, MCP   259, 324

myeloproliferative neoplasm, MPN   336

N

necrotizing enterocolitis, NEC   179

neurotransmitter, NT   117

neutrophil gelatinase-associated
lipocalin, NGAL   254

NOD-like receptor family pyrin domain
containing 3, NLRP3   349

non-alcoholic fatty liver, NAFL   257

non-alcoholic fatty liver disease, NAFLD   256

non-alcoholic steatohepatitis, NASH   257

non-atrophy gastritis, NAG   62

N6-methyladenosine, m6A   322

O

O-linked β-N-acetylglucosamine
transferase, OGT   348

Online Analysis platform of Literature Metrology,

OALM   86, 160, 181

P

patatin-like phospholipase domain-containing
protein 3, PNPLA3   267

pattern recognition receptor, PRR   180

perinuclear anti-neutrophil cytoplasmic
autoantibodies, p-ANCA   174

photoactivatable ribonucleoside-enhanced
crosslinking and immunoprecipitation,
PAR-CLIP   322

plasmacytoid dendritic cell, pDC   318

polygenic risk score, PRS   78

polyunsaturated fatty acid, PUFA   85

primary sclerosing cholangitis, PSC   174, 283

programmed cell death protein-1, PD-1   301

programmed death ligand 1, PD-L1   284

protein S, Pros1   365

proton pump inhibitor, PPI   39, 77

Q

quantitative polymerase chain reaction,
q-PCR   217

R

Ras-related C3 botulinum toxin substrate 1,
Rac1   364

regulatory B cell, Breg 细胞   384

regulatory T cell, Treg 细胞   198, 365, 384

retinoid X receptor, RXR   365

rheumatoid arthritis, RA   174

RNA binding protein immunoprecipitation
assay, RIP   322

S

Science Citation Index-Expanded,
　SCI-E　　　　　160, 336, 354, 371
severe acute respiratory syndrome
　coronavirus 2, SARS-CoV2　　　117
short-chain fatty acid, SCFA　85, 117, 384
specialized pro-resolving mediator, SPM　365
Staphylococcus aureus, *S. aureus*　　383
Social Sciences Citation Index,
　SSCI　　　　　　336, 354, 371

T

ten-eleven translocation 1, TET1　　335
ten-eleven translocation 2, TET2　　335
thymine DNA glycosylase, TDG　　348
tumor mutational burden, TMB　　301
Toll-like receptor, TLR　　　　180
transforming growth factor, TGF　365

TYRO3 protein tyrosine kinase 3, Tyro3　364

U

ubiquitin-like with PHD and ring-finger
　domain 1, Uhrf1　　　　　348
ulcerative colitis, UC　　104, 121, 143,
　　　　　　　159, 179, 223
United States Department of Agriculture,
　USDA　　　　　　122
ursodeoxycholic acid, UDCA　　279

V

vonoprazan, VPZ　　　　　77

W

Web of Science Core Collection,
　WoSCC　　　　　144, 371